U0920567

中国老龄工作年鉴

（2014）

全国老龄工作委员会办公室
中　国　老　龄　协　会　编

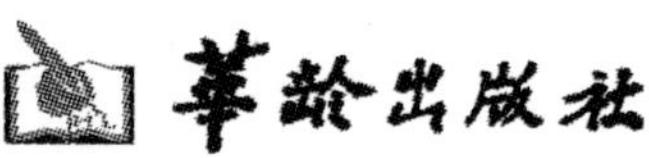

责任编辑 潘笑竹 高雅婧
封面设计 李未圻
责任印刷 李未圻

图书在版编目（CIP）数据

中国老龄工作年鉴．2014/全国老龄工作委员会办公室，中国老龄协会编．—北京：华龄出版社，2014.12

ISBN 978—7—5169—0514—2

Ⅰ.①中… Ⅱ.①全… ②中… Ⅲ.①老年人—工作—中国—2014—年鉴 Ⅳ.①D669.6—54

中国版本图书馆CIP数据核字（2014）第284936号

书　　名： 中国老龄工作年鉴（2014）
作　　者： 全国老龄工作委员会办公室　中国老龄协会　编
出版发行： 华龄出版社（北京西城区鼓楼西大街41号，邮编：100009）
印　　刷： 科伦克·三莱印务（北京）有限公司
版　　次： 2014年12月第1版　2014年12月第1次印刷
开　　本： 787×1092　1/16　**印　张：** 27.5
定　　价： 220.00元　**印　数：** 1～1000册

协办单位： 华寿投资管理有限公司、中国老年学学会、北京市老龄工作委员会办公室、海南省老龄工作委员会办公室、中国老龄事业发展基金会华英援助基金管理委员会

中国老龄工作年鉴（2014）

编 委 会

2013 年 5 月 28 日，全国老龄工作委员会第十五次全体会议在京召开。国务委员、全国老龄工作委员会主任王勇出席会议并讲话。

2013 年 7 月 2 日至 3 日，全国老龄工作会议在京召开。会议全面总结了 2012 年的老龄工作，部署了今后一个阶段和本年度的重点工作。全国老龄委副主任、民政部部长、全国老龄办主任李立国作重要讲话，全国老龄办常务副主任陈传书作会议总结。

2013年10月19日，全国老龄办在北京市石景山区寿山福海养老服务中心举行第一届全国“敬老文明号”授牌仪式。全国老龄办党组书记、常务副主任、全国“敬老文明号”创建活动领导小组组长陈传书，共青团中央书记处书记汪鸿雁，北京市副市长戴均良出席了授牌仪式。

2013年12月19日，全国老有所为和“银龄行动”十周年座谈会在北京召开，全国各省市老龄办交流了十年来老有所为和“银龄行动”的工作经验和做法。全国老龄办陈传书常务副主任出席会议。

2013 年 6 月 19 日，全国老龄办常务副主任陈传书会见了由欧洲议会人民党党团副主席奥雷哈率领的欧洲议会人民党党团代表团，双方就养老保障、医疗保障、老年人护理及代际关系等方面进行了广泛的交流。

2013 年 6 月 1 日至 2 日，由全国老龄工作委员会办公室主办的全国老年旅游产业发展促进研讨会在上海市崇明县举行。

目　录

第一部分　特　　载

第二部分　重要讲话、报告

第三部分　法规、文件选编

第四部分　全国老龄工作

第五部分　地方老龄工作

第六部分　科研成果和调查报告

第七部分　出访（含港、澳、台）报告

第一部分

特　　载

在全国老龄工作委员会第十五次全体会议上的讲话

国务委员　王　勇

（2013年5月28日）

前不久，国务院批准成立了新一届全国老龄工作委员会，由我负责老龄委工作，我深感责任重大。在座各位都是老龄委委员，做好老龄工作是我们共同的光荣使命，我们一定要齐心协力，开拓进取，以踏实的工作、扎实的业绩，为老年人谋幸福，为老龄事业谋发展，不辜负中央的信任和人民的重托。今天，我们召开新一届老龄委成立后的第一次全体会议，主要任务是：深入贯彻落实党的十八大、十八届二中全会和全国“两会”、国务院第一次全体会议精神，回顾总结老龄工作的成绩和经验，分析研究新的形势和任务，安排部署2013年及今后一个时期的重点工作。

刚才，李立国同志代表老龄委总结了2012年的工作，提出了2013年的工作安排；中央组织部、发展改革委、财政部、人力资源社会保障部、住房城乡建设部、卫生计生委的负责同志作了发言。大家总结了成绩和经验，对下一步工作提出了不少好的意见建议，讲得都很好，我也很受启发。借此机会，我讲几点意见。

一、充分肯定我国老龄事业取得的显著成就

我国已进入人口老龄化快速发展阶段，老龄问题关系千家万户，关系亿万群众，是我国经济社会发展过程中必须面对和认真对待的重大问题，老龄事业是我们实现全面建成小康社会奋斗目标、实现中华民族伟大复兴中国梦的重要方面。党中央、国务院十分关心老龄问题，高度重视老龄工作。1999年国家决定成立全国老龄工作委员会以来，在党中央、国务院的正确领导下，特别是近十年在回良玉同志的直接领导和大力推动下，在全国老龄工作委员会和各有关部门、各地方、社会各界的共同努力下，统筹推动有关政策、规划、制度的调整完善和落实，有力地促进了老龄事业与经济社会协调发展，我国老龄事业取得了显著成就。

一是积极应对人口老龄化的国家机制基本形成。确立了老有所养、老有所医、老有所教、老有所学、老有所为、老有所乐“六个老有”的工作目标，形成了以“发展、保障、健康、参与、和谐”为主要内容的积极应对人口老龄化战略思路，构建了战略规划、养老保障、健康支持、老龄服务、宜居环境和群众工作“六个体系”，完善了党委政府领导、老龄委协调、相关部门负责、社会力量参与的大老龄工作格局。

二是老年人社会保障制度实现全覆盖。经过多年努力，逐步建立了新型农村社会养老保险、城镇居民社会养老保险、新型农村合作医疗、城镇居民基本医疗保险、农村最低生活保障、城乡医疗救助等重大制度，进一步完善了城镇职工基本养老保险、基本医疗保险及农村五保、高龄津贴、老年优待等社会救助、社会福利制度，实现了社会保障制度全覆盖，保障水平随着经济社会发展逐年提高。目前，各项养老保险参保人数达7.9亿，各项医疗保险参保超过13亿人。我国作为一个发展中大国，建立了覆盖全民的社会保障安全网，保障了世界四分之一老年人口的基本生活，是一个了不起的成就。

三是社会养老服务体系建设成绩显著。近年来，通过制定专项规划，出台扶持政策，加大资金投入，着力推进以居家为基础、社区为依托、机构为支撑的社会养老服务体系建设。到2012年底，全国各地已经建成以养老服务为重点的综合性社区服务中心1.2万个，养老机构4万多个，床位从10年前的115万张增加到390万张，每千名老人拥有养老床位数从8张增加到21张。大部分省份开始发放养老服务补贴。养老服务的运行模式、服务内容、操作规范等不断探索创新，积累了有益的经验。

四是老年群众工作更加扎实。全国老龄委连续10年广泛开展敬老、爱老、助老主题教育活动，促进了家庭和睦、代际和顺、社会和谐，为老年人参与社会营造了良好氛围。2012年，全国人大常委会修订了老年人权益保障法，为老年人参与社会提供了法律保障。国务院公布了《无障碍环境建设条例》，要求对

老年人生活环境进行无障碍改造，为老年人参与社会提供更多便利条件。目前全国有城乡基层老年活动中心70多万个，老年大学（学校）4万多所，老年协会44万多个，这些都是老年人参与社会的有效途径，也很好地发挥了老年人在关心下一代成长、开展优良传统教育、维护社会治安、调解邻里纠纷、丰富社区文化生活等方面的积极作用。

五是我国老龄工作的国际影响力显著提升。不断扩大我国老龄工作的国际交流与合作，已先后加入了6个国际老龄组织，与90多个国家和地区的老龄组织建立了广泛联系，组织参加第二届世界老龄大会，成功承办一系列国际性和地区性老龄会议，我国老龄事业发展取得的显著成就，受到国际社会广泛赞誉。

可以说，过去十年，是我国老龄事业蓬勃发展的十年，也是老年群众获益最多的十年。老龄工作也积累了许多非常宝贵的经验，概括起来有五个方面：一是坚持立足基本国情，科学研判和把握人口老龄化发展趋势和规律，加强积极应对人口老龄化的战略谋划；二是坚持围绕中心、服务大局，把老龄工作纳入经济社会发展全局；三是坚持以人为本，把实现好、维护好、发展好广大老年人的根本利益，作为老龄工作的出发点和落脚点；四是坚持“党政主导、社会参与、全民关怀”的工作方针，推进老龄事业与产业协调发展；五是坚持统筹兼顾，既立足当前解决现实问题，又着眼长远抓好制度建设。

老龄工作能够取得这些巨大成就，是党中央、国务院高度重视和正确领导的结果，也是以回良玉同志为主任的全国老龄委科学决策、开拓创新的结果。回良玉同志是十年来我国老龄事业发展的领导者和推动者，对老龄事业饱含深情，多次深入基层调查研究，每年都召开会议部署安排工作，亲自主持了国家应对人口老龄化战略研究，许多重要工作的落实都离不开他的关心指导和组织协调，他为我国老龄事业发展倾注了大量心血，作出了巨大贡献。这些成绩也是老龄委各成员单位密切配合、扎实工作、共同努力、不懈奋斗和社会各方面大力支持帮助的结果。在这里，我代表国务院和新一届全国老龄委，向回良玉同志，向历届全国老龄委组成单位和各位委员，向所有关心和支持老龄事业发展的社会各界人士，向全国广大老龄工作者，表示崇高的敬意和由衷的感谢！

二、切实增强做好新形势下老龄工作的责任感和紧迫感

老龄问题涉及政治、经济、文化、社会和生态文明等诸多领域，关系国计民生和国家长治久安。当前是我国全面建成小康社会的重要战略机遇期，也是人口老龄化形势日益严峻、老龄问题日益凸显的关键时期。我们一定要认清形势，切实增强做好老龄工作的责任感和紧迫感，保证人口老龄化背景下我国经济社会的全面协调可持续发展。

第一，要充分认识我国人口老龄化的严峻形势。受平均预期寿命延长、持续低生育水平、快速城镇化以及三次生育高峰等因素影响，未来我国人口老龄化将进一步加速发展，形势非常严峻。一是老年人口数量持续攀升。当前我国老年人口已达1.94亿，据有关机构初步预测，今年底将超过2亿，到“十二五”末将达到2.21亿，2025年突破3亿，2033年突破4亿，2053年达到峰值4.87亿。二是老龄化速度不断加快。我国人口老龄化速度是世界平均水平的1.5倍，老年人口的比重，将由当前的1/7快速提高到2024年的1/5，2030年的1/4，2050年的1/3。三是社会抚养负担愈发沉重。社会总抚养比将由当前的46%，迅速提升到2030年的73%，2050年前后将达到峰值102.8%，80岁以上高龄老年人口将由当前的2 200万，增加到2030年的4 300万，2050年前后将达到峰值1.18亿，我国将成为世界上抚养负担最沉重的国家之一。

第二，要充分认识我国老龄问题的特殊性。我国是在经济尚不发达的情况下进入老龄化社会的，长期面临着实现可持续发展和提高老年保障水平的双重压力。党的十八大指出，我国处于并将长期处于社会主义初级阶段的基本国情没有变，作为世界最大发展中国家的国际地位没有变。这就意味着“未富先老”在相当长时期内仍然是我国老龄问题的基本特征。我们制定老龄工作的方针政策必须牢牢立足社会主义初级阶段这个最大实际，准确把握“未富先老”的基本特征，不能脱离这个实际、超越这一特征。同时，我国人口老龄化、高龄化、空巢化加速与工业化、城镇化、现代化建设相伴随，与城乡差距、区域差距、收入差距扩大相重叠，与经济转轨、社会转型、文化领域变革相交织。发达国家在长时期、分阶段出现的人口老龄化问题，我国将在短期内同步呈现、集中爆发，对经济发展、社会管理、公共服务、社会稳定、思想文化等诸多领域的影响，将更为复杂深刻，需要解决的问题更多、难度更大。

第三，要切实增强应对人口老龄化的紧迫感。当前，我国已进入人口老龄化快速发展期，老龄问题逐步加重，影响逐步加深。未来一个时期，我国养老保障压力持续增加，社会养老服务需求持续增长，城乡协调发展难度持续增强，社会管理服务要求持续提高。如果处理不当，很有可能拖累现代化建设和全面建成小康社会的进程。面对人口老龄化的严峻挑战，当前全社会思想认识还不够充分、应对制度准备还不够充足、政策措施还不够完善、体制机制还不够健全，老龄工作基础还比较薄弱，老龄事业发展与经济社会发展不平衡、不协调等问题还比较突出，与党中央、国务院的要求和人民群众特别是广大老年人的期待还有一定差距。对此，我们要保持清醒的认识，切实增强做好老龄工作的责任感和紧迫感，站在战略和全局的高度，深刻认识积极应对人口老龄化的战略意义，紧紧抓住当前劳动力相对比较充裕、社会总抚养比相对较低的有利时机，认真组织实施积极应对人口老龄化战略，抓紧做好应对人口老龄化的思想准备、政策准备、制度准备、组织准备和物质准备。

三、深入贯彻落实党的十八大精神，努力做好新形势下老龄工作

党的十八大明确提出，要以保障和改善民生为重点，在“学有所教、劳有所得、病有所医、老有所养、住有所居”上持续取得新进展，要求“积极应对人口老龄化，大力发展老龄服务事业和产业”。习近平总书记指出，保障和改善民生是一项长期工作，没有终点站，只有连续不断的新起点，要实现经济发展和民生改善良性循环。李克强总理强调，要重点保障基本民生，编织一张覆盖全民的保障民生的基本安全网，努力逐步把短板补上，坚守网底不破。这些都为老龄事业发展指明了方向，我们一定要认真学习领会，抓好贯彻落实，切实把思想和行动统一到中央的要求上来。当前老龄工作的中心任务，就是要认真贯彻党的十八大、十八届二中全会和国务院第一次全体会议、国务院机构职能转变动员电视电话会议精神，落实习近平总书记、李克强总理重要指示精神，牢固树立积极老龄观，实施有中国特色的积极应对人口老龄化战略，坚持目标方向不变，坚持战略方针不变，保持工作的连续性和稳定性，以更大的决心，更扎实有效的措施，不断推动老龄事业全面发展。

（一）坚持不懈保障和改善老年人民生。全面建成小康社会，要求我们不断改善老年人的民生需求，努力实现广大老年人共享经济社会发展成果。一要协调推进老年社会保障制度的顶层设计和改革完善，依托政府、企业、社会、家庭、个人等多方面力量，逐步建立健全社会基本保障、职业保障、家庭保障、商业保障和自我保障相结合的老年社会保障体系，为老年人生活提供多层次保障。二要有效整合保险、救助、福利、慈善资源，实现制度的衔接配套，增强制度的公平性和可持续性、可操作性。三要切实解决老年人生活中的突出矛盾和困难，进一步加大对贫困、病残、高龄、独居、空巢、失能等特殊困难老年群体的保障力度，有效化解老年人因贫困、疾病而导致的生活困难，不断提高老年人的民生保障水平。

（二）大力发展老龄服务事业和产业。这是满足人民群众需求，保障发展成果惠及老年人的重要举措，是减轻家庭养老负担、促进社会和谐稳定的当务之急，也是扩大消费、促进就业、调整产业结构的有效途径。一要进一步完善居家为基础、社区为依托、机构为支撑的社会养老服务体系，加快建立健全居家养老服务网络和支持体系，大力加强社区养老服务设施建设，发展社区照料、社区互助和志愿服务，统筹推进养老机构建设，加快发展老年人护理康复服务。二要优先发展人人享有、方便可及的老龄服务，大力发展老年文化体育、健康教育等服务，推动服务内容从基本生活照料向医疗健康、专业护理、精神慰藉、心理疏导、法律援助、紧急救护等方面延伸。三要完善规划、土地、就业、投融资、税费优惠等扶持政策，促进养老服务向社会化、市场化、产业化方向发展，发挥养老服务产业链长、涉及领域广的特点，推动养老服务与相关产业互动发展。

（三）重视发挥老年人的才智和力量。老年人在经验、知识、技能方面具有独特优势，是全社会的宝贵财富，是经济社会发展可以依靠的重要力量。一要充分发挥老年人特别是低龄健康老年人参与社会发展的积极性，鼓励老年人积极面对老年生活，提前规划老年生活，乐于安享老年生活，保持身心健康，实现终身发展。二要完善老年人参与社会发展的支持政策，统筹处理好老年人力资源开发与退休政策、社会保障政策、就业政策、税收政策之间的关系，着重发挥好老年人在帮教下一代、进行文化艺术创作、维护社会治安、参与公益服务等方面的积极作用。三要大力宣传健康老龄化、积极老龄化理念，倡导科学、文明、健康的生活方式，丰富老年人的精神文化生活，办好各级老年大学，增加老年公共文化产品供给，大力支持老年群众组织开展各类文化、教育、体育等活动，提升老年人的生活品质和健康素质。

（四）创新老年群体社会管理。随着老龄人口规模的增长，老年群体已经成为重要的社会利益群体，提高老年群体社会管理水平，是加强和创新社会管理的重要任务。一要加快推进老年群体社会管理体制改革，有针对性地加强相关部门的社会管理职能，整合企事业单位管理服务资源，健全以社区为基础的老年群体管理网络。二要完善党政主导的老年人权益保障机制，形成科学有效的老年人利益协调机制、诉求表达机制、矛盾调处机制，切实维护老年人合法权益。

三要积极培育发展各类老年群众组织，尤其要加强城乡基层群众性自治组织和基层老年协会规范化建设，重视老年人思想教育，增强老年群众组织的自我教育、自我管理、自我服务能力，重点扶持发展老龄领域的公益慈善类和社区服务类社会组织。四要重视家庭建设，健全家庭支持政策，提高家庭发展能力，巩固家庭养老功能，大力弘扬尊老敬老优良美德，发挥好家庭在加强和创新社会管理中的基础作用。

（五）加强老龄工作机构自身建设。老龄工作涉及面广、政策性强、工作要求高，是一项复杂的系统工程，作为牵头部门，各级老龄委必须着力加强自身建设。一是切实抓好基层基础。要坚持老龄工作重在基层，基层工作融入社区、融入乡村的理念，发挥基层党组织和基层群众自治组织两个主体作用，组织引导老年人有序参与社会活动。要将各项涉老政策落实到基层，以老年人需求为核心，完善家庭养老支持、家庭服务优惠和老年活动帮扶等政策，积极推进老年宜居环境建设、老龄服务设施配套建设、老龄服务网络建设、老年群众组织建设。二是充分发挥老龄委作用。各级老龄委要聚智聚力，履职尽责，切实发挥议事协调职能，进一步完善议事规则和各项规章制度，协调和推动各成员单位分工合作，推动各级政府把发展老龄事业纳入重要议事日程，共同做好老龄工作。各级老龄办要切实履行老龄委办事机构的职能，充分发挥综合协调、督促检查和参谋助手作用，增强服务意识，为老龄委决策和成员单位协作搞好服务。三是着力加强老龄工作队伍建设。选派责任心和工作能力强的同志从事老龄工作，加强业务培训，转变工作作风，提高工作能力和水平，努力建设一支政治强、业务精、作风实、讲奉献的老龄工作干部队伍。各级老龄委委员和老龄办领导班子要带着深厚感情，设身处地为老年人着想，更加注重学习和调查研究，不断提高综合素质和工作能力，为老年人做好事、办实事、解难事。

今年，是全面贯彻落实党的十八大精神的开局之年，是实施“十二五”规划承前启后的关键一年。做好今年的老龄工作，意义重大。刚才，李立国同志的报告已经对 2013 年的老龄工作作了部署，各部门也结合各自职责分工就进一步做好老龄工作发表了很好的意见，我都同意，希望老龄办和各成员单位按照中央的决策部署，按照李克强总理在国务院第一次全体会议、国务院机构职能转变动员电视电话会议上的要求，认真抓好落实。这里，就今年具体工作，我再强调三点：一要认真抓好老年人权益保障法的贯彻实施。新修订的老年人权益保障法将于今年 7 月 1 日起实施，各地区、各部门要广泛开展普法宣传活动，结合当地实际和部门职责，修订出台地方性法规和完善配套政策，将老年人权益保障法的各项要求落到实处。二要抓紧编制国家老龄事业发展纲要。编制国家老龄事业发展纲要是落实老龄事业“十二五”规划的一项重点工作，是立足长远积极应对我国人口老龄化的重大任务。全国老龄办和各部门要高度重视，切实抓住老年人关切的保障、医疗、服务、参与和老龄产业等重点问题，深入研究，科学论证，进行长远谋划。全国老龄办要积极协调各有关方面，充分利用国家人口老龄化战略研究成果，抓紧组织实施编制工作。三要做好老龄事业“十二五”规划的中期检查。目前，“十二五”时间已经过半。老龄办要会同有关部门对规划中提出的约束性指标及重点任务开展督促检查，肯定成绩、查找问题、完善措施，确保规划中的各项指标落实到位、工作任务如期完成。

老龄工作任务繁重，使命光荣。我们要在以习近平同志为总书记的党中央坚强领导下，认真贯彻落实党的十八大、十八届二中全会和国务院第一次全体会议精神，牢记使命，齐心协力，扎实工作，不断开创老龄工作新局面，为全面建成小康社会作出更大贡献！

致全国公安机关离退休干部的新年慰问信

国务委员　公安部部长　郭声琨

（2013 年 1 月 1 日）

全国公安机关广大离退休老同志：

金蛇狂舞丰收岁，玉燕喜迎幸福春。值此 2013 年新年来临之际，我谨代表公安部党委，向全国公安机关广大离退休老同志致以节日的祝福和亲切的慰问！

刚刚过去的 2012 年，是实施“十二五”规划承上启下的重要一年。我们党胜利召开了第十八次全国代表大会，全面建成小康社会、加快推进社会主义现代化、实现中华民族伟大复兴迎来了更加壮丽广阔的前景。一年来，全国公安机关在党中央、国务院和地方各级党委、政府的坚强领导下，牢牢把握经济社会发展稳中求进的总基调，紧紧围绕为党的十八大胜利召开创造安全稳定社会环境的总目标，坚持围绕中心、服务大局，坚持立足当前、着眼长远，以深化“三项重点工作”和“三项建设”为载体，以加强公安机关能力建设为主线，扎实做好维护国家安全和社会稳定的各项工作，战胜了一个又一个挑战，打赢了一场又一场硬仗，为促进经济社会发展、保障人民群众安居乐业作出了新的贡献，赢得了社会各界的普遍赞誉。这些成绩的取得，是党中央、国务院正确决策、坚强领导的结果，是全国 200 万公安民警顽强拼搏、辛勤工作的结果，同时，也是广大离退休老同志关心、支持和帮助的结果。

悠悠岁月铭记着老同志们的奋斗足迹，辉煌历史镌刻着老同志们的不朽功绩。无论是在革命战争年代，还是在改革开放新时期，广大离退休老同志为了中华民族的独立解放、为了伟大祖国的繁荣富强、为了人民公安事业的发展壮大，出生入死、呕心沥血，做出了不可磨灭的巨大贡献。没有包括广大老干部在内的一代又一代共产党人的浴血奋战、艰苦创业，就没有当今中国的大好局面，就没有公安事业的美好前景。广大离退休老同志虽然已经离开了工作岗位，但仍老骥伏枥、志在千里，继续以高度的政治责任感和历史使命感关心着公安工作和队伍建设，为推动公安事业发展进步贡献着经验智慧。你们的崇高品质和精神风范永远是我们学习的楷模，你们的好思想、好作风永远是我们不断前行的强大动力！

尊重老同志，就是尊重党的光荣历史；爱护老同志，就是爱护党和国家的宝贵财富；重视老同志，就是重视我们党的执政基础和执政资源。各级公安机关要着眼于党的事业薪火相传，大力弘扬广大老同志的崇高精神和优良作风，并结合公安工作实际不断发扬光大。要认真贯彻中央关于政治上尊重、思想上关心、生活上照顾、精神上关怀老同志的方针政策，切实落实老同志的各项待遇，努力为广大老同志老有所养、老有所医、老有所教、老有所学、老有所为、老有所乐创造良好条件，让他们安享快乐幸福的晚年生活。

2013 年是全面贯彻落实党的十八大精神的开局之年，是向全面建成小康社会迈出坚实步伐的重要一年。面对新形势新任务对公安机关提出的新要求，面对人民群众对公安工作提出的新期待，我们要切实担负起党和人民赋予的历史使命，在新的历史起点上不断开创公安工作新局面，仍然需要广大离退休老同志的经验和智慧，仍然需要广大离退休老同志的关心和支持。

诚恳期望广大离退休老同志一如既往地关心、支持公安工作，不断为公安事业发展进步献计献策。让我们在以习近平同志为总书记的党中央坚强领导下，与时俱进、开拓创新，求真务实、真抓实干，为全面建成小康社会、夺取中国特色社会主义新胜利作出新的更大贡献！

祝全国公安机关离退休老同志在新的一年里，身体健康、阖家幸福、万事如意！

第二部分

重要讲话、报告

关于 2012 年全国老龄工作情况和 2013 年工作安排意见的报告

李立国

（2013 年 5 月 28 日）

尊敬的王勇国务委员，各位副主任，各位委员，同志们：

按照会议安排，我向全体会议汇报 2012 年全国老龄工作情况和 2013 年工作安排意见。

一、2012 年全国老龄工作的基本情况

2012 年，在党中央、国务院的正确领导下，各地、各部门高度重视老龄工作，加速推进各项制度建设，大力发展老龄事业和产业，取得显著成效和丰硕成果。

（一）社会保障制度取得重大进展。截至 2012 年底，城乡居民基本养老保险实现了制度全覆盖，城乡居民养老保险参保人数达到 4.84 亿人，比 2011 年底增加 1.5 亿人，1.31 亿城乡老年居民按月领取养老金。全国参加城镇职工基本养老保险人数 3.04 亿人，比 2011 年底增加 1 988 万人，7 446 万离退休人员按月领取基本养老金。全国企业退休人员基本养老金连续 8 年调整，月人均达 1 721 元。符合低保条件的老年人实现“应保尽保”，纳入低保补助范围的老年人已达 2 354 万，占全国低保对象的 31.5%。进一步完善了农村部分计划生育家庭奖励扶助制度，全面落实了军队离退休人员移交安置的各项待遇。

（二）老年医疗卫生服务水平逐步提高。截至 2012 年底，全国参加城镇基本医疗保险人数 5.36 亿人，比 2011 年底增加 6 246 万人。进一步完善城镇居民医保和新农合制度，中央财政对西部和中部地区的补助比例分别提高至 65% 和 55%。城乡医疗救助补助资金安排 131 亿元（含彩票公益金），用于包括困难老年人在内的困难群众医疗救助工作。积极开展为 65 岁以上老年人免费体检和健康指导，全国 65 岁以上老年人健康管理人数达到 1.17 亿人。各地积极探索老年护理保障制度，上海市和青岛市率先试行老年医疗护理保险办法。

（三）社会养老服务事业加速发展。民政部组织全国各地深入开展“社会养老服务体系建设推进年”活动，并启动“敬老爱老助老工程”，中央本级安排试点经费 31 亿元支持各地养老服务设施建设。截至 2012 年底，全国各地已经建成以养老服务为重点的综合性社区服务中心 1.2 万个，各类老年及残疾人服务机构 4.12 万个，拥有床位 363 万张，比上年增长 21.9%。已经有 22 个省（区、市）建立了养老服务补贴政策。企业退休人员社会化管理服务工作稳步推进，占企业退休人员总数的 78.3%。各地积极探索农村社会互助养老新模式，河北省农村互助幸福院建设得到全国推广，广西壮族自治区政府拨款 9 000 万元支持建立农村老龄协会开展养老活动，浙江省全省 130 个欠发达乡镇建造了综合性的老年活动中心。山东省人民政府出台《关于加快养老服务体系建设的意见》，从养老服务机构用地保障和税费减免政策等方面，为发展社会养老服务业提供了良好条件。

（四）老龄法制建设和政策研究成效显著。在全国人大的高度重视和各有关部门的共同努力下，完成了《老年人权益保障法》修订工作。福建省、辽宁省开展了老年权益保障条例的修订工作，青海省委、省政府下发了《关于进一步加强老龄工作的意见》。另外，完成了国家应对人口老龄化战略研究结题工作，《国家老龄事业发展纲要》和《国家中长期老龄产业发展规划》编制工作也取得实质性进展。全国人大、全国政协高度重视老龄问题和老龄工作，组织开展专项调研活动，加强对涉老重点议案、提案的督办工作。

（五）老年人精神文化生活蓬勃开展。全国老龄委有关成员单位联合出台《关于进一步加强老年文化建设的意见》，推动各地深入开展“全国敬老月”和“敬老文明号”等群众活动，在全社会引起广泛反响。中央和地方新闻媒体进一步加强了老龄宣传报道，对提高全社会的老龄意识和营造尊老敬老的社会氛围起到了重要作用。基层老年群众组织发展迅速，目前全国建有城乡基层老年活动中心 70 多万个，各类老年大学（学校）4万多所，城乡基层老年协会44万多个，覆盖老年人口1.1亿。我国老龄外事工作积极主动，妥善处理了国际老年人权议题和达赖集团制造的麻烦，树立良好的国际形象。联合国大会秘书长报告对中国老龄事业的发展，给予了高度评价。

总体来看，2012年是我国老龄工作取得丰硕成果的一年，也是有史以来老龄事业发展最快的一年。但是，我们还要清醒地看到，面对日益严峻的人口老龄化挑战和经济社会改革发展的新变化，老龄工作仍存在薄弱环节。一是，老龄事业的发展与社会各界的期盼还有不小差距，社会养老保障和老龄服务方面的一些矛盾逐步成为社会舆论关注的热点问题；二是，实施老龄事业"十二五"规划的时间即将过半，总体情况比较好，但也存在进度不平衡的问题，有些约束性任务离规划目标还有较大差距；三是，近些年养老服务业发展迅速，但供需矛盾仍然突出，社会力量投入不足的局面尚未得到根本改变；四是，老龄工作的基层基础仍很薄弱，老年人社会管理方面的矛盾逐渐增多，侵犯老年人合法权益的现象仍时有发生。对于这些矛盾和问题，我们要高度重视，积极采取针对性的措施推动解决。

二、关于2013年全国老龄工作的安排意见

2013年，是全面深入贯彻落实党的十八大精神、落实"十二五"规划重要而关键的一年。建议重点抓好以下几项工作。

（一）贯彻落实《老年人权益保障法》。以新修订的《老年法》实施为契机，督促地方完善相关配套法规政策，抓好老年人权益保障法制宣传工作，营造保障老年人权益的良好氛围。创新老年法律服务工作内容和形式，充分发挥法律服务工作在老年人权益保障方面的职能作用。不断扩大老年法律援助覆盖面，完善援助工作网络。依法及时受理涉及侵害老年人合法权益的申诉、控告和检举，严密预防、严厉打击侵害老年人人身、财产安全的各种违法犯罪活动。开展老年维权工作教育培训，提高老龄工作人员法律服务意识。

（二）加紧编制《国家老龄事业发展纲要》。编制《国家老龄事业发展纲要》，是推动形成国家老龄战略规划体系的一个重要环节，是老龄事业"十二五"规划明确的一项重要任务，也是全国老龄委当前的一项重点工作。这项工作需要各部门共同参与，立足当前、着眼长远，对各项事关全局、影响深远的老龄业务工作，深入研究，科学谋划，明确远景目标。全国老龄办抓紧做好《纲要》起草工作，充分征求各方面意见，力争提请第十六次全委会审议。

（三）组织开展老龄事业"十二五"规划中期检查。根据以往工作经验，今年，全国老龄委组织联合检查组，对各地老龄事业"十二五"规划中期检查。重点督查三个方面：一是《规划》提出的约束性指标，如老年临终关怀服务机构、新增养老床位、居家养老服务网络城乡覆盖率、老年人健康档案等任务；二是长期护理保障工作；三是老年宜居环境建设。希望各地、各有关部门认真梳理任务，加强工作沟通，按计划、按要求抓紧推进《规划》实施。

（四）统筹抓好社会保障制度建设。着力加强社会保险制度建设，继续扩大基本养老保险覆盖面，以各类非公有制经济组织从业人员、个体工商户和灵活就业人员为主体，重点做好中青年群体的参保工作。研究新农保与城居保制度合并问题。积极研究完善企业退休人员基本养老金正常调整机制。继续扩大高龄津贴和养老服务补贴制度实施范围。加快推进医疗保险城乡统筹，稳步提高待遇水平。稳妥推进大病保险试点工作。加快推进以异地安置退休人员为重点的跨省医疗费用异地即时结算，积极推广医保就医"一卡通"。继续落实农村计划生育家庭奖励扶助制度和计划生育家庭特别扶助制度，着力提高奖励资金渠道保障能力。加强退休干部服务管理工作。适时出台《军队管理的离退休干部安置管理和服务保障制度改革指导意见》，落实好离退休干部各项待遇。

（五）加快养老服务体系建设。进一步完善社会养老服务支持政策，建立健全老龄服务事业和产业协调发展的体制机制，推动出台《关于优先发展社会养老服务的若干意见》。进一步加大财政资金投入，加速社会养老服务基础设施建设，突出社区居家养老服务网络和护理型养老机构建设等重点，优先解决失能、特困、留守、空巢、低收入等老年群体的特殊需求，努力实现"十二五"规划目标按时间进度均衡发展。进一步重视老年宜居环境建设，积极推动各地完善涉及老年人的城乡规划准则和建设标准，搞好小区配套设施建设规划，支持物业服务和家庭服务企业拓展养老服务项目，鼓励将老年住宅纳入各地保障房建设规划，发展廉租型养老公寓等新型养老服务模式。鼓励社会力量以多种方式参与社会养老服务，大力发展老龄产业。进一步完善养老服务人员就业制度和政策，加强养老护理员职业技能培训工作。

（六）丰富活跃老年人精神文化生活。贯彻落实《关于进一步加强老年文化建设的意见》，广泛开展老年文化和体育健身活动。抓好"敬老文明号"创建工作和"全国敬老月"活动，树立先进典型，营造全社会敬老爱老助老的浓厚氛围。开展全国基层老年协会规范化建设，探索老年群众组织规范化建设的新模式。研究制定《关于加强老年人体育工作的意见》，组织举办好全国老年人体育健身大会等活动，推动老年体育事业的发展。总结推广“银龄行动”十年的成功经验，鼓励多种形式的老年人才资源开发。

以上汇报，提请全会审议。

在2013年全国老龄工作会议上的讲话

李立国

（2013年7月3日）

同志们：

前不久，新一届全国老龄委召开了第一次全体会议，也是全国老龄委第十五次全会。国务委员、新任老龄委主任王勇同志发表了重要讲话，高度评价了过去一个阶段我国老龄事业取得的显著成就，深刻分析了当前我国老龄工作面临的形势，明确提出今后一个时期老龄工作的主要任务。王勇国务委员的讲话，对老龄工作成就的总结评价振奋人心，对形势的分析和把握催人奋进，对未来一个时期老龄工作的部署切中关键，对下一步老龄工作发展具有重要指导意义。会议还审议通过了2013年全国老龄工作安排。今天，我们召开全国老龄工作会议，就是要学习贯彻全国老龄委第十五次全会精神，总结去年的老龄工作，部署今后一个阶段和本年度的重点工作。刚才，辽宁、浙江、山东、贵州、甘肃、深圳等6个省（市）老龄办负责同志做了交流发言，讲得都很好，很有借鉴意义。下面，我讲三个方面意见。

一、2012年全国老龄工作取得显著成绩

2012年是全国老龄工作大发展、大进步的一年。各级老龄工作委员会深入贯彻落实党的十七届六中全会、党的十八大和国务院第三次全国老龄工作会议精神，协调推动各项老龄工作创新发展。

一是老龄政策法规体系建设取得重大突破。去年底，第十一届全国人大常委会第三十次会议全票通过了新修订的《老年人权益保障法》，可见这次修法的工作基础很好，社会形成共识的程度很高。修订后的《老年法》新增加了3章38条，贯穿了积极应对人口老龄化的理念，在老年社会保障、社会服务、社会优待、社会参与和宜居环境建设等方面规范上都有重大突破，为建立健全老龄政策法规体系奠定了坚实基础。国家应对人口老龄化战略研究完成结题工作，研究成果发布、出版工作已经进入尾声，《国家老龄事业发展纲要》和《老龄产业中长期发展规划》编制工作取得重要进展。各地、各部门也积极推进老龄政策法规建设。全国老龄委16个成员单位联合出台《关于进一步加强老年文化建设的意见》，中组部印发《关于进一步加强新形势下离退休干部工作的意见》；为了配合老年法的实施，民政部出台了《养老机构设立许可办法》和《养老机构管理办法》，福建省、辽宁省开展了老年权益保障条例的修订工作，青海省委、省政府下发《关于进一步加强老龄工作的意见》，山东省出台《关于加快养老服务体系建设的意见》，陕西省出台《关于加强基层老龄工作的意见》，黑龙江、贵州、安徽、江西等20个省（区、市）出台加强基层老年协会建设的政策文件，河北省下发《加快建立高龄老人生活补贴制度的指导意见》等，覆盖中央与地方、比较系统、与新形势相适应的老龄政策法规体系正在不断完善。

二是老年社会保障制度建设取得重大进展。到去年底，全国所有地区都建立了新农保和城居保制度，标志着覆盖城乡的基本养老保险制度基本建立，形成了人人享有基本养老保障的体系框架；全国2.05亿人享有基本养老保险待遇，企业退休人员基本养老金标准再次提高10%，月人均达1 721元；社会救助制度进一步健全，享受低保的老年人达2 354万，符合低保条件的老年人实现“应保尽保”；城乡医疗救助补助资金安排131亿元，用于包括困难老年人在内的困难群众医疗救助；城镇居民医保和新农合制度进一步完善，基本医疗保险实现全覆盖，报销比例和最高支付限额逐步提高，中央财政对西部和中部地区的补助比例分别提高至65%和55%；积极推行老年人健康管理和健康指导，全国65岁以上老年人健康管理人数达到1.17亿人。各地积极实施基本养老和基本医疗保障制度，提高保障标准和待遇，老年人的养老和医疗保障进一步改善。

三是社会养老服务体系建设取得重大成效。民政部组织各地深入开展“社会养老服务体系建设推进年”活动，并启动“敬老爱老助老工程”，中央本级安排试点经费31亿元支持各地养老服务设施建设，福利彩票公益金加大了投入。到2012年底，各地已建成以养老服务为重点的综合性社区服务中心1.2万个，各类老年服务机构4.4万个，拥有床位416.5万张，比上年增长12.8%。已有22个省（区、市）建立了养老服务补贴政策。甘肃、湖北、宁夏、河南等省份出台了《社会养老服务体系建设规划》。各地积极探索农村社会互助养老新模式，河北省农村互助幸福院建设经验已在全国推广，浙江省在130个欠发达乡镇建成了综合性老年活动中心。山东省人民政府出台政策，从用地保障和税费减免等方面，为发展社会养老服务业创造更好条件。北京、甘肃、河南、湖北、湖南等积极开展了养老服务信息化建设，上海市和青岛市率先试行老年护理保险办法，推动了养老服务方式的创新发展。

四是基层老龄工作取得重大成果。“敬老文明号”创建活动和基层老龄协会建设，是加强基层老龄工作的两个重要抓手。去年4月，回良玉同志对创建“敬老文明号”活动作出重要批示，全国老龄办下发《全国“敬老文明号”创建活动实施方案》，召开了创建活动推进会，有力推动了这项活动的深入开展。各地、相关部门和行业认真学习贯彻回良玉同志的批示精神，紧紧围绕“六个老有”目标，以“关爱老人、构建和谐”为主题，以拓宽为老服务项目、提高为老服务质量为内容，切实加强组织领导，制定管理办法，完善创建标准，精心部署创建活动，为今年开展“敬老文明号”评选工作打下了良好的基础。去年初，全国老龄办印发了《关于加强基层老年协会建设的意见》，对基层老年协会建设作出了全面部署。各级党委政府高度重视，把基层老年协会建设纳入老龄事业“十二五”规划，有20多个省（区、市）出台文件，制定配套政策，加大财政投入，完善保障措施。广西安排9 000万资金支持农村基层老龄协会发展，有力推动了基层老年协会规范化建设。到去年底，全国已建成基层老年协会44万多个，覆盖60%的社区、1.1亿老年人口，浙江、山东、宁夏、厦门、宁波等地覆盖率超过95%。全国建成基层老年活动中心70多万个，老年活动室32万多个，老年学校4万多个，在组织广大老年人开展互助服务、丰富文化生活、参与社区建设、维护合法权益等方面发挥了积极作用。

与此同时，老年文化、教育、体育等活动蓬勃开展，老龄宣传、国际交流合作、老龄科研、信息统计、“银龄行动”、“三个创建”等工作也取得了显著成绩。这些成绩的取得，是各级党委、政府高度重视和正确领导的结果，是各地、各部门团结协作、努力奋斗的结果，是社会各界关心支持、积极参与的结果，也是老龄工作战线广大干部职工恪尽职守、扎实工作的结果。我代表全国老龄工作委员会办公室，向关心支持老龄工作的各级领导同志、各有关部门和社会各界，向广大老龄工作者，表示亲切的问候和诚挚的感谢！

二、贯彻落实第十五次全体会议精神，做好新形势下的老龄工作

按照王勇国务委员重要讲话和第十五次全体会议精神，我们要进一步增强紧迫感，结合各地实际情况扎实做好新形势下老龄工作。

（一）着力完善老年人民生保障制度。王勇国务委员在十五次全会上强调，要坚持不懈地保障和改善老年人民生，努力实现广大老年人共享经济社会发展成果。保障和改善老年人民生是一项综合性工作，涉及多个政府部门和社会组织。我们要切实运用好老龄委综合协调优势，推进老年民生保障制度的完善和衔接，协调各部门共同编织好覆盖全体老年人的民生保障网。一要着力完善老年社会保障制度，发挥政府、单位、社会、家庭和个人的保障作用，加强各项制度之间的衔接配套，整合社会保险、社会救助、社会福利、公益慈善等多方面资源，加快形成不同制度之间优势互补、有效衔接的多层次老年社会保障体系。二要积极推进政策创制，在探索建立长期照护保障制度、推进高龄津贴和养老服务补贴制度建设方面，进一步加大工作力度，抓紧进行研究、试点、总结和推广，持续改善老年人的福利待遇，有效防范老年人的贫困、疾病和失能风险。三要特别关注困难老年群体的民生保障，在最低生活保障、五保供养、医疗救助等制度改革和完善过程中，对孤寡、贫困、病残、高龄、独居、空巢、失能的特别困难老年人，给予适当倾斜和重点照顾。

（二）大力发展老龄服务事业和产业。按照《老年法》规定和相关“十二五”规划要求，今后几年这方面的工作任务非常艰巨。我们要增强工作紧迫感，加大力度。一要加快居家养老服务网络建设。要加快制定实施家庭养老支持政策，整合部门资源，引导社会力量参与，发挥家政、物业作用，强化家庭养老功能，形成多层次的居家养老服务网络，为居家老年人提供高质量的生活照料、康复护理、精神慰藉、紧急救援等服务。二要加快社区日间照料服务设施建设。

“十二五”期间，社区日间照料服务要覆盖全部城市社区和半数以上的农村社区，任务十分艰巨。各地要加快推进老年日间照料中心、托老所、老年人活动中心等设施建设，增强社区综合服务设施为老服务功能。三要加快养老机构建设和管理。今后几年，我们既要完成“十二五”新增340万张养老床位的任务，同时也要按照《老年法》和《养老机构许可办法》《养老机构管理办法》的规定加强养老机构的规范管理，一手抓新建，一手抓整改，推进养老服务事业和产业又好又快发展。要把养老机构建设纳入城乡建设规划，统筹安排建设用地和资金，引导扶持社会力量参与，协调推进供养、养护、医护等不同类型的养老设施建设。四要加快推进养老服务业关键领域的改革，消除体制机制障碍，促进养老服务的社会化、市场化、产业化发展。要研究制定老龄产业扶持政策，从财政、税收、土地、融资等方面，鼓励和支持社会力量参与。要研究制定产业发展规划，健全质量标准及行业规范，为各类市场主体营造平等、公平的竞争环境。

（三）大力推动老年人社会参与。第十五次全会强调，老年人在经验、知识、技能方面具有独特的优势，是全社会的宝贵财富，是经济社会发展可以依靠的重要力量。我们要牢固树立积极老龄化理念，完善体制机制和相关政策措施，保障老年人参与经济、政治、文化和社会生活。一要积极培育发展基层老年人社会组织，加快推进基层老年协会规范化建设，增强老年人社会组织的自我教育、自我管理、自我服务功能，引导老年人通过各类老年社会组织，有序参与社会管理和开展互助服务活动。二要深入开展老年教育，支持社会办好各类老年学校和老年课堂，鼓励老年人接受多种形式的继续教育，学习专业知识技能，为融入社会、参与社会创造良好条件。三要广泛开展老年志愿服务活动，鼓励支持老年人参加“银龄行动”，在青少年教育、咨询服务、维护治安和协助调解民间纠纷等方面发挥作用。四是完善老年维权工作联动机制和法律服务网络，保护老年人的劳动安全和合法收入，重点维护好农村老年人、老年妇女及少数民族地区老年人的合法权益。

（四）着力优化老年宜居环境。《老年人权益保障法》新增加了“宜居环境”一章，对老年宜居环境建设提出了法律要求。前几年，全国老龄办组织开展了老年友好型城市、老年宜居社区、老年温馨家庭创建的试点，取得了良好社会反响。下一步，要认真总结推广试点经验，制定创建指南和工作方案，全面开展“三个创建”工作，为老年人创造更为安全、便捷、舒适的生活环境。老年法增加宜居环境一章，得益于全国老龄办和各地老龄系统多年的研究和推动工作，我们要继续在推动宜居环境建设上多做协调工作。一是抓好老年宜居环境建设规划。深化城市控制性详细规划，逐步改善住区养老服务设施，完善老年人体育、文化和娱乐等活动场地、场所。加强保障性安居工程建设和管理，落实好老年人在住房保障领域各项优惠政策，保障老年人基本住房需求。二是健全老年人设施标准体系。抓紧完成“涉老设施规划建设标准关键技术和标准体系”“住宅可容纳担架电梯配置标准”等研究，构建涉老设施标准体系框架。组织开展《无障碍设计规范》和《家庭无障碍建设指南》宣贯培训，保障规定落到实处。三是提高相关标准适应性。加快修订《城镇老年人设施规划规范》《城市居住区规划设计规范》和《城市道路交通规划设计规范》，研究提高老年人设施标准，改善老年人设施布局。四是深入开展无障碍环境建设。要贯彻执行《无障碍环境建设条例》，加强无障碍设施建设与改造。继续会同有关部门组织开展无障碍环境市、县创建工作。

（五）进一步加强基层老龄工作。老年人生活在社区、生活在基层，对老年群众的服务和管理只有通过基层才能落到实处。可以说，老龄工作的重心在基层。各级老龄部门要把加强基层老龄工作作为一项长期任务和基础工程，下大气力抓紧抓好。一要加强老年人的基层社会管理服务网络建设，建立健全党政主导、村（居）委会牵头、老年群众组织、驻区单位和居民广泛参与的基层老龄工作格局，加快形成依托社区、覆盖广泛、功能健全的老年社会管理服务平台，完善老年人诉求表达机制、涉老矛盾调处机制和老年人权益保障机制。二要协调推动相关职能部门将各项涉老政策切实落实到基层，在资金、项目、设施等方面加大对基层的投入，以老年人需求为核心，加快推进老龄服务配套设施建设和老年人活动场所建设，增强基层为老服务能力。三要高度重视农村基层老龄工作，加大政策和资金倾斜力度，努力改变农村养老服务设施和活动场所严重缺乏的状况，着力解决农村高龄、失能、贫困、空巢老年人的实际生活难题。

同时，我们还要高度重视老龄系统自身能力建设。各级老龄委是协调推进老龄事业发展的责任主体，要进一步完善议事规则，提高履职能力。各级老龄委办公室要加强研究学习，充分发挥综合协调、督促检查和参谋助手作用，切实转变作风，增强服务意识，为老龄委决策和成员单位协作搞好服务，为相关工作开展搞好服务。

三、切实抓好2013年重点工作

今年是全面贯彻落实党的十八大精神的开局之年，是实施“十二五”规划承前启后的关键一年。因今年上半年国家领导机构换届，全国老龄委人员调整，第十五次全国老龄委会议在接近年中才召开，对老龄工作做了总结和部署。得益于老龄办系统稳定、成熟的工作机制，各地从年初开始就扎实推进了各项工作，并取得了较好成效。下半年，各级老龄办要进一步统筹安排、精心部署，突出重点、狠抓落实，力争全面完成2013年工作任务，为实现“十二五”老龄事业发展目标打下坚实基础。

（一）在宣传贯彻《老年人权益保障法》上下足功夫。新修订的《老年法》已于7月1日起开始实施，贯彻实施好《老年法》，是一项长期的工作任务，对推动老龄事业科学发展和增进亿万老年人福祉，具有十分重要的意义。各地要将宣传贯彻活动纳入重要议程，明确职责任务分工，采取各种有效形式开展普法宣传活动，使《老年法》家喻户晓、深入人心、见诸行动。要结合实际积极推进当地的老年人权益保障立法，完善与老年法相配套的法规政策。各级有关部门要把实施《养老机构设立许可办法》和《养老机构管理办法》纳入老年法宣贯工作部署，制定实施细则或操作规程和具体措施，组织开展相关人员的学习培训，加强“两个办法”实施情况的督查指导，确保老年法和“两个办法”的各项规定落到实处。要不断健全老年维权工作协调机构和工作机制，及时依法查处侵害老年人权益的案件，加强老年法律援助、老年法律服务、老年司法救助工作，确保老年人合法权益得到切实保障。

今年农历九月九日，是老年人权益保障法规定的第一个老年节，全国老龄系统、民政部门以及老龄委相关组成部门，要在老龄办牵头协调下，做好第一个老年节的宣传、慰问工作，丰富老年人过节的活动，要开好第一个老年节的头，让广大老年人每年都依法过好老年节，老龄工作系统更要推动老年人过好节，从而形成尊老敬老蔚然成风的新局面。

（二）在落实老龄事业“十二五”规划上做好文章。目前，“十二五”时间近半，总体上规划实施情况较好，但还存在进度不平衡的问题。下半年，全国老龄办将会同有关部门，有针对性地开展“十二五”规划中期检查，协调、督促各项工作保质保量开展，确保如期完成规划任务。各地要对照任务分解，认真梳理，加大协调力度，抓紧推进实施。中期检查要重点督查三方面情况：对于规划提出的约束性指标，如老年临终关怀服务机构、新增养老床位、居家养老服务网络城乡覆盖率、老年人健康档案等任务，要做到工作不打折扣、指标落实到位；对于社会普遍关注的长期护理保障工作，中央有关部门正在研究提出制度建设的可行方案，各地可根据实际需要，开展先行先试；对于老年宜居环境建设，各地要积极统筹协调，推进公共服务设施建设、小区配套设施建设、老年家庭无障碍改造等重点工作。此外，根据全国老龄委部署，全国老龄办正在牵头编制《国家老龄事业发展纲要》。《纲要》编制是一个集思广益的过程，要注重积极协调各有关方面广泛参与，切实抓住老年人关切的保障、医疗、服务、参与和老龄产业等重点问题，深入研究，长远谋划。各省级老龄委可以此为参照、与此相衔接，根据本地实际，进一步完善战略规划体系。

（三）在推进社会养老服务体系建设上抓出成果。全国老龄办要参与协调推动出台《关于优先发展社会养老服务的若干意见》，各地也要进一步完善社会养老服务支持政策，建立健全老龄服务事业和产业协调发展的体制机制。要进一步争取加大财政资金投入，加速社会养老服务基础设施建设，突出社区居家养老服务、农村互助养老服务和护理型养老机构建设等重点，优先解决孤寡、失能、特困、留守、空巢、低收入等老年群体的特殊需求，努力实现“十二五”规划目标按时间进度均衡发展。要进一步鼓励和支持社会力量以多种方式参与社会养老服务，完善养老服务人员就业制度和政策，加强养老护理员职业技能培训工作，在做大养老服务产业的总盘子基础上，同步提升养老服务工作的质量和水平。

（四）在强化基层老龄工作上务求实效。2013年是基层老年协会建设推进年，各地要认真贯彻落实全国老龄办《关于加强基层老年协会建设的意见》，在健全组织机构、规范规章制度、加强队伍建设、推动场所建设等方面下功夫，切实加强基层老年协会规范化建设。各地老龄办要把基层老年协会建设工作纳入当地老龄工作年度考核指标，采取有力措施加快推进。要与基层党组织建设、和谐社区建设、新农村建设等相结合积极探索丰富多样的基层老年协会发展形式，争取多元资金投入，支持协会开展活动，充分发挥其在改善老年民生和推动社会发展中的积极作用。要搞好“敬老月”活动，力争在参与部门和人数、舆论宣传层次、老年人得到的实惠、产生的社会影响等方面有进一步突破。要抓好全国“敬老文明号”创建活动，进一步扩大活动覆盖面，充实内容、提升层次，将活动推向深入。今年下半年，将开展第一届全国“敬老文明号”评选表彰工作，各地要坚持公平、公正的原则，组织开展好评选表彰工作。全国“敬老文明号”创建活动领导小组办公室将适时开展抽查督导。要通过这些工作，将基层老龄工作能力提升到新水平。

同志们，发展老龄事业责任重大，使命光荣，让我们在以习近平同志为总书记的党中央坚强领导下，坚定信心、振奋精神、务实进取，为增进亿万老年人福祉不懈努力，为老龄事业创新发展作出新贡献！

在第二届全国老年人体育健身大会组委会第二次会议上的讲话

国家体育总局局长 刘 鹏

期盼已久的第二届全国老年人体育健身大会明天就要在北京拉开序幕了，在这里我代表国家体育总局对参加本届老健会的各位朋友表示热烈的欢迎，对长期以来为老年人体育事业的发展努力工作，付出辛勤汗水的各级老年体协和广大老年朋友，老领导们表示衷心的感谢。借此机会，我想就如何办好老年人健身大会和进一步推动老年人体育健身工作和大家交流两点想法。

一、同心协力，努力把老健会办成让老年人满意快乐的健身大会

首先是要充分认识举办老健会的重要意义。

大家都知道，我国的人口结构从20个世纪末已经进入老龄社会，目前正在向重度老龄化发展，未来人口老龄化形势比原来预测的要严峻得多。“积极老龄化”“健康老龄化”已经成为国家经济社会发展的一项重要战略任务，必须引起社会各界的高度重视。

2011年，国务院把举办第二届全国老年人体育健身大会写入了国家老龄事业发展“十二五”规划。这充分体现了党和政府对广大老年人身心健康的高度重视和亲切关怀，也充分的肯定了体育在应对人口老龄化过程当中的独特的作用，也进一步增强了我们办好老健会的信心和决心。

在去年和今年的全国体育局长会议上，我在工作报告当中都提到要筹备和举办好第二届老健会，要发挥体育在增强老年人身心健康、应对人口老龄化过程中的积极作用。办好老健会，推动老年体育事业发展，促进老年人健康愉悦，是体育系统贯彻落实党的群众路线教育实践活动的一个重要方面。如何做好这篇大文章，让国家和人民满意，还需要体育战线的全体同志们认真学习领会中央的精神，创新工作思路和方法，共同努力来完成，为老年人谋健康，为国家做贡献。

国家体育总局是老健会的主办单位之一，做好大会的各项组织服务工作，确保老健会圆满成功是体育总局应尽的责任，各级体育部门也要为本地区老年人参加老健会以及承办有关的交流比赛活动提供大力支持和周到服务。

二是要继续发扬第一届老健会的好传统，坚持创新发展。

2009年举办的第一届全国老年人体育健身大会，不仅为全国的老年人朋友搭建了一个重要的体育健身交流展示平台，而且也为其他群众性运动会，提供了有益的改革思路和经验。2010年全国体育大会借鉴了老健会有益的经验，提出了“淡化金牌、淡化锦标”，突出“重在参与、重在健身、重在快乐”的办赛原则，而且为奖励办法等等也进行了重要的改革，得到了社会各界的一致好评。2011年全国少数民族运动会，也相应的进行了改革，效果也很不错。因此在筹备和举办老健会的过程当中，一定要继承好传统，并且根据形势发展进一步改革创新，总结和积累新的经验。

三是要认真贯彻中央精神，坚持简约、俭朴、节省、务实原则来办好老健会。

在去年初健身大会筹备工作会上，张发强同志介绍了健身大会的开闭幕式的基本事务，提出了借助开展全民健身日主题活动平台，以达到“体现国家重视、感受北京精神、共享奥运成果”的目的。把老龄事业、体育事业、奥运文化传承融为一体，这种思路十分符合老健会的特点和形势发展要求。

根据中央八项规定，本届老健会将不举办单独的开幕仪式，不邀请领导出席、讲话、致辞和宣布开幕，充分体现了简约、俭朴、节省、务实的办会原则，再次开创了举办大型赛事活动的先河。明天举办的全民健身日主题活动，专门设计了老年人快乐健身的板块，把本届老健会开幕的一些必要的元素、内容融入其中了，我们相信这种感觉一定会得到广大老年朋友的认可和支持。

二、提高认识、履行职责，进一步做好老年人体育工作

老年体育工作是老龄事业的重要组成部分，也是体育事业的重要组成部分。“积极老龄化”“健康老龄化”需要大力发展老年体育，这就是急剧发展的人口老龄化新形势给体育事业带来的新的机遇和挑战。各级体育部门务必要提高认识、认真思考、积极应对、尽职履责，促进老年体育工作不断发展。

第一要牢固树立为老年人体育健身服务的思想理念。

老龄化社会的发展，使老年人群体日益壮大。如何不断满足老年人群体在医疗、养老、健康、精神文化生活上的需求，已经成为国家各部门必须面对和解决的重大问题。体育健身可以给老年人带来健康、为家庭增添幸福、助社会构建和谐、帮党政保一方平安。多年的实践证明，广大老年人已经成为全民健身事业中的基础人群、骨干队伍、有生力量和得力助手。正确认识老龄化社会与老年人群体的现实和未来，为促进老年人的体育健身服务，对于完善构建大群体格局，发展全民健身事业有着极为重要的作用。

第二要进一步加强老年人体育工作。

长期以来，体育总局十分重视老年人体育，积极为中国老体协开展工作提供指导、服务和支持。

去年体育总局就推进老年人体育发展，连续下发了5个文件。其中156号文件明确将中国老体协列为落实国务院《全民健身计划》和《中国老龄事业发展“十二五”规划》有关内容的责任单位。

冯建中同志在第二届老健会的筹备会成立大会上讲话，代表体育总局专门就“发挥体育在应对人口老龄化过程中的积极作用”做了讲话。从人口老化的严峻形势、老年体育的特殊作用、老年体育的双重属性、体育部门的职责任务、老年体育的工作方向五个方面明确了新时期开展老年体育工作的基本思路和工作方向。希望各级体育部门认真学习和领会体育总局对发展老年体育的基本指导思想，结合地方实际，切实加强老年体育工作，让老年体育在全民健身事业发展的大格局中焕发出新的生机与活力。

第三要积极探索各级老年人体协管理新机制。

今年，中国老年体育协会将迎来成立三十年，三十年来在党和政府的重视关心下，在全国老龄委、体育总局的指导支持下，中国老体协为发展老年人体育事业做出了巨大贡献。近年来，伴随人口老龄化进程加快，老年人的体育需求日益凸显，如何更好的发挥老年人体育协会在全民健身事业中的作用，需要我们从创新社会管理的角度入手，探索新的管理模式，创新工作机制和方法，使各级老年人体育组织在新时期焕发新生机。

当前，各级体育部门，要紧紧抓住转变政府职能和各类社团改革的良机，提高老年体育组织“自我发展、自我管理、自我服务、自律规范”的能力，积极争取民政部门的支持，努力探索符合时代发展要求和老年体育工作实际的老年体育管理新机制。同时要积极支持和帮助他们广泛开展贴近老年群众、形式多样的全民健身活动，为他们组织开展各类活动提供必要的场馆条件、技术指导和资金支持，共同促进老年体育事业取得新的发展。

各位委员、同志们、各位老领导，第二届全国老年人体育健身大会的各项赛事和交流活动，明天就要陆续展开，我们相信在各参赛代表团和承办单位的团结努力下，第二届全国老年人体育健身大会一定会圆满成功。我国的老年体育工作在社会各界的广泛参与和支持下，一定会取得新的进展。广大老年朋友们也一定会在参与体育健身活动中得到更多的健康和快乐。最后祝大家身体健康，生活幸福，精神愉悦，快乐长寿。

在2012年年度工作总结暨考核表彰会议上的讲话

全国老龄办党组书记、常务副主任 陈传书

（2013年2月27日）

同志们：

一年一度的总结表彰大会今天召开。刚才，宣读了表彰决定，总结了去年机关党建工作和纪检工作成绩，对2013年机关党组织建设和作风建设作了部署，提出了要求。在此，我首先对在去年工作中作出突出成绩受到表彰的同志们表示热烈祝贺！同时，也要对那些默默无闻为老龄工作作出重要贡献的无名英雄表示崇高的敬意！

一、2012年工作回顾

2012年，对老龄工作来说是不平凡的一年。在全体干部职工的共同努力下，老龄办机关的工作有起色、有突破，各部门的工作可圈可点。从工作成绩上来讲，去年有以下几个方面比较突出。

一是国家应对人口老龄化战略研究取得重大进展。这是机关各部门、各单位历时三年，积极配合，共同努力的结果。战略研究不断深入，在去年召开的全国老龄工作委员会第十四次全体会议上进行专题讨论，取得阶段性成果，得到良玉副总理和相关部门的高度评价。在此基础上，我们正在起草国家应对人口老龄化战略研究总报告和总报告的发布稿。同时，以战略研究为基础进行成果转化工作，起草了《国家老龄事业发展纲要（2013－2030）》。

二是老年法修订工作圆满完成。老年人权益保障法的修订工作，是老龄战线的一件大事，历时几年，经过老龄办机关很多同志的呕心沥血、共同努力。在修订过程中，我们积极参与，不断完善，使老年法新增内容多达1/3以上。修订后的老年法得到社会高度评价，对老年人权益维护和老龄事业发展都具有十分重要的现实意义和历史意义。

三是《中国老龄事业发展“十二五”规划》顺利实施。“十二五”规划以国务院名义下发后，各地非常重视，先后出台了相关规划和政策。同时，我们研究起草下发了“十二五”规划评估指标体系，为“十二五”规划中期检查和评估工作奠定了基础。

四是基层老龄工作开创新局面。去年在基层老龄工作方面，我们集中抓了两项工作。一个是基层老年协会建设。在广西召开了全国基层老年协会建设推进会，推广了广西经验。第二个是“敬老文明号”创建工作，召开了现场会，进一步浓厚了全社会尊老敬老良好氛围。继续开展居家养老服务信息平台建设试点工作。

五是国际交流与合作不断扩大。全国老龄办的外事宣传工作是比较好的。在外事交流过程中，我们大力宣传我国老龄工作方针，展示我国老龄事业成就，树立了我国在老龄事务方面良好的国际形象。最近，联合国秘书长在大会工作报告中对中国老龄事业发展给予了高度评价和肯定。稳妥地处理了有关敏感政治问题。

六是直属单位建设取得突出成绩。去年五个直属单位的变化较大，领导班子进行了不同程度的调整，但都实现了平稳过渡，发展趋势是向好的。机关服务中心克服困难，认真做好后勤保障工作，为大家提供了较好的工作和生活条件。中国老龄科研中心机构升级，加强了领导班子配备，科研业务进一步拓宽，社会影响面进一步扩大。老年人才信息中心做好传统业务的同时，拓宽合作渠道，加大信息工作为决策服务的力度。中国老年杂志社和华龄出版社成功完成了事业单位向企业转制工作，实现了平稳过渡，业务工作展现良好势头，经济效益进一步提高。

另外，我们几个社团工作也比较活跃，特别是中国老龄事业发展基金会和中国老龄产业协会。一方面围绕老龄事业中心工作开展业务，在推动老龄事业发展方面发挥了积极作用，另一方面积极配合机关业务工作，做出了贡献。中国老年学学会、中国老年大学协会也取得良好成绩。

2012年，各部门、各单位都做了大量工作，各部门主任、各单位负责人在不同场合已经做过详细总结，由于时间关系，在此我就不逐一列举了。

二、2013 年工作要求

2013 年的工作要点已经制定下发，各部门、各单位要遵照执行。希望大家在做好日常工作，认真完成年度重点工作和任务的同时，共同关注以下几项工作。

第一项是要深化人口老龄化战略研究。各部门、各位同志都要认真思考和研究。国家应对人口老龄化战略研究不是一个特定的研究课题，而是全国老龄办、全国老龄系统的一项经常性工作。人口老龄化是一个长期发展的过程，会不断地出现新情况、新矛盾、新问题。所以，我们要与时俱进，解放思想，开拓进取，围绕这些新情况、新矛盾、新问题，不断完善我们应对人口老龄化战略的体系和机制。德国已经先后发布了多次应对人口老龄化战略研究报告，日本每年发布一次。所以，我国应对人口老龄化战略研究要年年讲，作为我们一项经常性工作，以引起全社会对老龄问题的高度重视，引导各部门、各单位和社会各界不断完善应对人口老龄化战略的政策体系。

积极应对人口老龄化挑战，建立与老龄社会相适应的体制机制。在今年适当时候，战略研究总报告要向社会发布。

第二项是要做好老年法的普法宣传教育工作。要在全国掀起一个学习贯彻普及老年人权益保障法的热潮，把老年权益保障工作做好做实。在这个工程中，要特别注意推动各地老龄工作部门积极与当地人大等有关部门配合，搞好配套法规建设。出台老年人权益保障法的实施办法所产生的推动力量是巨大的。

第三项是要进一步做好中国老龄事业发展“十二五”规划的研究、督促和检查工作。规划是协调推动老龄事业全面发展的一种重要手段，更是议事协调机构一个很好的工作平台。今年要组织做好中国老龄事业发展“十二五”规划的中期检查工作。目前，《国家老龄事业发展纲要》已完成初稿，国家老龄产业发展规划纲要已形成征求意见稿。要积极进一步推动《国家老龄事业发展纲要》和《国家老龄产业发展规划纲要》的编制工作。

第四项是老年宜居环境建设。老年宜居环境建设问题是老龄办近几年来努力推动的一项重要工作，已经写入老年人权益保障法，联合国秘书长报告也对我们开展老年友好型城市试点建设给予了高度评价。我国人口老龄化与城镇化的过程是相伴随的，许多发展项目是相交织的。在整个城镇化建设过程中，我们必须树立前瞻性的老龄意识，使城市规划和建设、小区配套建设、养老服务机构的布局等方方面面，与人口老龄化发展要求相适应。必须把老年宜居环境建设问题摆上重要议事日程，制定完成好老年友好型城市和老年宜居社区指南。

第五项是以老年照护保障制度为突破，促进养老服务体系科学发展。养老服务体系建设是中国老龄事业发展“十二五”规划的重要内容，也是社会服务体系规划的重要组成部分。国家出台了专项养老服务体系规划，确定了居家为基础、社区为依托、机构为支撑的养老服务体系建设方针。养老服务体系建设既要讲生产，也要讲分配，建立健全老年护理保障制度，有利于公共养老服务产品的合理分配，也有利于处理好老龄事业和老龄产业之间的关系。只有把选择服务的权力交给老年人，才能把需求和供给有机结合起来，促进养老服务事业和产业协调发展。

第六项是基层老龄工作力求有新突破。基层老龄工作的关键就是要抓好基层老年人的社会化管理。重点是基层老年协会建设，特别是农村的老年协会建设。对农村老年人来说，尤其是农村空巢老年人，最需要的是有依靠。所以，在家庭小型化、家庭养老功能弱化、子女外出打工身边没人的情况下，健全基层老年协会是为老年人提供一个组织依托，是十分重要和必要的。要把基层的老年协会建立起来，成为老年人权益的代言人，为老年人解决各类问题。

第七项是机关的基础工作要再上新台阶。老龄办已经成立 20 多年，体制机制在不断变化中，日常工作的基础还是很薄弱的。我们要高度重视，认真研究，以基础建设为抓手，推动业务工作上新台阶。

第八项是密云的国际老年大学项目。要克服困难，积极推进，尽快开工。希望大家对项目建设工作多提建议，多参与，争取明年把一期工程搞完。

同志们，2013 年，我们要紧密团结在以习近平同志为总书记的党中央周围，深入贯彻落实党的十八大精神，加强作风建设，深化党风廉政建设，强化业务学习，搞好班子和队伍建设，开拓进取，扎实工作，为老龄事业的全面发展作出更大贡献！

在2013年全国老龄工作会议上的总结讲话

陈传书

（2013年7月3日）

同志们：

2013年全国老龄工作会议，在与会代表的共同努力下，圆满完成了各项议程，就要结束了。今年是全面深入贯彻落实中共十八大精神的开局之年，也是新一届全国老龄委履职的开局之年。今年的全国老龄工作会议，是在认真学习贯彻党的十八大精神的重要时期，在全国人民团结一致、全面建设小康社会的大好形势下，在老龄事业继续稳步发展的关键时刻召开的一次重要会议，也是一次站在战略的高度谋划未来、确定目标、做好当前和今后一个时期工作的动员会。

全国老龄委副主任、民政部部长、全国老龄办主任李立国同志亲自出席会议并作重要讲话，总结了2012年全国老龄工作，部署了2013年和今后一个阶段的老龄工作；阎青春、吴玉韶、朱勇三位副主任分别就老龄事业"十二五"规划中期检查、"敬老文明号"评选表彰和全国敬老月活动、《老年人权益保障法》宣传贯彻等工作进行了具体部署，鲍学全副主任把老龄产业规划的编制工作做了安排；辽宁、浙江、山东、贵州、甘肃、深圳等6省（市）从不同角度介绍了本地区推进老龄事业发展取得的新成绩、新经验、新举措，讲得都很好，他们的经验做法值得学习推广。

这次会议会期虽短，但内容丰富，意义深远。同志们回去后要及时向党委、政府领导汇报，传达王勇同志重要讲话精神和全国老龄委第十五次全会精神，并以适当方式向当地老龄委成员单位通报情况，争取党委政府的重视和支持，争取相关部门的协助配合。要尽快召开本地区的老龄工作会议，争取把工作会议精神传达到基层，结合当地实际，抓住工作重点和关键环节，把这次会议和十五次全会精神传达好、贯彻好、落实好。

今天与会的都是各地老龄办负责同志，下面，我就加强老龄工作机构能力建设，与大家交流思想。

一、要深刻把握新时期老龄工作的重点任务

从事老龄工作，首先要明确老龄问题的基本概念。老龄问题与老年人问题在概念上既有联系，又有区别。老龄问题最早出现在1977年12月16日，联合国通过了第32/132号决议，其中请各国就召开一次老龄问题世界大会是否可取一事提出意见，这是第一次提出老龄问题概念。1980年12月11日联合国大会第35/129号决议提出"鉴于老龄的个人和人口的老龄化问题之间的相互关系，决定把年长人问题世界大会改名为老龄问题世界大会"。1982年老龄问题世界大会通过的国际行动计划指出，《老龄问题国际行动计划》既处理各种影响到老年个人的问题，也处理同人口老龄化有关的问题，并将老龄问题概括为人道主义和发展两个方面。人道主义问题涉及年长者的特殊需要，包括保健与营养、住房与环境、家庭、社会福利、收入保障与就业以及教育。发展方面问题涉及的是以总人口中老年人所占比率增加为主要特征的人口老龄化所造成的社会经济问题，包括人口老龄化对生产、消费、储蓄、投资，以及反过来对一般社会经济状况和政策所起的影响。这是国际上通用的"老龄"概念，我们讲的老龄问题也是这个概念，老龄工作也是这个范畴。

1999年，我国进入人口老龄化社会伊始，胡锦涛同志代表中国政府发表电视讲话，提出了中国政府积极应对人口老龄化的方针和理念。2000年，党中央国务院做出了加强老龄工作的决定，指出人口老龄化是关系国计民生和国家长治久安的重大问题。总的来讲，现在的老龄工作领域集中体现在"六个老有"，这也是老龄工作目标。从刚才的概念来讲，老龄工作必须站位更高一点，视野更宽一点，目标更远一点。要从保障老年人的合法权益、积极应对人口老龄化以及推动老龄事业和国家各项事业全面、健康、协调发展的角度来思考老龄工作的基本任务，来制定老龄工作的基本方针，这是新时期老龄工作的基本观念。

同时，必须清醒认识到，我国面临日益严峻的人口老龄化形势。1999年末，60岁以上老年人口达到10%，去年年末达到14.3%，平均每年增加0.4个多

百分点。这个时期老年人口比重的增长在相当大的程度上是受到了少儿人口减少的影响。1990年少儿人口比重占28%，2010年下降至16.2%。少儿人口比重的下降推动了老年人口比重的上升，表现为底部老龄化。目前。劳动年龄人口仍处于高峰，社会抚养比也处于较低水平，去年为46%。国际社会讲的人口老龄化的挑战和问题，严格来讲在我国还没有出现，出现的是社会政策和社会保障制度不完善带来的问题，不属于人口老龄化本身的问题。但是，目前已经进入人口老龄化快速发展阶段，未来20年每年将增加老年人口1 000万，是人口老龄化发展最快的时期。随着时间的推移，建国后出生的人口逐步进入高龄阶段，人口老龄化伴随高龄化，有效社会抚养比将迅速攀升，老龄化问题将日趋严重，挑战将逐步突出。一方面是人口老龄化带来的社会抚养比的上升，加重了社会养老保障的负担；另一方面还存在传统的社会保障制度在新形势下的不适应问题。2030年以后，我国老龄化形势更加严峻，老年人将占人口1/4，达到目前欧洲的水平，到2050年老年人达到1/3，将比现在人口老龄化最严重的国家面临的压力还要大。

因此，老龄工作要立足当前，着眼长远，既要考虑当前人民群众最关心、最迫切、最直接的需求以及相关的社会矛盾和问题，又要考虑未来人口老龄化条件下的经济社会发展的可持续性问题，全面把握老龄工作历史使命和重点任务，推动老龄事业科学发展。一是要牢固树立以“发展、保障、健康、参与、和谐”为重点的积极老龄化理念。二是要着力推进老龄战略规划、养老保障、老龄服务、健康支持、宜居环境、群众工作等六个体系建设。三是努力实现“老有所养、老有所医、老有所教、老有所学、老有所为、老有所乐”工作目标。四是健全完善党政主导、老龄委协调、部门尽责、社会参与、全民关怀的大老龄工作格局。各级老龄工作机构都要认真领会全国老龄委对新时期老龄工作总体部署的基本精神，结合当地实际情况，进一步明确老龄工作的重点任务，全面推进老龄事业又好又快发展。

二、要着力完善老龄工作的体制机制

完善老龄工作的体制机制，是发展老龄事业的重要保证。各地实践经验表明，无论发达地区还是欠发达地区，凡是老龄工作体制机制顺畅、老龄工作力量较强的地方，老龄事业的发展速度均相对较快；反之，老龄事业的发展状况就不尽人意。大家必须明确一个道理，在老龄工作领域，先进的组织管理能产出先进的生产力。因此，全国老龄工作委员会第十五次全体会议要求各地进一步加强老龄工作机构建设，选配能力强的干部从事老龄工作。加强老龄工作体制机制建设，要积极争取党政领导和相关部门的理解和支持，向最好的目标努力，同时要明确几个基本理念。

首先，要着力构建大老龄工作格局。老年人是社会的重要组成部分，老龄事业渗透在中国特色社会主义事业五位一体总布局的各个方面、各个层次、各个部分，任何一个部门都不可能包揽老龄工作全部事务。涉及老年人的事务繁多，必须着力构建齐抓共管的大老龄工作格局。要充分发挥社会公共服务平台和社会公共服务体系为老服务的基础作用。老年人本身就是各个政府部门的服务对象，社会都来重视老龄问题，形成大老龄工作格局。各地老龄委作为议事协调机构，要善于调动老龄委各个成员单位发展老龄事业的积极性，关注突出矛盾，抓好薄弱环节，推动老龄事业全面、健康、协调发展。

第二，要充分发挥老龄委的议事协调职能。各级老龄委是代表党委和政府统筹协调推动各部门开展老龄工作的议事协调机构，肩负着统筹协调、督促检查的职能。当前，医护型养老机构缺乏、老年护理保障制度缺失、补充养老保险发展受阻、社会力量参与养老服务渠道不畅、老龄服务顶层设计缺乏、宜居环境建设前瞻性不够、老年社会管理工作薄弱等，都应当成为各级老龄委协调推动解决的重点问题。各地要加强老龄委建设，完善老龄委议事规则，积极发挥老龄委议事协调和督促检查的作用。老龄办是老龄委的办事机构，对老龄委起参谋作用。老龄办是通过老龄委来发挥作用、体现价值的，要牢固树立为老龄委决策服务的思想，单靠老龄办来抓项目，服务不了多少老年人。要把工作重心转移到服务于老龄委上来，通过老龄委来推动当地老龄工作全面发展。对此，大家在工作中要加以重视。

第三，要积极提高老龄委办公室的履职能力。各地普遍关心老龄委办公室体制机制问题。目前，各地老龄委办公室的设置有三种模式。一是依托民政部门，为民政代管机构，或为内设机构，或为合署办公。凡是这种体制的地区，应向各地编制部门据理力争列为行政机构。二是与老龄协会合署办公模式。这种模式是参照残联和妇联的模式，是议事协调机构的办事机构。因为老龄办工作承担三种基本职能：老龄委的办事机构、老龄问题的研究机构、老年人的代表机构。所以，合署办公这种模式对老龄工作还是相对有利。三是机构相对独立模式。这部分有的是行政编制，有的是参公管理事业编制。从长远来说，党中央国务院文件明确规定各级政府要参照中央设立老龄工作的议事协调工作机构，并在民政部门设立精干的办事机构。但是，必须认识到，任何事物都有一个发展的过程，随着老龄工作的作用日益突出，各地老龄工作体制机制总体在向好的方向发展，老龄机构在不断壮大。我们要有坚定的信心和必要的耐心，相信会越来越好。

另一方面，老龄办要明确职能定位，不断加强自身能力建设。客观而言，老龄工作是党委工作的一部分，政府工作的一部分，社会工作的一部分。老龄委办公室往往承担研究机构、办事机构和老年人权益代表机构等多重职能。其中，为老龄委议事协调工作服务是各级老龄办的基本职能。我国政府系统的组织结构是直线职能制，而全国老龄工作系统的组织结构属于直线参谋制。老龄委办公室是老龄委的参谋机构，为老龄委开展工作服务，通过老龄委发挥议事协调职能。应当看到，一年一度的老龄委全体会议部署工作，以及老龄事业发展规划和一些重要政策出台，对老龄事业发展起到了巨大推动作用，老龄委办事机构的价值就体现其中了。因此，各级老龄委办公室，要认清使命，积极转变观念、转变职能、转变作风、转变工作方式，把工作重心转移到为老龄委议事协调工作服务上来，建设学习型、研究型、创新型、服务型机关，提高履职能力，发挥更大作用。

三、要切实抓好会议部署的专项工作

2013 年已经时间过半，在做好日常工作的同时，下半年全国老龄系统要集中力量抓好六项重点工作。一是研究制定老龄事业发展纲要和老龄产业发展规划，需要各地老龄办积极参与；二是开展老龄事业“十二五”规划中期检查；三是宣传贯彻《老年人权益保障法》；四是组织“敬老月”和“敬老文明号”命名表彰活动；五是发布国家应对人口老龄化战略研究报告；六是抓好基层老年协会建设。总的来说，下半年的工作时间紧，任务重，全国老龄系统要高度重视，上下同心，紧密配合，共同把本次会议部署的各项工作抓紧抓好，抓出成效。

在全国老龄工作委员会第十五次全体会议上的发言提纲

财政部副部长 王保安

（2013 年 5 月 28 日）

尊敬的王勇国务委员、同志们：

按照会议安排，下面我汇报一下近年来财政部门支持老龄事业发展所做的工作及下一步工作打算。

一、财政部门不断加大支持老龄事业发展工作力度

近年来，财政部党组高度重视老龄工作。按照党中央、国务院的有关决策部署，认真贯彻《老年人权益保障法》《中共中央、国务院关于加强老龄工作的决定》和《中国老龄事业发展“十一五”规划纲要》，及时向全国人大、全国政协和全国老龄委汇报相关政策落实情况；积极参与相关法律文件的修订和国家应对人口老龄化战略研究，重点保障老年人基本生活；合理调整支出结构，努力增加财政投入，支持做好各项老龄工作。

（一）努力保障城乡老年人“老有所养”。一是积极推进城乡居民养老保险制度全覆盖。2009 年以来，各级财政部门足额安排补助资金，大力推进新型农村和城镇居民社会养老保险（以下简称新农保和城居保）试点，不断扩大试点范围，并于 2012 年年底前实现了两项制度全覆盖。二是连续提高企业退休人员基本养老待遇水平。从 2005 年起，财政部会同有关部门连续 8 年提高企业退休人员基本养老金。截至 2012 年底，企业退休人员月人均基本养老金已达到 1 721元，比 2005 年翻一番多。三是全力确保基本养老金按时足额发放。近些年，财政部不断加大对企业职工基本养老保险、新农保和城居保的补助力度，2003—2012 年，中央财政共下达三项养老保险补助资金 1.2 万亿元。四是切实保障有特殊贡献老年人安享晚年。近年来，财政部配合有关部门出台了老烈士子女定期生活补助政策，并提高离休干部和建国前老工人生活补贴标准，更好地保障这部分老年人的晚年生活。

（二）努力保障城乡老年人“病有所医”。一是稳步推进医疗保险制度建设。各级财政部门大力支持深化医药卫生体制改革，不断完善城镇职工基本医疗保险（以下简称职工医保）、城镇居民基本医疗保险（以下简称居民医保）和新型农村合作医疗（以下简称新农合）制度。2012年将各级财政对参合农民和参保居民的补助标准提高到每人每年240元，进一步提高老年人的医疗保障水平。二是大力加强基层卫生服务体系建设。财政部门持续加大对基层医疗卫生机构基本建设、设备购置以及人才培训方面的投入力度，不断提升基层医疗卫生机构的服务能力和水平，方便老年人就近看病。三是切实加大公共卫生投入。逐步提高基本公共卫生服务经费标准，2012年人均经费标准提高到每人每年25元以上，并相应增加65岁以上老年人等重点人群的检查项目，促进提高老年人健康水平。据统计，2009—2012年，全国和中央财政累计医疗卫生投入分别为22 427亿元和6 555亿元。

（三）努力保障城乡老年人“困有所助”。一是切实保障困难老年人的基本生活。财政部会同有关部门建立社会救助和保障标准与物价上涨挂钩的联动机制，及时发放物价补贴，并指导地方合理调整低保标准，确保老年低保对象、五保供养对象和优抚对象的基本生活不受物价上涨的影响。二是着力解决困难老年人基本居住安全问题。在不断完善城市保障性住房和廉租房制度的同时，积极实施农村危房改造试点，并逐步提高补助标准。2008—2012年，中央共安排农村危房改造补助资金731.7亿元，帮助包括老年人家庭在内的1 033.4万贫困农户进行危房改造。三是进一步加大对困难老年人的医疗救助力度。将低收入家庭老年人纳入医疗救助范围，资助其参加居民医保或新农合制度，提高救助水平，取消救助起付线，稳步提高封顶线和自负医疗费用救助比例。

（四）努力促进老龄事业和老龄产业协调发展。一是全面建立老龄工作机构经费保障机制。各级财政部门已将老龄机构工作经费纳入同级财政预算，切实确保老龄机构的正常运转。二是逐步形成老龄事业发展多渠道筹资机制。通过财政预算安排、彩票公益金资助和社会捐助等，逐步增加老龄事业投入，形成稳定的投入增长格局。三是研究探索老龄产业发展政策引导机制。财政部会同有关部门进一步完善包括老龄产业从业人员在内的劳动者职业培训补贴政策，提高老龄产业从业人员技能素质；继续落实有关税收优惠政策，充分发挥政府引导和市场调节作用，调动社会力量参与老龄产业发展的积极性。

二、财政部门进一步支持老龄事业发展的初步考虑

今后一个时期是我国应对人口老龄化挑战的关键时期，财政部门将按照党中央、国务院的有关方针政策和这次会议的要求，进一步发挥财政职能作用，优化财政支出结构，会同有关部门全面推进老龄事业健康持续发展。

（一）积极参与研究应对人口老龄化战略问题。继续支持国家应对人口老龄化战略研究，主动配合全国老龄办指导各地贯彻落实《中国老龄事业发展“十二五”规划》。同时，会同有关部门深入研究拓宽基本养老保险基金投资渠道和保值增值问题，提高养老保险基金的支撑能力。

（二）努力形成老龄事业发展长效投入机制。继续落实老龄机构工作经费财政保障机制，确保各级老龄工作机构正常运转。借鉴国内外经验，综合考虑长远发展与现实需要，充分发挥财政资金的引导作用，多渠道筹集老龄事业发展经费，逐步建立与经济社会和老龄事业发展相适应的经费投入机制。同时，继续落实财政、税收和土地等方面的优惠政策，不断完善市场要素，充分发挥市场在老龄事业发展方面的基础性资源配置作用。

（三）着力解决老年人反映突出的养老和医疗保障问题。进一步完善企业职工基本养老保险制度，巩固城乡居民养老保险制度全覆盖成果，研究建立城乡居民养老金正常调整机制，做好城乡养老保险关系转移接续工作；继续加大投入，确保基本养老金按时足额发放，保障老年人老有所养。加快健全全民医保体系，逐步提高新农合和居民医保财政补助标准；继续支持医药卫生体制改革，完善基本药物制度和基层运行新机制；推进公立医院改革，促进基本公共卫生服务均等化，让更多的老年人享受到价格合理、质量较高的医疗卫生服务。同时，进一步加大包括医疗救助在内的社会救助力度，适当扩大救助范围，逐步提高救助标准，切实帮助贫困老年人解决基本生活和医疗问题。

下一步，我们将深入贯彻落实党的十八大精神，在党中央、国务院的坚强领导和有关部门的密切配合下，积极发挥财政职能作用，努力谱写老龄事业发展的新篇章，为促进国民经济健康持续发展与社会和谐稳定，做出新的更大的贡献！

在全国老龄工作委员会第十五次全体会议上的发言

国家卫生计生委副主任　王培安

（2013 年 5 月 28 日）

尊敬的王勇国务委员，各位领导：

党的十六大之后特别是近几年来，原卫生部、国家人口计生委认真贯彻中共中央、国务院《关于加强老龄工作的决定》以及中国老龄事业发展“十一五”“十二五”规划精神，围绕重点问题，研究制定相关政策措施，取得积极成效。做好老龄工作也是国家卫生计生委的一项重要工作内容。下面，按照大会安排，我汇报两方面的情况。

一、卫生计生领域老龄工作取得积极进展

（一）完善老年医疗保障政策和措施，提高医疗保障水平，推进基本公共卫生服务。我委将老年卫生重点工作纳入“十二五”卫生发展规划。继续巩固和发展新型农村合作医疗制度，各级财政的人均补助标准从 2003 年的 20 元提高到目前的 240 元，政策范围内住院费用报销比例提高到 75%。积极推进农村重大疾病医疗保障试点工作。继续实施国家基本公共卫生服务项目，免费为 65 岁以上老年人每年开展一次体检和健康咨询指导，并建立健康档案。

（二）加强医疗服务体系建设，提高老年卫生服务水平。制定医疗机构设置规划，积极发展老年病医院、护理院、康复医院等，加强培训，提高老年护理和康复服务能力。把慢性病防治作为卫生工作重点。启动实施“十二五”时期“老年病防治研究”项目。

（三）计划生育家庭老年扶助政策体系不断完善。全面实施农村计划生育家庭奖励扶助制度和特别扶助制度，逐步扩大政策覆盖面，建立扶助标准动态调整机制。2012 年起将农村奖励扶助标准从每人每月 60 元提高到 80 元，特别扶助标准分别从 100 元、80 元提高到 135 元、110 元。迄今，两项制度惠及 600 多万人，各级财政共投入 200 多亿元。

（四）人口老龄化问题政策研究进一步深化。2004 年到 2006 年，在国务院的领导下，组织开展国家人口发展战略研究，对我国人口老龄化问题进行了全面分析研究。在此基础上，近年来围绕人口老龄化与人口政策、社会经济发展及独生子女父母养老等问题组织课题研究，提出战略措施和政策建议，为决策提供参考。

二、今后一个时期的工作思路

一是继续巩固完善新农合制度。继续做好新农合制度建设，扩大参合范围，提高筹资水平，到 2015 年，人均补助标准将进一步提高到不低于 360 元。

二是继续开展国家基本公共卫生服务老年人健康管理项目。发挥社区乡镇医疗卫生机构的基础作用，落实健康服务项目，增加老年人中医服务内容，加强老年人健康管理工作的监督和评估。

三是进一步完善老年卫生服务体系。鼓励建立专业老年医疗和护理机构，开展康复医疗服务体系建设。组织老年长期护理服务试点工作。加强对专业人员的培训，提升服务水平。继续做好老年人疾病防控工作，普及老年健康知识，不断提高老年人群健康水平。

四是深化计划生育家庭养老扶助工作。完善落实农村奖励扶助制度和特别扶助制度，广泛开展“生育关怀行动”。重点做好计划生育特殊困难家庭的养老扶助工作，组织动员社会各方面的力量，力争保障这些家庭达到当地居民平均生活水平，并在养老照料、医疗护理等方面对他们适当照顾。

五是逐步完善人口政策。坚持计划生育基本国策，逐步完善政策，改善人口结构，促进人口长期均衡发展。

我委将进一步加强与各成员单位的协调配合，认真做好有关卫生计生老龄工作，提高为老年人口服务的能力，为推进中国老龄事业发展、构建社会主义和谐社会作出贡献。

在中央国家机关离退休干部工作交流会上的讲话

中央国家机关工委副书记 邵旭军

（2013 年 1 月 23 日）

同志们：

今年是全面贯彻落实十八大精神的开局之年，是实施“十二五”规划承前启后的关键一年，也是为全面建成小康社会奠定坚实基础的重要一年。按照中央的要求，今年我们要深入学习贯彻党的十八大精神和习近平同志一系列重要讲话精神，以提高经济增长质量和效益为中心，牢牢把握加强党的执政能力建设、先进性和纯洁性建设这条主线，广泛开展以为民务实清廉为主要内容的党的群众路线教育实践活动，以改革创新精神全面推进党的建设新的伟大工程，全面提高党的建设科学化水平。

离退休干部是党和国家的宝贵财富，是中国特色社会主义的坚定拥护者，是我们党执政兴国的重要资源，离退休干部党组织建设是党的全部工作的重要组成部分。刘云山同志在去年 12 月份给老干部工作的重要批示中指出：要认真贯彻党的十八大精神，自觉把老干部工作作为组织工作、干部工作的重要组成部分，切实加强领导。在新的形势和环境下，全面做好离退休干部工作、加强离退休干部党组织建设，对于推动科学发展，全面建成小康社会，夺取中国特色社会主义新胜利具有十分重要的意义。下面，我讲三点意见。

一、切实抓好当前的首要政治任务

党的十八大是在我国进入全面建成小康社会决定性阶段召开的一次十分重要的大会。党的十八大报告描绘了全面建成小康社会、加快推进社会主义现代化的宏伟蓝图，为党和国家事业发展指明了方向。我们要按照中央的部署和中组部《关于全国老干部工作部门认真组织学习贯彻党的十八大精神的通知》要求，认真学习、广泛宣传、全面贯彻党的十八大精神，切实加强对离退休干部的思想引导，用党的十八大精神统一思想、意志和行动，为完成党的十八大确定的各项重大决策部署提供坚强保证。

一是要深刻领会和准确把握党的十八大的精神实质。深刻领会党的十八大的主题，深刻领会科学发展观的历史地位、科学内涵和指导意义，深刻领会中国特色社会主义道路、理论体系、制度和基本要求，深刻领会中国特色社会主义事业总体布局和战略部署，深刻领会全面提高党的建设科学化水平的新要求，切实把思想和行动统一到党的十八大精神上来。二是老干部工作部门的主要负责同志要带头学习。十八大报告提出了“全面做好离退休干部工作”的要求，作为中央国家机关各离退休干部工作部门的主要负责同志，我们不仅要从离退休干部工作对象、工作内容、工作方法等方面来全面理解和把握，而且要从党和国家工作全局的高度来加深认识和理解。要以高度的政治自觉和责任意识，以身作则、率先垂范，带着责任、带着问题，先学一步、学深一些，以自身的表率作用带动本部门和离退休干部党支部的学习，努力在武装头脑、指导实践、推动工作上下功夫。三是要结合实际抓好贯彻落实。用党的十八大精神着力谋划离退休干部工作，紧密联系实际，抓好离退休干部党组织建设和党员队伍建设，促进学习成果的转化。要及时总结宣传各部门学习贯彻党的十八大精神的经验做法，把学习不断引向深入，取得实效。

二、加强和改进离退休干部思想政治工作

当前，我国正处在全面建成小康社会的关键时期和深化改革开放、加快转变经济发展方式的攻坚时期。贯彻落实党的十八大战略部署，推动科学发展、促进社会和谐，加强党的先进性建设和纯洁性建设，弘扬“为民、务实、清廉”的党的群众路线，都需要充分发挥广大离退休干部的独特优势和作用，为党和国家各项事业的发展凝聚起更广泛、更可靠的力量。同时，在世情国情党情深刻变化的大背景下，离退休干部队伍也出现了许多新情况新问题，呈现出人员结构、思想状况、利益需求、生活方式等日趋多样化的新特点，给离退休干部工作带来了新的挑战。特别是在我国思想文化领域更为开放、信息传播渠道更加多元、经济社会变革时期各种社会热点问题叠加出现的情况下，离退休干部的思想状况也日趋活跃和复杂，需要进一步加强离退休干部的思想政治建设。

加强离退休干部的思想政治建设，要善于从政治高度把握离退休干部工作要求，特别是要针对退休干部队伍数量庞大、相对年轻、思想活跃而思想政治工作比较薄弱的情况，通过加强思想政治建设，不断提高离退休干部工作的水平。一是要加强理论学习。深入开展中国特色社会主义理论体系学习教育，加强理想信念教育，引导离退休干部坚定中国特色社会主义理想信念，勉励广大离退休干部珍惜光荣历史、永葆革命本色，作政治坚定、思想常新、理想永存的表率。二是要加强思想引导。围绕改革开放和现代化建设中的重大问题及离退休干部共同关心的热点、焦点问题，加强时事政策教育，做好解疑释惑工作。前不久召开的全国老干部局长会议提出，在当前，尤其要教育老干部深刻认识党的两个历史问题决议总结的经验教训，正确把握改革开放前和改革开放后两个历史时期的相互联系和重大区别，正确看待现实生活中的各种矛盾问题，分清主流和支流，增强对党和国家、对中国特色社会主义、对改革开放的信心。引导广大离退休干部自觉讲政治、顾大局、守纪律，旗帜鲜明地抵制各种错误思想和行为。三是要注重解决实际问题。深入了解离退休干部的所思所盼，把思想政治工作与解决现实问题结合起来，从老同志最关心、最迫切、最需要解决的问题入手，带着感情、倾注真情、满腔热情，把老干部工作当做事业来做，而不仅仅是一份职业，为老同志办实事、解难事、做好事，多做雪中送炭之事，多解燃眉之急，做到“老有所需、我有所应，老有所难、我有所助”，真正把党的关怀送到老同志心坎上。四是要树立典型弘扬新风正气。充分利用各种媒体和老同志喜闻乐见的形式，生动反映先进典型的精神风貌，热情讴歌先进典型的优秀品质，广泛宣传先进典型的感人事迹，大力发挥典型的引领示范作用，弘扬社会主义道德风尚，引导离退休干部见贤思齐、创先争优、永葆先进。

三、探索创新离退休干部党组织建设

党的基层组织是党的全部工作和战斗力的基础，是落实党的路线方针政策和各项工作任务的战斗堡垒。离退休干部基层党组织是党联系老同志的桥梁和纽带，是离退休干部党员履行权利义务、发挥作用的阵地，也是他们实现自我教育、自我管理、自我服务的重要渠道。加强离退休干部党组织建设，既是提高基层党组织整体凝聚力和战斗力的客观需要，也是保证离退休干部党员思想政治工作有人做、服务管理有人抓的必然要求。

要按照中央的部署要求，坚持把离退休干部党支部建设纳入党的基层组织建设总体规划，统筹安排，分类指导，整体推进。一是积极探索创新党支部设置方式。针对离退休干部党员队伍构成和管理方式、居住方式等变化情况，本着有利于把老同志组织起来、有利于教育管理和有利于发挥作用的原则，科学合理地设置好离退休干部党支部，理顺党员的组织关系，保证所有党员都能纳入党组织的教育管理中。要选好配强离退休干部党支部书记。尤其要把政治水平高、组织能力强、身体状况好、热心奉献的同志推选出来，发挥他们敢抓善管的作用。二是积极探索发挥离退休干部在开展群众工作中的积极作用。针对离退休干部阅历和经验丰富的特点，发挥离退休干部在为群众服务、做群众工作中的积极作用，组织动员老同志热心参与社会公益事业，关心教育下一代，协助做好党的群众工作，为促进社会和谐稳定多做贡献。三是积极探索离退休干部党支部工作规律。按照中央领导的要求，国家机关工委将适时出台关于加强中央国家机关基层党组织建设的指导意见，工委老龄办也要深入调研，制定关于加强中央国家机关离退休干部党组织建设的指导性意见，不断提升离退休干部党建工作科学化水平。

同志们，全面做好新形势下离退休干部工作使命光荣，责任重大，任务艰巨。全国老干部局长会议已对做好今年和今后一个时期的老干部工作，作出了全面部署，提出了明确要求。希望大家继续发扬实践中积累的宝贵经验，着眼老龄和老干部工作的新形势、新特点、新任务，深化认识，把握规律，开拓创新，不断加强和推进中央国家机关离退休干部工作，努力做到让党放心、让老同志满意！

在（重庆）市老龄工作委员会第十次全体会议上的讲话

重庆市副市长 市老龄委主任 刘强

（2013 年 8 月 14 日）

同志们：

今天我们在这里召开老龄委第十次全体会议，主要任务是：学习传达全国老龄委第十五次全会精神，总结交流我市老龄事业发展情况和工作经验，研究部署全市老龄工作。刚才，沈文彪同志代表市老龄委对去年工作进行了总结，对今后一个阶段和本年度工作进行了安排；市发改委、市交委、市财政局、市人力社保局、市卫生局、市民政局负责同志分别介绍了本部门开展老龄工作的有关情况；与会同志对做好老龄工作提出了很好的建议和意见。会后，请市老龄办根据大家的意见对工作报告修改完善后尽快下发。下面，我讲三点意见。

一、过去五年老龄工作富有成效

过去五年，在市委、市政府的坚强领导下，全市老龄委成员单位扎实工作，社会各界大力支持、协同推进，广大老龄工作者默默奉献、辛勤耕耘，积极应对人口老龄化，有力推进了老龄事业科学发展。

（一）老年群众民生得到改善。五年来，企业退休职工养老金大幅提高，从 2005 年月人均 553 元增加到今年的 1 976 元，翻了三番多，受益人群超过 132 万；政府每月补贴农村老年居民基础养老金 80 元，300 多万农村老年居民应保尽保；解决了 90 万征地农转非人员、14 万三峡库区淹没农转非移民和近 20 万城镇用人单位超龄未参保人员的养老保险问题；28 万城乡低保老年人保障标准分别从 230 元和 139 元提高到现在的 330 元和 190 元，70 岁以上还额外增加 45 元和 30 元。农村五保对象和城市三无老人供养标准从每月 139 元和 230 元增加至 270 元和 415 元，受益人群超过 17 万。老年人免费乘公交车线路增加到 457 条，免费进公园（景点）增加到 396 个，对 70 岁以上老年人执行了免费乘坐主城公交、轻轨和地铁政策。

（二）老龄事业发展迅猛。五年来，我市在全国率先出台征地农转非人员和城镇用人单位超龄未参保人员养老保险办法，农村养老保险制度从无到有，在全国率先实现全覆盖。同时，在全国率先实施了空巢老人关爱行动，率先建立了城市三无人员供养保障制度，率先建立了社会救助保障标准与经济发展水平和物价上涨的“双联动”机制。我市还投入 20 多亿元新建和改扩建乡镇敬老院、区县福利中心等养老机构 549 个，全市养老服务床位达到 12.8 万张，千名老人拥有床位 22 张，养老服务条件显著改善。

（三）敬老社会氛围浓厚。五年来，全市相继开展了孝亲敬老系列评选活动、敬老月活动、普法教育活动、法律援助活动、敬老文明号创建活动等多种形式的敬老助老活动，积极倡导敬老、助老、养老，积极倡导共建、共享、共融，营造了政府关心、社会关爱、家庭关切的良好社会氛围。

二、强化认识，进一步增强老龄工作的使命感和责任感

老年群体为重庆改革发展做出过巨大贡献，是党和政府的宝贵财富。老龄工作事关和谐稳定，影响深远，各级各有关部门要强化认识，进一步增强做好老龄工作的责任感和使命感，促进老龄事业和老龄产业又好又快发展。

（一）深化对全市人口老龄化形势的认识。由于经济的高速发展、物质的极大丰富，医疗条件的快速改善、健康水平的不断提高等多种因素，我市人口老龄化形势日益严峻，截至 2012 年底，全市 60 岁及以上户籍老年人口 584.41 万，占总人口的 17.47%，老年人口呈现出“三个加快”的势头。一是老年人口增速加快。全市老年人口近几年一直保持年均 20 多万的增长态势。据预测，2036 年我市老龄化程度将达到 35%，即每三个人就有一个老年人，劳动力供养负担不断加重。二是高龄老人增速加快。全市 80 岁以上高龄老人 82.22 万，占老年人口的 14.1%；失能、半失能老年人达到 113.96 万，占老年人口的 19.5%，对护理照料的需要不断增加。三是空巢化加快。因子女外出务工、经商、上学、婚嫁等原因造成大量老人空巢，对养老服务的需求不断增强。

（二）深化对“未富先老”市情的认识。我市于1994年，早于全国五年进入人口老龄化社会，时至今日，经济发展水平与沿海地区还有差距，而人口老龄化程度已排全国第五位，“未富先老”特征明显，应对老龄问题的经济基础薄弱。这就意味着我市经济增长压力增强、医疗养老保障负担增重、养老服务需求增长、城乡统筹发展难度增大、社会管理要求增高的多重压力，如果处理不当，就会拖累我市现代化建设进程。因此我们研究制定老龄工作方针政策必须立足于现阶段经济社会发展水平，在思想、理论、法规、政策、物质、社会氛围以及组织上、工作上不断进行探索、发展、完善和加强，努力走出一条有重庆特色的应对人口老龄化之路。

（三）深化对老龄突出问题的认识。全市农村老年人口比城市高30万，农村老年人的生活还很困难；老龄事业投入不足的问题还没有从根本上解决；社会力量的参与还远远不够；老龄工作的体制机制还不能完全适应人口老龄化的要求；有些如养老待遇差距大、延迟退休年龄等热点问题，社会关注度高、涉及面广、情况复杂，解决起来难度很大，需要各级各部门从举措上、政策上、投入上、基建上开拓创新，下足功夫，做好文章。

三、加大力度推进老龄事业和老龄产业发展再上新台阶

（一）努力保障和改善老年民生。党的十八大报告明确提出“大力保障和改善民生”，“积极应对人口老龄化，大力发展老龄服务事业和产业”；市委、市政府高度重视保障和改善老年民生工作。市第四次党代会提出“健全社会保障体系，切实解决群众后顾之忧”，市委四届二次全会指出“要着力保障改善民生，切实解决好群众最关心、最直接、最现实的民生问题”。市委书记孙政才不久前对建设没有围墙的养老院作出批示。市长黄奇帆在第四届人大一次会议上作市政府工作报告中提出：“全面增强社会保障能力”，“大力发展老龄服务事业和产业”。老年民生涉及老年人的养老、医疗、维权、居住、活动、照料等多个方面，其中“老有所养”“老有所医”是老年人最关心的问题，也是社会保障体系建设中的重中之重。要加快和完善以社会保险、社会救助、社会福利为基础，以基本养老、基本医疗、最低生活保障为重点，以慈善事业、商业养老保险为补充的社会保障制度体系，结合经济社会发展实际，不断提高保障水平。

当前要构筑好三条“保障线”。第一条是基本养老保险。要围绕机关人员、企业人员、事业人员、城镇居民、农村居民五大类人群，尽可能提标扩面。第二条是基本医疗保险。在完成市级统筹后，适时提高医保待遇。第三条是社会救助。加大城乡低保、五保供养、医疗救助、临时救助力度。

（二）大力发展老龄服务事业和老龄产业。老龄服务事业包括权益维护、敬老优待、养老服务、生活照料及精神文化生活等各个方面。老龄产业是为老年人提供产品、服务和就业的各种行业的总称。各有关部门要积极行动起来，着力改善社会保障待遇，促进人人享有社会保障；着力发展社会养老服务，统筹居家养老、机构养老；着力办好老年教育，倡导积极健康老龄化；着力扶持老年社会组织发展，发挥引领作用；着力推进宜居建设，改善老年人生活环境；着力发展老龄产业，满足老年人消费需要。

近期，市委、市政府正在酝酿出台《关于大力发展老龄服务事业和老龄产业的意见》，市老龄办已经形成初稿并印发给各部门征求意见，请各部门认真研究思考，从把“好事办好、推动工作”的角度发表建设性意见，市老龄办要根据部门反馈意见抓紧修改完善，尽快报市委、市政府审议，争取在今年重阳节前出台，向全市老年人献上一份大礼。

（三）加快发展基层老年协会。要鼓励支持老年人自发组织起来，维护社会稳定、调解民间纠纷、维护老年人合法权益、关心教育下一代、丰富精神文化生活、促进当地经济社会发展。一是规范基层老年人协会建设。按照“六个老有”目标推进：即有活动组织、有活动制度、有活动场所、有活动经费、有活动内容、有活动器械。二是坚持老年人自治原则。通过业务指导和管理，实现自我管理、自我教育、自我服务、自我保护、自我提升。三是发挥老年社会组织作用。引导老年人积极健康文明生活，搭建党委政府联系老年人的桥梁，维护老年人合法权益，使老年人协会真正成为老年人学习、帮扶、娱乐、参与、健康的组织。

（四）积极营造孝亲敬老社会氛围。要广泛开展孝敬老人主题活动、“敬老月”活动、“敬老文明号”活动等多种形式的敬老爱老活动，激发各行各业为老年人热情服务和全社会承担好“敬老、养老、助老”的社会责任。对成绩显著的组织、家庭或个人，要按照有关规定表彰表扬。新闻媒体要大力支持和参与老龄宣传，策划好主题，着重宣传“孝亲敬老”的典型人（单位）和事迹，积极构建“慈、孝、善、爱”共存的社会氛围。

（五）进一步完善老龄工作机制。做好老龄工作不能靠单打独斗，而是要形成工作合力。作为牵头部门，各级老龄委要充分发挥作用，进一步完善议事规则和各项规章制度，协调推动各成员单位分工合作，推动各级政府把老龄工作纳入重要议事日程。各级老龄办要切实履行老龄委办事机构的职能，为老龄委决策和成员单位协作搞好服务，做到巩固并提升敬老氛围、维护并伸张老龄权益、掌握并争取惠老政策、协调并助推老龄事业、奠定并夯实老龄基础、思考并谋划老龄展望。各成员单位是具体承担市委、市政府老龄工作任务的职能部门，直接面对老年人，要各司其职，强化服务，将党和政府的惠老政策落到实处。今年全国老龄委将开展老龄事业“十二五”规划的中期检查和评估，各有关部门今天回去后，要认真对照梳理目标任务完成情况，抓紧实施。市老龄办要会同有关部门对规划中提出的约束性指标和重点任务开展督促检查，肯定成绩、查找问题、完善措施，确保规划中的各项指标落实到位。

同志们，老龄事业任重道远，让我们带着感情、带着责任，扎实做好各项工作，努力推动我市老龄事业再上新台阶，为“科学发展、富民兴渝”做出更大的贡献！

在山东省老龄委第二十一次全体会议上的讲话

山东省副省长　孙绍骋

（2013 年 3 月 18 日）

刚才，丁希滨同志作了工作报告，回顾了去年工作情况，安排部署了今年工作任务。人社、司法、民政、文化、卫生、体育 6 部门的负责同志作了发言，介绍了本部门、本系统老龄工作情况和今年的打算，讲得很好，我都同意。下面，我讲三点意见。

一、准确把握老龄工作面临的新形势

近年来，在省委、省政府的正确领导下，经过各级各部门的共同努力，我省老龄事业实现了长足发展，取得显著成就。一是老龄工作推进机制高效有力。各级党委、政府将老龄事业纳入经济社会发展规划，积极引导社会力量参与老龄事业，扎实为老年人办实事、解难事。老龄委各成员单位认真履行职责，形成了老龄委组织协调、成员单位支持配合、社会各界积极参与，齐心协力推动老龄事业发展的工作格局。二是社会保障体系日益完善。城乡基本养老保险制度全面建立，全民医保基本实现，城乡基本医疗卫生制度初步建立，以建立老年人意外伤害保险制度为内容的银龄安康工程深入推进。新型社会救助体系基本形成，符合条件的老年人全部纳入了低保范围。计划生育家庭的奖励扶持政策得到全面落实。三是社会养老服务体系建设不断加强。去年 12 月份省政府召开了全省社会养老服务体系建设工作会议，出台了《关于加快发展养老服务业的意见》，设立了每年不低于 10 亿元的省级社会养老服务体系建设专项资金，积极构建以居家为基础、社区为依托、机构为支撑的社会化养老服务体系。截至 2012 年年底，全省城乡各类养老床位 35.1 万张，每千名老人拥有养老床位 23 张。今后 3 年，计划再增加 25 万张床位。四是老年人权益保障体系进一步完善。修订出台了优待老年人规定，老年维权网络进一步健全，老年人权益得到有效维护。大力加强老年大学、老年体协、老年艺术团等老年文化组织建设，积极推进基层老年文化活动场所建设，老年人精神文化生活日益丰富。

在肯定成绩的同时，我们要清醒地认识到，当前人口老龄化形势非常严峻，老龄事业发展还面临许多深层次矛盾和问题。前不久全国老龄办发布的《中国老龄事业发展报告》指出，2012 和 2013 年是我国人口老龄化发展中的第一个老年人口增长高峰，今年全国老年人口数量将突破 2 亿，老龄化水平达到 14.8%。我省人口老龄化形势较之全国更为严峻。据预测，2015 年，我省 60 岁及以上老年人口比重将达到 19.65%，2020 年将达到 22.3%。人口老龄化的加剧，将给经济社会发展带来重大挑战，有两个方面尤其值得重视。一方面，社会保障难度加大。随着老年人口的增加，劳动适龄人口的赡养比不断上升，缴纳保险费的人相对减少，领取保险金的人相对增多，提高基本保障水平的任务更加艰巨。另一方面，社会养老服务体系建设更加紧迫。随着小型化家庭增多，一对夫妇要同时赡养四位或更多老人，传统居家养老越来越难以承受养老的全部责任，社会负担将进一步加重。虽然，以居家为基础、社区为依托、机构为支撑的社会养老服务体系建设全面启动，但仍处于初级发展阶段，远不能满足老年人需求，推进社会养老服务体系建设的任务十分艰巨。对此，各级各有关部门要进一步提高认识，充分认清人口老龄化的严峻形势，从解决老年人最直接的现实利益问题入手，抓实事、解难题、求实效，积极应对人口老龄化的挑战，努力开创全省老龄工作的新局面。

二、扎实推进老龄事业再上新水平

今后一个时期老龄事业发展的总体要求是：深入落实党的十八大精神，按照党政主导、社会参与、全民关怀的工作方针，坚持统筹谋划、协调发展、整体推进，扎实做好老龄事业各项工作，不断提升老年人生活质量和生活水平。

（一）大力加强社会养老保障体系建设。养老保障关系每个人的晚年幸福，是老龄工作的重中之重，要积极贯彻中央和省委、省政府加强养老保障体系建设的要求，努力在求实效、抓落实上下工夫。一是健全和完善基本养老保险制度。推进新型农村社会养老保险和城镇居民养老保险制度合并实施，进一步提高基础养老金发放标准。企业退休人员基本养老金再提高10%，规范企业职工养老保险省级统筹。二是健全和完善基本医疗保险制度。今年省级财政安排50多亿元，用以提高基本医疗保障水平。要做好城镇职工医疗保险、城镇居民医疗保险、新型农村合作医疗保险等制度的衔接推进工作，完善医疗保险市级统筹，不断提高医保支付比例，努力减轻老年人的医疗负担。健全为65岁以上老年人免费体检机制，不断扩大范围、提升质量、确保落实。三是完善贫困老年人救助制度。将符合条件的贫困老年人全部纳入城乡最低生活保障范围，全省东、中、西部农村低保标准分别提高到2 500元、2 200元、2 000元，相应提高城市低保标准。对分散供养的城镇“三无”人员，按照不低于当地城市低保标准的150%分类施保，提高农村“五保”供养水平，集中供养率保持在70%以上。实施“银龄救助工程”，倡导全社会开展帮扶、认养、资助等多种形式的救助活动。四是鼓励倡导建立高龄津贴制度。坚持百岁老人高龄津贴，鼓励有条件的地区为80岁以上老年人发放高龄津贴，逐步扩大范围、提高标准，鼓励村集体给老年人发放多种形式的养老补贴。五是探索商业保险辅助养老制度。继续实施以推广老年人意外伤害组合保险为内容的“银龄安康工程”，鼓励个人购买商业养老保险。

（二）大力加强社会养老服务体系建设。认真分解落实省政府《关于加快社会养老服务体系建设的意见》和省政府工作报告关于养老工作任务要求，积极推动社会养老服务设施建设。一是认真落实优惠政策。省政府出台的意见从资金、土地、信贷、税收等方面，制定出台了若干扶持社会养老服务体系建设的政策措施。有关部门要加大督导力度，确保政策兑现，落到实处。要千方百计吸引民间资本进入养老产业，积极引导社会力量兴办养老服务设施，对符合条件的民办非营利性养老机构，按有关规定给予以奖代补、建设补贴或运营补贴，建立完善政府为困难老年人购买养老服务制度。二是建好示范项目。按照省政府工作报告要求，今年全省要新增养老床位8万张，新建街道综合性养老机构200处、城市社区老年人日间照料中心1 500处、县级养老服务信息平台60个。政府主导的养老服务项目要立足全局、突出重点、积极稳妥、量力而行，多一些雪中送炭，确保每个项目都可持续。继续抓好综合性、示范性养老服务设施建设，济南养老服务中心要落实建设资金，加快建设进度。省老龄办要抓紧建设全省养老服务信息平台，努力实现信息共享，方便群众办事。三是创新运行机制。积极推进已有公办养老机构改革，推动新建公办养老机构实施公建民营。鼓励商业保险企业、商业银行或住房公积金管理部门开展以房养老试点，为老年人接受居家养老服务或机构养老提供支持。研究制定养老服务管理相关制度，规范养老服务标准，建立健全服务质量评估认证体系。四是加强养老服务人员培训。引导高等院校特别是职业院校开展养老服务学历教育，建立养老护理员培训基地，推行职业资格认证制度，到2015年实现养老机构护理员培训率达到100%，持证上岗率达到80%以上。

（三）大力加强老年文化和精神关爱体系建设。随着经济社会的发展，老年人的精神文化需求日益增长。要认真贯彻中组部、全国老龄办等16部门《关于进一步加强老年文化建设的意见》，尽快出台我省具体实施意见，构建具有山东特色的老年文化和精神关爱体系。一是大力发展老年文化体育设施。今年省政府工作报告提出，提高县以下基层公共文化服务设施建设、利用和管理水平，改造提升1万家农村文化大院，对5 000个农家书屋进行数字化升级，为2万户农村困难家庭免费提供有线电视节目，完成所有20户以下自然村“盲村”通广播电视工程。有关部门要积极把老年文化体育设施建设，纳入这些文化惠民项目，加快推进省、市、县、乡四级老年人活动中心和基层老年活动场所建设，进一步改善设施条件。二是加强老年文体组织建设。加强省老年艺术团和各级老年文艺团体、各级老年体协组织建设，引导市及县

（市、区）建立适合老年人的文体队伍，鼓励基层成立群众性老年文体组织。三是增加老年公共文化产品供给。以举办第十届中国艺术节为契机，以老年节、敬老月为平台，组织开展丰富多彩的文体活动，丰富老年人精神文化生活。宣传、广播电视等部门，要办好老年节目，出版更多适合老年人的书刊，创作一批老年人喜爱的老龄题材文化作品。四是大力发展老年教育。将老年教育纳入终身教育体系，鼓励社会力量兴办老年教育机构，努力构建覆盖城乡的老年教育网络。组织开展老年人心理健康教育和心理疏导等服务，鼓励有条件的社区建立老年人心理关爱站，重点满足病残、空巢、高龄、临终老年人的心理服务需求。

（四）大力加强老年人权益保障体系建设。维护老年人的合法权益，是党委、政府和全社会的共同责任，是老龄工作的重要任务。一是加强宣传。新修订的老年人权益保障法将于今年7月1日起实施，这是我国积极应对人口老龄化的一项重要举措，各部门要认真学习，模范执行。省老龄委已下发新老年法学习宣传贯彻意见，有关部门要从部门职责出发，出台具体配套措施。要将老年法列入普法宣传内容，加强老年维权宣传教育，强化全社会依法维护老年人合法权益和老年人自我维权的意识。二是健全法制。省老龄办和有关成员单位要积极配合省人大做好《山东省老年人权益保障条例》修订工作，省老龄办、省司法厅要抓紧出台加强老年人权益保障工作意见，进一步完善老年维权法规体系和工作机制。三是完善网络。加强市级老年人法律服务中心、县（市、区）老年人法律援助岗、乡镇（街道）老年法律服务网点建设，抓好村居（社区）和乡镇（街道）调解组织建设，为老年人提供及时、便捷、周到的法律服务、司法援助和社会保护。公安、司法部门对侵害老年人合法权益案件，要优先立案、优先办理。老龄工作部门要认真做好老年人来信来访工作，督导落实优待老年人的各项政策。

三、切实加强对老龄事业的组织领导

老龄工作是一项宏大的社会系统工程，必须坚持“党政主导、社会参与、全民关怀”的工作方针。省老龄委副主任、委员是本部门老龄工作的负责同志，老龄委的各项决策部署需要大家去纳入本部门的工作规划，抓好工作落实。要强化协调联络机制，及时交流情况，沟通信息，研究工作。要建立目标管理机制，各成员单位年初要制定工作计划，提出要办的实事，年底向省老龄委汇报落实情况。要深入基层，积极提出工作建议，加强对本部门、本系统老龄工作的组织指导。

各级老龄工作机构要立足于为党委政府决策服好务、为成员单位开展工作服好务、为社会各界参与老龄事业服好务、为广大老年人服好务，扎实履行职责。要进一步加强调查研究，摸清我省人口老龄化的底，找准老龄问题的症结，把握老龄事业发展的规律。要进一步加大督导检查力度，促进涉老法规政策落实。要进一步加强队伍建设，配齐配强老龄工作干部，培养和造就一支思想纯洁、政治坚定、作风过硬、素质全面的老龄工作队伍。

同志们，老龄工作责任重大、使命光荣。我们要以高度的政治责任感和历史使命感，尽职尽责，真抓实干，努力开创我省老龄事业发展的新局面。

在江苏省老龄委第七次全体会议上的讲话

江苏省副省长 许津荣

（2013年10月11日）

这次会议的主要任务是，贯彻国务院《关于加快发展养老服务业的若干意见》（以下简称《意见》）精神，我讲三点意见。

一、认清老龄工作面临的新形势，把养老服务业放到经济社会发展大局中谋划

我省1986年就进入老龄化社会，比全国早13年。1986年到1999年，江苏60岁以上老龄人口比例从10%上升到12.5%，13年增长了2.5个百分点；1999年到2012年，这个比例从12.5%上升到18.89%，增长了约6.4个百分点，速度是前13年的2倍还多。加快发展养老服务业，是摆在各级党委政府面前刻不容缓的重大课题。

首先，加快发展养老服务业，是践行党的群众路线最直接、最生动的体现。家家有老人，人人都会老。老龄事业涉及千家万户、每个公民。养老与就业、教育、医疗、住房一样，是最重要的民生问题之一。我省老年人口不但基数大、增速快，而且寿龄高、空巢多。目前全省 80 岁以上高龄老人有 207 万，占老年人口的 14.5%；城市老人空巢率达 54%，农村达 48%以上。这些老年人有大量的照看和护理需求，亟待通过发展养老服务业加以满足。践行群众路线不是口号，需要我们实实在在为老百姓办实事、解难事。只有安排好 1 400 万老年人的衣食住行，解决好他们的养老、医疗等问题，才能得到人民群众真心拥护，“两个率先”讲得才有底气。这次群众路线教育实践活动，省政府党组将积极发展养老服务业列为下一步班子整改的重点方面，我本人也将“养老服务体制机制创新”作为下一步整改的重点方向。

其次，加快发展养老服务业，是解决好养老结构性矛盾的需要。近年来，我省加快推进社会养老服务体系建设。但总体看，结构性矛盾还十分突出。一是养老床位总量不足、床位结构不合理。全省各类养老床位总数 35.2 万张，占老年人口的 2.48 %，但除去福利院、敬老院、光荣院等民政对象供养床位外，能用以社会养老的床位很少。在结构方面，自理型养老床位多，而真正社会需要的护理型床位则“一床难求”。二是社区居家养老服务产品供给不足。居家养老在整个养老服务体系中处于基础地位。但一些地方热衷于搞规模大、档次高的养老机构，对社区居家养老服务工作却“兴致”不高，居家养老服务发展严重滞后于老年人的需求。三是农村老年人养老问题突出。随着城市化进程加快，农村青壮年劳动力持续向城市转移，农村“留守老人”日趋增多。相比城市，农村养老设施落后、服务匮乏，养老形势更加严峻，问题更加突出。

第三，加快发展养老服务业，是扩内需、增就业、促升级的需要。我国正处于经济转型升级的关键阶段，拉动内需、扩大就业，对于实现经济转型十分重要。养老服务业涉及长期照料、医疗康复、居家支持、精神慰藉以及饮食服装、营养保健、休闲旅游、文化传媒、金融地产等方方面面，蕴含着巨大商机。我们常说，老龄事业是“朝阳产业”。以养老护理市场为例，全省 1 400 万老年人，按 15%计算，需要服务的老年人有 210 万。按 1∶20 配备，需要护理人员 10.6 万人。而目前全省护理员只有 1.6 万，缺口达 9 万。可见，养老服务不是负担，而是经济结构转型的一次重要机遇。发展养老服务业，对于扩大内需、增加就业、推动产业转型升级潜力巨大。只要我们结合好，就能起到事半功倍的效果。

二、以贯彻国务院《意见》为契机，用新的思路和理念指导养老服务业新发展

党的十八大明确指出，要“积极应对人口老龄化，大力发展老龄服务事业和产业。”国务院《意见》贯彻党的十八大精神，兼顾了养老服务的事业属性和产业属性，既对建立健全社会养老服务体系、拓展养老服务内容提出了要求，也对开发老年产品用品、培育老年产业集群提出了思路。我们要深入学习、切实贯彻好《意见》精神，更新理念，用以指导我省养老服务业发展。

一是牢固树立积极老龄化理念。这个“积极”，体现在政府、老年人和社会三个层面。在政府层面，要认真分析、积极应对人口老龄化给经济社会带来的影响，进一步完善社会保障制度，加快完善多支柱的养老保障体系、多层次的医疗保障体系、多元化的养老服务体系，满足“为老服务”的需要。在老年人层面，要倡导积极养老的理念。提倡健康文明的生活方式，实施健康促进，开展健康教育，加强老年医疗保健和疾病防控，促进健康老龄化。扩大社会参与，支持鼓励老年人积极参与经济、政治、文化、社会生活。在社会层面，促进社会和谐，实现未成年人、成年人和老年人三大年龄群体之间的代际和顺，增强文化融合和社会认同。

二是正确发挥政府的主导作用。在制定政策、保障基本和强化监管三个方面，发挥好政府主导的作用。这里，我想重点强调一下“保基本”问题。随着人口老龄化程度不断加深，以及“民生幸福工程”的大力实施，公共财政在养老服务业方面的投人也不断增加。政府的钱怎么花？第一，要投向养老公共基础设施，着眼提升公共服务水平，改善全社会的养老条件，使全体老年人都能享受到改革开放的成果。第二，要做好政府“兜底”保障，保证“五保”“三无”等社会最困难老年人的基本权益。第三，推行适度普惠，向失能、半失能以及低收入、鳏寡孤独等困难老人提供帮助，改善他们的生活质量。政府要多做“雪中送炭”的事，少做或不做“锦上添花”的事。各个部门都要精打细算，用好每一分钱，避免铺张浪费。政府举办的养老机构，要把实用摆在第一位，切不可搞面子工程、形象工程，要把反对“四风”的要求，落实到发展养老服务业的全过程。

三是充分发挥社会力量的主体作用。国务院《意见》在多处明确表示，要“创新体制机制，激发社会活力，充分发挥社会力量的主体作用”。我的理解，要从三方面入手。第一，要支持社会力量办养老机构。通过减少投资审批、减少生产经营活动审批、减少资质资格许可、减少行政事业性收费等，在资金、场地、人员等方面进一步降低门槛、简化手续、规范程序、公开信息。行政许可和登记机关要为社会力量举办养老机构提供便捷服务。第二，要出台措施，吸引社会资本投入。通过健全完善有利于社会资本进入养老服务业的投融资、土地供应、税费优惠、补贴支持、人才培养和就业政策等，吸引企业、民办非企业单位和个体投资养老服务。第三，要让“位”于市场，让“利”于市场。市场能做好的，让市场去做。政府要创造条件，使市场真正成为资源的调节器。要通过“购买服务”“合同外包”“委托经营”等形式，逐步将政府举办的养老服务交给社会中介组织和非营利机构去经营，最大限度地实现多层次供需对接，使社会力量真正成为养老服务业的发展主体。

三、扎扎实实为老年人办实事、解难事，推动我省养老服务业再上新台阶

国务院《意见》为新时期养老服务业发展指明了方向，但要做好《意见》在江苏的落实工作，还有许多具体的事情。要在广泛吸收、借鉴各地经验做法的基础上，提出我省的贯彻实施意见。当前要抓好四个重点，扎扎实实为老年人办实事、解难事。

第一，出台实施细则，促进社会资本进入养老服务业。民政部第48号令《养老机构设立许可办法》规定，床位数在10张以上，就可以办养老机构。省政府《关于加快构建社会养老服务体系的实施意见》也明确鼓励利用个人、集体空置房或空闲地，建立小型互助式老年集中居住生活区、小型托老所和幸福院等。但由于缺乏具体实施细则，一些好的政策在基层并没有得到落实。各级、各部门要从“以老为本、为老服务”的要求出发，对照国务院《意见》明确的任务要求，积极研究消除制度障碍的办法。省发改委、民政厅、老龄办要对社会资本进入养老服务业存在的制度障碍进行梳理，提出具体的解决办法。

第二，搞好医养结合，提高养老护理能力。医养结合，是提高老年人护理照顾水平的必然要求，也是目前整个养老服务体系的薄弱环节。要在养老机构内部设置医疗部门以及医疗机构创办康复护理院两个方向，加大试点和推进工作力度。进一步加大社区小型护理机构建设力度。充分发挥其“就近、适用”的优势，为老年人提供人性化、亲情化、个性化服务。继续加大老年护理保险的探索力度。去年，全省实施了“老年安康关爱行动”，17%的老年人参加了意外伤害综合险、已有7 000多人次受益，初步解决了老年人意外伤害问题。下一步，要加大老年人长期护理保险的探索力度，苏南地区要按照区域现代化对民生保障的要求，积极推动老年人长期护理保险工作。

第三，加快农村养老服务设施建设，推动农村敬老院向区域性服务中心转变。养老服务的重点在基层，难点在农村。我省自2005年实施“关爱工程”以来，农村敬老院的设施得到极大改善。随着社会救助制度的日益完善，“五保”老人的数量越来越少，富余的床位增多，农村敬老院面临转型。要将农村敬老院改为养老服务中心，在保证“五保”老人的养老前提下，向社会开放，“兜底”困难的农村失能、半失能老人。要发挥敬老院的技术优势，为农村老年关爱之家、农村社区居家养老服务中心等提供人员培训、服务指导。探索以农村敬老院为母体，按照连锁经营的方式，将农村家庭护理服务监管起来，充分发挥各类方式在农村养老服务中的作用。

第四，强化居家养老，实现养老服务全覆盖。加快社区居家养老服务网络建设，推动生活照料、医疗护理、精神慰藉、紧急救援等覆盖所有居家老年人的服务。下一步，要加强社区服务设施建设，确保人均养老服务设施用地不少于0.1平方米。大力推进标准化社区居家养老服务中心、城市小型托老所、农村老年关爱之家和“虚拟养老院”等项目建设力度。建立政府补贴和购买服务制度，支持各类养老设施更好地运营。通过建立多层次、多元化的养老服务体系，多措并举解决养老服务问题，回应老年人的期盼和需求。

在（浙江）省老龄工作委员会第十二次全体会议上的讲话要点

浙江省副省长 省老龄委主任　熊建平

（2013年8月8日）

今天我们召开省老龄委第十二次全体会议，主要任务是总结去年全省工作，研究部署今年工作。下面，我讲三点意见。

一、充分肯定我省老龄委工作取得的成绩

近年来，在省委、省政府的高度重视和正确领导下，全省老龄工作紧紧围绕“老有所养、老有所医、老有所为、老有所学、老有所乐”目标，取得了显著成绩。主要是以下五个方面。一是养老保障从“制度全覆盖”向“人员全覆盖”迈进。职工基本养老保险制度、城乡居民社会养老保险制度、被征地农民基本生活保障以及养老保障历史遗留问题这几个方面都得到很好地提升、完善、解决。广大企业职工和城乡居民均被纳入相应的制度实施范围。截至2012年底，全省养老保险参保人数已达到3 415万人，900万人领取了养老保险待遇。二是医疗保障从“人人享有”向“人人公平享有”迈进。健全完善城镇职工基本医疗保险、城镇居民基本医疗保险、新型农村合作医疗和城乡医疗救助“3＋1”医疗保障体系，实现了医疗保障制度全覆盖。截至2012年底，全省共有2 310万人参加城镇职工和城镇居民医疗保险，2 873万人参加新型农村合作医疗。我省还下发了城乡居民大病保险、农村居民重大疾病医疗保障和加强医疗救助工作等政策性文件，对大病患者高额医疗费用保障问题作出了制度性安排，广大老年人的医疗保障得到进一步改善。三是社会救助从“兜底型”向“改善型”迈进。建立了以最低生活保障为基础，以各类专项救助为支撑，以临时救助和社会帮扶为补充，覆盖城乡、分层分类的新型社会救助体系，救助覆盖面不断扩大，救助标准稳步提高，实现了困难老年人应助尽助。截至2012年底，全省城乡月平均低保标准分别达到477元和350元，农村低保标准占城市低保标准的73%，低保标准和城乡均衡度均居全国省（区）首位。四是养老服务从“补缺型”向“适度普惠型”迈进。逐步优化养老服务设施布局，大力推进居家养老服务全覆盖，加快发展以护理型为重点、助养型为辅助、居养型为补充的机构养老服务，以居家为基础、社区为依托、机构为支撑的社会养老服务体系不断健全。全省广大老年人普遍享受到了基本养老服务，其中410万高龄、空巢、独居、失能老人接受了居家和养老机构提供的相应服务。五是老年人精神文化生活从“传统单一”向“现代多元”迈进。加快建立了省、市、县（市、区）、乡镇（街道）、村（社区）五级老年公共文化和综合性活动设施网络，基本实现了县级图书馆、文化馆和乡镇综合文化站全覆盖。加快覆盖城乡、多层次、多形式的老年教育网络建设，有110多万老年人参加老年大学、老年电视大学等老年学校学习。广泛开展“敬老月”、老年文化艺术周、“银龄行动”和“银龄互助”等活动，老年人参与社会、融入社会的环境进一步优化，老年人精神文化生活日益丰富。

二、准确把握我省老龄工作面临的形势

我省是全国较早进入人口老龄化社会且老龄化程度较高的省份，目前正处于人口老龄化快速发展期。主要有四个特征。一是老年人口持续攀升。2006年以来，我省60岁及以上户籍老年人口净增183.43万人，年均增长4.09%，到去年底已达到857.69万人，占总人口的17.87%。预计到2015年将达到991万、占总人口的20%以上，2020年达到1 186万人、占总人口的24.17%。二是高龄老人增速加快。到2012年底，全省80岁及以上的老年人达到130.36万人，占老年人口总数的15.2%。预计到2015年，达到157万左右，到2020年达到178万左右。高龄老人增速超过老龄人口增速。三是空巢老人占比较大。人口普查资料显示，我省家庭规模正在逐步缩小，2010年平均家庭户人口2.62人，1990年到2010年的平均家庭户人口减少0.84人。到2012年，全省纯老家庭人口数为214.49万人，占老年人口总数的25.01%。四是失能老人数量增多。目前，全省有失能、半失能老年人口73.48万人，占老年人口总数的8.57%。随着人口老龄化，失能、半失能老人群体还将继续扩大。

面对人口老龄化以及高龄化、空巢化、失能化的不断加剧，我省老龄工作面临严峻挑战。从养老保障看，我省人口总抚养比不断提高，到2017年将超过50%，劳动力供养负担不断加重。从医疗保障看，目前我省城镇和农村老年人慢性病患病率分别为85.35%和78.92%。随着人口老龄化程度的不断提高，老年人慢性病患者将继续增多，老年人医疗保障问题会更加突出。从养老服务看，目前我省有近40%的农村社区还没有建居家养老服务设施，每百名老年人拥有养老床位数仅为2.89张，养老服务总量供给和结构矛盾同时存在。从城乡老龄事业发展水平看，我省现有578万老年人生活在农村，占老年人口总数的67.46%，由于农村老龄事业发展相对滞后，农村留守老人、空巢老人、高龄老人和失能半失能老人社会保障和服务问题进一步显现。

三、进一步扎实做好今年和今后一个时期的老龄工作

今年也是实施老龄事业发展“十二五”规划的第三年。前不久，全国老龄委下发通知，对各地规划实施情况进行中期检查。下一步，我省老龄工作要以此为契机，加强组织领导，加大工作力度，着力从五个方面下功夫。

（一）进一步改善老年人生活。一是稳步提高养老保险待遇。健全基本养老保险待遇正常调整机制，稳步提高企业退休人员基本养老金和城乡居民社会养老保险基础养老金。同时要逐步缩小不同保险制度间的待遇差距，不断增强制度的公平性。二是加快完善城乡最低生活保障制度。加快建立低收入家庭收入核定体系，完善低保标准动态调整机制和困难群众基本生活价格补贴机制，推进最低生活保障标准城乡统一。三是进一步改善老年人福利。健全80周岁及以上高龄老人补贴制度，研究制订独生子女父母特别是“失独”老年人的生活服务政策，努力提高老年人优待政策水平。

（二）进一步提高老年人医疗保障水平。一是加快医疗保障制度整合衔接。做好城镇和农村基本医疗保险的制度整合、政策衔接等工作，不断缩小各项制度间的差异。加大困难老年人医疗救助力度，资助符合条件的老年人参加医疗保险，提高老年人参保率。二是进一步缓解老年人看病难看病贵问题。以提高大病报销比例、扩大特殊病种报销范围为重点，完善医保药品目录、诊疗目录和服务设施目录，逐步降低个人医疗费负担。加快推进医疗保险“一卡通”，方便老年人异地就医结算。三是着力推进老年人医疗健康促进工程。抓好重大疾病防控工作特别是重点慢性病防控，开展健康教育，加强老年人国民体质监测，建立老年人健康档案，增进老年人身心健康。抓好省民政康复中心、浙江省老年医疗中心等一批龙头项目建设，加强全省200强乡镇卫生院和社区卫生服务中心的老年医疗、康复能力建设，普遍设置老年病床位。

（三）进一步发展老龄服务事业和产业。一是突出抓好居家养老服务网络建设。进一步强化居家养老基本服务功能，重点加大农村居家养老服务投入力度，强化农村居家养老服务设施和网点建设。二是加快发展社会养老服务机构。加大财政投入，强化用地保障，引导和鼓励社会资本参与养老机构建设。同时，加强养老护理人员队伍建设，提升养老护理人员专业技能水平。三是大力培育发展老龄产业。加强老龄产业政策研究，扶持开发老年产品，大力发展老龄文化产业，探索建设生态休闲养老基地。发挥老龄产业行业协会和中介组织的作用，加快构建老年产品和老年服务诚信体系，维护老年消费者合法权益。

（四）进一步扩大老年人社会参与。一是积极探索老年教育新模式。进一步健全老年教育网络，完善老年教育内容，推动老年知识更新，不断提升老年人参与社会发展的能力。二是加强老年群体社会管理。大力培育各类老年社团，规范老年社团发展，增强老年人自我教育、自我管理、自我服务能力，为促进老年人社会参与搭建良好平台。三是注重发挥老年人独特优势。制订完善老年人力资源开发政策，建立老年人才资源信息平台和中介服务机构，加快推进老年人才市场建设。

（五）进一步优化老年人发展环境。一是健全老年法律保障体系。今年7月1日起，国家新修订的老年人权益保障法已正式实施。新修订的老年人权益保障法进一步明确了老年人的权利，充实完善了与老年人权益息息相关的规定。我们要认真抓好这部法律的学习宣传，同时尽快启动我省老年法实施办法的修订工作，努力推动我省老龄工作进一步向制度化、法制化、规范化轨道迈进。二是深入开展为老系列创建活动。认真组织开展老年友好型城市、老年宜居社区、敬老文明号和老龄工作示范县等创建工作，不断推进创建活动向基层延伸、向农村拓展，以创建水平的提升带动老龄事业的整体发展。三是加强老龄工作宣传教育。通过各种形式，大力宣传积极应对人口老龄化的重大意义和老龄工作法规政策，大力表彰老龄工作先进典型，大力弘扬中华民族尊老敬老爱老传统美德，在全社会努力营造尊重、关心、帮助老年人的良好氛围，广泛动员社会力量积极参与支持老龄事业发展。

在云南省第三次老龄工作会议上的讲话

云南省副省长 刘慧晏

第二次全省老龄工作会议以来，全省老龄工作紧紧围绕云南经济社会发展大局，按照“五个老有”的工作目标，不断提高服务保障水平，全面完成“十一五”规划确定的各项目标任务，稳步推进“十二五”规划各项工作实施。一是社会养老保障事业取得突破性进展。城乡养老保险和医疗保险在制度上实现了城乡居民全覆盖，保障水平不断提高。城乡最低生活保障、农村“五保”供养、医疗救助、临时救助、住房救助、法律援助等社会救助制度较好地保障了困难老年人的基本生活和合法权益。26 项优待政策惠及了全省 500 多万老年人，高龄老人津补贴制度不断完善，老年福利制度由补缺型向适度普惠型发展。二是社会养老服务体系建设加快推进。省政府连续 3 年把社会养老服务体系建设列为年度重点工作督查落实，坚持高位推动、规划引领、政策扶持、资金支持，以居家为基础、社区为依托、机构为支撑的社会养老服务体系建设呈现出良好势头。三是老龄事业发展环境日益改善。2012 年省政府分别出台《云南省老龄事业发展“十二五”规划》和《云南省社会养老服务体系建设规划（2011—2015 年）》，不断强化老龄工作政策支撑。社会公众和各类媒体对老龄事业发展的关注和参与日益密切，社会资本投入老龄事业发展的热情日益高涨，老龄事业发展环境条件进一步优化。

回顾“十一五”以来我省老龄事业发展的历程，我们更加深切地感受到，推动民政和老龄事业发展，围绕大局是基本前提、立足省情是工作基础、解放思想是根本动力、改革创新是力量源泉、为民谋利是根本宗旨、自身建设是重要保证。这些经验和启示，需要我们继续坚持并继承发扬。在充分肯定成绩的同时，我们也要清醒地看到存在的困难和问题，主要有：基层老龄工作力量薄弱、老龄政策创制力度有待加强仍然是制约老龄事业发展水平整体提升的瓶颈；庞大的老年群体对养老服务多元需求的快速增长与社会养老服务体系建设相对滞后的矛盾日益突出，应对日趋加速的人口老龄化的任务复杂而艰巨等等。对于这些问题，我们要高度重视并采取有效措施予以解决。

党的十八大描绘了未来五年党和国家各项事业发展的宏伟蓝图，确立了科学发展观的历史地位，全面部署了全面建成小康社会的目标任务，重申了以经济建设为中心推动经济持续健康发展的战略抉择，科学规划了中国特色社会主义经济建设、政治建设、文化建设、社会建设、生态文明建设“五位一体”协调发展的总布局。同时，结合“五位一体”协调发展的总布局，从“在改善民生和创新社会管理中加强社会建设”“加强基层社会管理和服务体系建设，增强城乡社区服务功能”“引导社会组织健康有序发展，充分发挥群众参与社会管理的基础作用”“积极应对人口老龄化，大力发展老龄服务事业和产业”等方面，对老龄事业发展提出了一系列新要求新任务。中央经济工作会议特别指出，要按照“守住底线、突出重点、完善制度、引导舆论”的思路做好民生工作，进一步强调了加强保障和改善民生的重要性。省委九届四次全会明确提出今年的重点工作之一是牢牢把握保障和改善民生这个出发点和落脚点，更加注重社会“稳定器”和“安全网”建设，将中央的决策部署进一步融入、细化到云南实现科学发展和谐发展跨越发展的工作进程中。老龄工作与中国特色社会主义事业“五位一体”总布局密切相关，关乎民生、连接民心，直接为广大老年人做好事、办实事、解难事，最能体现以人为本的核心立场。

“十二五”时期将是全省人口老龄化加速发展期，据统计，云南 60 岁及以上人口目前约为 521 万人，预计到 2015 年末，全省老年人口将达到近 600 万人。届时，高龄人口激增、家庭空巢化加剧、失能老年人大幅增加、社会供养系数上升、社会养老负担加重等情况必然凸显。因此，我们必须深刻认识老龄事业发展面临的严峻形势，认真贯彻落实第三次全国老龄工作会议精神，着力在解决老龄工作领域的突出矛盾和重点问题上狠下功夫，从物质、精神、服务、政策、制度、体制、机制等方面全面提升老龄事业发展水平。在实际工作中，要把握好“三个注重”。

一是注重加强老龄政策法规制度建设。适时修改完善老年人权益保障相关配套法规，细化分解《云南省老龄事业发展“十二五”规划》和《云南省社会养老服务体系建设规划（2011—2015年）》任务。以社会保险、社会救助、社会福利为基础，基本养老、基本医疗、基本住房、最低生活保障和老年优待、补贴为重点，建立健全人人享有基本养老社会服务的社会保障制度，加强各项保障制度的有效衔接。二是注重加快推进社会养老服务体系建设。重点发展面向家庭的居家养老服务，大力发展依托社区的照料服务，统筹发展以机构为支撑的养护型照料护理服务，满足老年人多层次的服务需求。关注城乡"三无"、高龄、空巢、失能等特殊老年人群体，着力解决养老服务设施规划难、用地难、融资难等问题。大力加强养老服务机构和为老年人养老、护理、学习教育、文化体育健身活动提供更加良好的平台。大力发展老龄服务产业，努力打造一批具有云南特色的老龄产业品牌。三是注重营造积极敬老爱老的浓厚社会氛围。深入开展社会公德、职业道德、家庭美德、个人品德建设，引导全社会正确对待和积极接纳老年人，尊重老年人的社会价值，弘扬中华民族孝亲敬老的传统美德。促使广大老年人牢固树立终身发展的理念，保持自尊自爱自立自强的精神风貌。加快老年文化设施建设，合理配置城乡公共文化资源，充分发挥公共文化为老服务功能，保障老年人基本文化权益。

全省今后一段时期的老龄工作，任务重、要求高，需要我们进一步增强忧患意识、责任意识和效率意识，狠抓工作措施落实，真正把党委、政府保障和改善民生的决策部署转化为实实在在的工作成果，惠及广大老年人。一是要加强组织领导，强化责任落实。老龄工作是党的工作、政府的工作，也是社会工作、群众工作。各级政府要把老龄工作列入重要议事日程，定期分析形势，及时研究解决遇到的矛盾和问题；政府主要领导要亲自抓、经常抓，分管领导全力抓、用心抓，形成领导有力、组织健全、协调顺畅的机制；各级财政要加大投入，为老龄事业发展提供必要的资金支持。要强化责任落实，在工作中要把目标任务明确到人，工作压力传递到位，建立健全责任分解体系，将工作任务分解到部门、具体到项目、落实到岗位、量化到个人，形成"事事有人管、件件有着落"的良好局面。二要夯实基层基础，强化协作协同。老龄工作重心在基层，服务对象在基层，政策落实在基层、成效体现在基层，点多线长面广，涉及部门多，需要协调方方面面。要抓住工作的主要矛盾和矛盾的主要方面，进一步转变观念、转换视角，要把更多人力、物力、财力投向基层，制定相应政策和措施，健全乡镇（街道）老龄工作机构，确保基层有人干事、有钱办事、有条件做事。同时，要不断增强抓协调的能力和效率，力求做到在横向、纵向协调中发挥好牵头作用、桥梁纽带作用。三要强化服务宗旨，改进工作作风。人民群众的满意度是评价一项工作的重要标准。各级各相关部门要坚持按照最广大老年人的意愿推进工作，用广大老年人和人民群众的满意度来评价工作实绩；切实加强对已出台和即将出台的各项惠民政策的贯彻落实，努力让广大老年人得到更多实惠。要坚持领导带头，严格落实省委关于贯彻中央八项规定的实施意见。继续开展"四群"教育和实行干部直接联系群众制度，深入抓好"千名干部下基层"活动成果转化，不断总结经验，创新活动载体，增强工作实效。

跨越发展使命光荣，同步小康任务艰巨，美好前景催人奋进，云南的发展正处于一个新的起点，做好新时期老龄工作，责任重大、使命光荣。让我们在省委、省政府的坚强领导下，坚定信心、锐意进取，开拓创新、扎实工作，努力把全省老龄工作提高到一个新的更高的水平，为建设开放富裕文明幸福新云南作出新的更大的贡献！

在（贵州）省第三次全省老龄工作会议上的讲话

贵州省委组织部部长　孙永春

（2013年7月18日）

同志们：

这次会议的主要任务是，贯彻落实党的十八大和第三次全国老龄工作会议精神，总结工作，交流经验，表彰先进，安排部署当前和今后一个时期老龄事业发展任务。克志书记、敏尔省长十分重视全省的老龄工作，在我省相对贫困、财力紧张的情况下，对老年人的权益十分关心，大力倾斜。刚才，对一批先进单位和个人进行了表彰，等一会有三个单位还要作交流发言，大家要学习借鉴好。治学同志向大会作了工作报告；全国老龄办对我省老龄工作非常关心和支持，肖才伟副主任亲临会议，充分肯定我省老龄工作取得的成绩，对进一步做好老龄工作提出了要求；一会德贵副省长还要讲话。对这些精神，大家要认真领会，抓好落实。

7月15日，省委召开了全省半年经济工作会议暨项目观摩总结会，总结上半年经济运行情况，部署下半年经济工作。今年以来，我省全面贯彻落实中央决策部署，坚持“稳中求进、提速转型”的总基调、总目标，经过全省上下的共同努力，经济社会发展呈现出运行平稳、增速较快、结构优化、后劲增强的态势，主要经济指标在全国排位仍然靠前。预计地区生产总值增长12.5%左右，规模以上工业增加值增长13.9%，固定资产投资增长29.4%，财政总收入增长17.3%。在当前严峻复杂的经济形势下，我省实现了稳中有进，非常不容易，全省干部群众包括广大老龄工作者，都在各自的岗位上付出了艰苦的努力。我们一定要坚定发展自信、跨越自信、小康自信，埋头苦干、真抓实干、奋力快干，推动经济社会持续发展。

第二次全省老龄工作会议以来，各地各部门认真贯彻落实党中央、国务院和省委、省政府关于加强老龄事业发展的一系列决策部署，坚持“党政主导、社会参与、全民关注”的工作方针，解放思想、开拓创新，求真务实、扎实工作，有力推动了我省老龄事业发展。一是老年人社会保障制度实现全覆盖，保障标准逐年提高。二是社会养老服务体系建设稳步推进，服务水平进一步提升。三是老年教育文化体育事业加快发展，老年人的精神文化生活更加丰富。四是敬老爱老助老主题教育活动深入开展，全社会老龄意识明显增强。五是老年群众工作更加扎实，齐抓共管大老龄的格局基本形成。

总的来看，过去的五年，是老龄工作战略地位不断提升的五年，是我省老龄事业快速发展的五年，也是我省改革发展成果惠及老年人最多的五年。这些成绩的取得，是省委省政府高度重视、正确领导的结果，是各地、各有关部门和社会各界大力支持、协调推进的结果，也是广大老龄工作者扎实工作、辛勤耕耘的结果。在此，我代表省委、省政府向全省老龄战线上的同志们，向关心支持和积极参与老龄事业发展的部门和同志们表示诚挚的感谢！同时也向受到表彰的全省老龄工作先进集体和先进个人表示热烈的祝贺！

下面，围绕做好新时期老龄工作，我讲三点意见。

一、做好老龄工作，是贵州“中国梦”的重要组成部分

党的十八大以来，“中国梦”迅速深入人心。“中国梦”是民族的梦，也是每个中国人的梦。我们贵州也有自己的“中国梦”。克志书记在谈到“中国梦”时说：“对贵州来讲，现阶段我们也有自己的‘中国梦’，就是到2020年与全国同步全面建成小康社会！”梦想不分年龄，人到老年，也有个人的梦想。老年人是占全省总人口13.75%、总数达479万的一个特殊群体。实现“老有所养、老有所医、老有所为、老有所学、老有所乐”，应该是老年人共同的愿景和期盼，也是贵州同步小康“中国梦”的重要组成部分，更是我们广大老龄工作者的重要职责和任务。

做好老龄工作，意义重大、使命光荣。“百善孝为先”，关心老年人，是我们义不容辞的责任，也是后辈应尽的孝心。近10年来，我省老龄人口增长很快，特别是“十二五”时期，我省已进入老年人口增长的高峰期，预计到2015年，我省60岁以上老年人将达到520万以上，其中80岁以上高龄老人将超过60万。人口老龄化带来的新情况、新问题日益突出，对经济社会发展的影响日益深刻，社会各方面的关注和关切也日益增强，尤其对贵州实现科学发展、后发赶超、同步小康带来了沉重的压力。2012年我省全面小康实现程度仅为69%，如果到2020年使小康实现程度达到90%以上，每年需要提高3个百分点以上。如何提高老年人的生活水平和生命质量，如何让老年人在实现贵州“中国梦”中贡献智慧和力量，如何推动老龄事业发展与经济社会协调发展，是非常紧迫的现实问题，也是我们广大老龄工作者的责任与担当。我们一定要认清形势，牢记责任，扎实工作，全力推进老龄事业与经济社会协调发展，为推动实现贵州同步小康“中国梦”尽职尽责、作出贡献。

做好老龄工作，困难不少、任务艰巨。我省是典型的“未富先老”省份，受家庭小型化和青壮年劳务输出的影响，城市空巢老人和农村留守老人急剧增加，城乡老龄化、高龄化、空巢化趋势明显。与发达地区相比，我省经济总量小，人均收入低，老龄工作基础薄弱，在社会保障、医疗条件等方面欠账还比较多，特别是在社会养老服务机构建设上，我们落后于全国和西部地区平均水平，每千名老年人拥有的养老机构床位仅10张，比全国平均水平低10.5张，比西部地区平均水平低6张。同时，我省还是一个劳务输出大省，大量农村青壮年外出务工，留下的农村老年人的养老、医疗等问题比较突出。对于这些困难、问题和差距，各级各部门一定要清醒认识、认真对待，以维护和保障老年人合法权益为出发点和落脚点，从完善体制机制、改进工作方法入手，下功夫、下大气力予以解决，不断提高老龄工作水平。

做好老龄工作，机遇难得、正当其时。老龄工作虽然存在不少困难，但也迎来了难得的发展机遇。这些年来，中央和省委、省政府出台一系列决策部署，为做好老龄工作提供了坚实的政策保障。党的十八大明确提出要以保障和改善民生为重点，在“学有所教、劳有所得、病有所医、老有所养、住有所居”上持续取得新进展，要“积极应对人口老龄化，大力发展老龄服务事业和产业”；今年省委、省政府部署开展的以县为单位同步小康创建活动，一些涉及老龄事业的发展指标纳入了同步小康指标体系，既给老龄工作提出了新的任务，也为老龄事业发展指明了方向，更为老龄工作提供了重要的发展机遇。与此同时，随着我省经济社会持续快速发展，我们也有条件、有能力投入更多的人力、物力、财力，为推动老龄事业发展提供坚强有力的保障。这些，都是我们做好老龄工作的坚实基础。老年人的今天，就是我们的明天。各级党委、政府一定要从推进科学发展、促进社会和谐的高度，深刻审视老龄工作面临的新形势、新任务和新要求，把握机遇，迎接挑战，进一步增强工作的针对性和实效性，努力把全省老龄工作提升到一个新的水平。

二、勇于担当、奋力赶超，全面推进老龄事业

老年人是特殊群体，维护他们的利益，保障老年人基本生活，让老年人共享改革开放和经济社会发展成果，是各级党委、政府的应尽之责。当前和今后一个时期，各级各部门要围绕我省老龄事业发展“十二五”规划，突出重点，加大力度，全力抓好各项工作落实，推动老龄事业持续、快速、健康发展。

第一，健全完善老年人社会保障体系。保障问题是抓好老龄工作的核心问题。近年来，我省已基本实现社会养老保障全覆盖，但水平不高，还需要进一步加强。要继续提高老年人社会保障标准，按照国家政策，逐步提高企业退休人员基本养老金、新农保基础养老金。要提高老年人医疗保障待遇，针对老年发病率高，医疗费负担较重的特点，完善向老年人倾斜的医疗保险政策，让老年人得到更好的医疗保障。要加大老年人社会救助力度，按照国家政策适时提高城乡低保和农村五保供养标准，确保困难老年人家庭应保必保，优先纳入低保；进一步完善临时救助制度和大病救助制度，保证特困老年人的基本生活，保证因灾、因病老年人衣、食、住、用等基本生活需要。要建立和完善老年人基本住房制度，在保障性住房分配时，优先保证老年人的基本住房需求，体现公平正义、促进社会和谐。

第二，加快推进社会养老服务事业。按照“优先发展社会养老服务”的要求，加快构建以居家养老为基础、社区服务为依托、机构养老为支撑的社会养老服务体系。加快社区养老服务设施建设，大力发展社区照料、社区互助和志愿服务，不断强化社区居家养老服务设施功能，为老年人提供短期托养、日间照料等生活服务。积极争取国家支持，加大地方财政对养老服务机构建设投入，统筹推进农村敬老院、城市福利院、老年养护楼、老年活动中心等养老机构建设。要大力发展老龄服务产业。社会养老服务体系建设，政府不能完全包办。从未来的发展趋势看，老龄服务业将成为一个规模巨大的产业。特别是贵州山清水秀、空气清新、气候宜人，非常适宜发展养老休闲服务产业。要围绕“5 个 100”平台建设，制定出台财政扶持、税费减免、用地保障等优惠政策，鼓励、引导和支持社会力量兴办老年公寓、护理院、托老所等养老设施，开发建设功能配套的高端养老休闲场所，发展多种特色的养老服务，推动老龄产业向社会化、市场化、多元化、专业化发展。

第三，切实加强农村老龄工作。我省经济发展相对滞后，人口老龄化的突出问题在农村，老龄事业的薄弱环节也在农村。各级各部门要把老龄工作的重心更多地放在农村，夯实基层工作基础。要把解决农村老龄问题、加强农村老龄工作，与正在开展的以县为单位同步小康创建活动紧密结合起来，与新一轮扶贫开发紧密结合起来，认真谋划、科学安排、积极推进。要着力加强农村养老保障制度和老龄服务体系建设，采取有效措施，高度重视解决农村高龄、失能、贫困、空巢老年人的实际问题，切实保障他们的生活和照料服务。要进一步落实农村低保、优待抚恤等政策，使农村老年人在生产生活就医方面得到保障。要加强农村卫生机构建设，进一步强化农村合作医疗，提高参合水平，更好地为农村老年人提供医疗服务。要进一步加强发展型服务型党组织建设，大力提高党组织和党员服务群众的能力和水平，确保农村老龄工作有人抓、有人管。

第四，创新老龄群体管理服务工作。老龄工作关系千家万户，是社会管理工作的重要内容。随着经济发展、经济收入增加和生活环境、生活方式的改变，老龄群体对社会服务的期待更高了，一些合理需求如果得不到满足，就会积聚新的社会矛盾。各级各部门要进一步牢固树立以人为本的理念，健全服务网络，创新服务方式，拓宽服务领域，增强服务功能，为老年人提供方便、快捷、高质量、人性化的服务。要积极培育发展各类老年人社会组织，尤其要加强城乡基层群众自治组织和基层老年协会规范化建设，重视老年人思想教育，增强老年社会组织自我教育、自我管理和自我服务能力。鼓励和支持热心老龄事业、身体健康的老年人参与到老龄群体管理的各项工作中，发挥他们在老龄工作中的独特作用。要抓好新修订的老年人权益保障法的贯彻实施，广泛开展普法宣传活动，结合当地实际和部门职责，制订出台地方性法规和完善配套政策，将老年人权益保障法的各项要求落到实处。

第五，大力发展老年教育文化体育事业。近几年，我省老年文化体育活动丰富多彩，省级每年都坚持举办老年文化艺术节、老年人合唱大赛、老年人运动会等活动。各地也在每年“敬老月”期间，组织开展形式多样的老年活动，深受老年人欢迎。要把这些好的做法和传统坚持下去，不断满足广大老年人的精神文化需求。各级各部门要进一步加大公共财政投入力度，办好老年学校，向老年人免费或优惠开放公共文化娱乐设施，让老龄群体有更多可供选择的学习、休闲和娱乐场所。要通过远程教育和“农家书屋”建设，丰富老年人的文化生活。要多举办各类老年艺术节、老年运动会，开展爱老敬老助老创建活动，大力支持老年群众组织开展工作，为老年人“自己找乐”创造条件，进一步提升老年人的生活品质和健康素质。

三、努力形成推动老龄事业加快发展的合力

我省老龄事业发展目标已经明确，关键是抓好落实。各地、各有关部门要加强组织领导，健全工作机制，加大推进力度，不断优化老龄事业发展环境，推动我省老龄事业再上新台阶，在全国有影响、有位置。

一是加强组织领导，明确工作职责。各级党委、政府要高度重视老龄工作，将老龄事业列入重要议事日程，纳入本地区经济社会发展总体规划和年度计划，定期召开会议，认真听取汇报，及时研究部署，明确发展目标，抓好责任落实。主要负责同志要亲自过问，分管负责同志要具体抓好落实。各级老龄委及其办公室要充分发挥综合协调、组织指导、督促检查和参谋助手作用，确保各项工作高效有序开展。老龄委成员单位要积极支持老龄办开展工作，特别要结合党建扶贫、同步小康驻村工作和群众路线教育实践活动，组织力量深入基层为老年人排忧解难，切实帮助解决实际问题。

二是夯实基层基础，提高队伍素质。老龄事业的重点在基层，主要工作对象也在基层。各级党委、政府要加强基层老龄工作机构建设，为他们提供必要的工作经费和工作条件，确保基层老龄工作的正常开展。要加强老龄工作队伍建设，选好配强基层老龄工作干部，落实好干部待遇，加强职业道德教育和业务培训，努力建设一支政治强、业务精、作风实、讲奉献的老龄工作干部队伍。要加强基层老龄工作规范化建设，努力做到组织机构健全、干部队伍稳定、活动设施完善、服务项目丰富、制度机制科学。

三是加大经费投入，强化工作保障。各级政府要根据经济社会发展情况和老龄工作实际，不断加大对老龄事业的投入，切实承担起“保基本”的责任。要把发展老龄事业作为推进基本公共服务均等化的重点领域和重要民生工程，纳入公共财政预算，建立与人口老龄化形势和老龄事业发展要求相适应的财政投入增长机制。加大福利彩票公益金、体育彩票公益金用于老龄事业的比例。积极鼓励社会资金、慈善捐赠支持老龄事业发展，建立起多元化的投入机制。要建立健全资金使用的监督、考核和绩效评估机制，保证将有限的资金用在广大老年人最需要的地方。

四是广泛开展宣传，营造良好氛围。要加强应对人口老龄化的宣传教育，全面宣传党和政府发展老龄事业的方针政策和工作措施，引导全社会树立积极的老龄观，正确认识和积极应对老龄化。要围绕建设社会主义核心价值体系，深入开展敬老、爱老、助老宣传教育，大力倡导文明新风。要加强老年法律法规宣传，进一步增强全社会保障老年人权益的法制观念和责任意识。要及时总结推广发展老龄事业的好经验、好做法，树立和表彰为老服务的先进典型。要把敬老、爱老、助老作为各类文明创建的重要标准，形成人人尊重关心老年人、支持老龄事业发展的良好社会氛围。要继续办好《贵州老年报》，使之成为宣传贵州老龄工作、推动老龄事业发展的重要窗口。

同志们，做好老龄工作、发展老龄事业，责任重大，使命光荣。我们要带着责任、带着感情，担当起推动我省老龄工作跨越发展、后发赶超的历史使命，为我省科学发展、同步小康作出新的更大贡献。

在四川省老龄委第九次全体会议上的讲话

四川省政府副省长 省老龄委主任 曲木史哈

（2013年8月8日）

今天，我们召开省老龄工作委员会第九次全体会议，主要任务是传达全国老龄工作委员会第十五次全体会议精神，安排部署下一步工作。下面，我就加强全省老龄工作讲三点意见。

一、认清形势，不断增强做好老龄工作的紧迫感和责任感

2012年，全国迎来了第一个老年人口增长高峰，劳动年龄人口进入负增长的历史拐点，劳动力供给格局发生转变。由于人口老龄化超前于现代化，“未富先老”和“未备先老”的特征日益凸显，老年人面临贫困、疾病、失能等诸多困难。同时，老年人口的高龄、失能和空巢化进一步加剧了应对人口老龄化的严峻性和复杂性。到去年年底，我国60岁及以上人口数量达到1.94亿，比上年增加891万，占总人口的14.3%，其中80岁及以上高龄老年人口达2 273万人。今年底，老年人口数量将达到2.02亿，老龄化率14.8%。

我省人口老龄化高于全国平均水平，形势更加严峻。主要呈现五个特点。一是老龄化程度高。四川经济水平不高，但全省65岁及以上老龄人口比例居全国第二位。二是增长速度快。四川从1997年跨入人口老龄化省份后，老年人口快速增长。据省老龄办预测，到2025年前后四川老年人口将占总人口的25%，每4个人中就有1个老年人；到2034年前后四川老年人口将占总人口的34%，每3个人中就有1个老年人。三是高龄化程度重。2010年，全省80岁及以上高龄人口为151.3万人，占60岁及以上老年人口的11.5%，近30年总体呈逐年上升趋势。据测算，2037年前后80岁及以上老年人口将达到峰值，接近500万人，占60岁及以上老年人口的20%。四是发展不平衡。四川是内陆省份，地形以丘陵、山区为主，经济社会发展和人口密度不平衡，导致老龄基础服务设施建设不均衡。五是未富先老。我省老龄化是在经济尚不发达的情况下形成的，属于典型的“未富先老”省份，财政负担很大。

面对人口老龄化的严峻形势，在积极应对的同时，我们还存在思想认识不够、应对准备不足、政策措施不完善、体制机制不健全、老龄产业起步晚等诸多问题。这些问题可能引发新的矛盾，甚至影响到经济社会发展大局。因此，各地、各部门要充分认识到应对人口老龄化的重要性、复杂性和长期性，立足战略高度、把握发展全局、统筹协调各方，切实增强做好老龄工作的责任感、使命感和紧迫感。

二、突出重点，认真贯彻落实老龄事业发展“十二五”规划

（一）做好老龄事业发展“十二五”规划的执行评估。去年9月印发的《四川省老龄事业发展“十二五”规划》，对我省老龄事业发展进行了总体部署，明确了指导思想、发展目标、基本要求、主要任务、保障措施。《〈四川省老龄事业发展“十二五”规划〉成员单位任务分工》已经印发，请各成员单位按照任务分工，结合自身职责，做好“十二五”规划中期评估，进一步推动各项工作落实。

各地、各部门要积极思考老龄问题，把老龄事业作为一个产业来研究，挖掘该领域经济增长和扩大内需的潜力。

（二）加快建设和完善社会养老及医疗保障制度体系。应对人口老龄化，关键是妥善解决“老有所养”“老有所为”和“老有所医”问题。我们必须充分发挥政府、个人和家庭、用人单位、社会等方面的作用，逐步建立健全社会基本保障、职业保障、家庭保障、商业保障和自我保障相结合的老年社会保障体系。明确责任，加快完善以社会保险、社会救助、社会福利为基础，以基本养老、基本医疗、基本住房、最低生活保障为重点，以慈善事业、商业养老保险为补充的养老社会保障制度体系；加快推进养老社会保险制度，完善基本医疗保险制度和老年社会福利制度，加大老年人社会救助力度，为老年人的基本生活、基本医疗、基本住房等提供可靠保障。

（三）加快社会化养老服务体系建设。要以发展居家养老服务为重点，加强社会化养老服务体系建设。一要加快建立健全居家养老服务网络，最大限度地保持和发挥家庭的养老功能和社区的专业服务功能，从家庭和社会两方面有效保障老年人的经济供养、生活照料和精神慰藉等。二是大力发展社区专业照料服务，积极拓展居家服务领域，实现从基本生活照料向医疗康复、专业护理、精神慰藉、心理疏导等方面延伸，加快建设社区日间照料中心、托老所等养老服务设施，开展老年人日托、临托等多种形式的社区照料服务。三要加强对失能老人、高龄老人的生活照料和服务，把这部分最弱势群体作为养老服务的重点对象。四要大力培养居家养老服务中介组织，倡导青年人参与居家养老志愿服务，发展互助式社区养老服务组织。

（四）进一步加强农村老龄工作。人口老龄化的突出问题在农村，老龄事业的薄弱环节在农村，老龄工作的重中之重也在农村。各地、各部门要高度重视农村老龄工作，按照统筹推进城乡经济社会发展的要求，把公共资源配置的重点放在农村，着力加强农村养老保障制度和老龄服务体系建设，进一步完善农村老龄基础设施建设，加强基层老年人协会建设，充分发挥农村老年人协会作用，最大程度缓解人口老龄化对现代农业发展和新农村建设的影响，推动我省城乡老龄事业协调发展。

三、加强领导，齐心协力推动老龄事业发展

省老龄委成员单位要切实加强对老龄工作的组织领导，认真检查涉老职责履行情况；把加强老龄工作、发展老龄事业摆上议事日程；及时协调解决涉老工作中的实际困难和问题；按照《中华人民共和国老年人权益保障法》《中共中央 国务院关于加强老龄工作的决定》和《四川省人民政府关于进一步加强老龄工作的意见》有关要求做好老龄工作。同时，各成员单位要认真开展调配研究，真正掌握工作情况，切实发挥职能作用，齐心协力推动全省老龄事业发展。

在（宁夏回族自治区）全区智能化社区服务平台建设推进会上的讲话

宁夏回族自治区　副主席
自治区老龄工作委员会主任　李　锐

（2013 年 7 月 29 日）

同志们：

在第一批党的群众路线教育实践活动深入开展之际，今天，我们在这里召开全区智能化社区服务平台建设推进会，总结成绩，交流经验，部署任务。会前，大家现场观摩了宁夏智能化社区服务平台和银川市金凤区智能化社区服务中心。刚才，银川市金凤区介绍了做法，正彬厅长通报了全区智能化社区服务平台建设情况，提出了下一步工作的安排意见。总体来看，全区智能化社区服务平台经过两年的建设，有效运用行政和市场两种资源、两种机制，优化配置和整合有限的服务资源，将养老服务与信息技术有机结合，最大限度发挥服务和管理效能，既节省了成本，又提高了效益，实现了“政府搭台、企业唱戏、机构监管、老人受益”的建设目标。但从推进情况看，还存在着认识和重视程度不够、投入不足、推进力度不大、宣传力度小、知晓率低、社会力量参与不足等问题。各地各部门一定要高度重视，充分认识推进宁夏智能化社区服务平台建设的重要性，切实把这项工作抓好、抓实、抓出成效。下面，我讲三点意见。

一、充分认识加快智能化社区服务平台建设的重要意义

党的十八大提出：“必须从维护最广大人民根本利益的高度，加快健全基本公共服务体系，加强和创新社会管理，推动社会主义和谐社会建设。”同时强调要坚持走中国特色新型工业化、信息化、城镇化、农业现代化“四化同步”的发展道路。当前，我区经济社会发展进入加快转型的关键时期，因应人民群众利益诉求，探索更加扁平、快捷、高效、公开的服务管理方式，让改革发展成果惠及最广大群众特别是老年人，实现基本公共服务均等化，已成为行政管理体制改革的重点。在新形势下，加快推进宁夏智能化社区服务平台建设，对于加强和创新社会管理，推进和谐社会建设，与全国同步进入全面小康社会意义重大，影响深远。

加快智能化社区服务平台建设，是推进智慧宁夏建设的重要组成部分。建设智慧宁夏，是自治区党委、政府推进“两区”建设，提升公共服务管理水平，打造高品质生活城市，实现城市创新发展，更好地保障和改善民生的重大举措。“智慧宁夏”把经济发展、惠民便民、管理提升作为建设的三大根本目标，旨在让城乡百姓生活的更幸福、更美好。智能化社区服务平台建设，是“智慧宁夏”的基础性、支撑性项目，也是我区积极应对老龄化、破解养老服务难题、拓展社区服务功能、提升社区服务水平的一项民生工程。实施好这一项目，有利于利用信息化手段和平台，整合政府行政资源和管理资源，提高社会管理能力，降低行政管理和社会管理成本，提高政府和各个部门决策的科学化水平。

加快智能化社区服务平台建设，是加强和创新社会管理的必然要求。加强和创新社会管理，其目的是维护社会秩序，促进社会和谐，改善社会服务，激发社会活力，保障人民安居乐业，推动经济社会发展；核心是服务人民群众。智能化社区服务平台建设，顺应经济社会发展方向和要求，紧紧围绕人民群众需要，利用现代科技手段，及时了解和掌握社区居民特别是老年人各种各样的服务需求信息，整合各种服务资源，适应社区居民特别是老年人的需求，促进社区服务现代化、信息化、标准化、专业化，使社区居民特别是老年人就近、及时获得方便快捷、称心周到的服务。

加快智能化社区服务平台建设，是应对人口老龄化的重要手段。我区进入人口老龄化虽然比全国晚了10年，但呈现出加速发展的趋势，老年群体日益增长的养老服务需求对经济社会发展形成巨大压力。受传统家庭养老观念影响，绝大多数老年人选择居家养老，因此，大力发展社区居家养老服务已成为解决养老服务难题的必然选择。智能化社区服务平台，通过现代通信信息技术构建社区信息服务网络和服务平台，打造了一个没有围墙的“养老院”，有效整合了社区内多种服务资源，使有限的养老服务资源实现了效益最大化，减轻了财政压力，较好地破解养老服务难题，更好地夯实了居家养老服务的基础。

二、切实打造高效、便捷、贴心的社区服务平台

加快智能化社区服务平台建设，关键在落实，最终看成效。各地一定要加大工作力度，精心组织实施，切实把这项关乎民生的好事、实事办好，办出成效。

一要科学谋划，扎实推进。各地要结合实际和信息化发展需要，按照自治区的统一规划和部署，制定并完善建设方案。方案既要突出实用性、可操作性又要兼顾技术上的超前性，既要立足当前，又要兼顾长远，确保平台建设方案科学合理、安全可靠、切实可行。要建设应用并举，加快平台建设进度。目前，市级平台建设滞后，要积极创造条件，切实加大力度，力争明年年底全部建成投入使用。经济基础好的县（区）要先行一步，适度超前；中南部地区要克服困难，及早谋划。在市、县平台建设的同时，要根据需要和可能，合理规划乡镇（街道）、社区（村）服务站点建设。确保到2015年实现智能化社区服务平台网络全覆盖。

二要完善功能，拓展领域。智能化社区服务平台作为一种网络服务手段，最关键的是要切合社区居民需求，对接好服务信息，理清与群众利益密切相关、受众面广、涉及多个部门的事项，需要对各部门涉及民生服务类资源进行有效整合。各地要坚持统一规划、统一标准，在现有社区居家养老和社区服务的基础上，针对各部门的实际情况，抓紧制定部门信息接入实施方案，从技术上切实保障业务办理和相关信息共享的同步，推进资源整合和互联互通，为公众提供更多的信息和更便捷的服务，最大限度地发挥项目应用效益，提升民生服务和社区为老服务水平。

三要培育市场、提升服务。各地要认真落实国家和自治区加快发展社区和家庭服务业发展的相关优惠政策，按照政府主导、社会参与、市场化运作的原则，大力培育社区服务社会组织，积极探索和推行政府购买服务，鼓励和引导多元化社会资本、多样化服务主体参与社区服务。要采取签订服务合约的形式，广泛动员各类诚实守信、热心社区服务事业并且服务质量高、信誉程度好的服务机构，加盟到社区服务中来，为社区居民尤其是老年人提供各种各样便捷、贴心、优质的服务，满足社区居民多层次、个性化的服务需求。要通过开展职业技能培训、职业道德教育、职业资格认证等形式，不断提高社区服务人员的职业素养和服务技能。

四要加强管理、规范运行。要研究制定智能化社区服务平台一系列规章制度，明确社区服务项目和收费标准，强化跟踪服务和过程评估；推进社区服务志愿者的注册管理制度，开展专业服务人员备案登记、上岗培训、资格认证、技能鉴定等工作，提高社区服务规范化、标准化、专业化服务水平。要切实加强对服务平台服务信息、流程、程序、人员、价格等服务项目管理和服务效果的检查监督，确保服务平台规范运行、可持续发展。

三、确保智能化社区服务平台建设取得实效

智能化社区服务平台建设涉及多个部门，是一项系统工程。各地各有关部门一定要高度重视，强化措施，合力推进。

第一，加强组织领导。建设宁夏智能化社区服务平台，是党和政府关注民生、改善民生的具体体现。各地要高度重视，切实加强领导，落实责任，制定具体工作计划和实施方案，进一步明确工作目标、细化工作措施、落实工作人员和经费，确保平台建设顺利实施和有序推进。各级民政部门要做好项目实施的组织领导、统筹协调、检查监督、总结经验工作，使其发挥最大的社会效益。

第二，强化协调配合。智能化社区服务平台建设涉及面广，需要各有关部门的相互配合和大力支持。各地要认真落实社区服务的各项扶持优惠政策，及时研究解决平台建设过程中遇到的困难和问题。各有关部门要主动配合，积极参与，强化措施，形成合力，确保平台如期高标准建成。

第三，整合服务资源。据我了解，目前自治区经信委、商务厅、民政厅都在做智能化社区服务平台，在某种程度上存在着重复建设、资源条块分割的状况。要按照自治区实施“宽带中国·智慧宁夏”要求，将智能化社区服务平台建设纳入项目整体规划，由自治区经信委牵头，民政厅组织实施，整合商务、民政等资源，做到资源共享，整体推进智能化社区服务平台建设。

同志们，建设好智能化社区服务平台，责任重大，任务艰巨。我们一定要以改革的精神，创新的思维，务实的态度，扎实的工作，力争把这个惠及群众尤其是老年人的民生项目、惠老工程早日建成，发挥效益，为建设和谐富裕新宁夏、与全国同步进入全面小康社会做出积极贡献。

在（新疆维吾尔）自治区老龄工作会议上的讲话

新疆维吾尔自治区党委常委　肖开提·依明

（2014 年 2 月 21 日）

同志们：

这次全区老龄工作会议的主要任务是：深入贯彻落实党的十八大、十八届三中全会、中央政治局常委会会议和习近平总书记重要讲话、自治区党委八届六次全委（扩大）会议精神，总结工作，分析形势，部署任务，努力把我区老龄工作提高到新的水平，为实现新疆社会稳定和长治久安做出积极贡献。

2013 年，是全面贯彻落实党的十八大精神的开局之年，是实施“十二五”规划承前启后的关键一年。面对复杂多变的国际经济和国内经济调整转型的新形势新任务，自治区党委、政府在党中央、国务院的坚强领导下，深入贯彻党的十八大、中央新疆工作座谈会和自治区第八次党代会精神，以“新春好开局、实干促落实”系列活动为抓手，牢牢把握“稳中求进、进中求变”总基调，坚持统筹稳增长、调结构、促改革，坚持宏观政策要稳、微观政策要活、社会政策要托底有机统一，坚持“五个始终”，坚持“只有努力才能改变，只要努力就能改变”，深处着力、精准发力，大力弘扬新疆精神、践行新疆效率，推出一系列创新性政策措施。预计全疆生产总值 8 510 亿元，增长 11.1%，全社会固定资产投资 8 130 亿元，增长 30%，社会消费品零售总额 2 033 亿元，增长 13%，经济运行呈现加速上行、效益提升、结构优化的良好态势。2013 年是连续第三个“民生建设年”，民生支出占公共财政支出的 70%以上，确定的 25 类 100 项民生工程全部完成，教育、医疗、卫生、就业、住房、社会保障等各项社会事业全面发展，各项工作取得了新的显著成绩。

一年来，全区各级老龄工作部门坚持“党政主导、社会参与、全民关怀”的老龄工作方针，紧紧围绕实现跨越式发展和长治久安两大历史任务，充分发挥“综合协调、督促检查、参谋助手”职能作用，我区老龄工作实现了新的突破。各地不断加大社会养老保障体系建设力度，城市社区居家养老服务工作和农村老龄服务事业有了新的进展；充分调动社会力量为老年人办好事、办实事，千方百计为老年人排忧解难；切实维护老年人合法权益，认真落实各项老年优待政策；积极组织开展老年文体活动，因地制宜发展老年教育；加大老龄宣传工作力度，弘扬中华民族敬老传统美德；支持老年人参与社会发展，顺利实施

"银龄行动"；自身建设不断加强，调查研究和解决问题的能力不断提高。总之，通过各级老龄工作部门的不断努力，老龄工作的方向定位越来越科学、思路目标越来越明确、路径措施越来越清晰、工作环境越来越有利、发展势头越来越强劲。自治区党委、人民政府是满意的。刚才，会议还对自治区第一届"敬老文明号"单位进行了表彰，在此，我代表自治区党委、自治区人民政府，向受表彰的单位表示热烈祝贺，向全区广大老龄工作者表示诚挚的问候和衷心的感谢！

2014年，是全面贯彻落实党的十八届三中全会精神、全面深化改革的第一年，也是全疆上下深入学习贯彻中央政治局常委会会议和习近平总书记重要讲话精神的重要一年。做好今年的老龄工作，要全面贯彻落实党的十八大、十八届三中全会、中央政治局常委会会议和自治区党委八届六次全委（扩大）会议精神，紧紧围绕自治区"深化改革创新、聚力长治久安"系列活动，以维护社会稳定和长治久安、服务全面深化改革为重点，不断提升老龄工作成效和水平，为实现新疆的发展稳定和长治久安作出新的贡献。

下面，我讲几点意见。

一、统一思想，提高认识，进一步增强做好老龄工作的责任感和使命感

党的十八大提出了"积极应对人口老龄化，大力发展老龄服务事业和产业"的要求，新修订的《中华人民共和国老年人权益保障法》将"积极应对人口老龄化"提高到国家战略层面，上升到法律高度，为推进老龄事业发展提供了制度保障。中央新疆工作座谈会之后，党中央、国务院为新疆的跨越式发展和长治久安制定了一系列特殊政策和扶持措施，也为老龄事业的快速发展提供了机遇。我们一定要清醒认识人口老龄化带来的新情况、新问题、新挑战，进一步增强做好老龄工作的责任感和使命感，促进老龄事业又好又快发展。

（一）做好老龄工作是促进新疆社会稳定和长治久安的重要保证。2013年12月19日，中共中央政治局常委会专题听取了新疆工作汇报，研究部署了当前和今后一个时期的新疆工作，习近平总书记主持会议并发表重要讲话，对做好新形势下新疆工作提出明确要求、作出重大战略部署，明确了做好新形势下新疆工作的指导思想、主要目标和重要任务，这是党的十八大确立的中国特色社会主义事业五位一体总布局结合新疆实际的新定位，是我们党治疆方略、治疆理念的进一步丰富发展和升华，使治疆方向更加明确，对新疆具有十分重要的战略意义。习近平总书记的重要讲话是当前和今后一个时期新疆一切工作的总指针、总遵循。同样也是新疆老龄工作的总指针、总遵循。我们一定要把思想和行动统一到党中央的决策部署上来，统一到自治区党委的要求上来，扎实推进老龄工作的健康发展。要充分认识做好老龄工作在维护社会稳定和长治久安中的重要作用。一是要摒弃老龄工作简单化的思维，充分认识到只有做好老龄工作、解决好老年人的问题，我区二百多万人的庞大老年群体才会满意，才会稳定。这就是老龄工作对长治久安做出的最大贡献。二是要认识到广大老年人有着丰富的阅历和经验，在家庭和社会中有着较高的威望和影响，通过老年人的辐射带动作用，可以让老年人身后的千千万万个家庭和家庭成员认识到新疆反分裂斗争的长期性、复杂性、尖锐性，始终保持清醒头脑，自觉维护社会稳定。三是要认识到只有做好老龄工作，引导各族老年群众成为维护社会稳定的可靠力量，旗帜鲜明地反对民族分裂，才能最大限度地铲除民族分裂势力赖以滋生的土壤，使他们成为过街老鼠人人喊打，从而取得反分裂斗争的最终胜利。因此，我们一定要站在全局和战略的高度，充分认识肩负的重要政治责任和重大历史使命，更加自觉主动地做好老龄工作。

（二）做好老龄工作是践行群众路线的具体体现。实践是检验真理的唯一标准，任何工作最终都需要由实践来推动和检验，老龄工作也一样，到底方向走没走对，措施得不得力，社会认不认可，最后都要看老年人是否因此而受益。老年人评判老龄工作的好坏，没有太多的渠道和手段，最直接、最现实、最有效的感知方式就是看自己得没得到实惠。让老年人的幸福感不断提升，双手赞成和拥护我们的政策举措，就是对老龄工作的最大褒奖。提高新疆各族老年人的生活品质，让他们成为新疆一道亮丽的风景线、成为新疆的优势资源，是检验各级涉老部门敢于担当的重要标尺。做好老龄工作，坚持"老年人满意不满意、高兴不高兴、答应不答应"这"唯一标准"，是涉老部门开展党的群众路线教育实践活动的具体表现和生动实践。

（三）做好老龄工作是应对人口老龄化的必然要求。我区已于2010年进入老龄化社会，截至目前，全区60岁以上老年人口241.2万，占总人口的10.86%。新疆的特殊区情决定了我区的少数民族老年人与农村老年人占有很大比重。目前，全区少数民族老年人口138.28万，占老年人口总数的57.33%；农村老年人口130.54万，占老年人口总数54.12%。近年来，80岁以上高龄老年人增加了近一倍，已经超过20万；随着年轻人异地工作，父母与子女异地居住，空巢老人越来越多，城乡空巢家庭接近四分之一；除此之外，贫困老人、失能半失能老年人的数量也越来越多。我区人口老龄化的特点，决定了老年人对物质、精神文化和社会服务的需求将不断增多，社区照料服务需求迅速增加，劳动年龄人口对老年人赡养负担加重，老年人的养老、医疗、精神文化生活、社会照料、权益维护等方面的问题越来越突出，对政府社会管理和公共服务职能的加强，对老年文化、教育、卫生、体育事业的发展都提出了新的更高要求。解决老龄问题的关键是经济基础，我区的人口老龄化是在全区综合实力还不强、经济社会发展各项任务仍十分繁重的情况下到来的，我区应对人口老龄化的实力还比较薄弱，短期内需要解决的问题会更多、困难会更大。我们必须从人口老龄化与经济、社会、资源可持续发展的战略高度来认识做好老龄工作的重要性和紧迫性，未雨绸缪，及早谋划，统筹协调，趋利避害，在应对人口老龄化挑战中赢得主动。

二、为老服务，凝聚人心，使老年人共享改革发展的成果

各级老龄部门都要紧紧围绕实现社会稳定和长治久安的战略部署，主动地服从大局、融入大局、服务大局，跟进形势的发展变化，跟进任务的安排部署，跟进各族老年人的现实需求，创造性地开展工作，努力把老龄工作提高到一个新水平。

（一）增强为老服务水平，提高老年人生活质量。老年人生活状况，不仅仅是反映一个群体的权益，更是检验社会和谐发展程度的“晴雨表”和“温度计”。要处理好经济社会发展与保障老年人享受发展成果的关系，使老年人在既有尊严、又有保障和安全的社会条件下生活。要坚持以人为本，顺应老年人过上好生活的期待，从老年人的利益出发，带着对老年人的深厚感情，时刻把老年人的冷暖挂在心上，从解决老年人最关心、最直接的实际问题入手，诚心诚意办实事，尽心竭力解难事。要掌握老年人的生活状况，了解他们的实际困难，弄清他们的所需、所急、所盼，尽力为他们排忧解难。各级老龄部门的同志都要学会换位思考，把老年人的事当成自己的事来办。对涉及老年人切身利益的事情，即使再小也要竭尽全力去办，对每一项工作，都要尽最大努力，高标准高质量完成好，切实做到事事有回音、件件有着落，让老年人得到实实在在的利益，使老年人的意愿得到充分尊重、老年人的困难得到彻底解决、老年人的生活得到明显改善、老年人的积极性得到充分发挥，让广大老年人共享改革发展和现代化建设成果，健康幸福地安度晚年。

（二）畅通诉求渠道，切实维护老年人合法权益。维护老年人合法权益是老龄工作的重要内容，也是改善民生和确保老年群体稳定的有效措施。各级老龄部门要认真履行职责，积极发挥综合协调、督促检查作用，配合有关部门认真开展执法检查，加大执法力度，严厉打击诈骗、伤害、遗弃、虐待老人等侵害老年人合法权益的违法行为。对在执法检查中发现的问题，要积极协调有关部门采取有效措施给予解决。要认真贯彻落实好老年人权益保障法，从解决关系老年人切身利益的实际问题入手，针对出现的新情况、新问题，及时研究提出新的政策措施，形成全面保障老年人合法权益的制度和机制。要切实加强老年信访工作，及时把侵犯老年人合法权益的问题向有关职能部门和司法行政机关反映，对严重侵犯老年人权益的案件，要通过新闻媒体及时曝光，督促有关部门处理。要广泛开展法律服务和法律援助“六进”活动，使老年人就地、就近、及时得到高效优质的法律服务和法律援助。要整合各方面的老年维权资源，建立健全有关职能部门为主体，社会团体、企事业单位、公益性组织等共同参与的老年维权网络，切实形成综合治理、齐抓共管的社会化大维权格局。

（三）加强和创新社会管理，壮大基层老年协会队伍，办好老年大学。我区老年人口占总人口数的比例非常大，从某种意义上说，老年群体稳，则社会稳，老年群体安，则社会安。我区各族老年人对党、对祖国、对人民有着深厚的感情，对民族团结、社会稳定和祖国统一有着牢固的思想基础，反对民族分裂、保持新疆社会稳定与长治久安，是各族老年人的共同愿望和根本利益所在。要充分认识确保老年群体稳定的重要性和紧迫性，相信老年人，依靠老年人，筑牢新疆社会稳定的根基。

老年协会是以老年人为主体，老年人自我服务、自我教育、自我管理、自我监督的群众组织，是党和政府联系老年群众的桥梁和纽带。特别是在促进社会稳定和长治久安进程中，老年协会对老年人群的凝聚力和服务能力将进一步增强，在社会管理中的作用将日益明显。要立足老年协会，发挥老年人自身作用，组织各种有益老年人身心健康的活动，把老年人的心拢起来，把老年人的力量聚起来。要把人力、财力、物力更多投到老年协会，为老年协会健康发展营造良好的社会环境。老年大学是老年人老有所学的重要场所，是满足老年人精神文化生活需求的重要载体，是党和政府联系老年人、凝聚老年人的重要桥梁，也是加强老年人思想政治工作的重要阵地。确保老年群体稳定，离不开老年教育工作的积极配合，要办好老年大学，切实发挥好老年大学这个阵地的作用。

（四）加大老龄宣传力度，营造浓厚敬老社会氛围，引导老年人自觉维护民族团结。加大对老龄工作的宣传，是做好老龄工作的基础和前提。只有宣传工作做到位了，老龄工作才能得到全社会的广泛关注和热情参与，开展起来就会更加有声有色，更加容易取得成效。目前人口老龄化问题已经成为突出的社会问题，要使全社会充分认识这个问题，理解并支持老龄工作，就必须长期做好老龄宣传工作，把人口老龄化的严峻形势及其对经济社会的影响，宣传给社会、社区、家庭和每个公民，让更多的人关注老龄化，关爱老年人，营造推进老龄工作的良好社会环境。要不断创新老龄宣传工作，各级老龄办都要积极行动起来，制定宣传计划，整合力量，统一行动，通过一些行之有效的宣传形式和方法，使老龄工作真正做到深入人心、妇孺皆知。要努力实现从老龄工作宣传向老龄问题和积极应对人口老龄化宣传的转变，由“老龄小宣传”转变到“老龄大宣传”，不断提高全社会对老龄工作重要性的认识，提高老龄工作的知名度和影响力，进一步营造重视老龄工作、支持关心老龄事业的良好社会氛围。

要加大对老年人的宣传引导力度，主动地做好对老年人的舆论引导工作。要把反对民族分裂、维护祖国统一、维护社会稳定作为老龄宣传的重点，广泛宣传党的民族政策和宗教政策，广泛宣传国家法律法规，广泛宣传“团结稳定是福、分裂动乱是祸”的道理。要把宣传党的主张和反映老年人心声统一起来，把正确导向和通达社情民意统一起来，坚持正确的舆论导向不放松，坚持团结稳定鼓劲、正面宣传为主，在新疆大地上唱响民族团结的主旋律。要引导各族老年人正确对待改革中利益关系的调整，擦亮眼睛、明辨是非，更加清醒地认识到没有稳定什么事也做不成。鼓励老年人勇敢地与“三股势力”斗争，通过他们向各族群众大力宣传马克思主义“五观”“四个认同”，自觉地在思想上、行动上维护祖国统一，反对民族分裂。要紧紧团结依靠全区各族老年人，形成反分裂、反暴恐斗争的铜墙铁壁，努力营造倍加顾全大局、倍加珍视团结、倍加维护稳定的良好氛围。

三、加强领导，齐抓共管，不断提升老龄工作整体水平

加强老龄工作，发展老龄事业，是各级党委、政府和全社会的共同责任。各地要从全局出发，切实加强领导，站在促进社会稳定和长治久安的高度，精心部署，狠抓落实，以更大的力度、更实的举措，努力把老龄工作提高到一个新水平。

（一）坚持党政主导推动，健全老龄工作运行机制。做好老龄工作，党政主导是关键。老龄工作是党和政府工作的重要内容，要始终把党政主导作为做好老龄工作的首要前提。只有党政领导认识到位了、真正重视了、摆上位置了，老龄工作才能顺利推进。各级党委、政府要切实加强对老龄工作的组织领导，把老龄工作摆在重要位置，列入重要议事日程，经常研究、部署和推动，确保认识到位、责任到位、措施到位、投入到位，切实抓紧、抓好，抓出成效。要认真贯彻国家和自治区已有的法规政策，结合当地的实际制定相应的政策和制度，要把老龄工作纳入各级党委、政府目标考核管理，做到老龄工作与党委、政府中心工作同步安排、同步考核、同步落实。老龄工作是一项社会性工作，也是一项需要加大投入的工作，在人口老龄化的初期阶段，老龄工作的资金投入主要依靠各级党委政府，各级党委政府要通过资金投入发挥主导作用，增加老龄事业经费投入，加强老年文化设施、养老设施、教育设施建设，满足老年人日益增长的物质文化需要，提高城乡老年人的基本生活保障水平。

（二）动员社会各界广泛参与，构建大老龄工作格局。做好老龄工作也是全社会的共同责任。要坚持齐抓共管、合力推进的原则，加强社会动员，强化社会参与老龄事业的良性互动机制，营造良好的老龄事业发展氛围。各级老龄委成员单位和有关部门要积极履行职责，充分发挥职能作用，把老龄问题纳入本部门工作规划，纳入到具体工作部署之中去，明确目标任务，狠抓工作落实。要通过政策引导，大力宣传，策划有影响的活动，充分调动企事业单位、社会组织和社会各界关心老年人、支持老龄工作、参与发展老龄事业。要充分利用社会资源为老年人办实事，不断拓宽老龄事业投入渠道，加快老龄事业社会化、市场化、产业化进程，努力形成党政领导高度重视、老龄委协调有力、成员单位尽职尽责、社会力量积极参与的老龄工作机制，真正形成“大老龄”的工作格局，进一步推动我区老龄事业健康快速发展。

（三）加强自身建设，打造高素质的老龄工作队伍。培养和造就一支高素质的老龄工作队伍，是做好老龄工作的重要保证。必须建设一支政治强、业务精、作风硬、讲奉献的老龄工作干部队伍。各级老龄办要适应越来越繁重的老龄工作任务要求，进一步加强自身建设，不断提高老龄工作队伍的整体素质，推动我区老龄工作上水平、上台阶。要自觉地服务中心、服从大局，积极主动向各级党委、政府汇报老龄事业发展的新情况、新问题，争取各级党委、政府的重视、关心和支持，解决老龄工作中的实际困难。要进一步加大综合协调工作力度，在成员单位联络协调上多下功夫，把工作重点放在动员社会力量共同参与老龄工作上，放在整体推进老龄工作上，推动有关部门出台更多的涉老政策措施。要通过举办培训班、走出去、请进来等有效形式，帮助老龄工作干部掌握新知识、新技能、新本领，努力提高实际工作能力。老龄工作政策性很强、人情味很浓，从事老龄工作能够锻炼能力、强化意志、磨炼性情，需要大智慧和大胸怀。从事老龄工作的同志，一定要热爱老龄工作，把老龄工作当作责任之所在，使命之所在，追求之所在，光荣之所在，幸福之所在，努力提高业务能力和服务水平。要加强学习，不断完善知识结构，努力提高自身素质，始终保持思想活力，不断提高工作的预见性、针对性和有效性。要切实做到“六个一线”，即调查研究到一线、发现问题到一线、解决问题到一线、总结经验到一线、问计于民到一线、服务基层到一线，努力使自己成为精通老龄工作的行家里手。要不断解放思想，用新思想、新观念、新方法推动老龄事业取得新突破。

同志们，做好老龄工作责任重大、使命光荣。我们要在自治区党委、人民政府的坚强领导下，以更加饱满的热情、更加广阔的视野、更加务实的精神，全力抓好落实，努力开创老龄工作新局面，为实现新疆社会稳定和长治久安而努力奋斗！

中国老龄事业发展“十二五”规划广西执行情况汇报

广西壮族自治区副主席　蓝天立

（2013 年 12 月 6 日）

一、广西人口老龄化现状

广西 1996 年进入人口老龄化社会，是全国进入人口老龄化社会较早的省区之一。截至 2012 年年底，广西 60 岁及以上人口为 660.5 万人，占全广西常住人口总数 14.1%，比 2010 年增加了 57 万人，其中 65 岁及以上人口为 456 万人，占全广西常住人口总数 9.7%，80 岁以上高龄老年人达 117.8 万人，广西人口老龄化形势严峻。广西人口老龄化具有三个明显的特征。一是民族和地域特殊性明显。广西少数民族人口共有 1 900 多万，老年人口 600 多万，是少数民族人口最多、老年人口规模最大、最早进入人口老龄化的民族自治区。同时，绝大部分老年人生活在 80 多个老、少、边、山、穷县（市、区）。二是空巢化问题突出。由于广西地处西部经济欠发达地区，年轻劳动力大量外出务工，空巢化越来越明显，空巢老年人口超过 300 万。三是高龄化程度高。2012 年，广西 80 岁以上老年人口将近 120 万人，约占广西老年人口的 18%，广西百岁老年人超过 4 000 人，是全国百岁老人数量最多的少数几个省区之一。广西巴马—都安—东兰长寿带是全国五大长寿带之首，巴马、永福、东兴等 12 个县（市）为全国长寿之乡，占全国长寿之乡的 1/4。

二、《规划》实施中期的总体情况

“十二五”以来，在自治区党委、政府的正确领导下，在全国老龄办的大力指导和支持下，广西各级老龄工作部门和老龄委成员单位以邓小平理论和“三个代表”重要思想为指导，全面贯彻落实科学发展观，认真执行“党政主导、社会参与、全民关怀”老龄工作方针，紧紧围绕《中国老龄事业发展“十二五”规划》目标任务，不断完善老龄工作体制机制，切实加强为老服务能力；不断健全老年政策法规体系，进一步改善老龄事业发展环境；不断提高老年社会保障水平，有效保障老年人基本生活；稳步推进养老服务体系建设，满足老年人养老服务需求；不断提升老年人优待水平，促进老年人共享经济社会发展成果，广西老龄事业呈现出又好又快发展的新局面。

（一）老年社会保障。一是社会养老保险制度不断完善。坚持“广覆盖、保基本、多层次、可持续”的方针，建立了覆盖全广西范围的城镇居民社会养老保险和新型农村社会养老保险，城乡居民社会养老保险制度比中央规定时间提前半年实现全覆盖。截至 2013 年 6 月底，广西参加城镇企业职工基本养老保险人数 522.13 万人，共为 167.26 万名参加城镇企业职工基本养老保险的离退休人员发放基本养老金，企业退休人员养老金从 2011 年月人均 1 345 元提高到月人均 1 721 元，企业离退休人员基本养老金 100%按时足额发放。新型农村社会养老保险参保人数达到 1 585.91 万人，其中 481.27 万名 60 周岁农村老年人按月领取了养老金，城乡居民社会养老保险基础养老金由每人每月 55 元提高到每人每月 75 元。二是基本医疗保险范围不断扩大。基本形成了以城镇职工基本医疗保险、城镇居民基本医疗保险、新型农村合作医疗为主的覆盖城乡、无缝衔接的医疗保障体系。截至 2012 年年底，广西参加城镇基本医疗保险的人数为 1 011.52万人，比 2011 年同期增加 30.2 万人；2013 年，广西参加新型农村合作医疗人数达 4 078.8 万人，参合率为 98.9%，参合人数和参合率均达历史新高，医疗保险制度基本覆盖城乡老年人。三是老年人社会救助力度不断加大。城乡最低生活保障制度不断完善，符合条件的老年人全部纳入最低生活保障范围，不断提高救助水平。截至 2013 年上半年，广西共有“五保”对象 30.61 万人，其中集中供养对象 6.65 万人，集中供养率为 21.7%；集中供养标准年人均达到 3 732元，分散供养标准年人均达 2 891 元。四是老年社会福利水平不断提高。积极探索社会福利发展模式，发展适度普惠型的老年社会福利事业。实施养老机构老年人关爱工程，减轻老年人家庭经济负担，降低养老机构风险，从 2011 年起，广西每年从福利彩票公益金安排资金 100 万元，在西部地区率先为社会福利院、老年公寓、光荣院等养老服务机构的老年人购买意外伤害保险。认真贯彻执行优待政策，积极为老年人提供优先、优待服务，不断提高老年人优待水平。截至 2013 年 10 月，广西已有 11 个地级市统一制定了百岁以上高龄老年人生活补贴政策，107 个县（市、区）为百岁老人发放了高龄补贴；79 个县（市、区）为 90 周岁及以上老年人发放高龄补贴；42 个县（市、区）为 80 周岁及以上老年人发放高龄补贴。目前，桂林、梧州、防城港、河池市出台了全市统一的 80 周岁以上高龄补贴政策。其中，河池市 80 周岁至 99 岁老年人每人每月享受不低于 80 元的高龄补贴；100 周岁以上老年人按照年龄段分别享受每人每月不低于 500、1 000 和 2 000 元的高龄补贴。

（二）老年医疗卫生保健。一是大力推进老年医疗卫生服务网点和队伍建设。不断加强老年医疗卫生服务网点建设，自 2011 年以来，争取中央和自治区资金 21.42 亿元，支持 32 个县级医院项目，101 个县级医院实施县级急救中心项目、554 个乡镇卫生院、7646 个行政村标准村卫生室的建设，并且重点投向经济欠发达地区和边远地区的农村。基本实现了村村都有卫生室、乡乡都有卫生院、每个县都有达标县级医院的目标，让老年人“小病不出村、不出社区”即能享受到质优价廉的医疗卫生服务。二是积极开展老年疾病预防。广西所有基层医疗卫生机构按属地管理原则，免费向辖区内 65 岁以上常住以及办理了流动人口居住证的流动老年人提供每年 1 次的老年人保健服务。服务内容包括生活方式和健康状况评估、体格检查、辅助检查、健康指导等。2012 年全区累计管理 65 岁及以上老年人达到 330.69 万人，管理率 79.24%。三是积极促进老年保健事业发展。逐步建立健全以自治区为龙头、地市为依托、县（市、区）为重点、社区为基础的老年保健服务体系。各地市、县级卫生行政部门逐步建立起专业的老年保健服务机构或在综合医院中设置专业的老年保健科，逐步在乡（镇）卫生院和社区卫生服务中心建立保健室，开展老年人保健服务，指导村（社区）医生开展老年人社区家庭保健工作；将老年人保健纳入村卫生室和社区卫生服务站的工作职责范围。截至 2012 年年底，广西卫生机构数达 34 150 个，其中能提供老年医疗保健服务的医疗卫生机构达 34 113 个。

（三）老年家庭建设。积极引导开发老年宜居住宅和代际亲情住宅，鼓励老年家庭成员共同生活或就近居住，减少老年空巢现象。强化老年政策支持，健全计划生育家庭养老保障和照料服务支持政策，完善农村计划生育家庭奖励扶助制度，2011—2013 年，广西累计发放享受国家农村部分计划生育家庭奖励政策 16.8 万人次，奖励资金达 17 410.7 万元。建立起奖励扶助金动态调整机制，奖扶金标准由每人每月 80 元提高到 120 元，按照广西执行奖励标准计算，奖扶金标准年平均增长 26%，按照执行国家标准计算，奖扶金标准年平均增长 10.06%，独生子女家庭老年人生活得到基本保障。

（四）社会养老服务。加快建立以居家养老为基础、社区服务为依托、机构养老为补充的养老服务体系。“十二五”以来，广西先后出台了《广西壮族自治区加快推进社会养老服务体系建设的意见》《广西壮族自治区创新农村养老服务体系建设方案》《广西社会养老服务体系建设规划（2011－2015 年）》等政策文件，为社会养老服务发展提供政策保障。自治区连续几年，每年安排 1 000 万元，支持各市居家养老服务设施建设，安排 1 500 万元用于老年活动中心建设，安排 1 000 万元用于扶持民办养老服务机构建设。2011－2013 年上半年，自治区财政累计投入资金 9.27 亿元，重点支持农村“五保村”、乡镇敬老院、市县老年活动中心等养老机构建设。目前，广西已经建成各类收养性养老服务机构1 485个，拥有养老床位11.16万张。其中，光荣院68所，乡镇敬老院1 178个，基本实现了自治区建有集养老和康复、护理人员培训基地为一体的综合性社会福利机构，每个市都建有家以上综合性社会福利院、全区每个县基本建有1家福利院（养老院或老年公寓）、1家以收养孤老优抚对象为主的光荣院，每个乡镇都建有1所以上敬老院，民办养老服务机构148家，有60个县（区）建有老年活动中心，全区已建成居家养老服务中心和服务站771个，日间照料中心43个。充分利用“12349”民政公益热线，在南宁、柳州、桂林市搭建了“12349”为老服务信息平台，为老年人提供信息咨询、生活照料、家政服务等十大类百余项服务，仅南宁“12349”为老服务信息平台加盟服务商已达300多家，话务热线执行全天候24小时值班制度，可直接为2万多老年人提供服务。

（五）老年人生活环境。一是加快推进无障碍设施建设。继续开展全国无障碍建设城市创建工作，新建城市道路和公共建筑全部按照标准规范要求建设了无障碍设施，新建城市道路、公共建筑和养老机构等无障碍率达到100%，对既有的城市道路和公共建筑无障碍设施的改建、改造按计划稳步推进，全区14个设区市已铺设盲道1 950公里，坡化道口26 500处，老年人出行和参与社会生活的无障碍环境进一步改善。二是实施养老机构“安全把手”工程。为进一步完善农村养老服务设施，有效预防和减少老人意外事故，改善老年人生活环境，广西从2012年起筹集资金2 000万元，为全广西“三院一村”（即敬老院、光荣院、福利院和五保村）统一配置卫生间安全把手12万支。目前“安全把手工程”已在南宁市、贺州市、柳州市等3市全面展开，到2013年年底将完成南宁、贺州两市及所辖县区养老机构的安装任务。

（六）老年人精神文化生活。一是老年教育迅速发展。各地坚持“政府主办、社会参与”的办学机制，积极筹办老年大学，老年人学习热情高涨，在校老年学员不断扩增，目前，全区有各类老年学校84所，在校学员3.5万人，初步形成了多层次、多形式、多学制、多学科的老年教育体系。二是老年文化日益繁荣。老年文化公共服务体系不断完善，面向老年人的文化繁荣发展。广播电视媒体积极创造条件开设老龄栏目。新闻出版部门办好各类老年报刊，出版面向老年人的图书、音像、电子出版物。《广西老年报》、广西老龄网等老年人专业报刊、网站不断发展，为老年人提供更全面、更丰富的文化知识。三是广泛开展老年文体活动。各级大力推动基层老年人文化体育活动开展，积极组织文艺下乡活动，丰富基层老年人精神文化生活，各类体育公园、体育广场、全民健身活动中心等迅速增加，健身路径、室外篮球场等基层体育健身设施覆盖率达50%以上，经常参加体育健身的老年人不断增加。四是老年人社会参与不断扩大。继续做好“银龄行动”组织工作，鼓励和支持老年人继续参与经济社会建设，积极为公众搭建老年人才信息服务平台，参与“老有所为”工作的老年人数量不断增加、服务范围逐步扩大。大力推进老年志愿服务，积极倡导和支持老年人自助互助，老年志愿者人数大幅增长。

（七）老年社会管理。一是基层老年群众组织不断壮大发展。大力培育发展各类基层老年人群众组织，加强基层老年组织规范管理。2012年，广西区党委、政府出台了《广西壮族自治区创新农村养老服务体系建设工作方案》，将扶持村级老年协会建设作为创新农村养老服务体系建设的重要内容，2012至2015年，自治区财政统筹安排资金9 000万元，建设示范性村级老年协会3 000个，每年扶持建设750个。广西老龄、民政工作部门大胆创新基层老年协会培育发展和登记管理新模式，深入开展基层老年协会规范化建设。目前，已在全区范围建立了1 500个村级示范性老年协会，每个协会给予3万元的扶持资金。广西已登记备案基层老年协会达12 344个，会员人数超过180万人，切实为老年人提供了一个“老有所乐、老有所为”的平台，有效发挥了养老辐射作用。二是退休人员社区管理服务工作不断强化。积极推进乡镇（街道）、村（社区）社会保障工作平台建设，切实把离退休老年人服务工作纳入社区服务范围，不断提高社会化管理服务水平。目前，全区纳入社区管理人数为133.64万人，社区管理率达79.1%以上。

（八）老年人权益保障。认真贯彻实施《中华人民共和国老年人权益保障法》，组织各级党政领导干部和涉老部门工作人员认真学习新修订的老年人权益保障法，提高依法保障老年人合法权益的能力和水平，充分利用报刊杂志、电视台、电台、网络等主流媒体，大力宣传老年人权益保障法，提高社会各界维护老年人合法权益的意识和自觉性。不断加强老年人法制宣传活动，使法律服务领域不断向基层延伸，以满足老年人多层次、全方位的法律服务需求。各级人民法院对涉老案件，做到优先立案、优先审理、优先执行。积极搭建老年人维权平台，建立法律援助联络部，开通绿色通道，方便老年人维权。通过各种形式开展老年人法律援助专题咨询活动，加大对老年人的法律援助工作力度。目前，广西各县、市（区）均建立了老年法律援助中心，每个村（居委会）均派驻法律援助工作人员，2011 年至 2013 年上半年，共办理老年人法律援助案件 8 438 件，提供老年人法律咨询 23 184 人次，有效维护了老年人的合法权益。

三、执行中存在的主要问题

"十二五"以来，广西各级党委、政府高度重视老龄工作，老龄委各成员单位认真履行工作职责，老龄系统干部职工辛勤努力，老龄事业取得了较快发展。但由于我区地处西部欠发达地区，随着老年人口规模不断扩大，高龄、空巢、失能老人不断增加，老龄工作中仍然存在着一些亟待解决的困难和问题。

（一）老龄工作基础相对薄弱。一是重视程度不够。个别地方对老龄工作的重视程度还不够，没有及时制定本地区的老龄事业发展的中长期规划，在落实《规划》过程中所承担的任务缺少指标细化和推进措施，对推进《规划》实施的主动性和积极性不够。二是老龄事业发展资金投入不足。面对人口老龄化给经济社会发展带来的重大挑战，在社会养老、老年医疗以及老年社会福利等方面投入不足。三是基层老龄工作能力不强。相当部分地级市老龄办为科级，甚至不设级别，仅配备一名工作人员，并兼职其他工作，在一定程度上制约了老龄工作的有效开展。

（二）养老服务体系建设有待加强。我区社会养老服务处于起步阶段，发展社会养老服务还有很多与新形势、新任务、新需求不相适应的困难和问题。一是机构养老床位严重不足。到 2012 年年底，广西各类收养性养老服务机构拥有床位仅为 11.16 万张，平均每千名老年人仅 17.5 张，与国务院发布的养老服务规划每千名老年人拥有养老床位 30 张的要求相差甚远。二是居家养老服务机构少且发展不平衡。目前，全区居家养老服务中心和服务站 771 个，且相对集中南宁、柳州、桂林等几个市，远远不能满足老年人养老服务需求。三是资金投入不足。我区养老服务设施建设资金主要来源是福利彩票公益金，资金来源单一，投入明显不足。

（三）老年人优待政策有待完善。目前，广西有 80 岁以上高龄老年人口接近 120 万，其中大部分居住在农村和边远山区。由于经济发展不平衡，目前，广西仅有 4 个地级市共 42 个县（区）出台了 80 周岁以上高龄老人生活补贴政策，仅覆盖了广西县（市、区）总数的三分之一，高龄老年人生活水平有待进一步提高。

四、对加快推进老龄事业发展的措施和建议

（一）进一步加强对老龄工作的领导。大力推动各级各有关部门高度重视老龄问题，切实加强对老龄工作的领导，把发展老龄事业纳入重要议事日程，列入经济社会发展总体规划，及时解决老龄工作中遇到的问题。明确责任和要求，建立考核检查制度，确保规划各项工作目标任务的落实。

（二）进一步加大老龄事业经费投入。根据经济发展状况和老龄事业发展实际，充分发挥公共财政对老龄事业投入的主渠道作用，随着地方财政收入逐年增长，逐步建立各级财政老龄工作经费的投入增长机制。积极推动各级财政把老龄事业发展经费列入预算安排。大力发展慈善事业，引导企事业单位、社会组织积极为老龄事业筹集善款，加大对基层老龄事业发展的引导和投入扶持。

（三）进一步加快推进养老服务体系建设。认真贯彻落实《国务院关于加快发展养老服务业的意见》，建立完善扶持机制，从建设用地、信贷、税收、公共事业收费等方面扶持社会力量参与社会养老服务体系建设，按照统筹规划、合理布局的原则，推进保障型养老服务机构建设，完善为老服务功能，针对老人不同需求，开展多层次、多形式的养老服务。一是大力发展居家养老服务。进一步加强城乡居家养老服务网点建设，加快"12349"社区为老服务平台建设，为居家老年人提供生活照料、家政、康复护理和精神慰藉等服务，让老年人既不脱离家庭，又能获得专业化的社会服务。二是提高公办养老服务机构服务水平。改善、提升乡镇敬老院基础设施和服务功能，加快实现敬老院向区域性社会养老服务中心转型，完善管理机制，降低运行成本，提高服务水平。三是积极支持社会力量兴办养老服务机构。通过优惠政策和扶持措施，促进非营利性民办养老服务机构的发展。积极扶持鼓励社会兴办养老服务企业，培育多种服务方式和不同收费水平的养老服务行业，加强对养老服务机构监管，加强养老职能培训，切实增强养老服务力量。

（四）进一步加强老龄工作机构建设。目前，各级老龄工作机构存在体制编制不统一，权责不明确等问题，难以适应老龄事业和老龄工作发展的需要。建议全国老龄办在编制"十三五"规划中明确老龄工作机构的行政职能定位，明确老龄办行政执法主体资格，明确并统一省、市、县三级老龄工作机构级别、编制性质，加强基层老年协会规范化建设。加强基层老龄工作队伍建设，采取多种形式，有计划地对老龄工作干部进行培训，不断提高工作人员的素质和工作水平。

在厦门市迎新春助老慈善感恩晚会上的讲话

厦门市市委副书记　钟兴国

（2013 年 12 月 21 日）

尊敬的各位老领导、各位来宾、新闻媒体的朋友们：

大家下午好！

善行天下情常在，大爱无痕春满园。今天，市老龄工作委员会、市民政局、市红十字会联合市慈善总会、市老年基金会、市红十字基金会在这里举行厦门市迎新春助老慈善感恩晚会。在此，我谨代表市委市政府，向关心支持老龄事业，关爱帮助老年人的社会各界爱心企业、爱心人士致以崇高的敬意和衷心的感谢！

当前，人口老龄化已经成为我国的基本国情，应对人口老龄化已经成为关系我国经济社会发展全局的重大战略问题。元旦前夕，习近平总书记前往北京市海淀区四季青敬老院看望老人，要求有关单位完善制度、改进工作，推动养老事业多元化、多样化发展，要让所有老年人都能老有所养、老有所依、老有所乐、老有所安。这一重要指示充分体现了党中央对老年人的亲切关怀，显示了各级党委政府做好老龄工作、保障老年民生的坚强决心。切实把社会保障体系的“网底”编实、筑牢，让 2 亿老年人的基本生活得到有效保障，让老年人都获得一份安全且有尊严的生活，不仅体现政府的民生关怀，更是和谐社会的应有之义。

厦门素有“最温馨城市”的美誉。市委、市政府历来高度重视老龄工作，密切关注老年民生保障，加强老年活动场所设施建设，努力推动为老年人办实事、做好事，营造为老助老的社会氛围，彰显厦门文明城市的敬老风尚。在市委市政府的领导下，市慈善总会、市老年基金会、市红十字基金会等积极投身社会公益，在救助特困、大病、高龄、失能老人以及爱心志愿服务等方方面面，做了大量工作，较好地发挥社会保障体系的补充作用，为构建文明厦门、和谐厦门、美丽厦门做出了应有的贡献。

爱人者人恒爱之，敬人者人恒敬之。厦门助老慈善事业所取得的成果，也离不开社会各界的鼎力支持。近年来，我市涌现出一大批助老慈善先进单位、优秀个人，他们在捐献善款和物质，组织助老慈善活动等方面做了大量的工作。奉献了一份爱心，温暖了世间真情。他们以自己的实际行动，弘扬了助人为乐的精神。今天会上，我们要将“助老慈善特别贡献奖”“助老慈善爱心捐助奖”“厦门市发展老年慈善事业贡献单位”“厦门市助老之星”“助老慈善优秀义工”等奖项和荣誉称号分别授予他们，希望全社会以他们为榜样，不断增强助老慈善意识和社会责任感，更加关注、支持助老慈善事业的发展。

东风有约结善缘，众手浇花满庭芳。我深信，有大家的共同努力、有全社会广泛的参与支持，我市的助老慈善事业一定会迎来更加明媚的春天！

谢谢大家。

在（新疆生产建设）兵团2013年老龄工作电视电话会议上的讲话

新疆生产建设兵团党委常委　副政委　阿布力孜·尼牙孜

（2013年8月28日）

同志们：

在兵团深入开展党的群众路线教育实践活动之际，我们召开兵团老龄工作会议，主要任务是要学习贯彻全国老龄委第十五次全会精神，回顾总结兵团老龄委"十二五"以来的工作，安排部署当前兵团老龄工作和今后一个时期的主要任务。刚才，令勇局长代表兵团老龄委作了工作报告，全面、客观地总结了兵团老龄工作取得的成绩，对兵团今后老龄事业的发展提出了总体要求和奋斗目标；崔铭副局长传达了2013年全国老龄工作会议精神；4个单位的同志作了交流发言，讲得都很好，起到交流和借鉴作用；希望兵团老龄工作成员单位及各级老龄部门要认真学习领会，抓好贯彻落实。下面，我就做好今后兵团老龄工作，讲三点意见。

一、积极应对兵团人口老龄化，切实增强做好兵团老龄工作的责任感和紧迫感

"十二五"以来，兵团老龄工作紧紧围绕"老有所养、老有所医、老有所学、老有所乐、老有所为、老有所教"的目标，扎实开展各项工作，老龄工作取得了显著成效，老龄事业得到了全面发展，老年人的养老和医疗保障水平显著提高，兵团"十件实事"养老服务机构建设稳步推进；80周岁以上老年人基本生活津贴发放和免费体检工作进一步落实；老年大学"学有所得、学有所乐、学有所为"构建终身教育作用发挥明显；老年人合法权益得到有效保障；老年人的精神文化生活更加丰富，社会活动参与更加广泛，兵团关爱老年人的社会氛围更加浓厚。这些成绩的取得，离不开兵、师、团各级的重视与支持，也离不开兵团老龄工作成员单位和广大老龄工作者的共同努力。在看到成绩的同时，必须清醒认识兵团人口老龄化程度高于全国的严峻形势，我们要积极应对，抓住机遇，充分调动各方面的积极性，以昂扬的状态和务实作风投入到老龄工作当中去，积极探索具有兵团特色老龄事业科学发展的新路子。

第一，要充分认清兵团人口老龄化面临的严峻形势。兵团历史的特殊性决定了人口老龄化比全国来得早速度快，老年人口基数大呈现出"三个加快"的显著特点。一是老年人口增速加快。兵团现有人口261.37万人，60岁以上老年人口46万人，占兵团总人口的17.6%，高于全国14.3%的平均水平；目前兵团老年人口的增速已经超过出生人口的增速，预计到"十二五"末，兵团老年人口将达到50万人以上，占总人口数量的20%左右，老龄化速度在未来十年中将呈现持续加快的态势，兵团老龄工作的压力将越来越大，老龄事业发展面临新的挑战。二是高龄老人、失能半失能老人增速加快。截至2012年12月底兵团80周岁以上的老年人有4.2万人，约占老年人口的8.7%。预计在"十二五"末，80周岁以上高龄老人年净增1 000多人，将达到4.6万余人，约占老年人口的10%，高龄人口的增速将逐渐超过老年人口的增速。高龄人群多数是失能或半失能生活不能自理的老人，他们对社会养老服务要求将越来越高。三是空巢老人增速加快。兵团驻地大部分在条件艰苦的地方，经济发展相对滞后，自身解决子女就业的能力弱，造成了兵团未就业青壮年离开父母外出务工、异地安居较多的现实，这些原因加快了兵团空巢老人的增速。老年、高龄、空巢老人的增速增加了兵团老龄工作的难度，制约了兵团老龄事业的发展，尽管这几年兵团在老龄事业的投入不断加大，但由于历史欠账太多，现实需求甚大，对老龄事业发展的投入有限，兵团公益性老年服务设施、服务网络建设相对滞后，老龄事业发展南北疆仍不平衡，社会养老服务与老年人需求还有差距。各级、各有关部门要充分认识发展老龄事业面临的形势，正确处理老龄事业与兵团经济社会发展的关系，从物质、精神、服务、政策、制度和体制机制等方面入手，积极应对兵团人口快速老龄化带来的挑战。

第二，要充分认清兵团人口老龄化面临的特殊性。兵团近年来经济社会发展虽然取得了显著成绩，但与国家政策要求和自治区相比，老年人社会保障水平仍然较低，老龄事业发展还有较大差距。一是未富先老。兵团大多数师、团是在经济基础尚不发达的情况下进入老龄化社会的，对老龄事业的投入十分有限，与经济发达地区相比，短期内兵团需要解决的问题较多。兵团老年人日益增长的物质文化需求与老龄服务事业投入不足的矛盾将长期存在，加快推进兵团老龄事业发展，将是一项长期而艰巨的任务。二是老年产业基础薄弱。兵团老年产业目前尚在“沉睡”，老年用品与老年服务业发展与供给远远不能满足兵团老年人的需求，受主客观因素影响，对开发老年人用品市场与开拓老年服务业的认识不够，对老年人的消费心理、消费特点所发生的变化缺乏调查研究；鼓励民间资本进入老年产业的优惠政策还没有出台。种种不利因素，客观上已严重影响和制约了兵团老年产业的发展。三是屯垦戍边职责所系。为老一代兵团人提供舒适的养老生活环境加强养老服务业建设，是兵团实现跨越式发展和长治久安构建和谐兵团的重要举措，也是我们这一代人的责任；老一辈兵团人对兵团有着深厚的感情，对维护祖国统一、新疆稳定、民族团结做出了重大贡献，保持新疆的长治久安，反对民族分裂，是兵团人的共同愿望，只有老一辈兵团人晚年过上幸福生活，他们的子女才能安心兵团的屯垦戍边事业，为兵团再创辉煌建功立业。我们要人人讲政治，顾大局，进一步增强责任意识，把思想统一到兵团屯垦戍边事业上来，统一到新疆的跨越式发展和长治久安的目标上来，扎实开展老龄工作，切实维护兵团老年人的合法权益，真心关爱老年人生活，积极推动兵团老龄事业科学发展。

第三，要切实增强应对兵团人口老龄化的紧迫感。党的十八大提出了“积极应对人口老龄化，大力发展老龄服务事业和产业”的要求，新修订的老年人权益保障法将“积极应对人口老龄化”上升到法律高度，为推进老龄事业发展提供了制度保障。中央新疆工作座谈会之后，党中央、国务院为新疆的跨越式发展和长治久安制定了一系列特殊政策和扶持措施，也为兵团老龄事业的快速发展提供了机遇。我们一定要抓住和用好这一战略机遇期，进一步明确兵团老龄工作的发展思路，突出工作重点，把握时间节点，解决发展难点，切实抓好兵团各项老龄工作，实现兵团老龄事业的新发展、新跨越。今后兵团老龄事业发展的总体要求是，围绕实现兵团“两个率先、两个力争”，积极推动兵团老龄事业全面发展，主动应对兵团人口老龄化新形势，坚持以人为本，坚持改革创新，坚持党委领导、部门配合、社会协调、全民参与；统筹推进南北疆区域之间老龄事业协调发展，逐步建立健全老年人社会保障体系、社会养老服务体系、老年健康支持体系、老年人社会管理体系，创新老龄事业管理体制和运行机制，维护老年人合法权益，积极营造敬老、爱老、助老的社会氛围，推动老龄事业发展与“两个率先，两个力争”进程同步，在更高层次上实现“老有所养、老有所医、老有所教、老有所学、老有所为、老有所乐”目标，不断提升兵团老年人生活质量和生活水平，让广大老年人共享兵团经济社会发展取得的成果。

二、紧扣兵团屯垦戍边实际，积极推动兵团老龄工作又好又快全面发展

兵团屯垦戍边的特殊使命，决定了所属师、团大都驻守在条件艰苦的地区，兵团有 42 个国家级贫困团场，58 个边境团场驻守在 2 000 多公里边境线上，老一代兵团人为了祖国的统一，新疆的稳定，在戈壁荒漠上建绿洲、边境线上造新城，取得了兵团屯垦戍边的辉煌的成绩，形成了以“热爱祖国、无私奉献、艰苦创业、开拓进取”的兵团精神，为兵团的发展壮大做出了重要贡献，老一代兵团人献青春、献终身、献子孙，时至今日还在为兵团的建设发展发挥着余热。将让兵团老人安度晚年是我们老龄工作的出发点和落脚点，我们一定要结合自身实际，立足现有条件，将为兵团老年人提供优质服务，让兵团老年人过上幸福的晚年生活作为我们老龄工作者共同追求的目标。

2013 年全国老龄工作会强调，要大力推动老年人社会参与，鼓励老年人接受多种形式的教育，兵团通过各级老年协会和 46 所老年大学开展了丰富多彩的文化体育活动。

（一）构建载体，搭建“五个平台”。以老年协会为载体，积极搭建“五个平台”，真诚为老年人营造学习、帮扶、娱乐、参与、健康、幸福的环境。一是搭建“学”的平台。让老年大学、老年协会成为老年人学习法律、学习保健常识、学习科学生活方式、学习党、兵团方针政策的知识园地。二是搭建“帮”的平台。通过老年协会的倡导和积极组织，逐渐形成邻里互帮、社区日间照料、低龄老年人照顾高龄老年人、健康老年人关心患病老年人、互相服务、互相支持的良好氛围。三是搭建“优”的平台。在兵团老年中广泛开展各种激发老年人积极向上的评比表彰活动，保障老年人享有健康快乐和有尊严的生活。四是搭建“为”的平台。兵团老年协会要紧紧围绕基层老龄工作开展活动，让老年人参政议政、献计献策、排解纠纷、化解矛盾，通过实施实实在在的“银龄行动”成为团场、社区的参谋助手。五是搭建“乐”的平台。积极开展老年文体活动，努力打造具有兵团特色的“夕阳文化”品牌。兵团各级老龄组织要认真组织开展书法、门球、秧歌、腰鼓等有益于老年人身心健康的文体活动，充分展现兵团老年人的风采。

（二）勇于开拓，创新服务模式。兵团老龄工作目前面临着许多困难和问题，各级老龄工作者要敢于创新：一要在创新工作理念上有作为，积极争取各有关部门支持，积极调动全社会各方面的力量参与老龄事业，形成强大合力。二要在创新工作体制上下功夫，目前，兵团各师、团的老龄工作体制不同，老龄工作力量强弱不等、无人员编制的问题较为普遍，必须积极探索通过体制创新加强老龄工作力量。三要在创新工作模式上求发展，要坚持服务优先，在兵团各级加大老龄事业资金投入力度的同时，要积极引进民间资本，尽快制定兵团社会力量兴办老龄产业的优惠政策，优化老龄产业发展环境，引导社会资金、社会资源流向兵团老龄事业。一是在推进居家养老服务建设上有突破。积极推进兵团老龄工作信息化建设，积极推动居家养老服务网络建设，建立健全居家老年人信息档案。引导和鼓励社区养老服务机构、社会中介组织、医疗文化单位、家政服务公司等参与居家养老服务，为居家老人提供生活照料、家政服务、精神慰藉、营养餐食、保健康复、紧急救援等专业化和个性化服务。“十二五”末力争在兵团90%的社区建立居家养老服务站。二是在推进社区服务体系建设上有突破。积极推进兵团基本公共服务和生活多样化服务项目覆盖到社区，开展社会保险、医疗、文化体育等社会服务项目，开展以社区综合服务中心“一站式”服务为基础，以居住小区为基本单元，以社区日间照料中心为依托，以基本公共服务、便老利老服务、志愿服务为主要内容的“敬老文明号”创建活动，以提高老年人生活质量为目标，逐步完善社区老年服务设施，提高社区养老服务水平，大力推进兵团社区老年人管理服务一体化建设。三是在加强养老体系建设上有突破。要抓住兵团“十件实事”建设养老服务机构的机遇，充分发挥兵团公办养老机构的基础保障作用，在政策上给予倾斜，补助资金上给予支持，优先发展设施齐全、配套完善公办养老机构，力争在“十二五”末兵团新增养老床位数7 390张，实现兵团每千名老年人拥有机构床位25张的目标，逐步缩小与全国养老服务水平的差距，实现“老有所养、老有所医、老有所教、老有所学、老有所乐、老有所为”的目标。

（三）打牢基础，提升保障水平。兵团老龄工作重点在基层，提高老年服务保障水平基层是关键。要充分发挥师、团老龄办的作用，切实做到“六个一线”，即：调查研究到一线、发现问题到一线、解决问题到一线、总结经验到一线、问计于民到一线、服务基层到一线。切实做到“四帮四促”，即：着力帮助老年协会学习，促进思想统一；着力帮助老年协会理清工作思路，促进积极发展；着力帮助老年协会解决实际问题，促进创先争优；着力帮助老年协会加强班子建设，促进力量合成。总的来讲，就是要在兵团系统确保老年协会基本做到“六个一”，即：“选好一个协会带头人，建设一支团结务实的领导班子，培育一批老年文体活动骨干，建立一套行之有效的活动机制，建好一个老年活动场所，健全一套老年维权机制”。

三、着眼兵团老龄事业长远发展，切实加强兵团老龄工作的组织领导

当前和今后一个时期，兵团老龄事业任务十分繁重，重视老龄工作，发展老龄事业，是兵、师、团各级领导和兵团老龄工作者的共同责任。我们一定要从兵团老龄事业的全局出发，科学谋划，精心组织，以更大的力度、更实的举措，狠抓各项老龄工作的落实，各有关部门一定要加强组织领导，健全工作机制，加大推进力度，不断优化老龄事业发展环境，积极推动兵团老龄事业再上新台阶，为实现兵团老龄事业全面发展而努力奋斗。

（一）进一步完善老龄工作领导机制。兵、师、团各级党委要把老龄工作列入重要议事日程，纳入师、团经济社会发展的总体规划，作为改善民生的切入点。各级主要领导要关心老龄事业发展，经常过问和检查指导老龄工作；分管领导要认真履行职责，积极协调有关部门，多为老龄工作部门办实实在在的事情，及时研究老龄工作中遇到的重大问题，积极帮助老龄工作部门解决实际困难，真正做到思想上重视、工作上支持、政策上保障、资金上倾斜。要不断增强兵团各级老龄工作者的政治意识、大局意识、责任意识，培养他们忠诚、热爱、奉献老龄事业的优良品德，使之成为推动老龄事业发展的坚强力量。

（二）进一步动员社会各界广泛参与老龄工作。兵团老龄事业是一个系统工程，需要方方面面的支持，做好这项工作需要社会力量来参与。我们一定要坚持齐抓共管、合力推进的原则，加强宣传动员，形成社会参与老龄事业发展的良性互动机制，营造老龄事业发展的良好氛围。兵团各级老龄委成员单位和老龄工作者要积极履行职责，积极发挥职能作用，把老龄工作列入本部门的工作规划，纳入到当前和今后的工作部署之中去，形成分工明确、上下联动、齐抓共管的老龄工作的新格局。要借鉴社会公益事业发展的成功经验，尝试由老龄部门牵头、企业参与、公益组织运作的模式，积极探索老龄工作的新路子。要加大福利彩票资金对老龄事业的投入，努力拓宽筹资渠道，吸引更多社会资金投入老年事业，建设老年服务设施和服务网络，生产老年用品，为老年人提供各种社会服务和消费产品。要在全兵团形成关心老年人、支持老龄工作、发展老龄事业的良好氛围。

（三）进一步加强老龄工作机构自身建设。培养和造就一支高素质的老龄工作队伍，是兵团做好老龄工作的前提和基础。各级一定要把优秀人员充实到老龄工作一线去，通过举办培训班、走出去、请进来等有效形式，加强对老龄工作人才队伍的培养，努力提高实际工作能力。老龄工作政策性很强、人情味很浓，从事老龄工作能够锻炼能力、强化意志、磨炼性情，需要大智慧和大胸怀。兵团各级老龄工作者一定要热爱老龄工作，增强责任意识，努力提高业务能力和服务水平。一定要加强学习，不断完善知识结构，努力提高自身素质，始终保持思想活力，不断提高工作的预见性、针对性和有效性。一定要提高工作能力，努力使自己成为精通老龄工作的行家里手，成为兵团老龄工作的主要力量，一定要配强基层老龄工作者，努力建设一支懂政策会管理的兵团老龄基层工作队伍。

同志们，兵团老龄工作的任务十分艰巨，责任非常重大，使命更加光荣，老龄工作只有起点没有终点，只有分号没有句号；让我们在兵团党委的坚强领导下，全面贯彻兵团党委六届十一全委（扩大）会议精神，以更加饱满的热情，更加务实的精神，抢抓机遇，狠抓落实，锐意进取，真抓实干，开拓创新；为兵团老龄工作再创佳绩，再立新功，努力开创兵团老龄事业的新局面，为实现兵团“两个率先、两个力争”而努力奋斗！

第三部分

法规、文件选编

全国老龄工作委员会关于宣传贯彻《中华人民共和国老年人权益保障法》的通知

全国老龄委发〔2013〕2号

各省、自治区、直辖市老龄工作委员会，新疆生产建设兵团老龄工作委员会，全国老龄工作委员会各成员单位：

第十一届全国人民代表大会常务委员会第三十次会议审议并通过了新修订的《中华人民共和国老年人权益保障法》（以下简称《老年人权益保障法》），将于2013年7月1日起颁布实施。为了深入做好《老年人权益保障法》的宣传贯彻工作，现就有关事项通知如下：

一、深刻认识宣传贯彻《老年人权益保障法》的重大意义

《老年人权益保障法》是我国社会主义法律体系的重要组成部分，是发展老龄事业和全面保障老年人权益的基本法律，自1996年10月1日颁布实施以来，在保障老年人合法权益，促进老龄事业发展，加强老龄工作，弘扬中华民族敬老、养老、助老传统美德等方面发挥了重要作用。新修订的《老年人权益保障法》，总结了十多年来的实践经验，适应新形势下老年人权益保障工作的新要求，借鉴国内外老龄立法的最新成果，增加了三章三十五条新内容，进一步拓展了老年人权益保障范围，完善了老年社会保障的制度安排，明确了老龄事业发展的重点领域，更加全面地体现了维护老年人人格尊严、获得社会保障和社会帮助、参与社会生活和共享社会发展成果的公民权利。宣传贯彻《老年人权益保障法》是关系千家万户和亿万人民社会生活的一件大事，对积极应对人口老龄化挑战、保障和增进老年人福祉，加强老龄工作，维护社会和谐稳定，推动老龄事业与经济社会协调发展，具有十分重要的意义。

二、全面抓好宣传贯彻《老年人权益保障法》工作

（一）认真做好普法宣传教育。搞好普法宣传是贯彻落实《老年人权益保障法》的重要基础。各地区、各部门要将宣传贯彻活动纳入重要议程，采取各种有效形式，广泛开展普法宣传教育活动，使保障老年人权益的法律规定家喻户晓，深入人心、见诸行动。要把《老年人权益保障法》列入“六五”普法的重要内容，广泛开展《老年人权益保障法》进机关、进乡村、进社区、进学校、进企业、进单位的宣传教育活动。要充分发挥广播、电视、报刊、网络等宣传手段，精心策划，集中报道。积极采取发放宣传材料、悬挂宣传标语、张贴宣传挂图、举办法制展览、知识竞赛等各种通俗易懂、喜闻乐见的形式，努力扩大普法宣传的覆盖面和影响力。要将普法宣传与家庭美德、职业道德和个人品德教育相结合，深入开展“敬老、爱老、助老”主题教育活动，进一步营造维护老年人合法权益的良好社会环境。要积极开展面向老年人的法律讲座、法律咨询等普法活动，帮助老年人知法懂法、学法用法，提高其维护自身权益的能力。各涉老工作部门要带头学法、懂法、执法，组织相关人员学习培训，增强依法维护老年人合法权益的责任意识。

（二）进一步完善配套政策法规。《老年人权益保障法》在科学把握我国人口老龄化发展趋势的基础上，前瞻性地作出了一系列重大制度安排。各地、各部门要结合当地实际和部门分工，以《老年人权益保障法》颁布实施为契机，加快推进老龄法制建设。各省、自治区、直辖市老龄工作机构要积极配合人大和政府，制定、修订本地的相关条例、实施办法等地方性法规。各有关部门要履行各自职责，将贯彻落实《老年人权益保障法》融入相关业务范围，研究制定工作计划和保障措施，进一步增强法律的适用性和可操作性。

（三）切实抓好老年维权工作。各地、各部门要坚持党政主导、社会参与、全民关怀的方针，不断完善老年维权工作体制机制，逐步形成老龄委综合协调、有关部门各司其职、社会广泛参与的维权工作新格局。要加强涉老纠纷的调解工作，协调有关方面，依托基层组织，及时排解涉及老年人的矛盾和纠纷。继续推进老年法律服务和司法保护工作，采取切实可行的措施，加大老年人权益保护力度。及时依法处理侵害老年人合法权益的案件，对事实清楚、证据充分的涉老案件，加快推进审理过程，减轻老年当事人的诉累。各地法律服务机构应从本地实际出发，为老年人提供多种形式的优待服务，对符合条件的老年人提出的法律援助申请，要简化程序，优先受理。

三、加强组织领导

（一）加强领导，周密部署。深入宣传贯彻《老年人权益保障法》是当前及今后一个时期全国老龄系统的一项重要任务。各地、各部门要从贯彻党的十八大精神、落实科学发展观和依法治国的战略高度，高度重视老年人权益保障工作。切实加强贯彻落实老年人权益保障法工作的领导，周密部署，精心组织，明确分工和责任，建立健全工作机制，加强老年维权工作的机构队伍建设，保证各项任务的落实。

（二）提供必要的经费保障。各地要结合实际情况，统筹安排落实《老年人权益保障法》普法宣传工作经费，保证普法宣传教育工作顺利开展。有关部门要充分考虑当地老年人法律服务需求和司法救助状况，适当安排老年人法律援助工作经费。积极鼓励社会各界捐助老年人维权事业，不断完善法律援助基金，提高老年人法律援助经费保障水平。

（三）加强检查监督工作。各地、各部门要加强老年人权益保障法实施情况的调查研究和督促检查，注重总结推广先进经验，及时研究解决《老年人权益保障法》实施过程中新矛盾、新问题。对老年人维权工作成绩突出的组织、家庭或个人，可按照国家有关规定给予表彰或者奖励；对侵害老年人权益的倾向性问题和典型案件，要及早发现、严肃查处。要主动接受、积极配合人大和政协的监督检查和评议，注重舆论监督和社会监督，确保《老年人权益保障法》全面贯彻实施，推动老年人权益保障工作再上新台阶。

各地、各部门贯彻落实《老年人权益保障法》的情况，以及宣传贯彻《老年人权益保障法》的做法、经验和建议，请及时报送全国老龄工作委员会办公室。

全国老龄工作委员会
二○一三年四月二十二日

全国老龄工作委员会关于开展2013年“敬老月”活动的通知

全国老龄委发〔2013〕4号

各省、自治区、直辖市、计划单列市老龄工作委员会，新疆生产建设兵团老龄工作委员会，全国老龄工作委员会各成员单位，各全国性老年社会组织：

为认真贯彻落实新修订的《中华人民共和国老年人权益保障法》（以下简称《老年法》），在全社会进一步营造尊老爱老敬老助老的良好氛围，今年继续在全国开展“敬老月”活动。现将有关事项通知如下：

一、目的意义

2010年以来，全国老龄工作委员会在全国范围内连续三年开展了以“关爱老人 构建和谐”为宗旨的“敬老月”活动。活动的开展，对于弘扬中华民族尊老敬老的传统美德，营造全社会关爱老年人、关心老龄事业发展的浓厚氛围，提升老年人的生活生命质量，促进家庭和睦和社会和谐，促进“老有所养、老有所医、老有所为、老有所学、老有所乐”的老龄工作目标的实现，都起到了积极的作用。

今年是贯彻《中国老龄事业发展“十二五”规划》承上启下之年，是新修订的《老年法》实施之年。今年我国老年人口将超过2亿，今年10月13日将迎来第一个法定的“老年节”。在此背景下，开展“敬老月”活动，具有重要意义。

今年“敬老月”活动主题是“贯彻老年法 造福老年人”。活动时间为2013年10月1日至10月31日。

二、活动内容

（一）深入开展《老年法》的宣传教育活动。各地、各有关部门要深入学习、宣传好新修订的《老年法》，要把宣传《老年法》与弘扬中华民族尊老敬老爱老传统美德结合起来，与人口老龄化国情教育结合起来，与“六五”普法教育结合起来，与第一个“老年节”庆祝活动结合起来，广泛开展《老年法》进机关、进乡村、进社区、进学校、进企业、进单位的宣传教育活动。要充分发挥广播、电视、报刊、网络等宣传阵地作用，及时总结推广宣传贯彻《老年法》的好经验、好做法，使《老年法》宣传活动丰富多彩、扎扎实实、富有成效。各地要本着简朴、隆重、热烈的原则，组织好全国第一个“老年节”的庆祝活动。

（二）扎实开展老年维权优待活动。各地、各有关部门要以维护老年人权益为重点，认真贯彻落实《老年法》，切实把各项惠老优待政策落到实处。各级涉老部门、企事业单位和其他组织应当按照各自职责，反映老年人的诉求，做好老年人权益保障工作。各为老服务组织、服务窗口行业和基层群众性自治组织要充分发挥“老年维权示范岗”“老年优待服务窗口”和“敬老文明号”的作用，为老年人衣食住行、精神慰藉和为老服务等提供优质服务。要认真组织开展老年法律援助和涉老政策、法律咨询活动。要鼓励老年人自尊、自信、自立、自强，要教育和引导老年人遵纪守法，履行法律规定的义务。同时，要积极利用各类媒体，及时宣传和表彰维护老年人合法权益的先进个人、先进单位的典型事迹。

（三）广泛开展走访慰问送温暖活动。各地、各有关部门要广泛动员社会各界开展多种形式的为老年人送温暖献爱心活动，关心老年人生活，倾听老年人心声，帮助老年人解决实际困难。要走进养老机构、老年社会组织和老年人家庭，重点关注高龄、“空巢”、失独、失能、困难和灾区老年人的生活困难问题，努力营造帮贫助老、关爱老人、共建和谐的良好社会氛围，切实为广大老年人做好事、办实事、解难事。要组织青少年志愿者广泛开展为老志愿服务活动。要积极倡导老年人开展邻里互助，鼓励健康老年人帮扶病残老年人，推动老年志愿服务活动的开展。

（四）积极开展老年健康促进活动。各地、各有关部门要高度重视老年健康促进工作。广泛开展老年健康教育，倡导科学、文明、健康的生活方式，普及保健知识，增强老年人运动健身和心理健康意识，开展老年疾病防控知识的宣传，做好老年人常见病、慢性病的健康指导和综合干预。组织老年人进行个人生活方式和健康状况评估，开展体格检查，及时发现健康风险因素，促进老年疾病早发现、早诊断和早治疗。要重视老年精神关怀和心理慰藉，重点关注高龄、“空巢”、患病等老年人的心理健康状况。鼓励为老年人的家庭成员提供专项培训和支持，充分发挥家庭成员的精神关爱和心理支持作用。

（五）大力开展老年文化体育活动。各地、各有关部门要从当地的实际情况出发，充分发挥文化馆、图书馆、博物馆、体育馆、展览馆、公园等公共场所和现有公益性群众文化单位在老年文化活动中的主导作用，加大老年人公共文化服务供给，增加面向老年人的特色文化服务项目。各地大中城市要立足社区，根据服务区域和老年人口规模和需要，开辟适合老年人文化娱乐的活动场所，如文化广场、社区活动站等。要结合老年节、国庆节等节日，组织开展形式多样、内容丰富、健康有益的老年文化体育活动。各级体育、老龄工作部门要以第二届全国老年人体育健身大会为契机，积极推动老年文化体育活动的创新。

三、工作要求

（一）高度重视，加强领导。各地、各有关部门要充分认识今年“敬老月”活动的特殊意义，高度重视，加强领导，精心组织，周密安排，确保“敬老月”各项活动取得成效，造福亿万老年人。

（二）贴近老人，多办实事。各地、各有关部门要坚持贴近实际、贴近基层、贴近老年人的原则，动员全社会从我做起、从身边具体事做起，多为老年人办一些看得见、摸得着的好事和实事，扎扎实实为老年人解决实际困难，切切实实让老年人感受到党和政府以及全社会的关怀和温暖。

（三）分工合作，形成合力。各部门、各单位要做好社会动员和宣传教育工作；要充分发挥各自的职能优势，多为老年人办实事；各相关单位和老年社会组织要积极开展各项助老爱老惠老活动；各级老龄办要发挥综合协调作用，动员成员单位和社会各界广泛参与“敬老月”活动。

各省级老龄办在活动结束后要及时向全国老龄办上报活动工作总结。

联系电话：010－58122106，58122101

专用邮箱：jinglaoyue@cncaprc. gov. cn

全国老龄工作委员会

二〇一三年六月二十五日

全国老龄工作委员会关于表彰第一届全国“敬老文明号”的决定

全国老龄委发〔2013〕5号

各省、自治区、直辖市及各计划单列市老龄工作委员会，新疆生产建设兵团老龄工作委员会，全国老龄工作委员会各成员单位，各全国性老年社会组织：

为积极应对人口老龄化，广泛动员社会各界开展为老服务，推动落实老年优待政策，2011年以来，全国老龄工作委员会在全国开展了“敬老文明号”创建活动。在各级党委政府的正确领导下，各级老龄工作委员会精心组织、积极推动，各涉老部门、为老服务组织、公共服务窗口行业踊跃参与，扎实开展“敬老文明号”创建活动，涌现出一批弘扬敬老文明、展现尊老敬老传统美德、为老服务质量优异的先进典型，为推动老龄服务业的发展做出了积极贡献。

为树立典型、表彰先进，激励更多的涉老组织和集体参与到创建活动中，进一步弘扬尊老敬老的传统美德，推动社会涉老行业更好地为老年人服务，经过考核和公示，全国老龄工作委员会决定，授予北京市东城区东直门街道社区服务中心等1 212个集体第一届全国“敬老文明号”荣誉称号。

希望受表彰的先进集体珍惜荣誉，再接再厉，不断拓展创建活动领域，深化创建活动内容，再创工作佳绩。希望各级涉老部门、为老服务组织、公共服务窗口行业以先进典型为榜样，紧密结合本行业中心工作，积极开展“敬老文明号”创建活动，切实落实惠老优待政策，提高为老服务质量，弘扬尊老敬老传统美德，为提高老年人生活质量、构建社会主义和谐社会做出积极贡献。

附件：第一届全国“敬老文明号”名单

全国老龄工作委员会

二〇一三年九月二十六日

附件

第一届全国“敬老文明号”名单

北京市

东城区东直门街道社区服务中心

朝阳区麦子店街道养老（助残）中心

朝阳区中医医院

丰台区南苑社会福利中心

丰台区彩虹城（北京）社区居家养老服务有限公司

石景山区五里坨街道军区联勤部大院社区居民委员会

石景山区寿山福海养老服务中心

门头沟区王平镇吕家坡村村民委员会

通州区张家湾镇皇木厂村民委员会

大兴老干部大学

怀柔区泉河街道社区办

平谷区金玫瑰志愿者服务队

延庆县井庄镇北地村村民委员会

北京芙蓉温馨家政服务有限公司

聚德华天控股有限公司

北京阿兵荣辉美容理发有限公司

北京金助友家政服务有限公司

北京超市发连锁股份有限公司双榆树店

北京市羊坊店医院

北京香山医院

北京凯捷风公交客运有限责任公司

北京今日东方家政服务有限公司

北京龙盛众望早餐有限公司

北京市健邦医院投资有限责任公司友爱医院

北京公共交通控股（集团）有限公司第四客运分公司13车队360路快车

北京市颐和园管理处

北京市寸草春晖老年心理服务中心

北京市第五社会福利院
北京市社会体育管理中心
青松老年看护服务（北京）有限公司
北京慈爱嘉养老服务有限公司

天津市

和平区泰康家庭服务有限公司
河东区二号桥街道老年日间照料服务中心
河西区老年协会
南开区居家养老服务指导中心
河北区江都路街如皋里社区
东丽区养老中心
西青区张家窝镇京福里社区
津南区天同医养院
北辰区爱馨瑞景园老年公寓
滨海新区汉沽社会福利院
滨海新区大港老年大学
天津市凤和家政服务有限公司
天津源泰家禽养殖专业合作社
天津市黄崖关长城风景名胜区管理局
天津市养老院
天津市虚拟养老服务中心
天津市老年人大学
天津市老年基金会
中老年时报
天津经济广播《枫叶正红》节目
天津融耀律师事务所
天津市公共交通三公司澄江路车队646路

河北省

石家庄市桥西区养老服务中心
石家庄市尖岭社区居委会
石家庄市老年大学
石家庄市三院
石家庄市高邑县民政局
中国人寿保险股份有限公司唐山分公司
唐山开滦离退休管理中心
唐山市开平区颐坤园老年公寓
唐山市迁安市民政局中心福利院
秦皇岛公共交通有限责任公司
秦皇岛老来福老年公寓
邯郸广播电视台新闻综合广播《晚霞红满天》栏目
邯郸市邯山区社区服务中心
邯郸市救助管理站
邯郸市老年人体育协会
邯郸市曲周县民政局
共青团邯郸市委
邢台市桥东区南园社区托老中心
邢台市桥西区鸿溪社区
邢台市老来乐老年公寓
保定市北市区东关街道河大社区居民委员会
保定市民族敬老院
保定市第一中心医院
保定市军休三所
保定市顺平县民政事业服务中心
张家口市第一医院
张家口市高新区民政事业服务中心
张家口市公共交通总公司
张家口市居家养老呼叫服务中心
承德避暑山庄及周围寺庙景区管理委员会
承德市荣复军人医院
承德市滦平县长山峪五保供养服务中心
沧州市万盛老年公寓
沧州市青县中心敬老院
沧州市东光县民政事业服务中心
衡水市军队离休退休干部第一休养所
衡水市友力托老康复中心
衡水市饶阳县敬老院
河北省老年事业促进会
河北省老年产业协会

山西省

太原市企业养老保险管理服务中心
太原市医疗保险管理服务中心
太原市社区服务中心
太原广播电视台老年之声
太原市公共交通控股（集团）有限公司
太原市万柏林区万柏林街道和平社区居民委员会
太原市晋源区金胜镇新村村民委员会
太原市比家美托老院
大同市光荣院
大同市敬老车队
大同市灵丘县人民医院
阳泉市公共交通总公司
阳泉市郊区荫营镇敬老院
长治市人民医院
长治市公共交通总公司
首钢长治钢铁有限公司离退休管理处
晋城市老年维权服务中心

晋城市人力资源和社会保障局办公室

晋城市阳城县皇城相府（集团）实业有限公司相府景区管理处

山西省公路局晋城分局离退休人员管理科

晋城市公共交通总公司

晋城市民政局社会科

朔州市山阴县老年公寓

朔州市怀仁县人民医院

朔州市怀仁县顺达公交汽车有限责任公司

晋中市和顺县义兴镇任元汉小学

晋中市寿阳县人民医院

山西煤炭运销集团晋中灵石有限公司

运城市盐湖区民政局

运城市稷山县住房保障和城乡建设管理局

运城市芮城县人民医院

忻州市忻府区新建路办事处老年福利服务中心

忻州市静乐县人民医院

忻州市河曲县文笔镇蚰蜒峁村老年公寓

原平市南城社区卫生服务中心

临汾市曲沃县总工会

山西电力公司临汾供电分公司

侯马市浍滨办事处秦村北社区居民委员会

临汾市老年志愿者服务队

吕梁市军队离休退休干部休养所

孝义市敬老院（孝义市光荣院）

汾阳市爱美托老有限公司

山西天凯经贸集团有限公司

山西鹳雀楼旅游集团有限公司

山西天星能源产业集团有限公司

内蒙古自治区

呼和浩特市新城区保合少敬老院

呼和浩特市回民区穆斯林老年公寓

呼和浩特市军队离退休服务管理中心

呼和浩特市金河夕阳红康乐园

包头市昆都仑区民政局

包头市包钢离退休职工管理服务中心

乌海市宜和老年公寓

乌海市海南区公乌素夕阳红老年公寓

赤峰市红山区老年活动中心

赤峰市社会福利院

赤峰市松山区穆家营子镇八家村委会

通辽市军队离退休干部休养所

通辽市老年人体育协会

鄂尔多斯市东胜区民政福利中心

鄂尔多斯市东胜区交通街道办事处吉劳庆社区

呼伦贝尔市光荣院

呼伦贝尔市社会福利院

满洲里市社会福利服务中心

巴彦淖尔市公共交通管理支队乌拉特中旗大队

内蒙古巴运汽车运输有限责任公司临河汽车站

乌兰察布市社会福利院

乌兰察布市化德县德包图乡德包图村养老互助幸福院

中国移动通信集团内蒙古有限公司兴安盟分公司

二连浩特市北辰公共交通公司

内蒙古自治区人民政府办公厅离退休活动中心

辽宁省

沈阳市大东区东塔街道久安社区

沈阳市大东区洮昌街道北海社区

沈阳市铁西区人民法院

沈阳市第二中医医院

沈阳市养老院

沈阳“九一八”历史博物馆

沈阳市法律援助中心

沈阳康利巴士有限公司 135 车队

沈阳市社会养老和工伤保险管理局退休管理处

沈阳飞机工业（集团）有限公司退休职工管理办公室

沈阳松蒲博爱护养中心

大连市西岗区老年社会福利院

大连市沙河口区中山公园街道居家养老服务中心

大连市企业离退休人员管理服务中心

大连银行第二中心支行营业部

大连市法律援助中心

大连公交客运集团有限公司

大连市军队离休退休干部第十服务管理中心

大连市光荣院

大连市老虎滩海洋公园

鞍山市铁东区山南街道福康社区

鞍山市台安县民政局

鞍山市养老院

抚顺市雷锋纪念馆

抚顺市顺城区新华街道顺大社区

本溪市第一社会福利院

本溪市园林管理处

丹东市振安区五龙背敬老院

丹东市东港市住房和城乡建设局

锦州市军队离休退休干部第一服务管理中心

中石油北燃（锦州）燃气有限公司管理三公司
营口交通运输集团有限公司
营口市盖州市社会福利院
阜新市第二人民医院
阜新市公共汽车公司
辽阳市公共汽车公司
辽阳市老干部活动中心
盘锦市中心医院
盘锦市客运站
铁法能源有限责任公司
铁岭市银州区社会福利院
铁岭市开原市沁春园老年康乐中心
国网辽宁省电力有限公司朝阳供电公司
朝阳市双塔区中心养老院
朝阳市军队离退休干部服务管理中心
中国石油锦西石化离退休职工管理中心
葫芦岛市兴城市人民医院
辽宁省财政厅社保处
辽宁省海洋与渔业厅离退休干部处
中国医大医院离退休工作部
辽宁省金秋医院
辽宁老年人大学
辽沈晚报社
新华社辽宁分社音视频部
辽宁广播电台《美丽清晨》栏目

吉林省

长春市法律援助中心
长春市一诺眼科医院
长春市第二医院
长春公交公司巴士分公司一车队
长春市绿园区青年路街道宇航社区
吉林市船营区北极街道光明社区
桦甸市社会福利院
舒兰市公安局北城派出所
磐石市实验小学
四平市国税局离退休干部科
四平市铁西区平西乡团山子村
吉林师范大学离退休工作处
辽源市矿业集团离退休人员管理中心
通化市二道江区人民法院
通化市公共汽车公司
集安市团结街道东盛社区
白山市江源区人力资源和社会保障局行政审批科
白山市抚松县抚松镇农村社会福利服务中心
松原市前郭县乌兰图嘎镇大德营子村村民委员会
松原市长岭县新安镇新二村老年人协会
白城市洮北区颐年养老院
白城市通榆县民政局
和龙市公安局
延吉市进学街道南阳社区
珲春市靖和街道康平社区妇联

黑龙江省

哈尔滨市道外区人民法院老年法庭
哈尔滨市公安局道外分局黎华派出所
哈尔滨市公安局平房分局新疆派出所
哈尔滨市方正县协和医院
哈尔滨市安康社会福利院
哈尔滨市第四医院
龙江银行股份有限公司哈尔滨道里支行
哈尔滨铁路局哈尔滨站
哈尔滨市公共汽车总公司12路车队
哈尔滨市公安局户政管理支队
中国移动通信集团黑龙江有限公司哈尔滨分公司
哈尔滨工业大学离退休活动中心
齐齐哈尔市龙沙公园
齐齐哈尔市铁峰区人民法院
齐齐哈尔市中医院
龙江银行齐齐哈尔分行
齐齐哈尔市北方公交集团有限公司
鸡西市老年康复护理院
双鸭山市宝山区国家税务局
大庆市第二福利院
大庆市第三医院老年心理保健调适中心
伊春市社会福利院
佳木斯市水源山公园
佳木斯市桦南县老年协会总会
佳木斯市抚远县法律援助中心
富锦市中医医院
七台河市茄子河区民政局社会福利院
牡丹江市万瑞物业管理有限公司
牡丹江市司法局法律援助中心
牡丹江市天利医药连锁有限公司
牡丹江市老年活动中心
绥芬河市绥芬河敬老院
黑河市第二社会福利院
绥化市民政老年公寓管理所
绥化市兰西县中心敬老院
大兴安岭地区利越公共汽车客运有限公司

黑龙江省森工总医院体检部
黑龙江农垦北大荒养老中心
黑龙江省医院
黑龙江省农垦红兴隆管理局老年公寓

上海市

黄浦区打浦桥街道老年协会
黄浦区外滩街道咏年楼
徐汇区湖南社区老年人日间服务中心
上海长宁房地产交易中心
上海长宁文化艺术中心
上海市工商行政管理局长宁分局天山工商所
静安区人民法院民三庭
闸北区社区服务协会
虹口区社会福利院
上海市社会保险事业管理中心杨浦分中心
闵行区社会福利院
嘉定区妇女联合会
浦东新区老年协会
浦东新区潍坊为老服务工作站
浦东新区周家渡街道社区服务中心
金山区枫泾镇老年学校
松江区石湖荡镇老年协会
青浦区徐泾镇社区卫生服务中心
上海市公安局奉贤分局塘外派出所
崇明县三星镇居家养老服务社
上海长寿敬老志愿者指导中心
上海银行股份有限公司
上海老年大学
上海市公安局出入境管理局中国公民出国（境）证件管理处
中国人民解放军第二军医大学长征医院门诊部
上海市军队离休退休干部活动中心
上海市法律援助中心
上海市老年人体育协会
上海古猗园
上海市轮渡有限公司
上海图书馆上海科技情报研究所
上海科技馆
上海东方明珠广播电视塔有限公司
上海复源社工师事务所
上海宝山美兰金苑养老院

江苏省

南京市社会保险管理中心
南京市老干部活动中心
南京市慈善总会救助部
南京市法律援助中心
南京市点将台社会福利院
南京市祖堂山社会福利院
无锡市老年综合服务中心
无锡市老年大学
无锡邮政局——助老希望邮路
无锡市北塘区法院保护老年人权益合议庭
宜兴市宜城街道乐龄居家养老日托中心
徐州市社会保险基金管理中心
徐州市彭祖园管理处
徐州市军队离休退休干部第二休养所
徐州老年大学
邳州市东博居家养老服务中心
徐州经济技术开发区金山桥街道办事处石桥社区居委会
常州广播电视台广播新闻部
常州市老龄协会
中国人寿保险股份有限公司常州市武进支公司
溧阳市天目湖南山竹海旅游有限公司
苏州市相城经济开发区澄阳日间照料中心
苏州市姑苏区居家乐养老服务中心
苏州市高新区阳山敬老院
常熟市老年大学
张家港市社会福利服务中心
昆山市退休人员管理服务中心
太仓市社会福利服务中心
南通市老年人活动中心
南通汽运实业集团有限公司南通汽车站
中国人寿保险股份有限公司南通分公司团体业务部
南通市崇川区任港街道居家养老服务中心
如皋市社会福利中心
连云港市法律援助中心
连云港市第二人民医院老年医学科
连云港市妇幼保健院
淮安市老年大学
淮安市老年人体育协会
淮安市清河区沈阳路社区居家养老服务中心
淮安市洪泽县委老干部局
江苏省电力公司盐城供电公司离退休管理办公室
盐城市盐都区居家养老服务中心
盐城市射阳县社会福利院
东台市民生公交有限公司

扬州市社会福利中心
扬州市司法局法律工作者志愿服务总队
扬州市广陵区琼花观社区居家养老服务站
镇江市老年活动中心
镇江市退休干部职工管理服务中心
镇江市老年人体育协会
泰州市海陵区工人社区居家养老服务中心
泰州市姜堰区退休人员管理服务中心
兴化市社会福利院
泰兴市大庆老人院
宿迁市虹枫老年康复护理院
宿迁市宿豫老年大学
宿迁市宿城区居家乐虚拟养老院
宿迁市沭阳县居家乐养老服务中心
江苏省老干部活动中心
江苏省老年公寓管理中心
江苏省老年文化大学
江苏省人民医院老年医学科
江苏省军区南京第一离职干部休养所
中国人寿保险股份有限公司江苏省分公司团体业务部
江苏省中旅旅行社有限公司

浙江省

杭州图书馆
杭州市社会福利中心
杭州市公安局上城区分局清波派出所
杭州净慈寺
杭州市幅西丽家政服务集团有限公司
杭州市西湖区灵隐街道社区卫生服务中心
杭州市淳安县姜家镇章村老年协会
宁波老年大学
宁波 81890 求助服务中心
宁波汽车南站 3561 服务班
宁波市海曙区西门街道居家养老互助中心
宁波市北仑区人民医院十西病区
宁波市镇海区招宝山街道总浦桥社区日间老年护理中心
慈溪市横河中心卫生院
温州市龙湾区行政审批中心人力社保分中心
温州市殡仪馆
福建海峡银行温州分行（夕阳红银行服务中心）
温州市图书馆老年分馆
浙江温州瓯海农村合作银行
嘉兴市老年活动中心
嘉兴市南湖区新兴街道运南社区居家养老服务照料中心
嘉兴市秀洲区新城街道亚都社区
嘉兴市嘉善县老年公寓
海宁市金岛运输有限责任公司阳光车队
湖州市老年活动中心
湖州大剧院管理中心
湖州市吴兴区南太湖居家养老服务中心
湖州市安吉县第三人民医院
北京银行股份有限公司绍兴分行
绍兴市老年大学
绍兴市新昌县汽车运输有限责任公司客运中心
上虞市人民医院
金华市社会福利中心
东阳市义务工作者协会
衢州市社会保险事业管理局
衢州市柯城区府山街道居家养老服务中心
衢州市开化县城关镇呇滩社区
江山市人民医院
舟山市六横金屿客货运服务有限公司
舟山市普陀山门票管理中心
台州市黄岩区义务工作者协会
浙江台州路桥农村合作银行营业部
台州市路桥区路桥街道良一村
浙江临海农村商业银行股份有限公司
丽水市第二人民医院
丽水市公共交通有限公司 8 路公交线

安徽省

合肥市瑶海区和平路街道肥东路社居委
合肥市庐阳区亳州路居家养老服务中心
合肥市蜀山区金色家园养老中心
合肥市包河区烟墩街道滨湖惠园社区居民委员会
合肥市肥西县温馨老年公寓
芜湖市社会福利院万春源老人休养中心
芜湖市镜湖区夕阳乐居家养老服务中心
芜湖市繁昌县荻港镇社会福利中心
蚌埠市老年大学
蚌埠市公共交通集团有限公司
蚌埠市第五人民医院老年康复中心
蚌埠市高新区文锦路社区
淮南市第一人民医院
淮南市军队离退休干部休养所
淮南市百大商厦有限公司
马鞍山市中心医院

马鞍山中北巴士有限公司 IC 卡服务中心
淮北天一初中
淮北市相山区寇湾社区老年协会
铜陵市郊区大通镇敬老院
铜陵市法律援助中心
安庆市立医院
安庆市大观区菱湖新村社区居民委员会
安庆市枞阳县枞阳镇中心敬老院
安庆市宿松县人民医院
安庆市桐城市老干部活动中心
黄山市公共汽车公司 12 路皖 J06793 车组
黄山市歙县城乡居民社会养老保险管理中心
黄山市黟县西递旅游服务公司
滁州市法律援助中心
滁州市供电公司
滁州市老年公寓
阜阳市临泉县霞光老年公寓
阜阳市太和县人民医院
阜阳市老年公寓
阜阳市生态乐园
宿州市埇桥区西二铺乡二铺村后张庄老年协会
宿州市华夏集团
宿州市埇桥区爱心老年公寓
六安市金安区第一人民医院
六安市寿县程新如敬老车队
六安市舒城县通运公交有限责任公司
六安市霍山县社会福利中心
六安市养老服务信息中心
亳州市老年大学
亳州市涡阳县标里镇敬老院
池州市东至县人民医院
池州市石台县牯牛降景区管委会
宣城市广德县新杭镇敬老院
宣城市绩溪县龙川中心敬老院
宣城市宁国市社会福利院
安徽省马钢集团公司离退休职工服务中心
安徽省城镇职工养老保险中心
安徽博物院
安徽省立医院

福建省

福州市金太阳老年综合服务中心
福州东南眼科医院
福州市社会福利院
福州市鼓楼区天年老人护理中心
福州市平潭县潭城镇社区卫生服务中心
长乐市慈善总会
厦门市老年活动中心
厦门市公安局出入境管理支队
厦门市公交集团湖里公共交通公司 3 路车
厦门市图书馆
厦门市湖里区金安社区居委会
莆田市忠涠轮渡公司
三明市尤溪县人民法院
永安市立医院
泉州市汽车运输总公司站务分公司泉州客运中心站
中国邮政储蓄银行西湖营业所
泉州市红梅军队离休退休干部休养所
泉州市清源山风景名胜区管理委员会
晋江市老年大学
漳州市社会福利院
建瓯市医疗保险管理中心
龙岩市公共交通有限公司二分公司 6 路车
漳平市公安局交通管理大队
福安市公安局康厝派出所
福鼎市太姥山岳景区
福建省老年医院
福建省荣誉军人康复医院
福建省机关事业社会保险局
福建省社会劳动保险局
国网福建省电力有限公司离退休管理工作部

江西省

章金媛爱心奉献团
南昌市社会福利院老年颐养中心
南昌市公共交通总公司 2 路线车队
南昌市第九医院“小爱志愿服务团”
南昌市红谷滩新区凤凰花园社区居家养老服务站
景德镇老年大学
景德镇市中医院老年病科
瑞昌市桂林街道瑞民社区
新余市渝水区仙来社区卫生服务中心
鹰潭市人民医院老干部科
赣州市通天岩风景名胜区
中国邮政储蓄银行赣州市南门支行
赣州市信丰县社会福利院
南康友好医院
赣州市寻乌县老年大学
赣州市全南县老年公寓服务中心

赣州市宁都县青塘镇孙屋村居家养老服务中心
吉安市吉州区文山街道新村社区七彩义工之家
吉安市吉安县中医院
吉安市永新县社会福利中心
宜春市公共交通公司
宜春市袁州区社会福利院
丰城市梅林镇敬老院
宜春市居家养老服务中心
抚州市金溪县合市镇大耿村社区居家养老服务中心
抚州市东乡县王桥镇敬老院
抚州市广昌县社会福利院
抚州市社会福利院
上饶市信州区福海老年公寓
德兴市中医院
江西省肿瘤医院门诊办公室
江西省荣誉军人康复医院办公室
江西革命烈士纪念堂宣传科
江西广播电视台民生频率节目部
江西融冰律师事务所

山东省

济南市皮肤病防治院麻风病住院部
济南市 148 协调指挥中心
济南市社会福利院
济南市历下区政务审批大厅为老服务窗口
济南市公安局市中区分局舜耕派出所
济南市公共交通总公司第五汽车公司二队 102 路电车
济南市齐鲁公证处
济南市法律援助中心
山东舜天律师事务所
章丘市官庄镇吴家村
青岛市社会保险事业局医疗保险社区处
青岛公交集团宏达巴士有限责任公司 36 路队
交运集团青岛温馨巴士有限公司安达巴士分公司 31 路队
青岛市法律援助中心
中信银行股份有限公司青岛分行绍兴路支行
山东岛城律师事务所
青岛市崂山区中韩街道华都社区家庭志愿者服务站
青岛市老年服务中心
新华人寿保险股份有限公司青岛分公司客户服务部
青岛日报社编辑部
淄博市老龄事业服务中心
中信银行股份有限公司淄博分行零售银行部
淄博宏仁堂大药店有限责任公司
淄博市张店区民政局
枣庄市城市公共交通总公司 BRT 分公司
枣庄市峄城区中医院
滕州市金色老年乐园
东营市第二人民医院内五科
东营市法律援助中心
烟台市老年协会
烟台市润康养老服务职业技能培训学校
烟台市公路管理局老年人活动中心
烟台市老年福利服务中心
烟台市福山区民政局
潍坊市财政局社会保障科
中国人寿保险股份有限公司潍坊分公司办公室
山东潍坊滨海经济开发区公共事业局
山东鸢都英和律师事务所
青州泰和旅游发展有限公司
诸城市密州街道十里社区
济宁市市中区人民法院民事审判第五庭
济宁市金乡县人民医院呼吸内科
济宁市汶上县开发区老年公寓
曲阜市第二人民医院
中国邮政储蓄银行股份有限公司兖州市支行
泰安市老干部活动中心（老年大学）教务处
泰安市泰山门票管理处
山东能源肥矿集团老年活动中心
威海市居家服务呼叫中心
威海市刘公岛管理委员会
日照市人民医院
日照市东港区中盛幸福老年公寓
日照市东港区法律援助中心
莱芜市老年公寓
临沂市社会保险事业管理处离退休职工社会化服务科
临沂市兰山区银雀山街道东苗庄社区
临沂市兰山区兰山街道宋家王庄社区
临沂市沂南县中医医院中医药预防保健服务中心
临沂市市直机关干部休养所
德州姜玉坤眼镜有限公司
德州市社会福利院
德州市财政局社会保障科
聊城市第三人民医院

聊城市莘县汽车站
聊城市高唐县人和街道便民服务中心
聊城市公共交通集团有限公司 K6 路线
滨州市公共汽车公司 11 路公交线路
滨州 12343 民生服务中心
滨州市博兴县人民医院
菏泽市政务服务中心老年服务窗口
中国移动通信集团山东有限公司菏泽分公司“至善”团队
菏泽市成武县军队离退休干部休养所
菏泽市东明县康宁老年福利服务中心
山东省青年志愿者协会
山东省卫生厅妇幼保健与社区卫生处
山东省财政厅社会保障处
山东农业大学离退休工作处
山东省广播电视台广播经济频道《关爱夕阳》栏目组

河南省

郑州市老干部活动中心
郑州市军干七所
郑州市公交四公司
郑州市二七区爱馨老年公寓
郑州市二七区中心敬老院
郑州市金水区中心敬老院
郑州市金水区社区服务中心
郑州市金水区杜岭街道办事处居民事务科
郑州市惠济区刘寨街道裕华社区
郑州市舒心老年公寓
开封市鼓楼区民政局
开封市兰考县广播电视台
开封市兰考县卫生局
洛阳市逸康老年服务中心
汝州市图书馆
汝州市旅游局
安阳卷烟厂离退休管理办公室
安阳市眼科医院
安阳市殷墟管理处
安阳市公共交通总公司 12 路线
安阳市安阳县人民法院
安阳市滑县人民医院
安阳市滑县空集老人帮扶服务中心
鹤壁市军队离休退休干部管理中心
新乡市中州出租汽车服务有限责任公司敬老车队
新乡市公安局东街分局
新乡市公交总公司 9 路车组
新乡市红旗区人民法院
新乡市长垣县矿山起重机有限公司
卫辉市民政局
焦作市众信公证处
焦作市中站区朱村办事处梅苑社区
孟州市爱馨老年公寓
濮阳市老干部活动中心
许昌市行政服务中心民政窗口
许昌市老干部活动中心
三门峡市老年服务中心
中国水利水电第十一工程局有限公司老年大学（三门峡市）
三门峡市法律援助中心
南阳市老干部活动中心
南阳市法律援助中心
南阳市社区志愿者协会
南阳市社旗县健民医院
商丘市梁园区养老托老中心
商丘市夏邑县发展养老院
河南美锐大药房连锁有限公司（信阳市）
济源市法律援助中心
济源市教育局离退休干部工作科

湖北省

武汉市公交集团第二营运公司二分公司 38 路
武汉市第一医院
武汉市佳圣巾帼家政保洁有限责任公司
武汉市人民检察院离退休干部处
武汉市中级人民法院离退休干部处
武汉市江汉区万松街居家养老服务中心
武汉市武昌区关爱老年协会
武汉钢铁（集团）公司老干部服务管理中心
黄石市城市公交集团驻市行政服务中心办证窗口
大冶市民政局
十堰市公交集团 IC 卡信息管理中心
十堰市老年人大学
十堰市财政局离退休干部工作科
宜昌市公交集团有限责任公司二分公司 7 路
三峡大坝旅游区
宜昌市社会福利院梁高芳班组
宜昌市伍家岗区伍阿姨养老服务中心
襄阳市公交总公司 27 路
襄阳市军队离休退休干部第一休养所
襄阳市医疗保险管理局

襄阳市保康县地方税务局
鄂州市公共汽车公司22路公交线
鄂州市城市福利中心
荆门市殡葬管理所
荆门市京山县新市镇城畈社区居民委员会
钟祥市显陵管理处
孝感市社会福利和医疗康复中心
孝感市第一人民医院
孝感市劳动保险局
荆州市公共交通总公司
荆州市老年病医院
荆州市公安县委老干部局老干部“110”服务大厅
黄冈市社会福利中心
黄冈市华兴公交有限公司
黄冈市黄州区康寿福利院
武穴市海铭星集团企业投资有限责任公司
黄冈市黄梅县福利院
咸宁市咸安区社会福利院
赤壁市蒲纺工业园区
咸宁市军队离退休干部管理所
广水市第一人民医院
恩施市社会福利院
恩施州鹤峰县社会福利院
仙桃市社会福利院
潜江市光荣院
天门市社会福利院
神农架林区社会福利院
湖北省财政厅社会保障处
湖北省老年人大学
中国石化集团公司江汉油田离退休职工管理处
湖北省军区武昌元宝山离职干部休养所
湖北省军区武昌小洪山离职干部休养所
湖北省军区武昌梅苑离职干部休养所

湖南省

长沙市星火军队离休退休干部休养所
长沙市雨花区社会福利中心
长沙市望城区安华山庄老年公寓
长沙高新技术产业开发区麓谷街道东方红敬老院
长沙市宁乡县老龄协会
株洲市天元区政务服务中心
株洲市株洲县第一人民医院
株洲市攸县华昌公交有限公司
醴陵市军队离休退休干部休养所
湘潭钢铁集团有限公司离退休职工管理处
湘潭大学孝行协会
湘潭市荆鹏居家养老服务中心
湖南水口山有色金属集团公司离退部
南华大学附属第一医院
衡阳市衡阳县城镇福利院
衡阳市衡阳县光荣院
衡阳市衡南县鸡笼镇永兴老年协会
邵阳市北塔区新滩镇街道办事处资新社区
邵阳市邵阳县人民医院
中共绥宁县委老干部局
邵阳市新宁县高桥敬老院
武冈市人民医院
岳阳市岳阳楼区吕仙亭街道办事处鄢家冲社区
岳阳市云溪区中心敬老院
岳阳市平江县长寿光荣院
常德市社会福利院
常德市公共交通有限责任公司
常德市临澧县九里乡同心村
常德市石门县碧云山庄老年人协会
张家界市武陵源旅游产业发展有限公司景区门票公司
张家界市老年大学
益阳市资阳区汽车路街道南岳宫社区
益阳市南县福利院（老年公寓）
郴州市公共汽车公司
郴州市桂阳县宝山社区管理服务中心
郴州市嘉禾县交通运输局
郴州市临武县社会福利中心
永州市公安局人口与出入境管理支队
永州市司法局法律援助中心
国网湖南省电力公司永州供电分公司
永州市中级人民法院民事审判第一庭
怀化市第二人民医院
怀化市公共交通总公司
怀化市新晃侗族自治县光荣院
洪江市红岩乡农村五保集中供养服务中心
怀化市福利彩票发行中心
娄底市双峰县荷叶镇老年协会
娄底市涟源市社会福利院
湘西自治州吉首市民族老年宫
湘西自治州古丈县古阳镇古丈坪社区
湘西自治州永顺县政府政务服务中心

广东省

广州市第三公共汽车公司旅游1线
广州市老人院
广州市越秀区长者综合服务中心
广州市海珠区沙园街道居家养老服务中心
广州市白云山风景名胜区
广州市电子政务中心天河区服务分中心
广州市岭海老人大学
韶关市粤北人民医院
韶关市社会福利院
深圳市罗湖区社会福利中心
深圳市创乐福居家养老服务中心
深圳市义工联松柏之爱组
深圳农村商业银行葵涌支行
深圳市老干部活动中心（深圳市长青老龄大学）
深圳市宝运发汽车服务有限公司宝安汽车站
深圳市龙岗区任达爱心护理院
珠海市香洲区前山街道办事处社会福利中心
珠海市老年大学（珠海市离退休干部活动中心）
中共汕头市潮阳区委老干部局
汕头市澄海区阳光志愿社
汕头市老干部（老年）大学
佛山市禅城区祖庙街道居家养老服务中心
佛山市南海区桂城街道桂园社区居委会
佛山市顺德区凤岭老年大学
佛山市三水区社会福利中心
江门市公共汽车有限公司
江门市社会福利院
台山市人民医院老人颐养护理中心
南海西部石油公司离退休职工管理处
湛江师范学院离退休工作办公室
湛江市法律援助处
雷州市乌石镇那毛村老龄协会
茂名市油城老年大学
中国石化集团茂名石化公司离退休人员管理部
茂名市茂南区镇盛敬老院
肇庆市老干部（职工）大学
肇庆市安老康复中心
肇庆市封开县中医院
肇庆市社会福利院
惠州市采健蜂业有限公司
惠州市惠城区阳光老年服务中心
惠州市惠东县阳光公益协会
广东金通运输投资集团惠州市金通出租汽车运输有限公司
博罗公益服务队
梅州市老干部（老年）大学
梅州市大埔县银江镇敬老院
梅州市五华县老年人体育协会
汕尾市海丰县黄羌镇敬老院
汕尾市陆河县水唇镇水唇敬老院
河源市河源通智能卡有限公司
河源市连平县退休职工管理委员会
阳江市阳东县合山镇老年协会
清远市清新区社会福利院星光老年公寓
清远市阳山县岭背镇岭背村委会
英德市中医院
东莞市莞城街道办事处社会事务办公室
东莞市社会保障局退休人员社会化管理服务科
东莞市老干部活动中心
中山市公安局治安管理支队
中山市东区花苑社区居民委员会
中山市小榄镇老年人协会
潮州市军队离休退休干部休养所
潮州市老干部（老年）大学
揭阳市觉世慈善福利会
揭阳市揭东区老年人体育协会
揭阳市惠来县福利院
云浮市郁南县永光集团有限公司
云浮市云安县公安消防大队

广西壮族自治区

南宁市第三人民医院
南宁市青秀区大板二社区居民委员会
南宁市社会福利院
南宁铁路局南宁车站
柳州市夕阳红医疗康复护理院
柳州市鹿寨县老年大学
桂林市七星区七星社区卫生服务站
桂林市七星景区管理处
广西水利电业集团有限公司荔浦供电分公司
桂林市第二人民医院
红军长征突破湘江烈士纪念碑园管理处
桂林市秀峰区居家养老服务中心
梧州市岑溪市糯垌中心卫生院
梧州市体育场
北海市老龄协会
防城港市社会福利院
广西嘉华置业集团有限公司
贵港市桂平市人民医院

百色市人民医院
百色市华宇乐安老院
百色市鼎诚公交有限公司
贺州市富川瑶族自治县委老干部服务中心
河池市第三人民医院
河池市都安瑶族自治县中心敬老院
河池市宜州市中医院
河池市宜州市庆远镇围村村委
河池市国家税务局离退休干部管理科
来宾市兴宾区太平村老年协会
来宾市金秀瑶族自治县头排镇敬老院
崇左市扶绥县社会福利院
崇左市宁明县人民医院
广西中医药大学附属瑞康医院
广西重阳老年公寓
广西一通居家养老服务中心

海南省

海南山海疗养院
海口市琼山区振东（米铺）老年公寓
海口市龙华区阳光居家养老服务中心
海口市琼山区旧州镇敬老院
海南南山文化旅游开发有限公司
三亚广达公共交通有限公司
儋州市残疾人康复服务中心
澄迈县金江镇黄竹村长寿老爸茶园
海南省老年大学
海南省干部疗养院

重庆市

涪陵区民升老年公寓
渝中区福利院
大渡口区茄子溪街道滨江社区
九龙坡区军队离退休干部服务管理中心
九龙坡区白市驿镇敬老院
南岸区龙门浩街道社区卫生服务中心
北碚区老年大学
渝北区王家街道敬老院
渝北区桂湖老年公寓
合川区自来水有限责任公司
永川区青峰镇幸福院
潼南县人民医院
梁平县司法局
丰都县社会福利院
垫江县人民医院
武隆县长坝镇中心福利院
国网重庆忠县供电有限责任公司
开县人民医院
开县法律援助中心
云阳县老年大学
巫溪县通城中心卫生院
彭水苗族土家族自治县直属机关退休干部协会
重庆市公安局江北区分局户政科
重庆市公安局交通管理局车辆管理所巴山分所
重庆市民政局社会福利和慈善事业促进处
重庆市第一社会福利院
重庆市法律援助中心
重庆市自来水有限公司
重庆市轨道集团客运公司曾家岩车站
重庆市乐和乐都旅游有限公司
重庆农村商业银行江津支行大西门分理处
重庆银行营业部
重庆百货大楼股份有限公司百货事业部渝北商场
重庆迅为四公里交通换乘枢纽有限公司
重庆市第三公共交通有限公司
重庆图书馆
重庆自然博物馆
重庆市中医院
重庆市动物园管理处
重庆市老年大学
重庆市公安局交通管理局车辆管理所万州分所
重庆市第三人民医院

四川省

成都助老之家健康咨询有限公司
成都市锦江区长者通呼援中心
成都市青羊区教育人才及离退休人员服务中心
成都市金牛区驷马桥街道曹家巷社区卫生服务中心
成都市龙泉驿区联运有限公司
成都市金堂县助老之家
成都市双流县老年大学
都江堰市法律援助中心
彭州市人民医院
邛崃市固驿仁孝文化促进会
自贡市自流井区荣边镇敬老院
自贡市荣县社会救助福利服务中心
攀枝花市第三人民医院
中国十九冶集团有限公司人力资源部离退休管理处

泸州市南寿山墓园管理处
泸州市龙马潭区红星街道红星社区
泸州市泸县福集社区卫生服务中心
德阳市旌阳区城北街道淮河街社区
四川广汉三星堆博物馆
什邡市方亭街道白果小区社区
绵阳市中心医院
绵阳市涪城区城厢街道南河路社区
江油市老年病医院
四川省科学城九〇三医院
广元市昭化区六四零社区老年人日间照料中心
广元市朝天区敬老院
广元市青川县民政局
广元市剑阁县普安镇小玲珑社区
中国工商银行遂宁分行遂州支行
遂宁市船山区民政局
四川富临运业集团蓬溪运输有限公司
内江市老年大学
内江市隆昌县龙市镇老年人协会
乐山市公安局沙湾区分局
乐山市五通桥区人民医院
四川省峨边第二汽车运输有限责任公司
峨眉山市民政福利院
南充市公共交通有限责任公司
南充市顺庆区爱老疗养院
南充市西充县太平镇敬老院
眉山市民政局
眉山市社会福利院
眉山市彭山县退休干部服务中心
宜宾市老年维权中心
宜宾市第二人民医院
宜宾市南溪区老年活动中心
宜宾市宜宾县育才中学校
宜宾市珙县民政局
宜宾市筠连县筠州公共交通有限公司
广安市广安区老年大学
广安市岳池县银城老年人协会
达州市中心医院
达州市文化馆
达州市大竹县法律援助中心
万源市黄钟镇敬老院
雅安市雨城区人民医院
雅安市石棉县第三敬老院
巴中市通江县老年人协会
巴中市南江县社会福利院
资阳市社会福利院
资阳市安岳县岳阳老年大学
简阳市简城镇老龄协会
阿坝藏族羌族自治州汶川县社会福利服务救助中心
阿坝藏族羌族自治州九寨沟县黄浦电力能源有限公司
甘孜藏族自治州社会福利院
甘孜藏族自治州离退休人员驻崇州市老年协会
中国移动通信集团四川有限公司凉山分公司
凉山彝族自治州中西医结合医院
四川省人民医院
四川省疾病预防控制中心
四川省电力公司本部离退休服务中心
《晚霞报》社
四川老年大学

贵州省

贵阳市公共交通（集团）有限公司
贵阳市社会福利院
贵阳市第二社会福利院
贵阳市花溪区珠显村老年协会
贵阳市观山湖区碧海社区服务中心
六盘水市人民医院老年病科
六盘水市钟山区农村信用合作联社营业部
遵义市汇川区板桥镇五保供养中心
遵义市余庆县大乌江镇凉风村委会
赤水市市中街道办事处老城社区居家养老服务站
仁怀市茅台镇观音寺社区
安顺市西秀区人民医院
贵州黎阳航空发动机（集团）有限公司离退休管理办
毕节市七星关区人力资源和社会保障局
毕节市七星关区何官屯镇敬老院
毕节试验区杂志社
毕节市大方县人民医院
铜仁市碧江区中心敬老院
铜仁市江口县怒西镇敬老院
铜仁市玉屏侗族自治县图书馆
铜仁市思南县人民医院
贵州电网公司兴义供电局
贞丰奇峰旅游开发有限责任公司
中国工商银行股份有限公司凯里北京路支行营业大厅
凯里市中心福利院
黔东南苗族侗族自治州黄平县新州镇社区卫生服务中心
贵州省西江千户苗寨文化旅游发展有限公司

黔南布依族苗族自治州中医医院

黔南布依族苗族自治州三都水族自治县农村信用合作联社建西分社

贵州省公安厅离退休干部处

云南省

昆明理工大学离退工作处

昆明警备区昆明小虹山第一离职干部休养所

昆明市老年人活动中心

昆明市公交集团有限责任公司

昆明市翠湖公园

昆明市第二人民医院

昆明铁路局曲靖车务段

曲靖市公共汽车总公司IC卡中心

中国工商银行曲靖开发区支行

曲靖市会泽县金钟镇盈仓社区居家养老服务中心

玉溪市老年大学

玉溪市第三人民医院

玉溪市企业退休人员管理服务中心

保山市新华书店

昭通市鲁甸县人民医院

昭通市镇雄县中心敬老院

丽江市华坪县中心镇竹屏社区居委会

普洱市景东县交通运输局

临沧市凤庆县农村信用合作联社鲁史信用社

临沧市双江县人民医院

楚雄州大姚县金碧镇缘林居家养老服务中心

楚雄州中医院老年病科

红河州个旧市城区街道办事处社区服务中心

红河州蒙自市军队离休退休干部休养所

红河州建水县临安镇崇文社区

文山州文山市开化敬老院

西双版纳热带花卉园

大理州大理市下关镇花园社区居民委员会

大理州军队离退休干部新桥休养所

中国水利水电第十四工程局有限公司大理管理处

德宏州盈江县中心敬老院

共青团怒江州委办公室

迪庆州维西县人力资源和社会保障局

云南省第一人民医院干部保健科

云南省老干部活动中心

云南省敬老爱民促进会

云南老年之家敬老院

云南银潮老龄服务中心

云南省老年人体育协会

云南财经大学离退工作处

西藏自治区

拉萨市公共交通总公司

拉萨市达孜县金叶敬老院

陕西省

西安市公共交通总公司第五公司29路

西安市民政局社会福利与社会事务处

西安市财政局社会保障处

西安市莲湖区如亲居家养老服务中心

西安市长安区老年法律援助联络站

铜川市金华老年公寓

铜川市王益区红旗街街道办事处红旗社区

宝鸡市金台区西关社区

宝鸡市陈仓区北方动力社区

宝鸡市邮储银行陇县东大街支行

咸阳市口腔医院

咸阳颐福阁老年公寓

咸阳市三原县博物馆

西咸新区沣东新城三桥老年公寓

渭南市第二人民医院

渭南市华县邮政局

渭南市大荔县中心敬老院

延安市八一敬老院

延安市中医医院

延安市宝塔区凤凰山街道办北门口社区居民委员会

延安市公共交通总公司

汉中市公共汽车公司

汉中市洋县卫生局

汉中市社会福利院老年公寓

中国邮储银行榆林市分行

陕西紫靖餐饮管理有限公司

陕西省横山县羊中王集团

榆林市绥德县县医院

榆林市四海食品配送有限责任公司

安康市老年大学

安康市汉滨区新城社区卫生服务中心

安康市旬阳县人力资源和社会保障局

商洛市商州区社会保障事业管理局

商洛市丹凤县商山敬老院

甘肃省

兰州市公证处

兰州市公交集团有限公司
兰州铁路局离退休职工管理处
兰州大学离退处
兰州石化公司离退休职工管理二处
兰州市城关区情暖夕阳老年公寓
中核集团兰州铀浓缩有限公司离退休职工管理处
嘉峪关市居家养老服务中心
金昌市金川区养老服务金芝里社区日间照料中心
金川集团有限公司离退休人员管理中心
白银市地方志编纂委员会办公室
白银市白银区水川镇顾家善村互助养老幸福院
白银有色集团股份有限公司离退休职工服务中心
天水市武山县社会福利服务综合中心
武威市凉州区西大街靶场社区
张掖市人民医院
张掖市肃南裕固族自治县大河乡牧业生产协会
平凉市崆峒山管理局
平凉市灵台县什字中心敬老院
酒泉市肃州区总寨中心敬老院
玉门油田分公司离退休人员管理中心第二管理站
庆阳市华池县敬老院
庆阳市镇原县福利院
定西市公安局出入境管理科
定西市岷县国税局
陇南市两当县妇幼保健站
临夏回族自治州康乐县人民医院
临夏回族自治州永靖县刘家峡镇刘家峡村委会
甘南藏族自治州合作市当周街道办事处志愿者协会
甘肃省交通厅道路运输管理局
甘肃省司法厅机关工会
甘肃省地矿局离退中心
西北师范大学离退处
甘肃省老年大学
甘肃省老教授协会

青海省

西宁市公交公司收银中心IC卡部
西宁市社会福利院
西宁市大通回族土族自治县长宁中心敬老院
西宁市大通回族土族自治县民政局
青海油田公司离退休管理处（老干部处）
海东地区平安县社会福利中心
海东地区循化撒拉族自治县积石宫社会服务工作中心
海西蒙古族藏族自治州德令哈市敬老院
青海省人民医院
青海省老年病医院
青海省老年大学

宁夏回族自治区

银川市西夏区朔方路街道正茂社区
宁夏回乡文化实业有限公司中华回乡文化园
灵武市中心敬老院
灵武市郝家桥镇王家嘴村
宁夏陶乐养老服务中心
石嘴山市公证处
石嘴山市大武口区沟口街道绿洲社区
石嘴山市平罗县老年活动中心
青铜峡市城市公用事业服务中心
吴忠市利通区金星镇金塔社区
中卫市中医医院
中卫市中宁县春天商贸有限公司
中卫市人民医院
宁夏司法厅法律援助工作管理处

新疆维吾尔自治区

乌鲁木齐市养老福利院
乌鲁木齐市退休人员社会化管理办公室
乌鲁木齐市公共交通集团有限公司经营一部（501路车队）
乌鲁木齐铁路局乌鲁木齐客运段北京二队
德力西新疆交通运输集团股份有限公司乌鲁木齐汽车站
克拉玛依市克拉玛依区融汇为老服务中心金色桑榆居家养老日托中心
吐鲁番地区托克逊县社会保险管理局
哈密地区巴里坤县老年活动中心
昌吉回族自治州人民医院
博尔塔拉蒙古自治州博尔塔拉老年大学
巴音郭楞蒙古自治州且末县且末镇民政办
阿克苏地区新和县老干老年活动中心
克孜勒苏柯尔克孜自治州乌恰县社会福利中心
喀什地区叶城县人口和计划生育委员会
和田地区和田市胜达公共交通有限责任公司
和田地区洛浦县山普鲁乡敬老院
伊犁哈萨克自治州客运管理服务中心
塔城地区裕民县老年活动中心
阿勒泰地区哈巴河县人民医院
石河子市银龄养老院

新疆维吾尔自治区社会保险管理局医保中心

新疆老年病医院

新疆维吾尔自治区军队离退休干部安置管理服务中心

新疆维吾尔自治区法律援助中心

新疆油田分公司离退休职工管理中心

塔里木油田分公司矿区服务事业部退休职工管理中心

吐哈油田分公司矿区服务事业部离退休职工管理中心

宝钢集团新疆八一钢铁有限公司退休职工服务中心

新疆机场（集团）有限责任公司地面服务部旅客服务中心

新疆维吾尔自治区老年康乐报社

新疆生产建设兵团

第四师军垦路社区

第五师综合福利服务中心

第六师芳草湖农场养老服务中心

第七师医院老年病科

第九师医院

第十四师皮山农场社区服务中心

建工师四团社会福利中心

石河子怡心园养老院

石河子社会福利中心

新疆北屯得仁老年公寓

全国老龄办关于印发二〇一三年工作要点的通知

全国老龄办发〔2013〕8号

各省、自治区、直辖市及计划单列市老龄工作委员会办公室，新疆生产建设兵团老龄工作委员会办公室：

现将《全国老龄工作委员会办公室二〇一三年工作要点》印发你们，供你们研究安排2013年工作时参考。

全国老龄办

二〇一三年二月二十六日

全国老龄工作委员会办公室二〇一三年工作要点

2013年，全国老龄办工作要以邓小平理论、“三个代表”重要思想、科学发展观为指导，以贯彻党的十八大和中央经济工作会议精神为统领，以推动实施《中国老龄事业发展“十二五”规划》为主线，以进一步加强老龄政策研究、老龄法制建设和基层老龄工作为重点，以求实的精神、务实的作风、扎实的工作推进老龄事业科学发展，为全面建成小康社会作出积极贡献。

一、筹备召开全国老龄委第十五次全体会议。总结2012年老龄工作，部署2013年及今后一个时期老龄工作。

二、“十二五”规划中期检查评估。适时发布《中国老龄事业发展“十二五”规划评估指标体系》，协调督促检查相关成员单位落实规划任务。指导5个省（市）开展“十二五”规划评估指标体系研究。协调人大、政协及相关部门组织开展“十二五”规划中期检查评估。

三、老龄政策研究。深化国家应对人口老龄化战略研究，编制《国家老龄事业发展纲要（2013－2030年）》和《国家老龄产业发展规划（2013－2020）》，起草家庭养老支持政策规范性文件，形成探索建立长期护理保障制度对策建议。发布政策理论研究课题和调查研究工作指南，举办“中国老龄论坛”，召开全国老龄政策研究工作会议，评选、表彰全国老龄系统优秀调研成果并结集出版。协调有关部委继续研究推进老年宜居环境建设，制订发布建设指南，开展物业企业为老服务调研和课题研究，召开老年宜居环境建设和物业企业为老服务现场经验交流会。组织开展老龄信息化建设调研，联合有关部委，研究起草关于加强老龄信息化建设的意见。组织部分城市开展居家养老状况调查，为进一步完善居家养老服务体系提供决策依据。召开全国老龄政务信息会议，探索建立健全信息报送机制。

四、老龄法制建设。以新修订的老年法颁布实施为契机，进一步完善相关配套政策法规。修订《关于加强老年人优待工作的意见》。开展老年法普法宣传“六进”活动，完成老年法普法学习宣传的相关文件、资料的起草和编写，开展全面深入的宣传报道。召开第二次全国老年维权经验交流工作会议，指导、督促地方研究出台相关配套文件。召开老年法宣贯联合座谈会。在全国老龄委成员单位和老龄工作系统干部中开展老年维权工作教育培训。

五、基层老龄工作。开展全国基层老年协会规范化建设评估工作，提高基层老年协会规范化建设水平。进一步扩大基层老年协会的覆盖面，实施农村老年协会建设项目，对部分基层老年协会进行重点扶持。开展基层老年协会建设研究和建设培训工作。推进社区居家养老服务体系建设，继续开展社区为老服务信息化平台建设工作试点。加大“银龄行动”省内互援工作力度，推进老专家、老志愿者援助本省（区、市）内欠发达地区。开展“银龄行动”十周年庆祝活动，全面总结工作成绩，推广成熟经验。

六、老龄宣传和文化工作。开展第四个“敬老月”活动，动员更多社会力量参与敬老爱老助老行动。推动落实《全国老龄委关于开展“敬老文明号”创建活动的通知》，进行首轮“敬老文明号”评选表彰工作，扩大舆论宣传，培育典型，推广经验，提高“敬老文明号”的社会知名度和公众认知度。组织做好“两会”期间、“重阳节”前后的新闻宣传，继续开展全国老龄新闻宣传好作品评选工作。推动落实《关于进一步加强老年文化建设的意见》，正确引导各地开展各类老年文体活动。继续办好“红叶风采”文艺晚会、第二届全国老年人体育健身大会的相关组织工作。

七、国际交流和合作。积极参与联合国关于国际老龄问题行动计划的全球评估活动。做好2014年国际助老会地区会议的报批和筹备工作。继续开展与联合国人口基金、儿童基金项目合作工作。会同有关部门，筹备举办首届“中国国际老龄产业博览会”。严格执行年度参加国际会议、老龄工作干部出国培训计划。做好与澳门的双向学习交流工作。完善和落实项目管理制度，做好合作项目管理工作。加强与已加入的国际组织的联系和沟通，坚持我国的立场和主张，宣传老龄事业成就，扩大我国在国际老龄领域的影响。

八、党建工作和干部队伍建设。深入学习贯彻落实十八大精神，组织开展好相关党建活动。积极开展直属机关党群工作，加强政治思想工作。进一步做好工青妇工作及老干部工作。开展老龄系统干部培训，加强干部队伍建设。深入开展党风廉政建设和反腐败工作。

关于开展2013年全国“十大老龄新闻”和“老龄新闻宣传好作品”评选活动的通知

全国老龄办发〔2013〕84号

各省、自治区、直辖市及计划单列市老龄工作委员会办公室、新闻工作者协会，新疆生产建设兵团老龄工作委员会办公室、新闻工作者协会，全国老龄委各成员单位：

今年是贯彻《中国老龄事业发展“十二五”规划》的承上启下之年，是新修订的老年法实施之年，是国务院《关于加快发展养老服务业的若干意见》颁布之年，全国老龄委也首次表彰了全国“敬老文明号”先进集体。在这样的大背景下，为进一步加强老龄宣传工作，创新宣传形式，丰富宣传内容，努力营造老龄事业发展的良好社会环境，全国老龄工作委员会办公室、中华全国新闻工作者协会决定联合开展

2013年度全国“十大老龄新闻”和“老龄新闻宣传好作品”评选活动。现将有关事项通知如下：

一、指导思想

评选活动要坚持正确的政治方向和舆论导向，按照党的十八提出的“加速发展老龄服务业和产业”的总要求，全面贯彻“党政主导、社会参与、全民关怀”的老龄工作方针，通过重大新闻事件、好新闻作品的评选，树立典型，表彰先进，提升老龄工作的宣传水平，增强宣传效果，扩大老龄工作的社会影响力，促进社会和谐和老龄事业的发展。

二、评选标准

（一）2013年度全国“十大老龄新闻”评选标准。1.本年度发生的与老年人、老龄工作和老龄事业有关的引人注目的重要的新闻事件；2.对老龄工作和老龄事业发展有重要的推动作用或开拓意义；3.在新闻媒体及公众中具有足够的社会关注度。

（二）2013年度全国“老龄新闻宣传好作品”评选标准。1.本年度新闻媒体刊登的与老年人、老龄工作和老龄事业有关的新闻作品；2.作品导向正确、内容深刻、形式新颖，具有较强的教育作用和感召力；3.为社会公众或老年人所喜爱，读者印象深，读看率高。

三、评选方式

根据评选标准，由全国老龄委各成员单位，各省、自治区、直辖市及计划单列市老龄办，新疆生产建设兵团老龄办，有关社会团体、老年群众组织和新闻媒体组织推荐候选新闻事件和新闻作品；由评选活动办公室组织有关方面的人员和专家，组成评选委员会评选出“十大老龄新闻”和“老龄新闻宣传好作品”。评选结果在新闻媒体公布。

四、组织领导

本次评选活动由全国老龄办和中国记协共同主办，中国老年报社承办。

（一）评选活动领导小组

组　长：陈传书（全国老龄办党组书记、常务副主任）

顾勇华（中国记协书记处书记）

副组长：吴玉韶（全国老龄办副主任）

王保华（中国记协办公厅主任）

（二）领导小组办公室

主　任：刁海峰（全国老龄办宣传部主任）

副主任：李耀东（中国老年报社总编辑兼社长）

五、具体要求

（一）各地老龄办、记协要把这次评选活动作为加强老龄宣传工作的重要方式，高度重视，精心组织，周密安排，及时把重大新闻事件和好新闻作品推荐上来，确保评选活动的顺利开展。

（二）坚持面向基层，面向基层新闻工作者，评选活动要与新闻单位“走转改”成果相结合，注意推荐来自基层的鲜活的一线新闻作品。

（三）各地要以此次评选活动为契机，结合自己的实际情况，大力开展有关老龄新闻事件的宣传，扩大社会影响，营造尊老、敬老良好的社会氛围，进一步促进老龄工作的开展。

（四）报送推荐候选新闻事件发生时间和新闻作品发表的截止时间为2013年12月31日，新闻事件和新闻作品接收截止时间为2014年1月15日，评选结果将于2014年2月公布。

六、联系方式

联系人及电话：王　品　010－58122101

张　岩　010－58122308（传真）

13683516374

张树柏　010－58122330（传真）

13366787710

电子信箱：zglnblbx@163.com

通讯地址：北京市朝阳区东大桥斜街4号兴华公寓综合楼

中国老年报社（邮编：100020）

全国老龄办　中国记协

二〇一三年十月三十日

关于进一步加强老年人优待工作的意见

全国老龄办发〔2013〕97号

各省、自治区、直辖市及新疆生产建设兵团老龄工作委员会办公室、高级人民法院、党委宣传部、发展改革委、科技厅（委、局）、公安厅（局）、民政厅（局）、司法厅（局）、财政厅（局）、人力资源社会保障厅（局）、住房城乡建设厅（委、局）、交通厅（委、局）、农业厅（局、委）、商务主管部门、文化厅（局）、卫生计生委（卫生厅、局、人口计生委）、新闻出版局、广电局、体育局（委）、林业厅（局）、旅游局（委）、铁路局、民航管理局、文物局、总工会：

老年人优待是政府和社会在做好公民社会保障和基本公共服务的基础上，在医、食、住、用、行、娱等方面，积极为老年人提供的各种形式的经济补贴、优先优惠和便利服务。做好老年人优待工作，是增进老年人福祉的重要举措，也是社会文明进步的重要标志。根据新修订的《中华人民共和国老年人权益保障法》和《中共中央、国务院关于加强老龄工作的决定》的有关规定，现就进一步加强老年人优待工作，提出以下意见。

一、总体要求

（一）指导思想

以邓小平理论、“三个代表”重要思想、科学发展观为指导，立足我国基本国情和经济社会发展现状，针对老年人的特殊需求，积极完善优待政策法规体系，逐步拓展优待项目和范围、创新优待工作方式、提升优待水平，让老年人更好地共享经济社会发展成果，不断提升老年人生活质量。

（二）基本原则

——政府主导，社会参与。发挥政府在政策制定、督查检查、示范引领方面的主导作用，在社会保障、基本公共服务等方面积极为老年人提供优待，采取措施鼓励、引导社会力量参与优待工作。

——因地制宜，积极推进。根据经济社会发展实际，合理确定优待范围、优待对象和优待标准。积极推进优待工作，坚持积极稳妥、循序渐进，稳步提升。

——突出重点，适度普惠。从不同老年群体的实际需求出发，对各优待项目的服务对象进行细分，优先考虑高龄、失能等困难老年群体的特殊需要，逐步发展面向老年人的普惠性优待项目。

——统筹协调，和谐共融。统筹社会优待与社会保障、优待工作与老龄事业、物质帮助与精神关爱协调发展；统筹推进城乡老年人优待工作，加快发展农村老年人优待项目；统筹不同年龄群体的利益诉求，促进代际共融与社会和谐。

（三）主要目标

2015年，实现县级以上地方人民政府全面建立健全老年人优待政策，社会敬老氛围更加浓厚，各项优待规定得到有效落实；2020年，实现优待工作管理进一步规范，优待项目进一步拓展，优待水平进一步提升，老年人过上更加幸福的小康生活。

二、优待项目和范围

优待的基本对象为60周岁以上的老年人。各地可因地制宜，在本意见基础上合理确定优待对象和优待标准，率先在卫生保健、交通出行、商业服务、文体休闲等方面，对常住本行政区域内的老年人给予同等优待，并根据本地实际情况，逐步拓展同等优待范围。

（一）政务服务优待

1. 各地在落实和完善社会保障制度和公共服务政策时，应对老年人予以适度倾斜。

2. 鼓励地方建立80周岁以上低收入老年人高龄津贴制度。

3. 政府投资兴办的养老机构，要在保障“三无”老年人、“五保”老年人服务需求的基础上，优先照顾经济困难的孤寡、失能、高龄老年人。

4. 各地对经济困难的老年人要逐步给予养老服务补贴。对生活长期不能自理、经济困难的老年人，要根据其失能程度等情况给予护理补贴。

5. 各地在实施廉租住房、公共租赁住房等住房保障制度时，要照顾符合条件的老年人，优先配租配售保障性住房；进行危旧房屋改造时，优先帮助符合条件的老年人进行危房改造。

6. 政府有关部门要为老年人及时、便利地领取养老金、结算医疗费和享受其他物质帮助，创造条件，提供便利。鼓励和引导公共服务机构、社会志愿服务组织优先为老年人提供服务。

7. 政府有关部门在办理房屋权属关系变更等涉及老年人权益的重大事项时，应依法优先办理，并就办理事项是否为老年人的真实意愿进行询问，有代理人的要严格审查代理资格。

8. 免除农村老年人兴办公益事业的筹劳任务。经农村集体经济组织全体成员同意，将未承包的集体所有的部分土地、山林、水面、滩涂等作为养老基地，收益供老年人养老，纳入国家和地方湿地保护体系及其自然保护区的重要湿地除外。

9. 政府有关部门要完善老年人社会参与方面的支持政策，充分发挥老年人参与社会发展的积极性和创造性。

10. 对有老年人去世的城乡生活困难家庭，减免其基本殡葬服务费用，或者为其提供基本殡葬服务补贴。对有老年人去世的家庭，选择生态安葬方式的，或者在土葬改革区自愿实行火葬的，要给予补贴或奖励。

（二）卫生保健优待

11. 医疗卫生机构要优先为辖区内65周岁以上常住老年人免费建立健康档案，每年至少提供1次免费体格检查和健康指导，开展健康管理服务。定期对老年人进行健康状况评估，及时发现健康风险因素，促进老年疾病早发现、早诊断、早治疗。积极开展老年疾病防控的知识宣传，开展老年慢性病和老年期精神障碍的预防控制工作。为行动不便的老年人提供上门服务。

12. 鼓励设立老年病医院，加强老年护理院、老年康复医院建设，有条件的二级以上综合医院应设立老年病科。

13. 医疗卫生机构应为老年人就医提供方便和优先优惠服务。通过完善挂号、诊疗系统管理，开设专用窗口或快速通道、提供导医服务等方式，为老年人特别是高龄、重病、失能老年人挂号（退换号）、就诊、转诊、综合诊疗提供便利条件。

14. 鼓励各地医疗机构减免老年人普通门诊挂号费和贫困老年人诊疗费。提倡为老年人义诊。

15. 倡导医疗卫生机构与养老机构之间建立业务协作机制，开通预约就诊绿色通道，协同做好老年人慢性病管理和康复护理，加快推进面向养老机构的远程医疗服务试点，为老年人提供便捷、优先、优惠的医疗服务。

16. 支持符合条件的养老机构内设医疗机构，申请纳入城镇职工（居民）基本医疗保险和新型农村合作医疗定点范围。

（三）交通出行优待

17. 城市公共交通、公路、铁路、水路和航空客运，要为老年人提供便利服务。

18. 交通场所和站点应设置老年人优先标志，设立等候专区，根据需要配备升降电梯、无障碍通道、无障碍洗手间等设施。对于无人陪同、行动不便的老年人给予特别关照。

19. 城市公共交通工具应为老年人提供票价优惠，鼓励对65周岁以上老年人实行免费，有条件的地方可逐步覆盖全体老年人。各地可根据实际情况制定具体的优惠办法，对落实老年优待任务的公交企业要给予相应经济补偿。

20. 倡导老年人投保意外伤害保险，保险公司对参保老年人应给予保险费、保险金额等方面的优惠。

21. 公共交通工具要设立不低于坐席数10%的“老幼病残孕”专座。铁路部门要为列车配备无障碍车厢和座位，对有特殊需要的老年人订票和选座位提供便利服务。

22. 严格执行《无障碍环境建设条例》《社区老年人日间照料中心建设标准》和《养老设施建筑设计规范》等建设标准，重点做好居住区、城市道路、商业网点、文化体育场馆、旅游景点等场所的无障碍设施建设，优先推进坡道、电梯等与老年人日常生活密切相关的公共设施改造，适当配备老年人出行辅助器具，为老年人提供安全、便利、舒适的生活和出行环境。

23. 公厕应配备便于老年人使用的无障碍设施，并对老年人实行免费。

（四）商业服务优待

24. 各地要根据老年人口规模和消费需求，合理布局商业网点，有条件的商场、超市设立老年用品专柜。

25. 商业饮食服务网点、日常生活用品经销单位，以及水、电、暖气、燃气、通讯、电信、邮政等服务行业和网点，要为老年人提供优先、便利和优惠服务。

26. 金融机构应为老年人办理业务提供便捷服务，设置老年人取款优先窗口，并提供导银服务，对有特殊困难、行动不便的老年人提供特需服务或上门服务。鼓励对养老金客户实施减费让利，对异地领取养老金的客户减免手续费。对办理转账、汇款业务或购买金融产品的老年人，应提示相应风险。

（五）文体休闲优待

27. 各级各类博物馆、美术馆、科技馆、纪念馆、公共图书馆、文化馆等公共文化服务设施，向老年人免费开放。减免老年人参观文物建筑及遗址类博物馆的门票。

28. 公共文化体育部门应对老年人优惠开放，免费为老年人提供影视放映、文艺演出、体育赛事、图片展览、科技宣传等公益性流动文化体育服务。关注农村老年人文化体育需求，适当安排面向农村老年人的专题专场公益性文化体育服务。

29. 公共文化体育场所应为老年人健身活动提供方便和优惠服务，安排一定时段向老年人减免费用开放，有条件的可适当增加面向老年人的特色文化体育服务项目。提倡体育机构每年为老年人进行体质测定，为老年人体育健身提供咨询、服务和指导，提高老年人科学健身水平。

30. 提倡经营性文化体育单位对老年人提供优待。鼓励影剧院、体育场馆为老年人提供优惠票价，为老年文艺体育团体优惠提供场地。

31. 公园、旅游景点应对老年人实行门票减免，鼓励景区内的观光车、缆车等代步工具对老年人给予优惠。

32. 老年活动场所、老年教育资源要对城乡老年人公平开放，公共教育资源应为老年人学习提供指导和帮助。贫困老年人进入老年大学（学校）学习的，给予学费减免。

（六）维权服务优待

33. 各级人民法院对侵犯老年人合法权益的案件，要依法及时立案受理、及时审判和执行。

34. 司法机关应开通电话和网络服务、上门服务等形式，为高龄、失能等行动不便的老年人报案、参与诉讼等提供便利。

35. 老年人因其合法权益受到侵害提起诉讼，需要律师帮助但无力支付律师费用的，可依法获得法律援助。对老年人提出的法律援助申请，要简化程序，优先受理、优先审查和指派。各地可根据经济社会发展水平，适度放宽老年人经济困难标准，将更多与老年人权益保护密切相关的事项纳入法律援助补充事项范围，扩大老年人法律援助覆盖面。

36. 要健全完善老年人法律援助体系，不断拓展老年人申请法律援助的渠道，科学设置基层法律援助站点，简化程序和手续，为老年人就近申请和获得法律援助提供便利条件。

37. 老年人因追索赡养费、扶养费、养老金、退休金、抚恤金、医疗费、劳动报酬、人身伤害事故赔偿金等提起诉讼，交纳诉讼费确有困难的，可以申请司法救助，缓交、减交或者免交诉讼费。因情况紧急需要先予执行的，可依法裁定先予执行。

38. 鼓励律师事务所、公证处、司法鉴定机构、基层法律服务所等法律服务机构，为经济困难的老年人提供免费或优惠服务。

三、组织实施

（一）切实加强领导。各地要高度重视老年人优待工作，健全政府主导、老龄委组织协调、相关部门各司其职、企事业单位和社会团体以及志愿者积极参与的工作体制和运行机制。要保障老年人优待工作经费，进一步落实各项财税优惠政策，调动社会力量积极参与。加强对老年人优待工作年度目标责任考核，确保责任到位、任务落实。县级以上地方人民政府和相关部门要结合实际制定老年人优待政策和具体实施办法。

（二）协力推进实施。优待老年人是全社会的共同责任。国家机关、社会团体、企事业单位和其他组织，都要履行为老年人提供优待的职责义务，积极为老年人提供优待服务。各级涉老主管单位要规范服务，加强管理，督促各优待服务场所、设施和窗口设置优待标识，公布优待内容。有关部门要加强尊老敬老思想教育和道德宣传、老年维权法制教育活动，增强社会成员优待老年人的自觉性，提高老年人自我维权意识和能力。深入推进“敬老爱老助老”主题教育、“敬老文明号”和“老年人维权示范岗”活动，在全社会弘扬孝亲敬老传统美德，进一步营造尊重老年人的社会氛围。

（三）监督检查落实。各级老龄工作委员会负责老年人优待工作的组织协调和监督指导，各级老龄工作委员会办公室承担老年人优待工作的日常事务管理，要会同有关部门定期开展监督检查。要进一步发挥行政监督和社会监督的作用，建立健全信息反馈和监督机制，设立服务和监督热线，依法妥善解决好举报和投诉问题，对老年人优待工作中反映强烈的突出问题，要尽早发现、及时解决。对不按规定履行优待老年人义务的，由有关主管部门责令改正。

全国老龄办　最高人民法院　中央宣传部

国家发展改革委　科技部　公安部

人力资源社会保障部　住房城乡建设部　交通运输部

农业部　商务部　文化部

国家卫生计生委　新闻出版广电总局 体育总局

国家林业局　国家旅游局　国家铁路局

中国民航局　国家文物局　全国总工会

二〇一三年十二月三十日

住房城乡建设部等部门
关于开展创建无障碍环境市县工作的通知

建标〔2013〕37号

各省、自治区住房城乡建设厅、直辖市建委（规划委、市政管委）、经济信息化委员会（工业信息化委员会、工业信息化厅、经委、经贸委）、通信管理局、民政厅（局）、残联、老龄办，新疆生产建设兵团建设局、工业和信息化委、民政局、残联，黑龙江农垦总局残联：

“十一五”以来，我国无障碍环境建设成效显著。无障碍环境建设法律法规、标准、组织管理体系基本建立，城市无障碍环境建设水平显著提高，残疾人、老年人等群体参与社会生活的环境更加便利。城市无障碍环境建设对促进社会文明进步发挥了积极作用。

2012年国务院颁布了《无障碍环境建设条例》，为我国依法全面、系统开展无障碍环境建设，提高城乡现代化建设水平，维护残疾人权益，促进社会文明进步提供了法制保障。深入开展城乡无障碍环境建设，是落实科学发展观、构建社会主义和谐社会的必然要求，是城乡经济社会发展、保障改善民生和社会主义新农村建设的重要内容，对促进社会文明进步具有重要意义。

根据国务院批转的《中国残疾人事业“十二五”发展纲要》和住房城乡建设部等部门《关于印发〈无障碍建设“十二五”实施方案〉的通知》要求，住房城乡建设部、工业和信息化部、民政部、中国残联、全国老龄办决定组织开展无障碍环境市、县创建工作。

各省级住房城乡建设、工业和信息化、民政、残联、老龄等部门，要共同组织指导本行政区域内的市、县全面开展无障碍环境建设，加强人员培训和监督检查。指导市、县认真贯彻落实《无障碍环境建设条例》和《无障碍建设“十二五”实施方案》，将无障碍环境建设纳入城乡规划和新农村建设规划，逐步开展乡（镇）、村庄的无障碍环境建设，建立健全无障碍环境建设长效工作机制。指导市、县住房城乡建设、工业和信息化、民政、残联、老龄等部门密切合作，认真组织实施《创建无障碍环境市工作标准》（附件1）和《创建无障碍环境县工作标准》（附件2）。

住房城乡建设部、工业和信息化部、民政部、中国残联、全国老龄办将按照有关规定和创建工作标准，于2015年对各地无障碍环境建设工作情况进行检查评估，并对无障碍环境建设成绩突出的市、县予以表彰。

附件：1. 创建无障碍环境市工作标准

2. 创建无障碍环境县工作标准

住房城乡建设部

工业和信息化部

民政部

中国残疾人联合会

全国老龄工作委员会办公室

二〇一三年二月二十八日

附件1

创建无障碍环境市工作标准

一、目的

为进一步贯彻落实《无障碍环境建设条例》和《无障碍建设“十二五”实施方案》，明确创建无障碍环境市的基本要求和项目指标，为各省级有关部门组织无障碍环境市的创建提供指导，制定本工作标准。通过全面推进无障碍环境建设，为残疾人、老年人等全社会成员创造良好的无障碍环境。

二、适用范围

本标准所称市指设区的市，不含县级市。规定指标为创建无障碍环境市的基本工作要求，各地应根据本地经济社会发展状况，努力提高改造比例和建设内涵，丰富改造内容，并逐步开展乡（镇）、村庄的无障碍环境建设。

三、组织管理

（一）成立由市政府有关领导牵头，住房城乡建设、工业和信息化、民政、交通运输、铁道、财政、发展改革、民航、公安、教育、宣传、广电、旅游、商务、银行、卫生、残联、老龄等部门参加的无障碍环境建设领导小组，建立各司其职、协调配合的工作机制，在无障碍环境建设中切实发挥组织、协调作用。

（二）制定无障碍环境建设的地方性法规或规章。

（三）组织编制无障碍环境建设发展规划，并将该规划纳入当地国民经济和社会发展规划以及城乡规划。将无障碍环境建设经费和工作经费纳入财政预算，多渠道筹措资金。

（四）住房城乡建设主管部门要切实采取措施，确保新建的道路和建筑物在规划、设计、施工、验收及监理等各个环节严格执行《无障碍设计规范》（GB50763）、《老年人居住建筑设计标准》（GB/T50340）。凡进行扩建、改建的道路和建筑物，应同步进行无障碍改造，且应保证使用功能的系统性和连贯性。

工业和信息化、广电等部门，应采取措施推进无障碍信息交流建设。

铁道、交通运输、民航、公安、教育、旅游、卫生、邮政、电信、金融部门应按照《铁路旅客车站无障碍设计规范》（TB10083）、《民用机场旅客航站区无障碍设施设备配置标准》（MH5062）、《特殊教育学校建筑设计规范》（JGJ76）等标准规范和相关规定，切实推进相关无障碍设施建设。

宣传部门应组织有关媒体，做好无障碍环境建设宣传报道，创造良好的无障碍社会舆论氛围。

民政部门、残疾人联合会和老龄工作委员会办公室应积极向政府、有关部门、有关方面反映残疾人、老年人等群体的无障碍需求，对城市无障碍设施建设、管理、使用提出意见，配合住房城乡建设行政主管部门等做好《无障碍设计规范》《老年人居住建筑设计标准》的宣传、培训、贯彻、监督检查等工作。同时应切实抓好本部门老年人福利设施，残疾人综合服务设施的无障碍设施建设和改造工作，发挥示范作用。

（五）制定既有道路和建筑物无障碍设施改造计划，并组织实施。

（六）已经建成的无障碍设施应加强管理和维护，并确保使用情况良好。有关行政主管部门应加强对无障碍设施的监督管理，对侵占、破坏无障碍设施的行为依法处罚。

（七）建立有效社会监督机制，发挥新闻媒体、人大代表、政协委员、残疾人、老年人等社会群体的监督作用，对无障碍环境建设和管理进行监督。

（八）组织开展对相关技术和管理人员的培训，提高相关技术和管理人员执行无障碍相关标准规范的自觉性和能力。

（九）有关建设设计单位的专家组成无障碍环境建设技术指导组，承担无障碍环境建设的规划、施工、改造和特别环境的技术指导和服务。

（十）组织开展无障碍宣传工作，制作播出无障碍公益广告、宣传片、专题片、印发宣传资料，提高公众的无障碍意识，教育公众维护、爱护无障碍设施，形成无障碍环境建设的良好社会氛围。

四、道路无障碍环境建设和改造

1. 缘石坡道

（1）城市各区进行新建、扩建和改建道路的人行道，在各种路口、各种出入口及人行横道等处缘石坡道设置率应达100%，缘石坡道应尽量采用全宽式单面坡缘石坡道，并符合《无障碍设计规范》的要求。

（2）城市人行道及人行横道各种路口坡化改造率（含新建率）应不低于80%，且布局合理。

2. 盲道

城市各区的中心位置新建、扩建和改建的主干道及主要商业街、步行街等处的人行道应设置盲道，道路周边场所、城市绿地和重点公共建筑的主要出入口应设置提示盲道，并与道路上人行道的盲道相衔接，严格控制行进盲道实施范围，并符合《无障碍设计规范》的要求。

3. 其他设施

（1）新建、扩建和改建城市道路主要位置的人行横道应设过街音响提示装置，人行横道的安全岛应能使轮椅通行。城市主要道路人行天桥和人行地道应设安全梯道、轮椅坡道或无障碍电梯，并设置无障碍标志牌。

（2）已建城市中心区道路主要位置的人行横道应根据实际使用需要，增设过街音响提示装置。人行横道的安全岛应修建轮椅通道。城市主要道路人行天桥和人行地道，宜增设安全梯道、轮椅坡道或无障碍电梯，并设置无障碍标志牌。

五、公共建筑设施无障碍环境建设与改造

1. 新建、扩建和改建的办公科研司法建筑、教育建筑、医疗康复建筑、体育建筑、文化观演纪念建筑、商业服务建筑、城市广场、城市绿地、汽车加油加气站、高速公路服务区、室外公共厕所等各类公共建筑无障碍设施建设率应达100%，并符合《无障碍设计规范》的要求。

2. 对已经建成的各类公共建筑的服务设施应进行相应的无障碍改造，其中：

（1）政府办公建筑、综合（专科）医院、城市广场、城市绿地、大中型商场、汽车加油加气站、高速公路服务区无障碍改造率应不低于70%，且布局合理。

改造主要内容为：建筑物出入口坡化处理，设置无障碍通道、无障碍楼梯、无障碍电梯、无障碍厕所及无障碍厕位，停车场设置无障碍停车位，在显著醒目位置设无障碍标志，大型场所设置无障碍行进路线图，医院、公园等公共服务建筑同时要设低位服务设施。

(2) 饭店、宾馆、邮政、电信、银行、室外公共厕所无障碍改造率应不低于60%，且布局合理。

改造主要内容为：建筑物出入口坡化处理，设置无障碍通道、无障碍楼梯、无障碍电梯、无障碍厕所及无障碍厕位，停车场设置无障碍停车位，在显著醒目位置设无障碍标志，大型场所设置无障碍行进路线图，邮政、电信、银行等公共服务建筑同时要设低位服务设施，宾馆、饭店同时要有一定数量的无障碍客房。

(3) 文化馆、图书馆、科技馆、展览馆、博物馆、纪念馆、影剧院、音乐厅、体育场馆无障碍改造率应不低于60%，且布局合理。

改造主要内容为：建筑物出入口坡化处理，设置无障碍通道、无障碍楼梯、无障碍电梯、无障碍厕所及无障碍厕位，停车场设置无障碍停车位，在显著醒目位置设无障碍标志，大型场所设置无障碍行进路线图，文化观演建筑、体育建筑同时要设低位服务设施和轮椅席位。

(4) 中小学，托幼建筑无障碍改造率应不低于40%，且布局合理。

改造主要内容为：建筑物出入口坡化处理，设置无障碍通道、无障碍楼梯、无障碍电梯、无障碍厕所及无障碍厕位，停车场设置无障碍停车位，在显著醒目位置设无障碍标志。

高等院校改造内容参照其他公共建筑和居住建筑改造内容进行。

六、公共交通设施无障碍环境建设与改造

1. 城市新建、扩建和改建轨道交通、民用机场、铁路旅客车站、汽车站、客运码头应实现无障碍化，并应符合《无障碍设计规范》《铁路旅客车站无障碍设计规范》《民用机场旅客航站区无障碍设施设备配置标准》等技术要求。

2. 已建轨道交通、民用机场、铁路旅客车站、汽车站，客运码头应进行无障碍改造。

主要改造内容为：出入口坡化处理，设置无障碍通道、无障碍楼梯、无障碍电梯、无障碍厕所及无障碍厕位，同时要设低位服务设施，铁路旅客站台、轨道交通站台及公交车站等候区设行进盲道和提示盲道，主要公交车站设置盲道和盲文站牌，大型场所设置无障碍行进路线图、无障碍标志，机场有方便残疾人登机的升降装置，铁路旅客车站、长途汽车站、地铁、轻轨站台高度与车厢地板基本平齐，客运码头有方便残疾人登船的装置。

3. 飞机、地铁、轻轨车辆、铁路客车、公共汽车、电车、客轮等公共交通工具应适应残疾人的需要。

主要改造内容为：乘客入口水平通道及轮椅席位。

七、福利及特殊服务建筑无障碍环境建设与改造

1. 新建、扩建和改建与残疾人日常生产、生活密切相关的特教学校、福利企业、康复中心、残疾人综合服务设施、残疾人福利机构、儿童福利机构、养老机构、老年人服务设施应实现无障碍化，并符合《无障碍设计规范》《特殊教育学校建筑设计规范》《老年人居住建筑设计标准》《残疾人综合服务设施建设标准》等技术要求。

2. 已建特教学校、福利企业、康复中心、残疾人综合服务设施、残疾人福利机构、儿童福利机构、养老机构、老年人服务设施应进行无障碍改造，改造率应达100%。

主要改造内容为：出入口坡化处理，设置无障碍通道、无障碍楼梯、无障碍电梯、无障碍厕所及无障碍厕位、低位服务设施，室内外主要位置地面铺设行进盲道和提示盲道。

3. 逐步对残疾人，老年人家庭进行无障碍环境建设和改造。

主要改造内容为：地面平整及坡化、设置低位灶台（盲人家庭灶台有煤气泄漏报警装置）、房门改造、坐便器改造，安装卫生间热水器、扶手（洗手池扶手、坐便器扶手、淋浴扶手）、浴凳及改善残疾人、老年人家居卫生条件的其他设施。

八、公共停车场（库）无障碍环境建设与改造

1. 新建、扩建和改建公共停车场（库）无障碍设施建设率应达100%，并符合《无障碍设计规范》的要求。

2. 已建公共停车场（库）改造率应不低于60%，且布局合理。

九、居住小区、居住建筑无障碍设施建设与改造

1. 新建、扩建和改建居住小区、居住建筑无障碍设施建设率应达100%，并符合《无障碍设计规范》的要求。

2. 已建居住小区改造率应不低于50%，且布局合理。

主要改造内容为：小区内人行道、公共绿地、公共服务设施、无障碍停车位。

3. 已建高层和中高层住宅、公寓和宿舍建筑无障碍改造率应不低于60%，且布局合理。

主要改造内容为：居住建筑出入口坡化处理，无电梯的不作要求，有电梯的待更换电梯时再选用无障碍电梯，公寓、宿舍设无障碍公共卫生间。

十、信息交流无障碍环境建设

1. 政府应将无障碍信息交流建设纳入信息化建设规划。

2. 政府及其有关部门发布重要政府信息和与残疾人相关的信息，应创造条件为残疾人提供语音和文字提示等信息交流服务。

3. 政府设立的电视台在播出电视节目时应配备字幕，每周应播放至少一次配播手语的新闻节目。公开出版发行的影视类录像制品应配备字幕。

4. 政府设立的公共图书馆应开设视力残疾人阅览室，提供盲文读物、有声读物。

5. 残疾人组织网站、政府网站、政府公益活动网站应达到无障碍网站设计标准。

6. 公共服务机构和公共场所应为残疾人提供语音和文字提示、手语、盲文等信息交流服务。

附件2

创建无障碍环境县工作标准

一、目的

为进一步贯彻落实《无障碍环境建设条例》和《无障碍建设“十二五”实施方案》，明确创建无障碍环境县的基本要求和项目指标，为各省级有关部门组织无障碍环境县的创建提供指导，制定本工作标准。通过全面推进无障碍环境建设，为残疾人、老年人等全社会成员创造良好的无障碍环境。

二、适用范围

本标准所称县指县城，含县级市。规定指标为创建无障碍环境县的基本工作要求，各地应切实将无障碍环境建设纳入城镇、新农村建设规划，同步规划实施，根据本地经济社会发展状况，努力提高改造比例和建设内涵，丰富改造内容。

三、组织管理

（一）成立由县政府有关领导牵头，住房城乡建设、工业和信息化、民政、交通运输、铁道、财政、发展改革、文化、广电、残联、老龄等部门参加的无障碍环境建设领导小组，建立各司其职、协调配合的工作机制，在无障碍环境建设中切实发挥组织、协调作用。

（二）制定无障碍环境建设的规范性文件。

（三）组织编制无障碍环境建设发展规划，并将该规划纳入当地国民经济和社会发展规划以及城乡规划。将无障碍环境建设经费和工作经费纳入财政预算，多渠道筹措资金。

（四）住房城乡建设主管部门要切实采取措施，确保新建的道路和建筑物在规划、设计、施工、验收及监理等各个环节严格执行《无障碍设计规范》（GB50763）、《老年人居住建筑设计标准》（GB/T50340）。凡进行扩建、改建的道路和建筑物，应同步进行无障碍改造，且应保证使用功能的系统性和连贯性。

工业和信息化、广电等部门，采取措施推进无障碍信息交流建设。

铁道、交通运输等各有关部门应按照《铁路旅客车站无障碍设计规范》（TB10083)、《民用机场旅客航站区无障碍设施设备配置标准》（MH5062)、《特殊教育学校建筑设计规范》（JGJ76）等标准规范和相关规定，切实推进相关无障碍设施建设。

宣传部门应组织有关媒体，做好无障碍环境建设宣传报道，创造良好的无障碍社会舆论氛围。

民政部门、残疾人联合会和老龄工作委员会办公室应积极向政府、有关部门、有关方面反映残疾人、老年人等群体的无障碍需求，对城市无障碍设施建设、管理、使用提出意见，配合住房城乡建设行政主管部门等做好《无障碍设计规范》《老年人居住建筑设计标准》的宣传、培训、贯彻、监督检查等工作。同时应切实抓好本部门老年人福利设施、残疾人综合服务设施的无障碍设施建设和改造工作，发挥示范作用。

（五）制定既有道路和建筑物无障碍设施改造计划，并组织实施。

（六）已经建成的无障碍设施应加强管理和维护，并确保使用情况良好。有关行政主管部门应加强对无障碍设施的监督管理，对侵占、破坏无障碍设施的行为依法处罚。

（七）建立有效社会监督机制，发挥新闻媒体、人大代表、政协委员、残疾人、老年人等社会群体的监督作用，对无障碍环境建设和管理进行监督。

（八）组织开展对相关技术和管理人员的培训，提高相关技术和管理人员执行无障碍相关标准规范的自觉性和能力。

（九）组织开展无障碍宣传工作，制作播出无障碍公益广告、宣传片、专题片、印发宣传资料，提高公众的无障碍意识，教育公众维护、爱护无障碍设施，形成无障碍环境建设的良好社会氛围。

四、道路无障碍环境建设和改造

1. 缘石坡道

（1）县城新建、扩建和改建道路的人行道，在各种路口、各种出入口及人行横道等处缘石坡道设置率应达100%，缘石坡道应尽量采用全宽式单面坡缘石坡道，并符合《无障碍设计规范》的要求。

（2）县城人行道及人行横道各种路口坡化改造率（含新建率）应不低于60%，且布局合理。

2. 盲道

县城中心位置新建、扩建和改建的主干道及主要商业街、步行街等处的人行道应设置盲道，道路周边场所、城市绿地和重点公共建筑的主要出入口应设置提示盲道，并与道路上人行道的盲道相衔接，严格控制行进盲道实施范围和宽度，并符合《无障碍设计规范》的要求。

3. 其他设施

（1）新建、扩建和改建城市道路人行横道的安全岛应能使轮椅通行。

（2）已建城市中心区道路人行横道的安全岛应修建轮椅通道。

五、公共建筑设施无障碍环境建设与改造

1. 进行新建、扩建和改建的办公科研司法建筑、教育建筑、医疗康复建筑、体育建筑、文化观演纪念建筑、商业服务建筑、城市广场、城市绿地、汽车加油加气站、高速公路服务区、室外公共厕所等各类公共建筑无障碍设施建设率应达100%，并符合《无障碍设计规范》的要求。

2. 对已经建成的各类公共建筑的服务设施应进行相应的无障碍改造，其中：

（1）政府办公建筑、综合（专科）医院、城市广场、城市绿地、大中型商场、汽车加油加气站、高速公路服务区无障碍改造率应不低于60%，且布局合理。

改造主要内容为：建筑物出入口坡化处理，设置无障碍通道、无障碍楼梯、无障碍电梯、无障碍厕所及无障碍厕位，停车场设置无障碍停车位，在显著醒目位置设无障碍标志，大型场所设置无障碍行进路线图，医院、公园等公共服务建筑同时要设低位服务设施。

（2）饭店、宾馆、邮政、电信、银行、室外公共厕所无障碍改造率应不低于50%，且布局合理。

改造主要内容为：建筑物出入口坡化处理，设置无障碍通道、无障碍楼梯、无障碍电梯、无障碍厕所及无障碍厕位，停车场设置无障碍停车位，在显著醒目位置设无障碍标志，大型场所设置无障碍行进路线图，邮政、电信、银行等公共服务建筑同时要设低位服务设施，宾馆和饭店同时要有一定数量的无障碍客房。

（3）文化馆、图书馆、科技馆、展览馆、博物馆、纪念馆、影剧院、音乐厅、体育场馆无障碍改造率应不低于50%，且布局合理。

改造主要内容为：建筑物出入口坡化处理，设置无障碍通道、无障碍楼梯、无障碍电梯、无障碍厕所及无障碍厕位，停车场设置无障碍停车位，在显著醒目位置设无障碍标志，大型场所设置无障碍行进路线图，文化观演建筑、体育建筑同时要设低位服务设置和轮椅席位。

六、公共交通设施无障碍环境建设与改造

1. 城市新建、扩建和改建汽车站、客运码头应实现无障碍化，符合《无障碍设计规范》的要求。

2. 已建汽车站和客运码头应进行无障碍改造。

主要改造内容为：出入口坡化处理，设置无障碍通道、无障碍厕所及无障碍厕位，同时要设低位服务设施，公交车站等候区设提示盲道，设置无障碍标志，客运码头有方便残疾人登船的装置。

3. 公共汽车、电车、客轮等公共交通工具应逐步适应残疾人的需要。

主要改造内容为：乘客入口水平通道及轮椅席位。

七、福利及特殊服务建筑无障碍环境建设与改造

1. 新建、扩建和改建与残疾人日常生产、生活密切相关的特教学校、福利企业、康复中心、残疾人综合服务设施、残疾人福利机构、儿童福利机构、养老机构、老年人服务设施应实现无障碍化，并符合《无障碍设计规范》《特殊教育学校建筑设计规范》《老年人居住建筑设计标准》《残疾人综合服务设施无障碍标准》等技术要求。

2. 已建特教学校、福利企业、康复中心、残疾人综合服务设施、残疾人福利机构、儿童福利机构、养老机构、老年人服务设施进行无障碍改造，改造率应达50%。

主要改造内容为：出入口坡化处理，设置无障碍通道、无障碍楼梯、无障碍电梯、无障碍厕所及无障碍厕位、低位服务设施，室内外主要位置地面铺设行进盲道和提示盲道。

3. 逐步对残疾人，老年人家庭进行无障碍环境建设和改造。

主要改造内容为：

地面平整及坡化、设置低位灶台（盲人家庭灶台有煤气泄漏报警装置）、房门改造、坐便器改造，安装卫生间热水器、扶手（洗手池扶手、坐便器扶手、淋浴扶手）、浴凳及改善残疾人、老年人家居卫生条件的其他设施。

八、居住小区、居住建筑无障碍设施建设与改造

1. 新建、扩建和改建居住小区、居住建筑无障碍设施建设率应达 100％，并符合《无障碍设计规范》的要求。

2. 已建居住小区逐步进行改造。

主要改造内容为：小区内人行道、公共绿地、公共服务设施、无障碍停车位。

九、信息交流无障碍环境建设

1. 政府应将无障碍信息交流建设纳入信息化建设规划

2. 政府及其有关部门发布重要政府信息和与残疾人相关的信息，应创造条件为残疾人提供语音和文字提示等信息交流服务。

3. 政府设立的电视台逐步在播出电视节目时应配备字幕。公开出版发行的影视类录像制品应配备字幕。

4. 政府设立的公共图书馆应逐步开设视力残疾人阅览室或阅览区域，提供盲文读物、有声读物。

5. 残疾人组织网站应达到无障碍网站设计标准。政府网站、政府公益活动网站应逐步达到无障碍网站设计标准。

6. 公共服务机构和公共场所应为残疾人提供语音和文字提示、手语、盲文等信息交流服务。

十、乡镇、村庄无障碍环境建设

各县市应逐步推进乡镇、村庄无障碍环境建设，有条件的地方要开展试点，建立样板，探索乡镇、村庄无障碍环境建设的新模式、好经验。

北京市人民政府办公厅关于转发市老龄工作委员会办公室《北京市老年人社会保障和社会优待办法》的通知

京政办发〔2013〕30号

各区、县人民政府，市政府各委、办、局，各市属机构：

市老龄工作委员会办公室制订的《北京市老年人社会保障和社会优待办法》已经市政府同意，现转发给你们，请认真贯彻执行。

北京市人民政府办公厅

二〇一三年六月二十七日

北京市老年人社会保障和社会优待办法

市老龄工作委员会办公室

为进一步完善本市老年社会保障体系，促进老年人共享经济社会发展成果，提高老年人社会保障和社会优待水平，根据《中华人民共和国老年人权益保障法》，现就本市老年人社会保障和社会优待工作提出以下办法：

一、指导原则

加强老年人社会保障和社会优待工作，要坚持从老年人的需求出发，解决老年人的实际困难；坚持可持续发展，使老年人保障和优待水平与首都经济社会发展水平相适应；坚持政府主导、社会参与，政府在政策制定和公共资金投入上发挥主导作用，同时注重引导社会力量承担优待老年人的义务；坚持城乡统筹、分类实施，在优待对象上，分年龄、分层次优先考虑和保障特殊老年人群的需求；坚持社会福利适度普惠原则，既要照顾特殊的、困难的老年人群，也要考虑大多数老年人的需求。

二、社会保障内容

（一）建立高龄津贴制度，对本市户籍 90 至 99

周岁的老年人每月发给100元的高龄津贴，对本市户籍100周岁及以上老年人每月发给200元的高龄津贴。

（二）按照《北京市人民政府办公厅转发市民政局市残联关于北京市市民居家养老（助残）服务（“九养”）办法的通知》（京政办发〔2009〕104号）有关规定，建立居家养老（助残）服务制度，向本市户籍80周岁及以上的老年人每月发放100元养老（助残）券。

三、社会优待内容

本市户籍老年人和常住外埠老年人持北京市老年人优待卡或北京市老年人优待证享受以下相应的优待内容。

（一）65周岁及以上老年人免费乘坐市域内地面公交车。有条件的城市公交车站要设置无障碍等候专区，方便老年人乘车。城市公共交通车辆要设立不低于座席数10%的老幼病残孕专座。

（二）市、区（县）级政府投资主办或控股的公园、风景名胜等旅游景区对65周岁及以上老年人免收门票费（大型活动期间除外）。60至64周岁老年人以优惠价购买市属公园通用年票，每张50元。提倡社会组织投资主办或控股的公园、风景名胜等旅游景区对老年人给予适当优惠。

（三）市、区（县）级财政支持的各类博物馆（院）、美术科技和纪念场馆、烈士纪念建筑物、名人故居、公共图书馆等公益性文化设施向老年人免费开放。提倡非财政支持的公益性文化设施为老年人提供优惠服务。

（四）市、区（县）级财政支持的公共体育场馆为老年人健身活动提供优惠服务。

（五）各级文化馆（站、宫、活动中心、室）对老年人免费开放。各区县电影公益放映机构每月为驻区老年人免费放映一场电影。

（六）市、区（县）、街道（乡镇）社区服务中心和老年活动中心（站、室）对老年人提供优惠服务。市老年心理咨询热线“96156”为老年人提供免费心理咨询服务。

（七）大、中型医疗机构对老年人就医提供“六优先”（挂号、就诊、化验、检查、交费、取药优先）服务。

（八）社区卫生服务机构对老年人实行“三优先”（就诊、出诊、建立家庭病床优先）服务，实行社区卫生服务首诊制。每年为无社会养老保障的老年人免费提供一次体检服务。实行收支两条线管理的社区卫生服务机构对老年人免收普通门诊挂号费，免费建立健康档案，对享受城乡居民最低生活保障待遇和生活困难补助的老年人免收家庭病床查床费。

（九）公证处、基层法律服务所和其他社会法律服务机构，应优先为老年人提供减免费法律咨询。

四、其他事项

（一）本办法贯彻实施中的具体问题由北京市老龄工作委员会办公室负责解释。

（二）本办法自2013年7月1日起施行，《北京市人民政府办公厅转发市老龄工作委员会办公室关于加强老年人优待工作办法的通知》（京政办发〔2008〕47号）同时废止。

（三）关于老年人的其他社会保障和社会优待内容，由北京市老龄工作委员会办公室等单位另行研究制订。

北京市人民政府关于加快推进养老服务业发展的意见

京政发〔2013〕32号

各区、县人民政府，市政府各委、办、局，各市属机构：

加快发展养老服务业，是保障和改善民生的重大工程，是全面建成小康社会的客观要求，有利于满足老年人养老服务需求、保障老年人权益，有利于拉动内需、扩大就业、形成首都服务业发展新的增长点，有利于创新社会管理、维护首都社会和谐稳定、推进中国特色世界城市建设。随着人口老龄化进程的加快，本市已进入应对人口老龄化的关键时期。近年来，在各级党委、政府和社会各界的共同努力下，养老服务业发展呈现出良好势头，但总体上还处于起步阶段，存在服务供给不足、结构不合理、质量不高、社会力量参与不充分、扶持政策不健全等问题，亟待解放思想、深化改革、破除体制机制障碍。为深入贯彻落实《国务院关于加快发展养老服务业的若干意见》(国发〔2013〕35号)，加快推进本市养老服务业发展，现提出以下意见。

一、总体思路和发展目标

以邓小平理论、“三个代表”重要思想、科学发展观为指导，贯彻落实党的十八大报告提出的“积极应对人口老龄化，大力发展老龄服务事业和产业”要求，从市情出发，以不断满足老年人日益增长的养老服务需求作为出发点和落脚点，着力创新体制机制、激发社会活力，充分发挥政府的主导作用、社会的主体作用，健全养老服务体系，大力发展方便可及、价格合理的各类养老服务和产品，逐步满足多层次、多样化养老服务需求，使发展养老服务业成为积极应对人口老龄化、保障和改善民生的重要举措，成为扩大内需、增加就业、推动经济转型升级的重要力量。

到2020年，建立起以居家为基础、社区为依托、机构为支撑的，设施齐备、功能完善、布局合理的养老服务体系，实现养老服务与医疗康复、文化教育、家庭服务、旅游休闲、金融保险等相关领域互动发展，形成养老服务新业态；社会力量成为养老服务供给主体，养老服务业成为首都服务业重要组成部分，从业人员规模不断扩大；居家生活老年人得到养老服务的全面支持，社区养老服务设施覆盖所有城乡社区，机构养老床位达到16万张。

二、强化政府主导和引领作用

(一)统筹规划养老服务业发展。将养老服务业发展纳入国民经济和社会发展规划，列为服务业重点发展领域，制定和组织实施养老服务业发展专项规划，明确发展思路、发展目标、空间布局、设施建设、土地供应、重大项目、资金投入、政策保障，重点扶持以老年生活照料、老年产品用品、老年健康服务、老年文化教育、老年体育健身、老年休闲旅游、老年金融服务、老年宜居住宅等为主的养老服务业发展。

(二)建立基本养老服务制度。建立与首都经济社会发展水平相适应，以满足老年人基本服务需求为目标，提供基本生活照料、康复护理、精神慰藉、紧急救援、法律服务、社会参与等服务的基本养老服务制度，推进基本养老服务均等化。建立养老服务评估制度，对城市“三无”(无劳动能力，无生活来源，无赡养人和抚养人、或者其赡养人和抚养人确无赡养能力)人员和农村“五保”对象中的老年人实行政府供养，保障其基本养老服务需求；对低收入、失能、失独、高龄和特殊困难老年人，由政府给予相应的福利保障。探索建立长期医疗护理保险制度，减轻参保人将来养老时接受长期医疗护理服务的自付压力。

(三)完善养老公共服务设施。将各类养老服务设施建设用地纳入城镇土地利用总体规划和年度用地计划，合理安排用地需求，可将闲置的公益性用地调整为养老服务用地。规划建设适合老年人的生活服务、医疗卫生、文化体育等公共基础设施。对道路、楼宇等与老年人生活密切相关的公共基础设施实施无障碍改造。明确各级政府建设与管理责任，推进社区养老服务设施配置标准化。新建居住区要根据规划要求和建设标准，配套建设养老服务设施，列入土地出让合同，与住宅同步规划、同步建设、同步验收，由开发商移交给民政部门统一调配使用；老旧小区没有养老服务设施或现有设施不能满足需要的，要限期通过购置、置换、租赁等方式完成达标建设，养老服务设施不得挪作他用。农村地区养老服务设施要纳入农村公共服务设施统一规划、优先建设，依托行政村、较大自然村，充分利用农家大院、闲置校舍等建设托老所、老年活动站等互助性养老服务设施。完善社区为老服务，建设市、区(县)、街道(乡镇)和社区居家养老服务管理网络。支持和引导各类社会主体参与社区养老服务设施建设、运营和管理，各类具有为老年人服务功能的设施都要向老年人开放。

(四)推进政府办养老机构改革。政府举办的养老机构要实用适用，发挥托底保障作用，重点为城市“三无”人员和农村“五保”对象中的老年人、低收入老年人、经济困难的失能半失能老年人等提供基本的供养、护理服务。优化市、区(县)两级社会福利机构和养老机构资源，实现其示范引领、专业培训、功能试验、品牌输出作用。按照首都功能核心区、城市功能拓展区、城市发展新区以及生态涵养发展区分类，市级建设资金对区(县)政府投资建设的养老机构给予支持。政府支持改造街道(乡镇)养老机构设施设备，完善服务功能，提高运营效益，成为区域性养老服务中心。制定社会资本运营公有产权养老服务设施管理办法，政府办养老机构按照政事分开、管办分离原则，通过委托管理、合作经营等公建民营方式，实现社会化运营。

三、支持社会力量进入养老服务领域

(一)扶持居家和社区养老服务发展。制定运营补贴、收费减免等优惠政策，鼓励专业养老服务企业、家政企业、物业企业以及国家机关、企事业单位、社会组织等为居家老年人提供生活照料、家政服务、医疗康复、精神慰藉、紧急救助等服务；鼓励个人利用家庭资源就近就便开展为老服务。强化社区服务中心在居家养老服务管理中的引领作用，建设“96156小帮手”居家养老（助残）管理服务平台，使之成为支持居家养老服务、组织养老服务商进入家庭和社区的集成中心和运行枢纽。鼓励农村地区开展养老服务进村入户工作。制定社区托老所管理办法，确立社区托老所的设置标准、职责功能等制度规范，社区托老所按照民办非企业或工商登记的相关规定进行登记；社会资本可以利用居民住宅举办社区托老所。全托型社区托老所享受社会资本投资建设养老机构运营补贴，日托型社区托老所、家庭护理床位按相关规定享受运营补贴。在建设、分配廉租住房、公共租赁住房等保障性住房或进行危旧房屋改造时，统筹考虑家庭成员照顾老年人需求，鼓励家庭成员与老年人共同生活或就近居住。对于高龄、失能的贫困老年人，在其家庭生活设施进行无障碍改造时，给予适当补助。完善为老志愿服务管理制度，倡导邻里相助、结对帮扶，倡导机关干部和企事业单位职工、大中小学学生和社会志愿者参加养老服务志愿活动。探索建立健康老人参与志愿互助服务的工作机制，建立为老志愿服务登记制度。

（二）引导社会资本投资养老机构。严格执行民政部《养老机构设立许可办法》（中华人民共和国民政部令第48号）和《养老机构管理办法》（中华人民共和国民政部令第49号）等相关规定。鼓励社会力量举办规模化、连锁化的养老机构；鼓励社会资本对企业厂房、商业设施及其他可利用的社会资源进行整合和改造，用于养老服务；鼓励境外资本开设养老服务组织和机构。加大财政投入和社会筹资力度，重点支持供养型、养护型和医护型养老机构发展。对社会资本投资建设的非营利性养老机构，给予建设支持和运营补贴。采用公建民营方式的养老机构，运营期间享受社会资本投资建设非营利性养老机构的运营补贴政策。探索营利性养老机构享受基本建设补贴、运营补贴等政策。社会资本举办的非营利性养老机构，采取划拨方式供地；社会资本举办的营利性养老机构，应采取有偿方式供地。落实国家支持养老服务业的税费优惠政策。养老机构用水、用电、用气、供暖价格按照本市相应居民收费价格标准执行。境内外资本举办养老服务组织和机构享有同等的税费优惠政策。

（三）推进医养结合。推动医疗、养老资源结合，制定医养结合试点工作规范标准，构建养老、照护、康复、临终关怀服务相互衔接的服务模式。完善社区卫生服务，社区卫生服务机构应当为老年人建立健康档案。建立社区卫生服务机构与老年人家庭医疗契约服务关系，提供家庭医生式服务，如健康查体、保健咨询以及护理服务指导等。鼓励社区卫生服务机构、医疗机构与社区托老所、养老机构加强合作，签订医疗服务合作协议，实现老年人在养老机构和医疗机构之间的卫生健康服务便捷对接。加快推进面向养老机构的远程医疗服务试点。对于养老机构内设的医疗机构，符合职工（城镇居民）基本医疗保险和新型农村合作医疗保险定点条件的，可以申请纳入定点范围。在符合本市医疗机构设置规划的原则下，支持社会资本举办护理院、康复医院和提供临终关怀服务的医疗机构。医疗机构要积极支持和发展养老服务，有条件的二级及以上综合医院应当开设老年病科，增加老年病床数量，做好老年病、慢性病防治和康复护理。鼓励居民投保健康保险、长期护理保险、意外伤害保险等人身保险产品，鼓励和引导商业保险公司开展相关业务。

（四）培育养老服务社会组织。加大政府购买服务力度，制定政府向养老服务社会组织购买生活照料、康复护理、辅具配置、精神慰藉、紧急救援、法律服务等养老服务的政策。支持社会组织参与管理、运营养老机构和社区养老服务设施，开展养老服务教育培训、研究交流、咨询评估和第三方认证等服务。建立北京市老龄产业协会，培养老年产品研发联盟、养老服务行业协会、养老服务企业商会、专业人员协会、老年学专业研究会等一批北京特色品牌养老服务社会组织，开展养老服务行业标准制定、服务质量评估、服务行为监督及专业职称评定等事务，发挥其在行业自律、监督评估、沟通协调、服务中介、风险分担等方面的作用。积极培育发展为老服务公益慈善组织，支持公益慈善组织重点参与养老机构建设、养老产品开发、养老服务提供等，使公益慈善组织成为发展养老服务业的重要力量。支持基层群众性自治组织开展居家养老互助服务。加强基层老年协会建设，支持老年群众组织开展自我管理、自我服务和服务社会活动。

（五）培养专业养老服务人员。引导和整合高等院校、中等职业学校和职业培训机构教育资源，加快培养老年服务管理、医疗保健、护理康复、营养调配、心理咨询等专业人才，鼓励大专院校对口专业毕业生从事养老服务工作。支持社会资本创办养老服务培训机构。加强老年护理人员职业培训，对参加养老护理职业培训和职业技能鉴定的从业人员按相关规定给予补贴。落实国家关于养老服务从业人员技术等级评定制度的相关规定，实行职业资格认证制度，建立养老服务从业人员工资待遇与专业技能等级、从业年限挂钩制度，逐步提高从业人员收入。对在养老机构就业的专业技术人员，执行与医疗机构、福利机构相同的执业资格、注册考核政策。社会办养老机构和养老服务企业在技术职称评定、继续教育、职业技能培训等方面与政府办养老机构享受同等待遇。建立社会工作者人才引入机制，通过政府购买服务的方式，在养老服务行业中探索设置社会工作岗位。扶助、培训家庭成员长期照料护理老年人；开展老年人长期照护者关爱行动，为社区和家庭中的长期照护者提供短期休整服务。

四、培育养老服务产业发展

（一）加大养老服务业投融资力度。设立支持养老服务业发展的投资引导基金，发挥杠杆放大效应，撬动更多社会资本，培育和扶持养老服务企业发展。充分利用中小企业、科技创新、创业投资等方面的扶持资金以及医疗卫生资金、就业资金、社会保障基金等，发挥资金投入合力，采取投入资本金、直接补助、财政贴息、小额贷款、项目补贴、风险补偿金、参股产业基金等方式，引导社会资本加速进入养老服务领域。支持采取股份制、股份合作制等形式，探索以基础设施"建设—运营—移交"模式建设养老服务设施。鼓励和引导金融机构创新金融产品和服务方式，拓宽信贷抵押担保范围，探索信用担保等方式，加大对养老服务企业及其建设项目的信贷投入。拓展市场化融资渠道，支持养老服务企业上市融资，增强自身"造血"功能。

（二）建设养老服务产业园区。依托中关村国家自主创新示范区、北京经济技术开发区、通州国际医疗服务区，统筹建设集老年产品研发、生产、物流配送、展览展销等一体化的养老服务产业园区。充分发挥区域资源优势，依托国家和北京市可持续发展实验区，鼓励建设一批功能突出、特色鲜明、辐射面广、带动力强的休闲养生、特色医疗、文化教育、科技服务养老基地。制订优惠政策，吸引国内外养老服务领域知名企业入驻，吸引上下游企业聚集，打造养老服务完整产业链；鼓励竞争力强、有实力的养老服务企业走集团化发展道路，扶持中小型养老服务企业连锁经营。积极搭建供需对接平台，培育养老服务市场，推动其快速发展。

（三）支持养老服务重点领域发展。编制养老服务业发展指导目录，引导养老服务企业和机构优先满足老年人基本服务需求，扶持重点领域发展。扶持老年生活照料服务业发展，建立以社区照顾为基础的老年照料服务体系，加强专业化老年照护机构和设施服务；扶持老年产品用品发展，研发适合老年人的助行器具、视听辅助、起居辅助、营养保健、服装饰品等生活用品，引导商场、超市、批发市场设立老年用品专区专柜；扶持老年健康服务业发展，加强老年病研究及老年医疗药品、康复护理器械研发，提高健康促进、医疗护理、心理咨询等方面的服务水平；扶持老年文化教育事业发展，利用现代传播技术，建设老年文化传播网络，开办养老服务网站、老年大学，支持老年广播电视栏目发展和老年适读图书报刊、音像制品出版；扶持老年体育健身活动，开辟和增加老年活动场所，适当设置适合老年人的活动器材，开展适合老年人身心特点的体育健身活动；扶持老年休闲旅游业发展，加大老年人休闲娱乐、健康养生、异地养老、京郊养老等旅游产品开发力度，培育老年旅游市场；鼓励老年金融服务业发展，开发适合老年人的储蓄、保险、投资、以房助养等金融产品，支持民众建立完善的养老保险计划，增强老年人消费能力；扶持老年宜居住宅建设，结合城镇化建设、保障房建设和商品住宅开发，规划开发老年宜居住宅和代际亲情住宅工程，推动和扶持老年家庭住宅装修、家具设施、辅助设备等符合老年人适用性、安全便利性方面需求的设计和改造。

（四）推进养老服务科技创新。充分利用首都高校和科研院所密集优势，推动在养老服务重点领域、基础设施以及老年用品等方面的新技术、新产品研发应用；加强技术集成和服务模式创新，促进养老服务产业升级，培育养老服务品牌的"北京创造""北京服务""北京标准"等。以"智慧社区"建设为依托，利用现代互联网、物联网等技术，创新居家养老服务模式，发展老年电子商务，建设科技养老服务平台，开发老年家庭医疗监测和传感系统，为老年人提供居家生活、医疗保健、紧急救助等方面远程监护服务。整合实有人口管理系统、养老服务企业管理系统、养老机构服务信息系统等多方面资源，建设统一的首都养老服务信息平台，承担养老服务信息集散、服务商管理、服务质量评价等功能。实施"老年福利服务一卡通"工程。

五、优化养老服务业发展环境

（一）加强组织领导。各地区、各部门要高度重视养老服务业发展，切实履行统筹规划、政策扶持、资金引导、典型示范、监督管理等职责，进一步强化工作协调机制，定期分析养老服务业发展情况和存在问题，研究推进养老服务业加快发展的相关政策措施，认真落实养老服务业发展的相关任务要求，整合各方养老服务资源，形成齐抓共管、整体推进的工作格局。民政部门要牵头履行业务监管职能，加强宏观引导、行业规范、规划编制、业务指导、信息发布和监督管理。老龄工作机构要发挥综合协调作用，加强督促指导工作。发展改革部门要将养老服务业发展纳入国民经济和社会发展规划，支持养老服务设施建设。价格主管部门要探索建立科学合理的养老服务定价机制。财政部门要逐步建立符合养老服务业发展需要的公共财政投入增长机制。人力社保部门要加强养老服务人员管理、职业技能培训与鉴定。卫生部门要研究医养结合服务模式，提升医疗服务能力。规划、国土、住房和城乡建设部门要统筹规划养老服务设施建设和土地供应。税务部门要落实税收优惠政策。商务、金融、文化、体育、教育、旅游、广电、新闻出版、公安、消防、质监、工商、食品药品监管等部门要按各自职责创新政策，加大对养老服务业的扶持力度。

（二）开展综合改革试点。按照政企分开、政事分开、政社分开、营利性与非营利性分开的原则，充分发挥市场在养老服务业资源配置中的基础性作用，转变政府培育发展养老服务的方式，在财政、金融、保险、用地、税收、人才及服务模式等方面进行探索创新。争取国家政策和资金支持，实行养老服务发展综合改革、专项改革，设立养老服务业综合改革试验区和特色功能区，在吸引境外资本投资、养老机构公建民营、医养结合、社区托老、老年配餐、养老服务企业连锁经营、个人延税型养老保险等方面开展试点工作。创新政策，破解发展瓶颈，对试点跟踪培育、定向扶持，打造一批养老服务示范区、示范单位，典型引路、整体推动，促进多种养老服务模式全面发展。

（三）建立统计监测和评价体系。完善养老服务统计制度，建立健全养老服务发展评价与监测指标体系，科学、准确、及时地反映养老服务发展状况，跟踪掌握养老服务业发展的总体规模、行业结构、经济效益等基础数据。明确区（县）政府在养老服务业发展中的主体责任和任务目标，建立区域养老服务考核评价指标体系，将保障基本养老服务纳入政府绩效考核，将整合区域养老服务资源、满足多样化养老服务需求纳入社会评价体系。建立相关部门、区（县）、行业组织和社会单位之间的信息共享机制。健全政府扶持重大项目的绩效评估制度。

（四）营造良好社会环境。引导、培育、扶持社会力量积极主动投身养老服务业，形成政府、市场、社会、家庭和老年人共同参与、各尽其能的发展格局。健全市场规范和地方标准，完善监管机制，提升养老服务质量和产品质量，引导老年人树立健康的养老观念、社会化养老服务的消费理念，营造安全、便利、诚信的老年消费环境。广泛宣传敬老、养老、爱老、助老、孝老传统美德和养老服务先进典型，加大对“孝星”和为老服务示范单位的命名和表彰力度，强化社会积极应对人口老龄化的观念和思想准备，构建具有首都特色的现代和谐养老文化。

（五）加强督促检查。各地区、各部门要加强工作绩效考核，确保责任到位、任务落实。各区（县）政府要根据本意见要求，结合实际抓紧制定实施意见。市各相关部门要根据本部门职责，制定具体政策措施。市发展改革委、市民政局和市老龄办要加强对本意见执行情况的监督检查，及时向市政府报告。市政府将适时组织专项督查。

附件：重点任务分工

北京市人民政府

二〇一三年十月十二日

附件

重点任务分工

（“负责部门”中位列第一的为牵头部门）

序号	工作任务	负责部门	时间进度
一、强化政府主导和引领作用部分			
1.	将养老服务业发展纳入国民经济和社会发展规划，列为服务业重点发展领域，制定和组织实施养老服务业发展专项规划，明确发展思路、发展目标、空间布局、设施建设、土地供应、重大项目、资金投入、政策保障。	市发展改革委、市规划委、市民政局、市老龄办	2015年内完成专项规划

续表

序号	工作任务	负责部门	时间进度
2.	建立与首都经济社会发展水平相适应，以满足老年人基本服务需求为目标，提供基本生活照料、康复护理、精神慰藉、紧急救援、法律服务、社会参与等服务的基本养老服务制度，推进基本养老服务均等化。	市民政局、市发展改革委、市老龄办	持续实施
3.	建立养老服务评估制度，对城市“三无”（无劳动能力，无生活来源，无赡养人和抚养人、或者其赡养人和抚养人确无赡养能力）人员和农村“五保”对象中的老年人实行政府供养，保障其基本养老服务需求；对低收入、失能、失独、高龄和特殊困难老年人，由政府给予相应的福利保障。	市民政局、市老龄办会同有关部门	2015年实施
4.	探索建立长期医疗护理保险制度，减轻参保人将来养老时接受长期医疗护理服务的自付压力。	市人力社保局、市卫生局、市财政局、市民政局、市老龄办	2015年出台具体措施
5.	将各类养老服务设施建设用地纳入城镇土地利用总体规划和年度用地计划，合理安排用地需求，可将闲置的公益性用地调整为养老服务用地。	市国土局、市规划委、市农委、市民政局、市老龄办，各区（县）政府	持续实施
6.	对道路、楼宇等与老年人生活密切相关的公共基础设施实施无障碍改造。	市住房城乡建设委、市残联、市规划委、市民政局、市老龄办，各区（县）政府	持续实施
7.	明确各级政府建设与管理责任，推进社区养老服务设施配置标准化。新建居住区要根据规划要求和建设标准，配套建设养老服务设施，列入土地出让合同，与住宅同步规划、同步建设、同步验收，由开发商移交给民政部门统一调配使用。	市规划委、市国土局、市住房城乡建设委、市民政局、市老龄办，各区（县）政府	2014年内出台具体措施
8.	老旧小区没有养老服务设施或现有设施不能满足需要的，要限期通过购置、置换、租赁等方式完成达标建设，养老服务设施不得挪作他用。	市规划委、市国土局、市住房城乡建设委、市民政局、市老龄办，各区（县）政府	2014年四季度启动实施
9.	农村地区养老服务设施要纳入农村公共服务设施统一规划、优先建设，依托行政村、较大自然村，充分利用农家大院、闲置校舍等建设托老所、老年活动站等互助性养老服务设施。	市规划委、市国土局、市住房城乡建设委、市农委、市民政局、老龄办，各区（县）政府	2014年内出台具体措施
10.	完善社区为老服务，建设市、区（县）、街道（乡镇）和社区居家养老服务管理网络。支持和引导各类社会主体参与社区养老服务设施建设、运营和管理，各类具有为老年人服务功能的设施都要向老年人开放。	市民政局、市社会办、市老龄办，各区（县）政府	持续实施

续表

序号	工作任务	负责部门	时间进度
11.	政府举办的养老机构要实用适用，发挥托底保障作用，重点为城市“三无”人员和农村五保对象中的老年人、低收入老年人和经济困难的失能半失能老年人等提供基本的供养、护理服务。	市民政局，各区（县）政府	持续实施
12.	优化市、区（县）两级社会福利机构和养老机构资源，实现其示范引领、专业培训、功能试验、品牌输出作用。	市民政局，各区（县）政府	2014年内出台具体措施
13.	按照首都功能核心区、城市功能拓展区、城市发展新区以及生态涵养发展区分类，市级建设资金对区（县）政府投资建设的养老机构给予支持。	市发展改革委、市民政局、市财政局	2014年启动实施
14.	政府支持改造街道（乡镇）养老机构设施设备，完善服务功能，提高运营效益，成为区域性养老服务中心。	市民政局、市财政局，各区（县）政府	2014年内出台具体措施
15.	制定社会资本运营公有产权养老服务设施管理办法，政府办养老机构按照政事分开、管办分离原则，通过委托管理、合作经营等公建民营方式，实现社会化运营。	市民政局、市编办，各区（县）政府	2014年内出台具体措施
	二、支持社会力量进入养老服务领域部分		
16.	制定运营补贴、收费减免等优惠政策，鼓励专业养老服务企业、家政企业、物业企业以及国家机关、企事业单位、社会组织等为居家老年人提供生活照料、家政服务、医疗康复、精神慰藉、紧急救助等服务；鼓励个人利用家庭资源就近就便开展为老服务。	市民政局、市财政局、市老龄办，各区（县）政府	2014年内出台具体措施
17.	强化社区服务中心在居家养老服务管理中的引领作用，建设“96156小帮手”居家养老（助残）管理服务平台，使之成为支持居家养老服务、组织养老服务商进入家庭和社区的集成中心和运行枢纽。	市民政局、市社会办、市老龄办，各区（县）政府	持续实施
18.	鼓励农村地区开展养老服务进村入户工作。	市农委、市民政局、市老龄办，各区（县）政府	2014年内出台具体措施
19.	制定社区托老所管理办法，确立社区托老所的设置标准、职责功能等制度规范。全托型社区托老所享受社会资本投资建设养老机构运营补贴，日托型社区托老所、家庭护理床位按相关规定享受运营补贴。	市民政局、市老龄办、市发展改革委、市财政局，各区（县）政府	2014年内出台具体措施
20.	社区托老所按照民办非企业或工商登记的相关规定进行登记，社会资本可以利用居民住宅举办社区托老所。	市民政局、市工商局、市住房城乡建设委、市规划委、市老龄办	2014年内出台具体措施

续表

序号	工作任务	负责部门	时间进度
21.	在建设、分配廉租住房、公共租赁住房等保障性住房或进行危旧房屋改造时，统筹考虑家庭成员照顾老年人需求，鼓励家庭成员与老年人共同生活或就近居住。	市住房城乡建设委、市民政局，各区（县）政府	2015年内出台具体措施
22.	对高龄、失能的贫困老年人，在其家庭生活设施进行无障碍改造时，给予适当补助。	市民政局、市老龄办、市残联，各区（县）政府	持续实施
23.	完善为老志愿服务管理制度，倡导邻里相助、结对帮扶，倡导机关干部和企事业单位职工、大中小学学生和社会志愿者参加养老服务志愿活动。探索建立健康老人参与志愿互助服务的工作机制，建立为老志愿服务登记制度。	团市委、市社会办、首都文明办、市民政局、市老龄办	2014年内出台具体措施
24.	严格执行民政部《养老机构设立许可办法》（中华人民共和国民政部令第48号）和《养老机构管理办法》（中华人民共和国民政部令第49号）等相关规定。	市民政局会同有关部门	2015年内出台具体措施
25.	鼓励社会力量举办规模化、连锁化的养老机构；鼓励社会资本对企业厂房、商业设施及其他可利用的社会资源进行整合和改造，用于养老服务；鼓励境外资本开设养老服务组织和机构。	市民政局、市商务委会同有关部门和各区（县）政府	2014年内出台具体措施
26.	加大财政投入和社会筹资力度，重点支持供养型、养护型、医护型养老机构发展。对社会资本投资建设的非营利性养老机构，给予建设支持和运营补贴。采用公建民营方式的养老机构，运营期间享受社会资本投资建设非营利性养老机构的运营补贴政策。	市民政局、市财政局、市发展改革委，各区（县）政府	持续实施
27.	探索营利性养老机构享受基本建设补贴、运营补贴等政策。	市民政局、市财政局、市发展改革委	2014年试点
28.	社会资本举办的非营利性养老机构，采取划拨方式供地；社会资本举办的营利性养老机构，应采取有偿方式供地。	市国土局、市民政局，各区（县）政府	2014年实施
29.	落实国家支持养老服务业的税费优惠政策。	市地税局、市财政局、市民政局、市老龄办，各区（县）政府	持续实施
30.	养老机构用水、用电、用气、供暖价格按照本市相应居民收费价格标准执行。	市发展改革委、市民政局，各区（县）政府	2014年实施
31.	境内外资本举办养老服务组织和机构享有同等的税费优惠政策。	市商务委、市财政局、市地税局、市金融局、市民政局、市老龄办	2014年内启动实施

续表

序号	工作任务	负责部门	时间进度
32.	制定医养结合试点工作规范标准。	市卫生局、市人力社保局、市民政局	2014 年启动实施
33.	完善社区卫生服务，社区卫生服务机构应当为老年人建立健康档案。建立社区卫生服务机构与老年人家庭医疗契约服务关系，提供家庭医生式服务，如健康查体、保健咨询以及护理服务指导等。	市卫生局、市民政局，各区（县）政府	2014 年内出台具体措施
34.	鼓励社区卫生服务机构、医疗机构与社区托老所、养老机构加强合作，签订医疗服务合作协议，实现老年人在养老机构和医疗机构之间的卫生健康服务便捷对接。	市卫生局、市人力社保局、市民政局、市老龄办，各区（县）政府	2014 年内出台具体措施
35.	加快推进面向养老机构的远程医疗服务试点。	市卫生局、市民政局、市发展改革委	2014 年启动试点工作
36.	对于养老机构内设的医疗机构，符合职工（城镇居民）基本医疗保险和新型农村合作医疗保险定点条件的，可以申请纳入定点范围。	市人力社保局、市卫生局、市民政局	2014 年内出台具体措施
37.	在符合本市医疗机构设置规划的原则下，支持社会资本举办护理院、康复医院和提供临终关怀服务的医疗机构。医疗机构要积极支持和发展养老服务，有条件的二级及以上综合医院应当开设老年病科，增加老年病床数量，做好老年病、慢性病防治和康复护理。	市卫生局、市人力社保局、市住房城乡建设委、市商务委、市民政局	2014 年内出台具体措施
38.	鼓励居民投保健康保险、长期护理保险、意外伤害保险等人身保险产品，鼓励和引导商业保险公司开展相关业务。	市金融局、北京保监局，各区（县）政府	2015 年出台具体措施
39.	制定政府向养老服务社会组织购买生活照料、康复护理、辅具配置、精神慰藉、紧急救援、法律服务等养老服务的政策。	市社会办、市民政局、市财政局、市老龄办，各区（县）政府	持续实施
40.	支持社会组织参与管理、运营养老机构和社区养老服务设施，开展养老服务教育培训、研究交流、咨询评估和第三方认证等服务。	市民政局、市社会办、市老龄办，各区（县）政府	2014 年内出台具体措施
41.	培养老年产品研发联盟、养老服务行业协会、养老服务企业商会、专业人员协会、老年学专业研究会等一批北京特色品牌养老服务社会组织，开展养老服务行业标准制定、服务质量评估、服务行为监督及专业职称评定等事务，发挥其在行业自律、监督评估、沟通协调、服务中介、风险分担等方面的作用。	市民政局、市老龄办，各区（县）政府	持续实施

续表

序号	工 作 任 务	负责部门	时间进度
42.	支持公益慈善组织重点参与养老机构建设、养老产品开发、养老服务提供等，使公益慈善组织成为发展养老服务业的重要力量。	市民政局、市老龄办，各区（县）政府	2014 年内出台具体措施
43.	支持基层群众性自治组织开展居家养老互助服务。加强基层老年协会建设，支持老年群众组织开展自我管理、自我服务和服务社会活动。	市民政局、市老龄办，各区（县）政府	2014 年内出台具体措施
44.	引导和整合高等院校、中等职业学校和职业培训机构教育资源，加快培养老年服务管理、医疗保健、护理康复、营养调配、心理咨询等专业人才，鼓励大专院校对口专业毕业生从事养老服务工作。	市教委、市卫生局、市人力社保局、市民政局、市老龄办，各区（县）政府	2014 年内出台具体措施
45.	支持社会资本创办养老服务培训机构。加强老年护理人员职业培训，对参加养老护理职业培训和职业技能鉴定的从业人员按相关规定给予补贴。	市人力社保局、市卫生局、市教委、市民政局、市财政局、市老龄办	2014 年内出台具体措施
46.	落实国家关于养老服务从业人员技术等级评定制度的相关规定，实行职业资格认证制度，建立养老服务从业人员工资待遇与专业技能等级、从业年限挂钩制度，逐步提高从业人员收入。	市人力社保局、市民政局、市老龄办	2014 年内出台具体措施
47.	对在养老机构就业的专业技术人员，执行与医疗机构、福利机构相同的执业资格、注册考核政策。	市人力社保局、市卫生局、市民政局、市老龄办	2014 年启动实施
48.	社会办养老机构和养老服务企业在技术职称评定、继续教育、职业技能培训等方面与政府办养老机构享受同等待遇。	市人力社保局、市卫生局、市民政局、市老龄办	2014 年内出台具体措施
49.	建立社会工作者人才引入机制，通过政府购买服务的方式，在养老服务行业中探索设置社会工作岗位。	市民政局、市社会办、市老龄办	2014 年内出台具体措施
50.	扶助、培训家庭成员长期照料护理老年人；开展老年人长期照护者关爱行动，为社区和家庭中的长期照护者提供短期休整服务。	市民政局、市老龄办、市人力社保局、市卫生局，各区（县）政府	2014 年内出台具体措施
	三、培育养老服务产业发展部分		
51.	设立支持养老服务业发展的投资引导基金，培育和扶持养老服务企业发展。	市发展改革委、市财政局、市民政局、市老龄办	2014 年启动实施
52.	充分利用中小企业、科技创新、创业投资等方面的扶持资金以及医疗卫生资金、就业资金、社会保障基金等，发挥资金投入合力，采取投入资本金、直接补助、财政贴息、小额贷款、项目补贴、风险补偿金、参股产业基金等方式，引导社会资本加速进入养老服务领域。	市发展改革委、市财政局、市商务委、市科委、市金融局、市卫生局、市人力社保局、市残联、市民政局、市老龄办	2014 年启动实施

续表

序号	工作任务	负责部门	时间进度
53.	支持采取股份制、股份合作制等形式，探索以基础设施“建设—运营—移交”模式建设养老服务设施。	市民政局、市发展改革委、市国土局、市住房城乡建设委、市老龄办，各区（县）政府	2014年启动实施
54.	鼓励和引导金融机构创新金融产品和服务方式，拓宽信贷抵押担保范围，探索信用担保等方式，加大对养老服务企业及其建设项目的信贷投入。	市金融局、北京银监局、北京保监局、市发展改革委、市财政局、市商务委、市民政局、市老龄办	2014年内出台具体措施
55.	拓展市场化融资渠道，支持养老服务企业上市融资。	市金融局、市发展改革委、北京银监局、北京保监局、市财政局、市商务委、市民政局、市老龄办	2014年内出台具体措施
56.	统筹建设集老年产品研发、生产、物流配送、展览展销等一体化的养老服务产业园区。	市规划委、市发展改革委、市民政局会同有关部门	2014年启动实施
57.	鼓励建设一批功能突出、特色鲜明、辐射面广、带动力强的休闲养生、特色医疗、文化教育、科技服务养老基地。	市民政局、市老龄办会同有关部门，各区（县）政府	2014年启动实施
58.	制定优惠政策，吸引国内外养老服务领域知名企业入驻，吸引上下游企业聚集，打造养老服务完整产业链；鼓励竞争力强、有实力的养老服务企业走集团化发展道路，扶持中小型养老服务企业连锁经营。	市民政局、市发展改革委会同有关部门	2015年出台具体措施
59.	积极搭建供需对接平台，培育养老服务市场，推动其快速发展。	市民政局、市老龄办会同有关部门	持续实施
60.	编制养老服务业发展指导目录，引导养老服务企业和机构优先满足老年人基本服务需求，扶持重点领域发展。	市民政局、市发展改革委、市财政局、市老龄办	2014年启动
61.	扶持老年生活照料服务业发展，建立以社区照顾为基础的老年照料服务体系，加强专业化老年照护机构和设施服务。	市民政局、市老龄办、市财政局、市卫生局，各区（县）政府	2014年启动
62.	扶持老年产品用品发展，研发适合老年人的助行器具、视听辅助、起居辅助、营养保健、服装饰品等生活用品，引导商场、超市、批发市场设立老年用品专区专柜。	市商务委、市民政局、市残联、市老龄办、市财政局、市科委、市食品药品监管局	2014年启动
63.	扶持老年健康服务业发展，加强老年病研究及老年医疗药品、康复护理器械研发，提高健康促进、医疗护理、心理咨询等方面的服务水平。	市卫生局、市民政局、市残联、市老龄办	2014年启动

续表

序号	工 作 任 务	负责部门	时间进度
64.	扶持老年文化教育事业发展，利用现代传播技术，建设老年文化传播网络，开办养老服务网站、老年大学，支持老年广播电视栏目发展和老年适读图书报刊、音像制品出版。	市文化局、市经济信息化委、市广电局、市新闻出版局、市委宣传部、市教委、市民政局、市老龄办，各区（县）政府	2014年启动
65.	扶持老年体育健身活动，开辟和增加老年活动场所，适当设置适合老年人的活动器材，开展适合老年人身心特点的体育健身活动。	市体育局、市公园管理中心、市园林绿化局、市民政局、市老龄办，各区（县）政府	2014年启动
66.	扶持老年休闲旅游业发展，加大老年人休闲娱乐、健康养生、异地养老、京郊养老等旅游产品开发力度，培育老年旅游市场。	市旅游委、市商务委、市农委、市民政局、市老龄办，各区（县）政府	2014年启动
67.	鼓励老年金融服务业发展，开发适合老年人的储蓄、保险、投资、以房助养等金融产品，支持民众建立完善的养老保险计划，增强老年人消费能力。	市金融局、北京银监局、北京保监局、市住房城乡建设委、市民政局、市老龄办，各区（县）政府	2014年启动
68.	扶持老年宜居住宅建设，结合城镇化建设、保障房建设和商品住宅开发，规划开发老年宜居住宅和代际亲情住宅工程，推动和扶持老年家庭住宅装修、家具设施、辅助设备等符合老年人适用性、安全便利性方面需求的设计和改造。	市住房城乡建设委、市规划委、市国土局、市民政局、市老龄办，各区（县）政府	2014年启动
69.	推动在养老重点领域、基础设施、以及老年用品等方面新技术、新产品的研发应用；加强技术集成和服务模式创新，促进养老服务产业升级，培育养老服务品牌的“北京创造”“北京服务”“北京标准”等。	市商务委、市科委、市经济信息化委、市民政局、市老龄办	2014年出台具体措施
70.	创新居家养老服务模式，发展老年电子商务，建设科技养老服务平台，开发老年家庭医疗监测和传感系统，为老年人提供居家生活、医疗保健、紧急救助等方面远程监护服务。	市民政局、市老龄办、市科委、市经济信息化委、市卫生局	2014年启动
71.	整合实有人口管理系统、养老服务企业管理系统、养老机构服务信息系统等多方面资源，建设统一的首都养老服务信息平台。实施“老年福利服务一卡通”工程。	市经济信息化委、市民政局、市老龄办会同有关部门	2013年启动
	四、优化养老服务业发展环境部分		
72.	加强组织领导，强化工作协调机制，定期分析养老服务业发展情况和存在问题，研究推进养老服务业加快发展的相关政策措施，认真落实养老服务业发展的相关任务要求，整合各方养老服务资源，形成齐抓共管、整体推进的工作格局。	市老龄委成员单位及相关单位和各区（县）政府	持续实施

续表

序号	工作任务	负责部门	时间进度
73.	实行养老服务发展综合改革、专项改革，设立养老服务业综合改革试验区和特色功能区，在吸引境外资本投资、养老机构公建民营、医养结合、社区托老、老年配餐、养老服务企业连锁经营、个人延税型养老保险等方面开展试点工作。	市民政局、市发展改革委、市老龄办会同有关部门和各区（县）政府	2014年启动
74.	完善养老服务统计制度，建立健全养老服务发展评价与监测指标体系，科学、准确、及时地反映养老服务发展状况，跟踪掌握养老服务业发展的总体规模、行业结构、经济效益等基础数据。	市统计局、市商务委、市发展改革委、市民政局、市老龄办	2014年启动
75.	明确区（县）政府在养老服务业发展中的主体责任和任务目标，建立区域养老服务考核评价指标体系，将保障基本养老服务纳入政府绩效考核，将整合区域养老服务资源、满足多样化养老服务需求纳入社会评价体系。	市民政局、市老龄办，各区（县）政府	2014年内出台具体措施
76.	建立相关部门、区（县）、行业组织和社会单位之间的信息共享机制。	市民政局及相关单位和各区（县）政府	2014年启动
77.	健全市场规范和地方标准，完善监管机制，引导老年人树立健康的养老观念、社会化养老服务的消费理念，营造安全、便利、诚信的老年消费环境。	市民政局、市老龄办、市商务委会同有关部门	2015年内出台具体措施
78.	广泛宣传敬老、养老、爱老、助老、孝老传统美德和养老服务先进典型，加大对“孝星”和为老服务示范单位的命名和表彰力度，强化社会积极应对人口老龄化的观念和思想准备，构建具有首都特色的现代和谐养老文化。	市委宣传部、首都文明办、市民政局、市老龄办	逐年落实
79.	各区（县）政府要根据本意见要求，结合实际抓紧制定实施意见。	各区（县）政府	2014年内出台
80.	加强对本意见执行情况的监督检查，及时向市政府报告。	市发展改革委、市民政局、市老龄办	逐年落实

北京市民政局 北京市财政局 北京市残疾人联合会 北京市老龄工作委员会办公室 关于印发《北京市“小帮手”电子服务器配备使用管理暂行办法》的通知

京民老龄发〔2013〕42号

各区县民政局、财政局、残联、老龄办：

现将《北京市“小帮手”电子服务器配备使用管理暂行办法》印发给你们，请认真贯彻落实。

北京市民政局　　北京市财政局

北京市残疾人联合会　　北京市老龄工作委员会办公室

二〇一三年一月十八日

北京市“小帮手”电子服务器配备使用管理暂行办法

第一条　为进一步贯彻落实《北京市人民政府办公厅转发市民政局市残联〈关于北京市市民居家养老（助残）服务（“九养”）办法的通知〉》（京政办发〔2009〕104号）精神，满足老年人、残疾人对“小帮手”电子服务器不同使用需求，提高配备使用效率，优化配备使用程序，以社会化运作与政府补贴相结合的方式，加强“小帮手”电子服务器的配备使用工作，制定本办法。

第二条　“小帮手”电子服务器除具有普通手机一般功能外，还具有急救呼叫、报警呼叫、一键通话、亲情键、收音机外放、手电筒、语音朗读等功能，为老年人、残疾人提供代拨电话、代发短信、代订闹钟、代防骚扰、代存电话及信息发布、社区服务、服务咨询等电子信息服务。

第三条　凡具有本市户籍、有使用需求并具备使用能力的60周岁及以上老年人和16至59周岁重度残疾人首次自愿配备使用，享受相关优惠待遇。

第四条　“小帮手”电子服务器服务平台及服务支撑体系由北京市小帮手服务中心负责运营和服务，由北京市老龄工作委员会办公室（以下简称北京市老龄办）委托北京市社区服务中心对北京市小帮手服务中心的运营和服务进行监管。主要监管服务内容、服务质量、项目拓展、信息录入、信息发布、网点协调、售后服务及用户的资格审查等。

第五条　北京市老龄办、北京市残疾人联合会（以下简称北京市残联）依据网络运行效率、代购代销能力、优惠通讯资费标准、与“小帮手”服务平台支撑体系及终端产品的政策等标准，采用公开招标方式确定“小帮手”电子服务器网络提供商。

为保证“小帮手”电子服务器的用户利益、产品功能的稳定性和长期性，网络提供商须与北京市小帮手服务中心签署可持续服务协议，确保服务功能和质量的对接和延续。

第六条　“小帮手”电子服务器终端产品必须获得国家电子产品相应的资质证书，并获得北京市小帮手服务中心代拨电话、代发短信、代订闹钟、代防骚扰、代存电话及信息发布等电子信息服务专利授权，经小帮手服务中心测试、对接后由网络提供商推荐，报北京市老龄办、北京市残联确定。

第七条　政府对老年人、残疾人首次购买“小帮手”电子服务器终端产品每台给予200元的补贴，再次购买“小帮手”电子服务器终端产品的老年人、残疾人（含首期已配备人员）应自行负担全额费用，不再享受政府补贴。

第八条　政府对“小帮手”电子服务器终端产品的补贴是属于市级养老服务事业发展专项资金的支持项目，按照市财政局等四部门印发的《北京市市级养老服务事业发展专项资金管理暂行办法》（京财社〔2012〕55号）的有关规定进行管理和使用。

第九条　“小帮手”电子服务器的个人缴纳费用，由北京市老龄办、北京市残联根据政府补贴和市场同类产品价格等因素确定。

“小帮手”电子服务器的通讯资费由使用者承担，网络提供商给予通讯资费优惠。

第十条　“小帮手”电子服务器服务平台和服务支撑体系的研发拓展、维护等费用和向使用者提供的咨询、代拨电话、代发短信、代订闹钟、代防骚扰、代存电话、信息发布等服务费用由北京市小帮手服务中心筹措解决。

第十一条　老年人和残疾人持居民身份证、残疾人证等有效证件到老龄、残联部门指定的配备使用网点或经老龄、残联部门认定的网络提供商配备使用网点办理个人缴费、签订各项协议后办理“小帮手”电子服务器使用等相关事宜。

第十二条　网络提供商负责组织各配备使用网点按系统录入个人信息并发送至北京市社区服务中心服务平台。

网络提供商负责收集各配备使用网点老年人和残疾人的申办材料及有效证件复印件，统一整理登记后，每季度末报北京市老龄办委托的北京市社区服务中心初审备案。

第十三条　北京市社区服务中心依托已建立的个人信息录入系统自动鉴别功能，对老年人户籍、是否首次配备使用等必要条件进行审核，每季度的第一个月将上季度已办理的老年人和残疾人的初审证明及详细名单，按老年人和残疾人分别报北京市老龄办、北京市残联审定。经审定符合配备使用条件的老年人、残疾人，给予“小帮手”电子服务器终端产品补贴。

第十四条　“小帮手”电子服务器的售后服务由网络提供商协调各相关单位负责，并按照“小帮手”电子服务器的停机复机、欠费销号、补卡、漫游等老年人、残疾人实际需求制定的《“小帮手”电子服务器售后服务实施细则》具体实施。修理、更换、退货等事宜按国家电子产品的“三包”规定执行。

首期配备使用的“小帮手”电子服务器的售后服务方式不变。

第十五条　“小帮手”电子服务器配备使用中所需的相关信息由北京市社区服务中心管理。有信息需求的单位及部门需提出申请，经北京市老龄办、北京市残联批准后使用。涉及相关信息的单位及部门对信息负有保密义务，不得出售、篡改、故意泄露或违法利用用户个人信息，违反者将按相关规定被追究责任。

第十六条　各级老龄和残联部门要加大“小帮手”电子服务器配备使用工作的宣传力度，协助网络提供商做好配备使用工作。

第十七条　本办法待TG200L型“小帮手”电子服务器配备使用任务完成后施行，原《北京市“小帮手”电子服务器配备使用管理办法（试行）》（京民老龄发〔2011〕371号）同时废止。

第十八条　本办法解释权属北京市老龄办、北京市残联。

北京市民政局　北京市老龄工作委员会办公室关于给予社会办托老所全托型床位运营补贴有关事项的通知

京民老龄发〔2013〕175号

各区县民政局、老龄办：

为全面落实市政府2013年折子工程第115项“给予社会办托老所全托型床位运营补贴”、实事项目第17项“给予社会办托老所2 152张全托型床位每张每月300元运营补贴”的工作要求，按照《关于贯彻落实〈北京市市民居家养老（助残）服务（“九养”）办法〉的意见》（京民老龄发〔2009〕504号）有关精神，现将社会办托老所全托型床位运营补贴有关事项通知如下。

一、运营补贴范围

2012年9月至2013年9月期间，根据《关于贯彻落实〈北京市市民居家养老（助残）服务（“九养”）办法〉的意见》（京民老龄发〔2009〕504号）文件要求设立，正式挂牌运营，为老年人提供24小时托养服务的民办或公办民营的托老所中的运营床位。已享受社会办养老机构运营补贴的床位不在本补贴范围。

二、运营补贴条件

（一）全托型服务床位5张以上，床均使用面积5平方米以上，使用总面积不低于40平方米，有老年人临时休息场地和服务设备，配置必要的无障碍设施。

（二）配备必要的管理和服务人员。

（三）悬挂区县主管部门核发的托老所标牌，公开服务内容、服务流程及收费标准。

（四）与服务对象开展签约服务，实行服务人员和服务对象一人一档管理，建立完整的服务记录。

（五）编制老年人营养食谱，根据入托老年人的健康状况合理配餐。

（六）建立夜间值班制度，做好老年人的夜间监护工作。

（七）制订安全应急处理预案，具有防范服务风险的制度和措施。

（八）自觉遵守北京市居家养老（助残）服务相关规定，提供优质、优惠服务，无不良记录和违法违规行为。

三、运营补贴发放标准

全托型托老所床位运营补贴按月计算，每张床位每月给予300元运营补贴。月服务时间18天以上的床位，按照一个月的运营补贴标准计算。

四、运营补贴的申请、审批和划拨

（一）全托型托老所于2013年10月10日前向所在区县民政或老龄部门提出补贴申请，并提交下列材料：

1.《全托型托老所运营补贴申请承诺书》（附件1）。

2.《全托型托老所运营补贴申请表》（附件2）。

3.全托型托老所与服务对象签订的服务协议及收费单据。

（二）区县审查

1.区县民政或老龄部门在接到申请15个工作日内，按本通知第二条规定对申请人资格和运营状况进行审查，符合条件的，列入补贴范围。

2.依据全托型托老所提交的服务协议、收费单据，对其服务情况进行核查。

3.区县民政或老龄部门于2013年10月30日前，向市老龄办报送《全托型托老所服务情况核查意见书》（附件3）和本区县全托型运营补贴汇总表（附件4）。

（三）市老龄办审批

1.市老龄办对区县上报的材料进行审核。

2.2013年11月30日前，对申请运营补贴的全托型托老所进行随机抽查或委托专业机构进行评估。

3.将拟发放补贴的托老所名单和补贴金额在北京民政信息网上公示，经公示无异议的，以批复函（附件5）的方式反馈区县，准予发放运营补贴。

（四）补贴资金划拨

区县民政或老龄部门根据市老龄办的审批情况，向区县财政部门提出补贴拨付申请，将补贴资金及时拨付至各托老所。

五、工作要求

（一）加强领导，认真落实。要将此项市政府折子工程和实事项目作为本年度的重点工作，加强组织领导，严格按照补贴范围、条件、标准、程序和时限，全面完成运营补贴发放工作。

（二）加强宣传，营造氛围。充分利用宣传媒体，广泛宣传托老床位运营补贴政策，有效激发社会力量开办托老所的积极性和主动性，切实满足老年人的托养服务需求。

（三）各区县要立足实际，按照现有托老床位的实际服务情况申报，可不受年初计划床位数量限制。申报材料必须真实准确、全面客观地反映托老床位的运营服务情况。

（四）加强监管，提高效益。补贴资金必须专款专用，真正用于完善托老所经营，改善基础设施和设备条件，改善管理和服务，不得挪作他用。各级主管部门将采取委托专业审计机构或者专项工作检查等方式，加强对补贴资金的监督管理，提高补贴资金的使用效益。

（五）获得运营补贴的托老所违反本通知有关规定的，由市、区县民政和老龄部门督促其限期整改；情节严重的，全额追回补贴资金，取消其服务资格。

（六）任何单位或个人有虚报、冒领、截留、挪用补贴资金等违法违规行为的，按照有关法律规定严肃处理。

附件：1.全托型托老所运营补贴申请承诺书

2.全托型托老所运营补贴申请表

3. 全托型托老所服务情况核查意见书
4. 区县全托型运营补贴汇总表
5. 全托型托老所运营补贴批复函

北京市民政局　北京市老龄工作委员会办公室
二〇一三年五月二十一日

附件 1

全托型托老所运营补贴申请承诺书
（样本）

＿＿＿＿＿＿区县民政局（老龄办）：

＿＿＿年＿＿月至＿＿＿年＿＿月，本托老所严格遵守北京市居家养老（助残）服务各项管理制度，诚信经营，服务为本。根据北京市民政局、老龄办《关于给予社会办托老所全托型床位运营补贴有关事项的通知》的规定，现申请运营补贴，并声明如下：

一、本托老所保证所有申报材料的真实性和完整性，所提交服务统计报表真实、完整地反映本托老所托老服务的情况。

二、本托老所承诺所出具的票据符合财务管理规定，保证其真实性和有效性。

三、本托老所保证按照规定时限、地点接受相关部门核查和审计，并自愿承担由此造成的一切后果。

盖章（签字）：
年　月　日

附件 2

全托型托老所运营补贴申请表

托老所名称：　现有托老床位数：　入住人数：　服务人次：
地址（标注所在区县）：
填表日期：　年　月　日　填表人：

序号	服务对象姓名	身份证号	联系电话	入住时间	入住房间号（或床位号）	补贴金额	交费票据或凭证
1				自＿＿月＿＿日 至＿＿月＿＿日			
2				自＿＿月＿＿日 至＿＿月＿＿日			
3				自＿＿月＿＿日 至＿＿月＿＿日			
4				自＿＿月＿＿日 至＿＿月＿＿日			
5				自＿＿月＿＿日 至＿＿月＿＿日			
6				自＿＿月＿＿日 至＿＿月＿＿日			

续表

序号	服务对象姓名	身份证号	联系电话	入住时间	入住房间号（或床位号）	补贴金额	交费票据或凭证
7				自____月____日 至____月____日			
8				自____月____日 至____月____日			
9				自____月____日 至____月____日			
10				自____月____日 至____月____日			
11				自____月____日 至____月____日			
12				自____月____日 至____月____日			
申请补贴金额合计：							
说明：1. 服务人次：1 张托老床位月服务达 18 日以上的计算为 1 人次； 2. 交费票据或凭证栏填写“有”或划“√”；将相关票据、凭证复印件按序号装订成册，一并提交。							

盖章（签名）：

年　月　日

附件 3

全托型托老所服务情况核查意见书

（样本）

北京市老龄办：

我单位于　年 月　日至　月 日，对我区县　（个）托老所　张床位的服务情况进行了核查，其服务登记情况准确、真实，符合运营补贴要求。

区县民政局（老龄办）（盖章）

填报人：

填报时间：　年　月　日

附件 4

＿＿＿＿＿区县全托型托老所床位运营补贴汇总表

补贴统计期间：自　年　月至　年　月

填表日期：　　　　填表人：

序号	托老所名称	地　址	服务人次	补贴金额	备注
1					
2					
3					
4					
5					
6					
7					
8					
9					
10					
11					
12					
13					
14					
15					
16					
合计					
区县意见： 盖　章： 年　月　日					

注：服务人次的计算方式为，1 张托老床位月服务达 18 日以上的为 1 人次。

附件 5

全托型托老所运营补贴批复函
（样本）

＿＿＿＿区县民政局（老龄办）：

经审核和公示，你单位关于　　等　　家全托型托老所运营补贴申请符合发放条件，同意发放 2012 年 9 月—2013 年 9 月期间运营补贴共计　　元，请你单位认真组织好补贴发放工作。

关于进一步加强老年文化建设的意见

晋老龄办字〔2013〕1号

各市党委组织部、宣传部、老干局，教育局、民政局、财政局、住房城乡建设局、文广新局、体育局、旅游局，工会、共青团、妇联、老龄办、各军分区（警备区）、武警支队政治部（处）：

老年文化是我国优秀传统文化的重要组成部分，也是中国特色社会主义文化建设的重要内容。为深入贯彻落实党的十七届六中全会和十八大精神，加快推进老年文化建设，根据中组部、宣传部、全国老龄办等16个部门《关于进一步加强老年文化建设的意见》（全国老龄办〔2012〕60号）和《山西省老龄事业发展“十二五”规划》（晋政发〔2012〕18号）精神，就加强老年文化建设提出如下意见：

一、加强老年文化建设的重要性

（一）加强老年文化建设有利于推动社会主义文化大发展大繁荣。党的十七届六中全会提出了建设社会主义文化强国的奋斗目标，党的十八大明确要求“扎实推进社会主义文化强国建设”。随着人口老龄化的快速发展，老年文化在社会主义文化建设总体布局中的地位和作用越来越重要。重视和加强老年文化建设，丰富老年人精神文化生活，满足老年人精神文化需要，是推动社会主义文化大发展大繁荣的内在要求，是构建不分年龄，人人共享老龄社会和谐文化的重要任务，对于促进家庭和睦、代际和顺、社会和谐具有重要意义，对于推动经济建设、政治建设、社会建设和生态文明建设，将产生和发挥重要作用。

（二）加强老年文化建设是积极应对人口老龄化的重要举措。我省老年人口快速发展，规模不断扩大，人口老龄化是全面建成小康社会面临的重要课题。加强老年文化建设，有利于促进社会主义核心价值体系建设，坚定中国特色社会主义共同理想，在全社会形成尊老敬老助老的社会氛围，为促进经济社会全面协调和可持续发展提供思想保证和精神动力。加强老年文化建设，是应对人口老龄化的一项重要对策，有利于提高老年人的生活质量，引导全社会树立正确的老龄化理念，调动国家、政府、社会和老年人自身的积极性，以积极的态度、积极的政策、积极的行动应对人口老龄化。

（三）加强老年文化建设是保障老年人文化权益的迫切需要。近年来，省委、省政府高度重视老年文化工作，老年文化、教育、体育事业得到了长足发展，适应老年人需要的各种文化活动广泛开展，老年人精神文化生活得到了较大改善，基本文化权益得到了较好的保障。同时也要看到，社会经济领域的深刻变革，对文化工作提出了新的更高的要求，对做好老年文化工作提出了新课题。老年文化建设与人口老龄化的发展和老年人日益增长的精神文化需求还存在着不适应的问题。老年文化建设的社会氛围还不够浓厚，公共文化为老服务设施还不够健全，为老服务功能还不够完善，对老年人特殊文化需求关注不够，老年文化产品和服务供给不足，农村老年人活动阵地相对匮乏，文化生活相对单调，甚至使封建迷信和非法宗教有可乘之机。这些问题必须引起高度重视，采取有效措施，认真加以改进。

二、老年文化建设的指导思想、目标任务和基本原则

（一）指导思想。高举中国特色社会主义伟大旗帜，以邓小平理论、“三个代表”重要思想和科学发展观为指导，以社会主义先进文化为方向，以建设社会主义核心价值体系、强化中国特色社会主义共同理想为根本任务；以保障老年人基本文化权益，满足老年人日益增长的精神文化需求为出发点和落脚点；以增强全社会积极老龄化意识，优化老年文化建设发展环境为重要支撑；以老年人广泛参与的文化创建活动和丰富多彩的老年文化产品为主要载体，促进老年文化建设实现新跨越、新发展。

（二）目标任务。按照省委、省政府“文化强省”的战略部署，传承传统文化，弘扬先进文化，努力开创我省老年文化建设新局面。社会主义核心体系建设深入推进，“尊老敬老助老”主题教育活动广泛开展，“敬老文明号”创建活动不断深入，敬老助老的社会氛围更加浓厚；老年文化产品和服务更加丰富，老年人普遍均等享有基本公共文化服务；老年特色文化活动广泛开展，老年文化产业快速发展，老年文体队伍不断壮大，老年文化事业全面繁荣，老年文化建设在丰富老年人精神文化生活、推进老龄事业科学发展中发挥重要作用。

（三）基本原则。

坚持文化引领，服务大局。坚持社会主义先进文化前进方向，弘扬中华民族优秀传统文化和时代精神，引导老年人开展各种健康、有益、科学的文化活动，在全社会形成积极向上的精神追求和健康文明的生活方式。

坚持统筹协调，共建共享。把老年文化建设融入基本公共服务体系建设和经济社会建设全局，统筹安排，整体推进，在促进基本公共文化服务均等化的基础上，根据老年人特殊需求开展文化服务。

坚持以人为本，服务老人。尊重老年人主体地位，关注老年人实际需求，采取多种措施为老年人提供多层次文化产品和服务。

坚持重心下移，面向基层。加快老年文化建设城乡一体化发展，深入基层、贴近生活、服务群众，推进老年文化活动在城乡基层社区广泛开展。

三、树立积极老龄化理念，建设与时俱进的先进文化

树立积极的老年文化观。社会主义核心价值体系是兴国之魂，是社会主义文化的精髓。要树立积极的老年文化观，把老年文化建设纳入社会主义核心价值体系建设之中，大力弘扬以爱国主义为核心的民族精神，以改革创新为核心的时代精神，充分发挥文化“引领风尚、教育人民、服务社会、推动发展”的作用，为在人口老龄化的条件下实现转型跨越，再造一个新山西的战略目标提供智力支持和精神支撑。

树立积极的老年文化观，各部门、各单位要以积极的态度、积极的政策、积极的行动应对人口老龄化。全社会要正确对待接纳老年人，尊重老年人的社会价值，完善老年人参与社会的制度安排，进一步弘扬中华民族的美德，大力营造尊老、敬老、养老、助老的良好社会氛围。

树立积极的老年文化观，广大老年人要与时俱进，始终保持积极进取、健康向上的精神状态，自尊自爱自立自强。积极面对生活，保持身心健康，参与社会发展，体现人生价值。

四、不断完善老年人文化活动基础设施，切实维护老年人文化权益

（一）加强老年人文化活动基础设施建设。文化是提升生活质量和幸福指数的必要条件，是保障和改善民生的重要内容。在基本公共文化服务体系建设和城乡规划中要充分考虑人口老龄化的发展趋势和老年宜居环境的要求，把老年文化建设纳入全省构建公共文化服务体系，推进文化惠民工程之中，以公共财政为支撑，按照老年人设施规划标准，遵循公益性、基本性、均等性和便利性的要求，切实加快老年文化设施建设。着力解决公共文化建设为老服务功能弱化，老年人享有基本公共文化服务质量有待提高的问题。努力推动跨部门项目合作，实现统筹规划、资源整合和共建共享。现有的公共文化体育设施要增加适老功能，新建和改造的老年文化体育活动设施，要符合涉老工程建设标准和无障碍设施建设标准。同时要配备适合老年人生理特点和特殊需求的文化体育用品和用具。各地要进一步加强参观游览场所、公共交通、餐饮企业、宾馆饭店等场所的老年服务设施、设备建设。重点文化惠民工程项目要为老年人提供必要的服务内容和参与条件。

（二）加大老年人公共文化服务供给，进一步落实老年人优待优惠政策，使老年人共享文化改革发展成果。各级各类博物馆、美术馆、科技馆、纪念馆、公共图书馆、文化馆等公共文化服务设施，旅游景点、影剧院、体育场馆、公园等公共场所要向老年人免费或提供优惠服务。有条件的公共文化体育设施，根据老年人的实际需要与可能，开辟适宜老年人文化娱乐的活动场所，有关部门内部的老年活动场所，要争取向社会开放，使更多的老年人就近就地参加活动。各类公共场所要因地制宜地为老年人开展文化活动提供便利，切实维护老年人的文化权益。

（三）加快构建覆盖城乡的公共文化服务体系。完善扶持公益性文化事业、文化创新政策，统筹城乡老年文化体系建设，合理配置城乡文化资源。公共文化资源要更多地向贫困地区、向基层农村倾斜，增加农村文化服务供给，缩小城乡文化发展差距。深入推进乡镇综合文化站建设、农家书屋建设、广播电视村村通工程、文化资源共享、农村电影放映等工程，帮助和支持农村老年人参与文化活动。鼓励文化单位面向农村提供流动服务和网点服务，支持演艺团体深入农村举行演出。文化科技卫生“三下乡”“送欢乐下基层”等活动，要适应农村老年人文化需求，适当安排面向农村老年人的专题专场。各级宣传文化部门和工青妇等群团组织要广泛开展文化志愿服务活动，为农村空巢、失能、留守老年人等特殊群体提供公益文化服务，进行精神慰藉和心理疏导。

五、深入开展适合老年人特点的文化活动，丰富老年人的精神文化生活

（一）积极开展宣传思想文化活动。按照党的十八大精神和宣传思想文化工作的要求，老年文化建设要坚持弘扬主旋律，提倡多样化，以科学的理论武装人，以正确的舆论引导人，以高尚的精神塑造人，以优秀的作品鼓舞人。深入开展社会主义核心价值体系的宣传教育，加强社会公德、职业道德、家庭美德、个人品德教育，发挥老党员、离退休老干部、老战士、老专家、老教师和老劳模等的带动、影响和辐射作用，传承中华传统美德，弘扬时代新风。加强和改进新形势下思想政治工作，把宣传思想教育工作与开展健康有益的文化体育娱乐活动相结合，与解决老年人的思想和实际问题相结合，注重人文关怀和心理疏导，培育老年人自尊自信、理性平和、积极向上的社会心态，繁荣社会主义文化，建设社会主义文化强省。

（二）着力推进品牌老年文化活动。着眼对内凝聚力量，对外提升形象，着力推进具有山西特色的老年文化品牌活动。老龄部门要继续深入开展“敬老月”活动和“敬老文明号”创建活动，举办“金秋风韵”重阳节老年文艺晚会和老年人文化艺术节，持续推进“银龄行动”，鼓励老年人继续参与经济社会发展。文化部门要积极支持老年文化团体开展活动，举办业务培训，提供艺术指导。体育部门要组织参加全国性的和办好全省及区域性的老年人体育健身大会，不断创新适合老年人特点的健身项目，广泛开展经常性的老年人体育健身活动。民政部门在社会福利院、敬老院、老年公寓等养老服务机构的服务和管理中，对老年文化建设要提出明确要求，对老年人活动项目、内容等要作出相应规定。各级妇联要继续开展“巾帼助老行动”，在“巾帼社区服务工程”中拓展老年文化服务内容，有条件的地方可开设老年活动中心、老年妇女课堂和老年妇女咨询热线。旅游部门要精心打造老年旅游文化品牌及线路，开发老年旅游产品，提供适合老年人特点的导游及讲解。进一步抓好军队干休所文化活动场所建设，组织离退休干部开展健康有益的文化体育活动，丰富离退休干部的精神文化生活。

（三）广泛开展群众性老年文化活动。以满足广大老年人精神文化需求为出发点和落脚点，立足基层社区，面向广大老年人，坚持群众性和示范性相结合，坚持内容的广泛性和形式的多样性相结合，在开展社区文化、村镇文化、企业文化和校园文化建设活动中，要考虑老年人的精神文化需求，开展面向老年人或有老年人参与的文化体育活动。各级文化馆、老年活动中心、乡镇综合文化站、农村文化体育场所、农家书屋、老年协会活动站（室）作为主要活动场所，要为老年人文化娱乐健身活动提供支持和指导，继续开展文化科技卫生“三下乡”、科教文体法律卫生“四进社区”“送欢乐下基层”等文化活动，各级艺术表演团体在重大节日优先安排为老年人进行慰问演出并形成制度。

（四）大力发展老年教育。发展老年教育，是贯彻终身教育理念、提升全民素质、构建学习型社会的必然要求。文化教育部门要把老年教育纳入终身教育和社区教育体系，统筹规划、加强领导。要加强老年教育设施建设，积极推进各级各类老年大学、老年培训中心、老年远程教育机构的健康发展。各级党委老干部工作部门和政府有关部门要进一步提高老年大学的办学质量和水平，鼓励有条件的单位举办老年大学，为老年人就近就地学习提供方便，文化主管部门要做好各级各类非学历老年大学的规划、审批和管理工作，制定优惠政策和管理办法，引导和鼓励社会力量发展老年教育，开展多种形式的适合老年人特点的知识型、休闲型、保健型文化教育活动，提高老年人适应社会能力和生命品质。

六、推动老年文化产品创作和产业发展

（一）推进文化体制改革创新，繁荣老年文化。要进一步深化文化体制改革，推动政企分开，构建统一开放竞争有序的现代文化市场体系，建立科学的文化管理体制和富有活力的文化产品生产经营机制。突出公益属性，强化服务功能，增强发展活力。注重发挥市场在老年文化产业发展中的重要作用，引导和鼓励社会力量通过兴办实体、资助项目、赞助活动等形式参与老年文化建设，扶持老年文化产业发展。

（二）推动老年文化产品创作和产业发展。立足发展先进文化，建设和谐文化，激发文化创作生产活力，不断提高老年文化产品的质量和水平。宣传、文化、广播影视、新闻出版等部门要积极组织创作老年人喜闻乐见的优秀作品，体现老年主题的文化精品，出版适合老年人特点的图书、音像制品和电子出版物，打造集思想性、艺术性、观赏性于一体的具有时代特点的老年文化作品。要积极引导老年网络文化发展，制作适合互联网和手机等新兴媒体传播的优秀老年文化作品，运用现代科学技术增强老年文化的吸引力、感染力，繁荣老年文化，实现文化惠民。

七、加强老龄宣传工作，营造孝亲敬老社会环境

（一）进一步加强老龄宣传工作。要围绕中心、服务大局、突出主题、创新载体，进一步推进老龄宣传工作深入开展。各级党报、党刊、电台、电视台要设立老年文化生活专版、专栏，重点新闻网站和涉老政府部门网站要开设老年频道、网页，形成覆盖广泛的老龄宣传平台。老龄系统各级各类新闻媒体要充分发挥骨干作用，加强资源整合和优势互补，组织各种形式的宣传文化活动，营造老龄工作和老年文化建设协调发展的良好社会环境。

（二）弘扬孝亲敬老的传统美德。孝亲敬老是中华民族的传统美德，是公民的基本道德行为准则。在新的历史条件下，面对老年文化工作的新形势、新任务，要深入推进以敬老助老为内容的公民道德建设，特别要加强面向青少年的孝亲敬老道德教育和法制教育。要深入推进“敬老爱老助老”主题教育活动和“敬老文明号”创建活动。通过评选敬老爱老助老的模范单位和模范个人，树立典型，表彰先进，提高全体公民的道德水平，营造敬老爱老助老的良好社会环境。

八、加强老年文化建设的保障措施

（一）切实加强老年文化建设的组织领导。各地要按照文化强省、文化富民的战略部署和要求，充分考虑老年人日益增长的精神文化生活需求，大力支持老龄工作，切实加强老年文化建设。要把老年文化建设作为重要的民生工程列入重要议事日程，纳入老龄工作责任目标考核体系，各有关部门要积极履行在老年文化建设中的职责和任务，确保老年文化建设在公共文化服务体系建设中得到同步实施和发展。各级老龄工作机构要发挥综合协调职能，建立工作机制，交流沟通情况，确保任务落实。要深入基层，调查研究，充分掌握新形势下老年人精神文化生活的新需求、新期待，探索老年文化服务的新路径、新载体和新方法，推动老年文化建设创新发展。

（二）不断加大老年文化建设的资金投入。各级人民政府要根据经济发展状况和老年人口规模及需求，进一步加大公共财政对老年文化建设的投入力度，探索建立老年文化投入机制和资金增长机制。进一步建立健全和不断完善老年人文化设施建设。要研究制定相关政策，鼓励引导社会力量投资老年文化产业，为老年人提供丰富的文化产品和服务。

（三）大力加强老年文化队伍和文化团体建设。各级老龄部门要进一步加强老龄宣传队伍建设，为老年文化建设提供人才保证。要适应人口老龄化对老年文化工作提出的新要求，进一步加强老年文化艺术团体建设，积极支持各类老年文化艺术团体和老年大学开展老年文化艺术人才培养工作，充分发挥老年文化专业人才的引领作用和业余爱好者的积极作用，做好老年文化的普及工作。同时，要重视老年人在非物质文化遗产传承中的作用，加强对老年非物质文化遗产项目代表性传承人的保护和帮扶力度。充分发挥各类老年群众组织、基层老年协会的文化服务功能，促进老年文化的发展与繁荣，进一步推动山西的文明与进步。

山西省老龄工作委员会办公室

二〇一三年一月二十一日

关于在全省开展“老年友好型城市、老年宜居社区和老年温馨家庭”创建试点工作的通知

晋老龄字〔2013〕3号

各市、省直机关老龄办，省老龄工作委员会各成员单位：

为了适应人口老龄化发展的需要，不断完善城市和社区公共服务功能，改善老年人的生活环境，促进老年人与城市和谐发展，根据《中华人民共和国老年人权益保障法》第六十条“国家采取措施，推进宜居环境建设，为老年人提供安全、便利和舒适的环境”要求，决定在全省开展“老年友好型城市、老年宜居社区和老年温馨家庭”创建试点工作。

一、指导思想

以邓小平理论、“三个代表”重要思想和科学发展观为指导，坚持“政府主导、社会参与、全民关怀”的老龄工作方针，不断完善适合老年人特点的公共基础、生活服务、医疗卫生、文化体育设施，为老年人创造无障碍居住环境，营造敬老养老助老的社会氛围，提高老年人生活满意度和幸福指数，促进健康老龄化和积极老龄化。

二、基本原则

坚持从实际出发。要充分考虑各地经济社会发展水平及各方面的承受能力，高标准设计规划，低水平起步展开，健康有序持久推进，争取以较低的成本获取最大的效益。

坚持统筹发展。要充分考虑不同县（市、区）之间经济社会发展的差异，统筹兼顾，因地制宜，分类指导，推动老年宜居环境建设与经济社会协调发展。

坚持齐抓共建。要建立健全党政主导、老龄委牵头、部门协同、社会参与的长效工作机制。要统筹规划，统一协调，各职能部门各司其职、密切配合。要积极动员社会力量广泛参与，推进创建工作不断深入开展。

坚持探索创新。要大胆尝试，勇于探索，敢于创新，尽可能地把“老年友好型城市”“老年宜居社区”和“老年温馨家庭”创建（以下简称“三个创建”）具体化、标准化，及时总结具有普遍性、规律性和指导性的做法与经验，以使“三个创建”工作更加科学规范。

三、工作目标

（一）老年友好型城市建设。建立健全养老社会保障制度。根据经济社会的发展，不断完善社会养老保险、医疗保险和最低生活保障制度，不断提高保障水平。逐步建立和完善低收入高龄老人养老津贴制度，开展面向贫困老年人的各项救助工作。推动实施适度普惠的老年社会福利制度，落实老年人的各项优待政策，使老年人真正分享经济发展和社会进步的文明成果。建立完善的公共服务体系。加强城市公共卫生工作，建立健全社区卫生服务中心和服务站，建立老年人健康档案，开展老年医疗和卫生保健服务。全面推进城市无障碍设施改造和建设，公共交通要充分考虑老年人的特殊需求，优惠老年人，并设老年人专座。积极开展老年文体活动，有计划地合理布局和设置老年人休息、娱乐、健身和教育学习的场所与设施，鼓励和支持老年人参与力所能及的经济发展和社会公益活动。健全老年人司法救助制度，推动老年人法律援助服务的开展，对涉老案件优先立案、优先审理、优先执行。加强公共安全管理，建立安全应急机制，切实维护老年人的合法权益。通过各种手段加强尊老敬老的道德教育和舆论宣传，营造孝亲敬老的良好社会氛围。健全社会养老服务体系。积极开展居家养老和社区照料，逐步健全社区养老服务网络。把社区居家养老服务中心、日间照料中心、助餐网点等基本为老服务设施建设纳入城市建设规划。要创造条件建立为老服务信息化平台，方便快捷地为老年人提供服务，满足老年人多种服务需求。要采取民办公助、公办民营、公建民营等具体措施，积极鼓励社会资本参与养老机构的建设运营。加强养老服务队伍的职业化、专业化建设，发展志愿者队伍和社工队伍，提高养老服务规范化、专业化、标准化水平。

（二）推进老年宜居社区建设。建设环境优美的老年社区。要做好社区卫生和绿化工作，保证社区内清洁齐整，不留卫生死角，公共区域得到绿化美化，环境优雅，适宜老年人居住和生活。建设无障碍的老年社区。社区的老年住宅要符合国家相关建筑标准，设施设备要安全可靠。对不适合老年人生活特点和习惯的设施要进行相应的改造和整修，并视情况给予相应的费用资助。社区内老年人居住和出行实现无障碍化，确保安全可靠，舒适便利。建设公共设施齐全的老年社区。将养老服务设施纳入城乡社区配套设施建设规划，建立适合老年人需要的生活服务、文化体育活动、日间照料、失能老人照护与康复等服务设施和网点，就近为老年人提供服务。建设养老服务功能完善的社区。增强社区的养老服务功能，为老年人提供诸如生活照料、医疗保健、康复护理、心理疏导、精神慰藉、信息咨询、休闲娱乐、锻炼健身等多种形式的服务，满足老年人的多种养老服务需求。建设文明和谐的老年社区。要定期组织开展各种敬老爱老助老主题活动，健全社会矛盾、邻里纠纷排查调处机制。加强社区文化建设，开设社区老年大学或学校，积极组织老年人参与和开展各种文化体育活动，鼓励老年人积极参与社会和社区建设。

（三）推进老年温馨家庭建设。巩固家庭养老的基础性地位，充分发挥家庭在老年人经济供养、生活照料和精神慰藉等方面的重要作用。加强孝亲敬老的道德和法制教育，家庭成员要孝敬老人、赡养老人，给予老年人全方位的照顾，满足老年人的个性化和心理需求、使老年人充分享受到子孙绕膝的天伦之乐和家庭温馨，营造和谐的家庭氛围，提高老年人居家养老的幸福指数。

四、工作要求

（一）各级老龄委要高度重视“三个创建”工作，要争取当地领导的重视和支持，争取把“三个创建”列入城市建设和文明和谐城市建设规划，制定实施方案，积极开展创建工作。

（二）建立“三个创建”工作领导机制。各级老龄办要积极推动成立由党政主要领导负责、老龄委牵头、各有关部门参加的领导机构，定期召开会议，研究、部署“三个创建”工作，把目标任务分解到相关部门，明确职责，认真组织实施，确保“三个创建”工作做实、做细、做好。

（三）广泛听取各方面意见。加强与各成员单位和相关部门的沟通交流，加强调查研究，广泛征求各方面意见，善于吸纳百家之长，制定切实可行的措施，确保创建工作取得实效。

（四）努力营造良好的社会氛围。要高度重视舆论宣传的作用，坚持正确的舆论导向，动员各级各类新闻媒体，运用形式多样的宣传方式，加强对“三个创建”工作重要意义和各项措施的宣传，使这项惠民工程深入人心，营造良好的舆论环境和社会氛围。

（五）各地要以创建“敬老文明号”为载体，组织发动社会各界关注“三个创建”、支持和开展“三个创建”，为建设适合老年人的宜居环境，营造敬老养老助老的良好社会氛围作出不懈的努力和积极贡献。每个市要确定1～2个老年友好型城市试点，3～5个老年宜居社区试点，10～50个老年温馨家庭试点，加强指导，取得经验，逐步推广，以取得“三个创建”的优异成绩。

山西省老龄工作委员会

二〇一三年七月二十九日

关于进一步加强调查研究工作的意见

晋老龄办字〔2013〕20号

各市、省直机关老龄工作委员会办公室：

为深入贯彻党的十八大精神，认真落实中央关于改进工作作风、密切联系群众的八项规定，按照全国老龄工作委员会办公室《关于进一步加强调查研究工作的意见》（全国老龄办发〔2013〕10号）要求，切实加强调研工作，不断提高调研水平，更好地为党委、政府科学决策服务，推进全省老龄工作和老龄事业不断创新和全面发展，现就进一步加强调查研究工作提出以下意见。

一、充分认识调查研究工作的重要意义

（一）加强调查研究是加快发展老龄事业的必然要求。当前和今后相当长的一个时期，我省老年人口数量将保持持续快速增长，人口老龄化的形势日益严峻，对社会、经济、政治、文化等各方面的影响日益深刻，由此带来的新情况、新问题、新挑战日益突出，老龄工作的艰巨性、复杂性、紧迫性日益凸显。全面发展老龄事业，妥善解决老龄工作中面临的困难和问题，积极适应党和政府的新要求，顺应广大老年人的新期待，回应社会各界的新关注，都迫切需要以更高的站位加强调查研究工作，科学把握老龄问题的基本矛盾和发展规律，深入研究老龄工作的总体布局和战略体系，提出加快发展老龄事业的新思路、新办法、新措施，推进老龄工作改革创新，促进老龄事业全面发展。

（二）加强调查研究是为党委政府科学决策提供科学依据的重要手段。调查研究工作是各级老龄办的一项基本职责，是履行综合协调、参谋助手、督促检查职能的前提与基础。围绕党委、政府中心工作，着眼老龄工作的重点、难点、热点问题，深入开展调查研究，提出切实可行的政策建议，对于党委、政府统筹规划、科学决策，推动老龄工作政策创制，督促老龄工作在相关职能部门的贯彻落实，总结推广基层先进经验，都具有非常重要的作用。

（三）加强调查研究是做好老龄工作的基本方法。调查研究是谋事之基、成事之道、创新之途，是我们党经过长期实践形成的一项基本工作方法。深入实际、深入基层、深入群众，开展各种形式的调查研究，是贯彻解放思想、实事求是、与时俱进思想路线的重要方式；是体察民情、了解民意、凝聚民智的有效途径；是做好老龄工作、发展老龄事业、福泽老年群众的根本要求。对于促进各级老龄部门和老龄干部密切联系群众、提高工作水平、改进工作方式、转变工作作风都具有十分重要的意义。

二、加强调查研究工作的总体要求

（一）指导思想。坚持以邓小平理论、“三个代表”重要思想和科学发展观为指导，围绕推进老龄事业科学发展主题，立足当地经济社会发展大局，发扬理论联系实际、密切联系群众的优良作风，坚持以政策创制、服务决策为导向，深入基层、深入群众、深入实际，研究新情况、总结新经验、提出新对策，为党委、政府统筹规划、科学决策、协调推进老龄事业发展服务。

（二）重点领域。围绕长远发展，加强战略性调研。围绕人口老龄化给经济社会发展带来的深刻影响，抓住具有普遍性、前瞻性、倾向性的重大问题，加强应对人口老龄化发展战略方面的调研分析，提出统筹协调推进老龄事业发展的具体思路和措施。围绕中心工作，加强决策性调研。围绕社会主义经济建设、政治建设、文化建设、社会建设和生态文明建设总体布局和党委、政府中心工作，结合老龄工作实际，抓住具有关键性、现实性、紧迫性的重大问题，及时组织开展重点课题调研和专题调研，为党委、政府科学决策提供依据、献计献策。围绕热点难点，加强针对性调研。围绕养老保障、医疗保障、为老服务、权益维护等广大老年人和社会各界普遍关注、反映强烈的热点难点问题，开展专题专项调研，提出针对性和可操作性强的对策建议。围绕典型带动，加强经验性调研。围绕基层老年群众组织建设、老年文化建设、老年宜居环境建设、居家养老服务、“敬老文明号”创建等工作中涌现出的先进典型，及时挖掘、深入总结其好做法、好经验，充分发挥其示范和带动作用，促进老龄工作整体推进、全面发展。

三、进一步提升调查研究工作的质量和水平

（一）掌握科学的调研方法。根据实际情况，科学合理地运用观察法、访谈法、抽样法、问卷法、归纳法、演绎法等调研方法，并尽可能利用现代网络信息技术和传媒开展调研，注重传统调研方式与现代调研手段的结合，以调研方法创新推进调研工作创新、理论创新、实践创新和制度创新。要严格遵循调研工作的客观性、真实性、系统性原则，按照调研工作的基本步骤，循序渐进，稳步实施。要重视老龄统计工作，加强统计信息的分析研究，有效发挥统计数据的参谋、咨询作用。要注重发挥专家学者的作用，以多种方式征询他们的意见和建议。

（二）发扬务实的调研作风。认真贯彻党的群众路线，围绕广大老年人关心的问题，倾听群众意见、总结群众经验、吸收群众智慧，增强决策的群众基础。要深入基层，潜心调研，充分掌握第一手资料，找准矛盾症结，深入研究分析，找到解决问题的有效办法。要严格执行中央八项规定要求，严明调研工作纪律，做到谦虚谨慎、轻车简从、简化接待。

（三）形成调研的整体合力。要加强与党委、政府职能部门和人大、政协机构间的联系，积极开展联合协作调研，逐步建立信息资料交换、调研资源交流、调研成果共享机制；要加强与高等院校、科研院所的联系，积极开展合作或委托调研；要加强与各类媒体、网站的联系，积极拓展调研途径，形成调研工作的整体合力。

（四）加强调研的成果转化。调研工作要形成有较高理论价值、政策水平和实践意义的成果，提出解决问题、推动工作的对策和措施，为党委、政府决策提供科学依据和合理建议。要高度重视调研成果的转化，提高调研成果的应用价值，及时地将比较成熟的调研成果转化为相关政策法规，转化为促进工作的新思路、新举措。

四、进一步加强调查研究工作制度建设

（一）建立健全领导干部带头调研制度。各级老龄办领导干部要带头深入基层调查研究，做到问政于民、问需于民、问计于民。要多到矛盾和困难集中、群众意见多的地方开展调研，注重发现和总结各地的典型经验和创新做法；要带着迫切需要解决的问题深入一线调研，亲自主持重大课题调研，参与研究确定调研报告提纲和调研报告的撰写修改，以身作则推动调研工作的不断深入。老龄办负责同志每年深入基层调研不少于60天，每年至少撰写一篇高质量的调研报告。

（二）建立健全重要决策调研论证制度。要把调查研究和科学决策紧密结合起来，使调查研究成为重要决策的必要程序，贯穿于决策的全过程。要建立深入了解民情、充分反映民意、广泛集中民智、切实珍惜民力的决策咨询机制和决策论证制度，增强决策的科学性和可行性。在决策实施后，要对其贯彻执行情况进行跟踪调研，进一步完善政策措施，确保实现决策目标。

（三）建立健全调研计划制度。各级老龄办要根据全省年度工作部署，结合各自实际，科学制定年度调研计划。要提高调研工作的系统性和实效性，既要围绕重点课题开展调研，又要防止课题过多，出现内容相近、交叉重复的现象。要对调研课题进行计划管理，制定课题立项、经费预算方案，不断规范调研程序。

（四）建立健全调研成果交流制度。各级老龄办要积极参加全国老龄办和省老龄办定期开展的全国老龄政策调研优秀成果评选，加强调研成果的交流。要结合工作会议、学习研讨、业务培训等形式，开展调研工作情况和调研成果的总结交流。要建立日常调研工作交流机制，及时交流通报各地优秀调研成果。各地可根据实际情况，开展灵活多样的调研成果评选表彰活动，采取多种形式交流调研成果。

（五）建立健全调研联系点制度。各级老龄办要建立基层调研联系点，定期组织人员驻点开展调研；要明确调研联系点的基本职责和任务，充分发挥调研联系点在政策试点、政策创制、典型示范等方面的积极作用。要加强对调研联系点的管理和服务，开展调研联系点工作评比表彰活动。

五、进一步加强对调查研究工作的组织领导

（一）高度重视调查研究工作。各级老龄办要切实加强调研工作组织领导，将调研工作列入重要议事日程，主要领导要亲自研究部署调研工作，分管领导要具体抓好贯彻落实，做到定期研究、定期安排、定期检查。要建立调研工作责任制，将调研任务分解细化、落实到人。要为调研工作创造必要的条件，为调研人员阅读重要文件、列席相关会议、开展社会调查提供便利条件。要逐步加大调研工作经费投入，不断完善调研经费保障制度。

（二）不断加强调研队伍建设。各级老龄办要把调研能力作为评价干部的重要标准，把调研人才的培养纳入干部培养计划，注重用人导向，加强队伍建设。要积极开展调研业务培训，特别是加强基层调研人员培训，学习掌握调研的专业知识，提高调研人员的业务能力和水平。要充分发挥优秀调研人员的传帮带作用，搞好调研人才建设，不断完善调研人员培养机制。

（三）切实加强研究型机关建设。各级老龄办要将调查研究工作作为机关建设的重要内容，要配备专人负责调研工作。进一步加强学习型、研究型、创新型机关建设，培养和提高学习能力、调研能力、创新能力，预防和克服使用传统思维和固定模式解决工作中困难和问题的弊端，营造勤于学习、善于思考、精于调研、勇于创新的工作环境，形成全员调研、探究问题、开拓创新、推进工作的良好局面。

山西省老龄工作委员会办公室

二〇一三年五月七日

关于免费办理城市老年人优待证的通知

晋老龄办字〔2013〕46号

各市、省直机关老龄工作委员会办公室：

近日，省政府下发了《山西省人民政府关于继续取消和下放一批行政审批项目等事项的决定》（晋政发〔2013〕35号），我省城市老年人优待证工本费被列入省政府取消的10项行政事业性收费项目之一。因此，从即日起，城市老年人办理《老年人优待证》停止收费，将免费办理。

免费办理城市《老年人优待证》需填写办证花名表和《城市老年人优待证办理卡》，办理卡由各市、县（市、区）老龄办审核盖章。不得将城市和农村老年人优待证混为一体办理，要分类管理和分类办理。请各地于10月22日前将领回的城市老年人优待证数量进行清理统计，将现已填写的本数和空白本数登记上报省老龄办权益部。

山西省老龄工作委员会办公室

二〇一三年十月二十一日

关于规范引深“敬老文明号”创建活动的意见

晋老龄办字〔2013〕52号

各市、省直机关老龄工作委员会办公室，省老龄工作委员会各成员单位：

为了进一步巩固“敬老文明号”创建活动成果，提高认识，创新思路，进一步激发各级各部门创建工作内生动力和创建活力，开创创建工作新局面。结合各地创建活动实践，现提出规范、引深创建活动的意见。

一、突出主题，完善机制，坚持抓好五个环节

创建“敬老文明号”要突出敬老爱老助老主题，着重抓好五个环节。

（一）坚持以创建活动组委会为统领。各级、各创建单位都要成立以党政领导为主任的创建活动组委会及其办公室，形成“党政主导、社会参与、老龄委协调、单位创建”的工作格局。创建活动组委会应加强对创建活动的组织、协调和指导。要建立相关职能部门创建活动联席会议制度，定期听取、研究创建活动开展情况并适时提出指导意见。创建活动办公室要深入创建单位调查研究，分类指导，树立典型，推动创建。要不断了解掌握创建活动开展的新情况、新问题，并及时向创建活动组委会反映，采取新措施、新办法，不断推动创建活动的深入开展。

（二）坚持以道德建设为基础。创建活动要以加强尊老敬老为内容的道德建设为重点，以提升为老服务水平、优化为老服务环境为任务。要引导创建单位始终坚持不懈地加强社会主义道德建设，不断加强以敬老助老为内容的社会公德、职业道德、家庭美德、个人品德教育，全面提高公民道德素质。要把创建活动纳入到社会主义精神文明建设之中，作为评选文明和谐单位的重要标准之一，使创建活动制度化、规范化，使公民敬老助老的道德水平不断提升。

法律是最低的道德底线。创建活动还要始终坚持不懈地加强以敬老助老为内容的法制建设。要认真学习贯彻实施老年法，把道德教育和法制教育结合起来，高度重视道德和法律对公民行为的规范作用和制约作用。通过开展创建活动，引导干部职工既依法维护其自身的合法权益，又自觉履行法定义务，做敬老助老的道德模范。

（三）坚持以能力建设为重点。创建活动是涉老部门和单位、公共服务窗口行业、基层为老服务组织所倡导和体现的为老年人提供优质服务的高度职业文明。各创建单位要以创建活动为载体，引导干部职工立足本职岗位，开展技术练兵，不断提高职业道德和业务水平。

要围绕“关爱老人，构建和谐”创建主题，创造有形的创建载体，开展丰富的创建活动，形成别开生面的创建局面。老年公寓（养老院、敬老院）等要以“尽儿女孝心，倾人间真情”为主题，打造尊老敬老“温馨家园”；旅游景点和窗口单位要以“文明、优质、诚信”为主题，打造尊老敬老优质服务“文明窗口”；医院要以服务人民，奉献社会为主题，打造尊老敬老优质服务“安康之家”；法律援助中心等基层组织要以维护老年人合法权益为使命，为老年人构建“和谐港湾”；公交公司要以优质服务为主题，创新车厢文化，打造品牌线路，营造尊老敬老“流动家园”。总之要以创建活动为载体，带队伍、强素质，增强单位的凝聚力和影响力。

（四）坚持以文化建设为支撑。各创建单位要弘扬敬老文化，营造敬老文化氛围。创建活动就像一个人，缺少了文化，就会缺少内涵和气质。在历史的长河中，孝文化对于维系千年的文化血脉，稳定中国社会，凝聚中华民族起到了十分重要的作用。在新的历史条件下，要大力传承孝道传统美德，弘扬时代敬老风尚，使敬老文化成为公民的一种美德，社会的一种风尚，人民共同的价值追求。

要精心指导各创建单位始终把以孝为核心的敬老文化作为创建活动的重要内容和环节，并放在重要位置予以重视和加强。要着力培养塑造敬老助老的先进典型，宣传他们的模范事迹，着力打造敬老文化品牌，丰富敬老文化内容，增强人民的精神力量。

（五）坚持以管理服务为关键。各级创建活动组委会及其办公室应把管理服务作为重要环节贯穿在创建活动的全过程，切实加强组织、协调和指导。不同类型、不同行业的创建单位应根据部门职能和管理行业的特点，制定符合单位实际的创建方案、创建标准和创建办法。各重点服务窗口要对老年人服务进行公开承诺，并公示承诺内容，接受群众监督。要设置服务意见卡，征求各界意见，改进服务方式，提高服务质量。要建立健全创建档案，记录创建过程，反映创建情况，不断提高创建工作水平。

二、提高认识，主动作为，正确认识和处理四个关系

（一）正确认识和处理“创建”和“评先”的关系。创建活动和评选老龄工作先进单位虽有共同之处，但还是有区别的。首先“评先”注重的是结果，即先进集体的先进性。而创建活动是创建过程和创建结果并重，既要重视创建单位的先进性即结果，也要重视创建活动的每一个环节，即环环相扣的全过程。第二，“评先”在管理上一般来讲是一次性的，即在某一个阶段工作的先进性。创建活动实行的是常态化的动态管理，要进行经常性的管理和指导，对于已获得“敬老文明号”称号工作下滑不符合条件的是要摘牌的。第三，在评选范围上，“评先”范围要广，而创建活动原则上限于为老服务的基层单位，各级政府、老龄工作机构不在范围之内。

我们要正确认识评选老龄工作先进集体和创建活动的联系和区别，要建立完善的创建机制，制定明确的创建计划，确定具体的创建标准，开展丰富的创建活动，实实在在地在敬老助老主题上作文章，在规范行业岗位为老服务管理上下功夫，在优化为老服务环境上花力气。

（二）正确认识和处理创建活动和创建单位中心工作的关系。在创建活动中，要着力解决和克服有的同志存在的畏难情绪，怕影响创建单位的正常工作。其实，创建活动对每一个单位的工作来讲都是有积极影响的，是有很大的推动作用的。“敬老文明号”是一个单位的荣誉、形象和品牌，是具有一定的社会影响力的。通过创建活动，使干部职工立足岗位，转变作风，既提高道德素质又提升业务能力，焕发出积极向上、奋勇向前的内生动力，营造出创先争优的工作氛围，对于提高单位的社会效益和经济效益是有很大益处和帮助的。我们要正确理解和认识创建活动的内涵，用创建活动开展得好的单位取得的实际效果现身说法，加强宣传和引导，促进创建工作取得实效。

（三）正确认识与处理工作简单化与加强指导的关系。在创建过程中，要克服创建工作简单化的倾向，不要把创建标准不分区别的用到所有创建单位，忽略了不同单位的特点，也不要把评选老龄工作先进集体的办法套用到创建工作中来。要解决创建工作的“本领恐慌”。要加强对创建工作的指导，不断学习，不断探索，不断总结。深刻领会全国老龄委、省老龄委关于开展创建“敬老文明号”活动的实施意见，认真向创建工作开展好的兄弟省市学习，同时要适时召开不同层次的创建活动研讨会，交流创建方法和经验，不断提高创建工作的指导能力和水平。

（四）正确认识和处理少而精与多而广的关系。评选“敬老文明号”要注重评选的质量，成熟一批确认一批，成熟一个确认一个，切实做到评选出的单位是尊老敬老助老的典型和楷模，是创建工作的精品。同时，又要引导和发动各部门、各基层窗口单位都来创建“敬老文明号”，做到多而广，营造尊老敬老良好社会氛围，形成社会风气，引领社会风尚。

三、规范管理，加强指导，推动创建活动不断深入

（一）要不断探索，寻觅规律，不断扩大创建活动成果。要注重深入基层，加强调查研究，对创建活动进行全面系统地总结，从完善创建机构、创建标准、创建办法到评选表彰各个方面、各个环节进行全面系统地总结，从中找出规律性的东西，拓展创建思路，丰富创建内容，扩大创建成果。

国家级“敬老文明号”评选命名每三年一次，省级“敬老文明号”评选命名每两年一次，市级“敬老文明号”评选命名可以每年进行一次。从程序上来讲，申报评选省级“敬老文明号”单位必须是市级“敬老文明号”单位，申报评选全国“敬老文明号”的单位必须是省级“敬老文明号”单位。市级“敬老文明号”单位申报评选省级“敬老文明号”，其创建周期为二年。即年初申报，次年年终由上一级评选委员会及办公室进行检查验收。其间申报单位要在其单位的显著位置，悬挂该单位正在创建“敬老文明号”公示牌，并公开监督电话接受群众监督。

（二）要加强宣传，扩大影响，营造敬老、养老、助老的良好社会环境。创建的过程，实际上就是宣传的过程。要把宣传工作作为创建活动的重要内容，放在突出的位置抓紧抓好。要广泛宣传“敬老文明号”单位的先进经验，宣传创建活动先进组织单位的典型经验，宣传敬老养老助老的模范人物的事迹，要利用各种宣传媒体开展广泛深入的宣传活动，弘扬真善美，传递正能量，努力使创建的过程成为尊老敬老道德教育和法制教育的过程，成为加强同有关部门联系与合作，推动老龄工作的过程。

鉴于社会上有的人道德失范，不敬老、不养老甚至侵犯老年人合法权益的现象时有发生，在创建活动中，要高度关注并着力加强教育和引导。为此，在开展“敬老文明号”创建活动中应选择有代表性的先进的创建单位树立为“山西省敬老文化教育基地”，用先进的敬老文化塑造人、教育人，以引领社会风尚，推动和谐社会建设。

（三）要完善体系，形成系统，使创建工作有序推进。在创建实践中，要准确把握创建活动的含义，注重做好创建工作的各个环节，使创建的各个环节科学完善，特色明显，形成完整创建工作体系。在“敬老文明号”的旗帜下，使创建活动既有统一要求，又有行业部门的特点，形成各具特色生动活泼的创建局面。各级老龄办要积极组织，充分发动，加强指导，不断推进，形成常抓不懈的动态管理机制。

各地举办的德孝文化节等，我们要争取纳入“敬老文明号”创建工作系列，以丰富和扩大敬老文化的教育手段，增强创建活动的社会影响。要协调各部门组织所属单位积极开展创建活动，要创建“敬老文明号单位、敬老文明班（组）、敬老文明岗”，形成单位、班（组）、岗创建系列。还可开展创建“敬老文明县（市、区）、乡（镇）、村、家庭”等活动，形成创建系统，要把创建理念渗透到创建文明单位的各项活动中，蕴含在常态化的日常工作中。

（四）以创建活动为纽带，加强同各有关单位的联系与合作，形成推动老龄工作的合力。各级老龄办要主动加强同各有关部门和单位的联系，进一步提高认识，增强共识。要以创建活动为切入点，找准和抓住老龄工作同其他部门工作的结合点，进一步加强人口老龄化的国情教育，提升应对人口老龄化的社会共识，促进老年人共享社会经济发展成果，推动社会主义和谐社会建设。要进一步密切和加强同各有关部门的通力协作，携手搞好新形势下的老龄工作。

（五）创新思路，加强指导，推动创建工作再上新台阶。各级老龄办要以当前开展的群众路线教育实践活动为契机，以老年群众满意不满意为标准，创新思路，积极实践，使创建活动在新的起点上实现量的扩张和质的提高。

在创建思路上，避免就创建而创建单纯创建的工作思路。要把创建活动作为密切联系、优质服务老年群众的重要手段，倡导优惠、优待、优先服务老年人的文明新风，使老年人受尊重、得实惠。

在创建方法上，要紧紧围绕全国及省老龄委关于创建“敬老文明号”活动的意见精神，按照创建工作的各个环节要求，寻找规律性的东西，在探索中创新，在创新中完善。使我们的创建方法更加符合创建工作的特点和要求，更加富有成效。

在创建的成效上，既要注重创建的效果，也要注重创建的过程。对于创建活动来讲，其生命力就在于创建，创建的质量决定着创建的效果，没有有效的创建就不会有成功的效果。要注重创建过程，不搞和反对形式主义，在创建的各个环节都要实事求是，要制定符合单位和行业特点的具体创建标准、创建要求，实实在在的一步一个脚印的搞好各个环节。同时也要重视创建效果，这是我们创建活动的目的所在，也是对创建工作有效检验。通过完善的创建过程取得有效的创建成果，用创建成果检验和完善创建各个环节即过程，不断提高创建活动的水平，为山西的转型跨越发展提供精神支持，营造良好的发展环境。

山西省老龄工作委员会办公室

二〇一三年十一月十三日

关于对80至89周岁低收入老年人发放高龄津贴的通知

辽老龄办发〔2013〕52号

各市民政局、财政局、老龄工作委员会办公室：

为积极应对我省人口老龄化趋势，进一步完善惠老优待政策，全面贯彻落实《中华人民共和国老年人权益保障法》《辽宁省老年人权益保障条例》和《辽宁省老龄事业发展“十二五”规划》，加快推进覆盖城乡的老年人社会保障体系建设，积极探索建立低收入高龄老年人基本生活保障的长效机制，努力实现“老有所养”的目标，经省政府同意，在全省范围内对80至89周岁低收入老年人发放高龄津贴。现就有关事宜通知如下。

一、重要意义

截至2012年底，我省老年人口数量已达760万，占全省总人口的17.6%。老年人口的快速增长进一步加剧了我省人口老龄化的严峻性和复杂性，使我省社会经济发展面临着严峻的挑战。对80至89周岁低收入老年人发放高龄津贴，是实现我省老年人社会福利制度进一步向普惠型发展的重要举措，是缓解养老矛盾、解决低收入高龄老年人基本生活问题、提高生活质量的现实之需，也是党和政府关爱老年人、弘扬中华民族敬老爱老助老传统美德的重要体现。

二、基本原则

（一）坚持从实际出发的原则。发放高龄津贴应充分考虑我省经济社会发展水平和低收入高龄老人的基本生活需求，使其与我省经济社会整体发展相适应。

（二）坚持属地管理原则。高龄津贴发放对象以户籍为基础，按其所在地实行属地化管理。

（三）坚持财政分级负担的原则。高龄津贴保障资金由省、市、县（市、区）三级财政分级承担。

（四）坚持公开、公平、透明的原则。严格按照标准确定高龄津贴的发放对象，实行“三级审批、张榜公示”，接受群众监督，增加工作透明度。

三、发放时间、范围、标准和资金来源

（一）发放时间：自2013年1月1日起执行。

（二）发放范围：户籍在本省行政区域内，年龄在80至89周岁的城乡低收入老年人（城乡低保对象和低保边缘对象中的老年人）。

（三）发放标准：每人每月发放不少于50元的高龄津贴（不计算家庭收入之中）。具体发放标准可由各市、各县（市、区）人民政府根据当地实际情况自行确定。如各地现行80至89周岁老年人高龄津贴政策执行范围和发放标准大于和高于本通知确定的范围和标准的，仍按原政策执行。鼓励有条件的地区在此基础上适当扩大发放范围，提高津贴标准。

（四）资金来源。低保对象中的老年人高龄津贴通过提高低保分类救助比例，由低保渠道发放，在低保金中列支，省在分配低保资金时对各地给予补助。低保边缘对象中的老年人高龄津贴发放所需资金由各市、县（市、区）自行负担。

四、工作要求

（一）加强领导，精心组织。各地、各有关部门要对低收入老年人高龄津贴的发放工作高度重视，切实加强领导，结合本地实际及时制定具体工作方案和实施细则，精心组织、周密部署，认真抓好落实。

（二）明确任务，落实责任。各级财政部门要确保所需资金足额安排并及时拨付，切实加强资金的监管力度，专账管理，专款专用；民政部门和老龄工作部门要做好津贴的发放、登记、管理、审查、统计和汇总工作，确保高龄津贴及时、安全发放到位。监察、审计等部门要定期开展检查和监督，对套取、截留、挤占、挪用和不按规定发放的给予严肃处理。

（三）健全制度，规范管理。各地和各有关部门要不断完善高龄津贴制度，对发放对象实施动态管理。要建立健全定期抽查、核查、公示和统计报告制度，切实加强登记造册、统计台账、档案管理等各项基础工作，确保高龄津贴发放工作规范有序进行。

（四）广泛宣传，扩大影响。各地、各部门要加大宣传力度，积极宣传这项工作的意义，向社会公布80至89周岁低收入老年人高龄津贴的发放范围、标准和程序，做到家喻户晓、人人皆知，在全社会形成敬老爱老助老的良好社会氛围。

二〇一三年九月二十四日

关于进一步加强老年文化建设的实施意见

鲁老办发〔2013〕8号

各市党委组织部、宣传部、老干部局，各市教育局、民政局、财政局、住房城乡建设局、文广新局、体育局、旅游局、工会、共青团、妇联、老龄办，各军分区政治部：

为贯彻落实党的十八大精神，改善广大老年人的精神文化生活，提高应对人口老龄化的能力，根据中组部等16部门《关于进一步加强老年文化建设的意见》（全国老龄办发〔2012〕60号），提出我省实施意见。

一、进一步提高认识

近年来，我省各级党委、政府、有关部门以及社会各界，适应人口老龄化快速发展的形势和经济社会发展要求，积极推动老年文化、教育、体育事业发展，不断满足广大老年人的精神文化生活需求，老年人基本文化权益得到较好保障。各级制定了一些促进老年文化事业发展的政策，老年文化需求逐步纳入公共文化服务范围；老年文化设施的数量逐步增加，水平有所提高；老年文化体育组织不断壮大，逐步规范；老年文化活动丰富多彩，形成了经常性活动与大型活动相结合的活动制度。老年人的精神文化生活水平总体上不断提高，老年文化事业发展呈逐步加快的趋势。我省老年文化事业尽管取得了一定成绩，但仍存在着明显的问题和不足，主要是有的地方和单位对老年文化建设的重要作用认识不足，对老年人特殊文化需求关注不够；在体制机制、政策措施、投入等方面缺乏统一规划和总体协调；老年文化设施建设相对滞后，老年文化活动队伍建设缺乏应有的指导和支持，老年文化产业开发远远不够。这些问题，不仅影响了我省老年人的生活质量，也与我省经济社会发展水平不相适应，与积极应对人口老龄化的客观要求不相适应。

我省是老年人口第一大省，目前，老年人已达1 513万，占总人口的15％。近年来，老年人精神文化生活需求急剧增加。大力加强老年文化建设，对于实现党的十八大提出的全面建成小康社会宏伟目标具有重大意义。一是推进中国特色社会主义的必然要求。加强老年文化建设，有利于促进社会主义核心价值体系建设，坚定中国特色社会主义共同理想，传承、创新和发展繁荣社会主义先进文化。二是改善老年民生的重要内容。不断满足老年人的精神文化生活需求，保障老年人的文化权益，提高老年人的生活、生命质量，促使老年人保持身心健康和良好的精神风貌，有利于积极应对人口老龄化。三是加强和创新社会管理的重要方式。通过开展丰富多彩的文化活动，能够让更多的老年人在组织之中，关爱之中，对于搞好社会管理、促进社会和谐具有积极作用。四是发展文化产业的重要领域。老年人文化消费在整个养老消费中所占的比例正在逐步加大，文化消费能力明显提高，是亟待开发壮大的文化产业。

各级各部门要站在建设中国特色社会主义、应对人口老龄化、加强社会管理、发展繁荣社会主义先进文化的战略高度，充分认识加强老年文化建设的重大意义，努力满足老年人的精神文化生活需求，推进老龄事业科学发展。要树立积极的老年文化观，把老年文化融入社会主义核心价值体系建设全过程，发挥老年人在社会主义精神文明建设中的积极作用，为实现全面建成小康社会的宏伟目标增加精神动力。要尊重老年人的社会价值，扩大老年人社会参与度，弘扬中华民族传统美德，营造敬老爱老助老的良好氛围。广大老年人要树立终身发展的理念，保持自尊自爱自立自强的精神风貌和健康文明的生活方式，积极面对老年生活，提高晚年生活质量。

二、主要工作任务

（一）充分发挥公共文化设施的为老服务功能。将老年文化设施建设纳入公共文化服务体系建设和城乡规划。以公共财政为支撑，按照城市文化活动设施用地和老年人设施规划标准，加快老年文化设施建设。各市、各县（市、区）和各乡镇（街道）至少要有1处示范性老年人活动中心，社区、村（居）全部建立老年活动场所。推动跨部门项目合作，实现统筹规划、资源整合和共建共享。增强基层公共文化体育设施的适老功能，新建或改造老年人文化体育活动设施，要符合涉老工程建设标准和无障碍设施建设标准，配备适合老年人的文化体育用品、用具。省、市重点文化惠民工程项目，要为老年人提供必要的服务内容。加强公共文化服务对老年人供给保障。严格落实《山东省优待老年人规定》，各级各类公共文化体育设施、游览景点，要按规定执行对老年人减免门票等优待。各级文化馆、文化广场、体育馆等公共文化体育场所，要积极吸纳老年人参加活动并给予优惠，有条件的要开辟老年人文化娱乐活动区域。公共文化服务设施在免费开放工作中，要增加面向老年人的特色文化服务项目。各级艺术表演团体要把为老年人演出纳入计划，安排专场。政府和文化部门举办的大型文化活动，要适当安排老年文化节目参加。在数字文化资源建设中，要适当增加戏曲、书画等适合老年人的内容。加快城乡老年文化建设一体化发展。合理配置城乡文化资源，增加农村文化服务供给。在文化信息资源共享、农村电影放映、农家书屋建设等文化惠民工程中，要扩大对农村老年人的覆盖面。鼓励文化单位深入农村为老年人提供服务。各级宣传文化部门和工、青、妇等群团组织，要广泛开展志愿文化服务活动，为农村空巢、失能、失独、留守等特殊困难老年人提供公益文化服务，进行精神慰藉和心理疏导。

（二）深入开展老年特色文化活动。深入开展老年思想教育活动。把老年思想教育与开展健康有益的老年文化体育活动相结合，寓教于乐，帮助老年人跟上时代步伐。要发挥基层党组织、基层“老工委”的管理服务功能和老干部、老战士、老教师、老专家、老模范等先进群体和知识群体的带动作用，做好老年人思想政治工作，发挥老年人在优秀文化和优秀道德方面的传承作用，促进社会和谐进步。着重打造老年文化活动品牌。注重品牌效应，组织开展主题活动、系列活动和精品活动，提高老年文化建设水平。老龄部门要积极组织参加全国“敬老月”活动和“敬老文明号”创建活动；每年举办全省“重阳欢歌”老年节文艺演出，每两年举办一次全省银龄风采艺术节。文化部门要积极组织参加“中国老年合唱节”、“群星奖”评选等大型老年文艺活动。体育部门要办好每四年一次的全省老年运动会，组织开展群众性老年健身活动。各级民政部门要引导社会福利院、敬老院、老年公寓等养老服务机构加强老年文化设施建设，并组织开展适宜老年人的健身娱乐活动。各级妇联继续开展“巾帼助老行动”，并在“巾帼社区服务工程”中拓展老年文化活动内容。旅游部门要积极开发老年旅游产品，打造老年旅游品牌。不断强化各级老年大学、老干部活动中心的政治引导、娱乐健身功能，充分发挥好老年文化建设主阵地的作用和示范作用。要进一步抓好军地干休所文化活动场所建设，组织开展各类文化体育活动。广泛开展基层老年文化活动。在社区文化、村镇文化、校园文化、家庭文化等群众性文化活动中，拓展面向老年人的服务项目。对老年人自发的健康向上的文化体育活动要给予支持和指导。加强对基层老年文化体育骨干的培训工作，纳入老龄、文化、体育部门的年度培训计划，有条件的场馆可组织基层老年人定期开展文化讲座。大力发展老年教育。加强对老年教育的统一规划，加大投入力度，统筹发展。各级老干部工作部门和文化、老龄等有关部门，要进一步提高老年大学的办学质量，把老年教育纳入终身教育和社区教育体系，促进老年教育规范化建设。要积极探索，利用各种形式，推进老年教育和“文化养老”。有条件的高校和基层单位，要为老年人提供学习机会和场所。鼓励社会力量参与老年教育事业。

（三）加强老年文化组织建设。积极稳妥地发展各类老年文化组织，包括专业协会、演出团队、体育健身团队等，重点推进基层老年文化组织建设。加强对老年文化组织的指导、规范、服务和管理，制定相关管理服务办法。充分发挥老年文化体育组织的作用，把更多的老年人纳入组织之中、活动之中，使老年文化组织成为对老年人实行社会管理的有效渠道和党委、政府联系群众的纽带、桥梁。近3年内，各市要重点建设2～3支、县（市、区）要重点建设1～2支规范稳定、水平较高的老年文化体育团队，形成老年文化体育活动的骨干力量。充分发挥基层党组织在老年文化建设中的领导核心作用和广大老党员、老干部的带头作用。重视老年人在非物质文化遗产传承中的作用，加强对老年非物质文化遗产项目传承人及相关组织的帮扶力度。

（四）积极推动老年文化产业发展。推动老年文化产品的创作生产。结合公共文化服务体系建设，积极开发老年文化产业，提高老年文化产品的供给能力。宣传、文化、广播影视、新闻出版等部门，要把老年题材纳入文学艺术、舞台艺术、电影、电视剧的创作和生产，纳入报刊、图书和音像出版计划。重点扶持一批老年题材的创作项目和文化工程，着力打造一批思想性、艺术性和观赏性相统一，深受老年群众喜爱的优秀文化作品。引导老年网络文化发展，制作适合互联网、手机等新兴传播载体的优秀老年文化作品。探索建立老年文化体制。老龄部门和有关部门要结合文化体制改革，探索建立促进老年文化事业和产业发展的管理服务体制。要注重开发老年文化消费市场，发挥市场在老年文化产业发展中的作用，加大老年文化产品和服务的供应。加强调查研究。弄清老年文化产业发展的领域、规模、规律、趋势等基本问题，为制定发展规划、出台相关政策提供依据，促使老年文化产业尽快成长壮大，更好地满足老年人的文化需求。

（五）大力营造全社会孝亲敬老的文化氛围。弘扬孝亲敬老的传统美德。在开展社会公德、职业道德、家庭美德、个人品德建设中，要把孝亲敬老作为重要内容。深入开展“敬老爱老助老”主题教育活动，通过评选模范单位和个人，树立典型，弘扬中华民族孝亲敬老的传统美德。加强老龄宣传工作。要围绕中心、服务大局，丰富内容，创新载体，推进老龄宣传工作深入开展。各级党报、党刊、电台、电视台要加大老龄宣传力度，办好老年文化生活专版、专栏，经常安排刊播老年公益文化广告，重点新闻网站和涉老部门网站要开设老年频道或网页，打造老年人网上精神家园。注重发挥信息网络等新兴媒体的优势，提高老龄宣传阵地的能力和水平。各级各类老龄媒体要发挥骨干作用，加强协调与合作，形成促进老年文化建设的良好舆论环境。

三、保障措施

（一）加强组织领导。要把老年文化建设纳入重要议事日程和老龄工作责任目标考核体系。明确各部门在老年文化建设中的职责任务，分工协作，形成合力，确保老年文化建设与公共文化服务体系建设同步规划，同步实施，同步发展。要重视选拔政治素质好、大局意识强、热心服务、作风务实、乐于奉献的同志到老龄工作部门工作，注意充实老年文化工作力量。老龄工作机构要发挥综合协调职能，建立联席会议制度，定期召开会议，沟通情况，研究和解决问题。要加强调查研究，弄清老年人精神文化生活的新变化和新期待，探索老年文化服务的新载体、新路径和新方法，使老年文化建设不断创新发展。

（二）加大投入。在推进基本公共服务体系和公共文化建设中，要统筹安排，进一步加大公共财政对老年文化建设的投入，切实保证重点老年宣传文化活动项目资金需要。在推进社会养老服务体系建设中，要统筹考虑老年人的精神文化需求，进一步丰富、完善各类养老服务机构的文化体育服务功能，提高社区老年活动中心（站、点）的服务能力。创新财政投入方式，采取竞争性分配、以奖代补等方式，鼓励和引导社会资金投入，放大财政资金倍增效应，提高财政资金使用效益。要引导民营资金投入建设老年文化设施，在税费、土地、融资、使用公共事业产品等方面给予政策扶持。政府投资建设的老年文化活动设施（含已建成使用的），应通过招标的方式实行公建民营。政府投入应向基层倾斜，统筹安排农村文化建设等专项资金，加大对符合条件的社区、村（居）的老年文化活动场所和困难地区、困难老年人群的投入力度。

（三）加强管理服务。加强对老年文化场所和老年文化组织的管理服务，制定管理服务办法。实施分类管理、指导和服务。对符合条件的老年文化机构和组织，要依法注册登记；对基层群众性老年文化组织和老年文化活动场所，要明确管理部门或单位；对长期不开展活动或产生不良影响的老年文化组织，要帮助整改或劝其解散。通过加强管理和服务，形成良好的老年文化活动阵地，建设老年文化活动主力军。

二〇一三年三月二十六日

（江苏）省政府办公厅关于进一步加强农村“五保”供养服务机构建设管理的意见

苏政办发〔2013〕110号

各市、县（市、区）人民政府，省各委办厅局，省各直属单位：

为进一步加强农村“五保”供养服务机构管理，提高供养服务能力和水平，切实保障五保供养对象的基本生活权益，根据国务院《农村五保供养工作条例》和民政部《农村五保供养服务机构管理办法》等有关规定，现就进一步加强我省农村“五保”供养服务机构建设管理提出如下意见。

一、深化改革，不断完善农村五保供养服务机构管理体制和运行机制

（一）理顺管理体制。符合事业单位法人登记条件的农村“五保”供养服务机构，可依据国务院《事业单位登记管理暂行条例》进行事业法人登记。各地要按照《省政府办公厅转发省民政厅省编办等部门关于加强基层民政机构建设若干意见的通知》（苏政办发〔2012〕160号）要求，做好农村“五保”供养服务机构事业单位法人登记工作，便于其依法独立开展业务活动。各级民政部门负责本行政区域内农村五保供养服务机构管理和业务指导工作。

（二）创新运行机制。积极推进农村“五保”供养服务机构公建（办）民营。通过总体承包、分部承包、委托运营、合资合作等方式，转给社会组织、企业或有能力的个人运营。在实施公建（办）民营过程要积极稳妥、公正规范，确保国有资产不流失、机构公益性质不变、服务水平不降低。鼓励社会力量捐资建立或资助农村“五保”供养服务机构建设，大力实施民办公助，对非营利性民办养老机构接收安置五保供养对象，政府按规定标准将生活、医疗、照料等费用转入民办养老机构，并根据其投资额、建设规模、床位数、入住率和覆盖社区数、入户服务老人数等因素，给予一定的建设补贴和运营补贴。

（三）调整功能定位。农村“五保”供养服务机构在保障供养“五保”对象的基础上，要积极面向社会老年人开展养老服务。各地要充分发挥“五保”供养服务机构在农村养老服务体系中的骨干作用，将其发展成区域性养老服务中心、“五保”对象集中供养场所、农村机构养老的主要平台和社区养老服务的重要载体。各地在推进城乡一体化进程中，要统筹推进农村“五保”供养服务机构发展，苏南及苏中有条件的地区要建成社会福利中心。要把农村“五保”供养服务机构的建设管理，与大力发展农村养老服务事业和产业结合起来，坚持广覆盖、保基本、多层次、可持续的方针，不断满足广大农村老年人尤其是困难老年人的社会养老服务需求。

二、改善条件，全面提高农村“五保”供养服务机构保障服务能力

从2013年起，用3年时间对全省农村五保供养服务机构进行“三有三能六达标”改造建设，确保到2015年，全省所有农村五保供养服务机构实现每个房间或每个套间内有能正常使用的卫生间、有保暖降温设备、有电视机，老人不出院能洗澡、能看病、能康复娱乐，消防、卫生、环境、五保老人供养水平、管理服务人员配比和工资待遇达到国家和省提出的标准。农村五保供养服务机构初步具备生活照料、精神慰藉、康复护理、紧急呼叫、安全援助和社会参与等功能。

（一）科学调整规划布局。各地要紧密结合新型城镇化建设，把农村“五保”供养服务机构建设纳入当地经济社会发展规划，在政策、资金、项目等方面给予扶助。按照着眼现实、立足长远，统筹规划、分步实施的原则，科学谋划功能定位，合理确定建设布局。制定3年整体改造建设方案和年度项目安排计划，重点做好对规模过小、位置偏远、管理松散供养机构的撤并工作，充分整合现有资源，通过改建扩建，探索建设一批覆盖2个以上乡镇的区域性、规模化、功能设施齐全的供养机构，被撤并的小型供养机构可用作社区居家养老服务中心，提供社会养老服务，避免重复建设和资源浪费。

（二）优化配置设施设备。各地要按照住房城乡建设部、民政部《老年人建筑设计规范》、民政部《老年人社会福利机构基本规范》和《江苏省农村五保供养服务机构等级评定办法》的要求，以县为单位进一步细化“三有三能六达标”的内容，对院舍布局、设施购置、设备配备等提出具体要求。要合理布局“五保”供养服务机构厨房、餐厅、卫生间、洗衣室、浴室、活动室、医务室等辅助功能用房，配备文体娱乐、康复护理、供暖降温等生活设施，配齐房间内部基本设施设备，定期为集中供养对象添置、更新衣被和其他生活用品，实现基本养老服务功能，满足日常生活照料需求。要实施无障碍设施改造，设置覆盖全院的医用应急呼叫系统和安全监控系统，为失能、半失能“五保”对象提供专门服务，对突发性疾病和其他紧急情况提供应急处置救援。

（三）落实项目推进措施。县（市、区）人民政府要根据年度设施更新改造和床位建设项目，进一步落实乡镇政府（街道）的责任和推进措施，明确项目建设具体内容、建设标准、开工时间、完成时间、项目责任人以及资金筹集方式和比例等。各地要按照农村“五保”供养服务机构3年改造总体方案，以及年度具体的设施更新改造和床位建设项目，测算出所需资金，足额列入地方财政预算。资金要坚持跟着项目走，严格管理，专款专用。省级财政和福利彩票公益金将对经济薄弱地区给予适当补助，具体补助办法由省民政厅会同省财政厅另行制定。

三、规范管理，着力提升农村“五保”供养服务机构管理服务水平

（一）配齐管理服务人员。农村五保供养服务机构应当根据服务对象的数量和需求配齐工作人员，工作人员与供养对象的比例不低于1∶10，对生活不能自理的老人按不低于1∶6的比例配备护理人员。农村五保供养服务机构工作人员实行聘任制，由县级民政部门会同乡镇政府（街道）面向社会公开招聘。其工资标准应不低于当地最低工资标准，并由当地财政部门拨入农村“五保”供养服务机构资金专户，乡镇政府（街道）要为其办理养老、医疗、工伤等保险，维护其劳动权益。支持各地将农村“五保”供养服务机构服务岗位作为公益性岗位，并按规定落实好岗位补贴和社会保险补贴。县级民政部门要定期对农村“五保”供养服务机构管理服务人员进行培训，不断提升其职业道德素质和业务技能。

（二）足额安排供养经费。苏北、苏中和苏南的年供养标准应当不低于上年度本县（市、区）农民人均收入的50%、45%和40%。各地要按照供养标准足额安排资金，将供养经费足额纳入县级财政预算。集中供养的，由县级财政部门将资金拨入农村“五保”供养服务机构资金专户。

（三）落实管理服务经费。各县（市、区）人民政府要将农村“五保”供养服务机构人员工资和管理运行经费纳入县乡财政预算，确保机构的正常运转。管理运行经费主要用于工作人员日常办公、设备设施购置维护以及水电气费等，由当地财政按月划拨到农村五保供养服务机构专用帐户。县级以上民政部门每年要从本级福利彩票公益金中安排一定数量资金，用于支持农村“五保”供养服务机构的修缮维护。

（四）发展院办经济。乡镇政府（街道）要通过划拨、调剂或租用生产用地等方式，解决农村“五保”供养服务机构发展院办经济必需的场地和设施。农村“五保”供养服务机构要充分利用现有闲置土地、设施等，因地制宜发展种植、养殖、加工等院办经济，其收入用于改善供养对象生活。

（五）完善各项制度。各地要以县（市、区）为单位，按照管理规范化、服务标准化的要求，制定农村“五保”供养服务机构工作人员岗位职责和民主管理、院务公开、财务管理、安全消防、卫生保洁、会议学习、后勤保障及突发事件应急处置预案等规章制度，完善保健、护理、康复等服务规程。建立管理服务人员的考核评比和奖惩制度，考核结果与工作人员报酬、续聘挂钩。要建立和落实院长负责制，真正落实院长的领导权力和主体责任，主办机关要把对院长履职情况考核作为加强农村“五保”供养服务机构管理的重要内容。农村“五保”供养服务机构要通过选举院务管理委员会，落实院务公开，开展民主管理。

四、齐抓共管，建立健全农村“五保”供养服务机构监管机制

各县（市、区）人民政府要将农村“五保”供养服务机构建设纳入本地区经济社会发展总体规划和年度计划，纳入政府目标管理和绩效考核，纳入政府年度重点工作和为民办实事项目，加大推进力度，确保取得实效。各地政府相关部门要加强对农村“五保”供养服务机构的监管。民政部门要对农村“五保”供养服务机构实行星级评定管理，对未达标的单位予以通报批评，并限期整改。建立民政、财政、卫生、公安、消防、审计、住房城乡建设和国土资源等部门协调联动机制，每年对农村“五保”供养服务机构组织专项检查，并及时向当地政府作出专题报告。对政策不落实、管理服务不到位的乡镇政府（街道）予以通报批评；对农村“五保”供养服务机构不履行管理和服务职责，致使供养对象合法权益遭受侵害的，由县（市、区）民政局和乡镇政府（街道）责令其限期改正；对管理服务缺失、造成重大事故和严重损失的，要依法追究相关单位和人员的责任。

各地、各有关部门要根据本意见精神，结合实际制定具体实施办法，确保农村“五保”供养服务机构建设管理工作落到实处。

江苏省人民政府办公厅
二〇一三年六月八日

（江苏）省政府关于印发江苏省城乡居民社会养老保险办法的通知

苏政发〔2013〕144 号

各市、县（市、区）人民政府，省各委办厅局，省各直属单位：

现将《江苏省城乡居民社会养老保险办法》印发给你们，请认真贯彻实施。

江苏省人民政府
二〇一三年十一月二十日

江苏省城乡居民社会养老保险办法

根据《中华人民共和国社会保险法》有关规定，结合省情实际，决定整合全省新型农村社会养老保险（以下简称新农保）和城镇居民社会养老保险（以下简称城居保）制度，建立城乡居民社会养老保险制度，具体办法如下。

一、基本原则

城乡居民社会养老保险工作以邓小平理论、“三个代表”重要思想、科学发展观为指导，深入贯彻落实党的十八大和十八届三中全会精神，紧紧围绕“两个率先”总要求，着力构建与我省经济社会发展水平相适应的城乡居民社会养老保险制度，解决城乡居民老有所养问题。城乡居民社会养老保险制度的基本原则是“全覆盖、保基本、多层次、可持续”。一是政府主导与居民自愿相结合，引导城乡居民普遍参保；二是从城乡居民实际情况出发，筹资标准和待遇水平与经济发展及各方面承受能力相适应；三是个人（家庭）和政府合理分担责任，权利与义务相对应；四是省确定基本原则和主要政策，地方制定具体办法。

二、目标任务

在全省范围内全面整合新农保与城居保制度，建立城乡居民社会养老保险制度。已先行建立城乡居民社会养老保险制度的市、县（市、区），要根据本办法，调整和完善相关政策；已参加新农保和城居保及已享受新农保和城居保待遇的人员，全部并入城乡居民社会养老保险制度。

三、参保范围

具有本省户籍，年满 16 周岁（不含在校学生）以上、60 周岁以下，未参加企业职工基本养老保险的农村居民和城镇非从业居民，均可在户籍地自愿参加城乡居民社会养老保险。

四、基金筹集

城乡居民社会养老保险基金筹集主要由个人缴费、集体补助、政府补贴构成。

（一）个人缴费。参加城乡居民社会养老保险的人员应当按规定缴纳养老保险费。缴费标准目前设定为每年 100 元、200 元、300 元、400 元、500 元、600 元、700 元、800 元、900 元、1 000 元、1 100 元、1 200 元 12 个档次，市、县（市、区）人民政府可根据经济发展水平适当增设缴费档次。参保人自主选择档次，按规定逐年缴纳保费，多缴多得。省根据国家要求和经济发展及城乡居民收入增长等情况适时调整缴费档次。各地可按制度规定，结合本地实际确定缴费方式。

（二）集体补助。充分发挥我省集体经济优势，建立和完善城乡居民社会养老保险基金集体补助机制。有条件的村集体应当对农村居民参保缴费给予补助，补助标准由村集体民主确定。鼓励其他经济组织、社会公益组织、个人为城乡居民社会养老保险参保人缴费提供资助。

（三）政府补贴。政府对符合领取条件的参保人全额支付城乡居民社会养老保险基础养老金。基础养老金由中央财政、省财政和地方财政共同承担，省财政（含中央财政）对市、县（市、区）按人均财力分档给予补助，对经济薄弱地区给予重点倾斜。

市、县（市、区）人民政府应对参保人员缴费给予补贴，多缴多补。选择100～400元标准缴费的，补贴标准不低于每人每年30元；选择500～800元标准缴费的，补贴标准不低于每人每年40元；选择900～1200元标准缴费的，补贴标准不低于每人每年50元。补贴标准限低不限高，有条件的地区可提高补贴标准，对选择较高档次标准缴费的，可适当增加补贴给予鼓励，具体标准和办法由市、县（市、区）人民政府确定。

对城乡重度残疾人等缴费困难群体，市、县（市、区）人民政府为其代缴部分或全部最低标准养老保险费。

五、建立个人账户

政府为每位参保人员建立终身记录的养老保险个人账户。个人缴费、集体补助、政府对参保人的缴费补贴、个人账户利息及其他来源的缴费资助，全部记入个人账户。个人账户储存额参照我省企业职工基本养老保险个人账户记账利率计息。

六、养老金待遇

养老金待遇由基础养老金和个人账户养老金构成，支付终身。

2013年基础养老金标准为每人每月最低80元，市、县（市、区）人民政府可根据当地实际情况适当提高基础养老金标准，对于连续缴费超过15年的城乡居民，每超过1年，基础养老金可增发1%，提高和增发部分的资金由当地人民政府承担。

个人账户养老金的月计发标准为个人账户储存额除以139。参保人员死亡，个人账户中的资金余额，除政府补贴外，可依法继承；政府补贴余额用于继续支付其他参保人的养老金。

七、养老金待遇领取条件

参加城乡居民社会养老保险的人员，年满60周岁，可按月领取养老金。

2009年12月29日已年满60周岁的农村居民、2011年10月20日已年满60周岁的城镇居民，未享受企业职工基本养老保险待遇以及国家规定其他养老待遇的，不需缴费，可按月领取基础养老金。

2009年12月29日未满60周岁的农村居民、2011年10月20日未满60周岁的城镇居民，未参加企业职工基本养老保险的，按规定缴费至达到领取养老金年龄止。其中，距领取年龄不足15年的，应按年缴费，并允许补缴，累计缴费不超过15年；距领取年龄超过15年的，应按年缴费，累计缴费不少于15年。

要引导城乡居民及城乡居民社会养老保险待遇领取人员的子女按规定参保缴费，鼓励长期缴费，多缴多得，具体办法由市、县（市、区）人民政府规定。

八、待遇调整

根据国家新农保和城居保基础养老金调整政策和全省经济社会发展以及物价变动等情况，适时调整基础养老金的最低标准。

九、基金管理与监督

建立健全城乡居民社会养老保险基金财务会计制度。城乡居民社会养老保险基金纳入社会保障基金财政专户，实行收支两条线管理，单独记账、核算，按有关规定实现保值增值。目前，城乡居民社会养老保险以市、县（市、区）为统筹地区，条件成熟时实行省级管理。

各级人力资源社会保障部门要切实履行城乡居民社会养老保险基金的监管职责，制定完善城乡居民社会养老保险各项业务管理规章制度，规范业务程序，建立健全内控制度和基金稽核制度，并定期披露基金筹集和支付信息，做到公开透明；加强社会监督，严禁挤占挪用，确保基金安全。财政部门要充分发挥监督职能，加强基金收入、支出、结余的监督，实行基金的财政专户管理，确保专款专用。监察、审计等部门按各自职责实施监督。城乡居民社会养老保险经办机构每年对参保人待遇领取资格进行认证和公示，并接受群众监督。

各级人力资源社会保障部门与财政部门要密切配合，切实加强对基金的监督管理，定期检查基金的筹集、存储、上解、发放等工作。

十、经办管理服务

各地要及时、完整、准确记录城乡居民参保缴费和领取待遇情况，定期将个人权益记录单免费寄送本人，建立参保档案，长期妥善保存；建立全省统一的城乡居民社会养老保险信息管理系统，与企业职工基本养老保险信息管理系统整合，纳入社会保障信息管理系统（“金保工程”）建设，并与其他公民信息管理系统实现信息资源共享；大力推行以参保、缴费、领取、查询为主体的便民快捷服务体系建设，实行全国统一的社会保障卡，方便参保人持卡缴费、领取待遇和查询本人参保信息。加强经办能力建设，整合现有资源，鼓励建设“五险合一”的社会保险经办机构，切实解决城乡居民社会养老保险经办管理服务必要的工作机构、人员和工作经费。城乡居民社会养老保险工作经费纳入同级财政预算，不得从城乡居民社会养老保险基金中开支。

十一、组织领导

各级人民政府要充分认识开展城乡居民社会养老保险工作的重大意义，将其列入当地经济社会发展规划和年度目标管理考核体系，切实加强组织领导，全面落实各项措施。

各级人力资源社会保障部门要切实履行城乡居民社会养老保险工作行政主管部门的职责，会同财政等有关部门做好城乡居民社会养老保险的统筹规划、政策制定、统一管理、综合协调等工作。

十二、加强宣传

建立城乡居民社会养老保险制度是贯彻落实科学发展观、加快建设覆盖城乡居民社会保障体系的重大决策，是统筹城乡发展、推进基本公共服务均等化的重要政策，是实现广大居民老有所养、促进社会和谐的重大民生工程。各地、各有关部门要加强宣传，运用通俗易懂的方式，宣传城乡居民社会养老保险重要意义、基本原则和各项政策，增进全社会特别是城乡适龄居民对该项政策的了解，营造全社会共同关心支持该项工作的良好氛围，促进城乡居民社会养老保险事业持续健康发展。

十三、相关制度衔接

《省政府关于印发江苏省新型农村社会养老保险制度实施办法的通知》（苏政发〔2009〕155号）和《省政府关于印发江苏省城镇居民社会养老保险制度实施办法的通知》（苏政发〔2011〕144号）规定的各项政策与本办法整合，苏政发〔2009〕155号文件和苏政发〔2011〕144号文件同时废止，自2014年1月1日起，统一按本办法执行。城乡居民社会养老保险与企业职工基本养老保险、被征地农民社会保障、“五保”供养、优抚对象、最低生活保障等制度的衔接和转移接续办法，按国家有关规定执行。

关于进一步加强老年教育工作的意见

苏老龄办〔2013〕27号

各设区市和昆山市、泰兴市、沭阳县教育局、民政局、财政局、文广新局、卫生局、老干部局和老龄办：

为了积极应对人口老龄化挑战，满足老年人日益增长的学习需求，依据《中华人民共和国老年人权益保障法》和《江苏省老年人权益保障条例》相关规定，现就进一步加强我省老年教育工作提出如下意见。

一、老年教育工作的重要意义

老年教育，是以提高老年人道德修养、科学文化和身体健康素质，满足老年人增长知识、丰富生活、陶冶情操、促进健康、服务社会所实施的教育活动，是终身教育体系和老龄工作体系的重要组成部分。发展老年教育，是满足老年人学习愿望和受教育权益的需要，是建设学习型社会和提高社会文明程度的需要，是实现“健康老龄化”和“积极老龄化”的核心战略举措。

二、老年教育工作的指导思想和基本原则

（一）指导思想：要以邓小平理论、“三个代表”重要思想、科学发展观为指导，以提高老年人素质和生活质量为宗旨，坚持政府主导、多方参与、社会支持，走多渠道、多形式、多层次的发展路径，构建有江苏特色的老年教育体系，不断满足日益增长的老年人学习需求，造就身体健康、心理快乐、品质高尚、生活智慧、个性多彩、思想与时俱进的现代老年人。

（二）基本原则：一是适应性原则，坚持老年教育事业与经济社会发展和人口老龄化相适应；二是公益性原则，坚持公益性为主体，社会办学为补充；三是普惠性原则，坚持不断扩大规模，让更多的老年人受益；四是实用性原则，坚持从实际出发，以创新促进发展和促进教学质量的提高；五是统筹性原则，坚持统筹规划、分类指导，促进城乡、区域协调发展。

三、老年教育工作的主要任务

（一）扩大老年教育的覆盖面。参加各类老年教育机构学习的老年人要保持在本地区老年人口的10%以上，条件好的地区力争达到15%以上。

（二）建立和完善老年教育网络体系。做到每个市、县（市、区）、街道和50%乡镇、有条件的社区

（村）都要有老年大学或老年学习场所，并充分利用报刊、广播、电视、互联网等传媒积极开展老年教育，形成以老年大学为骨干，社区教育机构为依托，教育培训活动为抓手，现代信息技术为支持，覆盖城乡、多层次、多形式的老年教育体系。

（三）提高老年大学办学水平。要进一步巩固和发展省、市、县（市、区）老年大学，发挥对本地区老年教育的示范、指导、辐射、引领和服务作用；要改善教学设施、加强师资队伍建设、挖掘潜力，到2015年，实现学员规模在2011年基础上扩大20%以上；要在办学模式、教育内容、教学形式、管理制度等方面不断创新和完善，提高老年教育质量和扩大社会影响力。全省创建100所有影响的示范性老年大学。

（四）加强基层老年教育工作。要依托社区学院（大学）、（社区）教育中心、村（居）民学校，充分利用社区文化、养老等公共服务设施资源，发挥基层老年人协会作用，开办基层老年学校，老年学校要在有牌子、有班子、有经费、有场所、有计划、有教学的基础上，提高教学活动次数、内容和效果。到2015年，创建1 000所示范性街道和乡镇老年学校。

（五）大力发展老年开放教育。江苏开放大学要大力发展老年教育，开发适合老年人多方面、多层次学习需求的非学历和学历课程，充分发挥“江苏学习在线”、“夕阳红”江苏老年学习网和省广电总台教育频道，采用电视播放、网络覆盖、音像制品发放、社区组织和辅导相结合的形式，与基层社区教育中心、老年学习组织有效对接，为更广大的老年人学习创造条件。

（六）支持社会力量办学。依法鼓励社会办好各类老年学校。鼓励企事业单位、社会团体、社会组织及公民个人捐资助学，特别要鼓励离退休干部、教育工作者、医务工作者、文化工作者等参与老年教育工作。社会办老年学校，由市、县（市、区）教育行政部门审批，民政部门登记，免收登记和管理费。

（七）发挥大众传媒作用开展老年教育。要充分利用报刊、广播、电视、互联网等大众传媒，开展老年教育。老年报刊、网站要从提高老年人素质和生活质量出发，加强老年人教育和资讯服务。综合性大众传媒要开设老年栏目，各地要打造一批老年人喜爱的品牌栏目。探索城市社区电影院线在老年教育中的作用，发挥科教、文化等大量电影资源效益。

（八）积极开展提升老年人素质的社会活动。各地和各种涉老社会组织，要积极组织老年人开展健身、文化、交友、交流、比赛、展示等形式多样的社会活动，把老年教育融于老年社会活动之中，在活动中重视老年人政治思想教育和公民道德教育，通过活动提升老年人素质和身心健康水平。

（九）不断产出高质量的老年教育研究成果。要针对老年教育工作中出现的新情况、新特点、新问题，加强基础理论和应用性研究，有效地指导老年教育科学实践，保持我省老年教育研究位于全国领先方阵。要出版一批真正适合老年人的高质量的出版物和教材。

四、老年教育工作的保障措施

（一）依法推进老年教育事业发展。认真贯彻落实《中华人民共和国老年人权益保障法》中“国家发展老年教育，把老年教育纳入终身教育体系，鼓励社会办好各类老年学校。各级人民政府对老年教育应当加强领导，统一规划，加大投入”的规定和《江苏省老年人权益保障条例》中“地方各级人民政府应当统一规划、发展老年教育、文化、体育事业。县级以上地方人民政府应当把老年教育纳入终身教育体系，鼓励和支持社会力量办学，多渠道、多形式为老有所学提供条件”的规定。

（二）加强全省老年教育工作的统筹和管理。在省老龄工作委员会指导下，省教育厅、省民政厅、省财政厅、省文化厅、省卫生厅、省广播电影电视局、省委老干部局、省老龄办要明确相关处室和专人负责老年教育工作，省老龄办牵头每年召开一次老年教育协调会议，研究和部署全省老年教育工作。

（三）明确相关部门职责。各级老龄工作委员会作为政府老龄工作协调机构，承担老年教育的协调工作，老龄工作委员会涉及老年教育的成员单位，应做到认识到位、领导到位、责任到位、措施到位，并将老年教育列入教育和老龄事业发展规划、列入统计序列。

省教育厅把老年教育纳入终身教育体系。省老龄办会同教育等部门依照有关法律、法规的规定，制定老年教育机构的设置标准和管理办法；省教育厅依据管理办法对老年教育进行业务指导，组织教育督导与评估工作；指导办好江苏开放大学老年教育学院（省空中老年大学）；鼓励各地高等学校利用师资、教学设施等资源开办老年教育。

省民政厅做好老年大学注册登记服务，指导社区开展老年教育工作，指导有条件的养老机构开办老年大学和开展老年教育活动。

省财政厅从经费上支持老年教育事业的发展，参与老年教育发展规划和政策措施的制定。

省文化厅指导各地利用图书馆、博物馆、美术馆、文化馆（群艺馆）、文化站等资源开展老年教育活动；指导办好省老年文化大学。

省卫生厅指导各地开展各种形式的健康教育，普及老年保健知识，增强老年人自我保健意识和能力。

省广播电影电视局指导各地利用广播、电视、电影开展老年教育。

省委老干部局指导全省老干部局系统办好老年大学；办好省老年大学，发挥好示范作用。

省老龄工作委员会办公室承担省老龄工作委员会对老年教育的协调服务工作；会同有关部门提出推进老年教育工作的目标、任务、政策、措施等意见，并进行检查落实；与省教育厅和民政厅一起，推动社区开展各种形式的老年教育。

（四）保障老年教育经费投入。省有关部门主办的老年大学的办学经费，不改变现有的经费来源渠道。各地可根据本地区老年人口对老年教育发展的需求，依托现有资源探索建设老年大学或养教结合的老年教育中心，鼓励和支持社会力量办学，多渠道、多形式为老年教育发展创造条件。

（五）建立老年教育评估体系和表彰制度。省老龄办和教育厅要研究建立老年教育评估体系，指导全省老年教育发展。把老年教育纳入老龄工作评比表彰范围和教育工作评比表彰范围，定期表彰老年教育先进单位和先进个人。

（六）充分发挥省老年大学协会作用。省老龄工作委员会办公室要发挥省老年大学协会在老年教育规划、协调和指导方面的协助作用，为协会创造条件开展老年教育的调查研究、经验交流、评估表扬、成果展示、竞赛活动等工作。

江苏省教育厅　江苏省民政厅

江苏省财政厅　江苏省文化厅

江苏省卫生厅　江苏省广播电影电视局

中共江苏省委老干部局

江苏省老龄工作委员会办公室

二〇一三年十二月二十五日

中共浙江省委办公厅、浙江省人民政府办公厅关于进一步加强老龄工作的意见

浙委办发〔2013〕11号

为贯彻落实党的十八大和省第十三次党代会精神，适应经济社会发展需要，推进老龄事业科学发展，经省委、省政府同意，结合我省实际，现就进一步加强老龄工作提出如下意见。

一、进一步加强老龄工作的重要意义和总体要求

（一）重要意义。我省是全国较早进入人口老龄化社会且人口老龄化程度较高的省份。近些年来，全省各地认其贯彻党中央、国务院和省委、省政府的决策部署，紧紧围绕“老有所养、老有所医、老有所教、老有所学、老有所乐、老有所为”（以下简称“六个老有”）的老龄工作目标，切实加强组织领导，加大工作力度，老年人权益保障法律法规全面实施，老年社会保障体系和社会养老服务体系不断健全，老年人物质文化生活水平持续提高，老龄事业呈现出整体推进、加快发展的良好态势。但是，我们也要清醒地看到，当前和今后一个时期我省正处在人口老龄化加速发展的阶段。据统计，2011年底，全省60岁及以上户籍老年人口为823万人，占总人口的17.3%。人口老龄化与高龄化、空巢化、失能半失能老年人比例高并存，老龄问题日益突出，应对人口老龄化已成为我省面临的一个重大课题。积极应对人口老龄化、进一步加强老龄工作，事关广大老年人福祉，事关经济转型发展，事关社会和谐稳定。各级党委、政府要从全局和战略的高度，充分认识进一步加强老龄工作时重要性和紧迫性，切实增强责任感和使命感，转变工作理念，创新工作思路，加大工作力度，努力实现老龄事业与经济社会协调发展。

（二）指导思想。高举中国特色社会主义伟大旗帜，以邓小平理论、“三个代表”重要思想、科学发展观为指导，深入实施“八八战略”和“创业富民、创新强省”总战略，按照建设物质富裕精神富有的现代化浙江的总体部署和“六个老有”工作目标，坚持党政主导、社会参与、全民关怀的工作方针，进一步健全完善老龄事业发展体制机制，科学制定实施应对人口老龄化战略和政策体系，不断增强老年保障和服务水平，努力促进老年人社会参与，使全体老年人享

有更有尊严、更为安康的幸福生活。

（三）基本原则。坚持以人为本、改善民生。树立积极老龄观，着力解决老年人最关心、最直接、最现实的利益问题，努力满足老年人物质文化生活需要。坚持统筹协调、全面推进。把老龄事业发展摆在经济社会发展突出位置，增强发展的协调性、公平性和均衡性，加快发展农村和欠发达地区老龄事业。坚持把握规律、创新发展。加强应对人口老龄化战略研究，把握人口老龄化发展趋势和内在要求，积极探索有效解决人口老龄化问题的途径和办法。坚持党政主导、社会参与。各级党委、政府要充分发挥在应对人口老龄化中的统筹规划、政策制定、组织协调作用，鼓励、引导和支持社会力量积极参与老龄事业发展。

（四）工作目标。到2015年，基本建立以家庭养老为基础、社会保障为支撑、社会养老服务为依托、社会安养环境为支持的具有浙江特色的新型养老模式，老龄工作体制机制基本完善，老龄工作法规政策体系基本形成，老龄工作“六个老有”目标基本实现。到2020年，具有浙江特色的新型养老模式全面建立，老龄工作体制机制更加完善，老龄工作法规政策体系更加完备，应对人口老龄化工作基础更加扎实。

二、深化完善社会保障体系

（一）健全完善覆盖全民的养老保险体系。加快推进覆盖城乡居民养老保险制度体系建设，扩大参保覆盖面，加强各项制度间的衔接整合。建立完善基本养老保险待遇正常调整机制，稳步提高企业退休人员基本养老金和城乡居民社会养老保险基础养老金。积极稳妥有序推进事业单位养老保险制度改革试点工作。建立健全企业年金和职业年金制度，鼓励、支持商业保险机构设计开发适合老年人的保险产品。积极探索鼓励居民为个人养老提前进行储蓄积累的政策措施。完善筹资机制，改善筹资结构，建立基金储备，加强基金监管，维护基金安全完整。

（二）健全完善城乡统筹的医疗保障体系。进一步完善城镇职工基本医疗保险、城镇居民基本医疗保险、新型农村合作医疗制度，缩小相关制度间的待遇差异。加强政策衔接和资源整合利用，探索建立城乡统一的居民基本医疗保障制度。以提高城乡居民大病报销比例、扩大特殊病种报销范围为重点，继续加大财政投入，完善医保药品目录、诊疗目录和服务设施目录，逐步降低个人医疗费负担。积极发展补充医疗保险。结合商业保险，探索建立老年人长期照护保障制度，推广老年人意外伤害保险。积极推进老年人医疗健康促进工程，加强各级老年医疗、康复机构建设，鼓励各地兴办老年病专科医院、老年康复中心、失能老人护理机构和临终关怀医院，在精神治疗机构中设置一定比例的老年病床位。加强全省200强乡镇卫生院（社区卫生服务中心）老年医疗、康复能力建设，并普遍设置老年病床位。加强基层医疗卫生机构建设，建立老年人健康档案，积极开展老年人医疗、护理、卫生保健、健康教育、健康监测和健康管理服务。

（三）健全完善适度普惠的新型老年福利体系。继续抓好农村五保、城镇“三无”对象集中供养工作，提高集中供养率，并随当地城乡居民收入的提高调整供养标准。全面推行敬老院事业法人登记，拓展敬老院服务领域，逐步使敬老院具有乡镇养老服务指导中心和居家养老服务照料中心功能，加快推进农村敬老院转型升级。加强对城乡空巢、高龄、失能（失智）老人的生活照料和服务。完善80周岁及以上高龄老人补贴制度。研究制定独生子女父母特别是独生子女死亡或伤残的老人生活服务政策。完善老年人社会优待政策，提高优待水平。

（四）健全完善新型社会救助体系。完善城乡最低生活保障制度，加快建立救助申请家庭经济状况核对机制，健全低保标准动态调整和困难群众基本生活价格补贴机制，推进最低生活保障标准城乡统一。加大对老年人医疗救助力度特别是重特大疾病救助力度，资助符合条件的老年人参加城镇居民基本医疗保险和新型农村合作医疗。加强住房、司法等专项救助，完善临时救助办法，确保各类老年困难群体得到切实有效救助。积极研究探索将外来人口纳入当地社会救助体系的办法。加快发展社会慈善事业，动员社会力量开展为困难老年人“送温暖”“送光明”等活动。

三、加快提升社会养老服务水平

（一）推进居家养老服务。加快建立健全居家养老服务网络，到2015年，城市社区实现居家养老服务照料中心全覆盖，1/3以上的农村社区建立居家养老服务照料中心。大力拓展居家养老服务领域，实现从基本生活照料向医疗健康、专业护理、精神慰藉、心理疏导、法律服务、紧急救护等方面延伸，就地、就便开展老年人全托、日托、临托等多种形式的社区照料服务。建立健全社区卫生服务支持养老服务的机制，推进社区卫生养、护、医一体化，为居家老人提供上门诊疗、家庭病床、社区康复、健康管理、保健教育等多样化服务。

（二）积极发展养老机构。继续加强公办养老机构建设，鼓励支持民办养老机构加快发展。到2015

年，每百名老年人拥有养老服务床位数达到3张以上，其中民办养老机构床位占总床位的50%。采取政府划拨、招标拍卖挂牌出让土地和充分利用工业厂房、仓储用房、学校、办公楼和村级建设留用地等方式，加强民办养老机构建设的用地保障。建立健全稳定增长的财政投入机制，设立社会养老服务体系建设专项资金，加大对民办养老机构补贴力度。落实税费优惠减免政策，创新金融产品和金融工具，积极探索民办养老机构的贷款融资机制。优化社会养老机构结构，重点发展护理型养老机构，引导和鼓励社会资本参与护理型养老机构建设，逐步建立以护理型为重点、助养型为辅助、居养型为补充的机构养老服务模式。

（三）鼓励社会组织开展老龄服务。采取政府购买服务、给予资金补助、提供服务场所等优惠扶持政策，为各类社会组织开展老龄服务提供必要的支持。鼓励支持基层老年人协会开展“银龄互助”和“空巢老人关爱”活动，通过个性化帮扶，着力解决空巢老人、留守老人、高龄老人等的生活照料、精神慰藉等问题。大力发展志愿服务者组织，全面推进志愿者注册制度，规范和促进敬老志愿服务队伍建设，广泛开展敬老志愿服务活动。

（四）探索完善家庭养老支持政策。落实家庭赡养责任，引导家庭成员切实履行为老人提供经济供养、生活照料和精神慰藉等赡养义务。完善农村计划生育家庭奖励扶助制度和计划生育家庭特别扶助制度，完善城镇独生子女父母老年奖励政策，建立奖励扶助金动态调整机制。有条件的地区要积极探索为独生子女父母、无子女的失能老人提供必要的养老服务补贴和老年护理补贴。改革完善老年人户籍迁移管理政策，为老年人随赡养人迁移提供条件。引导开发老年人宜居住宅和代际亲情住宅，鼓励家庭成员与老年人共同生活或就近居住。探索建立家庭养老购房扶持政策。完善农村宅基地制度和土地承包经营制度，落实农村居民新建住宅耕地占用税优惠政策。在开展农村宅基地和村庄整理时，对老年人与其子女的宅基地给予相邻相近安排。总结推广“喘息服务”经验，提高失能（失智）老人家庭生活质量。建立免费培训制度，全面开展对失能（失智）老人家庭护理人员的护理技能辅导、培训活动。加快发展家庭服务业，为家庭养老提供有力支持。大力开展文明家庭评比、温馨家庭创建活动，树立孝老爱亲楷模，营造良好的家庭养老环境。

四、努力建设老年人宜居环境

（一）优化老年人生活环境。统筹推进城乡老年公共服务体系建设，不断提升室外空间、建筑、住所、交通以及社会参与、社区支持与健康等方面服务和设施的可及性、便利性。全面执行城市道路和建筑物无障碍设计规范，新建、改扩建公共建筑、社区（城市）道路、公共设施场所、养老服务机构等要实现无障碍化。逐步推进公共交通工具设施无障碍化，社区要建有适合老年人生活的公共配套设施。

（二）改善老年人住房条件。对符合经济适用住房、廉租住房、公共租赁住房条件的老年人，优先给予认购和配租。推进农村危旧房改造，到2015年，完成收入2007年农村低保收入标准200%以下的老年困难家庭危房改造任务。鼓励社会力量参与保障性安居工程建设，多渠道解决老年人住房问题。大力推进方便老年人的新型住宅建设，探索实施住宅适老化改造和多层公寓电梯改造。

（三）开展老年宜居环境创建活动。按照国家统一部署，积极开展“老年友好型城市”和“老年宜居社区”创建活动，制订创建方案，完善创建机制，提升创建水平。在全省各级涉老部门、为老服务组织、公共服务窗口行业，深入开展以关爱老人、构建和谐为主题的“敬老月”活动和“敬老文明号”创建活动。有效预防涉老家庭暴力和违法犯罪行为，为老年人提供安全舒心的生活环境。

五、重视发展老年教育文化体育事业

（一）大力发展老年教育。继续办好各级老年大学（学校）、老年电视大学，积极探索老年教育新模式，进一步扩大办学规模，改善办学条件，提高办学质量。鼓励引导社会力量有效利用广播、电视、互联网等传媒开展老年教育，形成覆盖城乡、多层次、多形式的老年教育网络。

（二）加强老年文体设施建设。按照科学规划、合理布局、适度超前的要求，将老年文体设施建设纳入城乡公共设施建设总体规划，纳入文化建设“八项工程”实施范围，努力满足老年人文化、体育等方面需求。加快建立完善省、市、县（市、区）、乡镇（街道）、村（社区）五级老年公共文化和综合性活动设施网络，保证老年人就近有活动场所。公共文化活动场所要优先优惠向老年人开放。推进老年体育活动中心（俱乐部）建设，广场、健身路径、居民小区以及乡镇综合文化站等要设置适合老年人活动的场她、设施和器材。加强老年文体设施维护管理，提高使用效益。

（三）积极开展老年文体活动。组织引导老年人广泛开展有益身心健康、丰富多彩的文体活动，定期举办老年文化艺术周、老年运动会等活动。鼓励支持新闻、出版、影视制作机构为老年人设立老龄专题栏目、推出精品佳作，不断丰富老年人精神文化生活。加强老年文体骨干队伍建设，支持老年人建立群众性文体活动组织。继续开展老年人国民体质监测，加强老年人心理疏导服务，增进老年人身心健康。

六、有效促进老年人社会参与

（一）切实保障老年人社会参与权利。建立健全老年人参与社会的体制机制，改善参与的环境条件，鼓励支持广大老年人积极参与经济、政治、文化、社会和生态文明建设活动，使老年人参与权利得到切实保障、参与愿望得到充分尊重、参与才能得到有效发挥，为经济社会发展献计献策、多做贡献。

（二）着力开发老年人才资源。完善老年人力资源开发政策，建立老年人才资源信息平台和中介服务机构，加快推进老年人才市场建设。重视发挥老年人知识、技能和经验优势，积极开发适合老年人的公益性岗位，引导老年人参与社区服务、关心教育下一代等公益活动，支持离退休专业技术人员开展送科技、送教育、送文化等活动。

（三）充分发挥老年社团组织作用。加强对老年社团的管理和指导，规范老年社团发展，不断提高社团的社会影响力。发挥老年社团的组织、专业优势，深入开展理论研究、业务培训、文化交流等活动，为促进老年人社会参与搭建良好平台。鼓励老年社团立足老年群体实际需求，因地制宜开展为老年人服务。引导和组织低龄健康老年人参与志愿服务活动。

七、培育壮大老龄产业

（一）制定老龄产业政策。加强老龄产业政策研究，开展老龄产业调查统计。加大对老龄产业的扶持力度，研究探索促进老龄产业发展的税收优惠、金融扶持、土地保障等方面的政策措施，着力培育一批大型老龄产业龙头企业，打造一批老龄产业知名品牌。将发展老龄产业与促进消费、扩大就业紧密结合起来，推动全省老龄产业加快发展。

（二）培育老龄产业市场。鼓励和扶持开发老年产品，优先发展养老护理、康复保健、社区服务和老年特殊用品等产业。大力发展老龄文化产业，鼓励文化企事业单位为老年人提供图书报刊、广播影视、电子音像、演艺娱乐、工艺美术、网络游戏等文化产品。积极发展老年旅游业，开发适宜老年人的旅游线路和服务项目，利用生态优势和旅游资源探索建设生态休闲养老基她。积极开发符合老年人特点的金融、理财、保险等产品。鼓励商店、市场设立老年用品专柜、专区，举办老年产品展示会、博览会，引导老年人更新消费观念，促进老年消费市场繁荣发展。

（三）规范老龄产业管理。建立老龄产业市场准入制度，研究制订老年产品和老年服务质量标准和评价制度，加强产品检查认证，规范市场运行。发挥老龄产业行业协会和中介组织的作用，加强行业自律，加快构建老年产品和老年服务诚信体系，维护老年消费者合法权益。

八、进一步健全老龄工作体制机制

（一）加强组织领导。各级党委、政府要高度重视老龄工作，将其纳入经济社会发展总体规划、基本公共服务均等化行动计划和政府为民办实事项目。要加强督促检查和绩效考核，对老龄事业发展规划执行情况及时进行评估。各级各有关部门特别是老龄工作委员会成员单位要加强协调、密切配合、认真履职、形成合力，进一步健全党政主导、老龄委协调、部门尽责、社会参与、全民关怀的老龄工作格局。

（二）强化法制保障。加强老年法律保障体系建设，认真做好《浙江省实施〈中华人民共和国老年人权益保障法〉办法》的修订工作。加强和创新老年社会管理，健全老年司法救助、法律援助和法律工作网络，建立有效的诉求表达、利益协调、矛盾处理和权益维护机制，妥善解决涉老矛盾和纠纷，切实维护老年人合法权益。

（三）加大资金投入。把老龄事业作为公共财政支出的重要内容，逐步增加对老年服务设施、老年文化教育、养老科技研究和老年活动等方面的投入，切实保障老龄工作经费。优化财政支出结构，重点支持农村和欠发达地区老龄事业发展。根据老龄事业发展需要，增加福利彩票公益金、体育彩票公益金对老龄事业的投入。建立和完善老龄事业发展基金，积极鼓励社会资金支持老龄事业，促进以老龄事业为宗旨的基金会、慈善组织等各类公益性组织的发展。

（四）抓好队伍建设。进一步加强老龄工作机构建设，充分发挥各级老龄工作委员会在综合管理、组织协调、督促检查等方面的作用。加强老龄工作组织建设，建立健全省、市、县（市、区）三级老龄工作网络，落实老龄工作人员；乡镇（街道）根据实际情况，明确老龄工作机构或人员，落实老龄工作责任。统筹职业教育，高等教育专业学科设置，加快建设多层次、全方位培训体系，打造一支与老龄事业发展相适应的专业护理、志愿者和社工队伍。

（五）深化战略研究。充分发挥各部门各单位、老龄工作机构、高等院校、专业研究机构作用，深入开展老龄事业发展重大战略问题和老龄工作热点、难点问题研究，学习借鉴国内外成功经验，不断提升老龄事业科研水平。把人口老龄化战略研究与优化人口结构政策结合起来，研究制定提高人力资源整体素质、增加青年劳动力有效供给、深入开发利用老年人力资源的政策措施；把人口老龄化战略研究与加快完善全民社保体系结合起来，提升全体老年人养老、医疗保障水平，提高社会养老服务质量；把人口老龄化战略研究与统筹城乡发展有机结合起来，深入实施新型城市化战略，加快户籍管理制度改革，不断提升基本公共服务均等化水平，统筹解决人口老龄化问题。

（六）注重宣传引导。各地要充分利用各类媒体，采取各种方式，围绕积极应对人口老龄化，切实做好舆论宣传工作。要大力宣传党和政府有关老龄工作的方针政策和各项决策部署，大力宣传我省老龄工作形势和积极应对人口老龄化的重大意义，大力宣传中华民族尊老敬老爱老助老传统美德，大力宣传老龄事业发展中涌现出的先进典型，努力营造重视关心关爱老年人和积极参与支持老龄事业发展的浓厚社会氛围。

浙江省人民政府办公厅关于进一步加强老年体育工作的意见

浙政办发〔2013〕63号

各市、县（市、区）人民政府，省政府直属各单位：

为进一步推动我省老年体育事业的不断发展，更好地满足老年人日益增长的体育健身需求，根据《中华人民共和国体育法》《浙江省全民健身条例》和《中共浙江省委办公厅浙江省人民政府办公厅关于进一步加强老龄工作的意见》（浙委办发〔2013〕11号）等要求，经省政府同意，现就进一步加强全省老年体育工作，提出如下意见。

一、充分认识加强老年体育工作的重要意义

老年体育工作是老龄事业和体育事业的重要组成部分。加强老年体育工作，是构建社会主义和谐社会的必然要求。我省已经进入人口老龄化快速发展的阶段。老年人的健康状况是社会文明进步的一个重要标志，是现代化建设的一项重要内容。老年人的生活、生命质量，直接关系到家庭和睦幸福，社会和谐稳定。组织老年人参加各种形式的体育健身活动，用积极的方式，延长健康年龄，是积极应对人口老龄化的重要举措。各地、各有关部门要充分认识加强老年体育工作的重要性，采取积极有效措施，为老年人提供更多更好的公共体育服务。

二、努力改善老年人体育健身活动条件

各地要加大对老年体育活动设施建设的投入力度，按照“科学规划、合理布局、适度超前”的要求，把老年人体育健身活动设施建设纳入当地城乡公共设施建设总体规划，纳入老龄事业和全民健身规划。在城市改造和新建体育场馆时，要结合老年人体育健身的特点，统筹考虑安排老年人体育健身设施。要按照《浙江省全民健身条例》的有关规定，向广大老年人免费或优惠开放公共体育场馆、学校体育设施，优化改进现有的体育设施，科学合理安排健身活动的区域和时段，为老年人体育健身活动提供服务。要落实好《浙江省人民政府办公厅关于转发省老龄工作委员会 2011 — 2013 年为老年人办实事意见的通知》（浙政办发〔2012〕1号）精神，加快推进省级老年体育活动中心（俱乐部）建设，广场、健身路径、居民小区等要设置适合老年人体育健身活动的场地、设施和器材，方便老年人就地、就近参加体育锻炼。

三、积极开展形式多样的老年人体育健身活动

各地、各有关部门要按照“因地制宜、就地就近、小型多样、持久经常”的原则，积极开展老年人喜闻乐见的健身活动；定期举办老年人运动会，组织适合老年人特点的体育竞赛活动。办好每五年一届的全省老年人运动会，推动老年人体育健身活动广泛深入开展。加强对老年人体育健身活动的科学指导，及时培训新上岗的业务骨干，积极组织老年体育活动骨干深入基层宣传科学健身知识，普及体育健身技能，动员和组织更多的老年人参加体育健身活动。

四、不断加强老年人体育协会组织建设

老年人体育协会是老年体育爱好者自愿组成的群众性体育团体，是党和政府关心老年人健康长寿的桥梁和纽带。各地、各有关部门要大力支持老年人体育协会的组织建设，不断完善市、县（市、区）、乡镇（街道）、村（社区）四级协会组织，建立健全行业、机关、企事业单位老年人体育协会，形成“纵向到底、横向到边”的老年人体育协会组织网络。要推选身体好、威望高、热心老年体育事业的同志担任协会负责人；聘用熟悉体育工作、组织协调能力强的同志负责协会日常事务，并及时充实调整协会工作人员，保持老年人体育协会组织活力。各级老年人体育协会要在各级体育行政主管部门的指导下开展工作，强化为老年人服务的意识。

五、建立政府主导、渠道多元的经费投入机制

老年体育是一项社会公益事业。要按照政府投入为主、社会资助相结合的原则，多渠道筹集老年体育活动资金。各级财政要切实加大对老年体育事业的投入，在安排体育事业资金时统筹兼顾老年体育经费，保证老年体育活动的正常开展。要适当安排体育彩票公益金用于老年体育活动、赛事和场地设施建设。鼓励企事业单位和个人通过公益性社会团体或者县级以上人民政府及其部门捐助公益性老年体育事业，捐助支出可以按规定在所得税前扣除。

中共福建省委组织部　中共福建省委宣传部　中共福建省委老干部局　福建省教育厅　福建省民政厅　福建省财政厅　福建省住房和城乡建设厅　福建省文化厅福建省广播电影电视局　福建省新闻出版局　福建省体育局　福建省旅游局　福建省军区政治部　福建省总工会　共青团福建省委　福建省妇女联合会　福建省老龄工作委员会办公室关于进一步加强老年文化建设的实施意见

闽老龄办综〔2013〕1号

各设区市党委组织部、宣传部、老干部局，市教育局、民政局、财政局、住房和城乡建设局、规划局、文化局、广电局、新闻出版局、体育局、旅游局、军分区政治部，工会、共青团、妇联、老龄办，平潭综合实验区党工委（管委会）办公室：

为贯彻落实党的十八大和中共中央组织部、宣传部，教育部、民政部、财政部、住房和城乡建设部、文化部、广播电影电视总局、新闻出版总署、国家体育总局、国家旅游局、解放军总政治部、中华全国总工会、共青团中央、中华全国妇女联合会、全国老龄工作委员会办公室《关于进一步加强老年文化建设的意见》（全国老龄办发〔2012〕60号）精神，结合我省实际，现就进一步加强我省老年文化建设提出如下实施意见：

一、充分认识加强老年文化建设的重要意义

当前，我省老年人口比重逐年上升，人口老龄化形势严峻。随着人口老龄化的快速发展，老年人精神文化需求的日益增强，加强老年文化建设已经成为社会主义文化建设总体布局中的重要组成部分。加强老年文化建设，有利于促进社会主义核心价值体系建设，坚定中国特色社会主义共同理想，在全社会形成敬老爱老助老的社会氛围。加强老年文化建设，树立积极的老年文化观，保障老年人基本文化权益，发挥老年人在社会主义精神文明建设中的积极作用，是深入贯彻落实社会主义文化大发展大繁荣的内在要求，是构建不分年龄、人人共享老龄社会和谐文化的重要任务，对于推进经济社会科学发展，实现家庭和睦、代际和顺、社会和谐具有重要意义。

二、明确加强老年文化建设的目标任务

老年文化建设要以满足老年人日益增长的精神文化需求为出发点和落脚点；以增强全社会积极老龄化意识，优化老年文化建设发展环境为重要支撑；以老年人广泛参与的文化创建活动和丰富多彩的老年文化产品为主要载体，促进我省老年文化事业和文化产业的新跨越、新发展。到2020年基本形成老年文化建设新局面：老年人普遍均等地享有基本公共文化服务，老年群众的精神文化产品更加丰富，老年文化事业全面繁荣，老年文化队伍不断壮大，老年文化产业快速发展，体现福建老年文化特色的优秀作品不断涌现。老年文化建设在丰富老年人精神文化生活、推进老龄事业科学发展中发挥重要作用。

三、扎实推进老年文化建设各项工作

（一）加强老年文化服务配套设施建设。按照宜居环境要求，遵循公益性、便利性原则，将老年文化设施建设纳入城乡规划。制定适合老年人活动的设施标准，扩大基层老年文化设施覆盖面。落实老年人设施建设用地需求，增强基层公共文化体育设施的适老功能，努力提高基本公共文化服务适应老龄化社会水平。在审查审批各类老年文化服务配套设施建设项目时，主动提供服务，开辟绿色通道，简化审批手续，缩短审批周期。新建或改造老年人文化体育活动设施，要严格执行涉老工程建设标准和无障碍设施建设标准。

（二）加快城乡老年文化一体化发展。要充分考虑老年群体需求，为社区老年人开展文化活动创造条件。公共文化资源要更多向农村、贫困地区倾斜，增加农村文化服务供给，缩小城乡文化发展差距。在现有公共服务设施中开辟老年文化活动场所，村（社区）一级都应当建设文化活动室，并做到“一室多用”。扶持和发展文化广场，通过举办“激情文化广场”、“社区文化艺术节”、老年书画摄影展、老年才艺展示等为老年人参与文化活动搭建平台。开展文化志愿服务工作，为农村空巢、失能、留守老人等特殊困难群体提供公益文化服务。进一步推进广播电视进村入户工程和农村数字文化服务工程建设，让老年人足不出户就知天下事、村（社区）里的事。在推进县（市、区）、乡（镇、街）、村（社区）数字文化共享网络全覆盖的工作中，确保设有老年文化专题栏目。

（三）鼓励社会力量参与老年文化建设。积极引导社会力量捐助老年文化事业，动员和鼓励社会团体、企事业单位和个人向城乡文化馆（站）、社会福利中心、乡镇敬老院、居家养老服务中心（站）等机构捐资、捐物或提供无偿服务。将社会力量通过依法成立的非营利公益性组织或国家机关向农村文化事业的捐赠，纳入公益性捐赠范围。鼓励居家养老服务中心（站）设立老年学校教学点或远程老年教育教学点。核定床位100张以上的养老服务机构应建立室内（外）文体活动场所。发挥社会工作者在老年文化建设服务中的积极作用。

（四）加大出版老年读物的扶持力度。开展老年读物创新选题研究，采取部门组织和向社会征集选题相结合的方法，不断拓宽老年读物选题面，及时出版反映当代老年人生活、思想和意愿的老年人读物。进一步加大扶持优秀老年读物的出版力度，缓解老年读物出版难、出版少的矛盾。农家书屋要涵盖老年文化建设内容，确保农家书屋的出版物更新经费落实到位。进一步加强老年读物作者的队伍建设，鼓励新闻出版部门有计划地培训一批从事老年养生读物、文化生活读物等方面的创作人才，吸引我省知名科学家、艺术家、养生专家为我省老年读物的创作做贡献。

（五）打造多样化老年旅游文化品牌。积极开发老年旅游产品，不断完善针对老年旅游的导游讲解、路线安排等特色服务。因地制宜，从精神、个人价值等方面提高老年旅游产品的附加值，避免与常规旅游同质化。针对我省目前潜在的高端旅游市场仍处于开发阶段的特点，旅游企业应当考虑老年人的经济生活状况以及生理、心理等方面需求，为高端老年旅游者提供高质量服务。

（六）大力发展老年教育。教育部门要把老年教育纳入终身教育体系，统一规划。各级党委老干部工作部门和政府有关部门，要加强对老年大学和乡（镇）、村（居）老年学校的工作指导，加强老年教育的组织协调工作，进一步提高办学水平。充分发挥社区学校作用，因地制宜，开展基层老年教育，实现教育资源共享。探索老年教育新内容、新模式，采用老年人喜闻乐见的教学方式，提高老年人适应社会能力和生活品质。依托广播电视大学网络和党员干部现代远程教育平台发展老年远程教育，形成具有福建特色的终身教育体系。

（七）普及老年体育健身运动。在贯彻落实《全民健身条例》的基础上，建立和规范老年文化体育组织，不断开拓和创新适合老年人体育运动的项目。广泛开展常规性的老年人体育健身运动，通过“老年体育健身项目展示”等形式，继续办好老年人体育健身大会，促进老年文体活动的开展。加大基层体育设施投入，每年按老年人口的增长比例，从彩票公益金收入中安排一定数量的经费用于基层老年体育设施的建设。在设计老年体育设施时，要尽量兼顾不同年龄段老年人的生理特征和锻炼需求，充分体现人性化。

（八）丰富离退休干部的文化生活。积极探索离退休干部文化养老的新途径，充分发挥离退休干部在老年文化活动中的带动作用。进一步抓好离退休干部学习场所和军队干休所文化活动中心建设，组织离退休干部开展健康有益的文化体育活动，丰富离退休干部的文化生活。

（九）重视基层老年群众组织的作用。进一步推动基层老年群众组织的发展和规范化建设，引导城乡社区基层老年群众组织在管理老年人事务、活跃老年人精神文化生活、维护老年人合法权益、推动基层民主政治建设等方面发挥积极作用。拓展基层老年群众组织的文化服务功能。支持基层老年群众组织鼓励老年人参与经济社会建设及开展精神文明建设。

（十）促进两岸老年文化交流。大力推进闽台老年文化交流，增进海峡两岸的沟通与互信。根据两岸老年人在闽台文化交流中由人员交流向深度合作方向发展的趋势，开展闽台老年人在文化等领域的交流互动，加强两岸老年人之间的相互了解和沟通。通过老年文化交流，增进血缘相亲、骨肉相连、同祖同宗的亲情同胞意识，推动两岸文化交流合作更加广泛、深入和常态化。

四、加强老年文化建设的保障措施

（一）强化思想认识，营造良好环境。要弘扬传统美德，将敬老、爱老、助老内容列入德育教育范畴，加强青少年的孝亲敬老道德教育。省内各级党报、党刊、广播电台、电视台要加大老龄工作的宣传力度，常规性安排刊播老年文化公益广告。重点新闻网站、网页、频道要开设老年频道、网页。要发挥省内老年报刊的特殊作用及移动多媒体、网络等新兴媒介的优势，打造先进快捷、覆盖广泛的老龄宣传平台。各新闻媒体要发挥骨干作用，加强资源整合和优势互补，通过多种形式宣传老年文化建设中的新人新事和好人好事。要广泛开展“敬老爱老助老”主题教育活动和“敬老文明号”创建活动，营造敬老爱老助老的社会氛围。

（二）加强组织保障，部门协调配合。加强老年文化建设是实现文化大繁荣的重要组成部分，要建立健全党政统一领导，各职能部门协调配合，各有关部门分工负责、齐抓共管，社会力量积极参与的工作格局。各地要把老年文化建设纳入重要议事日程和老龄工作责任目标考核体系；老干、教育、民政、财政、住房和城乡建设、文化、广电、新闻出版、体育、旅游等部门要按照各自职能、采取有效政策措施，切实开展老年文化建设；省军区政治部、工会、共青团、妇联、老龄办等部门要发挥各自优势，加强指导，协调并配合有关部门推进老年文化建设创新发展。

（三）加大财政投入，完善基础设施。老年文化建设是一个庞大的系统工程，各级党委政府要高度重视。要建立和完善老年文化建设投入保障机制，保障老年文化建设所必要的经费。加大公益性出版项目专项资金的扶持力度；进一步支持优秀老年读物申报国家出版基金；对年满60周岁以上省级非物质文化遗产项目代表性传承人每人每年补助3 000元。鼓励和支持彩票公益金投入老年文化建设。完善各种老年文化基础设施，统筹城乡发展，尤其要满足不同区域、层次老年人的精神文化需求。

（四）注重专业指导，提升队伍素质。要加强老年文化队伍建设的培训和指导，提升队伍素质。结合非物质文化遗产保护工作，通过各种方式发现、挖掘蕴藏于民间的各种文化人才，更好地发挥民间艺人在传承民族民间文化方面的作用。充分发挥有文艺专长的离退休老干部、老党员、老教师等群体的积极作用。采取有效措施，对活跃城乡的民间演出队伍加强管理和引导，形成扎根基层、服务老年群众的有地方特色的文化队伍。

二〇一三年五月十三日

福建省民政厅　福建省人力资源和社会保障厅关于开展养老护理从业人员职业技能培训推行国家职业资格证书制度的通知

闽民福〔2013〕31号

各设区市民政局、人力资源和社会保障局，平潭县民政局、平潭综合实验区经发局，各有关单位：

为认真贯彻党的十八大提出的“积极应对人口老龄化，大力发展老龄服务事业和产业”的要求，促进我省社会养老服务事业发展，提高养老护理从业人员职业技能水平，确保《福建省人民政府关于加快社会养老服务体系建设的意见》（闽政〔2012〕31号）提出的“到2015年，力争养老机构主要负责人资质培训率达到100%，养老护理员持证上岗率达85%以上”的目标要求顺利实现，现就开展养老护理从业人员职业技能培训推行国家职业资格证书制度通知如下。

一、全面推行养老护理从业人员职业资格证书制度

目前，我省养老护理队伍专业水平、业务能力、服务质量还不能满足社会需求，养老护理队伍技能水平亟待提高。推行养老护理从业人员国家职业资格证书制度，是推动养老护理工作职业化、规范化，提升养老服务水平的迫切要求。各级民政、人力资源和社会保障部门要密切配合，结合本地区实际情况，认真研究制定在养老护理行业推行国家职业资格证书制度的具体工作方案，并精心组织实施。各养老护理机构要详细制定本单位到2015年的养老护理员全员培训计划，确保达到“从事养老护理工作的人员都得到相应的培训，其中85%以上获得职业资格证书”的目标要求。从今年开始，凡申请成立养老护理机构，必须达到获得养老护理职业资格证书人数占从业人员数30%以上的条件。凡申报国家级和省级等级福利机构的养老机构，都必须将养老护理员获得职业资格证书的比例作为评定考核的重要条件。

二、大力开展养老护理机构从业人员职业技能培训

养老护理从业人员职业技能培训工作由各级民政部门牵头，各级人力资源社会保障部门共同组织实施，鼓励和支持各类职业技能培训机构参与开展养老护理从业人员职业技能培训。省级民政部门负责组织开展养老服务管理人员和中、高级养老护理员的培训，依托省养老护理员培训基地，结合我省养老护理从业人员实际开展技能培训。县级民政部门负责初级养老护理员培训工作的组织实施。养老护理员的培训内容按照养老护理员《国家职业标准》和《培训教程》执行，先行开展养老护理机构管理人员和养老护理员的职业资格培训和职业技能鉴定。各级民政、人力资源和社会保障部门要积极借鉴引进台湾在养老护理从业人员职业技能培训方面的成功经验和资源，加强闽台养老护理从业人员交流，开展闽台合作提升养老护理从业人员职业技能试点。要积极探索多形式的养老护理从业人员职业技能培训模式，鼓励和支持院校养老护理专业培训专门人才，鼓励和支持各类中等专业技术学校开设养老护理职业技能人才培训。依托“海西人力资源职业培训网”（www. hxpx. net）开展养老护理从业人员的远程培训，将远程培训和面授有机结合，提高培训成效，扩大培训覆盖面。

三、组织养老护理从业人员职业技能鉴定

养老护理从业人员职业技能鉴定由人力资源和社会保障部门组织实施。民政部门主要负责组织养老护理员参加技能鉴定，推荐有条件的养老护理机构设立养老护理员技能鉴定站。人力资源和社会保障部门主要负责为养老护理员技能鉴定提供技术支持，设立职业技能鉴定站开展养老护理员技能鉴定，方便养老护理机构从业人员参加技能鉴定。

四、鉴定要求与方式

养老护理员职业技能鉴定按照国家规定的等级和标准进行。鉴定分理论知识考试和技能操作考核两部分进行。理论考试采用闭卷笔试方式，技能操作考核采取现场实际操作方式。理论知识考试和技能操作考核均实行百分制，成绩皆达60分以上者为合格。参加技师（国家职业资格二级）鉴定须进行综合评审。合格者由人力资源和社会保障行政部门核发相应等级的《养老护理员国家职业资格证书》。

二〇一三年一月二十三日

贵州省资助民办养老服务机构暂行办法

为鼓励和扶持社会力量兴办养老服务机构，推动民办养老服务机构发展，根据省人民政府办公厅《关于加快发展养老服务机构的意见》（黔府办发〔2008〕29号）、《关于加快推进社会养老服务体系建设的意见》（黔府办发〔2011〕99号）精神，结合我省实际，制定本办法。

一、资助目的

政府通过政策引导、加强监管和适当的资金扶持，鼓励民间资本进入养老服务领域，加快推进我省社会养老服务体系建设。

二、资助范围

政府资助民办养老机构的范围包括：

（一）在本省行政区域内由县级以上人民政府民政部门审批，颁发《社会福利机构设置批准证书》，并在登记管理机关办理民办非企业单位法人登记，取得《民办非企业单位登记证书》的社会办养老服务机构。

（二）由社会力量采取承包、租赁、联办等方式与政府合作经营，为老年人提供养护、托管、康复一体化服务的养老服务机构。

（三）由县级民政部门（老龄委员会工作办公室）批准，具有日托、膳食供应、生活照料、保健康复、健身娱乐、心理慰藉等日间照料服务功能的社区居家养老服务机构。

三、资助对象应具备的条件

（一）持有县级或县级以上民政部门核发的《社会福利机构设置批准证书》和民间组织管理部门核发的《民办非企业单位登记证书》；

（二）设置床位在 30 张以上（含 30 张）；

（三）基础设施要符合建设部、民政部颁发的《老年人建筑设计规范》（JGJ122－99）、《城市道路和建筑物无障碍设计规范》（JGJ50－2001、J144－2001）、民政部颁发的《老年人社会福利机构基本规范》（MZ008－2001）；

（四）申请资助年度内无严重责任事故与重大服务纠纷；与入住老人签订协议，服务对象满意率不低于 90%；

（五）财务核算规范，财务制度健全，账目清晰；

（六）主动接受民政部门管理，并通过民政部门的年度检查，达到合格或基本合格；

（七）连续经营满 6 个月且继续经营。

（八）社区居家养老服务机构建筑面积在 220 平方米以上，床位 10 张以上（含 10 张）。

四、资助的方式和标准

（一）资助民办养老服务机构的方式包括养老服务机构一次性建设补助和年度运营补贴。

（二）一次性建设补助。对按标准建设、依规定运营的民办养老服务机构，按每张床位 3 000 元的标准给予建设补助。分三年给予拨付，每年审核一次。社区居家养老服务机构，按每张床位 2 000 元的标准给予建设补助。分两年给予拨付，每年审核一次。

（三）年度运营补贴。按养老服务机构入住满一个月的老年人实际占用床位数计算全年平均数，每年每张床位给予不低于 200 元的运营补贴。养老服务机构入住老年人数超过民政部门核准床位数的，按照核准床位数计发补贴。

五、资助资金筹集

一次性建设补助资金由省级财政一般预算资金和福利彩票公益金安排。运营补贴由市（州）、县财政一般预算或福利彩票公益金安排。

除省级财政资助资金外，各地可进一步加大对民办养老机构的资助力度，资助的方式、标准等由各地民政、财政部门根据实际情况确定。

对接受资助的民办养老服务机构，收住经当地民政部门认定的城市“三无”老人、农村“五保”老人的，由同级财政按当地“三无”“五保”老人供养标准拨付供养资金。

六、资助资金的申请及拨付程序

凡符合资助条件的民办养老服务机构，均可申请一次性建设补助或年度运营补贴。

（一）申请一次性建设补助的民办养老服务机构，应于每年 3 月份，向所在地的县（市、区、特区）民政部门提出申请，并提交以下文件材料：

1. 贵州省民办养老服务机构申请建设补助审批表；

2. 贵州省民办养老服务机构运行备案申请表；

3. 社会福利机构设置批准证书复印件；

4. 民办非企业单位登记证书复印件；

5. 法人代表身份证复印件；

6. 截至上年 12 月 31 前入住老人名册；

7. 自建房屋的，提供工程竣工验收报告书或房产证复印件，租赁房屋的，提供租赁房屋合同和租金支付凭证复印件。

8. “公建民营”类型的养老服务机构提供民政部门与经营者签订的合作协议复印件。

（二）各县（市、区、特区）民政部门对申请资助的民办养老服务机构申报材料进行汇总，会同财政部门进行实地审查，在 20 个工作日内提出初审意见，对符合资助条件的，上报市、州民政局、财政局；对不符合资助条件的，要将所有材料退回申请机构并说明原因。

（三）各市（州）民政局对所辖县（市、区、特区）上报的相关材料进行审核，在 20 个工作日内提出复审意见，连同县（市、区、特区）申报的材料一并上报省民政厅、省财政厅；对不符合资助条件的，要将所有材料退回县（市、区、特区）民政部门并说明原因。

（四）省民政厅收到材料后，会同省财政厅进行检查核定，并下达省级补助资金。

（五）各市（州）、县（市、区、特区）于每年 12 月 25 日前向省民政厅、省财政厅报送一次性建设补助和年度运营补贴发放情况。

（六）各市（州）、县（市、区、特区）需及时将民办养老服务机构、社区居家养老服务机构纳入全省民政事业统计台账，未录入统计台账的将不予资助。

七、资助资金使用范围及监督管理

（一）民办养老服务机构接受的资助资金，专项用于机构设施建设、设备购置、改善服务、提高老人生活质量。

（二）民办养老服务机构接受的资助资金，必须专款专用，不得挪作它用。对违反使用规定的，次年缓拨、停拨资助资金，直至收回已拨资金。任何单位、个人不得截留、转移民办养老服务机构的资助资金。

（三）凡获得资助的民办养老服务机构，要与当地民政部门签订协议，五年内不得变更民办养老服务机构的非营利性质，不得改变养老服务功能，否则须全额退回资助资金。

（四）省级民政、财政部门将定期对资助民办养老服务机构资金使用情况进行检查。对弄虚作假、挤占挪用、骗取省级补助资金的市州、县（市、区、特区），将在全省进行通报，并追回资助资金，同时依据《财政违法行为处罚处分条例》（国务院令第427号）有关规定，对单位和责任人予以处罚。市（州）、县（市、区、特区）民政、财政部门应定期对接受资助的民办养老服务机构进行专项检查。对虚报冒领、骗取资助资金和已享受一次性建设补助，但在5年内变更非营利性质和改变养老功能的民办养老服务机构，同级民政、财政部门要及时追回全部资助资金。

八、本办法自发布之日起施行

厦门市老龄工作委员会
关于印发居家养老服务信息化工作实施方案的通知

厦老龄委〔2013〕5号

各区老龄委、市老龄委成员单位、有关涉老部门：

现将《厦门市居家养老服务信息化工作实施方案》印发给你们，请结合实际，贯彻落实。

厦门市老龄工作委员会

二〇一三年六月二十五日

厦门市居家养老服务信息化工作实施方案

为进一步完善与提升居家养老为民办实事工作水平，高效整合我市为老服务资源，实现社会养老服务供求信息无缝对接，现根据厦门市人民政府《关于推进居家养老服务工作的实施意见》（厦府〔2011〕298号）精神，就推进我市居家养老服务信息化工作（智慧养老计划），制定实施方案如下。

一、指导思想

按照党的十八大做出的“积极应对人口老龄化，大力发展老龄服务事业和产业”的重大战略部署，通过居家养老服务信息化平台建设，着力实现养老服务供求信息对接，更好地满足广大老年人尤其是高龄老人、空巢老人和特困老人等老年群体的生活照料、家政服务、康复护理、精神慰藉、文化娱乐等需求，进一步提高居家养老服务现代化水平，为构建和完善我市社会养老服务体系做出贡献。

二、工作目标

在巩固完善全市社区（村）居家养老服务站建设成果的基础上，依托现代通讯信息技术，以“建设信息化和智能化呼叫服务及支援中心”为核心，以“建立养老供求信息数据库”为基础，着力建设居家养老服务信息化平台——“厦门市智慧养老服务中心”，有效整合社会养老服务资源，加强养老服务管理。2013年，建立市级居家养老呼叫服务系统，在集美、湖里、海沧区先行试点，依托市级平台开展紧急救助、居家养老、走失定位、健康管理、政策咨询、社会志愿、精神关爱、社区生活、节日祝福、文体活动等基本服务，以及配餐、家政等其他服务，全面提升居家养老服务水平。同时鼓励全市各区积极参与，争取2015年逐步将全市各区养老服务供求资源并入市级平台，形成岛内外一体化、城乡一体化的居家养老服务信息网络与社会服务网络，为全市建设“以居家为基础、社区为依托、机构养老为支撑”的社会养老服务体系提供全方位信息化和智能化支持。

三、工作原则

政府主导、企业参与、市场化运作。

四、建设标准

全市居家养老服务信息化平台——“厦门市智慧养老服务中心”建设，应具备“四项基本建设”，实现“四项基本功能”，努力打造无围墙的虚拟智慧养老院。

（一）四项基本建设

1. 规范机构建设。厦门市智慧养老服务中心以民办非企业进行注册登记，业务指导部门为市老龄委办公室，为以居家养老服务为主要业务范围的服务机构，并正式挂牌服务。同时，市智慧养老服务中心应按照《厦门市人民政府关于推进居家养老服务工作的实施意见》（厦府〔2011〕298号）制定的工作制度，规范居家养老服务内容、方式和工作流程等。通过制定服务标准、服务流程和监督评估办法，规范服务行为，做到有章可循，实现依规服务。有关制度及服务内容、工作流程等必须公示上墙、印制便民手册，加大宣传。

2. 硬件设施建设。厦门市智慧养老服务中心应有稳定的不少于300平方米的服务和管理场所。具备呼叫服务、接待咨询、数据管理、服务指挥、质量监控等基本设施，并配备与居家养老服务业务量相适应的现代通讯硬件设备。已建的社区（村）居家养老服务站，应坚持因地制宜，重在实效，尽可能提供专门的服务用房，作为市智慧养老服务中心在社区（村）开展居家养老服务的触角，与中心为老服务信息平台互动促进，形成衔接紧密、服务流畅、便捷高效的信息化为老服务模式。

3. 软件系统建设。听取老年群体和社会各方面的意见，了解老年人基本养老需求和其他多种个性化需求，合理设置服务内容和管理程序，做好老年人服务需求信息录入、服务资源匹配、服务过程控制、服务绩效评估、服务费用结算以及后续的服务追踪评价等各项管理环节的顺畅实施和全部流程的紧密衔接，真正实现全员的和全过程的质量控制和管理，使这个系统成为老年人的贴心平台，成为老龄、民政部门和社区工作管理的有效帮手。

4. 工作队伍建设。厦门市智慧养老服务中心必须具有专业的服务队伍和服务网络。服务队伍由专职管理人员、服务人员、加盟企业等组成。专职管理人员与服务人员数量，必须保障全市居家养老服务业务的可持续开展。涉老服务企业加盟，必须签订合作协议，具有相关资质，保证服务质量和服务成效。工作队伍的建设，以实现市智慧养老服务中心“虚实结合”的特点，既有虚拟的信息化管理服务系统，又有实实在在的服务体系，确保居家养老服务安全可靠和质量的有效可控。

（二）四项基本功能

1. 基础数据功能。厦门市智慧养老服务中心须建立老年人养老信息基础数据库，包括老年人口数量、基本信息、家庭成员情况、个人健康档案等，具有即时接收、处理老年人养老服务需求信息、求助信息，帮助挑选、对接辖区服务资源，并定期对软件进行维护升级。

2. 紧急救助功能。厦门市智慧养老服务中心按照全国养老服务统一服务号码的要求，开通“12349”呼叫热线和网络，搭建老年人紧急呼叫救助指挥平台，逐步与120急救中心、110救援中心等机构建立联动机制，在老年人按下居家养老服务移动终端产品的紧急救助键后，可与其亲属及120急救中心、110救援中心等机构多方通话，并及时定位老年人详细地理位置，多渠道保障老年人急救信息畅通，保护老年人生命、财产安全。

3. 养老服务功能。厦门市智慧养老服务中心整合、对接全市各类为老服务资源，建立居家养老服务资源信息库，广泛动员服务商家加盟到居家养老服务事业中来，通过考察与鉴别，与服务质量高、服务信誉好的商家签订服务合约，并根据老年人的服务需求，组织各类服务机构（商家）开展安全保障、生活照料、医疗保健、文化娱乐、精神慰藉等方面的服务。

4. 服务管理功能。厦门市智慧养老服务中心须做好专业服务人员备案、培训、认证等工作；明确居家养老服务项目标准和价格，并采取定期与不定期相结合的方式，对服务信息、流程、程序、人员、价格、质量等进行跟踪检查。对于服务质量不达标，管理不规范，老年人意见大，不能胜任本职要求的服务机构和服务人员要及时予以清退。

五、工作步骤

（一）设立工作领导小组

全市居家养老服务信息化工作（智慧养老计划），由市居家养老服务工作领导小组办公室负责。具体工作由市老龄办承担。

（二）确定智慧养老机构

通过招投标或议标等方式，引进有实力、有经验、有信誉的社会服务机构，确定“厦门市智慧养老服务中心”的承办主体。组织、协调做好“厦门市智慧养老服务中心”相关法人的注册手续，并与之签订养老服务协议或责任书。

（三）建立养老信息平台

组织、指导承办机构做好厦门市居家养老服务信息化平台——“智慧养老服务中心”建设的各项筹备工作。摸底调查全市老年人居家养老服务需求与社会为老服务资源情况，建立厦门市居家养老供需信息数据库，按照“智慧养老服务中心”建设“四项基本建设”“四项基本功能”的要求，进行软硬件建设。在时机成熟时，正式启动厦门市居家养老服务信息化平台。

（四）实施智慧养老计划

厦门市居家养老服务信息化平台启动后，智慧养老服务中心按照《厦门市人民政府关于推进居家养老服务工作的实施意见》（厦府〔2011〕298号）的要求，贯彻落实厦门市智慧养老计划，组织服务商家，对各类居家养老服务对象开展各项服务。

（五）检查评估智慧养老服务

智慧养老服务中心运营后，逐步建立与完善各项内部管理制度，在定期与不定期对服务过程、服务质量等进行监督的同时，市老龄办组织相关部门及人大代表、政协委员等，对智慧养老服务计划的落实情况、各区居家养老服务办实事工作的落实情况等，适时进行检查、评估，着力提升全市居家养老服务工作水平。

六、有关要求

（一）提高认识，加强领导

居家养老服务信息化工作是今年市人大常委会审议通过，列入市人大常委会议程，交由市政府办理的“关于推进解决社会养老服务体系建设若干问题的议案”的重要内容。各级、各有关部门要高度重视居家养老服务信息化建设工作，将其作为落实办理人大议案，高效对接我市养老服务供需资源的一项重要举措，列入重要议事日程，及时研究部署，主动协调指导运营商开展工作。要着眼于化解日益突出的养老难题，利用信息化平台建设，夯实居家养老服务体系的基础，充分整合、调动全市为老服务资源，满足老年人多样化、多层次养老需求。

（二）政府主导，明确职责

居家养老服务信息化平台建设是一项系统工程，涉及面广，有关政府部门主要定位于养老服务的规划者和购买者；社会组织主要定位于养老服务的生产者和提供者；居家老人则是养老服务的消费者和使用者。要充分发挥政府的主导作用，老龄、民政部门要充分发挥制定规划、组织协调、指导实施、监督检查等牵头作用，负责落实做好智慧养老计划各项前期工作，考察确定运营商，审核承办机构相关资质，督促制定工作方案、操作流程、管理办法及协调整合各类养老服务资源等，并协调运营商建设市级居家养老信息化建设平台。各级、各有关部门要积极配合、形成合力，市、区财政部门应积极支持居家养老服务工作，负责对开展辖区居家养老政府购买服务项目的经费的预算、拨付，同时做好对使用情况的监督。其他相关部门要按照《厦门市人民政府办公厅关于印发推进居家养老服务工作任务分解方案的通知》（厦府办〔2009〕254号）的要求，从自身职能出发，积极研究制定相关扶持优惠政策，引导社会力量参与居家养老服务信息化平台建设，鼓励家政服务企业、社会组织及各类服务商家参与居家养老服务，共同协助做好居家养老服务信息化工作。

（三）有序推进，强化监管

居家养老服务信息化平台建设要立足于全市养老服务资源的有效整合，由点及面、稳步推进，要逐步做好养老服务系统与其他公共服务信息系统的衔接，将部分区已有的呼叫系统并入其中，并做好政府购买服务的区、街（镇）财政结算等工作。市级老龄、民政部门作为全市居家养老服务信息化建设的管理主体，要在试点推进、总结经验的基础上，指导运营商细化信息化平台建设及服务管理办法，加强对智慧养老服务中心各项工作的监督和管理，并定期组织对运营情况、服务情况的跟踪检查，及时协调处理信息化平台建设中的相关问题，切实保障老年人合法权益，让老年群体共享特区经济社会发展成果。

第四部分

全国老龄工作

中央组织部老龄工作综述

2013年，中央组织部坚持从实际出发，全面贯彻落实党的十八大、十八届三中全会和习近平总书记系列重要讲话精神，紧紧围绕服务党和国家工作大局，进一步完善工作思路和布局，创新工作方式，把握工作重点，弘扬务实作风，狠抓工作落实，推动老干部工作取得了新的成绩。

一、突出抓好政治学习教育，引导离退休干部把思想和行动统一到中央精神上来

把学习贯彻党的十八大、十八届三中全会和习近平总书记系列重要讲话精神作为重要政治任务，纳入离退休干部党支部建设和思想政治建设，采取多种形式，注重实际效果，引导广大离退休干部在政治上、思想上、行动上自觉同以习近平同志为总书记的党中央保持高度一致。8月23日，向全国老干部工作部门印发学习习近平总书记系列重要讲话精神的通知，同时通过实地调研等多种方式，对各级老干部工作部门组织老同志学习情况进行督导检查。通过《老干部工作情况交流》《离退休干部党支部学习参考》等刊物，推广各地各部门组织学习的好经验好做法。坚持情况通报和专题报告会制度，举办4场在京老同志和2场中央组织部机关老同志专题报告会，分专题学习党的十八大和十八届三中全会精神，近6 000名司局级以上老同志参加。指导各地各部门通过专家辅导、巡回宣讲、座谈交流和召开组织生活会等多种形式，帮助老同志加深对中央精神的理解，统一思想、统一意志、统一行动。在全国离退休干部中深入开展“同心共筑中国梦”活动，指导全国老干部工作部门主管主办的16家刊报通过网络平台开展“同心共筑中国梦”摄影、书画、诗词楹联大赛，收到参赛作品共3.7万件。会同总政治部和北京市于9月成功举办了“同心共筑中国梦”——首都老干部2013老年节音乐会，通过有关媒体进行广泛宣传。开展“我看这一年”调研活动，组织老同志畅谈对党的十八大以来党和国家各方面发展变化的感受和体会，受到新华社、人民日报社等中央主要新闻单位突出报道，引起社会广泛关注，得到了中央领导同志的肯定。

二、注重办实事解难事，用心用情服务老同志

中央组织部会同财政部、人力资源社会保障部印发《关于提高离休干部护理费标准的通知》（组通字〔2013〕37号），较大幅度提高离休干部护理费标准，新标准执行后将惠及全国75.7万离休干部。指导各地各部门针对离休干部整体进入“双高期’’的特点，采取开辟就医绿色通道、设立医疗周转金等措施，帮助他们解决医疗、护理等方面的实际困难。突出抓好困难地区、困难行业、困难单位离休干部待遇的落实，完善特困帮扶机制，为有特殊困难的老同志雪中送炭、解燃眉之急。深入细致做好建国初期参加革命工作的部分退休干部的信访接待、关心照顾等工作，维护了这部分人员的整体稳定。指导各地积极整合社会资源，探索完善“四就近”服务、社会化养老服务等措施，更好地满足离退休干部日益增长的服务需求。

三、积极搭建切合老同志实际的平台，努力发挥离退休干部作用

坚持自觉自愿、量力而行的原则，组织引导有能力、有热情、有意愿的离退休干部，在推动科学发展、促进社会和谐、弘扬社会主义核心价值观、加强党的作风建设等方面发挥作用。在党的群众路线教育实践活动中，充分运用老同志的独特优势，请他们讲传统、提意见、搞督导，促进了活动的健康顺利开展。通过聘请离退休干部担任非公企业党建工作指导员、组织老同志开展社区志愿服务等形式，充实基层党建工作力量。采取成立老年人才服务中心等方式，开发利用“银发人才资源”，为各项事业发展献计出力。

四、进一步加强学习活动阵地建设，不断丰富老同志的精神文化生活

指导各地把建设离退休干部学习活动阵地作为公益性项目纳入经济社会发展规划，新建成一批老干部活动中心、老年大学。许多地方和部门注重加强老干部工作网络阵地建设，改建、新建了一批老干部工作网站，建立了离退休干部“网上支部”、网上论坛、QQ群、博客团等，着力构建网络精神家园。引导老同志在网络上畅谈发展变化，传递正能量。不少地方和部门依托学习活动阵地和老年社团组织，组织老同志开展健康向上的文体活动，打造了一批各具特色的文化活动品牌。

五、以开展党的群众路线教育实践活动为契机，切实加强老干部工作部门自身建设

参加第一批党的群众路线教育实践活动的老年部工作部门坚持高标准、严要求，把规定动作与自选动作结合起来，把开展活动与加强队伍建设、改进老干部工作结合起来，深入查找和解决“四风”问题，进一步增强了在老干部工作中践行群众路线的思想自觉和行动自觉。2013年6月，中央组织部对全国新任职的老干部局长进行了专题培训。各级老干部工作部门还采取培训研讨、岗位练兵、实践锻炼等方式，着力提高老干部工作队伍的整体素质。

中央国家机关工委老龄工作综述

2013年，中央国家机关工委老龄办（以下简称“工委老龄办”）、国务院机关老干部活动中心（以下简称“活动中心”）坚持以邓小平理论、“三个代表”重要思想、科学发展观为指导，认真学习贯彻党的十八大精神，深入开展党的群众路线教育实践活动，按照全面做好离退休干部工作的要求，在工委领导的高度重视和各部门的大力支持下，紧紧围绕服务于中央国家机关党的建设工作，开展好各项活动，办好老年大学，经营管理好康铭大厦，不断提高为老服务能力和水平，各项工作取得了新的进展。

一、深入学习贯彻党的十八大精神，扎实开展群众路线教育实践活动

（一）深入学习宣传贯彻党的十八大、十八届三中全会精神。认真学习习近平总书记一系列重要讲话精神，贯彻中央国家机关第二十七次党的工作会议、全国老干部局长会议和全国老龄委第十五次全会精神，及时编发《老年工作园地》9期，结合网络平台刊发信息简报，介绍各部门党组（党委）抓好离退休干部工作方面的举措和经验，宣传有关离退休干部局的先进经验和好的做法，指导、推动各部门离退休干部局把深入学习宣传贯彻党的十八大精神和离退休干部工作方针政策，作为当前和今后一个时期的首要政治任务抓紧抓好，引导老同志全面准确把握党的十八大精神实质，进一步坚定中国特色社会主义理想信念，为促进社会稳定与和谐发展做出贡献。

（二）认真开展党的群众路线教育实践活动，各环节工作措施到位、扎实有效。按照中央精神和工委统一部署，工委老龄办开展了以为民务实清廉为主要内容的群众路线教育实践活动，以处以上领导干部为重点，创新方式方法，实现支部党员全覆盖。开展以贯彻落实中央八项规定、加强作风建设为主题的集中学习讨论；深入中科院离退休干部局机关党支部、交通部黄寺第一离退休干部党支部等，开展结对联学；“开三门”征求意见，共征集到涉及为老服务、支部建设、职能定位等7个方面32条意见和建议。全体党员干部分别按要求撰写了对照检查材料，在民主生活会和专题组织生活会上进行深刻的对照检查，查摆“四风”方面的问题，广泛吸取各方面意见和建议，推动立行立改。

（三）举办“同心共筑中国梦——老干部忆传统”征文活动，为群众路线教育实践活动提供生动教材。与《中国老年报》联合主办“同心共筑中国梦——老干部忆传统”征文活动，邀请离退休干部撰写革命回忆录，弘扬党的优良传统，激励青年一代树立为民宗旨、务实作风，得到各部门离退休干部局和老同志的积极响应，征文活动成为中央国家机关离退休干部党支部同步开展群众路线教育活动的重要抓手。截至2013年底，共收到30个部门170余位老同志的来稿，其中部级以上老领导来稿20余篇，在《中国老年报》开辟了专栏刊发。

二、积极发挥老龄办的职能作用，努力推动中央国家机关离退休干部工作和党的建设再上新台阶

（一）深入了解基层党建实际，扎实开展离退休干部基层党组织建设情况调研。根据中组部要求和工委统一安排开展了调研活动，组织召开了部分离退休干部局党委负责同志和党支部书记座谈会，中央国家机关工委副书记陈存根同志出席并讲话，要求进一步加强和创新离退休干部党支部建设工作，树立管理、教育、服务党员的理念，发挥支部战斗堡垒作用，切实把离退休干部工作做实做好。调研组先后走访了中央国家机关以及地方有关离退休干部部门，了解基层党组织建设的新情况、新经验，主要聚焦如何解决当前离退休干部党建工作面临的问题和困难，形成了离退休干部基层党组织建设情况调研报告。

（二）探索建立培训和交流工作新机制，进一步提高中央国家机关离退休干部工作者的业务素质和工作能力。召开中央国家机关离退休干部工作交流会，中央国家机关工委副书记邵旭军同志出席会议并讲话。来自各部门离退休干部局负责同志等100余人参加会议，教育部、工信部、公安部、水利部、地震局、国防科工局等离退休干部部门介绍了工作经验，对于新形势下进一步加强离退休干部工作队伍履职能力建设起到了推动与促进作用。举办国办等7部门离退休干部工作者座谈会，通报了工委老龄办2013年整体工作情况和2014年工作设想，在广泛征求意见基础上，继续发挥大厦为老服务的功能，丰富文体活动和老年大学教学内容，吸引更多的老同志走出家门、走进课堂。

（三）紧跟信息化加速发展的潮头，在推进中央国家机关离退休干部宣传工作与信息化建设等方面实现了新突破。举办中央国家机关离退休干部工作信息员培训班，邀请全国老龄办副主任吕晓莉，《中国老年报》社总编兼社长李耀东，人民大学新闻学院新闻系主任张征等，对近70名离退休干部工作信息员进行了老龄工作、新闻采编、网络宣传、团队建设等方面的专业培训。着力推动中央国家机关离退休干部宣传工作信息化建设，对紫光阁网站“老干部和老龄工作”子网站进行了改版，使内容版面更符合工作实际，为各部门离退休干部局开通了信息上传账号，简化投稿、发稿流程，加快了信息更新速度，信息化建设和信息交流平台建设取得了突破性进展，有力地促进了离退休干部工作交流与合作，深受各部门离退休干部工作者的欢迎。

（四）以高度的政治责任感圆满完成中组部、全国老龄办和工委交办的各项任务。积极协调中央国家机关各离退休干部部门结合自身实际，落实中央关于老干部和老龄工作的整体部署，联系中央党校等单位有关专家学者，通过各种形式在离退休干部中进行党的路线、方针、政策和形势任务教育，指导和帮助各部门组织开展好各项活动，得到老同志们的充分肯定。继续组织承办了中央国家机关副部级以上老同志参加春节团拜会有关工作，对老同志的信息进行认真核对汇总、核发请柬车证，担负人民大会堂现场服务等工作，圆满完成了任务。

三、开展喜闻乐见的文体活动，进一步丰富老同志精神文化生活

（一）精心组织中央国家机关离退休干部艺术欣赏系列活动和中医药文化科普讲座，受到广大离退休干部的欢迎。2013年的艺术欣赏系列活动分为合唱、京剧艺术和摄影艺术3个专场，先后邀请国家一级指挥曹丁、中国戏曲学院教授张逸娟、著名风光摄影家于云天等名家名师主讲，老同志们踊跃参加，形成了品牌效应。联合国家中医药管理局新闻办举办了全国中医药文化科普巡讲中央国家机关专场，连续7个月每月举行一个专题讲座，邀请国内具有多年临床经验的知名专家学者主讲，做到关注老同志的关切，促进老同志身心健康。各种专场讲座吸引了中央国家机关各部门离退休干部3 000多人次前来听讲。

（二）倡导健康、文明的生活方式，举办了各类老同志适宜的体育赛事。来自中央国家机关46个代表队的近200名离退休干部和离退休干部工作者参加了中央国家机关离退休干部第七届“怡寿杯”中国象棋赛，既给广大离退休干部提供结交棋友、切磋棋艺的平台，也是各部门联系和交流离退休干部工作的桥梁和纽带。与中央国家机关网球协会联合举办中央国家机关2013年“公仆杯”老年网球比赛，来自16个部门的72名老同志参加了比赛。垂钓教学实践活动吸引了国办等7部门200余位老同志参加，在交流探讨钓鱼技术的同时也愉悦了身心。这些活动已然形成品牌，成为老同志每年的期许和念想，激发了老同志参加体育活动的积极性。

（三）中央国家机关老干部合唱团坚持发挥示范导向作用，弘扬主旋律，唱响“中国梦”。合唱团狠抓内部管理，由专家进行入团专业测试，团员实现了动态调整，目前总人数51人。全年训练60余场次，整体业务水平不断提高，先后3次组织进录音棚录制保留曲目12首，积极参加了各类演出活动。在中央国家机关离退休干部工作交流会上，举行了精彩的汇报演出——“阳光路上新征程”，中央国家机关工委副书记邵旭军同志和各离退休干部局负责同志观看了演出并给予一致好评。在由文化部主办的第十五届中国（承德）老年合唱节上，从全国各地选送的35支参赛队中脱颖而出，荣获本次合唱节最高荣誉——“避暑山庄杯”。

（四）关注社会公益，联合有关单位举办了书画义展等活动。与中华健康快车基金会、健康快车香港基金联合主办了“为了光明——健康快车·上海慈善书画展”，国务院原副总理吴仪、中央国家机关工委副书记俞贵麟和上海市有关方面领导出席了开幕式，此次慈善书画展旨在为健康快车火车医院筹募经费，用于四川芦山等地震灾区民众的白内障复明手术。联合中国文化传媒集团中国美术院和宁夏回族自治区文化厅、旅游局、团委举办了“为了孩子——钮茂生等书画作品义展”，义展义卖所得收入全部捐给宁夏青少年发展基金会，用于帮助宁夏贫困地区青少年顺利完成学业、健康成长，以实际行动诠释“中国梦”。

四、抓好老年教育调研和老年大学教学管理，探索中央国家机关老年教育发展新思路

（一）开展调研，探索规律，推动中央国家机关老年教育改革创新。根据工委领导的要求，以中央国家机关老年教育及老年大学建设为主题，工委老龄办先后前往农业部等10余部门老年大学开展调研，学习好的经验和做法，在对中央国家机关离退休干部学习需求、工作现状、存在困难进行分析的基础上，探索总结中央国家机关老年教育发展规律，对中央国家机关老年教育发展提出建议。前往民政部、全国老龄办和老年大学协会等咨询、沟通相关情况，探索筹建中央国家机关老年大学协会（暂定名），搭建联系中央国家机关各老年大学的合作平台，整合中央国家机关老年教育现有资源，促进中央国家机关老年教育事业的繁荣与发展。

（二）落实教学计划，提高管理水平，国务院机关老干部活动中心老年大学办出特色、办出品牌。坚持“老有所乐、老有所学、寓教于乐”的工作方针和“自我教育、名人授课、现场教学”的办学特色，进一步丰富教学内容，在提高老年大学教学水平的同时有所创新；建立健全老年大学规章制度并汇编成册，为实现管理科学化、规范化奠定基础。全年共开设国画山水、国画花鸟、书法创作、行书、健身秧歌等5个班次，国管局等7部门老同志500多人次参加了学习。年底举办的老年大学教学成果展，形式简朴，内容丰富，共征集到学员书画作品160余幅，评选展出87幅，健身班学员还现场表演了热情洋溢的《青春组舞》。

（三）加强老年大学软硬件基础建设，健全安全防范机制。为建设示范性和导向性老年大学，着手编写老年大学教材，采取分科进行、分步实施，目前已初步完成国画山水班的教材编写工作。简化了学员报到注册手续，方便老同志入学；进一步完善了学员结业制度，基本解决了学员“只进不出”的问题。对教学设施设备及时检修更新，提高了硬件保障能力。在安全方面，与各部门离退休干部局保持经常沟通，对老同志健康状况做到心中有数，在教室准备了急救箱和常用急救药品，每逢涉及人数较多的活动按照预案安排专业医护人员值班，应急措施到位，确保安全。

重要会议和活动

【召开中央国家机关离退休干部工作交流会】1月23日，中央国家机关离退休干部工作交流会召开，中央国家机关工委副书记邵旭军出席会议并讲话。教育部、工业和信息化部、公安部、水利部、中国地震局、国家国防科技工业局等部门离退休干部部门介绍了工作经验。来自中央国家机关各离退休干部工作部门的负责同志80余人参加了会议。

【开展离退休干部基层党组织建设情况调研】2月开始，对中央国家机关离退休干部基层党组织建设情况进行了调研，先后召开了中央国家机关部分离退休干部局党委负责同志和党支部书记座谈会，听取经验介绍及意见建议。中央国家机关工委副书记陈存根同志两次出席座谈会并讲话。调研组还走访了国家统计局、国家林业局以及贵州省老干部局、贵州省林业系统老干部工作部门，了解基层党组织建设的新情况、新经验，形成了《中央国家机关离退休干部基层党组织建设情况调研报告》，为下一步推动离退休干部基层党组织建设提供了新启发、新思路。

【举办中央国家机关离退休干部第七届“怡寿杯”中国象棋赛】5月14日至16日举行举办第七届“怡寿杯”中国象棋赛，来自中央国家机关46个代表队的近200名离退休干部和离退休干部工作者参加了比赛。

【举办中央国家机关离退休干部工作信息员培训班】7月22日至24日，中央国家机关离退休干部工作信息员培训班在京举办。培训班邀请全国老龄办副主任吕晓莉，《中国老年报》总编辑兼社长李耀东，中国人民大学新闻学院新闻系主任、博士生导师张征授课。来自中央国家机关各部门近70名离退休干部工作信息员参加了培训。

【举办“同心共筑中国梦——老干部忆传统”征文活动】8月开始，工委老龄办与中国老年报社联合主办了“同心共筑中国梦——老干部忆传统”征文活动，得到了中央国家机关各离退休干部部门的积极响应和老同志们的热情参与，共征集300余篇稿件，其中来自中央国家机关32个部门的稿件243篇。组委会共评选出个人特别奖10名、一等奖10名、二等奖20名、三等奖20名以及优秀组织奖13个。

【中央国家机关老干部合唱团荣获第十五届中国老年合唱节最高荣誉】8月15日，由文化部、河北省人民政府共同主办的“永远的辉煌”——第十五届中国老年合唱节在承德市落下帷幕。中央国家机关老干部合唱团演唱了《十送红军》和《赞美祖国》，在全国各地选送的53支参赛队中脱颖而出，荣获本次合唱节最高荣誉——“避暑山庄杯”。

【举办中央国家机关离退休干部艺术欣赏系列活动】9月、10月工委老龄办围绕合唱、京剧和摄影艺术等3

个专题开展了艺术欣赏系列活动，先后邀请国家一级指挥曹丁、中国戏曲学院教授张逸娟、著名风光摄影家于云天等名家名师主讲，讲座题材选择得当，内容符合需求，老同志们踊跃参加，形成了品牌效应，共有1 000余人次参加活动。

【举办中央国家机关2013“公仆杯”老年网球比赛】 10月14日，工委老龄办与中央国家机关网球协会联合举办了中央国家机关2013年“公仆杯”老年网球比赛。来自16个部门的72名老同志参加了比赛，促进了老干部网球体育运动的开展。

【召开国办等7部门离退休干部工作座谈会】 12月3日，工委老龄办组织召开国办等7部门离退休干部工作座谈会。工委老龄办常务副主任王平向各部门通报了2013年工作情况，介绍了2014年工作的初步设想。国办等7部门离退休干部局（办、处）有关负责同志分别发言，充分肯定了工委老龄办的工作，对2014年的工作安排提出了意见和建议。

教育部老龄工作综述

2013年，离退休干部局在部党组的领导下，认真学习贯彻党的十八大、十八届三中全会和习近平总书记系列重要讲话精神，扎实开展以为民务实清廉为主要内容的党的群众路线教育实践活动，积极履行全国老龄委成员单位职责，认真贯彻落实老年法，切实为老同志办实事做好事解难事，推动各项工作取得新进展、新成绩。

一、召开教育部机关离退休干部工作领导小组会议

1月17日，教育部党组书记、部长袁贵仁主持召开教育部离退休干部工作领导小组会议。部党组成员、副部长李卫红出席，办公厅、人事司、财务司、职成司、直属机关党委、离退休干部局、机关服务中心主要负责同志及离退休干部代表参加会议。

会议听取了离退休干部局主要负责同志工作汇报，并就进一步做好部机关离退休干部工作进行了研商。

会议指出，离退休干部是党和国家的宝贵财富，是中国特色社会主义的坚定拥护者，是我们党执政兴国的重要资源和全面建成小康社会的重要力量。离退休干部工作是党的干部工作和组织工作的重要组成部分，是推动教育事业科学发展的重要力量。要按照党的十八大“全面做好离退休干部工作”要求，带着感情，制定具体措施，有计划有步骤地研究解决制约教育部离退休干部工作的困难和问题，为机关老同志服务好，切实推动离退休干部工作取得新进展。

会议强调，全面做好离退休干部工作是部党组和各司局的共同责任。一要加强领导，健全机制，要在部党组领导下，形成由离退休干部局牵头，各司局协同配合、齐抓共管的工作格局。二要落实分工联系和走访慰问制度，形成机制，各司局要加强与本单位离退休干部的联系，真心实意地尊重、关心、服务老同志。三要完善离退休干部困难帮扶机制，大力倡导互帮互助之风，在帮扶政策上要向有特殊困难的离退休干部倾斜，积极为老同志排忧解难。四要切实做好离退休干部服务管理工作，为他们老有所养、老有所医、老有所教、老有所学、老有所乐提供更好条件。五要充分发挥离退休干部的独特优势，为他们在教育改革发展中发挥作用创造条件，搭建平台。六要加强离退休干部党建工作，创新方式，加强思想政治建设和党支部建设，创建学习型、服务型、创新型党组织，引导老同志将思想认识和行动统一到党的十八大精神上来，保持队伍稳定。

会议议定：1. 办公厅2013年安排35万元专项经费，用于帮扶有一定困难的老同志；2. 部机关关爱救助金每年可支配金额的2/3要用于帮扶有特殊困难的老同志；3. 整体搬迁离退休干部局东面的机关修缮处，腾退出的场地及建筑用于扩大老干部活动场地，挂牌成立教育部机关老年大学，由离退休干部局管理；4. 积极争取国管局支持，全面整修逸仙堂、和乐堂；5. 争取在京高校支持，向部机关老同志开放其老年活动中心，为老同志就近就便参加活动等提供便利条件；6. 积极争取结合国管局组织实施的老旧小区改造工程解决机关产权宿舍上下水管道漏水、渗水，电路老化等问题；7. 加强离退休干部工作信息化建设，积极争取有关方面支持，使用现代技术手段为老同志提供更好服务；8. 由教育报刊社向每一位离退休干部赠送一份《中国教育报》，并想办法及时送到老同志手中。

二、做好春节前走访慰问部机关离退休干部工作

2013年春节前夕，教育部党组书记、部长袁贵仁及全体党组成员分赴家中或医院走访慰问了40位老部长、老红军、部分离休老同志、知名老专家，为他们送上新春美好祝福。1月31日，袁贵仁同志在办公厅、离退休干部局主要负责同志陪同下，慰问了何东昌、杨海波、朱开轩同志，代表部党组向老领导们致以节日的问候和新春的祝福，感谢他们为教育事业作出的重要贡献和对教育工作的支持，简要介绍了教育改革和发展情况，并听取了他们的意见和建议。部党组副书记、副部长杜玉波看望了年近百岁的老部长高沂同志，祝愿他保重身体，健康长寿。党组成员鲁昕、王立英、李卫红、杜占元、郝平、刘利民、顾海良、林蕙青、陈舜也分别走访慰问了其他老领导、老同志。

部机关党委、离退休干部局主要负责同志陪同中央国家机关工委有关领导同志，慰问了教育部离休干部李春华和多年捐资助学的退休干部王盛水。离退休干部局领导班子成员及各处室分别走访慰问离休干部、部分身患重病及家庭困难的老同志150多位。机关各司局采取多种方式看望慰问部机关老同志690多人次，首次实现了全覆盖。

1月25日，举办2013年教育部在京老干部春节京剧招待会。部党组成员、副部长李卫红出席并致辞，办公厅、人事司、机关党委、离退休干部局有关负责同志陪同。来自部机关、直属单位、直属高校约1100位老同志观看了演出。

1月29日，举办教育部机关老同志迎春联欢会。部党组成员、副部长李卫红出席并致辞，办公厅、人事司、机关党委有关负责同志陪同。5位退休老部长，离退休干部局党委委员，各离退休党支部书记、支委，老同志合唱团、舞蹈队、书画摄影兴趣班学员以及局在职干部等200多人欢聚一堂，共庆蛇年新春佳节。

三、开展“离退休干部大讲堂”活动

3月26日，召开教育部老同志学习传达“两会”精神报告会。全国人大代表、部党组成员顾海良，全国政协委员、部党组成员、副部长李卫红，分别向部机关和部分在京直属高校老同志传达了十二届全国人大一次会议和全国政协十二届一次会议精神。

4月26日，中纪委驻教育部纪检组长、党组成员王立英向部机关老同志通报教育部干部人事工作情况。王立英向老同志通报了2012年教育部干部人事工作情况，分析了目前部机关、直属单位、直属高校、驻外干部四支队伍建设取得的新进展，面临的新挑战，需要解决的新问题。从统筹四支干部队伍建设，加大干部培训工作力度，分类推进事业单位改革，加强高层次人才队伍建设等方面介绍了2013年推进干部人事工作改革的思路。离退休干部局党委委员，各离退休党支部书记、委员及局在职干部100多人参加会议。

9月11日，邀请中国社科院原副院长、党组副书记，世界社会主义研究中心主任李慎明为老同志作“正确认识当前意识形态领域形势，坚持和发展中国特色社会主义”的专题报告。部机关离退休干部、在京直属高校部分老同志、离退休干部局在职干部等150多人参加。

四、启动“银龄温暖工程·资源共享平台建设”

5月9日，教育部“银龄温暖工程·资源共享平台建设”启动仪式在北京邮电大学举行。部党组成员、副部长李卫红出席并讲话，中组部和中央国家机关工委有关部门负责同志，在京相关直属高校和直属单位、教育部机关相关司局有关负责同志，部分老同志、大学生志愿者代表200多人参会。

李卫红指出，开展银龄温暖工程、建设资源共享平台是新形势下拓展离退休干部工作渠道、加强大学生思想政治工作的一项有益尝试，一定要把相关工作做实做细做好。一是站在讲政治的高度，根据新形势、新要求不断开拓创新，进一步提高离退休干部工作的科学化水平。二是积极引导，促进老同志与大学生的交流。要把资源共享平台作为推进离退休干部工作的重要着力点，作为新时期加强改进大学生思想政治工作和校园文化建设的有效载体。三是加强领导，求真务实。建设资源共享平台要达到双方共赢、共享、共用、共促的目的。通过资源共享平台建设，全面带动银龄温暖工程开展，使活动办出特色、形成品牌。

会上，北京邮电大学聘请10位部机关德高望重的离退休老同志为大学生校外辅导员并颁发聘书；老同志代表、大学生志愿者代表作了发言。会后，老同志校外辅导员与班级学生见面对接，部分老同志参观了北京邮电大学图书馆、体育馆等设施。

启动仪式后，北京邮电大学、北京师范大学、北京外国语大学等高校为在学校附近居住的117位部机关老同志办理了校园“一卡通”，开放图书馆、体育馆等服务设施，并欢迎参加学校老同志相关活动；北京邮电大学牵头的大学生志愿者团队组织北京语言大学、中国政法大学等高校大学生志愿者，开办“夕阳再晨”电脑、手机培训班，利用周末时间在老同志活

动站开办17班次，培训老同志260多人次；10位老同志校外辅导员通过与在校大学生座谈、举行专题报告会等形式，指导大学生设计人生规划，促进大学生思想政治教育。

五、加强离退休干部党建工作

6月27日，召开教育部机关老同志第十五次党建工作会议，表彰了12个离退休干部先进党支部、34名优秀共产党员和19名优秀党务工作者，交流了部机关各司局认真做好离退休干部工作的经验和做法。部党组成员、副部长李卫红出席并讲话。

李卫红指出，教育部党组高度重视离退休干部工作，认真落实党的十八大提出的“全面做好离退休干部工作”要求，着力完善制度机制建设，努力为老干部办实事、解难事，取得了新进展、新突破；充分肯定机关各司局带着感情为本司局老同志做好服务工作的好经验、好做法。

中组部老干部局有关负责同志出席会议并讲话。受表彰的先进支部和优秀个人代表、人事司和国际司主要负责同志先后发言。机关各司局负责同志及离退休工作联络员，离退休干部局党委委员、老同志党支部书记、委员以及受表彰的先进支部和优秀个人等参加会议。

6月20日，组织举办教育部在京老同志文艺汇演，庆祝中国共产党成立92周年。教育部党组成员、副部长李卫红出席并讲话。来自24所直属高校、5个直属单位、教育部机关和北京老教授舞蹈队的600多位老同志演出了精彩节目。

9月27日，离退休干部理论学习小组到国家汉办（孔子学院总部）参观学习。国家汉办有关负责同志向老同志介绍了汉办的主要工作和近年来全球孔子学院的发展概况。参观结束后，理论学习小组在国家汉办召开学习讨论会，围绕习近平总书记在全国宣传思想工作会议上的讲话精神进行了深入学习讨论。

12月11日至12日，在国家教育行政学院举办离退休干部党支部书记、委员培训班。离退休干部局党委委员、老同志党支部书记和委员近70人参加培训。

培训班邀请十八届三中全会《决定》起草组成员、教育发展研究中心主任张力作了题为《学习十八届三中全会精神 深化教育领域综合改革》的辅导报告；组织观看了有关纪录片；研讨、交流了学习十八届三中全会精神和新形势下如何做好支部工作的认识体会。

六、开展“敬老月”系列活动

认真学习宣传新修订实施的《中华人民共和国老年人权益保障法》，迎接我国第一个法定老年节（重阳节），组织开展形式多样的敬老活动。（1）10月10日，组织在职干部学习《老年法》专题讲座；组织参加中国老年报组织的知识问答活动并获得优秀组织奖。（2）建立局网页、手机、短信“三位一体”的离退休干部服务平台。更新完善局网页；向部机关640多位老同志每人赠送一部智能手机，为有需要的老同志办理中国移动手机号码150多个，开通中国移动手机虚拟网，实现入网手机号码互相接打电话免费（或优惠）；联系中国移动开通企信通短信平台。（3）9月16日和10月14日，分两批组织一年一度的老同志秋游活动，340多位老同志参观游览了北京园博园及北京国际鲜花港。（4）10月11日，举办第六届教育部机关离退休干部趣味运动会，248位老同志参加了2个集体项目和9个个人项目的比赛。教育部党组成员、副部长李卫红出席开幕式并致辞。（5）10月18日，组织70岁以上逢五逢十的老同志集体生日活动，安排老同志参观国家大剧院，举办生日午宴，20多位老同志参加。（6）10月30日，邀请著名播音艺术家方明作“朗诵与说话艺术”的专题讲座，离退休老同志和青年干部100多人聆听讲座。（7）开展“银龄温暖工程·青年阳光敬老行动”，离退休干部局14位青年干部对首批8位在京无子女、生活上存在特殊困难的老同志实行长期定向结对帮扶。（8）首次召开以“促角色转变·迎幸福晚年”为主题的2013年教育部机关新退休干部座谈会，新退休的26位老同志参加。（9）继续为多位75岁以上有需求的老同志家中安装“一键通”多功能应急电话及卫生间扶手；加强与相关医院沟通联系，帮助解决多位急重病老同志住院难问题。

七、开展教育部机关老同志“银龄园丁行动”

10月22日至23日，组织教育部机关30位离退休干部代表（离退休干部局党委委员、党支部书记、支部委员、优秀共产党员和优秀党务工作者），到河北省阳原县化稍营中学开展2013年度“银龄园丁行动”捐资助学活动。座谈会上，老同志代表将饱含教育部机关600多名离退休干部和局在职干部爱心的3万元捐助款送到30名家庭经济困难学生的手中，并向学校捐赠了20副羽毛球拍、乒乓球拍等体育器材；教育部学生体育协会还捐赠了篮球架和60个篮球、足球、排球；人民教育出版社捐赠了300多册图书。

八、加强老同志活动站建设，积极筹建教育部机关老年大学

完善活动站日常管理制度及设备管理制度；补充及更新活动站设备；完成白石桥活动站装修改造工程。筹建教育部机关老年大学。参观考察水利部老年大学；在国管局支持下，完成逸仙堂、和乐堂殿顶和四周墙壁修葺工程，为老年大学建立创造条件。

九、加强在职干部队伍建设

形成学习交流制度。重点学习党的十八大和十八届三中全会精神，学习习近平总书记一系列重要讲话，召开“深入学习十八大精神，为实现中国梦、教育梦做贡献”学习汇报交流会等。

4月20日，组织在职党员干部赴西柏坡开展主题党日活动，参观西柏坡纪念馆和中共中央旧址，重温入党誓词，观看革命影像资料，缅怀革命先烈的丰功伟绩，进行坚持“两个务必”等革命传统教育。

坚持党建带团建，指导团支部开展“新青年·新视点——我说新闻活动”，每月请一位青年干部就经济社会发展、教育改革、党建、社会热点问题等作专题讲座，邀请办公厅有关同志就公文处理、公文归档等做专题讲座，共举办13期。

11月至12月，以“参与、健康、娱乐、和谐”为主题，组织在职同志开展趣味运动比赛。

十、加强对直属高校、直属单位离退休干部工作指导

4月17日，召开在京直属高校、部分直属单位离退休工作通气会。传达全国老干部局长会议精神和教育部离退休干部工作领导小组会议精神，并通报2012年直属高校参加中组部组织的纪念干部离退休制度建立30周年征文获奖情况等。

7月19日，局有关负责同志出席在乌鲁木齐召开的教育部西北地区高校离退休工作研讨会。

10月12日，局主要负责同志出席中南大学重阳节庆祝活动暨离退休工作八位一体信息化平台启动仪式。

11月28日，配合中组部老干部局在我部召开老干部座谈会，围绕“我看这一年”，就党的十八大以来我国经济、政治、社会和党的建设等方面发展变化，听取了教育部机关和北京大学、清华大学、北京师范大学、中国农业大学、中国政法大学等5所高校司局级（及以上）离退休干部代表的感受、看法及意见建议。

12月6日，在中国政法大学召开在京直属高校、直属单位离退休工作现场参观、学习会，全国老龄办副主任吴玉韶作了题为《我国老龄化形势与应对策略》的报告。

公安部老龄工作综述

2013年，全国公安机关在各级党委、政府的领导下，以党的十八大和十八届三中全会精神为指导，以执法规范化建设为抓手，以宣传贯彻新修订的《中华人民共和国老年人权益保障法》为重点，认真履行职责，在老年人维权、为老服务、依法打击涉老犯罪及努力营造尊老敬老氛围方面做了大量工作。

一、以宣传新修订的《中华人民共和国老年人权益保障法》为抓手，加强老年法制宣传

新修订的《中华人民共和国老年人权益保障法》颁布实施后，各地公安机关认真学习贯彻，并通过各种形式广泛宣传，切实增强老年人的依法维权意识和全社会尊老、敬老、助老意识。比如，江苏警方结合新修订的老年权益保障法的实施，采取有力措施，加强老年人法制和安全教育宣传，在全省开展了形式多样的宣传教育活动，其中连云港警方开展了“法律知识进万家”活动，组织300多名民警深入街道、农村，以老年群体为重点，向老年人宣传老年人权益保障法等常用法律法规以及居家安全防范教育等知识。全国各级公安机关还针对老年人的心理特征，借助手机、电视、广播、报刊、网络等媒体，采取发放宣传品、制作宣传栏、设摊咨询、社区民警走访、发布警情提示、设立宣传站（点）、召开警情通报会、举办社区专题讲座等方式进行防范宣传，将社会上违法犯罪活动新动向、新手法告知老年人，努力提高老年人的自我防范意识。比如，北京市公安局依托互联网首都之窗网页和首都综治远程教育服务平台，定期通报警情，推介物防、技防设施，宣传防范知识。依托社区网上警务空间，每周至少发布一条新帖，每月至少发布一条安全防范宣传或警情提示帖。特别是针对电信诈骗警情高发，老年人受侵害较多的特点，对老年人等重点人群开展逐户走访发放，不断扩大宣传的覆盖面。

二、不断完善法律法规，保障老年人合法权益

近年来，公安机关持续深入推进执法规范化建设，相关部门在修订、完善法规规章的过程中，始终把充分保障老年人的合法权益作为重要原则，并结合公安工作实际对老年人权益的特殊保护提出有效建议。公安部法制局结合实际工作中发现的近年来养老院工作人员等具有看护职责的人员对其看护对象实施虐待的现象时有发生，严重侵害相关人员的合法权益，而现行刑法中的相应条款不能完全适用的情况，向全国人大常委会法工委刑法室和最高人民法院研究室、最高人民检察院法律政策研究室书面提出对刑法中虐待罪的规定进行完善的建议，已得到相关单位的支持和肯定。

三、以群众路线教育实践活动为契机，不断推出涉老便利服务措施

各地公安机关坚持问需于民、问计于民，充分考虑老年群体的实际困难，研究推出更有针对性、更加人性化的服务措施。一是研究制定了一系列涉老便利政策。公安部出入境管理部门今年7月1日推出了老年人在暂（居）住地就近办证措施，为离开户籍地与外地工作的子女共同居住的老年人办理出入境证件时提供了便利；推出便利外籍老年人的政策措施，在工作规范中，充分考虑老年人的利益，明确了老年外籍华人停居留证件代办规定，并为外籍老人提供居留便利；在全国所有旅客检查口岸设立了“特别通道”，为老年人等需扶助人员提供快速通关的便利，提高了老年人的通关效率。二是积极落实各项涉老便利政策。全国各级公安机关坚持为行动不便高龄老人上门办理二代身份证换领、居民身份证指纹信息采集、出入境证件办理等业务；户政、出入境、交通等接待大厅都为老年人配备了老花镜、血压计、轮椅、常用药品等设施和物品，并为60岁以上老年人开通绿色服务通道，有的地方还专门安排人员协助老年人办理各项业务。其中，北京市公安局在统一规范全市户政窗口办公时间的基础上，明确提出对有特殊困难的群众在非办公时间急需办理户口的，派出所可实行电话预约办理制度，并对老弱病残等有特殊困难群众办理户籍证件实行预约上门服务制度。还进一步缩短办理老年人投靠独生子女户口进京的办理时限，由50个工作日缩短至35个工作日。

四、加强部门协作配合，为老年弱势群体排忧解难

2013年，公安部治安管理局在全国省、市、县三级治安系统部署开展了进“四门”（家门、店门、校门、厂门）、走“七类家庭”（无生活来源、无儿女依靠、依赖低保、精神失常、行为偏执、身体残疾、刑事解教家庭）活动，要求对排查发现的无儿女依靠的老年人群体，做到结对帮扶，及时了解困难，给予帮助和服务。各地治安部门以此为契机，深入开展各种活动，为老年弱势群体排忧解难。吉林省公安厅会同省老龄办集中开展了“以关爱老人崇尚孝道”为主题的万名民警走进百万老人家庭送平安、送温暖、送关爱的“三爱”爱民实践活动，深入122万户老人家庭，举办了980余场安全防范教育专题讲座，全省共建立帮扶对子4万余个，协调民政部门办理城乡低保52人，向53 000名老人发放“吉林公安爱心卡”。各级公安机关特别是基层派出所还进一步加强与基层老龄工作部门、司法部门、人民调解组织密切配合，加强对涉老纠纷的调解工作，竭尽所能地为老年人提供法律服务和司法保护。对涉老纠纷的调解，坚持调防结合、以防为主，积极开展摸情况、排重点、查隐患工作，认真研究和掌握涉老纠纷发生的原因、规律，不断提高涉老纠纷调解的成功率，增强涉老纠纷调解的社会效果。对于不属于公安机关管辖范围的申诉、求助和纠纷，各地积极同基层老龄工作部门、法律服务工作者以及律师取得联系，确保老年人能够及时得到诉讼代理、法律咨询等法律服务。

五、依法打击针对老年人的犯罪活动，全力确保老年人生命财产安全

老年人作为特殊群体需要社会关爱，涉老违法犯罪影响恶劣，危害严重，近年来公安机关对涉老违法犯罪始终保持高压严打态势。一是严厉打击侵害老年人人身犯罪。2013年，各地公安机关紧密围绕着“两高一低”的奋斗目标，积极开展侦办命案工作，取得显著成绩，有力地保护了老年人的人身权利。1至11月，全国共立老年人被害命案2 042起，破获2 034起，破案率达99.61%。二是重点打击涉老侵财犯罪。一年来，各地警方破获了一大批针对老年人的诈骗、非法集资等案件，有效维护了老年人的生命财富安全。比如，杭州警方破获了一起针对老年人的特大非法吸储案，涉案金额高达1亿元左右。江苏警方破获了多起利用老年人心理弱点进行的非法集资的犯罪案件。同时，各级警方继续加强与银行、电信公司等部门合作，开展以防范电信诈骗犯罪为主要内容的形式多样的系列宣传活动，提高老年人的防范意识。三是积极开展整顿医疗秩序专项行动。2013年，全国各级公安机关以“平安医院”建设为抓手，全面强化医疗机构安全保卫，严厉打击非法行医、“医托”行骗等违法犯罪活动，查处各类涉医案件，协助排查化解医患纠纷，深化医疗机构安全保卫，进一步整顿医疗秩序，切实维护以老年人为主的就医群体的健康权益，切实保障老年人为主的就医群体的人身财产安全，为老年人等就医创造良好的就医环境，有力维护社会和谐稳定。四是深化打击食品犯罪活动。2013年，各级公安机关深入开展“打击食品犯罪保卫餐桌安全”专项行动，对食用油、肉制品、乳制品、食品源头犯罪等多发易发犯罪开展多轮次集中打击。全年共侦破食品犯罪案件万余起，有效保障了包括老年人群体在内的广大群众的食品安全。

司法部老龄工作综述

2013年，司法部认真贯彻落实“十二五”老龄事业发展规划和全国老龄工作委员会第十五次全体会议精神，充分发挥法律服务、法律援助和法制宣传职能作用，努力为推动老龄事业发展服务。

一、开展老年人专项法律服务工作，提高老年人法律服务实效

继续引导和推动律师、公证、基层法律服务机构及人员参与涉及老年人合法权益的诉讼、调解、仲裁和法律咨询等法律服务活动。积极开展律师行业“送温暖、献爱心”活动，倡导广大律师对老年人，特别是空巢老人和失能老人提供电话问候、上门服务、陪同就医等志愿服务，对生活困难的老人提供政策咨询、慈善捐助、法律援助等服务，积极为老年群体做好事、办实事、解难事。深入开展老年人维权示范岗活动，倡导法律服务机构与当地老龄委签订法律服务协议，由老龄委派专职律师、公证员免费为老年人提供法律服务，着力解决赡养、再婚和财产继承等老年人关心的法律问题，有效维护老年人的合法权益。

二、大力开展老龄法律援助工作，切实保障老年人合法权益

一是进一步重视老龄法律援助工作。各级司法行政机关和老龄办更加重视老年人法律援助工作，加强协作配合，建立工作衔接机制，明确工作职责，落实工作措施，形成工作合力。浙江省司法厅与省老龄办联合印发《关于加强老年人法律援助工作的意见》，对扩大老年人法律援助覆盖面、做好农村老年人法律援助工作、提高老年人法律援助服务质量等提出要求，共同组织开展老年人维权活动，发挥法律援助职能优势，维护老年人合法权益。山东省司法厅与省老龄办联合印发《关于集中开展老年人维权活动的意见》，对扩大老年人法律援助范围、简化工作程序、创新服务方式，深化老年人权益保障工作提出要求，将每年农历九月确定为“老年人法律援助月”，结合老年人权益保障法修订实施，在全省深入开展“法律援助夕阳红”爱心活动。山西省司法厅与省老龄委联合印发《关于进一步加强老年人法律援助工作的通知》，对完善老年人法律援助网络、健全工作机制、提高服务质量等工作作出部署。重庆市司法局举行“夕阳红老年人维权关爱行动”现场推进会，在全市开展“夕阳红老年人关爱维权行动”，取得良好成效。2013年，全国共有21个法律援助机构被全国老龄委授予“敬老文明号”荣誉称号。二是不断扩大老年人法律援助覆盖面。积极推动将与老年人权益保护密切相关的事项纳入法律援助补充事项范围，放宽经济困难衡量标准，降低老年人法律援助门槛。结合实际，不断拓宽老年人法律援助范围，对孤寡、残疾、失能半失能、高龄以及空巢老人提出申请的，一律给予法律援助，使法律援助惠及更多老年人。浙江省将赡养、婚姻、继承、医疗、消费维权等老年人常见的纠纷案件，纳入法律援助事项范围；山东、甘肃等省对60岁以上老年人请求人身损害赔偿的案件，放宽经济困难标准；山西省将老年人法律援助经济困难标准在普通人最低生活保障线2倍的基础上放宽到2.5倍。2013年，全国法律援助机构共为117 330名老年人提供了法律援助，解答老年人法律咨询346 599人次。三是进一步健全老年人法律援助服务网络。各地不断加强老年人法律援助服务网络建设，积极依托老龄委系统建立老年人法律援助工作站，到2013年底，全国共建立老年人法律援助工作站2 000个，并积极在城市社区和农村乡镇、村居建立联系点。浙江省在村居、社区、养老服务机构、老年大学、老年人活动中心等老年人集中地设立法律援助联络员。山东省93%以上的乡镇、村居实现了“一乡一个工作站、一村一名信息员”，方便老年人就近申请和获得法律援助。四是不断完善服务方式。各地简化老年人申请法律援助受理审查程序，为老年人开辟“绿色通道”，实行当天受理、当天审批、优先指派；向困难老年人发放法律援助卡，对持卡老年人免除经济困难审查。针对老年人在医疗保健领域常遇的法律问题，编写《老年人法律援助手册——医疗保健用品消费篇》并印制6 000

余册发放到基层。针对老年人爱查阅法规依据的偏好，在中国法律援助网信息服务平台中增加相关老年人政策文件和法律法规内容，加大刊载老年人法律援助工作信息量；利用“老人节”“敬老日”等节日时机，组织开展面对面和“12348”法律服务热线电话专项咨询活动，深入细致地解答老年人关心和遇到的法律问题。山东省在摸清全省60岁以上各年龄段老年人底数的基础上，对符合法律援助条件的老年人逐一登记造册，建立老年人法律援助档案制度，向1.5万多名离休、特困、孤寡、病残等老年人发放法律援助卡；对70岁以上以及患病、残疾的老年人实行上门服务；在接待窗口配备老花镜、放大镜、急救箱等用品，方便老年人使用。

三、针对群体特点开展老年人法制宣传教育，营造尊老爱老的社会氛围

一是加强对老年人法制宣传教育工作的组织领导，切实推进老年人法制宣传工作。司法部、全国普法办把老年人相关法制宣传列入年度普法内容，高度重视，周密部署，加强督促检查，确保老年人法制宣传教育工作深入扎实开展。同时，加强对老年人法制宣传教育工作研究，认真总结推广各地好的经验做法，积极推动法制宣传教育与服务相结合，不断推动老年人法制宣传教育工作。全国各地各部门把老年人法制宣传纳入地方和部门年度普法工作任务，列入重要议事日程，做到有计划、有布置、有落实，确保老年人法制宣传工作深入开展，不断取得实效。二是结合“法律六进”等主题宣传活动，积极面向社区、农村老年人开展法制宣传教育。适应广大农村和城市社区老年人口数量不断增加的新形势，在“法律进社区”“法律进乡村”主题宣传活动中加强对老年人的法制宣传。在社区，利用老年活动中心等场所，广泛开展老年人权益保障法等有关法规宣讲活动，向老年人发放法制宣传资料。在农村广泛开展送法下乡活动，组织法制宣讲团、文艺宣传队、志愿者，深入农村田间地头进行宣传，提高老年人法律维权意识，培养法律明白人，加强农村依法治理。三是适应老年人需求不断创新和丰富法制宣传教育方式方法。各级普法工作职能部门把老年人法制宣传融入到健康养生、文体活动之中，积极推动法制题材文艺节目的创作演出，举办法治文艺专场晚会，结合“三下乡”活动开展法治文艺下乡演出等，取得了良好的宣传效果。积极利用广播、电视、报刊、宣传橱窗等，引导老年人学习法律知识，感受法治氛围，同时通过各种形式为老年人提供法律咨询、法律服务，帮他们解疑释惑，解决生活中遇到的涉法问题和纠纷。全国普法办与中央电视台联合制作《今日说法》《法制编辑部》等电视节目，传播法律知识和法治精神，受到广大老年人的普遍欢迎。四是充分调动老年人开展法制宣传教育的积极性，注重发挥老年人在法制宣传教育中的积极作用。老年人成为法制宣传教育活动的主体，在提高自身法律素质的同时为社会法制宣传服务。各地各部门成立的普法讲师团普遍注重吸收离退休法律工作者参加法制讲座、法律咨询等活动，发挥他们的专业优势和实践经验。鼓励和支持老年人参加法制宣传教育志愿者队伍，义务面向社会开展法制宣传教育。与关心下一代工作委员会密切合作，面向青少年、监狱和社区服刑人员等开展法制宣传教育。

财政部老龄工作综述

2013年以来，财政部以党的十八大及十八届三中全会精神为指导，紧紧围绕党的群众路线教育实践活动，加快推进以改善民生为重点的社会建设，按照《中国老龄事业发展“十二五”规划》和《国务院关于加快发展养老服务业的若干意见》（国发〔2013〕35号）等文件要求，积极配合老龄委开展各项老龄工作，认真贯彻落实新修订的老年人权益保障法，不断健全老年人权益保障制度体系，老年人各项待遇水平显著提升。

一、努力保障城乡老年人老有所养

一是巩固城乡居民养老保险制度全覆盖成果，推动制度进一步完善。按照国务院统一部署，新型农村社会养老保险（以下简称新农保）和城镇居民社会养老保险（以下简称城居保）已于2012年底前基本实现两项制度全覆盖。为巩固已有成果，我部正在积极配合有关部门推进新农保和城居保制度合并实施工作，有效保障城乡居民基本养老权益。同时，为确保符合待遇领取条件的城乡居民基础养老金按时足额发放，2013年中央财政共下达新农保和城居保补助资金约784亿元。二是在2005年到2012年连续8年调整企业退休人员基本养老金的基础上，2013年再次按10%左右提高企业退休人员基本养老金。各级财政部门也积极配合人力资源社会保障部门，不断做好征缴扩面工作，促进基本养老保险制度的可持续发展。2013年中央财政安排企业职工基本养老保险基金补助资金约2 557亿元，有力地确保了企业离退休人员基本养老金按时足额发放。三是会同有关部门开展养老保险顶层设计工作，并邀请国内外7家研究机构开展平行研究工作。该项研究工作的主要内容包括城乡养老保险体系建设、基本养老保险制度模式设计、机关事业单位养老保险制度改革、基本养老金确定机制和调整机制、多层次养老保险体系发展、养老保险基金投资运营等多个方面。四是进一步提高优抚对象待遇水平。根据2011年新修订的《军人抚恤优待条例》会同民政部从10月1日起调整优抚对象等人员抚恤和生活补助标准，其中残疾人员、“三属”“三红”补助标准，在现行基础上分别提高15%，在乡老复员军人定期定量补助标准在现行基础上每人每年提高600元（月均50元），带病回乡退伍军人、参战参试人员和未享受抚恤补助的老党员生活补助或补贴标准，在现行基础上每人每年提高420元（月均35元）。为此，中央财政全年共安排优抚对象等人员抚恤和生活补助资金约338亿元，比2012年增长22%。五是积极落实移交政府安置的军队离退休人员相关待遇。为推动伤病残退休干部移交工作，切实解决伤病残军人移交政府安置过程中存在的因精神病退休军人移交困难问题，我部会同军地有关部门联合印发了《关于给移交政府安置的精神病退休军人发放护理费有关问题的通知》（政干〔2013〕149号），规定从2013年1月起，给移交政府安置的精神病退休军人按照每人每月1 800元的标准发放护理费。同时，按新审定计划下达地方安置管理机构附属用房建设资金，积极支持军地有关部门及时完成军队移交政府安置离退休人员年度交接计划。六是积极支持军地有关部门及时完成军队移交政府安置离退休人员年度交接计划，落实移交政府安置的军队离退休人员各项待遇。七是积极做好军队移交政府的离退休干部住房保障工作，根据军地有关部门规定的住房补贴和货币补差制度，及时审核下达6 200余名军休干部住房保障补助资金，加快军休干部住房保障政策落实。

二、努力保障城乡老年人病有所医

一是逐步加大卫生投入，使包括老年人在内的全体居民从医疗卫生事业发展中受益。近年来，各级政府非常重视医疗卫生事业发展和包括老年人在内的全体人民群众健康水平的提高，不断加大医疗卫生投入力度。2013年，全国财政医疗卫生支出预算安排8 146亿元，比2012年决算数增长12.4%，比2013年全国财政支出预算增幅9.8%高出2.6个百分点。其中，中央财政医疗卫生支出预算安排2603亿元，比2012年决算数增长27.1%，比2013年中央财政支出预算增幅8.5%高出18.6个百分点。二是积极支持卫生事业发展，促进基本医疗公共卫生服务惠及包括老年人在内的城乡居民。建立健全基层医疗卫生机构实施国家基本药物制度的长效保障机制，支持政府办基层医疗卫生机构全面实施国家基本药物制度，支持村卫生室实施国家基本药物制度，推进基层医疗卫生机构综合改革；继续支持实施基本公共卫生服务和重大公共卫生服务项目；支持推进以县级医院改革为重点的公立医院综合改革。随着各级财政对卫生投入的增加，基本公共卫生服务逐步惠及包括老年人在内的城乡居民。三是进一步完善城镇居民基本医疗保险（以下简称城镇居民医保）和新型农村合作医疗（以下简称新农合）制度。2013年，各级财政对城镇居民医保和新农合的补助标准提高到每人每年280元，中央财政对西部和中部地区的补助比例分别提高到67%、56%，对东部地区的补助标准进一步提高。2013年，中央财政共拨付新农合补助资金约1 259亿元，城镇居民医保补助资金约267亿元。截至2013年底，新农合参合人数8.02亿人，城镇居民医保参保人数2.96亿人。按照《国务院办公厅关于印发深化医药卫生体制改革2013年主要工作安排的通知》（国办发〔2013〕80号）要求，2013年城镇居民医保和新农合政策范围内住院费用支付比例分别达到70%以上和75%左右，进一步缩小与实际住院费用支付比例之间的差距，适当提高门诊医疗保险待遇。四是开展城乡居民大病保险工作。2013年，各地按照国家发展改革委、财政部等6部门《关于开展城乡居民大病保险工作的指导意见》（发改社会〔2012〕2605号）要求，从新农合和城镇居民医保基金中拿出一定资金，采取向商业保险公司购买大病保险的方式，对基本医疗保险报销之外的个人负担的合规医药费用给予报销。目前，大部分省份已开展试点，部分试点地区已开展待遇支付。五是继续完善城乡医疗救助制度。中央财政不断加大投入力度，支持城乡医疗救助工作的开展。2013年，中央财政共拨付城乡医疗救助补助资金约132亿元，全国城乡医疗救助共救助10 832万人次。六是支持建立疾病应急救助制度。从2013年起，中央财政安排专项资金5亿元支持建立疾病应急救助制度，对身份不明确或无负担能力患者的急救费用给予补助。七是继续安排优抚对象医疗补助资金约24亿元，保障优抚对象医疗待遇的落实。

三、努力保障城乡老年人困有所助

一是继续支持地方做好城乡低保工作。2013年，中央财政进一步加大资金投入力度，共安排城乡低保补助资金约988亿元（不含一次性的生活补贴），其中城市低保约482亿元，农村低保约506亿元。同时，会同国务院办公厅和民政部等部门组织开展最低生活保障政策落实情况督查，推进绩效评价，指导各地落实《国务院关于进一步加强和改进最低生活保障工作的意见》（国发〔2012〕45号）要求，加强规范管理。二是积极应对物价上涨，切实保障生活困难老年人基本生活。为保障包括老年人在内的城乡困难群众的基本生活，中央财政于2013年春节前安排下达约216亿元，为城乡低保对象、农村“五保”供养对象、优抚对象和建国前老党员发放一次性的生活补贴。同时，为落实李克强总理有关指示精神，我们正会同发展改革委等部门研究起草完善社会救助和保障标准与物价上涨挂钩的联动机制的政策文件。三是积极做好农村危房改造工作，保障农村老年困难群众住房安全。2013年，我部会同住房城乡建设部和发展改革委印发了《关于做好2013年农村危房改造工作的通知》（建村〔2013〕90号），中央共安排农村危房改造补助资金230亿元（含中央基建投资35亿元），支持完成266万户改造任务，并进一步加大对特困地区的支持力度，在中央平均每户补助7 500元、对边境一线农户和建筑节能示范户每户增加2 500补助的基础上，提高对贫困地区的中央补助标准，每户再增加1 000元。四是做好流浪乞讨老年人救助工作。为落实国务院领导批示精神，支持地方做好包括流浪老年人在内的流浪乞讨人员的救助工作，2013年，中央财政下达流浪乞讨人员救助补助资金20亿元。

四、努力促进老龄事业和老龄产业协调发展

一是合理安排老龄事业经费。为发展老龄事业，保障老年人权益，各级政府通过公共财政预算、彩票公益金、社会捐助等多种渠道筹集资金，逐步增加老龄事业投入。其中，为保障各级老龄机构开展正常工作和拓展业务的需要，同级财政都将老龄机构工作经费纳入年度预算。2013年，中央财政安排约2 637万元，用于全国老龄工作委员会办公室和中国老龄科学研究中心开展日常工作。二是积极参与老龄政策的研究，促进老龄各项政策文件贯彻落实。2013年，我部会同民政部、国家发展改革委等部门起草并报国务院印发了《国务院关于加快发展养老服务业的若干意见》（国发〔2013〕35号），并拟定了我部贯彻落实国发〔2013〕35号文件的任务分工。同时，会同有关部门研究起草《国家应对人口老龄化战略研究报告》。会同有关部门研究出台《关于进一步加强老年人优待工作的意见》。督促各地贯彻落实《中国老龄事业发展“十二五”规划》并参与对部分省份的“十二五规划”的中期评估检查工作。三是完善税收政策，支持养老事业发展。2013年12月6日，财政部、税务总局会同人力资源和社会保障部三部门联合下发《关于企业年金职业年金个人所得税有关问题的通知》（财税〔2013〕103号），自2014年1月1日起，对单位和个人不超过规定标准的企业年金或职业年金缴费，准予在个人所得税前扣除；对个人从企业年金或职业年金基金取得的投资收益免征个人所得税；对个人实际领取的企业年金或职业年金按规定征收个人所得税。此次年金个人所得税政策出台后，年金参保者均可享受递延纳税的好处，相当一部分参保者还会在一定程度上降低个人所得税税负。四是积极支持老龄事业发展相关科研工作。加大科技投入、优化投入结构，通过科技重大专项、国家科技计划（基金）、公益性行业科研专项、基本科研业务费等支持了老龄事业发展的相关科研工作，包括支持与老年人健康行业密切相关医药卫生、营养健康等科研工作。支持民政部中国老龄科学研究中心开展老龄化政策及产业相关的研究工作和改善科研条件等，为老龄事业发展提供科技支撑，2013年安排经费约588万元。对老科技工作者的学术交流活动、科普工作及相关研究工作给予大力支持：支持实施“老科技工作者科普宣讲活动”、“老科技工作者决策咨询、建言献策”等工作，2013年安排经费300万元。五是支持老年人文化事业。安排文化部“群众歌咏和老年活动”经费100万元，丰富了老同志业余文化生活，满足了老年同志日益增长的精神文化需求。安排文化部“老艺术家专项补贴”800万元，解决了老艺术家们的实际困难。

人力资源和社会保障部老龄工作综述

2013 年，各级人力资源社会保障部门认真贯彻落实党的十八大和十八届三中全会精神，按照党中央、国务院的各项决策部署，紧紧围绕统筹推进城乡社会保障体系建设，不断完善养老、医疗等各项社会保险制度，稳步提高待遇水平，积极拓宽服务体系，切实维护老年人权益，老龄工作取得了积极进展。

一、基本养老保险工作稳步推进

（一）继续确保企业离退休人员基本养老金按时足额发放。继续以非公有制企业、个体工商户、灵活就业人员和农民工为重点，加强扩面征缴，养老保险覆盖人数不断增加，基金规模不断扩大。截至 2013 年底，全国城镇职工基本养老保险参保人数为 32 218 万人，较 2012 年增加 1 791 万人，同比增长 5.9%。其中，参保职工 24 172 万人，参保离退休人员 8 041 万人，分别比 2012 年底增加 1 191 万人和 595 万人，同比增长 5.2%和 8.0%。基金总收入 22 483.6 亿元，比 2012 年增加 2 482.6 亿元，增长 12.4%；基金总支出 18 533.0 亿元，比 2012 年增加 2 971.2 亿元，增长 19.1%；基金累计结余 27 983.7 亿元。同时，各级政府加大财政补助力度，进一步增强了养老保险基金支撑能力，其中中央财政对地方养老保险补助资金 2 557 亿元，比 2012 年增加 387 亿元。自 2004 年以来已连续 10 年实现企业离退休人员基本养老金按时足额发放。

（二）企业退休人员基本养老金水平进一步提高。按照国务院统一部署，自 2013 年 1 月 1 日起，继续调整企业退休人员基本养老金水平。调整水平按 2012 年企业退休人员月人均基本养老金的 10%左右确定，并对具有高级职称的企业退休科技人员、基本养老金相对偏低的人员等进行适当倾斜。调整后的月人均基本养老金达到近 1 900 元。

（三）进一步巩固新农保和城居保制度全覆盖成果。截至 2013 年底，全国新农保和城居保参保人数达到 4.98 亿人，1.38 亿城乡老年居民领取养老金。2013 年支付城乡居民养老金 1 325 亿元，其中政府支付的基础养老金 1 219 亿元；全国城乡居民养老金月人均 82 元，其中基础养老金月人均 76 元。全国已有 15 个省份将新农保和城居保合并实施。

二、基本医疗保险工作取得新进展

（一）继续扩大基本医疗保险覆盖面。截至 2013 年底，全国城镇基本医疗保险参保人数达到 57 072 万人，其中参加职工基本医疗保险 27 443 万人（其中：退休人员 6 772 万人），参加城镇居民基本医疗保险 29 629 万人。新型农村合作医疗参保人数 8.05 亿人。全国基本医疗保险参保人数超过 13 亿人，包括老年人在内的 95%以上的城乡居民享有基本医疗保障。

（二）稳步提高医保待遇水平。一是 2013 年各级政府对城镇居民医保和新农合补助标准提高到每人每年不低于 280 元，个人缴费标准也有所提高。二是住院医疗费用基金支付比例进一步提高。截至 2013 年底，职工医保政策范围内住院费用支付比例达到 75%，城镇居民医保二级以下医疗机构政策范围内住院费用支付比例达到 70%，最高支付限额分别达到当地职工年平均工资和当地居民年可支配收入的 6 倍，且不低于 5 万元。

（三）积极稳妥推进城乡居民大病保险试点。截至 2013 年底，共有 28 个省份出台城乡居民大病保险工作实施方案，试点地市共 130 多个，过半地市开始支付待遇，减轻了部分大病患者的高额医疗费用负担。

三、管理服务能力不断提升

（一）退休人员社会化管理服务率继续提高。截至 2013 年 12 月底，全国纳入社区管理的企业退休人员达到 5 620 万人，占企业退休人员的 79.1%。

（二）普遍建立街道社区劳动保障工作机构。目前，全国已有街道、社区劳动保障工作机构 7.8 万多个，占全部街道、社区的 87%；已建劳动保障工作机构的乡镇超过 2.5 万个，占全部乡镇的 88%。街道社区从事社会化管理服务的工作人员达到 14.8 万人，平均每个街道社区 1.6 人；乡镇从事社会化管理服务的工作人员 4.7 万人，平均每个乡镇 1.6 人。

（三）进一步提高医疗保险服务水平。一是大力推进医疗费用直接结算。所有统筹地区基本实现医保就医直接结算，方便了群众就医，解决了医疗费用报销“跑腿”和“垫支”问题。二是以异地安置的退休人员为重点改进异地就医结算服务。27 个省启动了省内异地就医直接结算，其中15个省实现全省联网结算，上海、广州、海南等地开展跨省直接结算探索。

住房和城乡建设部老龄工作综述

2013年，住房和城乡建设部认真落实国务院关于加快发展养老服务业的有关要求，按照全国老龄工作委员会第十五次全体会议部署，在住房城乡建设工作中，完善标准体系，发挥规划支持引导作用，研究制定优惠政策，扎实推进涉老服务设施规划建设，妥善解决城镇和农村贫困老年人住房困难，切实保障老年人权益。

一、完善涉老服务设施标准体系

一是为梳理和完善我国涉老设施规划建设标准体系，开展“涉老设施规划建设标准关键技术和标准体系”课题研究，为我国涉老设施标准体系的建立提供技术支撑，全面指导我国涉老设施规划建设。二是为满足涉老固定资产投资项目决策需要，正在开展农村敬老院、综合社会福利院等建设标准编制工作，提高项目前期决策科学水平。三是为满足老龄化快速发展对规划标准提出的新要求，对城市居住区规划设计规范、城市公共服务设施规划规范和城镇老年人设施规范等进行复审，并纳入2014年标准规范修订计划，进一步增强标准适用性。四是为满足涉老设施设计需要，批准发布《养老设施建筑设计规范》，正在开展《老年人居住建筑设计标准》修订，进一步推进养老设施和老年人居住建筑设计水平。

二、发挥规划支持引导作用

按照《国务院关于加快发展养老服务业的若干意见》和《国务院关于深化流通体制改革 加快流通产业发展的意见》，开展了新建社区城市综合服务设施规划的专题座谈和调研。目前，正在研究起草专题研究报告和指导意见，进一步推进城市社区商业、养老等综合服务设施规划，为社区养老服务设施建设，提供规划政策支持。

三、研究制定养老服务优惠政策

住房城乡建设部指导各地结合实际，制定出台公园游园和国家级风景名胜区对老年人游园游览费用减免政策。目前，部分地区、景区已取消了地域限制条件，使优惠、优待政策惠及更多老年人。绝大多数国家级风景名胜区均实行了老年人门票优惠政策，如安徽省黄山风景名胜区对60至70周岁的老年人实行门票半价、70岁以上老年人免门票优惠，北京市风景名胜区对本市65周岁及以上老年人平日游览免收门票等。

四、推进养老服务设施建设

一是贯彻落实《无障碍环境建设条例》，加强全国无障碍设施工程建设管理，并组织开展《无障碍设计规范》和《家庭无障碍建设指南》宣贯培训，保障各项规定落到实处。二是部署创建无障碍环境市县工作，发挥先进城市的引领示范作用，为残疾人、老年人参与社会活动提供便利。三是大力推动城市公园绿地建设，积极拓展老年人游览健身活动空间。实施了一大批“推窗见绿、开门进园”项目，为老年人提供更便捷的游园休憩条件。四是完善公园游园等配套设施，有针对性地提供老年人活动设施和服务，为老年人提供周到的服务和关爱。

五、做好老年人住房保障

一是在2013年的保障性安居工程中，在突出抓开工的同时，抓基本建成，并加快推进棚户区改造，为加快解决包括老年人在内的群众住房困难问题奠定了坚实基础。二是会同财政部、国家发展改革委，进一步优化了住房保障制度体系，有助于老龄人群更快捷、方便地获得住房保障。三是组织抽查了31个省（区、市）及186个市县住房保障信息公开情况。同时督促市县住房城乡建设（住房保障）部门主动公开分配政策、程序、房源等信息，主动接受社会监督，确保分配工作公开、公平、公正，确保老年人优先获得住房保障的权益。四是在内蒙古乌兰察布市召开了农村危房改造现场会，交流了各地结合农村危房改造推进解决贫困老人住房与养老问题的经验做法，并考察了乌兰察布市互助养老幸福院建设和管理情况。此外，黑龙江、安徽、宁夏等省区也在农村危房改造中大胆创新，积极探索出解决贫困留守老人住房及养老问题的路子，取得了较好效果。

卫生计生委老龄工作综述

2013年，国家卫生计生委党组高度重视老龄工作，成立了卫生计生老龄工作领导小组，进一步建立健全了老龄工作协调机制，最大限度地整合资源、加强协作，卫生计生老龄工作取得了积极进展。

一、老年健康政策体系逐步完善

认真贯彻落实国务院系列文件精神，积极参与《国务院关于加快发展养老服务业的若干意见》（国发〔2013〕35号）、《国务院关于促进健康服务业发展的若干意见》（国发〔2013〕40号）的起草和修改，按照部门分工，研究制订重点任务分工方案，逐一推动落实。与23个部门联合印发《关于进一步加强老年人优待的意见》，重点制定老年人就医的优待政策和优先优惠措施。

二、老年健康服务体系建设进一步加强

积极发展老年病医院、护理院、康复医院等医疗机构，数量稳步增长。截至2012年底，全国共有老年病医院119所，床位数14 989张，比“十一五”末分别增加11所、1 466张；老年护理院135所，床位11 601张，比“十一五”末分别增加30所、4 303张；老年康复医院322所，床位30 198张，比“十一五”末分别增加54所、5 529张。大力推动综合医院设立老年病科，截至2012年底，全国三级医院老年病科设立率达到4.9%。

三、老年疾病预防和健康管理工作大力推进

在全国30个省（区、市）建设了140个国家慢性病综合防控示范区，为老年高血压、糖尿病患者开展健康管理等服务。扎实开展国家基本公共卫生服务项目，为65岁以上老年人进行免费体检，并建立健康档案。截至2013年3月底，全国65岁及以上老年人健康管理人数达到1.19亿，占比93.6%，比“十一五”末增加2 789万人，增长了30.5%。大力开展老年人健康教育，启动“健康中国行——合理用药”主题宣传活动，针对老年人等特殊人群制定核心信息，开展健康巡讲、公益广告等宣传教育活动。

四、农村老年医疗保障水平稳步提高

2013年底全国新农合参加人数8亿，参合率达99%。各级财政补助标准提高到每人每年280元。政策范围内住院费用报销比例达到75%左右。全面推进新农合门诊统筹，扩大保障范围。90%的统筹地区实现了省内异地就医即时结报。

五、计划生育家庭老年扶助政策体系日趋完善

计划生育奖励扶助制度和特别扶助制度稳步实施，2013年共惠及700多万人，中央财政共投入30.4亿元。2013年底，我委联合民政部、财政部等5部门印发了《关于进一步做好计划生育特殊困难家庭扶助工作的通知》（国卫家庭发〔2013〕41号），将特扶标准分别提高到城镇每人每月270元、340元，农村每人每月150元、170元。

六、老龄科研工作和国际交流广泛开展

将《老年病防治研究》等课题纳入“十二五”国家科技支撑计划重点项目进行研究，完成《中国人口老龄化和人口政策》重点课题研究。积极与世界卫生组织、联合国亚太经社会、联合国人口基金等开展老龄领域国际交流与合作。

国家体育总局老龄工作综述

2013年，国家体育总局以党的十八大精神为统领，以加强作风建设为契机，积极推动政府职能转变，加快改革，完善“政府主导、部门协同、全社会共同参与”的群众体育工作格局，认真执行《中国老龄事业发展“十二五”规划》和落实全国老龄工作委员会第十五次会议精神，切实履行职责，协调配合全国老龄办有关部门和中国老年人体育协会，积极发挥体育在增强老年人身心健康、应对老龄化进程中的积极作用，较好地完成全年各项任务，现将有关情况报告如下。

一、成功举办第二届全国老年人体育健身大会

第二届健身大会于2013年8月8日至10月13日举办。体育总局十分重视本届健身大会的各项组织筹备工作，刘鹏局长、冯建中副局长多次对举办好本届大会作出重要批示并亲自参加了有关筹备工作会议，提出在总结第一届成功经验、继承发扬好传统的基础上，严格按照中央“八条规定”要求，坚持“节俭办会、改革创新”的办会原则。

按照总局党组要求，开幕活动于8月8日结合总局举办的“全民健身日活动”在北京举行。闭幕式于10月13日结合“九九”重阳节、全国“敬老月”以及中国老体协成立30周年等一系列活动在深圳举行。

本届健身大会的项目设置在广泛征求各方意见的基础上，根据老年人健身新需求，共设置了门球、乒乓球、气排球、柔力球、网球、太极拳（剑）、钓鱼、健身球操、象棋、健身气功、台球、健身秧歌共12个交流项目，共有来自全国各省、自治区、直辖市、计划单列市、新疆生产建设兵团、澳门特别行政区和行业体协的43个单位的6 000余名老年人报名参加各项交流活动，在交流项目比上届增加两项的情况下，总参赛人数比上届压缩了近千人；并采取分散、分段、分项方式，分别在全国12个城市举办的方式，减轻了一地举办的办会压力，同时进一步突出“淡化锦标，重在参与”的办会宗旨，各项赛事只设优秀奖和优胜奖，保证各参赛代表队都能获得奖励。

第二届全国老年人体育健身大会取得了圆满成功，受到了广大老年人群的欢迎。

二、加强涉及老年体育政策法规建设

以2012年全国老年体育工作调研掌握的情况为依据，启动研究制定《关于加强新时期老年人体育工作的意见》，目前正在最后修订；结合《国家老龄事业发展纲要（2013－2030年）》《关于请抓紧做好国务院关于加快发展养老服务业的若干意见重点任务分工落实工作的函》《关于进一步加强老年人优待工作的意见》等文件出台或贯彻落实的机会，增加老年体育内容，将老年体育发展纳入到老年人事业发展总体规划中。

三、支持中国老年人体育协会做好其他工作

在日常工作中，注意加强与中国老年人体育协会的沟通，配合做好了2013年全国老年人体育协会工作会议、第二届创新项目交流活动、2013年11月11日举行的全国老年人健步大联走等活动。

2014年，国家体育总局将按照十八届三中全会提出的各项任务和要求，以深化体育事业改革创新为动力，进行新的谋划，采取新的举措。同时，要进一步贯彻落实中央八项规定，落实党的群众路线教育实践活动中的整改措施，巩固和发展各项改革创新的成果，努力做好各项体育工作。在老年人体育工作方面，将继续认真贯彻落实《中国老龄事业发展“十二五”规划》，主要做好以下几方面工作。

（一）抓紧出台《关于加强新时期老年人体育工作的意见》，对新时期老年体育工作的开展提供政策保障和支持。

（二）转变政府职能，建立健全老年人协会组织体系，充分发挥各级老年人体育协会在全民健身工作中的重要作用。在认真学习党中央、国务院的有关文件精神，结合体育社会组织的公益属性，深入研究体育社会组织的改革与发展，合理划分体育行政部门、事业单位与体育社会组织的职能，对体育社会组织管理模式和运行方式进行科学的顶层设计的基础上，根据老年人体育协会的发展现状，协助做好管理改革问题，在不断总结经验的基础上稳步推进，切实抓好各级老年人体育组织建设，建立健全“横向到边、竖向到底”的老年人体育协会组织体系，提高老年人体育协会“自我发展、自我管理、自我服务、自律规范”的能力。

（三）进一步改善老年人体育健身活动条件。老年人体育健身活动场地和设施，是发展老年人体育事业的必要条件。要组织力量对老年人体育场地设施建设提出专项规划，研究适合老年人健身活动的器材，编辑出版适合老年人使用的健身指导丛书。

（四）广泛开展形式多样的老年体育健身活动。在总结历年活动的基础上进行规划，配合支持中国老年人体育协会组织举办针对老年人健身需求的交流活动和培训活动，2014年拟举办健身球操、柔力球、气排球、太极拳（剑）、门球、乒乓球、钓鱼、网球、健步走等9项交流活动，健身球操、柔力球、气排球、健步走、健身操舞等5项培训班，召开好第三届全国老年人体育健身项目创新交流活动和2014年全国老年人体育协会工作会议等。同时，鼓励各地体育部门和各级老体协组织创新思路，立足基层、面向最广大的老年人群，组织举办好身边的全民健身活动，更好为老年人参与体育健身服务。

国家体育总局将在深化推动各级政府履行基本公共体育服务职责，加快改革完善“政府主导、部门协同、全社会共同参与”的群众体育工作格局过程中，继续重视和加大对老年人体育工作的支持，切实发挥体育在应对老龄化进程中的积极作用。

国家统计局老龄工作综述

国家统计局作为老龄委成员单位，按照职责分工，2013年结合我局人口变动调查，围绕收集、整理、发布老年人口统计数据和提供统计信息服务积极开展工作。

一、2013年主要工作

（一）2013年2月，国家统计局发布2012年国民经济和社会发展统计公报，公报中发布了2012年我国60岁及以上老年人口数、占总人口的比重，以及65岁及以上老年人口数、占总人口的比重，向社会发布了最新老年人口数据。

（二）组织开展2013年人口抽样调查工作。调查内容包括人口的年龄结构和老年人口结构。

（三）参与《国家老龄产业发展规划（2013－2020年）》的修订工作。

（四）参与《中国老龄工作年鉴（2013）》的编制，提供相关文章；为配合全国老龄委开展老龄化研究，提供了有关老龄人口年龄分布的数据。

（五）积极参与老龄委组织开展的一系列研讨会、参加老龄委组织的《中国老龄事业发展“十二五”规划》执行情况中期检查评估活动，赴陕西、甘肃、宁夏调研。

（六）动员社会力量，深入开发人口普查资料。为充分发挥普查数据的社会效益，我局面向有关政府部门、大专院校及人口研究机构，采取公开招标的方式开展了人口普查课题研究，有78个单位中标，其中有关老龄化问题研究的课题有8个，今年8月份课题研究已经完成。

二、2014年工作思路

（一）发布老年人口最新统计数据。2014年2月份，我局将发布2013年统计公报，内容包括2013年老年人口数据。

（二）充分开发利用人口调查数据，为老年人口研究提供统计信息服务。

（三）组织开展2014年人口抽样调查工作，把握人口发展状况，老年人口的变化趋势。

中华全国总工会老龄工作综述

2013年是我国工人运动事业发展进程中极其重要的一年，中国工会第十六次全国代表大会胜利召开，明确了我国工人运动的时代主题和今后五年工会工作目标任务。一年来，全国总工会围绕中心、服务大局，认真履行工会基本职责，并按照全总书记处的总体工作部署，认真开展各项涉老工作，取得了积极进展。

一、参与国家相关法规政策的研究制定

积极参与《国家老龄事业发展纲要（2013—2030）》《关于进一步加强老年人优待工作的意见》等老龄工作重要文件和《城乡养老保险制度衔接办法》《关于建立疾病应急救助制度的指导意见》《关于推进县级公立医院综合改革的意见》《关于巩固完善基本药物制度和基层运行新机制的意见》《城镇住房保障条例》等涉及民生的重要法规政策的研究制定，反映职工呼声，维护包括退休职工在内的广大职工的合法权益。

二、开展养老保险和医疗保险专题调研

一是作为国家养老保险制度顶层设计部际研究工作小组成员单位之一，积极参与养老保险制度顶层设计工作，开展了养老保险制度改革专题调研。广泛听取政府有关部门、企业和职工对养老保险制度改革的意见，围绕企业和职工普遍反映的热点问题深入研究，针对当前我国养老保险制度中职工最关心、最直接、最现实的利益问题，提出了进一步完善待遇确定机制建立职工养老金正常调整机制、积极推进机关事业单位养老保险制度改革等六个方面的改革建议。二

是为推动建立全国职工大病保障制度，根据工会总书记处部署，2013 年三、四季度会同中国医疗保险研究会联合开展职工大病保障情况调研，收集了部分地方的法规政策资料，并先后赴江苏省苏州市及所辖县级太仓市和河南省许昌市、洛阳市实地进行调研，在认真总结典型经验、广泛听取职工意见的基础上，深入研究提出了建立职工大病保障制度，有效解决职工及退休人员大病致贫问题的政策建议。

三、开展困难职工及退休人员帮扶和送温暖活动

帮助职工解决生产生活中遇到的困难和问题，是中国工会的重要职责和任务。截至 2013 年底，全国工会共建立 3 515 个县级以上困难职工帮扶中心和 19.8 万个基层工会帮扶站点，并通过自建或联建方式，建立爱心医院 1 358 个、爱心药店 2 445 个、扶贫超市 2 403 个、爱心学校 925 个。各帮扶中心将困难退休职工全部纳入了工会困难职工档案，并对他们进行了相应的帮扶。2013 年元旦春节期间，全国工会共筹集送温暖资金 43.2 亿元，较上一年增长了 4.7 亿元，慰问困难职工 485.9 万户。

第五部分

地方老龄工作

北京市

综　述

2013年是全面贯彻落实党的十八大精神的开局之年，是实施“十二五”规划承前启后的关键一年。北京市老龄工作在市委、市政府的正确领导和全国老龄办的指导支持下，紧密围绕首都建设和发展大局，结合党的群众路线教育活动，切实改进工作作风，深入开展调查研究，加强老龄政策创制，加快推进老龄社会化、产业化发展，推进多渠道、多层次、一体化、多功能的养老服务体系建设，进一步保障和改善民生，推动了首都老龄事业健康持续发展。

一、精心组织实施老龄事业发展规划

为贯彻执行《中国老龄事业发展“十二五”规划》，按照北京市规划编制工作部署，于2011年编制实施《北京市“十二五”时期老龄事业发展规划》，积极构建城乡一体的社会养老保障格局、多层次的社会养老服务格局和共建共享的老年人社会管理格局。2013年年中，全市开展老龄规划中期检查评估工作，评估结果表明，北京市老龄事业发展主要指标和主要任务基本得到落实，养老保障、养老服务和老龄工作三大体系建设齐头并进，老龄规划顺利并持续良好执行。

2013年11月，由全国人大常委会委员、内务司法委员会副主任委员陈秀榕，全国老龄办副主任阎青春带队全国检查评估组，通过实地检查和听取汇报的形式对北京市进行《中国老龄事业发展“十二五”规划》执行情况中期检查评估。陈秀榕对北京市贯彻落实《中国老龄事业发展“十二五”规划》给予充分肯定。她指出，北京市的养老服务工作使人“眼一亮，身一振”，政府各级领导高度重视，思想认识到位，规划实施到位，部门协作到位，提供条件到位，维护权益到位，通过积极探索创新，加大投入，广泛动员社会力量参与养老服务，建立了具有首都特色的养老服务模式。阎青春指出，北京市养老服务工作发展方向正确，发展思路明确，服务内容丰富，政府主导作用明显。

二、加强老龄政策创制

研究制定并以市政府名义印发了《关于加快推进养老服务业发展的意见》，对全市养老服务业发展进行总体谋划，明确政府、社会、市场分别在养老服务业发展中的职责和任务。为解决养老床位供需矛盾突出问题，制定了《关于加快本市养老机构建设实施办法》，在土地供应、建设支持、运营补贴、医养结合等方面积极支持社会资本建设养老机构。同时，对政策创制中的成熟经验和做法，积极开展立法前期研究，推进政策的法制化。

修订《北京市老年人权益保障条例》列入市人大常委会2013年立法工作计划，市政府法制办、市民政局、市老龄办进行立项论证调研。12月19日召开的北京市十四届人大常委会第20次主任会议，同意将修订老年人权益保障条例列入本市立法计划。

三、积极开展《中华人民共和国老年人权益保障法》宣贯工作

一是邀请全国人大内司委有关部门负责人对市老龄委各成员单位委员及联络员，各区县老龄委主任、民政局主管局长、老龄办主任以及市民政局、市老龄办有关同志进行《中华人民共和国老年人权益保障法》培训；各区县老龄办也分别开展了培训工作。二是市民政局、老龄办等有关部门于2013年6月29日在中山公园举办大型主题宣传活动；10月11日至13日，在园博园组织首个老年节法制宣传和老年咨询活动；2013年“敬老月”以“贯彻老年法、造福老年人”为主题开展各项活动。三是市老龄办、市司法局共同下发《关于学习宣传贯彻〈中华人民共和国老年人权益保障法〉的通知》，就做好老年法的学习宣传贯彻工作进行了部署安排。四是继续开展《北京市老年人权益保障条例》修订工作。五是贯彻实施老年法规定，出台《北京市关于老年人社会保障和社会优待办法》，在本市行政区域内居住满6个月及以上的外埠60周岁及以上老年人，持《北京市老年人优待卡》或《北京市老年人优待证》享受与本市户籍老年人同等的相应优待。

四、不断推进养老服务深入开展

一是加强养老管理服务中心建设和托老（残）所规范化建设。根据《北京市“十二五”时期老龄事业发展规划》要求，2013年继续进行三级养老管理服务中心建设工作，采取改建、扩建、与社区服务中心或养老设施合建等方式，整合社区资源，截至2013年12月份全市建设完成200余个三级养老管理服务中心。下发实施《关于给予社会办托老所全托型床位运营补贴有关事项的通知》，对托老所全托型床位运营补贴的补贴范围、补贴条件、发放标准以及补贴的申请、审批和资金划拨等做出明确规定。年内向全市91家社会办全托型托老所发放补贴679.6万元。

二是推进养老（助残）“券变卡”和老年人意外伤害保险工作。在海淀区进行了养老（助残）“券变卡”的试点准备工作，完成了前期调研和基础信息收集整理、平台系统建设、卡样设计、POS机招标筹备、与银行和平台技术参数对接等工作，并得到了市经信委同意立项的肯定。根据《北京市老年人意外伤害保险暂行办法》要求，经过公开招标确定了中国人寿保险股份有限公司为中标保险公司。与中国人寿保险股份有限公司北京市分公司签订了保险协议，为近7万名具有北京市户籍60周岁及以上的享受城乡最低生活保障待遇人员、城镇“三无”人员、农村“五保”对象、享受定期抚恤补助的优抚对象及失独老年人统一购买了北京市老年人意外伤害保险。适时召开新闻发布会，向新闻媒体通报了相关情况。

三是指导和参加养老服务博览会。承办并参加于5月1日至3日在中国国家会议中心举办的第二届中国（北京）国际养老服务业博览会。北京市展区面积600余平方米，以“加快首都养老服务业发展，努力实现养老服务社会化产业化”为主题，通过“坚持政府主导，培育养老服务市场”“坚持社会主体，整合养老服务资源”“坚持市场运营，发展养老服务产业”三个部分，向参观者全面介绍了首都养老服务业社会化产业化发展。11家社会组织、50家养老服务单位集中参展，展品360多件，接待观众近5万人次。制作了《加快首都养老服务业发展，努力实现养老服务社会化产业化》主题宣传片和百岁老人图片展；发放了《北京养老服务单位名录》宣传册和北京养老宣传袋。在《福利中国》刊登专版文章，对48家企业进行重点宣传。11月15日至17日，指导北京北奥会展有限公司举办“2013北京国际老龄产业博览会”，展示国内外养老服务资源，搭建政府、企业、社会交流的平台，宣传老龄工作经验和成果。

四是开展养老精神关怀服务。各级老龄工作部门整合和开发辖区心理咨询服务资源，开设96156社区老年心理咨询热线，充分发挥各类心理咨询专业组织和社区市民学校、老年学校的作用，组织专业人员为老年人及其家庭成员提供心理咨询服务和相关知识培训。动员和组织城乡社区（村）志愿者、特别是社会工作者，为老年人提供聊天、读书（报）等志愿服务。在全市16个区县对3 000名老年人进行了精神需求和心理健康状况调查，确定了老年人精神关爱的工作重点和政策支持，并召开《北京市老年人口心理健康及需求状况调查研究报告》新闻发布会。

五是研究探索基层老年人协会建设工作。按照全国老龄办要求和北京市老龄事业发展需要，借鉴外省市先进经验，结合我市基层老年协会建设情况，研究起草《北京市基层老年人协会建设若干意见》（征求意见稿），从基层老年协会建设的重要意义、指导思想、组织机构、工作任务、相互关系、资金来源、场所建设、工作要求等进行了阐述，引导基层老年协会规范化健康发展。

六是加快养老服务信息化平台建设。年内完成建设任务，实现了和北京市公安局人口库、民政局殡葬人口库的数据共享，完成了首都老龄之窗网站建设及政府网站域名的报批工作，在东城区、西城区、朝阳区部分街道进行了试点运行后，对16个区县进行了培训推广应用及开展人口数据核查工作。该平台最大限度地整合现有养老管理和服务的资源，实现政府部门资源共享和老龄基本业务的全覆盖，打造本市最准确、最权威的老年人口数据库，强化老龄系统政务体系建设。将老年证、老年优待证、高龄老人津贴、百岁老人津贴和高龄老人补助医疗等业务进行业务流程的梳理，实现业务的网上申请、审核、审批等全过程的信息化。

五、切实为老年人办实事

一是认真贯彻落实老年人优待政策。出台《北京市人民政府办公厅关于转发市老龄工作委员会办公室〈北京市老年人社会保障和社会优待办法〉的通知》和《关于为常住外埠老年人办理北京市老年人优待卡（证）的通知》，落实常住外埠老年人享受本市社会优待工作。常住外埠老年人与本市户籍老年人同等享受免费乘坐市域内地面公交车，参观市属公园、风景名胜等旅游区，社区卫生服务机构“三优先”服务等9项老年优待政策。为保障符合条件的常住外埠老年人能够及时领到优待卡（证），积极协调制卡公司，增加了制卡次数，同时加强了对区县的指导，要求区县认真办理，提高工作效率。截至2013年12月，共办理老年人优待卡26万张，办理老年人优待证12万张，其中，全市共为8.8万名常住外埠老年人办理了优待卡。稳步推进高龄老年人津贴的发放工作，截止2013年12月，为90～99岁高龄老年人发放高龄津贴312 137人次，总计3 121.37万元；为100岁以上老年人月均发放高龄津贴 5 783 人次，总计 115.66 万元。组织指导区县开展重阳节期间的慰问活动，2013 年为高龄困难老年人发放 198 万元救助金。为符合条件的空巢老年人安装了 5 000 个紧急医疗救援呼叫器（“一按灵”）。

二是做好 95 周岁以上老年人医疗补贴制度的落实工作和“小帮手”电子服务器配备使用工作。督促指导区县严格按照政策规定落实补贴制度，按时上报相关信息，2013 年共有 2 841 人次享受高龄老年人补助医疗费用 741.72 万元。继续为符合条件的老年人配备使用“小帮手”电子服务器，年内共配备使用“小帮手”电子服务器 20 余万台。

六、组织开展“敬老月”主题活动

活动以“贯彻老年法、造福老年人”为主题，在全市举办 210 余项活动。一是由市民政局、市老龄办、丰台区政府、北京市老龄产业协会共同举办“北京园博园老年节”活动，10 月 11 日对 60 岁及以上老年人实行免票，2 名陪同老人的子女 7 折优惠，北京市万名孝星代表和全市各界老年人及家人 11 万余人参加了游园活动；11 日到 13 日，开展包括文艺演出、《老年法》咨询、为老服务展示、首届老龄产业论坛、孝星游园等活动。二是开展“老有所为”典型人物推选活动，共推荐出老年志愿者叶如陵等 40 位“老有所为”典型人物。三是发布《北京市 2012 年老年人口信息和老龄事业发展状况报告》。敬老月期间，中央电视台、北京电视台、北京日报、北京晨报等媒体共刊发敬老月报道共计 260 余条。

七、开展全国“敬老文明号”创建活动及万名“孝星”和千家为老服务示范单位命名活动

贯彻落实《全国老龄工作委员会关于开展“敬老文明号”创建活动的通知》精神，向区县和相关委办局下发通知，在自创活动基础上，经市各委办局、区县老龄委、相关部门把关推荐，市创建活动领导小组根据优中选优的原则，确定 34 个自查单位，并于 8 月份全月以听取汇报、查阅资料、实地查看等方式进行逐个检查。经研究，推荐北京市公共交通控股（集团）有限公司第四客运分公司第十三车队等 31 家单位申报全国“敬老文明号”。配合全国老龄办完成在北京举行的首届全国“敬老文明号”揭牌仪式。

2013 年是“孝星”和为老服务示范单位命名活动开展的第四年，市老龄办联合市委宣传部等 13 家成员单位共同主办。此次命名活动加大了社会宣传动员力度，印发 4 万张活动海报，通过各类形式进行广泛宣传；拓宽了推荐渠道，对区县进行命名活动网络申报审核流程培训，增加了社会网上推荐，并向全市媒体征求孝星和示范单位的候选人和候选单位线索；提高了命名活动的监督力度，实行街乡、区县和市级三级网上公示。根据党的群众路线教育实践活动精神，在“敬老月”期间，由市、区、街（乡）、居（村）走访各区县遴选出具有代表性的“孝星”和为老服务示范单位，把证书、证章、标牌送到他们手中，并征求他们对老龄工作的意见建议。为充分营造敬老爱老的社会氛围，从 2010－2012 年的 3 万名“孝星”中筛选出 24 名事迹突出、代表性强的“孝星”，与央视网合作，拍摄制作了《24 个孝星的故事》系列短片，并在北京卫视《北京您早》栏目播出。CCTV－12《夕阳红》栏目邀请了《24 个孝星的故事》中的若干孝星，制作播出 2 集访谈特别节目，每集节目时长 18 分钟。协调市委宣传部等部门在北京电视台、各大门户和视频网站、北京人民广播电台（提供声音版）等进行全媒体公益展映和宣传活动。

重要会议和活动

【习近平总书记看望首都老年群众】12 月 28 日，习近平总书记深入北京市海淀区四季青镇敬老院看望慰问老年群众，视察北京市养老工作。习近平总书记指出，尊老敬老是中华民族的传统美德，社会上就是要弘扬这种传统美德，形成尊老敬老的浓厚氛围，把尊老敬老作为一种社会风尚。我们今后要建更多敬老院、办更多好的敬老院，来满足老龄化这个服务体系建设的需要。他强调，爱老助老是全社会的共同责任，我国老年人口增加很快，老年服务产业发展还比较滞后。要完善制度、改进工作，推动养老事业多元化、多样化发展，让所有老年人都能老有所养、老有所依、老有所乐、老有所安。他要求，养老服务机构要加强管理，增强安全意识，提高服务质量，让每一位老人都能生活得安心、静心、舒心，都能健康长寿、安享幸福晚年。

【国务委员、全国老龄委主任王勇调研北京市养老服务情况】10 月 12 日，全国第一个老年节前夕，国务委员、全国老龄委主任王勇到北京市考察养老工作并向全国老年人致以节日的问候和祝福！他先后到朝阳区麦子店街道养老服务中心、寸草春晖养老院考察调研养老服务情况，并到香河园街道走访老年人家庭，看望慰问老年人。他强调，党中央、国务院高度重视保障和改善老年人民生，要全面实施积极应对人口老龄化战略，加快发展养老服务业，满足老年人日益增长的养老服务需求，确保人人享有基本养老服务。王勇指出，我国已进入人口老龄化快速发展阶段，老年人口达 1.94 亿。老年人是国家和社会的宝贵财富，关爱老年人是各级政府和全社会的共同责任和义务。要认真贯彻新修订的老年人权益保障法，大力弘扬中华民族孝亲敬老的优良传统，加强伦理道德教育，切实维护和保障老年人权益，在全社会营造尊老敬老助老的浓厚氛围。王勇强调，各地区、各部门要认真贯彻落实《国务院关于加快发展养老服务业的若干意见》，切实履行政府保基本的责任，全面建成以居家养老为基础、社区为依托、机构为支撑、功能完善、规模适度、覆盖城乡的养老服务体系。要抓紧完善和落实各项优惠扶持政策，为社会力量发展养老服务业营造公平环境，推动养老服务业快速健康发展。他希望各类养老服务机构和组织加强自身建设，完善内部管理，向老年人提供更多方便可及、价格合理的养老服务和产品。民政部部长李立国，副部长窦玉沛，全国老龄办常务副主任陈传书，北京市副市长戴均良陪同调研。

【深入开展党的群众路线教育实践活动】年内，市老龄协会党委以“为民、务实、清廉”为主要内容，紧紧围绕市民政局党委“转作风、聚民心、惠民生”的实践活动主题，以“拜师基层，集智聚力”活动作为群众路线教育实践活动的总抓手，着力解决群众反映强烈的突出问题，大兴求真务实之风，积极出台惠老新政，取得了实实在在的活动效果。在开展党的群众路线教育实践活动中，协会党委坚持把学习教育贯穿活动始终，紧扣作风建设，多角度、多层次开展了征求意见建议活动，共征得意见建议383条。在教育实践活动整个过程中，对群众反映的问题做到能改即改、立行立改。组织开展各项专项治理行动，在整改落实阶段，结合工作实际制定并落实了10个方面15条整改措施，同时，针对问题建章立制，形成长效机制，教育实践活动取得良好效果。

【第一届全国“敬老文明号”授牌仪式在京举行】10月19日，全国老龄办党组书记、常务副主任、全国“敬老文明号”创建活动领导小组组长陈传书，共青团中央书记处书记汪鸿雁，北京市副市长戴均良出席仪式。全国老龄办党组成员、副主任吴玉韶主持仪式。陈传书、戴均良分别致辞，汪鸿雁宣读了《全国老龄工作委员会关于表彰第一届全国“敬老文明号”的决定》，北京市31家单位荣获全国“敬老文明号”称号。授牌仪式上，北京市石景山区寿山福海养老服务中心作了典型发言，“敬老文明号”创建受益老年人代表在会上发表感言。北京市青松老年看护服务有限公司代表全市31家第一届全国“敬老文明号”先进集体向全国各涉老部门、为老服务组织、公共服务窗口行业发出倡议，为老年人提供更加优质的服务，树立窗口单位良好形象。仪式结束后，领导同志参观了北京市石景山区寿山福海养老服务中心，看望慰问在场的老年人并赠送《中国老年人健康指南》。全国老龄办、全国总工会、共青团中央、全国妇联和北京市的相关领导，北京市31家全国“敬老文明号”创建单位负责人，老年人代表以及《人民日报》、新华社、中国新闻社、中央人民广播电台等新闻媒体约150人出席了授牌仪式。

【开展全市《中华人民共和国老年人权益保障法》培训】1月24日，市老龄办举办新修订《中华人民共和国老年人权益保障法》培训，由全国人大内司委有关部门负责人为市老龄委各成员单位委员及联络员，各区县老龄委主任、民政局主管局长、老龄办主任以及市民政局、市老龄办有关同志进行讲解。培训重点介绍了本次修法的亮点：一是将“积极老龄化”理念贯穿始终；二是建立中国特色养老服务体系，具体内容集中体现在社会服务、社会优待、家庭赡养与扶养几章；三是设立专章规定老年宜居环境建设；四是设立老年人监护制度，这是我国监护法律制度的突破；五是进一步弘扬中华民族敬老、养老、助老的美德。培训会上还对成员单位责任分工征求意见稿进行了研究部署，提出了具体要求。

【参加第二届中国国际养老服务业博览会】5月1日至3日在中国国家会议中心举办以“感恩、关爱、服务、发展”为主题的第二届中国（北京）国际养老服务业博览会。博览会由民政部、北京市人民政府、全国老龄办主办，中国社会福利协会、北京市民政局、北京市老龄办承办，并在期间举办了第二届中国养老服务业发展论坛主论坛和8个分论坛。北京市展区面积600余平方米，以“加快首都养老服务业发展，努力实现养老服务社会化产业化”为主题，通过“坚持政府主导，培育养老服务市场”“坚持社会主体，整合养老服务资源”“坚持市场运营，发展养老服务产业”三个部分，向参观者全面介绍了首都养老服务业社会化产业化发展。11家社会组织、50家养老服务单位集中参展，展品360多件，接待观众近5万人次。制作了《加快首都养老服务业发展，努力实现养老服务社会化产业化》主题宣传片和百岁老人图片展；发放了《北京养老服务单位名录》宣传册和北京养老宣传袋。在《福利中国》刊登专版文章，对48家企业进行重点宣传。

【召开为老服务工作建议、提案集中答复座谈会】6月19日，市民政局、老龄办召开为老服务工作建议、提案集中答复座谈会，市民政局副局长李红兵作集中答复报告，市民政局、老龄办会同市发展改革、财政、国土、人力社保、编办等部门，重点围绕代表、委员关心的营利性养老机构支持政策、高龄老人医疗补助、长期护理保险、养老券变卡等问题进行了答复。与会的26名代表、委员对政府高度重视为老服务工作，多方面关注老年人需求给予了充分肯定，并就加强我市养老服务社会化、产业化发展，进一步完善养老服务制度和体系等提出了意见和建议。

【举办《中华人民共和国老年人权益保障法》主题宣传活动】6月29日，市民政局、老龄办、司法局、公园管理中心于6月29日在中山公园开展主题宣传活动。市民政局副局长李红兵主持活动，局党委书记、局长李万钧代表主办单位致辞。全国老龄办副主任朱勇，全国老龄办信息中心主任李伟，市人大内内司办副主任尹玲珍出席活动。活动中，全市万名“孝星”代表宣读了家庭孝老、社会敬老、行业助老倡议书。与会领导向基层单位和社会组织赠送了老年法宣传资料。活动现场进行了老年法主题讲座以及老年人医疗、心理健康，老年法律援助和养老服务等现场咨询活动，北京市律协、东城区消协、宣武医院、隆福医院、北京孝为先信息技术有限公司等多家团体组织为老年人提供了咨询服务。共有约500名老年人参加了活动，收到了良好的社会效果。市委宣传部、市法制办、市司法局、市人力社保局、市卫生局、市教委、市文化局、市公园管理中心等单位相关负责同志参加活动。

【共同主办第六届全国老年心理关爱研讨会】9月9日至10日，中国老龄事业发展基金会、北京市老龄办共同主办第六届全国老年心理关爱研讨会。第十届全国人大常委会副委员长顾秀莲、中国老龄事业发展基金会理事长李宝库、全国老龄办副主任阎青春、北京市老龄办常务副主任李建国出席会议并讲话。本次研讨会，北京市共征集稿件92篇，市老龄办及东城、西城、朝阳区老龄办被评为中国老年事业发展基金会先进单位。

【开展“敬老月”主题活动】活动以“贯彻老年法、造福老年人”为主题，在全市举办210余项活动。其中，由市民政局、市老龄办、丰台区政府、北京市老龄产业协会共同举办“北京园博园老年节”活动；开展“老有所为”典型人物推选活动，共推荐出老年志愿者叶如陵等40位“老有所为”典型人物；发布《北京市2012年老年人口信息和老龄事业发展状况报告》；推荐360路快车车队等31家单位申报全国“敬老文明号”。“敬老月”期间中央电视台、北京电视台、北京日报、北京晨报等媒体共刊发“敬老月”报道共计260余条。

【举办北京园博园老年节】10月11日至13日，由市民政局和丰台区政府主办，市老龄办和市老龄产业协会承办的“北京园博园老年节”在园博园举行，活动主题为“贯彻老年法·造福老年人”。北京市人民政府戴均良副市长和北京市老龄产业协会翟鸿祥会长为本次活动开幕致辞。园博园老年节系列活动包括老年合唱、服装秀、知识宣传、为老服务展示、首届老龄产业论坛、孝星游园等活动。市民政局、市规划委、国资委、市旅游委、二商集团、贸促会、京煤集团等多家单位参加展区宣传活动，内容涉及老年法宣传及咨询、老年教育、老年食品、老年餐桌、老年旅游、家庭急救、保健器械、养老机构服务宣传、健康知识宣传等。同时在园博园新闻发布厅举办了北京市首届老龄产业论坛，来自市规划委、国资委、民政局、卫生局、老龄产业协会、国资公司、建工集团、二商集团、解放军总医院、设计院等政府部门、事业单位、企业的各界人士代表分别从各自行业角度就如何落实国务院《关于加快发展养老服务业的若干意见》的精神进行了发言。10月11日的“我陪父母游园博”主题游园活动，对60岁及以上老年人实行免票，2名陪同老人的子女享受7折优惠票价，北京市万名孝星代表和全市11万余名老年人参加了游园活动。

【指导举办2013北京国际老龄产业博览会】11月15日至17日，指导北京北奥会展有限公司举办“2013北京国际老龄产业博览会”，展示国内外养老服务资源，搭建政府、企业、社会交流的平台，宣传老龄工作经验和成果。

各项业务进展

【制定《关于加快养老服务业发展的意见》】10月12日，《北京市人民政府关于加快推进养老服务业发展的意见》（以下简称《意见》）正式出台。《意见》对全市养老服务业发展进行总体谋划，重点在明晰政府、社会、市场的职责和任务。《意见》明确政府在促进养老服务业发展中应履行“保基本、建机制、强监管”的职责，提出统筹规划养老服务业发展、建立基本养老服务制度、完善养老公共服务设施、推进政府办养老机构改革四条措施。《意见》明确支持社会力量进入养老服务领域，提出扶持居家和社区养老服务发展、引导社会资本建设养老机构、推进医养结合、培育养老服务社会组织、培养专业养老服务人员五条措施。《意见》进一步加强市场对资源配置起基础性作用，提出加大养老服务业投融资力度、建设养老服务产业园区、支持养老服务重点领域发展、推进养老服务科技创新四条措施，营造有序竞争的市场环境，促进养老服务业健康发展。

【检查评估老龄事业发展规划】年中，开展《北京市“十二五”时期老龄事业发展规划》中期检查评估工作，评估结果表明，北京市老龄事业发展主要指标和主要任务基本得到落实，养老保障、养老服务和老龄工作三大体系建设齐头并进，老龄规划顺利并持续良好执行。11月，由全国人大、全国老龄办组成的全国检查评估组，通过实地检查和听取汇报的形式对北京市执行《中国老龄事业发展“十二五”规划》情况进行中期检查评估。检查组对北京市贯彻落实《中国老龄事业发展“十二五”规划》情况给予充分肯定。

【宣传贯彻《中华人民共和国老年人权益保障法》】市老龄办、市司法局共同下发《关于学习宣传贯彻〈中华人民共和国老年人权益保障法〉的通知》，就做好新修订老年法的学习宣传贯彻工作进行了部署安排。6月29日，市民政局、老龄办等有关部门在中山公园举办大型主题宣传活动；10月11日至13日，在园博园组织首个老年节法制宣传和老年咨询活动。继续开展《北京市老年人权益保障条例》修订工作，明确各委办局任务分工，对市老龄委成员单位、各区县老龄委领导和老龄办工作人员进行相关培训。将修订《北京市老年人权益保障条例》列为市人大常委会2013年立法工作计划，市政府法制办、市民政局、市老龄办进行立项论证调研；12月19日召开的市十四届人大常委会第20次主任会议，同意将修订老年人权益保障条例列入本市立法计划，要求聚焦于落实解决首都老年人在生活中面临的医疗等实际问题和迫切需求，理清政府、家庭、社会机构在养老事业中所应担负的不同责任，推动建设适应不同层次需求的养老服务体系。贯彻实施老年法规定，出台《北京市关于老年人社会保障和社会优待办法》，在本市行政区域内居住满6个月及以上的外埠60周岁及以上老年人，持《北京市老年人优待卡》或《北京市老年人优待证》享受与本市户籍老年人同等的相应优待。

【创建和推荐首批全国“敬老文明号”】年初，市老龄办、总工会、妇联、团市委共下发推荐全国敬老文明号的通知，成立创建活动领导小组。年中，经对区县和委办局推荐出的34家单位采取听取汇报、查阅资料、实地查看的方式全面检查后，向全国推荐申报北京市公交公司第四客运分公司第十三车队等31家单位为首批全国“敬老文明号”。10月，配合全国老龄办做好在北京举行的全国“敬老文明号”揭牌仪式。

【命名“孝星”和为老服务示范单位】市老龄办联合市委宣传部等13家成员单位共同主办。印发4万张命名活动海报，在推荐环节增加了社会网上推荐、部分媒体发掘和推荐。对区县进行“孝星”命名活动网络申报审核流程培训；实地检查区县区命名活动进展及海报张贴情况；成立命名活动评审小组，对万名“孝星”和千家为老服务示范单位进行审批，筛选重点宣传“孝星”和示范单位典型。网上公示5日无异后，最终确定万名“孝星”和千家为老服务示范单位名单，以北京市人民政府名义对万名“孝星”和千家为老服务示范单位进行命名。在“敬老月”期间，由市、区、街（乡）、居（村）走访各区县遴选出具有代表性的“孝星”和为老服务示范单位、全国敬老文明号，现场发放证书、证章及标牌，并征求对老龄工作的意见建议。

【居家养老服务】下发实施《关于给予社会办托老所全托型床位运营补贴有关事项的通知》，对托老所全托型床位运营补贴的补贴范围、补贴条件、发放标准以及补贴的申请、审批和资金划拨等做出明确规定：补贴范围是2012年9月至2013年9月期间，根据“九养”办法设立，正式挂牌运营，为老年人提供24小时托养服务的民办或公办民营的托老所中的运营床位，已享受社会办养老机构运营补贴的床位除外；运营补贴条件要求托老所全托型服务床位5张以上，床均使用面积5平方米以上，使用总面积不低于40平方米，与服务对象开展签约服务，悬挂核发的托老所标牌，公开服务内容、服务流程及收费标准；补贴标准按月计算，每张床位每月给予300元运营补贴；月服务时间18天以上的床位，按照一个月的运营补贴标准计算。年内向全市91家社会办全托型托老所发放补贴679.6万元。为符合条件的老年人配备使用20余万台“小帮手”电子服务器。根据《北京市“十二五”时期老龄事业发展规划》要求，2013年继续进行三级养老管理服务中心建设工作，采取改建、扩建、与社区服务中心或养老设施合建等方式，整合社区资源，建设完成200余个三级养老管理服务中心。

【落实95周岁及以上老年人医疗补贴工作】年内，继续落实百岁老年人医疗补贴范围扩大至95周岁及以上的医疗补贴制度，为2 841人次95周岁及以上老年人补助医疗费用741.72万元。

【落实老年人社会优待】印发《北京市人民政府办公厅关于转发市老龄工作委员会办公室〈北京市老年人社会保障和社会优待办法〉的通知》和《关于为常住外埠老年人办理北京市老年人优待卡（证）的通知》，落实常住外埠老年人享受本市社会优待工作。常住外埠老年人与本市户籍老年人同等享受免费乘坐市域内地面公交车，参观市属公园、风景名胜等旅游区，社区卫生服务机构“三优先”服务等9项老年优待政策。截至2013年12月，共办理老年人优待卡26万张，办理老年人优待证12万张，其中，全市共为8.8万名常住外埠老年人办理了优待卡。

【实行老年人社会保障】截至12月底，向40余万老年人发放4亿余元养老（助残）券。为90～99岁高龄老年人发放高龄津贴312 137人次，总计3 121.37万元；为100岁以上老年人月均发放高龄津贴5 783人次，总计115.66万元。为高龄困难老年人发放198万元救助金。为符合条件的空巢老年人安装了5 000个紧急医疗救援呼叫器（“一按灵”）。

【推广实施北京市老年人意外伤害保险】根据《北京市老年人意外伤害保险暂行办法》要求，经过公开招标确定了中国人寿保险股份有限公司为中标保险公司。与中国人寿保险股份有限公司北京市分公司签订了保险协议，为近7万名具有北京市户籍60周岁及以上的享受城乡最低生活保障待遇人员、城镇“三无”人员、农村“五保”对象、享受定期抚恤补助的优抚对象及失独老年人，统一购买了北京市老年人意外伤害保险。召开新闻发布会，向新闻媒体通报了相关情况。

【开展老年人精神关怀】各级老龄工作部门整合和开发辖区心理咨询服务资源，开设96156社区老年心理咨询热线，组织专业人员为老年人及其家庭成员提供心理咨询服务和相关知识培训。对2 000名养老（助残）员开展精神关怀业务培训。在全市16个区县对3 000名老年人进行了精神需求和心理健康状况调查，确定了老年人精神关爱的工作重点和政策支持，并召开《北京市老年人口心理健康及需求状况调查研究报告》新闻发布会。

【发布2012年老年人口信息和老龄事业发展状况报告】报告于重阳节向社会正式发布。截至2012年底，北京市60岁及以上户籍老年人口262.9万人，占总人口的20.3%；65岁及以上户籍老年人口184.6万人，占总人口的14.2%；80岁及以上户籍老年人口42.6万人，占总人口的3.3%。在60岁及以上户籍老年人口中，男性老年人口126.4万人，占48.1%，女性老年人口136.5万人，占51.9%；性别比为92.6。60～69岁老年人口129万人，70～79岁老年人口91.3万人，80～89岁老年人39.7万人，90岁及以上老年人2.9万人。全市16个区县中，60岁及以上户籍老年人口排在前三位的是朝阳区、海淀区和西城区，分别为45.4万人、40.2万人和31.9万人。

【加强老龄宣传工作】为充分营造敬老爱老的社会氛围，从2010－2012年评选命名的3万名“孝星”中筛选出事迹突出、代表性强的“孝星”，与央视网合作，拍摄制作了《24个孝星的故事》系列短片，在北京卫视《北京您早》栏目播出，各大门户和视频网站、北京人民广播电台（提供声音版）等进行全媒体公益展映和宣传活动，CCTV－12《夕阳红》栏目邀请其中部分“孝星”，制作播出2集访谈特别节目。第二届中国国际养老服务业博览会北京参展期间，北京社区报刊登了10个专版，北京电视台《咱爸咱妈的美好时代》播出特别节目，充分发动传统媒体、网络媒体力量，共刊登、播出北京展区相关报道120余条。进行“敬老月”“老年节”系列宣传工作，召开新闻通气会，邀请32家新闻媒体，发布敬老月活动安排和《2012年北京市老年人口信息和老龄事业发展报告》；“敬老月”期间中央电视台、北京电视台、北京日报、北京晨报等媒体共刊发敬老月报道共计260余条。做好《关于加快推进养老服务业的意见》的宣传报道，先后进行四次发布，各主流媒体刊发共约160条报道，首都之窗、千龙网、人民网、新华网等有影响力的网站共转发近3 000条；11月，市政府新闻办召开专题新闻发布会，中央电视台、北京电视台、人民日报、北京日报等媒体进行大量报道。12月，配合市政府外宣办组织美国全国广播公司等30余家中外媒体40余名记者，集体走进北京市部分养老机构，了解北京市养老服务发展情况，刊播相关报道共34条。对新修订老年法实施、外埠常住老年人实行京籍同等优待政策、首都为老服务工作建议提案集中答复、老年心理研究报告发布等工作进行宣传报道。继续做好百岁老人电视祝寿活动，共向26位百岁老人送去祝福，其中7位男寿星，19位女寿星，年龄最大的是109岁。

【北京市养老服务与管理信息化平台建设】年内，完成建设任务，实现与北京市公安局人口库数据共享，完成首都老龄之窗网站建设及政府网站域名的报批工作，在东城区、西城区、朝阳区部分街道进行试点运行，对16个区县开展培训推广应用及老年人口数据核查。

【办理人大建议和政协提案】市老龄办共办理市人大代表建议、市政协委员提案57件，其中，仉锁忠等市人大代表共107人次提出了关于本市养老服务体系建设问题的12件议案，经大会主席团决定，转为代表建议，由市人大常委会进行重点督办。办理工作创新办理方式，加强部门协调，召开了两次情况通报会，分别向人大代表和政协委员汇报了我市养老服务体系建设和建议办理工作。先后四次组织了市人大代表、市政协委员进行养老工作的集中视察，召开了三次专题情况通报会向代表委员汇报全市养老工作情况，并召开了为老服务工作建议、提案集中答复座谈会，办理工作受到代表和委员的充分肯定。

【**维护老年人合法权益**】全年共办理来访来电来信1 700多人（次、封）。其中，接待来访30多人次，答复咨询电话1 450多人次，回复“政风行风热线”来信、“市长信箱”来信、“民政信息网上信访服务系统”来信、“市信访办公系统”来信以及其他渠道来信共220多封。

天津市

综　述

截止到2012年底，我市60岁及以上老年人口有187.73万人，占总人口的18.9%，80岁及以上老年人有25.3万人，有百岁老人297位。2013年，市老龄办继续坚持“党政主导、社会参与、全民关怀”的工作方针，以落实“五个老有”为工作目标，按照《天津市老龄事业发展“十二五”规划》总体目标和主要任务要求，有计划、有步骤地推动各项工作任务的实施。在完成党的群众路线教育实践活动各阶段任务的同时，各项工作都取得新成效。

一、编制《“十二五”老龄事业发展规划评估指标体系》，做好我市的“十二五”规划中期评估工作

《“十二五”老龄事业发展规划评估指标体系》是由联合国人口基金援华项目资助，全国老龄办事业发展部与国家发改委社会发展研究所共同合作编制，确定天津、黑龙江、陕西、云南、福建五个省、直辖市为评估指标体系项目试点省份。市老龄办联合天津师范大学老年心理研究所，以全国的指标体系为依据，细化分解天津规划的主要任务，完成《天津市老龄事业发展“十二五”规划评估指标体系》编制工作，将天津规划的内容细化分解为44项指标，并据此对市老龄委成员单位、各区县的“十二五”规划进行了中期检查评估，完成中期评估报告报全国老龄办。11月上旬，在全国人大内司委陈秀榕副主任带领下，全国“十二五”老龄事业发展规划检查评估组赴我市进行“十二五”规划中期检查评估。检查评估组分别检查了天津市老年人大学、天津市虚拟养老服务中心、东丽区养老服务中心、河西老年协会建设等。11月5日，市人民政府在迎宾馆召开汇报会，会议由市政府副秘书长李福海主持，市老龄委副主任、市民政局局长曲孝丽就我市老龄事业发展“十二五”规划中期执行情况作了全面汇报，副市长、市老龄委主任孙文魁出席座谈会并讲话。全国老龄办检查组对我市老龄工作完成情况给予高度评价，指出“十二五”以来，我市老龄工作取得长足进步，实现跨越式发展。

二、提高待遇，完善社会保障制度

2013年，我市继续调整企业退休人员基本养老金，月人均由1 880元提高到2 085元，人均增加了205元，增幅10.9%。我市享受低保的老年人有42 071人，城镇最低生活保障标准600元/月，农村400元/月。农村“五保”供养标准由每人每年5 560元调整为6 540元。提高百岁老人补助标准，百岁老人营养补助标准1 000元以上的有和平区、河西区、南开区、东丽区、西青区、北辰区、滨海新区汉沽、滨海新区大港，其他各区县百岁老人营养补助标准也在逐年提高，400元以下的有3个区县。2013年6月，市民政局、市财政局、市人力资源和社会保障局、市残联联合下发《关于完善城乡分类救助有关政策的通知》，从7月1日起，天津市对分类救助的标准和范围作出调整。其中涉及老年人的内容有：对患重病家庭，根据不同病种，将家庭收入按城乡低保标准的50%或100%扣除；城市无子女“双老”（60周岁以上）并靠一人退休金维持生活的家庭，将退休金按城市低保标准的150%扣除；享受计划生育特别扶助政策的家庭，将家庭收入按城乡低保标准的50%扣除；对城市无劳动能力、无生活来源又无法定赡养、扶养或抚养义务人的人员，享受低保待遇时，按城市低保标准的2倍核发；享受低保待遇的60周岁（含）以上的老年人，在享受原差额救助的基础上，按城市低保标准或农村低保标准的30%增发。居民医疗保险政府补助标准提高到2013年的人均420元。

三、建设老年福利设施，推进居家养老服务

（一）养老服务政策。2013年10月10日，市政府第17次常务会议审议并原则通过《天津市养老服务促进条例（草案）》，提请市人大常委会审议。《条例（草案）》是全国第一个省市级有关养老服务的地方立法，在政府“保基本、兜底线”的基础上，注重发挥市场活力，主要从总则、机构养老、社区养老、居家养老、服务人员、其他规定、法律责任、附则等八个方面进行了规范。

滨海新区老龄办起草的《滨海新区关于发放高龄老年人健康关爱金的实施方案》和《滨海新区关于对70周岁以上老年人给予镶牙补贴的实施方案》正在征求意见。武清区制定并出台《武清区养老设施2012—2020年专项规划》及《武清区关于加快推进养老服务体系建设的意见》。和平区老龄办出台了《和平区老年日间照料服务中心（站）管理办法》。

（二）居家养老服务。全市累计建设完成老年日间照料服务中心（站）903个，其中服务中心498个、服务站405个。这些服务设施具备"五室一校"和"四室一课"功能，成为我市社区养老服务重要平台。全市累计建设完成各类老年配餐服务中心（食堂）264个，老年助餐服务社区覆盖率中心城区达90%、滨海新区城区50%，其他区县30%。全市享受居家养老服务补贴和护理补贴的老年人有2.56万，补贴资金累计支出9 882万元。

今年全面推动"虚拟养老服务中心"的建设，并在提供基本服务的基础上，研究拓展增值服务，研发老年人出行主动定位系统、老年人健康体征监测、老年人居家养老"人居物联"等功能。目前，天津市虚拟养老服务中心已在西青、河西、东丽、南开、滨海新区汉沽、宝坻、武清、宁河、静海、蓟县等10个区县建立了分中心并开始运营。中心目前共有员工200人，服务对象达到2.7万，已有63家为老服务企业、46家老年餐厅、40家社区卫生服务中心和社区卫生服务站加盟。全市共有14所养老机构开展社区延伸服务，受益老年人有1 800余人。

（三）养老机构。截至2013年底，全市养老服务机构共计370所，床位总数46 266张，千名老人拥有床位25张，比2 012年净增机构29个、床位7 776张、全市社会办养老服务机构数量占总数66%、床位占总数79%。

（四）老年宜居社区。我市建设了4个老年宜居社区：宝坻区云杉镇，静海西双塘村中慈枫林湾老年城，津南区永泰红磡老年宜居社区，卓达集团在武清区开发建设的中国养老示范社区卓达太阳城。

四、推广老年教育新模式，提速老年远程教育

今年在全市大力推广"章鱼式发展"办学模式，即：老年大学通过对老年学员的培养，有组织地发动学有所成的学员个人或集体组成社团，在学校给予的扶持和社区的支持下在社区开展老年教育教学、辅导等，从而使老年大学办学延伸到社区，呈章鱼触角四面八方状态，形成星罗棋布的布局。其特点是：拓展办学规模和内涵的方式不是老年大学直接办学，而是通过学员"办学"；它虽然是在社区开展老年教育活动，与校本部办学有所不同，但与老年大学又是有联系的，是老年大学办学的一部分，与老年大学的其他辐射服务功能相辅相成，相得益彰；不同于学员在社区的、课外自发组织的活动，而是纳入学校教学管理的一种办学形式，也是一种得到学校有力支持的老年人融入社区的形式。目前，"章鱼式发展"办学新模式，正从点到面地展开，事实证明其未来前景和发展趋势是非常好的，73名学员承担的61个社会教学基地遍布61个社区，参加人数达14 800人次；书法系学员组织的社区书法小组、书法社团等组织达42个，2 000余人参加，几乎与本系在校学员相当；由本校健身系2名学员领衔的水上公园晨练队达到了100余人，80%是社会上的中老年人。

老年远程教育应用系统通过电脑视频为我市老年人提供服务，使我市老年人可以在终端上随时点播需要观看的课程，实现远程可视互动教学，让老年人真正享受到了远程教育带来的乐趣和便利，受到广大老年人的欢迎。今年，老年远程学习网在原先10门课程的基础上又增加了15门课程，包括插花艺术、吃出健康（降压）、观果盆景栽培常识、名师素描等，已先后有近20万人次登录学习。同时，与相关部门合作，充分利用老年日间照料中心和社区设施资源，将老年远程教育纳入社区远程教育网络。

五、总结基层老年协会工作经验，在全市展开"老有所乐在民间"模式

"老有所乐在民间"活动通过在河西区试点取得很好效果。今年对河西区经验进行认真总结，印刷了《天津市基层老年协会工作资料汇编》发给各区县。目前，全市已逐步推广河西区经验，要求在区一级成立区老年人协会，协调指导各区县老年人协会的工作；在各个街道成立街老年人协会，协调指导各居委会老年人协会工作；在各社区成立社区老年人协会，并建立若干个活动队，负责老年文化活动的指导、规范、培训和活动开展，利用老年人才资源，整合各类老年文化社团，让老年人从"社区人"变为"社团人"，重回"组织"。倡导各区、县结合本地区的传统文化、地域特色等创新老年文化活动的内容和形式，利用老年人才资源，整合各类老年文化社团，让老年人从"社区人"变为"社团人"，实现老年文化的大繁荣大发展。

六、"敬老文明号"创建活动结硕果

在全市各行业全面开展"敬老文明号"创建活

动，对创建活动高标准、严要求，成熟一个发展一个。工作中做到三个结合：一是创建活动与落实惠老政策相结合；二是创建活动与志愿者为老服务相结合；三是创建活动与孝亲敬老典型宣传相结合。市“敬老文明号”创建活动领导小组办公室组织对申报单位监督检查，并向全国申报。经全国老龄委批准，和平区泰康家庭服务有限公司等22个单位被评为我市首批全国“敬老文明号”单位。

七、“敬老月”系列庆祝活动丰富多彩

“敬老月”期间，在天津中老年时报上刊登了《致全市老年人的慰问信》，祝全市老年人节日愉快。走访慰问困难群众，分两组赴宁河县潘庄镇，慰问20户贫困老年人，每户慰问金500元。市老龄办与市老年学学会、中老年时报、天津经济广播电台、天津华明天裕殡仪文化中心共同在全市开展“天裕杯”天津市“十佳孝德楷模、十佳和睦家庭”评比活动。共评选出“十佳孝德楷模”十名、“十佳和睦家庭”十个。在评选“十佳孝德楷模”“十佳和睦家庭”的同时，开展了以孝亲敬老为主题的征文活动，共评选出优秀征文20篇，其中一等奖3名，二等奖5名，三等奖12名。同文广局、红桥区人民政府等单位共同组织第六届老年文化艺术节各项比赛活动及闭幕式文艺汇演；与市总工会、市退管会等单位合作举办“津门恒大杯”首届天津市退休职工社区戏曲大赛，并举行优秀节目汇报演出暨颁奖仪式。

各区县也举办了丰富多彩的活动。和平区老龄办举办了“孝亲敬老道德讲堂”活动。河西区各街道在敬老月期间也以“孝老敬老”为主题，开展道德讲堂活动。河东区结合“敬老月”的活动，在全区大力开展了“老有所为之星”“为老服务先进单位”“居家养老星级服务员”和“居家养老先进助老员”评选表彰活动。津南区老龄委和津南区老年协会表彰了老有所为先进个人52人，老龄工作先进个人38人。其他区县也做了很多宣传工作，有效地烘托出了“重阳节”的节日氛围。

八、宣传贯彻《中华人民共和国老年人权益保障法》，做好老年维权工作

7月1日，《中华人民共和国老年人权益保障法》正式颁布实施。8月，我市举办老年法培训班，邀请全国老龄办副主任朱勇、政策研究部主任吕晓莉授课，全市老龄系统、各涉老单位100余人参加了培训，并就各区县做好宣传、培训工作进行了安排部署。同时着手《天津市实施〈中华人民共和国老年人权益保障法〉办法》的修订工作。与此同时，在全市为宣传新老年法开展了多项活动。如：市老龄办与中老年时报举办现场法律咨询活动，接待咨询2 000余人次，发放新老年法宣传册3 000余册。市老龄办与市法律援助中心、中老年时报开通助老维权法律咨询热线。热线由承办咨询活动的10家法律服务机构的律师及法律工作者，义务为老年人提供社会保障、婚姻、房产、财产分割、遗产继承、赡养、消费权益、医疗纠纷、交通事故等方面的法律咨询，并对符合法律援助条件的老年人提供支持，切实维护了老人的合法权益。还联合司法局在法律宣传月期间，组织律师现场办公，为老年人免费提供老年法律援助和涉老政策、法律咨询服务活动，发放宣传材料近万份。宝坻区老龄办在苏北路社区举办了新老年法的知识讲座，近60人参加了讲座。河东区组织了“贯彻落实老年人权益保障法宣传一条街”活动。

进一步健全市、区（县）、街（乡、镇）、居（村）四级老年维权网络，特别是进一步健全社区老年人协会组织，发挥老年人在维权方面作用。对不孝敬、不赡养老人的行为，进行说服教育，依法调解家庭和邻里纠纷，把矛盾解决在萌芽状态。认真接待处理老年人来信来访，搞好咨询服务，对老年人的咨询、投诉做到件件有答复、事事有回音。全年，市区两级老龄办共接待老年人来信来访4 000余件。

为1948年出生年满65岁的老年人发放敬老卡，共计10万，累积发放敬老卡130万。

九、坚持市场化道路发展养老服务业，开展惠老活动

今年分别在5月、11月举办了第三、第四届老年产业博览会。博览会以“爱老养老”为主题，主要展览老年文化艺术、养老综合服务、老年健康产业、老年生活用品等内容，展览规模达6 000平方米，近600多个展位，签订合作意向书1 200多份，总交易金额近5亿元人民币。

为使老年人更好享受健康保障权，能够得到更好的医疗救护和康复保健，今年继续开展“助老健康御险”工作。年初召开“助老健康御险工程”工作推动会，总结2012年健康御险工作情况，全面启动2013年“助老健康御险工程”，扩大老年人受益面。全年为22万老年人提供了47亿元的意外伤害风险保障，赔付金额达520万元，赔付率73%，义务对老年人医疗保障形成很好的补充。

同时，与天津爱尔眼科医院责任有限公司合作，开展“情系老年人，关爱眼健康”助老复明活动，义务为500名符合医治条件的老年人治疗白内障、青光眼。

十、做好“银龄行动”

继续开展“银龄援农行动”，与老科技工作者协会等单位合作，由老科协提供智力支持、有关单位提供资金支持，扶持宝坻区牛道口乡李三店村困难老年人家庭开展农业种植，帮助其脱贫致富。为宁河县苗庄镇杨庄村林下经济养殖专业合作社、天津市放心菜基地提供技术支持。

同时，我们借助泰达国际心血管病医院的医学技术和网络医疗服务平台，继续与甘肃省、内蒙、新疆老龄办开展跨省市远程医疗会诊。

十一、加强老龄统计调研工作

今年各级党政机关和学术机构都加大了对养老工作的调研工作。市老龄办配合市委研究室社会处，先后赴静海县枫林湾老年宜居社区、津南区天同医养院、天津市虚拟养老服务中心、东丽区养老服务中心开展调研工作。与南开大学社会学系师生调研我市虚拟养老服务实施情况，并撰写调研报告。采取召开座谈会、实地访谈等方式，了解兄弟省市外埠老年人享受优待政策情况，形成调研报告。北辰区完成“天津市农村困难老年人居家养老服务政府补贴情况调查”。

参加中国老年学学会组织的第六届百岁寿星排行榜活动。对我市297位百岁老人基本情况进行摸底调查，了解基本情况，选出5位年龄长、身体健康的百岁老人参加评比。

十二、探索老年照护新途径

新修订的老年人权益保障法提出：积极面对人口老龄化，建立老年护理保障制度，失能、失智老人的照护问题日益提上日程。根据全国老龄办老年人护理保障制度课题组安排，决定在我市西青区进行试点。为此，市老龄办在全国老龄办的指导下，就我市老年照护体系提出实施方案。

理论框架：以环城四区的城镇化老年照护社会支持体系建设，延伸至城区老年照护社会支持体系的“农村包围城市”发展规划；以非正式社会服务支持体系和正式社会服务支持体系结合模式，以老年照护服务和老年保障制度相支撑原则，照护服务势在先行。阶段式发展，即福利资助、亲情照护保障——互助式、市场化服务补充照护保障——市场化服务、照护保险制度化保障服务，照护服务和保障制度在共同孕育中发展成熟。由西青区财政拨款，对60岁及以上的西青区户籍并且经专业评估机构评估确认为失能、失智老人每人每月补贴300元护理费。市老龄办将总结老年照护体系在西青区试点以来经验教训，形成比较完善养老护理保障制度，向天津市政府提案并向全市推广；向全国老龄办提供天津市养老护理保障制度试点经验，完成全国老龄办养老护理保障试点任务。

重要会议和活动

【召开“助老健康御险”推动会】2013年初召开“助老健康御险工程”工作推动会，总结2012年健康御险工作情况，全面启动2013年“助老健康御险工程”，扩大老年人受益面。全年为22万老年人提供了47亿元的意外伤害风险保障，赔付金额达520万元，赔付率73%，对老年人医疗保障形成很好的补充。

【“十二五”规划中期评估工作】市老龄办联合天津师范大学老年心理研究所，以全国的指标体系为依据，细化分解天津规划的主要任务，完成《天津市老龄事业发展“十二五”规划评估指标体系》编制工作，完成中期评估报告报全国老龄办。11月上旬，在全国人大内司委陈秀榕副主任带领下，全国“十二五”老龄事业发展规划检查评估组赴我市进行“十二五”规划中期检查评估。全国老龄办检查组对我市老龄工作完成情况给予高度评价，指出“十二五”以来，我市老龄工作取得长足进步，实现跨越式发展。

【举办两届老年产业博览会】2013年5月、11月举办了第三、第四届老年产业博览会。博览会以“爱老养老”为主题，主要展览老年文化艺术、养老综合服务、老年健康产业、老年生活用品等内容，展览规模达6 000平方米，近600多个展位，签订合作意向书1 200多份，总交易金额近5亿元人民币。

【开展敬老文明号创建活动】在全市各行业全面开展“敬老文明号”创建活动，对创建活动高标准、严要求，成熟一个发展一个。市“敬老文明号”创建活动领导小组办公室组织对申报单位监督检查，并向全国申报。经全国老龄委批准，和平区泰康家庭服务有限公司等22个单位被评为我市首批全国“敬老文明号”单位。

【开展群众路线实践教育活动】2013年开展群众路线实践教育活动以来积极参加市民政局组织的各项活动。2013年7月和10月到宁河县慰问困难老人，市老龄办全体分别到宁河县民政局、宁河县潘庄镇政府体验基层工作，到宁河县潘庄镇孟旧村和杨庄村调研农村林下经济。

【开展“天裕杯”双十佳评选】市老龄办与市老年学学会、中老年时报、天津经济广播电台、天津华明天裕殡仪文化中心共同在全市开展“天裕杯”天津市“十佳孝德楷模、十佳和睦家庭”评比活动。共评选出“十佳孝德楷模”10名、“十佳和睦家庭“10个。在评选“十佳孝德楷模、十佳和睦家庭”的同时，开展了以孝亲敬老为主题的征文活动，共评选出优秀征文20篇，其中一等奖3名，二等奖5名，三等奖

12名。

【举办“老年法”培训班】2013年8月，我市举办老年法培训班，邀请全国老龄办副主任朱勇、政策研究部主任吕晓莉授课，全市老龄系统、各涉老单位100余人参加了培训，并就各区县做好宣传、培训工作进行了安排部署。

各项业务进展

【“十二五”规划中期评估工作】市老龄办联合天津师范大学老年心理研究所，以全国的指标体系为依据，细化分解天津规划的主要任务，完成《天津市老龄事业发展“十二五”规划评估指标体系》编制工作，将天津规划的内容细化分解为44项指标，完成中期评估报告报全国老龄办。

【养老保障工作】2013年，我市继续调整企业退休人员基本养老金，月人均由1 880元提高到2 085元，人均增加205元，增幅10.9%。我市享受低保的老年人有42 071人，城镇最低生活保障标准600元/月，农村400元/月。农村五保供养标准由每人每年5 560元调整为6 540元。

【发展养老服务业】截至2013年底，全市养老服务机构共计370所，床位总数46 266张，千名老人拥有床位25张，比2012年净增机构29个、床位7 776张、全市社会办养老服务机构数量占总数66%、床位占总数79%。全市累计建设完成老年日间照料服务中心（站）903个，其中服务中心498个、服务站405个。全市累计建设完成各类老年配餐服务中心（食堂）264个，老年助餐服务社区覆盖率中心城区达90%、滨海新区城区50%，其他区县30%。全市享受居家养老服务补贴和护理补贴的老年人有2.56万，补贴资金累计支出9 882万元。

天津市虚拟养老服务中心于2012年4月开始运行，办公面积510平方米，现有员工200人，服务对象2.7万，已有63家为老服务企业、46家养老餐厅、40家社区卫生服务中心和社区卫生服务站加盟。我市东丽区、宝坻区、滨海新区汉沽、武清区、静海县的分平台相继开通，宁河县、蓟县的分平台即将开通，预计今年底覆盖全市75%，明年实现全覆盖。

【银龄行动】市老龄办继续开展“银龄援农行动”，与老科技工作者协会等单位合作，由老科协提供智力支持、有关单位提供资金支持，扶持宝坻区牛道口乡李三店村困难老年人家庭开展农业种植，帮助其脱贫致富。为宁河县苗庄镇杨庄村林下经济养殖专业合作社、天津市放心菜基地提供技术支持。

同时，我们借助泰达国际心血管病医院的医学技术和网络医疗服务平台，继续与甘肃省、内蒙、新疆老龄办开展跨省市远程医疗会诊。

【老年优待工作】为1948年出生年满65岁的老年人发放敬老卡，共计10万张，累积发放敬老卡130万张。

上海市

综　述

2013年是实施“十二五”规划中期评估之年，也是老龄事业进入快速发展的时期。党的十八届三中全会召开，国务院下发《关于加快发展养老服务业的若干意见》，将积极应对人口老龄化，加快发展养老服务业，不断满足老年人持续增长的养老服务需求，作为全面建成小康社会的一项紧迫任务。这对上海的老龄工作提出了更高的要求。2013年，上海老龄工作在市委、市政府的领导下，在市、区县老龄办、市老龄委成员单位以及社会各界的共同努力下，在各方面取得了显著的成绩，为顺利完成“十二五”规划的各项目标和任务奠定了良好的基础。

一、积极关注特殊人群，不断完善养老保障和医疗保障制度，实施多项保障性补贴和补助政策

切实维护各类人群的养老保障制度，逐步调整提高各类人群的养老金水平，对特殊人群、长期生活困难、患大病等老年人，实行养老金倾斜政策和一次性生活补助和救济；扩大本市养老金社会化发放工作水平，增加领取网点数，完善养老金社会化发放服务，拓展申领方式及特色服务。

探索建立老年护理保障制度，下发《关于本市开展高龄老人医疗护理计划试点工作的意见》并制定相关操作规范和标准，在本市6个街镇进行试点，启动高龄老人医疗护理计划试点。进一步推进医养结合工作，在全市35家老年护理院试点，开展老年护理院

出入院标准的试点工作。全面推行“全科团队服务”，由全科医师将家庭医生服务覆盖到养老机构，为社区及养老机构内老年人提供上门居家医疗护理服务。落实“十二五”规划，根据2013年市政府发文《上海市区域卫生规划（2011－2020年）》的精神和要求，加快老年护理体系建设和研究，全市老年护理开放床位共计17 512张，完成了老年护理医院护理分级标准和老年护理医院安全标准的制订，建立了相关的上海市地方标准。促进医疗资源合理配置，方便参保老人就近医疗，全年共新增13家社区卫生服务站纳入医保联网，新增11家老年护理院纳入医保定点和5家养老内设医疗机构纳入医保定点结算，扩大养老内设医疗机构医保结算对象范围。支持和促进本市中医药事业发展，完成本市定点药店开展中药饮片医保配售扩展工作，扩大定点药店配售范围，满足参保老人的购药需求。

二、推进社会养老服务体系建设，重视规划管理，完善立法和标准建设，不断拓展社区为老服务功能

贯彻落实《国务院关于加快发展养老服务业的若干意见》，由市政府办公厅印发《关于成立上海市社会养老服务体系建设领导小组的通知》，组建以分管市长为组长，市政府14个相关委、办、局和各区（县）人民政府为成员单位的社会养老服务体系建设领导小组，起草了《本市加快发展养老服务业的若干意见》。加强养老设施规划建设，坚持规划为先，引导各类养老设施合理布局，初步建立全市养老设施规划体系，严格落实公益性养老设施的总量、布局和规模要求。全年新增养老床位5 155张，新建老年人日间照料中心25家，新设立社区老年人助餐服务点41个。至年底，全市共有养老机构631家，共有床位108 364张，占本市户籍老年人口的2.8%。完善养老机构立法，《上海市养老机构条例》被列入年度市人大正式立法项目，年底前已修改完善。

中国首份老年照护等级评估地方标准——上海市地方标准《老年照护等级评估要求》经上海市质量技术监督局审查批准，于2013年2月19日正式发布，5月1日起实施，标准通过引入科学的评估机制，引导社会为老年人提供更有针对性的养老服务。加强养老服务管理，完善养老机构收费管理机制，市发改委、市民政局形成了《上海市养老机构服务收费暂行管理办法》的征求意见稿，向市政府领导进行了专题汇报。下发《上海市民政局关于开展存量养老机构设施改造的通知》，推进存量养老机构设施改造，开展对养老机构的第三方评估工作。

拓展社会居家养老服务功能，重视信息化建设在养老服务中的应用，在全市43个街镇开展试点，推进智慧社区建设。顺利开展“为10万高龄老人提供家庭互助服务”（“老伙伴”计划）和“为1 000个低保困难老人提供家庭居室适老改造服务”（“适老性”住房改造）两个年度市政府实事项目。对优秀志愿者和优秀社会组织开展了评选和表彰，激发了志愿者的志愿服务精神，营造了良好的为老志愿服务的社会氛围。

三、以老年人需求为导向，重视老年教育服务体系建设，积极推动老年群众文化、体育活动蓬勃开展，充分展现老年人热爱生活、积极向上的精神风貌

市教委、市编委、市人社局联合发文《关于加强老年教育机构及队伍建设的通知》，加快推进街镇老年教育办学机构基础建设和老年教育教师队伍建设，积极构建“优质、均衡、就近、便捷、快乐”的老年教育服务体系。高标准完成“70所老年学校标准化建设”的市政府实事项目，开通“实事项目进展情况实时申报”网络系统等措施，加强对建设单位的指导和联系。着力推进老年教育教材建设，注重与现代教育技术的接轨，首次实现了纸质教材、电子教材、网络课件、移动微课程“四位一体”教材资源综合开发的模式。加强老年教育支持服务体系建设，年内11个中心均获挂牌运作。深化养教结合工作，在试点区，通过“院校对接”，开展送师资、送教材、送项目、送资源、送信息、送方法的“六送活动”，以及运用社工和志愿者联盟等方法，积极将老年教育引入养老机构，实现了全市17个区县全覆盖。重视老年教育研究成果的转化，以老年人学习需求为导向，开展老年学习团队培育、远程老年教育和“科普在社区，科普进家庭”的工作，获得丰硕成果。

充分发挥市老体协各项目委员会作用，积极组团组队参加全国老健会的各项赛事，承办和参加多项全国性的体育大会和大赛，组织开展老年人健身旅游，让广大老年人在活动中享受快乐，收获健康。进一步完善公共体育设施布局，引导公共体育场馆为市民提供更好的服务，设立“965365”上海体育公共服务热线为市民包括老年人的体育健身咨询带来更多便利，超额完成市政府实事项目计划，新建71条健身步道，28个百姓健身房。年终经市体育局推荐，市老龄办审核上报，市老年人体育协会被全国老龄委授予第一届全国“敬老文明号”荣誉称号。

“15分钟公共文化服务圈”基本建成，形成了覆盖城乡、资源共享的四级公共文化设施网络结构，并制定出台了5项配套文件，便于本市的老年人就近、便捷享受公共文化服务，切实保障了老年人的文化权益。积极组织老年人参与群众文化娱乐活动，成功组织开展“老年文化艺术节”和“老年教育艺术节”活动，充分展现沪上老年人热爱生活、积极向上的精神风貌。

四、深入开展敬老宣传，加大老年维权力度，积极营造全社会敬老爱老助老的社会氛围

深入开展敬老宣传，注重立足实际，发挥优势，充分运用报刊、电视、广播等大众媒体，以及互联网、手机短信、微博等新兴媒体，切实提升法宣活动的吸引力和渗透力，努力提升社会各界积极维护老年人合法权益的良好意识。结合新老年法宣传以及“敬老月”活动，扩大老年人法制宣传教育的社会影响力，增强老年人法制教育和宣传渗透力，提升老年人法制宣传教育的针对性。全面实施“法律援助案件受理风险评估机制”“法律援助案件办理动态监控机制”和“法律援助案件质量专家评估机制”，完善老年人法律援助的便民措施，提高老年人法律援助案件的质量。关注女性老年人合法权益，加强老年人安全防范宣传，深入社区，开展安全防范专题宣传，切实维护老年人合法权益。

2013年10月13日，是我国第一个法定的老年节，也是上海市第26个敬老日。本市积极开展多项敬老日系列活动，继续举办“九九关爱”系列主题活动。为进一步弘扬中华民族敬老爱老的传统美德，营造全社会敬老爱老助老的良好风尚，在全市范围内开展了第一届全国“敬老文明号”推荐申报工作。经综合审定，35家单位经申报，全部获全国“敬老文明号”称号。

五、重视老龄科研的引领作用，积极开展老龄研究和调研，重视促进老龄研究成果的转化

按期完成2012年上海市老年人口和老龄事业监测统计工作和信息发布工作，开展老龄科研（调研）优秀论文和成果转化评选，积极参与全国老龄政策研究优秀成果报送工作，并获得多项奖项。多部门积极合作开展老龄科研专题调研，提出了完善本市社会养老服务体系的思路、原则、目标和政策建议，形成多项建议和报告，提出医养融合发展“五个统筹”的总体思路。成功举办2013中国国际老龄产业高峰论坛。开展《上海市老龄事业发展“十二五”规划》中期评估工作完成评估报告。完成编写《上海市老年友好城市建设导则》和《上海市老年宜居社区建设细则》，并已在全市层面推行试点，同时“导则”和“细则”已经批准通过上海地方标准立项。

各委员单位、社会团体和组织、各级基础组织积极开展老龄专题和课题研究，不断深化本市老龄研究成果，重视和推动老龄研究的成果转化。

重要会议和活动

【发布本市老年人口信息】3月21日，由市民政局、市老龄工作委员会办公室、市统计局正式发布2012年上海市老龄人口和老龄事业监测统计信息。

【第八届中国国际养老及康复医疗博览会】由上海市民政局、市老龄工作委员会办公室和市国际贸易促进委员会共同主办，市老龄事业发展中心和上海国际展览中心有限公司联合承办的“第八届中国国际养老及康复医疗博览会”于2013年5月16—18日在上海世博展览馆召开。来自比利时、德国、美国、英国、丹麦、瑞典、冰岛、新加坡、日本、中国香港和台湾地区等12个国家和地区近300家专业单位报名参展。展品涉及康复辅具、老年生活辅具、日常护理用品、文化通讯等产品，展示面积有近17 000平方米。博览会期间还举办了《第二届中国老年福祉产品设计大赛》。博览会同期成功举办2013中国国际老龄产业高峰论坛，以“老龄服务事业与产业”为主题，同时举办康复医学、养老社区健康医疗等主题的分论坛，来自日本、荷兰等国及全国各地的老龄工作者、专家学者和企业家等近300人出席了会议。上海市副市长、上海市老龄委副主任时光辉，全国老龄办常务副主任、中国老龄产业协会会长陈传书到会致辞。

【沪疆“银龄行动”】第十一期沪疆“银龄行动”组织来自医疗、教学管理、职业教育、园林工程、新闻采编等多领域的24名老年知识分子赴疆，开展了为期2个半月（6—8月）的志愿服务。

【老年志愿者骨干培训和表彰】2013年老年志愿者骨干培训和工作交流会、老年志愿者评选表彰活动，审议通过了《上海市老年志愿者总队章程（修改稿）》等文件，为下一步老年志愿者工作的开展指明了方向、奠定了基础；搭建老年志愿者服务与展示平台，在全市范围内推荐申报上海市优秀老年志愿者，最终评出10名“上海市杰出老年志愿者”、10名“上海市杰出老年志愿者提名奖”、206名“上海市优秀老年志愿者”及60名“上海市优秀老年志愿服务工作者”。

【敬老日系列活动】10月13日是我国第一个法定老年节，结合上海市第24个敬老日系列活动，上海举办“九九关爱·2013年重阳歌会”和“常回家看看——九九关爱上海市2013年重阳文化主题活动”展现上海老人丰富多彩的精神风貌。市退管会办公室、市老龄委办公室、市老年基金会、市慈善基金会等单位联合相关委员单位及部门开展了“庆祝上海第26个敬老日大型宣传咨询为老服务活动”

【第六届上海市十大寿星评选】10 月 9 日揭晓“2013 年上海市十大寿星排行评选活动”结果，评出“上海市十大男、女寿星”“上海市十佳百岁风采寿星”“上海市百岁夫妻”等奖项。114 岁的李素清老人荣获上海最高龄寿星、111 岁的秦茂堂再次荣获最高龄男寿星。上海市百岁夫妻保持 3 对。

【老年人健康促进行动】以“自我保健，健康生活”为主题的“上海市老年人健康促进行动暨 2013 年老年健康生活科普周”活动于 2013 年 12 月拉开帷幕。来自高校、医院和科研院所的 16 位专家，深入社区为老年人开展健康知识讲座，在全市 17 个区县开展了 36 场专家讲座，直接参与老年人近万名。同时，老年健康生活知识读本向社区老年学校、老年活动室等发放供老年人免费取阅 。

【“社区创新屋”科普平台】2013 年 3 月首批社区创新屋开放，这是上海在“十二五”期间推动实施的一项科普惠民利民工程，也是推进社区居民“动手参与、激发创意”的科普实践平台。截至 10 月各区县立项在建的社区创新屋总数达 56 家，其中 27 家已建成向社会开放；12 月组织举办了第一届上海市社区创新屋创意制作大赛，充分展示老年人的社会参与热情和老年科技志愿者、科普志愿者服务团队的奉献精神。

【“2013 年上海市老年人口状况与意愿调查”】上海市老龄科学研究中心组织、会同市社科院城市与人口发展研究所、上海大学社会学院、新加坡国立大学等单位共同开展“上海市老年人口状况与意愿调查”第五次问卷调查，调查区域包括黄浦区、徐汇区、杨浦区、闸北区、长宁区、浦东新区、嘉定区、闵行区、青浦区、金山区等 10 个区的 35 个居（村）委，调查总样本量 3500。调查结果将为本市“十三五”老龄事业发展规划及相关部门制定为老服务举措提供参考依据。

【市社会科学界联合会第 7 届学会学术活动】2013 年 11 月 15 日，被列为市社会科学界联合会第 7 届学会学术活动月活动之一的《独生子女与老龄化时代的养老服务研讨会》在华东理工大学社会与公共管理学院举办，会议由市老年学学会、市法治研究会、市人口学学会共同主办。与会者就独生子女家庭、失独家庭的养老及其相关问题展开研讨。活动获上海市社会科学界联合会第七届“学会学术活动月”组织奖。

【公益组织为老服务项目】上海市老年基金会 2013 年推出的《金色广场》金秋风采“外公外婆秀”公益项目、九九关爱小剧场——“陪长辈听经典”项目和 2013 年上海市老年基金会“重阳歌会”公益项目，有力推动了区县各分会重视老年文化建设的工作成果；依靠和依托社会组织和社会资源，为老服务工作融入老年宜居社区，老年文化建设扎根于社区、公园、绿地、广场等，全年运作 37 个公益为老项目，其中创设重点公益项目 19 个。

各项业务进展

【老年维权】注重立足实际，发挥优势，充分运用报刊、电视、广播等大众媒体，互联网、手机短信、微博等新兴媒体，提升法宣活动的吸引力和渗透力，提升社会各界积极维护老年人合法权益的良好意识。依托网络杂志“法治长宁”“奉贤普法”官方微博、法宣 QQ 群、区报纸“案例与法”专栏、区电视台“法在长宁”栏目，以案例释法等通俗易懂、喜闻乐见的形式，宣传新老年法；根据老年人的群体特点，贴近社区，主动送法上门。设计法宣吉祥物“绎法宝宝”作为主人公的法制四格漫画，聚焦“常回家看看”专题，在公交站点广泛投放，以轻松幽默的方式普及法律知识、传递法治理念；通过悬挂横幅、张贴标语、分发资料、设置展板；贴近老年人的实际需求，组织讲师团，开设讲座、邀请专职律师答疑解惑等形式积极推进“法律进社区”，广泛宣传新老年法，弘扬尊老爱老的正能量。

集中开展“让群众满意”服务活动中，把老年人作为重要对象，根据这一群体的生理特点和实际需要，提供有针对性的便民服务。包括开辟老年人法律援助优先通道，对老年人申请法律援助做到优先接待、优先受理、优先指派，对 80 岁以上或卧病在床行动不便的老年人实行电话预约、上门服务。上海市各法律服务援助机构及法院共办理涉老法律援助案件 846 件，其中涉及赡养权受侵的占 27.2%，共减免缓金额 104.40 万元。全市各法律服务援助机构为老年人提供法律咨询服务 1.13 万人次，支付律师办理老年人法律援助案件及接待法律咨询办案补贴费约 200 万元。共受理老年人来信、来访、来电总数 5.13 万人次，其中涉及内容较多的依次为住房权、财产权、赡养权、婚姻权和人身权受侵问题。调解处理 4.99 万人次。上海市公证行业于 2013 年 10 月开展了为期一个月的“公益服务月”活动，为全市 80 岁以上的老年人免费办理遗嘱公证、为 60 岁以上的老年人办理免费遗嘱保管，受到社会广泛赞誉。在一个月内，全市 21 家公证处接待预约登记 12 000 余件，是 2012 年全年受理量的两倍。

重视涉及女性老年人的个案维权，继续采取妇联信访、法律援助，人民调解、心理疏导“四位一体”

的维权服务模式，“12338”妇女维权热线关注和保障女性老年人合法权益。

【养老服务】全年新增养老床位5 155张，新建老年人日间照料中心25家，新设立社区老年人助餐服务点41个。至2013年底，全市共有养老机构631家，床位108 364张，占本市户籍老年人口的2.8%，其中，公办养老机构317家，床位54 254张，占50.1%；社会办养老机构314家，床位54 110张，占49.9%。公办养老机构中，市区（县）公办养老机构36家，床位10 784张；街道（乡镇）公办养老机构281家，床位数43 470张。加强养老机构立法和管理，将《上海市养老机构条例》制定列入2013年度市人大正式立法项目。修改稿已进行了第二次审议，上海市地方标准《老年照护等级评估要求》正式发布，自2013年5月1日起实施；养老机构收费管理机制进一步完善，推进养老机构消防安全检查，制定《关于开展养老机构设施消防安全改造的通知》，2013年共对7个区县及部分市属单位50个机构项目进行了消防安全改造，同时加快推进存量养老机构设施改造，开展了对养老机构的第三方评估工作。

截至2013年底，上海市17个区县共有230家社区助老服务社、社区居家养老工作人员3.1万人，年内为28.2万名居家老年人提供社区居家养老服务，占本市户籍老年人口的7.3%，其中为25.9万名老年人提供上门服务。13万名老年人经评估得到服务补贴，约占服务总人数的46.1%，年度补贴资金总额约3.6亿元；15.2万名老年人自费购买服务，约占服务总人数的53.9%；另有1.1万名老年人把养老服务补贴带入养老机构。至年底，全市拥有社区老年人日间照料中心340家，为1.2万名老年人提供日间照料服务。全市拥有社区老年人助餐服务点533家，受益老年人6万人。

将“为10万高龄老人提供家庭互助服务”项目（“老伙伴”计划），列入年度市政府实事项目，这是低龄老人为高龄独居老人服务的新机制，项目由社会组织通过招投标承接，招募志愿者实施，全市有26家社会组织全年开展了2 121 009人次健康探访。年度市政府实事“为1 000个低保困难老人提供家庭居室适老改造服务”项目（“适老性”住房改造），由市福利彩票公益金出资支持，采用招投标方式由社会组织具体运作，全市有18家社会组织参与并中标。截止到2013年12月底，“适老性”住房改造项目现已筛选1 000户受助家庭（共1 000户），已开工1 000户，已竣工1 000户。市信息化委在全市43个街镇开展智慧社区试点，在推进试点建设过程中充分考虑老年人这一特殊群体的需求。

“冬季为老助浴”作为市府为老实事项目，已经持续开展了10年。2013年1至3月，共有288家指定浴室参加了助浴活动，受惠老年人逾3万。该项工作以沐浴企业为主体，以沐浴行业协会纽带，结合市、区、街道、居委四级服务网络，形成政、事、社、企的协同合作，搭建了良好的组织保障体系，同时委托新华保险公司继续开设“冬季为老助浴”活动专项保险，为参加活动的老年人提供安全保障。活动组织有序，未发生重大安全事故。

“银发无忧”计划自2005年创设，经过8年的发展，已成为老年人意外伤害保障方面的品牌工程，也成为老龄部门为老服务的品牌工作。为促进“银发无忧”各项工作的不断完善，建立良性竞争机制，经过严格评估和审核，“银发无忧”工作由新华人寿保险股份有限公司上海分公司、天安人寿保险股份有限公司上海分公司和中国太平洋人寿保险股份有限公司上海分公司三家共同运作。同时加大宣传力度，联合三家保险公司专门在报纸、电视等媒体就今年的活动情况进行了宣传报道。经过汇总、核对，最终统计数据显示，全年约有81万老年人参保，同比去年增长了2.5%；投保金额约1 680万元，同比去年增长了5.0%。其中政府继续出资226.2万元，为11.31万困难家庭老人购买了“银发无忧”。

【老年优待】落实百岁老人优待政策，制定百岁老人的月度统计和年度统计，动态掌握全市百岁老人数据，完成“百岁寿星生日贺卡”的制作与发放工作，将上海市政府对百岁老人的特别关怀送予每位百岁老人。全年累计为767位新增的百岁老人制作并发放了“百岁寿星生日贺卡”。光明乳业公司继续坚持为百岁老人免费赠送奶服务，上海工商界爱国建设特种基金会也在敬老节期间向百岁老人发放了慰问金。

尊老社会一条龙服务工作在上海已经有23年的发展历史。2013年，上海大观园、上海电影博物馆等单位，又加入到“尊老社会一条龙服务”行列，全市尊老窗口已增加到49个单位。据不完全统计，至2013年已向全市70岁以上老年人发放优待证312.18万张，提供老年人优惠725万人次，让利近3 126万元。

双月为老服务活动是目前上海区、县退管会在社区和退休人员家门口开展的一项尊老、敬老、助老的为老服务工作。2013年全市退管系统双月为老服务活动共589场，受益老人40.5万人次，参加为老服务的志愿者3.4万余人。

截至2013年底，全市158座城市公园中，139座公园已实行免费开放，占公园总数的88%。收费公园对高龄老人也实行不同程度的优惠政策，实行免票、“晨练月票”制等方式降低票价，方便老人进园锻炼。本市公园全年接待老年游客1.33亿人次。

【老龄科研】5月16日成功举行“2013中国国际老龄产业高峰论坛”，论坛以“老龄服务事业与产业”主题，来自日本、荷兰等国及全国各地的老龄工作者、专家学者和企业家等近300人出席了会议。《中国老龄产业中长期发展规划》《我国老龄产业发展前景和相关政策选择》《老年产业发展的公共政策支持》《开发性金融支持社会养老服务体系建设的初步探索》《中国老龄产业的定位、潜力和发展战略》等主题演讲广受关注。论坛期间并行举办了“第二届中国国际康复医学工程技术大会”“首届中国国际康复医院院长论坛”“养老社区（CCRC）健康医疗保障系统建设分论坛”和其他主题的分论坛，涉及了养老社区中有关健康医疗保障系统、机构设置规划、社区健康管理、老年护理服务以及科学技术在养老社区的健康管理中的运用。

依据“上海市老年人口监测统计调查制度”，上海市完成了2012年上海市老年人口和老龄事业监测统计工作，编制了《2012年上海市老年人口和老龄事业监测统计信息》《2012年上海市老龄事业发展报告书》和《2012年上海市老年人口和老龄事业数据手册》，并通过专家论证后举办了“2012年上海市老年人口和老龄事业发展监测统计信息发布会”，及时准确地向社会各界发布了相关信息。

为完善本市社会养老服务体系，上海老龄工作各委办局积极联合开展调研，提出了完善本市社会养老服务体系的思路、原则、目标和政策建议，形成了《关于加快发展养老服务业推进社会养老服务体系建设的实施意见》。

上海市发展和改革委员会研究探索社会办营利性养老机构相关政策，加快了老龄产业研究。推进崇明东滩长者社区等具有探索、引领示范意义的社会养老项目，提出规划、土地、配套等相关政策措施，推进项目落地。

上海市民政局就完善医保政策、加大对养老机构的医疗支持方面，提出《关于完善本市养老服务体系促进医养结合的若干建议》，并就拓展高龄老人医疗护理计划、养老服务需求评估体系、养老及医疗服务中的评估机制与人保、卫生等相关部门协商研究，形成《关于完善本市评估体系促进医养融合发展的建议》向市领导进行了汇报。同时组织开展了《上海市养老服务体系建设课题研究》，课题包括《上海老年宜居社区相关问题研究》《上海养老设施相关问题研究》《上海养老服务财力投入机制研究》《上海老龄产业发展研究》《上海养老服务基础理论和实践经验综述》等5个分课题。

依据《全国老龄办关于2013年开展专题政策调研及优秀调研成果评选活动的通知》（全国老龄办法〔2013〕16号）的要求，上海市老龄办下发“关于开展2011－2012年老龄科研（调研）优秀论文和成果转化评选的通知”，在全市老龄系统组织开展成果评选活动。评选出“优秀论文”12篇，“优秀成果转化”一等奖2篇，优秀奖16篇和优秀组织奖一个。同时选送优秀作品10篇报送全国老龄办，获得二等奖2篇，三等奖3篇。

关爱失独家庭保障特殊老年群体权益，上海市妇联委托复旦大学社会发展与公共政策学院针对失独家庭开展调研，据调查，上海现约有3.9万户失独家庭，失独父母经济、精神、看病、养老方面的问题已有不同程度凸显。下半年，市妇联成立白玉兰开心家园家庭服务社，推出“社区助福行”项目，为社区失独老年人提供相关服务。

为贯彻落实中组部、全国老龄办等16个部门《关于进一步加强老年文化建设的意见》精神，推动老年文化建设的开展，2013年市退管办组织开展了有关老年教育和老年文化方面的情况调研。积极发挥市退休职工管理研究会的作用，组织各会员单位开展社会调研、开展理论研讨，各会员单位共上报了学术论文或调查报告350篇，获奖论文70篇，编辑了《2013年优秀论文选集》。

上海市科委及卫生部门组织联合攻关，开展以老年常见病为重点的临床医学与基础医学研究，形成老年人心脑血管疾病手术风险综合评估规范化方案。

上海市老龄科研中心组织开展了《上海“老年友好城市”的公共政策设计》《现代科技在上海为老服务实践的应用研究》《上海社区居家养老服务评价体系的构建》《部分城市“成功老龄”比较》《上海老年人健康状况研究》5项课题。由市老龄科研中心组织，会同市社科院城市与人口发展研究所、上海大学社会学院、新加坡国立大学等单位共同开展“2013年上海市老年人口状况与意愿调查”，调查结果为本市“十三五”老龄事业发展规划及相关部门制定为老服务举措提供参考依据。

上海市老年学学会受市老龄办委托，开展了上海市老龄事业“十二五”规划中期评估工作，完成《上海市老龄事业“十二五”规划中期评估报告》课题报告。被列为市社会科学界联合会第7届学会学术活动月活动之一的《独生子女与老龄化时代的养老服务研讨会》在华东理工大学社会与公共管理学院举办，会议由上海市老年学学会、市法治研究会、市人口学学会共同主办。与会者就独生子女家庭、失独家庭的养老及其相关问题展开研讨。本次活动获上海市社会科学界联合会第七届“学会学术活动月”组织奖。

上海市老年学学会举办老年医学青年学者论坛，来自全市各三甲医院的青年医务工作者以及专家学者150多人，就“老年病的医疗、保健、康复、预防和护理”为主题开展学术交流和成果发布。论坛收到论文51篇，其中10名青年学者获得论坛的优秀论文奖。由市老年学学会老年医疗与保健专业委员会主办、市老年学学会青年学者联谊会协办的老年医学青年学者论坛，已逐步成为本市培育老年医学青年人才团队、推进老年医学研究发展成果的新平台。

【老年志愿服务】 在市老龄办的指导下，市老年志愿者总队开展了2013年老年志愿者骨干培训和工作交流会、老年志愿者评选表彰活动。在此引领下，市人保局开展了“为老服务2013年上海市机关事业单位福利事业中心志愿者活动”，以医疗义诊为主，以“老有所为——人才二次开发”工作为重点，组织本市医疗专家赴云南开展智力支援活动。

市老科协与社会资源合作共建科普宣传教育平台，与街道、区图书馆、文化艺术中心、科技馆和中小学科普教育基地、老年大学等20余家单位协作，建立了相对固定的科普宣传教育基地。市老科协科普志愿者总队旗下现有上海科技馆导览志愿者分队、上海市科技馆场馆志愿者分队、静安区图书馆志愿者分队、上海动物园志愿者分队、上海交大钱学森图书馆志愿者分队等5支分队，人数约160余名的科普讲师团。据不完整统计，2013年科普讲师仅在这些基地就参与讲课222次，听众达18 165人次。2013年市老科协科普讲师团荣获“全国五好基层关工委先进集体”和“上海市五好基层关工委先进集体”等荣誉称号。

上海市老年学学会与上海银行合作开展“科技助老—百万老人刷卡无障碍计划”自2007年开始已经6年。通过组织导银志愿者到上海银行网点导银、开展上海银行50家养老金融支行《养老金客户“银发之声”满意度调查》，在消除老年客户对现代金融机具的陌生感、提升养老金客户在ATM机上的刷卡率和普及财产性收入理念方面发挥了积极作用。

2013年上海开展了优秀志愿者和优秀社会组织评选和表彰活动，共评选出优秀志愿者222名，优秀社会组织5家，评选活动极大地激发了志愿者的志愿服务精神，营造了良好的为老志愿服务的社会氛围。

【创新工作】“老年宜居社区建设”被写入了老年法，为积极推进老年友好城市和老年宜居社区建设，上海市老龄科研中心组织专家成立起草小组，编写完成了《上海市老年友好城市建设导则》和《上海市老年宜居社区建设细则》，并在全市层面试点推行。同时，经上海市质量技术监督局批准，《上海市老年友好城市建设导则》和《上海市老年宜居社区建设细则》通过上海地方标准立项。

【国际交流与合作】 保持和开拓与荷兰劳伦斯基金会的合作交流，鹿特丹市政厅外事负责人在11月就探索新的合作方式和合作内容与上海市市民政局开展了进一步拓展交流，在“养老评估体系建设”和“失智老人照料中心”等项目合作取得成功的基础上，就下一步如何深入交流合作达成了共识，并计划自2014年起互派学员就居家养老、社区为老服务等课题展开业务培训和学习，不断拓展新的社会福利交流合作领域。

上海市民政局与日本社会福利法人旭川庄有着长达近30年的友好交流合作关系，2013年7月，双方经商议继续开展“上海医疗福利人才研修项目”，就引进日本先进的残疾人就业经验以及培养护理专业人才工作等方面开展了继续深化合作。牵头组织了3批基层业务骨干人员赴日本旭川庄实地研修养老服务、介护照料等社会福利工作，取得了良好的成果。借助中国国际养老及康复医疗博览会及日方主办的研讨会的平台，向日本方面介绍了上海的养老实践，与日本民间组织和企业以养老为主题开展交流合作。接待来自日本的代表团13批次共计79人次，就社会福利及养老等主题进行了交流；取得与日本丰田公司合作免费租赁4辆老年用福祉车辆供给上海的老年服务机构使用。

借“2013上海—台北双城论坛”7月在上海的召开，上海市民政局与中国香港、澳门及台湾地区开展了一系列的交流合作，各方交流了养老工作经验，为推进未来的交流和开展可能的合作打基础；市民政局还派遣专业代表团赴台，深入学习台湾在小型化养老机构管理和养老服务人才体系建设方面的经验和做法。

重庆市

综　述

2013年底，我市60周岁及以上老年人口达624.52万人，比2012年底增加40.11万人，占全市总人口的18.61%，增长率6.86%。2013年，重庆市立足本地发展实际，以“提升老年社会保障水平、推进养老服务体系建设、提高老年人优待水平、保障老年人合法权益”为重点，不断创新工作格局，积极推动老龄工作进程，主要做了以下六个方面的工作。

一、以党的十八大精神为指导，研究谋划老龄工作举措

从重庆实际出发，围绕党的十八大关于“积极应对人口老龄化，大力发展老龄服务事业和产业”的要求，全市各级老龄工作委员会和成员单位，主动寻找老龄工作与党委政府全局工作的切合点，进一步树立大老龄工作思路，充分发挥“四个作用”，即老龄委统筹作用、老龄委成员单位骨干作用、老年社会组织补充作用和老年人自身作用，全方位、多形式推进老龄工作，不断健全有利于老龄事业发展的工作机制。

二、以增进老年人福祉为目标，不断提升老年社会保障水平

养老保障水平进一步提高。一是全面实施了基础养老金制度，截至2013年底，全市1122.92万人参加了城乡居民社会养老保险，其中377.11万老年人每月领取了不少于80元的基础养老金，比国家规定高25元。二是建立基本养老金正常增长制度。2013年，我市企业退休人员基本养老金每人每月增加90元，并按本人缴费年限（不含折算工龄）每满1年加发基本养老金3元；在普调的基础上，对2012年12月31日及以前年满75周岁、国务院批准的艰苦边远地区、1953年年底及以前参加革命工作的退休人员，每人每月再增发40～100元不等的基本养老金。

基本医疗保障水平进一步提高。一是建立覆盖全市各类老年群体的基本医疗保险体系，2013年底，96.4%以上的老年人参加了城乡居民医疗保险。二是城镇职工医疗保险政策向退休人员倾斜，在住院报销比例上，比在职职工高5%～10%；在个人账户划入比例上，比在职职工高2.3%～2.7%；在特病病种上，将老年人常见的脑血管意外后遗症、帕金森病等纳入医保特病范围。三是支持困难老人参加医保，财政对城镇低收入、重度残疾人、农村“五保”、城市“三无”等困难群体在参加医疗保险方面给予适度补助。

老年福利制度逐步建立。全市38个区县（自治县）全部建立了高龄老人津贴制度，并逐步提高发放标准，适度扩大享受补贴的老年人群范围；各区县人民政府为每一位百岁老人按每月100～500元不等的标准按时发放了高龄津贴。

三、以完善养老设施为基础，不断推进养老服务体系建设

截至2013年底，全市共有城乡养老机构1 398所，床位约14.3万张，比2012年底增加约2.8万张，平均每千名老人拥有床位23张。其中：城市养老服务机构324所，床位约5.1万张；乡镇敬老院1 074个，床位约9.2万张。全市共有老年活动站（中心/室）8 436个，老年人参与活动达16万余人。

我市渝中区2012年12月被纳入全国为老服务信息平台建设项目试点单位，该平台自2013年7月开始筹建，于2013年11月经公开招投标确定奥维通信股份有限公司为平台建设和运营单位，由渝中区人民政府和奥维公司共同投入建设。渝中区居家养老服务平台已为该区近1 000名困难老人提供约100万元的家政、就餐、保健等政府购买生活服务，近5 000人次老人享受到健康讲座、文体活动公益养老服务，5人次老人获得紧急救助服务。

四、以学习宣传贯彻新老年法为契机，切实维护老年人合法权益

一是开展学习培训。组织重庆市老龄办干部参加全国新老年法学习班，对全市及各区县老龄干部进行老年法专题培训，2013年全市编印和发放了6万册老年法学习手册。二是开展了老年法宣传进机关、进乡村、进社区、进学校、进企业、进单位的“六进活动”，市老龄办与重庆电视台金牌栏目《拍案说法》联合开展了为期一周的侵犯老年人合法权益重点案例的解读分析。全市举办老年法法律咨询活动160余场次，参加人数8 500余人，发放宣传资料30余万份，悬挂宣传标语300余条、宣传挂图近2 000套。三是积极贯彻落实新老年法。市老龄办向市政府法制办和市人大申报修订老年法重庆实施办法，现已列入2014年度市人大立法预备项目。

五、以老年社会组织为载体，丰富老年人精神文化生活

截至2013年底，全市共建成老年大学（学校）1 443所，比2012年底增加100所，增长率7.45%，在校学员数约34万人，逐步实现以“老有所学”促社会发展，以“老有所乐”促代际共融。市老年基金会支持拍摄了反映农村空巢老人生活公益电影《心愿》，现已在全国上映。市老年人体育协会组织全市老年人积极参加体育健身活动，举办各种体育健身活动5712次，比赛4269项次。在第二届全国老年人体育健身大会中，我市派出190余人的代表团参加了12个比赛项目，获得35枚金牌、7枚银牌。此外，市老年艺术团在国泰艺术中心举办了一场“情系空巢老人”新年音乐会。

六、以活动开展为抓手，营造敬老爱老氛围

2013年，一是在全市各行业各领域积极开展“敬老文明号”创建活动，重庆市自来水有限公司、重庆市民政局社会福利和慈善事业促进处等100个单位获市级“敬老文明号”称号，其中涪陵区民升老年公寓、渝中区福利院等42个单位获全国“敬老文明号”称号。二是召开以“崇尚健康·共话长寿”为主题的“健康长寿老人”评选活动，授予了100名百岁老人“健康长寿老人”称号。三是召开重庆市首个老年节庆祝大会，重庆电视台、重庆日报等媒体以广泛宣传敬老先进典型、敬老活动新闻趣事等举措引领敬老风尚、烘托爱老氛围。

重要会议和活动

【召开重庆市老龄委第十次全体会议】为传达贯彻全国老龄委第十五次全体会议精神，研究部署我市老龄工作，我市于8月14日在市政府召开了市老龄委第十次全体会议。市政府副市长、市老龄委主任刘强出席会议，参加会议的有市发改委、市交委、市财政局等33个市老龄委成员单位委员及联络员。市政府副秘书长、市老龄委副主任艾扬主持会议，会议议程：一是市老龄办主任沈文彪作《关于2012年重庆老龄工作情况和2013年工作安排意见的报告》；二是市发改委、市交委、市财政局、市人力社保局、市卫生局、市民政局等成员单位负责人介绍2012年老龄工作和2013年工作计划；三是审议工作报告；四是讨论《中共重庆市委、重庆市人民政府关于大力发展老龄事业和产业的意见》；五是市政府副市长、市老龄委主任刘强讲话。

【召开全市老龄工作会议】8月27日，全市老龄工作会议在北部新区世纪同辉大酒店召开。参加会议的有全市39个区县老龄办专职主任和具体负责老龄工作的科长，以及市老龄办主管的老年社团组织负责人共计120余人。会议传达了全国老龄委第十五次全委会、全国老龄工作会议和市老龄委第十次全委会精神；总结、部署了全市老龄工作任务；表彰2012年度区县老龄工作目标考核先进单位；万州区、涪陵区、北碚区、大足区、云阳县在会上进行交流发言；组织开展对新老年法学习培训。会上，市老龄办主任沈文彪同志作总结讲话。

【召开基层老年协会规范化建设试点工作推进会】基层老年协会规范化建设试点工作推进会于8月28日在北部新区世纪同辉大酒店召开。参加会议的有万州区、涪陵区、大渡口区、北碚区、渝北区、江津区、永川区、开县、云阳县、秀山县等10个区县老龄办负责人及科长。会上，各参会区县老龄办负责人就基层老年协会规范化建设试点工作开展情况、经验做法及下一步工作打算等作了经验交流发言。

【召开重庆市首个“老年节”庆祝大会】10月12日，重庆市首个“老年节”庆祝大会在雾都宾馆召开，庆祝大会分上半场和下半场，上半场议程为：一是宣读关于授予“敬老文明号”和“健康长寿老人”称号的决定；二是为“敬老文明号”和“健康长寿老人”授牌；三是市政府副市长、市老龄委主任刘强作重要讲话。下半场是老年人文艺表演、书画摄影展示。分管副市长刘强在庆祝大会上讲话，指出当前全市老龄事业取得五个方面的成效：一是老龄政策的建立健全有较大进展；二是老年社会保障水平有较大提高；三是养老服务条件有较大改善；四是老年群体社会作用得到发挥；五是社会敬老氛围有较大提升，同时提出要紧紧围绕“保障、发展、健康、和谐、参与”五个关键环节，积极建设好“社会保障”“养老服务”“社会保护”和“老龄工作”四大体系，着力提升老年人生活生命质量。当天，市老龄委通过《重庆日报》向全市老年朋友刊发了《致全市老年人的一封信》，并整版对全市各级老龄活动、敬老典型事迹进行了宣传。重庆电视台、重庆日报、重庆晚报、重庆晨报、重庆商报、重庆时报、健康人报、晚霞报、银发潮等宣传媒体纷纷登载敬老活动新闻趣事，《50年风雨相伴30对老夫妻庆婚》《向父母的青春致敬》《我们的节日·重阳》等文章产生热烈反响。

【开展各类孝亲敬老评选活动】为进一步提升为老服

务意识，树立敬老文明风尚，重庆市组织动员医院、银行、公交、旅游、养老机构、图书馆、博物馆等行业、100余家基层窗口服务单位参加了“敬老文明号”创建活动，重庆市自来水有限公司、重庆市民政局社会福利和慈善事业促进处、重庆市福利彩票发行中心、梁平县司法局等100个单位获市级“敬老文明号”称号，其中涪陵区民升老年公寓、渝中区福利院、大渡口区茄子溪街道滨江社区等42个单位获全国“敬老文明号”称号。此外，重庆市老龄办还在全市组织开展了以“崇尚健康·共话长寿”为主题的“健康长寿老人”评选活动，授予了杨大珍等100名百岁老人重庆“健康长寿老人”称号，旨在从“健康长寿老人”良好的劳动习惯、良好的饮食习惯、良好的生活习惯、良好的风俗习惯等方面指引全体市民自觉养成科学文明的生活方式，自觉遵循积极健康老龄化理念，自觉向着健康长寿目标前行。

各项业务进展

【落实“十二五”老龄事业规划中期评估检查工作】全市各有关部门深入贯彻落实老龄事业发展“十二五”规划的实施，协力推动重庆老龄事业全面科学发展。由全国政协、全国老龄办、民政部等组织开展的“十二五”规划中期评估检查结果显示：重庆6大类23项指标执行情况总体良好，已有15项指标已经完成或超额完成，有5项指标已经完成90%以上，有3项指标已经完成60%以上。参加城镇基本养老保险和参加新型农村社会养老保险人数参保比例达90%，参加城乡基本医疗保险人数参保率达96.4%，企业退休人员社区化管理率达73%，全市城乡低保标准的年均增长率达到了10.34%。老年人健康管理率达到了87.9%，提供老年医疗保健服务的医疗机构数（所）达到了73个，参加老年体育人口达到了47.8%，基层体育健身设施覆盖率到达了51.8%。每千名老人拥有的床位数22张，县级以上城市养护设施覆盖率达到了86.8%，老年人均设施用地达到了0.085平米。新建公共设施和养老场所无障碍率达到90%，基层老年法律援助覆盖面达100%。农村计划生育老人奖励扶助金标准年均增长率达9.5%。老年志愿者比例达到了6%，老年教育参与率达到了7.4%。老年协会城镇社区和农村社区创建率分别达到了90%和72%。

【老龄政策调研】针对市人大代表、政协委员的提案议案以及当前老年人反映的热点难点问题，市老龄办指导全市各区县广泛开展调查研究。确定了涵盖老年社会保障、养老服务、老年人作用、老年优待等内容的13个调研题目，共收到调研文章84篇，评比奖励了35篇优秀论文，其中3篇在全国调研论文评比中获奖，市老龄办获得组织奖。调研文章《重庆市人口老龄化对经济社会发展的影响及对策研究》获得了重庆市委书记孙政才的重要批示，市长黄奇帆、市委副书记张国清、分管副市长刘强等分别圈阅批示有关职能部门，吸收对策建议。

【老年文化体育教育】截止目前，全市共建成老年大学（学校）1 443所，比2012年底增加100所，增长率7.45%，在校学员数约34万人。市老年基金会支持拍摄了反映农村空巢老人生活公益电影《心愿》，已在全国上映。举办了一场“情系空巢老人”新年音乐会，并开展了文艺下基层，义务进社区为老年群众演出50多场，观看群众达十万余人。举办老年人各种体育健身活动5 712次，比赛4 269项次，并参加了第二届全国老年人体育健身大会，派出190余人，参加了12个比赛项目，获得35枚金牌、7枚银牌。

【银龄行动】老年人积极参与“银龄行动”，发挥余热。共举办农技知识培训25次，听讲人次2 000多人；医疗卫生讲座30余次，听讲人次6 000多人次；教学查房200余次，接受义诊和农技咨询9 000余人；教育培训讲座10余次，听讲人数800余人；发放科普宣传资料、实用技术资料30余种达50 000余份（册）。

【老年服务设施】全市共计有老年活动站（中心/室）8 436个，老年人参与活动达16万余人。全市有城乡养老机构1 398所，床位约14.3万张，平均每千名老人拥有床位23张。其中，城市养老服务机构324所，床位约5.1万张；乡镇敬老院1 074个，床位约9.2万张。

【老年社会组织】目前，全市共有老年协会8 553个，参加人数约190万人，涉及科技、教育、文化、民政、卫生等10多个领域。尤其是基层老年协会在维护社会和谐稳定、调节矛盾纠纷、维护老年人合法权益、关心教育下一代、丰富老年人精神文化生活、促进当地经济社会发展等方面发挥了重要作用。

【老年维权优待】2013年，全市接待老年人来信来访15 600人次左右，其中获司法救助2 612人，获法律援助2 786人。

河北省

2013 年 5 月 10 日，首届中国（河北）国际老年产业博览会在石家庄召开。

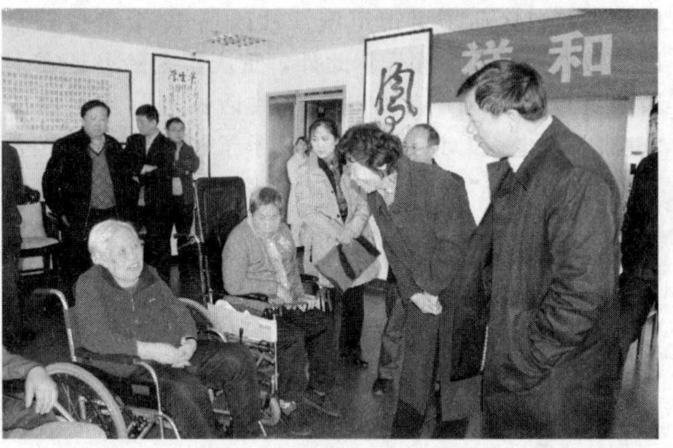

2013 年 11 月 7 日，全国人大常委会内务司法委员会主任委员陈秀榕、全国老龄办副主任阎青春、河北省民政厅厅长古怀璞在石家庄祥和老年公寓看望老人。

综　述

目前，河北省老年人口已达 1 074 万，与 2010 年相比增加了 140 万，占全省总人口的 14.65%，平均每年增加近 47 万人、0.55 个百分点。2013 年，我省借力习近平总书记视察指导河北、尤其是省民政厅群众路线教育实践活动的有利契机，实现了民政与老龄工作地位的进一步提升。全省各级老龄部门解放思想，开拓创新，抢抓机遇、科学发展，推动全省老龄事业取得了新的显著成效。

一、“十二五规划”落实工作实现时间任务双过半

积极协调相关部门，推动老龄政策制定，使我省养老保障制度更趋完善，老年人合法权益维护工作有了更加可靠保障，社会化养老服务体系建设步伐加快，现阶段老年人物质精神文化需求得到初步满足，在养老保障、医疗服务、权益维护、文化生活、为老服务和惠老政策等方面都取得了新的成绩。社会养老保险制度实现全覆盖，全民医保基本实现。有序推进无障碍设施建设，先后有石家庄、秦皇岛、廊坊、保定、邯郸、霸州、武安等 7 个城市被国家列为创建全国无障碍建设示范城市。全省累计建成农村互助幸福院 24 974 所，覆盖率达到 51.2%以上。建成社区居家养老服务中心 2 215 个，覆盖率达到 65%。各类养老机构床位数达到 25 万张。全省居家养老呼叫服务网络入网老人达到 80 多万人。去年 11 月，全国人大会同全国老龄办对我省执行《中国老龄事业发展“十二五”规划》落实情况进行检查评估，给予高度评价，实现了时间任务双过半的目标。

二、老年人优待工作扎实推进

一是高龄老人津贴制度建设取得新进展。目前，全省 172 个县（市、区）全部建立了 100 岁老人生活补贴制度；158 个县（市、区）建立了 90 岁以上、143 个县（市、区）建立了 80 岁以上高龄老人生活补贴制度。邯郸、秦皇岛、廊坊、定州、辛集市实现了 80 岁以上老人高龄补贴全覆盖。沧州、衡水市分别把 80 岁、85 岁以上老人高龄补贴列入年内为民承诺的十件实事之一，周密部署，精心协调，全面实施，取得较好的成效。二是老年人优待政策进一步落实。河北省老年人优待证实行免费发放。落实 70 岁以上老年人免费乘坐市内公交车和参观旅游景点，60 岁以上老年人参观实行半价。定期开展健康体检，社区老年人健康档案基本建立。三是助老健康御险工作稳步推进。去年全省累计 96.6 万老年人投保，为 9 000 多名老年人提供了意外伤害保险赔付，赔付金额超过 662.8 万元。张家口、保定市投保率已超过或接近

20%。唐山市近28万老年人参加投保，覆盖率达到26.55%，在参保人数、保费金额、覆盖面等三项指标中，已连续三年位居全省首位，成为此项工作的“领头羊”。迁安市、平山县、魏县把“助老健康御险”活动做成了家喻户晓的品牌产品，适龄老人参保率达到100%。四是“敬老月”活动扎实开展。“敬老月”期间，各地大力开展为老志愿服务活动。廊坊市出资8万元为400名老年人体检；石家庄市组织机关干部、学校师生、青年志愿者等为700多名“五保”老人理发、修剪指甲，与老人交流谈心；承德市开展了“志愿者进社区、进社会福利院、进荣复军人医院”为主题的“三进”活动，为老年人开展家政、照料、护理、心理疏导、法律维权等服务；省委常委、秦皇岛市委书记田向利、市长商黎光，张家口市市长侯亮等各市主要领导带头参加重阳节走访慰问。“重阳节”期间，全省共慰问百岁老人、贫困老人4 800余人，共计发放慰问金及慰问品合计400余万元，是近几年慰问人数最多、投入经费最多、领导同志参加最多的一次，受到全国老龄办和省政府表扬。在全国“敬老文明号”评选活动中，我省有40个单位获此殊荣。在“全国孝亲敬老”活动评比中，我省有4个单位获得“全国敬老模范单位”称号，1人获得“中华孝亲敬老模范”称号、2人获得提名奖，164人获得“孝亲敬老之星”。

三、老年人合法权益得到切实维护

一是深入贯彻落实新修订的老年法。通过举办专题培训班、知识竞赛、专题讲座、街头发放宣传册等方式，大力宣传老年法律法规政策。保定市组建了老年法学习宣讲团，秦皇岛市开展了有奖知识竞赛，石家庄市协调当地媒体详细解读老年法中的亮点。全省共举办各类培训班83期，发表稿件580多篇。二是老年人合法权益保障机制得到加强。全省普遍建立了老年法律援助中心，开通了“12348”法律援助专线。2013年全省办理老年人法律援助案件超过5 000件次，受助人超过7 000人，共为老年人提供各种法律援助咨询22 501次，开展各类维权活动3 800多次。推动全省建立扶老志愿者队伍达5 000多支，人数达20余万人。开展各类服务活动2万多次，惠及10多万老年人。三是深入开展调查研究，完善相关政策措施。全省上下开展了有针对性的各种调研活动，成果丰硕。衡水市为建立高龄老人生活补贴制度，两次组织重大调研活动，为市委、市政府决策提供了可靠依据，得到了大力支持。我省申报的《河北省养老服务业现状、问题及对策建议》等三篇论文分获全国老龄政策调研优秀成果二、三等奖及优秀奖。答复8位省人大代表、政协委员提案、议案，满意率达100%。《河北省老年人权益保障条例》《河北省老年人优待办法》，已被列为2014年省人大和省法制办修订立法项目，为下一步工作奠定了坚实基础。

四、为老服务工作取得新成果

一是“爱心护理工程”深入推进。去年，我省有13家养老机构被评为全国“爱心护理工程”建设基地，1家被评为全国“爱心护理工程”示范基地，目前我省全国爱心护理工程建设基地已累计达46家、示范基地3家，总数居全国之首。在第八次全国爱心护理工程工作会议上我省做了典型发言。深入实施“老年希望工程”，争取中国红十字会、中国老龄事业发展基金会捐赠，资助了19家爱心护理院共计价值100万元的护理床、轮椅等失能老人用品，有力提升了对失能老人的照顾、护理、康复和临终关怀服务水平，中央电视台、人民网等国家新闻媒体予以报道。二是基层老年协会建设工作实现预期目标。去年，我省两次下发关于加强基层老年协会建设的文件，明确协会性质、简化登记手续、实行月通报制度等等，大力推动基层老年协会建设与发展。目前，全省共计建立基层老年协会35 977个，占全省行政村总数的73%，实现了年初确定的70%目标。石家庄、沧州、保定、邯郸市基层老年协会覆盖率达到80%以上，其中邯郸魏县、肥乡、邯山区、峰峰矿区4个县（区）实现了协会建设全覆盖，有力推动了全省基层老年协会建设步伐。三是“银龄行动”成果丰硕。去年，召开了全省“银龄行动”暨老科技工作者创新创业现场经验交流会。组织开展了“万名科技专家讲科普”活动，组织老专家、老教授、老科技工作者深入农村进行帮扶指导，帮助农民脱贫致富。先后举办各种科普报告会1 518场，创办科普示范基地10个，促进了农村经济发展，受到广大农民朋友欢迎。四是成功举办首届河北老年产业博览会。来自国内外的百余家商企参展，参展人数近5万人，成交金额逾千万元，签订议向2亿元。本次博览会的成功举办，对推动我省产业结构调整，扩大就业，拉动内需，促进全省经济持续健康发展产生了重要影响，实现了我省在这项工作上零的突破。杨汭副省长专门批示：“这项工作抓得好，望不断创新，开拓市场，加快发展”。

五、老龄宣传工作氛围浓厚

去年，新修订的《中华人民共和国老年人权益保障法》正式实施，当年重阳节也是新老年法颁布后的第一个老年节。全省各地老龄部门抓机遇、搭平台，集中开展了老年法及“敬老月”的宣传教育活动。利用各种媒体，通过多种方式，广泛宣传老龄化形势、老龄政策法规、敬老爱老楷模等，形成了强大的宣传声势和广泛的社会影响，为老龄事业发展营造了良好的社会氛围。沧州市制作了老年法宣传挂图悬挂在各城市广场；廊坊市翻印了新版老年法4万册向社会发放；唐山市将6 000张老年法宣传挂图张贴在各社区、乡镇、街道、商场等显著位置。河北老龄电视专栏《金色夕阳》栏目播出144期，《河北老年》杂志出版66期，《老年日报·河北老龄版》出版60期，《河北老年网》发布老年信息及稿件10 628条，点击率达上亿次。举办了全省性的“河北重阳情优秀书画作品暨非物质文化遗产精品展”。衡水市与市级新闻媒体联合开办了“金婚风雨情”和“走访百岁老人”专题栏目，廊坊市开展了选拔“孝敬公婆好儿媳、孝敬父母好儿女”活动。通过广泛宣传活动，丰富了老年人的精神文化生活，进一步营造了全社会尊老、敬老、爱老的浓厚氛围。

重要会议和活动

【省老龄委成员单位联络员会议】2月28日，2013年度省老龄委成员单位联络员会议在石家庄召开，省老龄委28个成员单位分别汇报《2012年老龄工作要点》的落实情况和2013年老龄工作安排。省民政厅副巡视员张世通出席会议并讲话。

【启动高龄补贴月通报制度】3月1日，省老龄办下发《关于全省各市、县高龄老人生活补贴制度建立实施情况的通报》，督导各市建立80岁以上高龄老人生活补贴制度，并建立月通报制度。截至2013年底，全省有142个县建立了80岁以上、158个县（市、区）建立了90岁以上、所有县（市、区）建立了百岁高龄老人生活补贴制度，三个年龄阶段的补贴标准每人每月分别在30～90、100～200、100～300元。

【启动基层协会月通报制度】3月7日，省老龄办专门下发了《关于继续推进基层老年协会建设的通知》，明确了基层老年协会的性质，简化了协会的登记手续。并于6月份建立了月通报制度，加大力度推进基层老年协会的建设速度。截至2013年12月，全省建立基层老年协会35 977个，全省协会覆盖面达73%。

【中国（河北）国际老年产业博览会】5月10日至12日，由省民政厅、省老龄办牵头与省委老干部局、省老年产业协会共同举办了首届以“关爱老人、构筑和谐、推动产业、合作发展”为主题的中国（河北）国际老年产业博览会，吸引来自国内外百余家商企参展，观展人数近5万人，成交金额逾千万元，签订合作意向2亿元。本次博览会的成功举办，对推动我省产业结构调整，扩大就业，拉动内需，促进全省经济持续健康发展产生重要影响。

【全省老龄工作干部培训班暨《中华人民共和国老年人权益保障法》专题研讨会】7月24至26日，全省老龄工作干部培训班暨《中华人民共和国老年人权益保障法》专题研讨会在石家庄市消防总队培训中心举行，古怀璞厅长做了重要讲话，会议邀请全国人大内司委内务室主任于建伟同志就《中华人民共和国老年人权益保障法》举办了专题研讨培训，张世通副巡视员做总结讲话。全省11个设区市、172个县（市、区）及省老龄办全体干部共计180余人参加了培训。

【河北省“银龄行动”暨老科技工作者创新创业现场经验交流会】9月11日河北省“银龄行动”暨老科技工作者创新创业现场经验交流会在唐山召开，唐山市委常委、组织部长丁荣进致辞。唐山市、承德市、秦皇岛市、保定市、新河县、盐山县和省老科协等54所分会的负责同志进行了交流发言。原省委常委、常务副省长、省老科协会长陈立友、省民政厅副巡视员张世通出席会议并讲话。

【“敬老月”活动】10月13日，重阳节也是第一个全国法定的“老年节”期间，紧紧围绕“贯彻老年法，造福老年人”的主题，在全省组织开展敬老月活动，共慰问百岁老人、贫困老人4 600余人，共计发放慰问金及慰问品合计400余万元，并积极开展丰富多彩的尊老敬老和惠及老年群体的爱老助老活动，主动为老年人办实事、办好事。受到了广大老年群众的欢迎。

【2013河北省优秀书画作品展暨非物质文化遗产精品展】10月26日，由中共河北省委宣传部、河北省民政厅、河北省文化厅、河北省老龄办主办，河北省老龄事业宣传服务中心组织承办的2013河北省优秀书画作品展暨非物质文化遗产精品展在正定高远红木博览城隆重举行。共展出来自全省的优秀书画作品三百余幅，定瓷、黑陶、衡水内画、易水砚、剪纸、井陉拉花、吴桥杂技等非物质文化遗产三十余项。展览期间，吸引了省内外大量的书画创作者及书画爱好者前来参观。

【“十二五”规划中期评估】11月6至7日，由全国人大常委会委员、内务司法委员会副主任陈秀榕同志任组长，全国老龄办副主任阎青春同志任副组长的检查组，对我省贯彻执行《中国老龄事业发展“十二五”规划》情况进行了中期评估，检查评估分为座谈汇报和实地考察两种方式，座谈会由省政府副秘书长李璞主持，省民政厅厅长古怀璞及省老龄委成员单位负责同志作了工作汇报，省政府副省长秦博勇同志出席座谈会并就进一步抓好老龄事业发展“十二五”规划实施工作、健全完善养老保障体系、大力发展老龄事业和产业等问题讲了重要意见。

各项业务进展

【老龄宣传工作】全省各地集中开展了老年法及“敬老月”的宣传教育活动，形成了强大的宣传声势和广泛的社会影响。重阳节期间，全省集中开展走访慰问活动，是近几年慰问人数最多、投入经费最多、领导同志参加最多的一次。河北老龄电视专栏《金色夕阳》栏目播出144期，《河北老年》杂志出版66期，《老年日报·河北老龄版》出版60期，《河北老年网》发布老年信息及稿件10628条，点击率达上亿次。成功举办首届河北老年产业博览会，实现了我省在这项工作上零的突破。举办了全省性的“河北重阳情优秀书画作品暨非物质文化遗产精品展”。

【“十二五”规划落实情况】积极协调相关部门，推动老龄政策制定，使我省养老保障制度更趋完善，老年人合法权益维护工作有了更加可靠保障，社会化养老服务体系建设步伐加快，现阶段老年人物质精神文化需求得到初步满足，在养老保障、医疗服务、权益维护、文化生活、为老服务和惠老政策等方面都取得了新的成绩。社会养老保险制度实现全覆盖，全民医保基本实现。有序推进无障碍设施建设，先后有石家庄、秦皇岛、廊坊、保定、邯郸、霸州、武安等7个城市被国家列为创建全国无障碍建设示范城市。全省累计建成农村互助幸福院24 974所，覆盖率达到51.2%以上。建成社区居家养老服务中心2 215个，覆盖率达到65%。各类养老机构床位数达到25万张。全省居家养老呼叫服务网络入网老人达到80多万人。去年11月，全国人大会同全国老龄办对我省执行《中国老龄事业发展“十二五”规划》落实情况进行检查评估，给予高度评价，实现了时间任务双过半的目标。

【为老服务工作】“爱心护理工程”深入推进。去年，我省有13家养老机构被评为全国“爱心护理工程”建设基地，1家被评为全国“爱心护理工程”示范基地。目前我省全国爱心护理工程建设基地已累计达46家、示范基地3家，总数居全国之首。在第八次全国爱心护理工程工作会议上我省做了典型发言。深入实施“老年希望工程”，争取中国红十字会、中国老龄事业发展基金会捐赠，资助了19家爱心护理院共计价值100万元的护理床、轮椅等失能老人用品，有力提升了对失能老人的照顾、护理、康复和临终关怀服务水平，中央电视台、人民网等国家新闻媒体予以报道。

【“银龄行动”情况】2013年9月11日河北省“银龄行动”暨老科技工作者创新创业现场经验交流会在唐山召开，原省委常委、常务副省长、省老科协会长陈立友、省民政厅副巡视员张世通出席会议并讲话。“银铃行动”深入开展为老年人参与经济发展、服务社会提供了广阔平台。组织开展了“万名科技专家讲科普”活动，组织老专家、老教授、老科技工作者深入农村进行帮扶指导，帮助农民脱贫致富。先后举办各种科普报告会1 518场，创办科普示范基地10个，促进了农村经济发展，受到广大农民朋友欢迎。

【老年人优待政策落实情况】铁路、航空等部门专门在售票区域设置老年人购票专用窗口，各站点分别设立了老年人等候专区；70周岁以上老年人可免费乘坐各市区内公交总公司管辖的公交车，公交车上均设有老年人专座；公园和风景名胜区等旅游景点对老年人免费或者优惠开放；提高老年医疗卫生保障水平。

【高龄老人津贴制度建设情况】目前，全省172个县（市、区）全部建立了百岁老人生活补贴制度；158个县（市、区）建立了90岁以上、143个县（市、区）建立了80岁以上高龄老人生活补贴制度。

【助老健康御险工作】去年全省累计96.6万老年人投保，为9000多名老年人提供了意外伤害保险赔付，赔付金额超过662.8万元。

【老年人合法权益维护】《河北省老年人权益保障条例》《河北省老年人优待办法》已被列为2014年省人大和省法制办修订立法项目，为下一步工作奠定了坚实基础。全省普遍建立了老年法律援助中心，开通了“12348”法律援助专线。2013年全省办理老年人法律援助案件超过5 000件次，受助人超过7 000人，共为老年人提供各种法律援助咨询22 501次，开展各类维权活动3 800多次。推动全省建立扶老志愿者队伍达5 000多支，人数达20余万人。开展各类服务活动2万多次，惠及10多万老年人。

山西省

综述

2013年，全省各级老龄组织和广大老龄工作者围绕中心、服务大局，开拓创新，锐意进取，全省老龄工作取得了新的进步，老龄事业呈现出新的发展局面。

一、贯彻实施《山西省老龄事业发展“十二五”规划》，老龄工作取得新进展

按照全国老龄办的部署，省老龄办组织各市对《山西省老龄事业发展“十二五”规划》（以下简称《规划》）中期执行情况进行了检查评估。在各级党政领导的重视下，在各成员单位的共同努力下，《规划》全面实施有序推进。

（一）老年社会保障制度不断完善。2013年，全省城镇职工基本养老、医疗等5项保险实现了制度全覆盖。城乡居民基础养老金每人每月最低达到65元，企业退休人员基本养老金月人均达到2 170元。“三无”“五保”老人全部实现应保尽保、按标施保。全省有9个市、65个县（市、区）设立老年特困救助资金，6个市、52个县（市、区）建立高龄老年人生活补贴制度。全省参加意外伤害保险的老年人达39.8万，增强了抵御风险的能力。

（二）社会养老服务不断发展。2013年底，全省已建成1 217个农村老年人日间照料中心。晋城市在全市所有乡镇、村建起了为老服务中心（站）。阳城县推行居家养老社会化、社会养老居家化服务模式。临县刘家会镇开展农村“空巢老人”帮扶活动，为解决农村“空巢老人”养老服务问题提供了有益的探索。

（三）老年宜居环境建设不断推进。“老年友好城市、老年宜居社区、老年温馨家庭”在26个县（市、区）开展了创建试点。省老龄办与省住建厅等四部门建立无障碍工作协调机制，各市、县（市、区）加强新建和已建设施的无障碍建设和改造，方便了老年人的出行和生活。

（四）老年精神文化生活不断丰富。省老龄办会同省委组织部等5个部门联合下发了《关于进一步加强老年文化建设的意见》，老年文化建设不断发展。截止2013年底，全省共有老年大学（学校）2 486所，在校老年人38.9万。各地积极开展适合老年人特点的文化、体育、健身、娱乐活动，倡导了文明健康的生活方式，丰富老年人的精神文化生活。

二、高举老年法旗帜，老年维权工作不断推进

一是加强宣传普及老年法律知识。新修订的《中华人民共和国老年人权益保障法》（以下简称老年法）一经颁布，各地老龄办翻印老年法小册子近50万册。并发放宣传单，出动宣传车，悬挂宣传标语，发送宣传短信，举办广场宣传咨询活动等，使老年法进机关、进社区、进农村、进学校、进企业。忻州市组织17支老年文艺队500多名文艺队员深入乡村，以文艺表演形式进行宣传。临汾市组织老年志愿者服务队骑上三轮车、拉上音箱，在大街小巷流动宣传。太原市尖草坪区邀请漫画家创作老年法系列作品，邀请文化工作者编写老年法“数来宝”，进行巡回宣传。二是开展老年法律知识培训。2013年5月中旬，省老龄办举办了“全省老龄干部老年法培训班”，邀请有关专家就新修订的老年法进行了详细解读。太原、晋城、晋中、朔州等市，寿阳、和顺、灵石等多数县（市、区）也举办了老年法培训班或专题讲座。三是举办老年法律知识竞赛活动。2013年6月至9月，省老龄办举办了全省老年法律与保健知识大赛，通过县级初赛、市级复赛、省级决赛三个层次，必答题、抢答题、风险题三个环节，吸引了全省2万多名老年人参与，培养了一大批学习宣传骨干。四是健全维权机制，落实老年优待政策。各级老龄办和涉老部门不断完善老年维权工作制度、老年人来信来访制度、老年人法律援助制度、涉老案件（纠纷）优先处理制度、回访制度等，保障了老年人的合法权益，促进了老年优待政策的落实。据统计，全省旅游景点554个，对老年人实行优待的532个，占96%。县级以上医院495个，对老年人实行优待的486个，占98%。全省712条城市公交线路，有629条对老年人实行免费，占88.4%，全年享受免费服务的老年人1 415万人次，仅2013年，各级政府老年人乘车补贴936万元。

三、加强老年协会建设，基层老龄工作不断深入

各地不断加强和创新老年群体的社会管理，不断建立健全老年协会组织建设。截至2013年底，全省城市社区和农村老年协会组织覆盖率分别达到85%和75%，均比上年有了大幅度提高。

省老龄办在全省树立了26个老龄工作示范县（市、区），11个市树立了242个老龄工作示范乡（镇）1 608个示范村。在典型的带动下，老年协会建设不断加强，作用日益明显。它们立足基层，反映老年人诉求、维护老年人权益、调解家庭矛盾、处理邻里纠纷、开展有利于老年人身心的文化娱乐活动，开展为老服务和老年互助活动。特别是在为高龄、空巢、失能老人和开展居家养老服务中发挥了组织、管理和服务作用，成为基层党政领导的好助手、为老年人服务的好帮手、基层社会管理的好抓手。全国老龄办资助83万元、省民政厅配套资金100万元，资助全省220个规范化老年协会，每个协会赠送一台电视机和一台音箱，有力地促进了基层老年协会的建设和发展。

四、加大引导力度，助推“敬老文明号”创建工作深入开展

一是加强宣传引导。省老龄办创编6幅“敬老文明号”宣传画，印发10万张，分发到各市、县（市、区），张贴到基层服务单位。2013年我省有45个单位获得了全国第一届“敬老文明号”称号，省老龄办把45个单位及事迹及时向分管省长报告，向各成员单位通报，向各市市委、政府及分管领导呈送喜报。晋中等市在此基础上向各县县委政府送喜报，晋城、临猗、寿阳、静乐等市县制作了“敬老文明号”专题片，各地利用报纸、电视、电台、电子屏滚动等形式进行宣传，营造了良好的创建氛围。二是加强规范引导。省老龄办先后下发了《关于规范引深“敬老文明号”创建活动的意见》，召开引深“敬老文明号”创建活动研讨会，建立健全逐级申报制度、考核机制和表彰制度，统一了思想，明确了程序，形成了机制，规范了创建。三是加强检查指导。2013年11－12月，省老龄办组织各市老龄办分成4个检查考核组分赴省直和11个市对申报的第二批“敬老文明号”单位进行了验收。晋中、晋城等市对挂牌的单位进行复查，对新申报的进行检查，起到了重要的推动作用。通过创建活动使尊老敬老在认识上提升到新境界，在实践上提高到新层次，在社会上形成了新气象。

五、弘扬敬老美德，“敬老月”活动广泛深入

一是形式多样、丰富多彩。省老龄办、省老年体协、省体育局联合组队参加了全国老年人体育健身大会并取得好成绩。省老龄办举办了“‘金秋风韵’文艺展演”和全省老年人摄影大赛，并协助盐湖区举办了“中国·运城舜帝德孝文化节”。太原、晋城、晋中、朔州、忻州、临汾、寿阳、孝义等市县举办老年文艺汇演、老年运动会、老年书画展、老年模特比赛等，形式多样，精彩纷呈。二是敬老惠老，爱潮涌动。全省各地广泛开展慰问高龄老人、救助困难老人活动，各地党政领导深入百岁老人家中进行走访慰问。省、太原、晋城、晋中、大同、忻州、长治、吕梁等市及所辖县（市、区）开展了救助困难老人活动，共发放救助金950万元，救助困难老人3万余人。临汾市组织老年志愿服务队5 427名队员，赴社区、敬老院慰问表演。忻州市老年艺术团到各县巡回演出。九九重阳节、浓浓敬老情，使广大老年人感受到党和政府的关爱和社会的温暖。三是传承孝道、传递爱心。各地以“敬老月”活动为平台，组织发动全社会为老年人办实事、做好事，传承了敬老文化，倡导了敬老文明新风，宣传了老龄工作，推动了和谐社会建设。

六、以“银龄行动”为平台，充分发挥老年人的作用

各级老龄组织协同老龄人才资源开发协会和老科协，紧紧围绕转型跨越发展和全面建成小康社会的工作中心，充分发动、广泛组织广大老年人在我省社会主义建设的各个方面发挥作用，取得了积极成果。一是建言献策，服务发展。二是发挥专长，服务社会。三是宣传革命传统，弘扬时代主旋律。四是传承先进文化，丰富精神文化生活。五是根据需求，服务群众。老年志愿服务涉及治安维稳、环境保护、社区共建、卫生绿化、农业商牧、城市规划、关心教育下一代等社会生活的各个方面。省老龄办连续7年组织省城医疗专家146名先后赴16县12乡（镇）47个村开展医疗服务。2013年又组织医疗专家赴临猗、闻喜、平陆等县开展义诊服务，组织老年艺术团赴和顺县开展义演活动，为基层老年群众送服务、送健康、送欢乐，取得了良好的社会效果。

七、改进工作作风，调查研究工作取得新成果

（一）党的群众路线教育实践活动取得明显成效。根据中央和省委的部署，省老龄办按照“三个环节”，多形式组织学习，多渠道征求意见，多层次开展调研，深入查摆“四风”方面存在的突出问题，认真扎实地进行整改，完善了制度，改进了作风，提高了宗旨观念，增强了服务意识，营造了干事创业的良好氛围。

（二）深入基层，调查研究，工作作风有了新变化。省老龄办年初下发了《关于进一步加强调查研究工作的意见》，并在全省开展了“农村老年人生活状况”的调研活动。在群众路线教育实践活动中，开展了“深入基层老年协会，深入贫困老年人家庭，深入空巢老年人家庭”的“三深入”活动，撰写了《深入农村了解老年人生活状况和需求，不断推进农村老年人日间照料服务建设》调研报告。先后还撰写了《认真学习党的十八大精神，进一步加强老年文化建设》《打造“敬老文明号”创建活动升级版——关于引深创建活动的思考》等调研报告。各级老龄办把调研工作列入重要工作日程，其主要负责同志领题调研，转变了工作作风，提高了服务水平。在全国老龄政策调研优秀成果评选工作中，我省有一篇获得二等奖，两篇获优秀奖。

重要会议和活动

【2013年全省老龄工作会议】 4月2日，2013年全省老龄工作会议在太原召开。会议全面总结了2012年全省老龄工作，安排了2013年全省老龄工作任务，表彰了全省老龄工作先进单位和先进个人、机关规范化建设先进单位、“敬老文明号”创建先进组织单位、“关爱银龄、助老御险”工作先进单位，授予太原市迎泽区、尖草坪区、晋源区、古交市、晋城市城区、原平市全省老龄工作示范县（市、区）称号，太原市、晋城市、临猗县、灵石县老龄办作了会议经验发言，晋中市、阳城县、和顺县、寿阳县老龄办和榆社县岚峪乡等进行了书面经验交流，会上还为各市、县（市、区）发放了“中国京剧彩霞晚霞工程”光盘。全省各市、省直机关老龄办负责人、全省老龄工作示范县（市、区）负责人和受表彰的先进单位和先进个人代表共80多人参加了会议。

【2013年全省老龄工作年中分析会】 8月1日，2013年全省老龄工作年中分析会在太原召开。会议总结了2013年上半年全省老龄工作情况，安排部署了下半年工作任务，通报了全省“关爱银龄 助老御险”工作情况和打算，省民政厅党组成员、省老龄委专职副主任王进龙出席会议并作重要讲话。全省各市、省直机关老龄办主任、综合科长等40多人参加了会议。

【2013年全省“敬老月”活动总结分析会暨深化“敬老文明号”创建活动研讨会】 11月7—8日，2013年全省“敬老月”活动总结分析会暨深化“敬老文明号”创建活动研讨会在太原召开，各市、省直机关老龄办主任，省老龄办各部部长等参加了会议。会上，各市、省直机关老龄办主任就各地“敬老月”活动情况和进一步深化“敬老文明号”创建活动作了认真总结与交流发言，省老龄办对第二届省级“敬老文明号”检查验收方案，规范化基层老年协会检查验收工作及资助农村老年协会等有关事宜作了说明。会议由省老龄办副主任续爱峰主持，省民政厅党组成员、省老龄委专职副主任王进龙作了重要讲话。

【全省老龄干部《中华人民共和国老年人权益保障法》培训班】 5月13—14日，全省老龄干部《中华人民共和国老年人权益保障法》培训班在太原举办。全国老龄办副主任朱勇、全国老龄办政研部主任吕晓莉、民政部社会福利和慈善事业促进司老年人福利处处长王辉应邀授课。省民政厅党组成员、省老龄委专职副主任王进龙在开班仪式上作了重要讲话。全省各市、省直机关老龄办主任、权益科长、各县（市、区）老龄办主任等150余人参加了培训。

【《中华人民共和国老年人权益保障法》广场宣传活动】 6月25日上午，省老龄办联合省司法厅在太原市龙潭公园大鼎广场举办新修订的《中华人民共和国老年人权益保障法》宣传咨询活动。共组织省城太原10家律师事务所和1家法律援助中心的40名律师和法律专业人士组成专业咨询服务队伍，为广大群众解读新修订的老年法的重要条款和内容，解答老年法律方面的有关问题，现场发放宣传资料3 000余份，共接待咨询500余人次。

【山西省第二届“珍奥杯”老年法律与保健知识大赛】 8月29日上午，由省老龄办主办，珍奥集团山西分公司协办的山西省第二届“珍奥杯”老年法律与保健知识大赛在太原新闻大厦举行。省人大、省委老干部局、省政府法制办、省司法厅、民政厅等单位分管领导和有关负责同志出席大赛，省民政厅党组成员、省老龄委专职副主任王进龙主持大赛，来自全省11个市和省直的24名参赛选手参加了比赛，省城新闻媒体记者和300余名老年朋友观摩了比赛。经过必答题、抢答题、风险题等环节比赛，最终高平市的公保臻获得第一名，平遥县张金翠、省直机关杨春华获得第二名，朔州市的王增祥、河曲县的张贵岐、太原市的郭玉林、阳泉市的王凤兰和晋城市的崔旭艳获得第三名。

【“尊重关爱老人 密切联系群众”2013年“金秋风韵”全省老年文艺展演】 10月11日下午，“尊重关爱老人密切联系群众”2013年“金秋风韵”全省老年文艺展演在太原市工人文化宫举行。省老龄工作委员会常务副主任、省民政厅厅长薛维栋出席展演并讲话，省民政厅党组成员、省老龄委专职副主任王进龙主持开幕式。省级老领导、省老龄委成员单位负责同志及省城各界老年群众代表共1 000余人共同观看了演出。这次展演以党的群众路线实践教育活动为背景，以老年人自编自演为形式，演出了舞蹈、小品、戏曲、服饰表演、乐器独奏、歌曲联唱等13个精彩节目，展现了广大老年人幸福安康、积极向上的精神风貌，表达了老年人实现新期盼、追求新生活的美好梦想。

【全省老年摄影大赛】全省老年摄影大赛以“为幸福生活添彩，为伟大祖国争光”为主题，从6月份开始，到10月份结束，历时4个月时间，共征集参赛作品1 800幅，经大赛评审组评审，评选出获奖作品95幅，其中一等奖5名、二等奖10名、三等奖30名、优秀奖50名。10月22—27日，在太原市迎泽公园晋商博物馆举办了获奖作品展，为广大观众提供了一次赏心悦目的视觉盛宴。

【“敬老月”活动】2013年10月是全国第四个“敬老月”，我们进一步丰富活动内容，创优活动方式，完善活动机制，取得了良好的社会效果。一是开展慰问救助，彰显党委政府关怀。省老龄办为今年进入百岁的老人颁发了省人民政府署名的“寿比南山、福如东海”的长寿匾。晋中、长治、晋城、朔州、大同、古交、寿阳、灵石、和顺、平遥、平顺、孝义、中阳、阳城、太原市尖草坪区、晋城市城区等市、县（市、区）党政主要领导深入百岁老人和高龄老人家中进行慰问，为他们送去慰问品、慰问金，带去了党和政府的关怀和温暖。各地积极开展特困老年人救助活动。省老龄办采取普惠和重点救助相结合的方式，对国家级贫困县，且老龄工作比较好的娄烦、阳高等10个县进行重点救助，每县救助农村特困老年人100名，每人救助现金500元。同时，对其余109个县每县救助9人，每人救助500元。太原市救助181名农村特困老年人，每人发放救助金500元。大同市对350名特困老年人进行救助，每人发放救助金300元。永济市为1 624名残疾失能、特困老年人发放救助金共81.2万元。越来越多的特困老年人享受到了公共财政的制度性保障。二是开展为老志愿服务，体现社会关爱。各级老龄办、各大专院校、企事业单位积极组织开展各种形式的为老志愿服务活动。太原、朔州、忻州、临汾、古交、平定、绛县、翼城、太原市小店区、晋源区等市、县（市、区）组织开展医疗服务活动，为老年人免费体检、诊疗，并赠送常用药品。晋中市在全市11个县（市、区）开展“防治老年眼病光明晋中行”活动，为广大老年人免费检查、治疗眼病。长治市下发了《关于在全市开展学雷锋敬老志愿服务活动实施方案》，号召机关干部、青少年、社区志愿者等为老年人提供各种形式的志愿服务活动。临汾市84支老年志愿服务队5 427名队员，进社区、进敬老院、进军休所为老年人表演文艺节目。神池县组织舞蹈队赴光荣院、敬老院进行文艺表演。太原市晋源区组织社区党员、青年志愿者、学生志愿者看望孤寡、困难、“三无”老人，为老年人免费修理电器、理发、干家务、代购物品。大同大学青年志愿者深入养老院，为老年人表演文艺节目。通过广泛开展形式多样的志愿服务活动，营造了欢乐喜庆、温馨和谐的尊老敬老氛围。三是举办文体活动，丰富老年人精神生活。省老龄办举办了老年文艺展演、老年摄影大赛和德孝文化节三项活动。晋城市举办“乐龄人”老年文艺展演、老年人风采大赛、老年书画大赛，大同市举办第十七届老年体育健身大会，晋中市举办太极新套路展演，长治市举办百岁老人“寿星榜”大型展览活动，忻州、临汾、吕梁等市举行老年文艺展演。阳城县举办庆重阳中老年健身操展示和喜迎敬老月台球争霸赛，晋城市开发区举办老年人登高游园活动。娄烦、寿阳、平遥、原平、岢岚、神池、孝义、中阳、右玉、安泽、陵川、太原市尖草坪区、晋源区、朔州市平鲁区、阳泉市城区等县（市、区）举行老年文艺展演、健身运动会、书画展、摄影比赛、象棋比赛等形式多样的文体活动，丰富了老年人的精神文化生活，提高了老年人的生活质量。四是认真总结经验，不断巩固活动成果。2013年“敬老月”活动，形式多样，精彩纷呈，提高了老龄工作的社会影响，提升了社会各界对老龄工作的认知度，取得了显著的成效。11月7日，省老龄办组织各市老龄办负责同志，召开了全省“敬老月”活动总结分析会，充分肯定成绩，全面总结经验，认真研究分析，深入查找不足，形成了一致的整改完善意见，进一步巩固了活动成果，为2013年“敬老月”活动画上了圆满的句号。

各项业务进展

【老年维权工作】全省各级老龄部门以新修订的老年法实施为契机，积极开展老年法学习、宣传、教育、普及活动，将老年人合法权益保障工作不断引向深入。一是加强老年法的学习宣传工作。省老龄办下发学习通知，制定学习宣传方案，翻印老年法单行本，举办广场宣传咨询活动，各市、县（市、区）老龄办发放老年法小册子，制作宣传单，出动宣传车，悬挂宣传标语，发送宣传短信，在全省上下掀起了学习宣传老年法的热潮。晋城、闻喜、太原小店区、杏花岭区、运城盐湖区等地举办老年法知识竞赛，太原、晋城、晋中、运城、朔州、阳泉、灵石、翼城、临猗、平陆、河津、稷山等地举办广场宣传咨询活动。太原市举办宣传贯彻老年法系列活动并举行了启动仪式，太原日报、太原晚报、老年之声频道等主流媒体开展老年法专题宣传活动。晋城市、晋中市开展“老年法宣传月”活动。忻州市组织17支老年文艺队500多名文艺队员，深入各县、乡、村，以文艺表演的形式宣传老年法。长治市组织老年法进机关、进社区、进农村、进学校、进企业的“五进”宣讲活动，受教育人数达3 000多人。太原市尖草坪区邀请漫画家创作了宣传老年法系列作品，邀请文化工作者编写宣传老年法“数来宝”，在各街道、社区进行巡回宣传。怀仁、灵石等县出动宣传车，使老年法进乡村、进学校、进社区。各级各部门利用电视、广播、报刊、网站、LED广告屏等多种媒体广泛宣传老年法，创新宣传形式，丰富宣传内容，提高了老年法普法率和社会知晓率。二是开展业务培训，提高执法水平。5月13至14日，省老龄办举办了“全省老龄干部老年法培训班”，特邀全国老龄办负责同志就修订后的老年法条款进行了详细讲解，各市老龄办主任、权益科长、各县老龄办主任等150余人参加了培训。太原、晋城、晋中、朔州等市，寿阳、和顺、介休、灵石、榆社、太谷、祁县、陵川、河津、闻喜、太原万柏林区等县（市、区）也举办了老年法培训班或专题讲座。通过培训和讲座，各级老龄干部学习掌握了《老年法》的新理念、新内涵，增强了法制观念，提高了依法开展老龄工作的意识和水平。三是完善维权制度，落实优待政策，推动老年法贯彻实施。全省各级老龄部门认真贯彻落实老年法，不断完善维权工作制度，建立健全老年法律法规宣传普及制度、老年人来信来访制度、老年人法律援助制度、涉老案件（纠纷）优先处理制度、回访制度等。不断建立完善政府引导、涉老部门和社会力量共同参与的老年维权工作机制，协调配合司法、行政部门，为老年人提供法律服务、法律援助和司法救助，切实用好老年法这一有力武器，维护老年人的合法权益。各级、各部门、社会各界广泛开展优待优惠老年人活动，不断推进老年优待政策的落实。省商务厅、省美容美发协会组织全省21家美发店，推出“老年人一元理发”活动，凡70岁以上老年人持老年优待证或身份证，花一元钱就可享受洗、剪、吹理发服务。大同市敬老出租车队向社会公开服务承诺、公布服务电话，对60岁以上空巢老人、孤寡老人和有特殊困难老年人提供免费接送服务。太原市“的哥拍客团”出租车队对70岁以上老年人实行免费，并在车内贴有“尊老爱幼是中国人的美德，祝老年人身体健康、晚年幸福！”的温馨提示。运城市在著名景区“五老峰”开展大型优惠活动，60岁以上老年人持老年优待证和身份证可以20元购买原价110元的上下山往返索道票，并随票赠送一张20元的午餐券。翼城县设立老年特惠定点医院，对60岁以上老年人实行“三免、三减、四有、五优先”服务。灵石县老龄办协调全县16家超市，开展针对老年人的商品特价优惠活动。一系列优先、优待、优惠老年人活动的开展，让广大老年人得到了越来越多的实惠。

【基层老龄工作】我们秉承“抓基层、打基础、树品牌、创一流”的指导思想，不断地把基层老龄工作引向深入。一是加强基层老年协会建设。省老龄办积极指导督促各市、县（市、区）加强基层老年协会组织建设，截至2013年底，全省城市社区和农村老年协会建会率已分别达到85%和75%，为开展基层老龄工作提供了重要组织保障。省老龄办在全省开展评选表彰规范化建设村（居）老年协会，推进基层老年协会规范化建设。各市对照评选标准，积极组织申报。省老龄办在各市推荐基础上，评选出全省首批规范化建设基层老年协会220个，并给予每个协会1台电视机和1套扩音设备的资助。各市、县（市、区）以省老龄办《关于加强新形势下基层老年协会建设的意见》为指导，大力加强协会规范化建设。晋中市制定基层老年协会规范化建设标准，并将基层老年协会规范化建设列入创建老龄工作示范县、乡、村的考核内容。运城市将基层农村老龄组织规范化建设考核列入市老龄办年度目标责任制，纳入市政府目标考核范围。晋城市出台《关于加强基层老年协会建设的意见》，开展全市乡、村两级基层老年协会规范化建设大检查。昔阳、和顺、稷山、闻喜、河津、太原迎泽区、晋源区、晋中榆次区等县（市、区）制定协会建设标准、组织协会规范化检查、开展优秀协会评选，有力促进了基层老年协会规范化、制度化建设。同时，我们积极推动基层老年协会发挥作用，指导基层老年协会发挥植根基层、贯通社会、联系老年人的特点和优势，开展老年人思想政治教育、老年法宣传普及、为老服务、日间照料、环境保护、维护治安、调解邻里纠纷等活动，使基层老年协会成为基层老龄工作的重要载体，成为党和政府联系服务老年群众的桥梁和纽带。二是加强老龄工作示范县（市、区）、示范乡镇、示范村的指导和管理工作。3月25日，省老龄办授予太原市迎泽区、晋源区、尖草坪区、古交市、忻州市原平市、晋城市城区全省老龄工作示范县（市、区）称号，使全省老龄工作示范县（市、区）数量增加至26个。5月29日，省老龄办下发了《关于各市对省级老龄工作示范县（市、区）工作进行检查的通知》，对全省老龄工作示范县（市、区）工作进行了全面检查，促进了其先进典型作用的发挥与保持。同时，对新申报省级老龄工作示范县（市、区）的太谷县和灵丘县，省老龄办进行了检查验收。各市积极创建和培育老龄工作示范乡镇、示范村。太原、晋城、运城、晋中、大同、忻州、吕梁等市确定了老龄工作示范乡镇、示范村，不断完善创建标准，形成了创建、检查、验收、挂牌、表彰的长效机制。大同市制定示范乡镇、示范村“半年一汇报、一年一检查、两年一表彰、三年一挂牌”的动态管理制度。晋城市继续开展“五有、两地、一中心”检查验收工作，推进老龄工作示范乡镇、示范村建设。通过层层树立典型，发挥示范效应和带动作用，促进了基层老龄工作的开展，夯实了老龄工作基础。

【“敬老文明号”创建活动】2013年，省老龄办以全国第一届“敬老文明号”评选表彰活动为契机，精心筹划，认真组织，以更加创新的思路，更加务实的作风，在创建活动的宣传、普及和提高上下功夫，开创了创建工作的新局面。一是创新思路，提高创建认识。为进一步激发创建工作的内生动力和创建活力，省老龄办出台了《关于规范引深“敬老文明号”创建活动的意见》，提出“坚持抓好五个环节、正确处理四个关系”的要求，对引深创建活动具有重要的指导意义。11月7日，省老龄办召开了引深“敬老文明号”创建活动研讨会。各市、省直老龄办负责同志认真研究、讨论、交流，统一了思想，提高了认识，对进一步引深创建活动、规范创建程序形成了共识。二是加强宣传，扩大创建影响力。创建的过程实际上就是宣传的过程。各级老龄部门把宣传工作作为创建活动的重要内容，采取多种宣传形式，扩大创建活动的社会影响力。省老龄办创编“敬老文明号”6幅宣传画，印发10万张到各市、县（市、区），在各机关、企事业单位、学校、公共服务窗口行业张贴悬挂，起到了很好的宣传效果。10月19日，第一届全国“敬老文明号”授牌仪式在北京举行，我省45个单位荣获全国“敬老文明号”称号。省老龄办立即向省委常委、常务副省长、省老龄委主任高建民同志汇报，向各成员单位通报，向各市市委、市政府及分管老龄工作的市领导发出喜报，在《山西日报》刊登受表彰情况和受表彰单位名单，在社会上引起了强烈反响，得到了各级领导和社会各界的充分肯定和高度评价。晋城市编印《晋城市第二届“敬老文明号”和助老模范个人事迹汇编》1000份，印发给各单位进行宣传，同时联合市电视台，摄制了《敬老文明号 晋城正扬帆》专题片。太原、晋城、晋中、长治、运城、和顺、昔阳、临猗等市县以召开“敬老文明号”表彰会、创建工作现场会和举行挂牌仪式等形式扩大创建活动影响，取得了比较好的宣传效果，营造了创建活动的良好社会氛围。三是规范管理，完善创建机制。我们不断健全创建制度，完善创建体系。省老龄办建立健全了市、省、国家逐级申报评选制度和申报创建公示制度，推进了创建工作的规范化、制度化。太原市出台《关于进一步推动“敬老文明号”创建活动的实施意见》，进一步完善了创建活动考核体系、评价体系和奖励体系。晋城市老龄办与各市直单位签订《“敬老文明号”创建目标责任书》，有力促进了创建目标的落实。我们进一步规范创建程序，实现科学管理。11月下旬至12月底，省老龄办组织各市老龄办负责同志，组成三个联合检查组，对11个市和省直系统共130多个申报省级“敬老文明号”的单位进行交叉检查验收。晋城市对“敬老文明号”单位实行动态管理，除对新申报单位进行检查外，还对已挂牌的单位进行复查，促进了创建工作常态化。晋中市组织检查组，赴各县区进行检查指导，总结经验、挖掘潜力、树立典型，推进创建活动不断深化。

【调查研究工作】2013年，各级老龄部门切实加强调查研究，不断提高调研水平，推进全省老龄工作不断创新。省老龄办制定了《关于进一步加强调查研究工作的意见》，明确了调研工作的指导思想和重点领域，提出了总体要求和具体任务，对全省老龄系统深化调研工作具有重要指导意义。省老龄办组织开展了“深入基层老年协会、深入贫困老年人家庭、深入空巢老年人家庭”的“三深入”调研活动。省民政厅党组成员、省老龄委专职副主任王进龙同志深入基层，住村入户，开展调研，并撰写了《深入农村了解老年人生活状况和需求，不断推进农村老年人日间照料服务建设》的报告。结合新形势和我省工作实际，省老龄办撰写了《认真学习贯彻十八大精神，进一步加强老年文化建设》《打造“敬老文明号”创建活动升级版——关于引深创建“敬老文明号”活动的思考》等调研报告。同时，我们积极参加全国老龄办组织的全国老龄政策调研优秀成果评选活动，有一篇调研报告荣获二等奖，两篇获优秀奖。各市、县（市、区）围绕老龄工作的重点、难点、热点问题，深入开展调查研究。太原市开展基层老年协会建设、老年文体队伍现状、农村老年人生活状况等七个方面的调研，形成了多篇调研报告。其中《加强基层老年人协会建设，创建老年群众社会管理》和《要善待“常回家看看”入法》在《中国社会工作（老龄）》第9、10期上刊登，《在生活中学习，在实践中升华》在中组部主办的“共产党员网”刊登。长治市老龄办深入13个县区，对老年人基本情况和养老、医疗等问题进行调研，形成了《长治市老年人口状况及全市老龄工作情况报告》和《长治市人口老龄化发展形势与对策》两篇调研报告。朔州市老龄办围绕老年维权工作开展调研，形成了《保障老年人合法权益 树立全社会敬老风尚》的报告。怀仁、山阴、和顺、平陆、稷山、芮城等县分别就基层老年协会建设、养老服务机构建设、空巢老年人养老问题等进行调研，并形成了有价值的调研报告。通过深入开展调查研究，为党委、政府统筹规划、科学决策提供了切实可行的政策建议，推动了老龄工作政策创制，促进了老龄工作落实，推进了老龄事业的全面发展。

【"银龄行动"】2013 年，各级老龄部门根据基层需求，丰富援助内容，扩展援助领域，不断推进"银龄行动"。省老龄办开展了两次"银龄行动"。一是 5 月 28 日至 6 月 5 日，组织省医科大学第二附属医院内科、外科、骨科、妇科、中医、药剂科的 9 名老专家，赴运城市临猗县、闻喜县和平陆县，开展"银龄行动"医疗援助活动。在为期 9 天的义诊活动中，共服务群众 1 200 余人次，临床指导 200 余例，确诊重大疾病 25 例，举办专题讲座和技术培训 4 次，免费送药 1 万余元，受到了当地政府和广大老年群众的热烈欢迎和一致好评。二是 10 月 13 日老年节当天，组织省老年艺术团一行 50 多人，赴国家级贫困县和顺县开展"银龄行动"文艺下乡义演活动，为基层老年群众送上了一份精美的节日文化大餐。各市、县（市、区）也组织开展了多种形式的"银龄行动"。晋城市深化"银龄行动"暨"开发式扶贫助老"活动，开展苹果、核桃、蔬菜种植，养猪、养羊等养殖援助活动。晋中市组织蔬菜专家深入农村指导、讲解、传授种植技术，并赠送蔬菜种植图书。大同县组织农科老专家进行技术攻关，改进了黄花种植方法，为全县增加直接经济收入 1 180 万元。太原、晋中、朔州、阳泉、寿阳、太谷、柳林、平定、太原迎泽区等市、县（市、区）开展医疗援助活动，为老年群众义务诊疗、发放免费药品，为基层医疗卫生工作者举行专题讲座、开展技术培训，受到当地党委政府和人民群众的热烈欢迎和一致好评。通过"银龄行动"，解决了贫困地区，特别是基层老年群众的实际困难，为推动贫困地区经济社会发展作出了积极的贡献。

内蒙古自治区

综　　述

截至 2013 年底，我区 60 岁及以上老年人口 446 万，占总人口的比例达到 18.7%；80 岁及以上老年人口 78 万，占老年人口 17.5%。2013 年以来，自治区老龄办坚持"党政主导，社会参与，全民关怀"的老龄工作方针，本着实现"六个老有"的奋斗目标，认真贯彻自治区党委、政府和全国老龄办以及自治区民政厅的有关要求，扎实工作、锐意创新，将党的群众路线教育实践与扎实推进自治区老龄工作健康发展紧密结合起来，始终坚持求真务实，减少"名义保障"，加大实质性养老服务原则，各项工作取得了一定成果。

一、积极配合自治区人大开展对老年法实施办法的修订与人大执法检查组对的老年法执法情况展开检查

4 月到 6 月，自治区老龄委专职副主任韩奇、自治区老龄办主任哈斯，陪同自治区人大执法检查组，赴东西部五盟市十旗县开展执法检查，期间走访了养老院、社区、老年大学等 18 家为老服务机构。撰写关于《内蒙古自治区实施〈中华人民共和国老年人权益保障法〉办法》贯彻落实情况的报告。

二、高龄津贴发放管理工作和普惠举措

作为 2013 年自治区党委政府为民办"十件实事"中的"改善高龄老人生活条件"和我办重点工作，我办严格要求各盟市按照《内蒙古自治区 80 岁以上低收入老年人高龄津贴发放管理办法》的有关要求推进管理发放工作，确保了全区符合条件的高龄老人按时足额领取到高龄津贴。截至 12 月我区已拨付 1.5 亿元，27 万符合条件的高龄老人享受到津贴。同时，各个盟市分别出台了标准不同的老年优待政策，14 个盟市分别制定提高了百岁以上老年人的长寿保健津贴。目前，有 80 多万老年人得到了实惠。其中，鄂尔多斯市、巴彦淖尔市、通辽市、乌海市、二连浩特市、阿拉善盟、锡林郭勒盟、包头市、赤峰市 11 个盟、市的 80、90 岁以上的老人普遍享受普惠型的高龄津贴；二连浩特市、鄂尔多斯市扩大范围，分别为 70 岁、75 岁以上老人发放津贴。全区在为百岁老年人实施免费体检的基础上有所放宽，部分盟市旗县对60岁以上老年人健康查体费用给予不同程度的减免，呼和浩特市、包头市、鄂尔多斯市、乌海市、赤峰市5个盟市分别为60、65、70岁以上老年人提供免费乘坐公交车的优惠服务。

三、按有计划、有步骤的组织实施修订《内蒙古自治区实施〈中华人民共和国老年人权益保障法〉办法》(以下简称《实施办法》)

1月起，全面着手起草的修订方案：积极与自治区人大、法制办沟通，做好协调工作；2月份为实施办法修订收集整理了全国各省区及自治区各盟市的优待办法；3月份，下发《关于关于对自治区人大常委会开展老年人权益保障法和自治区实施办法执法检查项目进行自查的通知》，5月，收集整理各地开展的老年法执法情况报告，形成全区自查报告，作为修改实施办法的重要依据；6—9月，起草完成实施办法的全部章节，积极与自治区法律工作专家建立联系，吸纳来自法律业界的意见建议。目前，我办草拟《内蒙古自治区实施〈中华人民共和国老年人权益保障法〉办法》初稿，和一份《立项报告》，已报送至自治区法制办。

四、紧密按照厅党组部署开展群众路线教育实践活动，把活动开展和老龄工作紧密结合起来

在此次活动过程中共召开8次专题会，撰写自我剖析和整改材料。10月16日召开“群众路线教育学习督察组座谈会”，厅纪检监察室那顺主任、办公室副主任陈玉参加会议，会后以简报形式专题报道了我办在党的群众性路线教育活动中，积极协调敦促相关部门按照国家和自治区的政策，足额落实一位百岁老人的护理费的维权实例。11月15日，内蒙古老龄工作委员会办公室召开党的群众路线教育实践活动专题民主生活会。自治区民政厅督导组鲍德胜副巡视员、纪检监察室那顺主任、机关党委康文彪专职副书记到会指导并讲话。老龄办支部书记哈斯、副调研员许哲分别作对照检查，开展批评和自我批评。鲍德胜副巡视员充分肯定了老龄办的活动效果，并对下一步教育活动提出了具体要求。会后，我办严格按照厅学习教育实践活动领导小组的要求，提交了我办开展群众路线教育活动的总结、处级干部民主评议材料、民主生活会开展情况汇报、整改措施等五份材料。

五、扎实推进自治区老龄系统政策研究工作水平，增强政策创制能力

积极参加全国老龄政策调研优秀成果评选，我区有《内蒙古自治区养老服务市场分析》（我办推送），《关于加快呼和浩特市社会化养老服务体系建设的调研报告》（呼和浩特市老龄办推送）以及《完善服务机制 丰富工作内容 推动呼伦贝尔市老龄工作全面发展》（呼伦贝尔市老龄办推送）的三篇论文分别获得“2013年全国老龄政策研究优秀成果”的一等奖、三等奖和优秀奖。

六、继续开展敬老“孝星”评选表彰，弘扬孝文化

2013年为第四届敬老“孝星”评选表彰，作为大力营造尊老、爱老、助老、扶老社会氛围的重要活动，我办已于今年年初下发了通知，对今年的工作做了具体的要求和部署，继续完善工作流程，确保评选表彰的公开、公平、公正。经各盟市老龄工作委员会办公室初选、推荐和自治区老龄工作委员会办公室审核、内蒙古日报公示，自治区老龄工作委员会与自治区民政厅研究决定，授予各盟市推荐的3 000名先进个人敬老“孝星”荣誉称号，对授予内蒙古自治区敬老“孝星”荣誉者，自治区老龄办给予每人1 000元现金奖励。

七、“敬老文明号”创建活动

该活动是全国老龄办主抓的一项重点工作，对构建和谐为老服务环境、营造全社会尊老、爱老、扶老、助老氛围具有积极作用。我办根据《内蒙古自治区“敬老文明号”创建活动实施方案》，坚持认真负责，严把质量，精益求精的原则，编印了《内蒙古“敬老文明号”创建活动政策文件汇编》，以便创建活动的顺利开展；坚持编印创建活动简报；下发《关于深入开展好“敬老文明号”创建活动的通知》，对各地积极开展敬老文明号创建活动提出了具体的指导和要求，转发全国创建表彰决定。活动后期自治区创建单位审核和梳理创建工作，向全国报送创建工作总结，发放“敬老文明号”牌匾。

八、养老服务信息化平台建设

建立养老服务信息平台是实现居家养老的重要基础。3月，自治区老龄委专职副主任韩奇专程赴鄂尔多斯等地展开相关情况调研。5月我办起草了《内蒙古自治区养老服务信息平台建设三年规划》《内蒙古自治区养老服务信息平台试点项目实施办法》，目标是在2015年底，每个旗县区均建成一个信息平台。平台建成后能够为居家老年人提供生活照料、医疗康复、紧急救助、社交、购物等服务。

九、以会代训，成功承办全国老龄系统干部培训班，举办全区老龄工作会议

2013年8月14日，全区老龄工作会议在鄂尔多斯市召开，8月15、16日在我区鄂尔多斯市康巴什区承办全国老龄系统干部培训班。老龄系统干部培训班来自全国各省市自治区直辖市、计划单列市和新疆生产建设兵团的老龄干部参加了此次培训。自治区各盟市，部分旗县区老龄办负责人也参加培训班。

全区老龄工作会议贯彻学习全区老龄工作会议精神，认真总结了2013年前七个月的各地老龄工作开展情况，全面部署了下一阶段的工作。会议重点对《内蒙古老龄事业发展“十二五”规划》的贯彻落实，《中华人民共和国老年人权益保障法》的宣传贯彻，敬老孝星活动的进展情况，高龄津贴发放管理等六项重点工作进行了研究和交流。全区各盟市和部分旗县区老龄办负责人共70人参加会议。

十、“敬老月”活动

在第一个老年节期间，老龄办创新工作思路，草拟《致全区老年人的慰问信》，在第一个“老年节”前夕，慰问信通过快捷方式在内蒙古老龄网以及《北方新报》刊发，向全区老年人致以节日的祝贺。各地按照自治区的文件要求开展丰富多彩的活动，推动尊老爱老助老社会风尚。我办还出了一期“敬老月”专刊，总结各地阶段性成果。今年全区各地“敬老月”活动开展的规模空前、形式多样、内容丰富，在各地取得积极社会反响。

十一、老龄工作宣传

今年，我办积极在中央、地方各级媒体上宣传自治区老龄工作及老龄事业发展，陆续在人民日报、人民政协报、全国老龄网等国家媒体以及内蒙古日报、内蒙古人民广播电台、内蒙古电视台、内蒙古民政网媒体发布新闻信息共计二十余条。2月，我办积极组织内蒙古电台、内蒙古电视台、内蒙古日报、北方新报以及中国政协报等多家媒体，对“爱心助老车”发放工作在自治区“两会”前做了全程报道；3月，我办协调内蒙古日报、北方新报、内蒙古电台、内蒙古电视台对我区高龄津贴发放工作做了详细的报道，进一步宣传了高龄津贴的发放范围和发放标准，获得老年人的关注和好评。4月，我办与内蒙古电台合作，在全区范围内与多家养老院做了直播节目，电台节目组为养老院的老人带去了多彩的节目，丰富了老年人的生活，同时也扩大了养老院的知名度，收到了很好的社会效益；5月，我办与北方新报积极沟通，提供专稿，在专版形式探讨了我区民办养老院的困惑，引起很高的社会关注，6月，老龄办主任做客内蒙古电台直播间，就“敬老文明号”创建活动的开展做了专题直播。今年我办在各级各类报纸上的宣传稿件十一篇、电台直播节目5期/次，电视台新闻节目2次，7月，在老年法宣传月期间，在《人民日报》刊发了“常回家看看”的敬老院反馈情况；10月敬老月期间，在《北方新报》上刊发致“老年节”全区老年人的慰问信。同时，全年及时更新老龄办网站；翻译印发了蒙汉文《中华人民共和国老年人权益保障法》学习本；编印五期《老龄工作简报》，其中敬老文明号专刊、敬老月专刊各一份。

重要会议和活动

【鄂尔多斯市滨河街道“四送”活动暖民心】春节前，滨河道办事处积极开展送祝福、送温暖、送文化和送安全的“四送活动”进社区，切实让辖区居民感受到党和政府的温暖。邀请辖区老年书法协会的老师和书法爱好者们在康城社区举办了写春联、送春联活动，共赠送对联200余对。滨河街道党工委、办事处领导班子分别走访慰问了90多户困难户，并且组织志愿者为辖区孤寡老人、独居老人擦玻璃、打扫房屋和洗衣服。

【粽香携祝福，端午献爱心】端午节来临之际，康巴什新区康城社区于6月7日下午在社区举办了“粽叶飘香果端午，幸福和谐邻里情”迎端午节送粽子活动。辖区居民30余人参加了本次活动。本次活动分为有奖竞赛、现场送粽子、党员义工给辖区残疾人送粽子三个环节，居民们边吃粽子，边听社区干部讲述端午节的由来，大家在其乐融融的氛围之中增进邻里情，感悟中华民族博大精深的文化。社区的党员义工也为辖区内的贫困家庭、残疾老人家庭送去了粽子，送去了节日的祝福，让他们切实感受到社区干部和邻居们的关怀。此次活动，让居民们感受到浓郁的端午节文化氛围的同时也增进了邻里情。

【乌审旗朝阳社区举办“敬老助老共建共享”主题系列活动】6月11日上午，朝阳社区“敬老助老共建共享”主题系列活动走进乌审旗综合社会福利中心，二人转、独唱、马头琴演奏等节目，赢得现场老人们笑声连连、掌声不断。下午，朝阳社区与“3＋1”互助共建单位共同举办中老年养生保健知识讲座，特邀请旗爱卫办孙主任主讲中老年人春季慢性病及保健养生常识，涵盖老年人常见慢性病的成因、病症处理、预防保健等。讲座吸引了100多名社区老年人前来参加。通过举办这次讲座老年人切实意识到了养生保健的作用，从中学习了不少实用性较强的养生保健常识。

【兴安盟开展新颁布的老年法宣传月活动】7月，兴安盟迅速行动，根据自治区统一部署，对活动内容及重点工作做出安排。在学习宣传老年法期间，各旗县市形式多样组织开展了老年法的宣传活动，通过悬挂宣传标语、发放宣传单、提供现场咨询等方式，向老年群众宣传法律知识、提供法律服务。各地积极在重点镇街和路段设立老年法宣传“一条街”，同时在广播电台开设新老年法专题节目，利用广播电台宣传新老年法亮点，各地组织有关老龄委成员单位在广场设立宣传站，现场举行法律咨询活动等。在老年法“宣传月”活动期间，各旗县市共组织法律咨询活动5场，发放宣传单3万份，为5 300位老年人提供现场咨询，帮助解答问题550个，设立老年法宣传站、点、栏21处，开通媒体专栏5个，组织为老志愿服务活动11次，在全社会掀起了学习宣传贯彻老年法的热潮。

【巴彦淖尔市学习《中华人民共和国老年人权益保障法》培训课在党校开课】7月10至12日，巴彦淖尔市民政局、市老龄办组织各旗县区民政局老龄办工作人员在党校培训《中华人民共和国老年人权益保障法》，并组织进行了有奖知识竞赛，市老龄办还印发了两万份传单给各旗县区民政局、老龄办，同时巴彦淖尔市电视台、广播电台、巴彦淖尔日报社对新修订《中华人民共和国老年人权益法》进行了大力宣传。开班仪式由市老龄办副主任周志平主持，参加开办仪式的有市民政局副局长苏快进、市党校副校长贾贵庭。

【兴安盟第二届“瞧夕阳”中老年文艺调演】在重阳节即将来临之际，兴安盟举办了第二届“瞧夕阳”中老年文艺调演活动，全盟盟直和各旗县市有15支代表队参加，共有57个节目参加此次文艺调演评选。兴安盟盟委委员、宣传部长李峰，人大工委副主任崔文军，政协副主席杜吉雅，以及民政局局长包石头、副局长王玉琦等领导出席了此次颁奖晚会。文艺调演共评出一等奖6名，二等奖12名，三等奖15名，优秀奖12名，还有荣誉奖、特别奖、最佳风尚奖、最佳风采奖、最具潜力将等奖项。“瞧夕阳”中老年文艺调演活动以实际行动贯彻落实了老年法。

【呼伦贝尔市举行“敬老月”活动启动仪式】9月30日上午9点，呼伦贝尔市“敬老月”活动启动仪式在美丽的成吉思汗广场举行。参加活动的有市委宣传部文明办、市直属机关工委、市司法局副局长、市老干部局、市老年体协等市老龄委成员单位和海拉尔区老龄委相关单位，市区两级民政局、老龄办及街道办事处领导和工作人员。活动由市老龄办副主任孟繁彦主持，市民政局副局长、老龄工作办公室主任于春利讲话，市直属机关工委书记孙连成宣布启动仪式正式开始。启动仪式现场有市直属老年体协秧歌、腰鼓、民族民间广场表演，并为现场观众发放新修订的《老年法》宣传手册3 000份。市电台、电视台、日报社做了相关采访和报道，赢得了观众好评，营造了浓厚的养老、敬老的社会氛围。

【呼伦贝尔市庆祝全国第一个法定“老年节”活动在市老年公寓阳光大厅举行】10月13日，在市老年公寓阳光大厅举行了呼伦贝尔市庆祝全国第一个法定“老年节”活动。参加活动的领导有市委副书记赵立华，市委常委副市长韩宪军，市委常委组织部部长、市老龄委主任白继荣，市人大副主任刘德照，市政协副主席孙锐，市老年体协主席宋照明。此次活动旨在落实《呼伦贝尔市委办公厅市人民政府办公厅关于开展全市第一个老年节活动的通知》文件精神，文件要求各地区、各部门要积极动员全社会力量，以开展老年节活动为契机，深入开展关爱、关怀老年人活动，同时做好宣传工作，营造浓厚的尊老、敬老、爱老、助老的社会氛围。领导们同时慰问了在座的光荣院老红军和市福利院的老人们，市电视台、电台、日报社做了相关报道。

【赤峰市刘春成副市长慰问百岁老人】10月13日是法定的第一个老年节。赤峰市委、市政府非常重视，为全面落实《中华人民共和国老年人权益保障法》，弘扬中华民族爱老、敬老、助老的传统美德，在法定的第一个“老年节”前夕，赤峰市委常委、政府副市长刘春成带领市民政局、市老龄办的有关领导慰问百岁老人。刘副市长详细了解了101岁老人王熙铎的日常起居、生活饮食，嘱咐家属要细心照料老人的生活，并且送了慰问金和鲜花。

【包头市大力开展老年文化体育活动】10月13日，包头市老龄办和老年书画协会共同主办的包头市第一个老年节暨呼包鄂“金三角”老年书画展在包头市美术馆隆重开幕。本次老年书画展共展出书画作品600余幅，是包头市书画艺术最高水平的一次集体展示。在“敬老月”活动期间，包铝离退休中心在包铝文体馆组织200多名离退休职工和家属参加“夕阳美”健身操广场舞展演；组织银光合唱团开展庆祝“九九重阳节”时装表演活动；组织10名离退休职工参加集体工会举办的乒乓球比赛；组织离退休职工采纳家包头市举办的“九九重阳节”书画展和包铝集团公司工会举办“为梦想加油”书画展；组织13名离退休职工参加了包头市门球比赛。10月12日，稀土路街道友谊社区在天龙大酒店举行了“关爱老人——九九重阳节联谊会”。稀土高新区机动车检测科研站、城市管理执法局、检察院、工商分局带着送给老人的牛奶、棉手套、棉拖鞋、健身用品与区组织部、社管局、稀土路街道办事处共同为老人们过了一个欢乐、祥和的重阳节。联谊会上，友谊社区九个小区的老年人自编自演了精彩的节目，博得了大家阵阵的掌声。石拐区民政局联合石拐街道办事处，针对农村老年人活动范围小，文化娱乐活动少等情况，召集社区志愿者组成“文艺小队”为地势较偏远的厂汉沟村送演出。志愿者们的演出内容诙谐幽默、通俗易懂，博得了台下老人的阵阵喝彩，让老人们的身心得到了极大的愉悦。

【巴彦淖尔市第六届老年人书画联赛在临河区解放办成功举办】本届老年人书画联赛将举办地点定于办事处，展期定为3天，由于展出地点在基层，前来参观的群众络绎不绝，应群众的要求将展期时间延长至9天，参观的群众达到4 300多人，展出116幅书画作品，是从市直和7个旗县区的200余幅作品中精选的，展出的作品题材广泛，内容丰富、形式多样、异彩纷呈，充分体现了巴彦淖尔市各民族风情的文化底蕴，本次联赛共评选出一等奖4名，二等奖8名，三等奖18名。会上为获奖者颁发了奖杯和荣誉证书。

【包头市九原区率先为百岁老人免费体检】包头市九原区民政局积极协商联系卫生部门，将包头市扶贫医院定为百岁老人免费体检定检医院，于2013年10月25日上午由区扶贫医院李华副院长和区民政局综合办主任程勇亲自到萨如拉街道办事处仝三女家将其接到区体检中心免费体检。徐院长亲自为老人做全面体检，并建立长期标准化健康档案，老人感谢区民政局及医院革委领导和体检人员关怀爱护。

【乌兰察布市宣传老年法】为宣传新老年法，老龄办利用各种媒体，在乌兰察布市集宁区新区和旧区两大广场的LED显示屏上循环滚动播出二十几条关爱老年人，尊老敬老的宣传标语。标语内容指出了新的《中华人民共和国老年人权益保障法》的颁布实施，从法律层面强调了保障老年人权益的重要性。在“敬老月”活动期间还特意安排了为老年人免费乘坐爱心出租车的活动以及为老年人点播电视连续剧《孝子》等内容的活动，有力的推动了新老年法的宣传与贯彻实施。

【赤峰市宣传老年法】赤峰市各旗县区、各单位都对新修订的《中华人民共和国老年人权益保障法》进行了各种形式的宣传。举办各种学习班80余次，参加学习人员4 000多人次，请法学专家、学者对新的老年法进行解读辅导。印制各种宣传条幅在主要街道悬挂、印刷各种宣传品进行发放，提高广大市民对老年法的了解和遵守的自觉性。市民政局、老龄办在赤峰电视台做了专题宣传片，在市民广场LED大屏幕等主要公共场所进行为期30天的宣传，印制老年法单行本50 000册进行免费发放。

【赤峰市实行“普惠型”计划】“普惠型”计划为90岁以上高龄老人发放高龄津贴，各类医疗机构也对老年人就医免收挂号费、优先就诊、优先交款取药，赤峰阳光泌尿专科医院免费为6 000名老人进行前列腺疾病进行筛查。65岁以上老年人免费乘坐市内公交车，全市各旅游景点，全部免费对老年人开放，并惠及外埠来赤旅游观光的老年人。

各项业务进展

【我区实现城乡居民社会养老保险制度全覆盖】截至2012年11月末，城乡居民社会养老保险制度覆盖全区101旗、县（市、区），实际参保人数756.12万人，完成年度计划（720万人）的105%，领取待遇人数184万人。其中，农村牧区居民参保人数695万人，城镇居民参保人数61万人。新型农村牧区社会养老保险基金由个人缴费、集体补助、政府补贴构成。参加新型农村牧区社会养老保险的农村牧区居民应按年缴纳养老保险费。年缴费标准目前设为100元、200元、300元、400元、500元5个档次，参保人员自主选择档次缴费；参保人员也可以自愿选择多缴费，多缴多得。年满60周岁、未享受城镇职工基本养老保险待遇的农村牧区有户籍的老年人，可以按月领取养老金。

【老年优待】从2013年1月1日起，呼和浩特市政府为了进一步加大敬老优待政策的工作力度，在市四区范围内60周岁（含60周岁）以上老年人免费乘坐公交车。此项惠民政策列入了市政府2013年为民办好“十件实事”项目之中，这项敬老优待工作走在了全国前列。另外，呼和浩特市老龄办和公交公司已为70岁以上老年人办理免费乘车卡4.1万张，为了确保70周岁以上老年人乘车安全，市政府免费为70岁以上38 267名乘坐公交车的老年人办理了人身意外伤害保险，共缴纳保费91.84万元，该优待政策的实施使出行老人有了安全保障，进一步完善了敬老优待政策。

呼和浩特市从2003年就把百岁老人纳入了城市居民最低生活保障范围，享受与低保标准相同数额的高龄补贴，并给予医疗救助和冬季取暖补助，每年年底发放1 000元的长寿补贴和慰问品，2013年春节市老龄办慰问了15名百岁老人，为每位老人送去1 000元慰问金和慰问品。

【鄂尔多斯市康巴什新区养老服务体系不断完善】康巴什新区在新建的综合福利中心，内设老年公寓、敬老院等，为老年人提供养护、医疗、康复、教育等多层次、多样化的服务；改扩建了一处为“五保”老人及特殊人群提供集中供养服务的乡镇老年公寓，设有床位30张；建成3个老年人社区日间照料中心。凡持有《鄂尔多斯市敬老优待证》的老年人可以免费或优惠乘坐市内公交车，免费游览市内名胜古迹，免费参加全市各级老年活动中心的所有活动，进入图书馆、文化馆、博物馆、公园免收门票；市内律师事务所、法律服务所和公正处免费提供各种咨询；到市内各大医院就医，免收普通挂号费，并优先挂号、就诊等；实施老年人生活补贴政策，为新区 70 周岁以上老年人发放高龄补贴。实施“五保”供养制度，“五保”集中和分散供养标准分别提高到每人每年 10 000 元和 6 000 元；提供老年维权服务，通过设立维权热线 8599776，以及在每个社区的老年法律援助点，向老年人提供法律援助和司法救助服务；实现医疗保健全覆盖，每年为 60 周岁以上老年人免费体检并建立健康档案，建立社区卫生服务中心 2 个，社区卫生服务站 5 个，社区卫生服务基层覆盖率达到 100%，由专业的医生护士组建家庭医生团队，为孤寡空巢老人等特殊家庭提供快捷的医疗咨询、健康检查以及免费送医送药服务。充分利用现有文化体育公共资源建立健全街道、社区老年文化体育协会，成立扇子舞队、合唱团、秧歌队 、文艺队、乒乓球协会、太极拳协会、健身操协会、武术协会等数十个老年文体组织。

【“幸福养老大课堂”在我区展开】“幸福养老大课堂”在我区巴彦淖尔市、兴安盟、赤峰市、呼伦贝尔市等地开展，其中自治区在巴彦淖尔市和呼伦贝尔市援建 11 个教学点，发放了网卡，五原县老年大学已开通授课。各地“幸福养老大课堂”开设老年养生保健班、老年摄影初级班、老年国学班、老年书法班、老年国画班等，播放“健康知识讲座”录像片，培训管理人员，组建舞蹈队、秧歌队、等健身活动队伍。大大丰富了老年人的文化生活，使老年人的生活更加幸福美满，也有助于帮助社区进行老人管理。

【兴安盟成立老龄法律援助工作站】为适应新形势下老年维权工作的需要，采取有效措施，整合各方面的维权力量，开展法律服务，为老年人筑起一道保障合法权益的平台，兴安盟成立了法律援助中心老龄委法律援助工作站。老龄委法律工作站主要接待老年人的来访、来信、来电；开展法律咨询服务，协助老年人提供遗嘱见证、遗嘱管理、遗嘱执行全程法律服务；婚姻家庭法律服务，赡养纠纷、房产纠纷、交通事故、人身伤害赔偿、拆迁安置等法律服务；对生活困难的老年人无偿提供法律咨询，调解各种民事、经济纠纷，依法维护老年人的合法权益。

黑龙江省

综　述

2013 年，全省老龄工作紧紧围绕省委、省政府中心工作，以党的十八大精神和科学发展观为统领，认真贯彻落实全国老龄委第十五次全体会议精神，以“情系老龄、孝行龙江、构建和谐”为理念，以推动落实省委、省政府《关于加快推进老龄事业发展的意见》和《黑龙江省老龄事业发展“十二五”规划》为重点，以宣传贯彻老年法和开展“敬老月”活动为平台，创新工作思路，转变工作作风，加强政策创制，全省老龄事业取得新的发展。一是发挥党政主导作用，积极应对人口老龄化挑战。主要领导高度关注重视老龄工作，老龄工作纳入了顶层设计。省委、省政府始终把发展社会养老服务事业纳入全省经济社会发展规划，特别是“十二五”规划中，将养老事业发展摆在更加突出的位置，对社会养老服务体系进行专项规划，明确了今后五年的建设目标、重点项目和推进措施。省委书记王宪魁在“老年节”期间向全省老年人致慰问信；春节前夕，到养老机构调研、慰问老年人。省长陆昊指示发改委“进行医养结合型养老机构的调研，提出对策”。省委常委、哈尔滨市委书记林铎参加老年人座谈会，直接听取老年人的意见。副省长孙永波重视老龄工作，积极主导和参与老龄工作的顶层设计，并亲自参加涉老活动。以副省长孙永波为总召集人，成立了包括省老龄办在内的 34 家成员单位的黑龙江省社会养老服务体系建设联席会议，定期召开会议研究养老工作。成立了以孙永波副省长为主任的、由 14 个涉老部门领导组成的“敬老文明号”创建活动组委会。在“老年节”、春节前夕，孙永波副省长率先垂范慰问贫困老年人、百岁老年人、养老机构的老年人。出席“夕阳情・中国梦”庆祝首个“老年节”文艺演出和表彰大会。哈尔滨市、牡丹江市、大庆市、鸡西市、绥芬河市等地的主要领导，也在“老年节”期间为老人们送去了节日的问候和慰问金。成员单位主动支持老龄工作，合力推动老龄事业发展。省老龄委成员单位落实为老服务办实事计划，深入开展“爱心助老1+1”活动。省委宣传部、省委组织部的领导都参加了省老龄办组织的一些活动和会议。省发改委、财政厅、民政厅、人社厅、司法厅等部门积极开展涉老问题调研，出台涉老政策。省民政厅开展“社会养老服务体系建设连续推进年（2012—2015年）”活动，并启动实施“敬老爱老助老工程”。很多部门的主要领导亲自参加老龄部门组织的活动，带头宣传老龄形势。“老年节”期间，团省委开展“情暖夕阳”共青团敬老爱老助老志愿服务活动。省精神文明办开展“邻里共筑敬老家园”主题实践活动。省民政厅福利彩票中心开展“慰问百名百岁老人”活动。各成员单位在落实《老龄事业发展“十二五”规划》中做了大量富有成效的工作，推动了我省老龄事业的发展。二是深入基层开展调查研究，推动基层老龄工作取得新突破。开展百日调研，掌握第一手材料。省老龄深入基层、走群众路线，开展“转作风、促发展”目标推进百日调研活动，组成调研组先后深入到全省8个市（地、系统）开展调研，宣传老龄形势、总结经验、指导工作。哈尔滨市深入12个乡镇、36个村屯、8个街道办事处的24个社区，对农村困难老年人和失能老年人家庭养老状况进行访问式调查。开展调研竞赛，实现调研成果转化。黑龙江省应对人口老龄化战略研究圆满结题，研究成果以新闻发布会的形式对外发布。各市（地）围绕老龄工作重点、难点问题开展了专项调研。牡丹江市完成了关于加快推进城镇化建设涉老问题的调研报告；伊春市对全市百岁老人现状进行了调研；鸡西市开展城镇老年生活状况调查；鹤岗市开展女性老年人现状调查；省森工总局开展困难老年人帮扶机制问题调研。这些调研为省及各市（地）相关部门进一步制定政策提供了理论依据。省老龄办择优向国家推荐调研报告6篇，其中1篇获二等奖，3篇获优秀奖。加强基层老龄工作，实现基层老年协会规范化建设。省老龄办印发了《关于加强基层老年协会规范化建设的通知》，与省民政厅联合下发了《关于基层老年协会建设“双百”“双千”推进工程实施方案》。召开全省基层老年协会建设经验交流会，安排部署了下一步基层老年协会建设的工作任务。对基层老龄工作规范化建设“十百千示范工程”三年创建活动进行总结表彰。并争取到国家扶持资金84万元用于支持老年协会建设。实施目标管理，创新工作机制。省老龄办下发了《关于开展“强能力、提素质、转作风、塑形象”目标管理“双优”评比活动的通知》，在全省老龄系统开展双优目标管理。哈尔滨、齐齐哈尔、牡丹江、抚远县均已建立老龄工作目标考核机制。三是加强老龄宣传工作，形成大老龄宣传格局。省老龄办宣传工作思路实现“三转变”，即宣传重点实现由工作宣传向老龄形势、老龄问题、老龄政策宣传的转变；宣传对象实现由面向老年群体到面向社会大众的转变；宣传手段实现由老龄媒体向社会主流媒体的转变。探索建立重大舆情新闻发布制度。省老龄办以省政府名义召开新闻发布会，向社会发布战略研究成果和“敬老月”活动安排，共40多家媒体出席，香港凤凰卫视、大公报、文汇报等海外媒体也进行报道，腾迅网络进行了微博直播，产生了很好的宣传效应。借全国第四个“敬老月”和首个法定“老年节”实现强势宣传。全省深入开展“敬老月”和“老年节”庆祝活动，把“敬老月”作为宣传月，形成了“党政重视、广泛动员、省直联动、地市互动”的敬老宣传局面。“敬老月”期间，省老龄办主导开展了十项示范性活动。举办了“夕阳情·中国梦”庆祝首个“老年节”文艺演出。在《黑龙江日报》上刊登老年法和“敬老月”专版，老年学习生活杂志社印制“敬老月”专刊，黑龙江老龄网设置“敬老月”专题栏目。全省各地在“敬老月”期间均开展了多种形式的活动。哈尔滨市老龄办组织近万名老年人开展了“舞动松江”社区健康舞大型活动，开展了老年人权益保障法知识竞赛，免费发放老年法单行本50 000多册。齐齐哈尔市举办了“敬老月”活动启动仪式，通过爱心企业为400名老年人捐赠了爱心手机。牡丹江市举办了庆祝全市第28个老年节“华龄风采 岁岁重阳”文艺演出。黑河市在《黑河晚刊》刊发了重阳节特刊，用七个版面进行宣传。七台河市开展“为老人送健康”大型公益活动，举办了“迎重阳同心共筑中国梦”文艺演出。鹤岗市启动了“关爱老爸老妈黄手环”大型公益行动。省农垦总局各管局和农场依托社区组织志愿者免费为老年人服务。加强全省老龄宣传阵地建设。省老龄办下发《加强宣传网络建设的意见》，在全省组建老龄宣传工作信息员工作网络，指定专人负责，列入年度计划安排，全省形成了百余名的信息员队伍。目前，哈尔滨市建立网站，齐齐哈尔、牡丹江、黑河、伊春均创建内部刊物。四是宣传贯彻老年法，老年维权工作取得新进展。全省掀起宣传贯彻老年法高潮。省老龄办联合省直7个单位下发《老年法宣传周活动方案》，并举办宣传周启动仪式。协调省法律援助中心的法律工作者为各成员单位联络员进行了老年法知识普及活动。举办全省老年法学习培训班，邀请全国老龄办朱勇副主任和吕晓丽副主任对老年法作了解读。积极协调省移动、省联通、省电信等社会资源，利用短信平台免费发送敬老公益短信1 075万条。各市（地）老龄办采取举办培训班，印发宣传资料、海报、展板等形式宣传老年法。齐齐哈尔市和佳木斯市开展了法律援助和免费义诊活动。据不完全统计，在宣传周期间，全省印制专刊、单行册、宣传单、张贴画、问答卷等累计30余万册（张）。我省《老年法实施条例》列为立法调研项目。省老龄部门与省人大内司委、省政府法制办、省民政厅、省法律援助中心沟通协调，我省《老年法实施条例》已被第十二届省人大常委会列为立法规划中的第一类立法项目。省老龄部门协调专家起草了《黑龙江省老年法实施条例（讨论稿）》，正在按程序征求意见进行修改完善。老年优待政策进一步落实。全省各市（地）积极办理老年证的发放和老年信访接待工作。哈尔滨市道里区率先提高百岁老人敬老优待标准，从2013年7月1日起，户籍在道里区的百岁老人每人每月可享500元的敬老费。大庆市积极协调政府财政投入1 850万元，用于支持老年人乘车优待项目，确保全市65周岁以上老年人免费、60～64周岁老年人半费乘车。绥化市本级百岁老人每人每月享受长寿补贴1 000元。黑河市扩大高龄津贴发放范围，从2012年10月起市（区、县）所有80周岁以上老年人实现高龄津贴全覆盖。

重要会议和活动

【建立贫困失能老年人护理补贴制度】 2013年1月11日，黑龙江省人民政府办公厅印发《关于建立贫困失能老年人护理补贴制度的通知》。

【省老龄办领导慰问百岁老人和贫困老人】 2013年1月28日，省老龄办副主任李淑梅在哈尔滨市慰问一名百岁老人和一名贫困老人，秘书处人员陪同。

【省政府领导慰问百岁老人】 2013年2月6日，省老龄委主任、副省长孙永波在哈尔滨市走访慰问贫困老人刘玉奇。省政府副秘书长、省老龄委副主任王大为，省民政厅厅长、省老龄委副主任、省老龄办主任杨喜军，省老龄办副主任李淑梅，哈尔滨市副市长曲磊，哈尔滨市老龄办常务副主任张伟林等陪同慰问。随后，省老龄办副主任李淑梅走访慰问百岁老人梁秀芝，哈尔滨市老龄办常务副主任张伟林等陪同慰问。为老人们送去慰问品、慰问金和新春祝福。

【2013年全省银龄行动工作座谈会召开】 2013年2月26日，省老龄办、省老科协联合召开2013年全省银龄行动工作座谈会，省老龄办副主任李淑梅，省老科协副会长孙光祖，省老科协副秘书长孙志文、单伟，省老龄办宣传处、省老科协有关处室人员参加会议。会议总结了2012年银龄行动工作，研究了2013年银龄行动工作，会后将下发《黑龙江省2013年银龄行动工作要点》。

【省精神文明办来我办检查验收申报省级文明单位标兵情况】 2013年3月14日，省精神文明办姚丹处长等四人来我办检查验收申报省级文明单位标兵情况，省老龄办副主任李淑梅汇报我办创建省级文明单位标兵情况。省民政厅副厅长顾乃龙，省民政厅直属机关党委吴静处长、腾和芹处长参加检查验收。检查验收采取听取汇报，查看资料，召开座谈会形式进行。

【全国老龄办副主任朱勇一行来我省调研智能化养老发展情况】 2013年4月19－20日，全国老龄办副主任朱勇、信息中心主任李伟、信息中心技术部主任陈振华一行3人到大庆市调研。调研大庆市智能化养老发展情况，与大庆市领导沟通在大庆发展智能化养老及老龄产业相关事宜。省老龄办调研处副调研员高宏伟，秘书处一同志陪同调研。

【召开省老龄委成员单位联络员会议】 2013年5月21日，省老龄办在省司法厅会议室召开省老龄委成员单位联络员会议暨《黑龙江省老龄事业发展“十二五”规划评估指标体系》成员单位论证会议。省老龄委秘书长、省老龄办专职副主任杨铁生同志主持会议，省司法厅常务副厅长孙纬、省司法厅政治部主任宋成杰到会祝贺，孙纬代表省司法厅致贺词。省老龄委各成员单位联络员参加会议，省老龄办机关处级干部参加会议。省老龄办副主任李淑梅同志受省老龄委秘书长杨铁生同志委托作工作报告。省老龄办调研处处长高玉萍同志作《黑龙江省老龄事业发展“十二五”规划评估治标体系》编制说明。会上印发了《省老龄委成员单位为老服务行动计划》（征求意见稿）和《黑龙江省老龄事业发展“十二五”规划评估指标体系》（征求意见稿），会议原则通过。省法律援助中心副主任张海燕同志以《以法律履职共同推进全面贯彻落实老年法推动我省老龄事业更好更快发展》为题讲解了新修订的老年法。

【省老龄办调研组到齐齐哈尔市调研老龄工作】 2013年5月22—25日，省老龄办副主任李淑梅、调研处处长高玉萍等4名同志到齐齐哈尔市调研老龄工作。先后到建华区黎明村、居家养老网络呼叫中心、泰来县克利镇河北村（留守老人情况）、曙光村（老年协会情况）、泰来镇向阳社区“十百千”工程，参观敬老之家，龙沙区园艺社区、铁锋区法院、龙沙公园。同齐齐哈尔市老龄办同志座谈。参加“百大杯”齐哈尔老年之夏音乐会开幕式。

【省老龄办举办老年法和老年优待宣传日启动仪式】

2013年5月28日，省老龄办副主任李淑梅参加绥化市青冈县人民政府在人民广场隆重举办老年法和老年优待宣传日启动仪式。绥化市老龄办主任黄凤霞、青冈县委书记王雪峰。启动仪式由青冈县老龄办主任王孝春主持，绥化市老龄办主任黄凤霞做了动员讲话。李淑梅副主任和青冈县委书记为老年人代表发放了老年优待证。仪式结束后，李淑梅主任又对青冈县人民医院、青冈县一粮店、东方大药房、人民办事中心、老年权益维护中心等爱心敬老服务单位进行了调研，并慰问了一名109岁老人。省老龄办调研处高玉萍处长、调研处副调研员高宏伟、宣传处岳振滨、维权处张丙才，青冈县民政局长郑秀艳、青冈县老龄办主任王孝春等一同参加了启动仪式和调研。

【省老龄办机关举办“老龄工作者的梦”演讲比赛】 2013年6月14日，省老龄办党组副书记、专职副主任杨铁生同志主持举办“老龄工作者的梦”演讲比赛，13名干部参加演讲，共评选出5名优胜者。

【省政府领导参加宣传新修订的老年法宣传周启动仪式】 2013年6月27日上午，省政府副省长、省老龄委主任孙永波“黑龙江省暨哈尔滨市《中华人民共和国老年人权益保障法》宣传周启动仪式”。本次活动由省民政厅牵头、联合省直7个相关职能部门及哈尔滨市政府共同主办，哈市民政局、哈市老龄办承办的“黑龙江省暨哈尔滨市《中华人民共和国老年人权益保障法》宣传周启动仪式”在防洪纪念塔隆重举行。

【《黑龙江日报》宣传新修订的老年法】 2013年7月1日，《黑龙江日报》今天第三版以整版篇幅刊登关注新老年法，宣传新修订的老年法。

【省老龄办机关开展党日活动】 2013年7月1日，省老龄办机关全体共产党员开展党日活动，到黑龙江农垦北大荒养老中心慰问入住的老年人，并送去慰问金。

【全国老龄办事业部主任吴秋风来我省检查验收社区服务信息平台项目】 2013年7月12日，省老龄办副主任李淑梅，调研处处长高玉萍陪同全国老龄办事业部主任吴秋风、副处长肖文印到铁力市检查验收社区服务信息平台项目。

【省老龄办调研组到双鸭山市调研老龄工作】 2013年7月23—25日，省老龄办副主任李淑梅带领有关人员一行5人到双鸭山市调研老龄工作。在副市长赵中超及市民政局长张铁民、副局长杨树枫、市老龄办主任于亚梅等同志陪同下，先后到友谊县和岭东区调研老年协会建设情况及老年公寓建设情况，到市社会福利中心检查为老年人服务情况，到市体育局、市老体协了解工作开展情况，听取了市老龄办的工作汇报。李淑梅对双鸭山市老龄工作给予了高度评价。她说，双鸭山市的老龄工作有特色、有活力、重实效，具体体现在：干部配备精明强干、硬件投入力度很大、老年文化活动非常活跃、敬老优待政策落实有力。尤其在活动场所建设、老年人协会组织、老年人权益保障等方面的工作亮点突出，取得了很好的工作成果。在今后的工作中，要科学分析形势，增强做好老龄工作的紧迫感和责任感。要重点抓好老龄化宣传教育、基层老年人协会建设、老年人口统计调查等工作，真正形成“党政主导、老龄委协调、部门尽责、社会参与、全民关怀”的工作格局，推动老龄事业科学发展。

【省民政厅安全检查组到齐齐哈尔市检查工作】 2013年7月29—31日，按照省民政厅工作安排，省老龄办副主任李淑梅带领省老龄办调研处高玉萍处长、鲁科，省低保局董艳雪等四人，到齐齐哈尔市民政系统，检查落实《省民政厅关于在全省民政系统开展安全生产大检查的实施方案》（黑民办发〔2013〕91号）、《关于切实做好全省民政系统安全生产大检查工作的紧急通知》（黑民发电〔2013〕5号）的情况。听取了市民政局的工作汇报，深入10个基层单位，召开2个座谈会了解情况。同时，征求基层单位及服务对象对省民政厅开展群众路线教育实践活动的意见。

【省老龄办荣获省级文明单位标兵称号】 2013年8月，中共黑龙江省委、黑龙江省人民政府《关于命名精神文明创建活动先进集体的决定》下发，命名黑龙江省老龄工作委员会办公室为文明单位标兵。这是继2011年9月省委省政府命名省老龄办为文明单位之后，省老龄办在精神文明方面获得的进一步荣誉称号。

【2013年全省老龄工作会议召开】 2013年8月9日，2013年全省老龄工作会议在哈尔滨市召开。省老龄委副主任、省老龄办党组书记、主任、省民政政厅厅长杨喜军参加会议并讲话。省老龄办党组副书记、专职副主任杨铁生主持会议并作总结讲话。省老龄办党组成员、副主任李淑梅参加会议。各市（地）老龄办负责人、综合科（处）科长（处长），部分县（市、区）老龄办主任，省老龄办机关干部等80余人参加会议。会议传达了全国老龄委第十五次全会精神和2013年全国老龄工作会议精神，回顾总结了2012年以来的全省老龄工作，安排部署了下一阶段工作任务。

【省老龄办群众路线教育辅导讲座】 2013年8月22日，举办省老龄办群众路线教育辅导讲座。省老龄办党组副书记、专职副主任杨铁生，为全办党员干部做专题辅导讲座。杨铁生主任结合全省老龄工作从党的群众路线的产生及主要内容、历史作用、现实意义进行了深刻讲解。

【省老龄办调研组到牡丹江市调研老龄工作】2013年8月26—29日，省老龄办副主任李淑梅带领秘书处、调研处、维权处有关人员一行5人到牡丹江市调研老龄工作。

【省老龄办调研组到哈尔滨市调研老龄工作】2013年9月10—11日，省老龄办副主任李淑梅带领有关处室同志到哈尔滨市调研老龄工作。

【省老龄办启动《黑龙江省实施〈中华人民共和国老年人权益保障法〉条例》修订工作】2013年9月12日，省老龄办启动《黑龙江省实施〈中华人民共和国老年人权益保障法〉条例》修订工作。省老龄办协调省人大内司委、法工委，省政府法制办、省民政厅、省法律援助中心在哈尔滨北大荒养老中心组织召开了《黑龙江省实施〈中华人民共和国老年人权益保障法〉条例》修订座谈会。省人大内司委副主任委员侯树才、省政府法制办副主任钱世民、省老龄办常务副主任杨铁生、省老龄办副主任李淑梅及各参会单位相关处室负责人等16人参加了座谈会。座谈会由省老龄办专职副主任杨铁生同志主持。杨铁生同志在会上对我省《实施条例》修订的必要性进行了阐述。李淑梅同志介绍了修订工作进展情况并就修订后的《实施条例》应体现的基本设想谈了意见。侯树才同志对省老龄办在维护老年人合法权益，推动我省老龄事业发展方面所做的工作给予了肯定。与会人员对《黑龙江省实施〈中华人民共和国老年人权益保障法〉条例（草稿）》进行了研讨。座谈会前，与会领导还参观了养老机构设施并慰问了部分在院老年人。

【省老龄办为我省抗洪救灾捐款】2013年9月13日，省老龄办为我省抗洪救灾捐款。省老龄办举办为我省抗洪救灾捐款仪式，省老龄办党组书记、专职副主任杨铁生，副主任李淑梅带头将捐款投入捐款箱，全办职工参加了捐款仪式，共捐款人民币3 600元。当天将全部捐款送交省慈善总会。

【保留省老龄工作委员会】2013年9月16日，黑龙江省机构编制委员会下发《黑龙江省机构编制委员会关于清理省政府议事协调机构的通知》（黑编〔2013〕89号）。撤销省政府议事协调机构66个，保留88个，黑龙江省老龄工作委员会在保留之列。

【商请省级四大班子领导参加首个老年节慰问老年人活动事宜】2013年9月25日，省老龄办党组副书记、专职副主任杨铁生，副主任李淑梅到省委办公厅商请省级四大班子领导参加首个“老年节”慰问老年人活动事宜。

【省老龄办召开黑龙江省应对人口老龄化战略研究成果及“敬老月”活动安排新闻发布会】2013年10月9日，省老龄办在黑龙江省政府新闻发布厅召开黑龙江省应对人口老龄化战略研究成果及“敬老月”活动安排新闻发布会。省老龄办副主任李淑梅参加发布会并代表省老龄办致主发布辞，省政府研究室财金贸易处处长崔世亮、省民政厅社会福利和慈善事业促进处处长刘凤兰和省人力资源和社会保障厅养老保险处处长赵志刚出席发布会，发布会由省政府新闻办副主任沙育超主持。黑龙江电视台、黑龙江广播电视台、老年日报等40余家媒体参加了新闻发布会。发布会上，崔世亮处长、赵志刚处长和刘凤兰处长分别就老龄社会对我省经济社会发展的主要影响、我省养老保险制度的推进和完善以及我省养老服务体系和机制建设等问题回答了记者的提问。会后，省老龄办副主任李淑梅接受了黑龙江广播电视台记者的采访。

【黑龙江省举办庆祝首个老年节暨“夕阳情·中国梦”老年文艺演出活动】2013年10月10日，黑龙江省举办庆祝首个老年节暨“夕阳情·中国梦”老年文艺演出活动在哈尔滨工人文化宫隆重举行。这次活动是省老龄办落实全国老龄委“敬老月”主题活动之一。哈尔滨市社区的老年人、老年文艺团队的代表近千人、黑龙江电视台、黑龙江电台、老年日报、黑龙江日报及部分企事业单位的代表队参加了演出活动。省老龄委主任、副省长孙永波参加庆祝活动并致辞。省老龄委副主任、省政府副秘书长王大为，省老龄委副主任、省民政厅厅长杨喜军，省老龄委副主任、省人社厅厅长孙伟化，省老龄委副主任、省委组织部常务副部长秦恩亭，省老龄委秘书长、老龄办专职副主任杨铁生等莅临活动现场。在演出活动中穿插进行了“银龄行动”先进个人，基层老龄工作规范化建设“十百千示范工程”示范先进县（市、区）乡镇（街道）、村（社区），“敬老文明号”先进集体，全省老龄工作先进集体和先进工作者四项表彰。

【省老龄办领导参加绥化市庆祝“老年节”大会】2013年10月12日，省老龄委秘书长杨铁生应邀参加绥化市人民政府举办的庆祝“老年节”大会，并宣读省委王宪魁书记致全省老年人的慰问信。

【省政府领导慰问百岁老人和贫困老人】2013年10月12日，省老龄委主任、副省长孙永波在哈尔滨市走访慰问百岁老人张淑芳、贫困老人徐英芝、道里区敬老服务中心的老年人并送去慰问金和慰问品。省老龄委副主任、省政府副秘书长王大为，省老龄委秘书长、省老龄办专职副主任杨铁生，省老龄办副主任李淑梅、哈尔滨市副市长曲磊、哈尔滨市老龄办常务副主任张伟林陪同走访慰问。

**【省老龄委领导参加省精神文明办等7部门举办的邻

里共筑敬老家园”主题实践活动启动仪式】2013年10月13日，省老龄委秘书长杨铁生同志应邀参加省精神文明办等7部门在哈尔滨果戈里大街革新教堂广场举办的“邻里共筑敬老家园”主题实践活动启动仪式。在活动启动仪式上，杨铁生同志宣读了黑龙江省委书记王宪魁致全省老年人的慰问信。

【省老龄办领导参加团省委举办“情暖夕阳”共青团敬老爱老志愿服务活动】2013年10月省老龄办副主任李淑梅参加团省委在哈尔滨安康社会福利院举办“情暖夕阳”共青团敬老爱老志愿服务活动。

【省老龄办举办全省老龄系统老年法学习培训班】2013年10月21日，省老龄办在哈尔滨举办全省老龄系统老年法学习培训班。省老龄办党组副书记、专职副主任杨铁生做了培训动员讲话，培训班由省老龄办副主任李淑梅主持。全国老龄办朱勇副主任和政研部吕晓丽主任分别从维护老年人合法权益和加强老龄工作机制的视角，对老年法作了解读，来自各市（地）老龄办分管维权工作领导、维权部门工作人员及三县一区老龄工作负责人和省老龄办机关全体干部共计149人参加了培训。

【省老龄办召开全省基层老年协会建设经验交流会议】2013年10月22日，省老龄办在哈尔滨召开全省基层老年协会建设经验交流会议。省老龄办副主任李淑梅参加会议并讲话，调研处处长高玉萍主持会议。来自全省各市（地）、部分县（市、区）负责基层老年协会建设工作的主要领导和老龄干部90余人参加了会议。会上，哈尔滨市、桦南县、泰来县、海林市、鸡东县、道里区抚顺街道抚顺社区、尚志市帽儿山镇大同村等7个单位作了典型发言。会议对全省近年来基层老年协会建设工作进行了总结，并对下阶段工作作出部署。

【省老龄办慰问小组到尚志市慰问】2013年10月25—26日，省老龄办副主任李淑梅一行6人赴尚志市慰问。走访了尚志市帽儿山镇大同村老年协会，为老年协会送去了一台46寸彩电，与基层老龄工作者座谈，了解首个法定“老年节”活动开展情况，一同观看了2012年村重阳节庆祝活动录像。走访了尚志镇兴盛社区，为老年人送去慰问金。

【省老龄办副主任李淑梅参加全国老龄办组织在美国举办的老龄业务培训班】2013年11月2—21日，按照国家民政部的安排，省老龄办副主任李淑梅参加全国老龄办组织在美国举办的老龄业务培训班，学习和了解国外老年人优待政策及老年人群体地位保障机制、为老服务设施建设与管理机制、居家养老服务、民办为老服务机构和非盈利为老服务等方面内容。

【省老龄办机关党员干部学习党的十八届三中全会精神】2013年11月22日，省老龄办党组副书记、专职副主任杨铁生主持召开全办党员干部会议，学习党的十八届三中全会精神，学习省委王宪魁书记在省委中心组学习党的十八届三中全会精神会议上的讲话。

【省老龄办党组召开专题民主生活会】2013年11月27日，省民政厅厅长、省老龄办主任、省老龄办党组书记杨喜来办理主持召开省老龄办党组专题民主生活会，省老龄办专职副主任、党组副书记杨铁生，副主任、党组成员李淑梅，省委群众路线教育督导组组长邢奎忠，省民政厅纪检组组长吴小平，省民政厅群众路线教育办公室人员参加会议。杨喜军、杨铁生、李淑梅先后发言，认真查找工作中和自身的不足，也相互查找班子成员中的工作不足，本着坦诚相见和为老龄事业发展的精神，勇于开展自我批评。

【省人大内司委副主任委员马春波等一行来我办调研】2013年11月27日下午，省人大内司委副主任委员马春波等一行四人来我办调研，省老龄办专职副主任杨铁生汇报省老龄办工作情况，调研处处长高玉萍汇报全省养老体系建设情况。

【省老龄办领导参加全国老龄办在北京举办的“银龄行动”十周年座谈会，并介绍经验】2013年12月20日，省老龄办副主任李淑梅参加全国老龄办在北京举办的“银龄行动”十周年座谈会，并作了题为“贯彻党的十八届三中全会精神，动员社会参与，全面推进‘银玲行动’深入开展”的经验介绍。省老科协副秘书长单伟、哈尔滨市老龄办副主任孙凤龙，省老龄办宣传处一同志与会。

各项业务进展

【加强基层老龄宣传工作队伍建设】全省加强基层老龄宣传工作队伍建设。为及时收集各地老龄工作信息，建立通畅有效的信息传递渠道，负责重要信息和重大事件的第一时间报送，在全省组建了老龄宣传工作信息员工作网络，各地老龄工作委员会办公室高度重视老龄信息工作，指定专人负责，列入年度计划安排，并在日常工作中检查落实，全省各市（地）、区（县）形成了百余名的信息员工作网络。

【利用各种宣传渠道，加大老龄工作宣传力度】加强与主流媒体联络，积极与各地老龄办的沟通，及时掌握各地的信息，以电台、电视台、报纸、刊物、网络、短信、简报、网站、新闻报道等媒体为阵地，以各地丰富多彩的老年活动及扎扎实实的老龄工作为素材，广泛加强老龄工作的宣传报道。国家老龄网站发布黑龙江老龄工作重要信息17次，“敬老月”期间，省电视台新闻联播连续3次播放老龄新闻，省卫视频道播放新闻1次，黑龙江人民广播电台播放新闻3次，黑龙江日报刊登专版1次，报道新闻6次，哈尔滨电视台播放新闻及节目2次。向国家老龄办综合部报送图片、信息共计70件，编发《老龄工作简报》11期，网站刊登新闻20篇，截至12月低，全年共计刊发各类稿件共计260余次。在黑龙江省应对人口老龄化战略研究成果及“敬老月”活动安排新闻发布会当天，香港凤凰卫视、大公报、文汇报等海外媒体也进行报道，腾迅网络进行了微博直播，开创了老龄宣传手段的新突破。

【开展“敬老月”活动，惠及广大老年人】省老龄办认真开展“敬老月”活动，惠及广大老年人。按照“重宣传、建立理念，重实效、面向基层，重机制、长效推动”的原则，扎扎实实地开展了全省第四个“敬老月”和全国首个“老年节”活动。领导重视，率先垂范。宣传处比照国家做法下发了“敬老月”活动方案，得到了各级领导的高度重视。重阳节期间，黑龙江省委书记王宪魁发表了致全省老年人的慰问信，把党和政府的温暖送到老年人的心坎上。黑龙江省老龄委主任、副省长孙永波在哈尔滨市走访慰问部分贫困老人、百岁老人和养老机构，各主流媒体随即进行了大量报道，通过他们向全省老年人致以节日问候和良好祝愿。各地党政领导在重阳节致慰问信，参加老年节庆祝活动，以不同的方式为老年人送上深深的祝福。多方支持，部门联动。“敬老月”活动得到了省委、省政府及老龄委各成员单位和社会各界的大力支持。重阳节前夕，省委、省政府等领导亲自参加黑龙江省庆祝首个“老年节”暨“夕阳情·中国梦”老年文艺演出活动，并在活动中为获得“银龄行动”先进个人、基层老龄工作规范化建设“十百千示范工程”示范先进县（市、区）乡镇（街道）、村（社区）、“敬老文明号”先进集体、全省龄工作先进集体和先进工作者的代表颁奖。省老龄办与团省委在全省范围内开展“情暖重阳”敬老爱老助老志愿服务活动，以弘扬志愿精神为核心，广泛开展关爱空巢老人、贫困老人的志愿服务活动，倡导诚实友善、尊重老人，营造敬老爱老助老的良好社会氛围，促进社会和谐。省老龄办还与省委宣传部、文明办、教育厅、妇联开展“邻里共筑敬老家园”主题实施活动，宣讲敬老文化、弘扬传统道德、举办健康讲座等，在全社会掀起了敬老爱老的热潮。面向基层，注重实效。全省各市（地）按照统一部署，结合各自的特点，制定了本地区“敬老月”活动方案，广泛动员社会各界积极参与，自上而下形成互动效应。哈尔滨市老龄办把宣传贯彻老年人权益保障法做为“敬老月”的一项重要工作推进，开展了老年人权益保障法知识竞赛，免费发放老年法单行本50 000多册，受到全市老年人的欢迎。市老龄办还与新晚报、生活报、市第一医院、市第四医院、爱尔眼科医院、百年世一中医馆等开展“关爱百岁老人健康”“爱老健康行”“助老光明行”“助老健康行”义诊和保健讲座活动，为老年人医疗和健康护航。齐齐哈尔市举办了敬老月活动启动仪式，通过爱心企业为400名老年人捐赠了爱心手机。市总工会帮扶中心为龙沙区红星社区10位困难老年人每人送上500元慰问金。哈尔滨银行齐齐哈尔分行、齐齐哈尔广播电视台在市第一社会福利院，联合举办以“尊老、敬老、爱老、助老”为主题的捐赠仪式，两家单位向福利院的老人们捐赠了价值3万余元的600台收音机。牡丹江市举办了庆祝全市第28个老年节“华龄风采”岁岁重阳文艺演出，文艺节目以征集的老年人原创作品为主，内容贴近老年人生活，使老年人产生共鸣，抒发了老年人歌颂热爱家乡、热爱生活的不老情怀。佳木斯市把全面提高敬老爱老意识，营造全民敬老爱老氛围作为重要抓手，在敬老月期间制作宣传条幅12幅，书写标语300余条，统一印制孝亲敬老倡议书5 000余份，同时在电视台黄金时段播放宣传字幕，让敬老爱老助老的风尚深入人心。森工总局、农垦总局系统的领导对“敬老月”活动进行了部署和安排，这些都体现了党和政府对民生的重视和对老年人的关怀。强化宣传，营造氛围。“敬老月”活动期间，全省各地在社区、商场、公园、火车站、公交站、主要街路及窗口单位等公共场所，通过通讯网络、牌匾、LED屏幕、标语、条幅、图片、移动传媒等播出敬老公益广告、宣传口号。据不完全统计，省级新闻媒体共编发消息100余条、专题5个、专版2个、特刊1期，发放海报、宣传册等资料3.5万份，发送敬老短信100万条。全省上下各具特色多角度的集中宣传报道，形成了强大的声势，进一步营造了浓厚的敬老爱老助老氛围。

【开展“敬老文明号”创建活动，营造尊老敬老良好社会氛围】2013年初，省老龄工作委员会决定在全省各级涉老职能部门、公共服务窗口行业、基层为老服务组织开展“敬老文明号”创建活动。全省各级各部门积极响应，广泛开展，创建活动呈现出良好的发展态势，显示出旺盛的生命力，取得了较好的社会效果。精心组织，建立机制。坚持“党政主导、社会参与、老龄协调、单位创建”的方针，协调成立创建活动组委会及其办公室，建立相关涉老优待职能部门创建联席会议制度。省老龄办先后出台了《关于开展

"敬老文明号"创建活动的意见》《关于开展"敬老文明号"创建活动的实施方案》，成立了以分管省长为主任的14个涉老部门领导组成的创建活动组委会。组委会下设办公室，办公室设在省老龄办。各市（地）转发省老龄委关于开展创建活动的意见，有关涉老部门、企业、基层为老服务组织也建立了相应的机制，为开展创建活动提供了重要的组织保证。积极发动，广泛参与。全省从上至下层层召开创建活动动员大会，市、县两级以及创建单位、爱心企业均举行了隆重的创建活动启动仪式。各地采取签订创建活动目标责任书的方式，由分管市长同所属的县、区签订创建活动目标责任书，制作"敬老文明号"创建工作手册，向全社会发出创建活动倡议书，形成一级抓一级，层层抓落实的良好局面。大力宣传，营造氛围。我们整合宣传资源，大造创建活动声势。各地、各部门、各创建单位利用电视、广播、报纸、墙体广告、电子屏幕，工作简报、老龄网站等宣传工具和方式，广泛宣传"敬老文明号"创建活动的目的意义、创建理念、创建标准、创建程序、创建要求。省创建组委会办公室还组成考核验收组，深入到全省申报的部分创建单位，通过听取汇报、查阅档案资料、听取群众意见、召开座谈会等方式进行考核，形成考核评价意见，经组委会办公室初评，组委会研究通过了40个创建单位，在公示一周后，在今年的黑龙江省庆祝全国首个老年节文艺演出活动中进行了命名表彰。

【开展"银龄行动"，引导老年人老有所为】省老龄办年初与省老科协以省"银龄行动"办公室名义联合下发了《2013年银龄行动工作要点》，要点认真贯彻落实十七大精神，继续服务"三农"中心工作。二是召开了银龄行动工作座谈会，对银龄援农做了总体部署。三是整合社会资源，树立了一批典型，敬老月期间，首个老年节，表彰了一批老科技工作者、关心下一代工作者、老文艺工作者先进个人。四是"银龄行动"办公室利用各种媒体加大"银龄行动"的宣传力度，尤其是利用全国银龄行动经验交流会、老龄网站、银龄行动工作信息等不断总结各地开展"银龄行动"的经验，加强交流，宣传了"银龄行动"的重要意义和先进典型，扩大活动影响。

【大力开展新修订老年法宣传】今年是新老年法颁布实施之年，省老龄办以宣传贯彻老年法为契机，大力夯实老龄事业基础，迎接老龄化社会的现实挑战，认真做好老年法宣传工作。一是组织协调黑龙江日报刊登了宣传贯彻老年法专版。二是老年学习生活出版专刊。三是对副省长、老龄委主任孙永波及相关领导参加的首个老年法宣传日启动仪式进行了宣传。四是组织老龄办、成员单位领导走进新闻媒体接受采访畅谈新修订的老年法，利用广播、电视、报刊、网络等各类媒体，广泛宣传新老年法颁布的重要意义。五是协调省通信管理局审批移动、联通、电信等单位发送宣传贯彻老年法公益短信1 075万条。

【加强调研，完成多项老龄问题研究项目工作】省老龄办加强调研，完成多项老龄问题研究项目工作。完成了《黑龙江省应对人口老龄化战略研究》一书的出版工作，并对研究成果进行分类整理，报送有关领导和成员单位。完成了我省《老龄事业发展"十二五"规划评估指标体系》的编制和修改工作。之后，又以该评估指标体系为依据，以2012年底为节点，对我省老龄事业发展"十二五"规划的实施情况进行了中期评估，形成了评估报告，上报全国老龄办和联合国人口基金。在黑龙江省应对人口老龄化战略研究课题成果和我省老龄事业发展"十二五"规划评估结果的基础上，启动我省老龄事业发展中长期规划的研制工作。

吉林省

综 述

截止到2013年底，吉林省60岁以上老年人口已达到427.8万，占人口总数的比例已达到15.48%。2013年，吉林省老龄事业蓬勃发展，取得了一些成绩。

一、加强为老服务设施建设

全省城镇兴办各类养老服务机构1 567个，床位94 611张。其中，农村社会福利服务中心668个，床位41 629张，入住26 278人（能自理的18 018人，半自理的5 043人，不能自理的3 217人），有服务人员3 215人；政府兴办的城区养老机构（含福利院）

81个，床位10 516张，入住7 835人（能自理的5 007人，半自理的1 786人，不能自理的1 042人），有服务人员890人；民营养老机构818个，床位42 466张，入住29 486人（能自理的18 106人，半自理的6 000人，不能自理的5 380人），有服务人员4 243人。

全省建有老年病医院（老年护理中心）230所，开设老年家庭病床9 496张。

全省创办老干部大学124所，老年大学85所，在校人数23 776人，累计毕业人数181 354人；老年学校826所，在校人数35 179人，累计毕业人数67 658人。

二、完善居家养老服务与设施

在城镇，推进社区居家养老服务工作，有974个社区配备了1 169个老龄专干；建立社区居家养老服务站1 260个，配备公益性养老服务人员1 873人；建立社区日间照料室1 478个，有床位5 176张；建门球场407个，有文体活动器材9 024件（套）。

在农村，探索建立以居家养老服务大院为辐射中心的养老服务体系，建立居家养老服务大院3 687个，其日间照料室有床位9 497张；有老年活动室5 571个（包括居家养老服务大院的活动室），门球场1 240个，有文体活动器材28 039件（套）。

全省为老服务志愿者、爱老义工服务组织达5 114个，参加人数达134 792人。

三、制定和落实涉老政策

全省各地采取有效措施，积极贯彻落实《吉林省优待老年人规定》。目前全省统一发放的老年优待证累计达到867 815个，其中，为70周岁以上老年人免费办理红证432 253个，为60至69周岁老年人免费办理绿证435 562个。为老年人办免费乘车卡253 193个，财政年度补贴资金8 390万元。医疗机构对老年人实行免挂号费的300所，半价优待的93所。全省共有向老年人免费开放的文化设施384处，对老年人实行减免门票优待的公园园林景点120处。有217处收费体育设施对老年人实行免费，有72处实行半价。继续做好高龄老人津贴发放工作，向67 958位百岁以下的高龄老年人发放6 891万元；向722位百岁老年人发放481万元。

四、进一步加强老龄机构和老年群众组织建设

全省进一步加强老龄机构建设。省及9个市（州）、长白山管委会的老龄工作机构，直属政府的3个，属民政代管的7个，民政内设的1个；63个县（市、区）老龄工作机构直属政府的20个，属民政代管的29个，属民政内设的10个，未设的4个；开发区9个，民政代管2个，其它未设。省级老龄工作机构编制17人，事业编制；市（州）级老龄工作机构编制64人，均为事业编制；县（市、区）级老龄工作机构编制254人，其中行政编制29人，事业编制225人；开发区6个，均为事业编制。在职人员共351人。

全省建有城镇社区老年人协会1 631个，组建了老年文艺（文化）活动组织3 176个，体育健身活动组织2 903个；全省建有农村老年人协会6 542个，组建了老年文艺（文化）活动组织8 660个，老年体育健身活动组织4 639个。社区老年人协会有经济实体的148个，参与的老年人8 014人，年纯收入31 805万元；农村老年人协会有经济实体的310个，参与的老年人13 461人，年纯收入181.3万元；农村老年人协会有生产基地的479个，参与的老年人18 773人，年纯收入679.2万元。

重要会议和活动

【老年维权工作】全省建立老年法律咨询、维权中心1197个。各地加大老年维权力度，建立困难老人法律援助绿色通道，通过落实首问责任制等信访接待制度，对涉及高龄津贴发放、家庭赡养纠纷等问题进行解释、疏导和督办服务。当年接待老年信访3 034件，办结2 552件。

【扶老助困活动】元旦、春节、国庆节和重阳节期间，全省各地、各部门组织开展慰问百岁老年人、养老机构老年人和帮扶特困老年人活动，资金达1 127万元，捐赠款物价值968万元。

【全省首届老年人书法绘画摄影大赛】本次大赛聘请我省知名的书法家、画家、摄影家组成大赛评审委员会。在参赛的300多幅作品中评选出了书法、绘画、摄影作品一等奖15个，二等奖45个，三等奖75个，参加此次活动的老人年龄最长者已有91岁。

【评选表彰活动】参与第一届全国“敬老文明号”评选活动，获评第一届全国“敬老文明号”25个。

举办全省“双百敬老模范”评选活动。经过各地及相关部门的评选推荐，经省老龄委考核、评定，表彰了评选出100个敬老模范人物，和100个敬老模范单位（集体）。

举行全省老龄系统先进集体、先进工作者评选表彰活动。评选出全省老龄系统先进集体17个，全省老龄系统先进工作者36个。

【全省老龄办主任会议】3月6日，全省老龄办主任会议在长春召开。总结2012年全省老龄工作，安排部署2013年重点工作任务，表彰2012年度全省老龄系统先进集体、先进工作者及全省敬老文明号获奖单位

（集体），长春市、延边州、长春市绿园区、磐石市、双辽市、梅河口市、洮南市、龙井市八个地区分别就本地开展的特色工作进行了经验交流。

【应对人口老龄化战略研究工作会议】3月18日下午，吉林省应对人口老龄化战略研究工作会议在省政府召开，全面启动了我省应对人口老龄化战略研究工作。会议由省政府副秘书长、省老龄委常务副主任张大松主持，省老龄办、省民政厅、省人社厅、省卫生厅、省人口计生委、省统计局等部门领导及相关业务处室负责人参加了会议。应对人口老龄化战略研究工作牵头组织单位省老龄办党组书记、主任潘占学在会上公布了《吉林省应对人口老龄化战略研究实施方案》，明确了相关部门的分工，落实了责任。

【应对人口老龄化战略研究座谈会】12月9日，省老龄委召开“吉林省应对人口老龄化战略研究座谈会”。省政府副秘书长、省老龄委常务副主任张大松主持会议并做了讲话。省老龄委各成员单位负责同志，省内重点院校、社科研究单位从事老龄问题研究的部分专家学者等40余人参加了会议。

【开展“双百调查”】4月10日，省老龄办印发了《关于做好老年人基本状况调查工作的通知》，部署“双百调查”工作，即在全省抽选100个城市社区、100个农村行政村对老年人基本状况进行调查。本次调查以问卷形式采取抽样调查、入户走访方式对60周岁及以上老年人的基本状况进行调查。调查内容涵盖老年人物质生活、精神与文化生活、卫生医疗及日常照料、参与经济社会活动、老年服务设施、权益维护等8个方面，共52个问题。主要内容包括老年人的基本情况，选择哪种形式养老，养老资金的主要来源，日常生活面临的主要困难以及对养老服务工作有哪些意见和建议。

【走访失能老人】7月29日至31日，省老龄办、省老龄事业发展基金会赴基层走访失能老人、开展调研工作。此次调研由省老龄事业发展基金会会长刘润璞、副会长刘长生、省老龄办主任潘占学带队，分赴长春、吉林、四平等地开展调研，了解和掌握我省失能、半失能老人的数量、发展趋势、生活状况、基本需求，以及关爱失能老人工作情况。

【开展群众路线实践活动】9月24日，省老龄办党组书记、主任潘占带领有关人员深入到辽源市，按照群众路线教育实践活动要求，召开辽源市老龄委部分成员单位、县（区）老龄办负责人参加的座谈会，代表省老龄办党组听取基层对省老龄办在“四风一顽症”、开展老龄工作和发展老龄事业等方面的意见和建议。

【举办《中华人民共和国老年人权益保障法》专题培训班】10月22日，省老龄办举办了全省老龄干部《中华人民共和国老年人权益保障法》专题培训班。省老龄办党组书记、主任潘占学，省老龄办副主任初晓姝出席了会议，省老龄办副巡视员李安华主持了会议。全国老龄办副主任朱勇、全国老龄办政研部主任吕晓莉做了辅导。

辽宁省

综　述

2013年，在省委省政府和全国老龄办的正确领导下，全省老龄系统认真贯彻落实党的十八大和十八届三中全会精神，以学习宣传贯彻老年人权益保障法和推动《省老龄事业发展“十二五”规划》全面落实为重点，以“素质能力提高年”和“基层基础工作建设年”活动为载体，以强化政府绩效考核为牵动，以“敬老月”和“敬老文明号”品牌工程为抓手，以大力发展老龄产业为突破点，老龄工作取得了多项创新和重大突破，各项老龄事业呈现出良好的发展态势。

一、老龄工作列入各级党委政府重要议程

年初，省政府将“大力发展老龄服务事业和产业，建立生活困难老人养老服务补贴制度”写入陈政高省长所作的工作报告。老龄工作首次纳入了省政府对各市政府的绩效考评体系（共5大项18个小项）。省委常委、常务副省长周忠轩，副省长刘强多次听取老龄工作汇报，对老龄工作作出重要指示。省政府及时对省老龄委成员进行调整和充实。由省委常委、常务副省长周忠轩任省老龄委主任，副省长刘强任常务副主任，省政府秘书长及省委组织部等省直单位正厅级领导共8人任副主任，成员单位增至27个。聘请10名原省级老领导担任省老龄委顾问，为老龄工作开展提供了坚实的组织领导保障。在全省行政编制紧缩的情况下，省政府为省老龄办增设了事业发展处，增加行政编制和处级干部职数。各级人大、政协委员视察调研老龄工作力度之大、涉老议案提案和建议内容之广、件数之多也是前所未有的，从而使老龄工作地位得到了显著提升。省老龄委成员单位和相关厅局在政策制定、经费保障、老龄宣传、老年维权、老龄机构建设及文化体育活动开展等方面给予了极大的支持和配合，为老龄工作开展创造了良好的外部环境。各市委市政府对老龄工作的重视程度超过以往，把老龄工作摆上重要议事日程，8个市将老龄工作纳入对各县（市、区）政府绩效考评体系，多数市的市委市政府召开常务会议专题研究老龄重点和难点问题，部分市提高了老龄工作专项经费。全省上下形成了党政领导高度重视，社会各界共同关注支持老龄工作的大好局面。

二、社会保障体系建设取得重大进展

省政府及有关部门着力推进了各项社会保障制度建设。基本养老保险、基本医疗保险制度实现了城乡全覆盖。我省早在2011年就全面启动了新型农村社会养老保险和城镇居民养老保险，比国家提前一年实现城乡养老保险制度全覆盖。截至2013年底，全省企业养老保险参保人数达到1 634万人，其中退休人员524.6万人，目前月人均养老金1 849元；全省城镇职工医疗保险参保人数达到1 624.8万人，其中退休人员546.9万人。此外，建立了城镇居民医疗保险制度，采取政府给予参保补助的方式解决了城镇无收入老年居民参加医疗保险问题，全省居民医疗保险参保人数708.5万人，其中老年人276万人。社会救助制度进一步健全，符合低保条件的老年人实现“应保尽保”，城镇“三无”老人和农村“五保”老人供养标准逐年提高。农村困难家庭常年病人托管工程已成为解决农村困难家庭失能、半失能老人脱贫养老问题的重要途径。农村部分计生家庭奖励扶助制度全面落实。

三、养老服务体系建设进程加快

以居家为基础、社区为依托、机构为支撑的养老服务体系建设有了较快发展。目前，全省城乡各类性质的养老机构共有1 612个、床位总数达18.1万张，老年人床位占有率达26‰。常年病人托管中心61个。城乡社区养老服务设施不断完善。共建成城市社区养老服务设施5 190个，农村互助幸福院1 106个；建成带有为老服务功能的农村社区服务中心3 918个。城乡日间照料床位1.2万张。居家养老服务内容不断创新，现已从最初解决居家老年人最迫切的生活照料逐步延伸到医疗康复、精神慰藉、法律援助和紧急救援等服务。社区养老服务网络建设不断加快，全省各地在养老服务体系建设创新出许多新模式，出台了很多新政策。沈阳市铁西区、鞍山市铁东区等多个县区建立了社区养老服务、生活服务、医疗服务、文体服务、维权服务等居家养老服务信息平台，为辖区老年人居家和社区养老提供方便、优质、高效的智能化服务。全省有13.3万老年人享受政府提供的居家服务。

四、《老龄事业发展“十二五”规划》得到有效落实

省老龄办加大协调力度，推进了“十二五”规划的顺利实施，在老年优待政策落实上取得较大突破。在省政府领导的高度重视下，省老龄办会同省民政厅、省财政厅联合下发了《辽宁省关于对80至89周岁低收入老年人发放高龄津贴的通知》，文件规定我省80至89周岁的城乡低收入老年人，每人每月可领取不少于50元的高龄津贴。并鼓励有条件的地区在此基础上适当扩大发放范围，提高津贴标准。此政策自2013年1月1日起施行。朝阳市在全省率先实行了对所有80～89周岁老年人发放高龄补贴的普惠制度。省老龄办以绩效考核为抓手，跟踪督查没有落实老年人乘车优惠政策的市，办领导向相关市发出了致市政府领导一封信，并与部分市市委书记、市长交流面谈，使14个市全部落实了60～69周岁老年人半价乘车优惠政策。完善了老年活动场所建设。全省14个市、100个县（市、区）新建、改扩建了老年人活动中心，为老年人开展活动创造了便利条件。加强了基层老年协会建设。全省基层老年协会城镇社区覆盖率已达到90%，农村已达到85%，在组织老年人开展互助服务、参与社区建设、维护合法权益、丰富文化生活等方面发挥了重要作用。

五、老年人权益保障法宣传贯彻工作得到扎实推进

为进一步宣传普及老年法，推进老年法的贯彻实施，省老龄办下发了《关于学习宣传贯彻〈中华人民共和国老年人权益保障法〉的通知》。在辽宁广播电台、《辽宁老年报》设立了《老年法》解答专栏；举办了“六市一县”沿海法治行活动和普法宣传文艺晚会；邀请全国老龄办参与新法修订的专家和领导，对全省160名基层老龄工作者进行了系统培训，取得了良好效果。各市老龄办分别采取办培训班、举办知识竞赛、开展宣传周、印发单行本等活动，对老年法进行全方位宣传，使老年法家喻户晓，深入人心。为更好地维护老年人权益，各市加大了老年维权网络建设的力度，市、县（市、区）两级建立了老年人法律援助中心，乡镇（街道）成立了老年人维权工作站，公开了老年人维权投诉电话，覆盖全省的老年维权工作网络已基本建成。

六、全社会敬老爱老助老氛围进一步浓厚

省老龄办在全社会唱响“家家有老人，人人都会老”“关爱身边的老人，就是尊重明天的自己”口号。同时，与中央、省及地方新闻媒体加强合作，加大舆论宣传力度。充分利用各种宣传载体、场所，采取多种形式，宣传党和政府对老龄工作的重大决策及老龄事业的发展成就，及时解答社会各界及老年人关心的焦点和热点问题，增强全民的老龄意识。在国家级、省级主流媒体发布新闻通讯百余篇，在全国“十大老龄新闻”“老龄新闻宣传好作品”评选活动中连续获奖。2013 年，省老龄办以老龄品牌工程建设作为工作突破的切入点，创新思路、精心谋划，打造了“敬老月”、“敬老文明号”创建活动、“银龄行动”等老龄品牌工程，营造了浓厚的敬老氛围。联合各成员单位在全省广泛开展了以“关爱老人、共建和谐”“贯彻老年法、造福老年人”等为主题的群众活动。近万家涉老部门、为老服务组织、公共服务窗口行业踊跃参加。全省涌现出一大批敬老助老的先进集体和孝亲敬老的先进个人。2013 年，全省有 55 家单位被国家授予“敬老文明号”先进集体，有 166 家“敬老文明号”先进单位受到省里的表彰。有 37 家单位、102 名个人获得全省敬老模范单位和孝亲敬老楷模荣誉称号。“银龄行动”工作取得新成效。搭建了辽宁省老年人才数据库的框架，建立了专家组，确定了示范引导项目。并指导各市依托当地老科协等老年组织，从农业、医学、文化等方面开展“银龄行动”。全省共组织开展“银龄行动”180 余次，受益群众近万人。

重要会议和活动

【全省维权工作和“银龄”行动工作会议】2 月，召开全省维权工作和“银龄”行动工作会议。会议总结了 2012 年全省维权和“银龄”行动工作，就 2013 年工作向各市征求了意见并进行了部署。同时，对 2013 年“银龄行动”援助地点、项目等进行了初步确定。12 月，再次召开全省老年人权益保障工作会议。会议听取了各市围绕老年人权益保障及“银龄行动”等工作开展情况的汇报及建议，部署了 2014 年全省老年人权益保障及“银龄行动”等工作。省、市老龄办有关领导等 17 人参加了会议。

【全省老龄工作会议】3 月，召开了 2013 年全省老龄工作会议。会议总结了 2012 年全省老龄工作，部署了 2013 年工作任务，沈阳、大连、鞍山、铁岭等 4 个市作典型发言。省老龄办全体、各市及所辖县（市、区）的老龄办主任，辽宁老年报社、省老龄产业协会负责同志参加会议。马艳竞主任作题为《求真务实奋发有为 推动全省老龄事业再上新台阶》的工作报告。8 月，召开了全省老龄办主任年中分析会议。会议总结了 2013 年上半年全省老龄工作，部署了下半年工作，各市进行了交流讨论。省老龄办主任马艳竞作重要讲话。

【省老龄委顾问考察】4 月，省老龄委顾问、省人大原副主任陈素芝同志为团长，省老龄委顾问、省政协原副主席李国忠、吕炳华、郭燕杰、姜笑琴等老领导组成的老龄委顾问考察团赴山东省考察老龄工作。省老龄办主任马艳竞参加。考察团听取了山东省及部分市老龄工作情况介绍，就两省共同关心的老龄问题进行了交流，并形成了《省老龄委顾问考察团赴山东省考察老龄工作的报告》上报省政府领导。5 月 22 日，省政府副省长刘强在报告上作了重要批示：“请老龄办调查我省既有政策的落实情况，同时对照兄弟省的先进经验修改完善我省的有关政策，让我省的老人享受到改革发展的成果。”9 月，省老龄委顾问、省人大原副主任王向民，省老龄委顾问、省政协原副主席李国忠、吕炳华、郭燕杰、姜笑琴到朝阳市调研考察。省老龄办主任马艳竞，朝阳市委书记王明玉、市长于言良、省老龄办综合处处长李雅珍参加调研。考察团走访慰问了朝阳县老年人，听取了朝阳市老龄工作情况介绍，并分别与市委、市人大、市政府、政协领导进行了座谈。最终形成了《赴朝阳市调研考察报告》上报省委省政府领导。

【关爱老年人眼健康行动】5 月，省老龄办与沈阳何氏眼科医院合作，共同启动了辽宁省“关爱老年人眼健康”项目。由省老龄办、各市、县（市、区）老龄办，沈阳何氏眼科医院及各分院共同合作，拟在 3 年项目期内组织多种形式的眼保健公共教育讲座及筛查诊断活动，实现“人人享有看得见权利”的目标。2013 年，在试点的 10 个县（市、区）开展了多次以眼部筛查、培训和知识讲座为主要内容的活动。筛查出眼病患者 180 余人，实施手术 120 多例，并为部分患者提供了免除手术中国产人工晶体的费用；同时培训 400 多人，为 2014 年“关爱老年人眼健康”活动在全省铺开提供了良好的开端，奠定了坚实的基础。

【老年法宣传培训】6 月，与省司法厅、依法治省办、省妇联联合开展“六市一县”法制宣传、法律服务沿海行活动，积极推动老年法的贯彻实施。在葫芦岛市举行了“沿海行”系列活动总结仪式和普法宣传文艺晚会。省老龄办主任马艳竞出席活动。8 月份，省老龄办邀请全国老龄办副主任朱勇和政策研究部主任吕晓莉对全省市、县（市、区）共 200 多名老龄工作干部进行了培训。各市也普遍开展了老年法培训活动，邀请法律方面学者、人大法制委领导及律师等各方面专家为基层干部和老龄委成员单位联络员进行培训授课。使全省各级老龄工作干部和涉老部门的工作人员深刻认识理解了老年法的重要意义和深刻内涵，强化了法制观念，提高了依法行政的意识和水平，为全面贯彻落实《老年法》，做好老年维权工作夯实了基础。

【“长寿之星”评比表彰工作】8月，开展了第二届辽宁省“百名长寿之星”评选工作。下发文件进行表彰，并在《辽宁老年报》上广为宣传。同时，省老龄办认真组织上报，参加“第六届中国十大寿星暨第四届中国十大百岁夫妻排行榜”评选活动。我省鞍山市一对百岁夫妻首次上榜，位列中国十大百岁夫妻排行榜的第五位，成为东北三省首次上榜的百岁夫妻。另外，还有5名百岁老人获积极参与奖。

【“敬老月”活动启动仪式】9月，在沈阳隆重举行了辽宁省2013年“敬老月”活动启动仪式暨尊老敬老先进集体和先进个人表彰大会。省政府副秘书长上官炜星出席并致辞，7位省老龄委顾问和27个成员单位的主要领导出席了本次大会，会议由省老龄办主任马艳竞主持。会上表彰了166家省级“敬老文明号”先进集体、37家辽宁省敬老模范单位和102名辽宁省孝亲敬老楷模；同时举办了辽宁省老年人“庆国庆 迎重阳”文艺演出，省领导致辞并向全省老年人送上了节日的祝福。

【省老龄产业协会会议】9月，召开了省老龄产业协会第二届会员代表大会。会议听取了第一届常务理事会的工作报告，宣读了省老龄产业协会管理制度，选举产生了常务理事和理事共150余名。省老龄办主任马艳竞当选为第二届省老龄产业协会会长。会议确定了以“夯实发展基础、培育产业项目、加强协会建设”为主线的工作方针，部署了近期重点工作。11月，省老龄产业协会召开了2013年常务理事会。全省14个市的常务理事、理事及5个涉老服务项目企业的代表共50人参加了会议。会议听取了各常务理事单位工作进展情况汇报和下步工作计划及省市联动发展老龄产业的建议，推介了省老龄产业协会老龄产业项目。省老龄办主任、省老龄产业协会会长马艳竞出席会议并作重要讲话。

【走访慰问活动】重阳节前，省委副书记许卫国到沈阳市走访慰问百岁老人、贫困老人，参观视察沈阳市养老服务中心和光荣院。省政府副省长刘强到鞍山市走访慰问百岁老人、老有所为典型，参观视察社区为老服务平台。省政府副秘书长上官炜星，省民政厅厅长冯韧、省老龄办主任马艳竞陪同走访。

【全省宣传统计工作会议】12月，召开了全省宣传统计工作会议。会议总结了全省宣传统计工作，部署了下一步工作任务，交流了各地工作经验和做法。全省14市老龄办分管主任、100个县（市、区）老龄办主任参加。省老龄办副主任曾凡彪出席会议并讲话。

各项业务进展

【老龄工作纳入绩效考核】2013年，老龄工作首次纳入省政府对各市政府绩效考核。4月，省绩效办下发《关于2013年度省政府对各市政府绩效考评细则》（辽政绩效〔2013〕2号），其中包含老龄工作5大项18小项；千分制占5分。年内，按照《细则》要求，省老龄办对各市老龄工作进行了3次督促检查，有效地促进了各项老龄工作任务的顺利完成。

【老年维权工作】全省上下认真落实各项老年人优惠优待政策，公立医疗机构免收普通门诊挂号费、60～69周岁老年人半价乘车、70周岁以上的老年人免费乘车、各类公共场所为老年人免费或优惠开放、90周岁以上老年人定期给予生活补贴等政策都得到了有效的落实。9月，经省政府常务副省长周忠轩、副省长刘强同意，省老龄办会同省民政厅、省财政厅下发了《关于对80至89周岁低收入老年人发放高龄津贴的通知》，自2013年1月1日起，全省80至89周岁低收入老年人每人每月可领取不少于50元的高龄津贴。《通知》还鼓励有条件的地区在此基础上适当扩大发放范围，提高津贴标准。省财政厅出资80余万元，为全省老年人统一印制并免费发放老年证和优待证100万本。全省大部分市的老年维权网络已基本建成。市、县（市、区）两级普遍建立了老年人法律援助中心，乡镇（街道）挂牌成立了老年人维权工作站，设立了专人和电话，服务对象侧重贫困、高龄、失能和半失能、空巢和失独老年人群体，工作内容重点关注赡养、医疗、住房、救助等方面，切实维护老年人的合法权益。

【“敬老文明号”创建】我省“敬老文明号”创建活动得到了各级党委和政府的大力支持。全省14个市的涉老部门、为老服务组织、公共服务窗口行业等近万家单位踊跃参加创建，提升了全省为老服务水平，涌现出了一大批尊老助老先进典型。2013年，全省有55家单位被国家授予“敬老文明号”先进集体，有166家“敬老文明号”先进单位受到省里的表彰。7月，全国老龄办督查组来辽宁考察，对我省创建活动给予高度评价。

【老龄调研】4月至5月，省老龄办分成3个调研组对省内各市及部分县（区），围绕老龄工作进展情况，老年人维权网络、基层协会建设情况，为老服务工作情况等7个方面进行深入调研。并于5月初召开调研情况汇报会，有针对性地研究下步老龄工作。5月，省老龄办会同省统计局在全省范围内开展了“2013年辽宁老年人口生活状况和养老意愿”抽样调查工作。此次调查覆盖范围较广、针对性强，是我省大规模、多角度老年人口调查工作历史上的第一次。调查结果客观、公正、全面地反映了我省老年人口的生活状况与养老意愿。同时，经过大量数据归纳、整理、计算、分析，针对老龄工作优势及存在的问题提出了相应的对策和建议。此次调研评估报告，获得了全国老龄政策调研优秀成果一等奖。

【老龄统计】2013年初，召开会议部署老龄统计工作，下发文件及填表说明，同时对老龄统计工作人员进行培训。8月，省老龄办发布《2012年辽宁省老年人口信息和老龄事业发展状况报告》。公布了我省老年人口信息、养老保障、养老服务及社区养老等方面的情况，为积极应对人口老龄化提供了科学、详实的数据。

【老龄宣传】与中央、省及地方新闻媒体加强合作。充分利用各种宣传载体、场所，采取多种形式，宣传党和政府对老龄工作的重大决策及老龄事业的发展成就，及时解答社会各界及老年人关心的焦点和热点问题。2013年，在国家级、省级主流媒体发布新闻通讯百余篇，在全国“十大老龄新闻”“老龄新闻宣传好作品”评选活动中连续获奖。在老年法宣传贯彻方面，全省各级老龄工作部门广泛开展了新法解读和培训工作。14个市结合实际，利用多种媒体、以多种形式全方位宣传贯彻老年法，使老年法在我省家喻户晓，深入人心。

【老龄信息化建设】省老龄办经过协调沟通，得到了省财政厅、省经信委的大力支持，争取到60万元经费，用于建设我省老龄工作门户网站和老年人口信息系统。到2013年底，我省老龄工作信息化建设已基本完成，网站和老年人口信息系统已进入试运行阶段。

【银龄行动】2013年，省及各市积极与各级老科协、老年组织等部门合作，在全省广泛开展了“银龄行动”。省老龄办与省老科协联合构建辽宁省老年人才数据库，建立了若干专家组；部分市也建立了老年人才数据库，与老科协等相关部门建立了联席会议制度，确定了示范引导项目，从农业、医学、文化等多方面开展了内容丰富、形式多样的智力援助活动，为老年人发挥余热提供了平台。2013年，全省共组织老专家百余人，开展活动180余次，受益群众近万人。

【“敬老月”活动】我省已经连续4年，在全省上下开展以“关爱老人 构建和谐”为宗旨，以走访慰问、维权优待、志愿服务、文化体育、老龄宣传为主要内容的“敬老月”活动。2013年我省“敬老月”活动主题为“贯彻老年法 造福老年人”。省老龄委下发文件全面部署“敬老月”活动。9月，举行了辽宁省2013年“敬老月”活动启动仪式暨尊老敬老先进集体和先进个人表彰大会，同时举办了辽宁省老年人“庆国庆 迎重阳”文艺演出，拉开了“敬老月”活动的帷幕。在“敬老月”期间，省委副书记许卫国、副省长刘强，省老龄办领导走访慰问了百岁老人、特困老人，老有所为典型和养老机构。省内大多数市的4大班子领导参加老年活动，部分市党政主要领导在当地报纸、电视、电台等媒体上发表重阳节贺词，为老年人送上节日的祝福和问候，体现了对老龄工作的支持和重视，对老年群体的尊重和关爱。各地普遍开展了走访慰问老年人、老年文体活动、敬老先进典型表彰、涉老政策宣传等形式多样的敬老系列活动，丰富了老年人的精神文化生活，增强了全社会的敬老意识。

【为老服务】我省的沈阳市铁西区和鞍山市铁东区是全国为老服务信息平台建设试点单位。通过成立区、街、社区、社会组织四级组织机构，建立为老服务工作系统、服务平台和工作制度等措施，构建了全方位为老服务体系，通过信息化手段基本实现了“五个老有”，让辖区内广大老年人共享改革发展成果，走出了一条符合我省特色的为老服务新路。鞍山市铁东区在全国为老服务信息平台试点项目工作会议上介绍了经验。

山东省

2013 年 7 月 5 日，第五届中国（山东）老龄产业博览会开幕式隆重举行。

2013 年 10 月 12 日，山东省召开庆祝老年节大会。

综　述

截至 2013 年底，山东省 60 岁以上老年人口达 1 650万，占全省总人口的 17.0%；65 岁以上老年人 1 065万，占总人口的 10.9%；80 岁以上老年人 205 万人，占老年人口总数的 12.4%。面对日益严重的人口老龄化形势，2013 年，全省老龄工作紧紧围绕经济社会发展大局和广大老年人物质文化需求，以保障和改善老年民生为主线，以推进老龄政策落实、推动养老服务业发展、深化老龄政策调研、加强老龄宣传工作、保障老年人合法权益为重点，明确思路，开拓创新，积极推动，狠抓落实，全省老龄事业和老龄工作取得了新发展。

一、健全养老保障体系，夯实老年人基础

新型农村养老保险和城镇居民养老保险两项制度，全面建立一体化的城乡居民社会养老保险制度，进一步提高基础养老金待遇水平。截至 2013 年底，全省参加城镇职工基本养老保险的人数为 2 259.6 万人，居民养老保险参保人数达到 4 512.8 万人，在基础养老金标准调至每人每月 65 元的基础上，有 7 个市基础养老金水平达到 70～120 元。2013 年，全省参加城镇职工基本医疗保险和城镇居民医疗保险人数为 1 809.7 万人和 1 838.2 万人，新型农村合作医疗人数达到 6 381.4 万人。提高社会救助标准和水平。全省农村低保平均标准达到每人每年 2 510 元，城市低保平均标准达到每人每月 421 元；全省农村“五保”集中供养和分散供养平均标准分别达到 4 900 元和 3 306 元。省级安排 2.23 亿元用于 462 处乡镇敬老院维修改造和补助全省 22.6 万名农村“五保”供养对象。特殊困难老年群体的保障力度持续加大。继续推进实施银龄安康工程，2013 年，省级投入资金 200 万元，为 20 万 70 岁以上困难老年人购买意外伤害保险，市及以下财政出资 1 278 万元为老年人购买意外伤害保险，目前，全省该项参保人员达 515.35 万人，承保金额 550 亿元，赔付 32 908 人次，赔付金额 6 758 万元。加大对农村贫困老年人的住房改造支持力度，将符合条件的城镇低收入和住房困难的纯老年人家庭优先纳入廉租住房保障范围，优先安排配租廉租。老年慈善公益事业得到大力发展。先后实施了“关爱失能老人共享生命尊严”老年希望工程和“沂蒙老功臣爱心护理工程”等公益项目。省老龄事业发展基金会募集资金 190 万元，向 10 000 名沂蒙老功臣赠送医疗保健器械，山东慈善总会拨付资金 30 万元用于帮助困难老功臣修缮房屋等项目。老年优待工作不断深化。进一步扩大项目内容和覆盖人群，加大对 65 岁以上老年人免费体检的经费投入，2013 年，全省城乡 65 岁及以上老年人实现健康管理的达到 834.5 万人。认真执行《无障碍环境建设条例》，目前全省城市无障碍设施建设的覆盖面达 75%以上，新建工程的建设率达 95%以上。

二、加大政策落实力度，保障和促进老龄事业发展

高龄津贴制度逐步建立。省级层面，建立了百岁以上普惠制、80岁及以上低保老年人高龄津贴制度，对全省80～89周岁、90～99周岁的低保老年人和百岁以上老年人，分别按照每人每月100元、200元、300元的标准发放高龄补贴；全省15个市建立了90岁以上老年人高龄津贴制度，其中，枣庄、滨州市对80岁以上，东营市对70岁以上老年人发放高龄津贴。县一级发放普惠制高龄津贴的比例达到了91.4%。将老龄工作纳入党政综合考核体系。枣庄、泰安、莱芜、德州、聊城5个市将老龄工作纳入了市委、市政府综合考核体系。济南、淄博、枣庄、东营、滨州5个市按老年人数设立了预算老龄事业发展专项资金。社会养老服务体系建设体系建设持续推进。省民政厅、省国土厅印发了《山东省养老服务项目建设用地管理办法》，省民政厅、省财政厅印发了《关于加强农村幸福院建设的实施意见》，11个市以市政府名义出台了加快社会化养老服务体系建设的意见或实施意见。老年文化建设取得新突破。在全省积极贯彻落实中组部等16部委《关于进一步加强老年文化建设的意见》，2013年3月，省17部门出台了《关于进一步加强老年文化建设的实施意见》，各市都相应出台了加强老年文化建设的意见和办法。老年维权政策体系建设力度加大。启动了《山东省老年人权益保障条例》修订工作，省人大常委会已将其列入2014年一类立法计划。

三、老年维权工作

集中开展形式多样的《中华人民共和国老年人权益保障法》宣传活动，据统计，全省共印发宣传资料100多万份，开展普法宣传活动近万次。相关部门在全省范围内联合开展了老年维权集中行动，各级普遍加强了老年维权机制建设，开辟了老年人法律援助“绿色通道”，对60岁以上、65岁以上、80岁以上三个年龄段的老人逐级降低了援助门槛，积极拓展老年法律援助事项范围，方便了特殊老年群众进行法律援助，有效地维护了老年人的合法权益。

四、养老服务业

我省先后出台了《山东省养老机构设立许可办法》《养老机构基本规范》《社区居家养老服务标准体系地方标准》等，从政策上保障养老服务业的发展。加大了重点项目扶持力度，连续两年将养老服务业纳入省级服务业发展引导资金的重点扶持领域，共安排养老服务项目14个，项目总投资6亿元，安排资金近2 000万元，对社会化的老年保健、娱乐、养老等服务业项目给予资金支持。大力推动社会养老服务体系建设，对全省城乡养老服务机构进行了实名统计。省安排1 000万元资金对50个优秀城镇养老机构给予奖励扶持，对相关养老机构管理人员进行了专业培训。截至2013年底，全省新建城乡社区老年人日间照料中心、农村养老互助幸福院3 973处，新增养老床位达8.9万张，各类养老床位总量已达44万张，千名老年人拥有养老床位达到27张，县级养老服务信息平台34个，全省养老机构从业人员总量达3.3万人。筹集资金为民营老年公寓赠送了智能老年护理床，推动实施智能化养老工程。成功举办了第五届中国（山东）国际老龄产业博览会。

五、老龄宣传工作

集中开展了“敬老月”活动，在我国第一个法定老年节召开了全省庆祝“老年节”大会，姜异康书记、郭树清省长向全省老年人和老龄工作者致慰问信，省四大班子领导出席会议并为敬老先进模范颁奖。开展了全国和山东省“敬老文明号”创建活动，共评出全国“敬老文明号”78个，省“敬老文明号”306个。开展山东省“十大孝星”、“十佳敬老企业”评选表彰等活动，组织了老龄产业、老年文化等专题调研和老年长寿健康研究。据不完全统计，截至2013年年底，全省在市级以上媒体共开辟老龄专栏、专版、专题630多个，发表各类宣传报道稿件1.2万多篇次。

六、老年文化建设

坚持为老年朋友提供书报阅读、团队活动、教育培训、健身锻炼、休闲娱乐、影视放映、展示展览、网络信息等公益文化服务，基本形成了覆盖城乡、资源共享的省、市、县、乡、村五级老年人公共文化服务设施网络结构。开展了全省老年文化建设调研，举办了“第二届全省银龄风采艺术节”“第一届山东省老龄主题摄影大赛”和“第二届山东省老年书法美术大赛”。充分发挥老年文艺团体作用，加强指导和培训，提升老年文艺团队的艺术水平和质量。据统计，全省共有各类老年大学、老年学校6 988所，在校学员55.42万人。全省已建有老年文体团队1.58万多个，全省市级、县级、乡镇（街道）、社区、村老年文体活动场所数分别为199个、1 874个、1 772个、4 038个、5万个；全省各县（市、区）、街道（乡、镇）普遍建立了老年体育协会，80%以上的社区（村居）建立老年体协组织。

重要会议和活动

【召开全省老龄办主任会议】1月16日至17日，全省老龄办主任会议在济南召开。会议总结了2012年全省老龄工作，安排部署了2013年工作任务，表彰了2012年度银龄安康工程先进单位和个人、2012年度全省老龄宣传报道和信息工作先进单位，并为山东省十佳敬老企业和十佳敬老企业家、山东省老年书画摄影大赛组织奖获奖者颁奖。会上，17 市汇报了 2012 年工作情况和 2013 年工作打算。省老龄办主任丁希滨出席会议并讲话，省老龄办副主任钟永诚、肖培树、于振业，纪检组长徐洪华，副巡视员王照奎，机关各处室主要负责人，各市老龄办主任，新闻媒体记者等约 40 人参加会议。

【举办全国老龄系统老年法学习研讨班】4 月 25 日、26 日，全国老龄办在济南珍珠泉宾馆举办全国老龄系统《中华人民共和国老年人权益保障法》学习研讨班，全国老龄办副主任朱勇在开班式上讲话，省老龄委副主任、省老龄办主任丁希滨致欢迎辞。学习研讨班邀请老年人权益保障法起草小组成员、知名法学专家，就老年人权益保障法有关修订背景和过程、重要条文解读、热点难点问题等做了辅导报告。学习研讨期间，围绕进一步加强老年人优待工作进行了交流座谈。全国各省、自治区、直辖市，新疆生产建设兵团，计划单列市，全省 17 市老龄办负责人及维权部门工作人员，省老龄办全体人员和新闻媒体记者等约 150 多人参加学习研讨班。

【开展老年法有奖知识竞赛活动】5 月 29 日，在大众日报、省老龄办网站刊登山东省“银龄安康”杯《中华人民共和国老年人权益保障法》有奖知识竞赛试题及答题卡，全省老年法有奖知识竞赛活动正式展开。

【开展老年维权集中行动】6 月 25 日，省老龄办、省司法厅、济南市老龄办、济南市司法局在济南英雄山赤霞广场举行山东省暨济南市庆祝新修订老年法正式施行、老年维权集中行动启动仪式。省、市、区老龄、司法部门，济南市内五区法院，济南市 148 协调指挥中心、律师事务所、老年公寓、医院等近 50 个部门和单位参加活动。现场发放老年法读本 5 000 册，来自济南市五个区的 1 000 多名老年人代表参加活动。

【开展老龄事业考察调研】6 月 18 日至 26 日，丁希滨主任、肖培树副主任、王照奎副巡视员分别带队赴黑龙江、辽宁、吉林、广西、云南、陕西、甘肃等省调研考察老龄工作。

【举办第五届中国（山东）国际老龄产业博览会】7 月 5 日至 7 日，省老龄办在济南舜耕国际会展中心举办第五届中国（山东）国际老龄产业博览会和“人人都会老——山东省第一届老龄主题摄影展”。省老领导曹学成，省老龄办丁希滨主任，副主任钟永诚、肖培树、于振业，纪检组长徐洪华，副巡视员王照奎，省贸促会副会长林源出席开幕式并观展。本届老博会共设展位近 200 个，100 余家企业参展，合同和协议成交额 1 200 多万元。

【召开全省老龄工作会议】7 月 23 日至 25 日，省老龄办党组理论学习中心组集中学习暨全省老龄工作会议在济南召开。会议传达了 2013 年全国老龄工作会议精神，交流了 17 市上半年工作情况和省老龄办外出考察调研成果，总结了工作，对下半年重点任务进行了部署。省老龄办领导丁希滨、钟永诚、肖培树、于振业、王照奎和各处室负责人，17 市老龄办主任等出席会议。

【举办老年健康与长寿论坛】7 月 9 日至 10 日，山东省孝德文化·健康长寿论坛在曲阜举行，省政协原副主席李德强，省老龄办主任丁希滨，副主任肖培树，省老年学学会副会长、秘书长陈志军，济宁市副市长张继民等出席论坛开幕式。来自省内外的数十名专家学者参与了研究讨论，本次论坛形成了丰富的科研成果，评选出 72 篇优秀调研报告。

【启动沂蒙老功臣爱心护理工程】8 月 20 日，由省老龄事业发展基金会组织主办，省慈善总会支持参与的“沂蒙老功臣爱心护理工程”2013 年“送健康”活动在临沂市正式启动。省政协原副主席、省慈善总会会长、省老龄事业发展基金会顾问谢玉堂，省老龄办主任、省老龄事业发展基金会常务副理事长丁希滨等到临沂市走访慰问沂蒙老功臣，为他们送去了慰问金和慰问品。今年，该项目将向 1 000 名沂蒙老功臣赠送价值 50 万元左右的家用医疗保健器械，并筹集 30 万元善款用于帮助困难老功臣修缮房屋等。

【举办养老服务机构管理人员培训班】9 月 11 日至 13 日，省老龄办在淄博市博山区举办全省第四期养老服务机构管理人员培训班，丁希滨主任作动员讲话，肖培树副主任、王照奎副巡视员参加。

【召开庆祝法定“老年节”大会】10 月 12 日，山东省庆祝老年节大会在济南召开。会议宣读了省委书记、省人大常委会主任姜异康，省委副书记、省长郭树清致全省老年人和老龄工作者的慰问信；隆重表彰第八届“山东省十大孝星”、山东省“敬老文明号”，并为新命名的“山东省长寿之乡”蒙阴县授牌。省委常委、统战部部长颜世元出席会议并讲话，副省长孙绍骋主持会议，省人大常委会副主任于建成，省政协副主席栗甲出席，原省人大常委会副主任、省老龄事业发展基金会理事长陈延明，原省人大常委会副主任、省老年体协主席曹学成，原省政协副主席、省慈善总会会长谢玉堂出席会议。

【开展“敬老月”系列活动】10 月 12 日，副省长孙绍骋到济南市市中区乐龄万家社会工作服务中心走访慰问老年人，代表省委、省政府向老年人祝贺节日，并为山东省“敬老文明号”揭牌。10月12日，在济南市颐心苑举办第二届全省老年书法美术大赛获奖作品展，省人大常委会副主任于建成，副省长孙绍骋，省政协副主席栗甲等参观展览。同日，重阳欢歌——第二届全省银龄风采艺术节汇报演出在颐心苑举行，来自省直和济南、青岛、烟台、枣庄四市、胜利油田等单位的12个节目参加了演出。10月13日，丁希滨主任参加“中信杯”中老年太极拳大赛开幕式，并为获得山东省“敬老文明号”的中信银行济南、淄博、东营、济宁分行授牌。

【召开社会养老服务体系建设工作座谈会】10月12日，副省长孙绍骋在济南市市中区主持召开社会养老服务体系建设工作座谈会。省政府副秘书长张斌，省民政厅厅长孙建功，省老龄办主任丁希滨，济南市副市长齐建中等参加有关活动。

【对“十二五”规划中期执行情况进行检查评估】11月4日至15日，省老龄办联合部分成员单位和专家对东营、枣庄、烟台、莱芜、济宁、聊城6市山东省老龄事业发展“十二五”规划中期执行情况进行检查评估。

【召开全省老年文化工作现场会】12月4日，全省老年文化工作现场会在东营召开，各市老龄办负责人参加会议。丁希滨主任出席并讲话，王照奎副巡视员出席。

【召开全省老年维权工作座谈会】12月11日，全省老年维权工作座谈会在济南召开，各市老龄办、司法局和法律援助中心负责人参加会议。丁希滨主任、肖培树副主任出席并讲话。

【召开全省老龄宣传工作会议】12月17日至18日，2013年度全省老龄宣传工作会议在济南召开，各市老龄办分管负责人和宣教科（处）长、部分省级和中央驻鲁媒体代表参加了会议。丁希滨主任、于振业副主任出席会议并讲话。

【召开民办养老服务机构负责人座谈会】12月26日，丁希滨主任主持召开全省民办养老服务机构负责人座谈会，部分市老龄办主任和民办养老服务机构负责人参加了座谈。

各项业务进展

【推动将老龄工作纳入党委政府综合考核体系】2013年，全省有枣庄、泰安、莱芜、德州、聊城5个市将老龄工作纳入了市委、市政府综合考核体系，多个市制定了老龄工作目标考核办法。

【建立健全老龄事业投入机制】积极运作省级老龄事业发展专项资金的建立，在推动济南、淄博、枣庄、东营、滨州等5个市已设立老龄事业发展专项资金的基础上，2013年，又完成了济宁市级老龄事业发展资金制度的设立工作，建立了稳定的老龄事业投入保障机制。

【开展专题调研】年初和6月份、9月份、11月份分别就养老机构设置、养老服务、老年法贯彻、基层组织工作等破题开展了专题调研，并撰写调研报告。

【老年人优待政策进一步完善】对省优待老年人规定内容的修订调整进行了充分论证，使老年人优待内容、优待标准进一步充实、提高；督促全省各级老龄工作机构，不断加大对老年人就医、乘车、旅游和高龄老人长寿补贴等各项优待规定落实的检查力度，保证老年人各项优待规定落实到位；枣庄、临沂、聊城、滨州4市后，2013年又有东营、烟台、威海3市出台了新版优待规定，济南、潍坊、莱芜市也即将出台，德州市还以市政府办公室名义下发《贯彻落实〈山东省优待老年人规定〉的意见》；很多市出台的优待政策含金量高，力度都很大。

【加快建设社会养老服务体系】省老龄办就加快社会养老服务体系建设开展了专项调研和检查，推动淄博、枣庄、东营、济宁、泰安、威海、莱芜、临沂、聊城、滨州、菏泽等11市以市政府名义出台了加快社会化养老服务体系建设的意见或实施意见；其中，济宁、滨州就此专题召开会议，烟台、日照进行了集中调研。二是加强养老服务设施建设。截至2013年3月，全省共有城乡各类养老床位35.3万多张，每千名老人拥有养老床位23.3张。

【加强养老服务信息平台建设】加快推进省养老服务信息平台建设，目前，系统开发已基本完成，下步将进入系统部署、信息采集和试运行阶段。青岛、淄博、潍坊、济宁、东营、威海、滨州等市都积极探索建立养老服务信息平台，现均已进入筹备实施阶段。

【推动老年文化发展繁荣】3月，省委组织部、省老龄办等17部门出台了《关于进一步加强老年文化建设的实施意见》，年中，结合专题老年活动，在全省开展了老年文化建设调研，摸清了全省老年文化工作现状；12月份，在东营召开了全省老年文化工作座谈会，总结老年文化工作经验做法，部署下一步任务。

安徽省

综　述

2013年是“十二五”规划承上启下之年，是新修订的老年法实施之年，安徽省各级老龄部门认真履行职责，按照年初制定的工作任务，以邓小平理论、“三个代表”重要思想、科学发展观和习近平总书记系列讲话精神为指导，坚持“以人为本、服务老龄”的工作理念、“党政主导、社会参与、全民关怀”的工作方针和“五个老有”的工作目标，围绕老龄事业发展“十二五”规划中期评估、“敬老文明号”表彰授牌、老年法实施办法修改和全省第三届老年人书画艺术展等重点工作，着力解决涉及广大老年群众利益的热点难点问题，抓住机遇，创新工作思路，扎实做好各项工作，推动全省老龄事业和老龄工作再上新台阶。

一、进行安徽省老龄事业发展“十二五”规划中期检查评估

根据全国老龄办的部署，省老龄办于7月至10月对省人民政府颁布的《安徽省老龄事业发展“十二五”规划》执行情况进行中期评估。7月，省老龄委下发“十二五”规划评估指标，同时就评估工作召开各市老龄办主任专题布置会。9月底前，各市和成员单位上报规划指标完成进度表和评估报告。10月，省发展改革委、省民政厅、省财政厅、省卫生厅、省体育局、省老龄办等6个单位的相关负责同志分别带队赴全省16个地市开展中期评估。检查的重点是“十二五”规划各项任务目标的完成情况、主要经验和存在的问题，并提出建议。随后，省老龄办召开省老龄事业发展“十二五”规划执行情况中期评估联络员会议，汇总各检查组工作情况。经过各市和相关部门的努力和配合，省老龄办于11月将中期评估的各项数据收集整理完毕，并形成中期评估报告上报省人民政府和全国老龄办。截至2014年6月底，安徽省在中期评估的6项一级指标所涵盖的23项二级指标中，已达到和超过“十二五”规划目标值的有9项；目标实现度超过50%（包括接近完成规划任务）的有11项；任务完成没有过半的有3项，分别是县级以上城市老年养护设施覆盖率、基本养老服务补贴覆盖率和老年教育参与率。

二、配合做好《安徽省实施〈中华人民共和国老年人权益保障法〉办法》的修订工作

2013年7月1日，新修订老年法正式实施。省人大内司委、省政府法制办将省老年法实施办法的修改列为2013年调研类项目。为确保修订工作的科学性、合法性和可操作性，省老龄办广泛征求意见建议、反复研究修改。9月，省老龄办举行新老年法培训会议。9月3日、12月6日，省老龄办连续两次召开会议重点征求各市老龄办的修改意见。10月，陪同省人大内司工委张荣国副主任专程赴马鞍山、宣城听取社会各界、老年人代表的修改意见。2013年底，省老年法实施办法修改讨论稿报省政府法制办。

三、举办安徽省第三届老年人书画艺术展

全省第三届老年人书画艺术展由省老龄办、省民政厅联合举办。在全省各级老龄办、民政局和省直有关部门共同努力下，在省书法家协会、美术家协会协助和指导下，全省老年人积极参与，非常踊跃，共送展作品942幅，其中书法作品520幅，美术作品422幅。作品内容广泛，形式多样，品位高雅，其中不乏艺术精品。为保证评审工作的学术性和公正性，书画展专门成立评审委员会。9月，省书协、省美协分别抽调人员组成专家组对送展作品逐幅反复的鉴别、对比、评价，共评出书法作品金奖5幅，银奖10幅，铜奖16幅；美术作品金奖4幅，银奖8幅，铜奖12幅。

11月24—25日，安徽省第三届老年人书画艺术展在合肥中国徽文化艺术馆举行，展出作品近400幅。集中表现老年人内心世界的平和高尚，晚年生活的丰富多彩，以及热爱生活、充满活力、积极向上的精神风貌。同时，省老龄办还将送展的900多幅书画作品编印成册并免费赠送给所有参展及观展老人，深受老年朋友的欢迎。

四、扎实推进基层基础工作

全省各地以《关于加强基层老龄工作的实施意见》为指导，着眼于老年群体根本利益，不断满足老年人日益丰富的物质文化需求，全面提升他们的生活水平和生命质量，为打造三个强省和建设美好安徽做出新的贡献。

一是加强基层老年协会建设。3月，省老龄办与省民政厅联合下发《关于加强基层老年协会建设的意见》，对基层老年协会实施分类规范管理。6月5日，省老龄办在淮北市召开全省基层老年协会建设推进会。会议贯彻落实《安徽省老龄事业发展“十二五”规划》关于基层老年协会建设的各项具体目标任务，学习推广淮北市将基层老年协会融入新农村建设的先进经验和先进做法，进一步推动全省基层老年协会建设工作。会议强调，各地要明确老年协会建设的指导思想，着力推动基层老年协会广覆盖，积极开展适合老年特色助老活动，加强基层老年群众组织分类指导，着重加强基层老年协会规范化建设。

二是推进老龄信息系统建设。经省政府批准，省老龄信息管理系统于2011年10月开始筹建，经过调研、设计、研发、测试、试运行和试点，该软件系统于2013年8月26日正式上线。同时要求全省各市、县（市、区）老龄办全面实施老龄信息系统管理，明确各市老龄办负责本辖区的组织协调系统工作。截止2013年底，各市老龄信息管理系统培训已经全部结束。12月初，省直和部分市老年证的办理正式纳入该管理系统，身份证信息实现由计算机程序扫描录入。

三是出台加强老年文化建设的实施意见。省老龄办以全国加强老年文化建设的意见为指导，联合省委组织部、省委宣传部、省教育厅、省民政厅、省财政厅、省住房和城乡建设厅、省文化厅、省广播电影电视局、省新闻出版局、省体育局、省旅游局、中国人民解放军安徽省军区政治部、省总工会、中国共产主义青年团安徽省委员会、省妇女联合会等15家单位，结合本省实际，充分吸纳各单位宝贵意见，几易其稿，制定下发安徽省《关于进一步加强老年文化建设的实施意见》。该实施意见将在积极应对人口老龄化、促进老年文化新跨越新发展等方面起到有利作用。

四是提升老龄科研水平。安徽按照全国老龄办2013年政策调研的要求，组织协调全省老龄系统和相关科研院所开展调研工作，并推荐8篇调研作品参与全国论文评选。其中，省老龄办和省社会保障研究会共同完成的《安徽省社区居家养老服务对策研究》获全国政策调研成果一等奖，铜陵市老龄办和芜湖市老龄办上报的调研成果获优秀奖。

五是推动“银龄行动”开展。2013年“银龄行动”早部署、早动员，重视发挥老年社团的作用，在政策和经费上对“银龄行动”的开展给予支持。省老科协科技咨询工作委员会环境与资源科技咨询小组为世界文化遗产宏村古民居保护及旅游发展提供咨询；卫生科技咨询小组赴马鞍山、宿州、宣城、阜阳、六安、淮北、芜湖、合肥8市开展中老年人健康与保健、营养与保健咨询，共计咨询98场次，惠及9 930人次，发放宣传资料等6 895份（册）。农科分会与肥东县签订花生科技合作协议，并利用其作物所承担国家花生产业技术体系合肥试验站的技术优势，确定在合肥试验站的基础上成立花生“肥东示范区”，8月30日合蚌路肥东县花生原种场正式挂牌。

重要会议和活动

【2013年全省老龄办主任会议在合肥召开】4月2日，全省老龄办主任会议在合肥市召开。会议总结2012年全省老龄工作，研究部署2013年工作。会上合肥、淮北、蚌埠、六安、马鞍山、铜陵等六市汇报交流开展老龄专项工作经验。

会议指出，2012年全省各级老龄部门认真履行职责，围绕全省第一次老龄工作会议、老龄事业发展“十二五”规划宣传贯彻、“敬老文明号”创建、省第三届老年文艺调演、全省老龄系统先进集体和先进工作者评选等重点工作，扎实工作，锐意进取，有力推动了老龄事业的健康发展。老龄工作地位不断提高，敬老爱老老年人权益保障进一步加强，助老社会氛围日益浓厚，养老服务体系建设不断推进，老年人文化体育事业快速发展，基层基础工作亮点纷呈。但是，作为老年人口大省，安徽对老龄形势严峻性认识滞后、老龄事业发展水平滞后、老龄工作队伍建设滞后，与人民群众特别是广大老年人的期待还有不小差距。会议强调，2013年，全省老龄工作要全面贯彻党的十八大精神，围绕老龄事业发展“十二五”规划和第一次全省老龄工作会议部署，重点做好“敬老文明号”创建、省老龄事业发展“十二五”规划中期评估、全国人大老年人权益保障法新法的学习宣传贯彻、社会化养老服务体系建设、基层老年协会推进、全省第三届老年人书画艺术展等六项工作，着力解决涉及广大老年群众利益的热点难点问题。会议要求各省辖市加强对基层老龄工作的指导，全面掌握当地老龄事业发展概况，积极协调老龄委成员单位等有关部门，广泛进行社会动员，提升老龄工作的知名度、影响力，以更大的力度、更实的举措开创全省老龄事业和老龄工作的新局面。

【全省基层老年协会建设推进会在淮北市召开】6月5日，安徽省老龄办在淮北市召开全省基层老年协会建设推进会。会议贯彻落实《安徽省老龄事业发展“十二五”规划》关于基层老年协会建设的各项具体目标任务，学习推广淮北市的先进经验和先进做法，进一步推动全省基层老年协会建设工作。

会议强调，各地应根据《中华人民共和国老年人权益保障法》《安徽省实施〈中华人民共和国老年人权益保障法〉办法》和《中共中央、国务院关于加强老龄工作的决定》《安徽省委、省政府贯彻〈中共中央、国务院关于加强老龄工作的决定〉的实施意见》以及全国、省老龄委关于加强基层老龄工作的有关要求，大力推进基层老年协会规范化建设。一是明确老年协会建设的指导思想，二是着力推动基层老年协会广覆盖，三是积极开展适合老年特色助老活动，四是加强基层老年群众组织分类指导，五是加强基层老年协会规范化建设。

【全省老龄宣传工作暨老年法培训座谈会议在合肥召开】9月3日上午，安徽省老龄办在合肥市召开全省老龄宣传工作会议。会上对怀远县、巢湖市、铜陵县、凤台县、长丰县、肥西县等111个先进单位和105位先进个人予以通报表彰并颁奖；六安市、怀远县、肥西县、长丰县、巢湖市、凤台县、铜陵县等单位作了工作经验交流发言。会议布置最近一段时期宣传工作的四项重点任务。一是加强老年法的宣传，二是加强“敬老文明号”创建活动的宣传，三是加强“敬老月”活动的宣传，四是加强老年杂志的征订和宣传。

下午，省老龄办举行新老年法培训座谈会议。会议强调新老年法是推进老龄事业发展的行动纲领和指导方针，宣传贯彻老年法，是全面落实党的十八大依法治国方略的内在要求。通过新老年法的培训，全省老龄系统应当学以致用，进一步提升自身执行力、落实力，提高依法行政、依法维护老年人权益的法治精神，全面推进老龄事业和老龄工作再上新台阶。同时，会议介绍省老年法实施办法修订工作进展情况，并就修订工作同与会代表进行座谈。

【第一批安徽省“敬老文明号”单位在合肥授牌】11月20日，安徽省“敬老文明号”创建活动领导小组在合肥市滨湖惠园社居委举行第一批全省“敬老文明号”单位授牌仪式，为合肥市荣获全省“敬老文明号”的10家单位授牌。

2012年2月以来，安徽省老龄委在各涉老部门、为老服务组织和公共服务窗口单位广泛开展“敬老文明号”创建活动，共授予合肥市滨湖医院老年科等125家单位全省第一批“敬老文明号”称号。“敬老文明号”创建是一次跨领域、跨部门的大型社会动员活动，是弘扬中华民族尊老敬老传统美德的生动实践，是切实加强基层老龄工作的有效抓手。活动开展以来，各级党委、政府部门大力支持，各级文明办、工会、共青团、妇联和老龄工作机构积极组织，各创建单位以拓展服务内容、制定服务标准、完善服务制度为主要方式，充分发挥行业优势，为老年人提供更加方便、优质和温馨的服务。

会议强调，“敬老文明号”创建坚持“创”在平时，“建”在日常。在第二轮创建活动中，一是要深入宣传报道“敬老文明号”创建经验和先进典型，进一步浓厚社会氛围。二是要加大动员力度，组织和动员社会力量广泛参与。三是要将创建工作切实融入到单位日常工作中去，按照优待、优先、优惠老年人的要求，让老年人真正得到实惠、得到便利。四是要认真总结推广第一轮创建活动的经验，继续发扬成绩，发挥典型的辐射带动作用，激发全省人民参与敬老助老活动的热情。

【安徽省第三届老年人书画艺术展在合肥举行】11月24—25日，安徽省第三届老年人书画艺术展在合肥中国徽文化艺术馆举行。

全省第三届老年人书画艺术展，由省老龄工作委员会办公室、省民政厅联合举办。在全省各级老龄办、民政局和省直等有关部门共同努力下，在省书法家协会、美术家协会协助和指导下，全省老年人积极参与，非常踊跃，共送展作品942幅，其中书法作品520幅，美术作品422幅。为保证评选作品的质量和评审工作的学术性和公正性，专门成立评审委员会。9月，省书协、省美协分别抽调人员组成专家组对送展作品逐幅反复的鉴别、对比、评价，共评出书法作品金奖5幅，银奖10幅，铜奖16幅；美术作品金奖4幅，银奖8幅，铜奖12幅。

本次书画展展出作品近400幅。参展作品内容广泛，形式多样，品位高雅，其中不乏艺术精品。集中表现老年人内心世界的平和高尚，晚年生活的丰富多彩，以及“老有所学，老有所乐”，健康积极向上的精神风貌。作品饱含我省老年人心系党的十八大，心系改革开放，心系安徽发展，关心社会文明进步，继续为我省的“三个文明建设”奉献余热的真挚情怀。

【全省老龄工作分析会议在合肥召开】12月5日—6日，安徽省老龄办在合肥市召开全省老龄工作分析会议。会议总结2013年全省老龄工作，讨论2014年重点工作安排，学习《国务院关于加快发展养老服务业的若干意见》，同时就《安徽省实施〈中华人民共和国老年人权益保障法〉办法》（修订讨论稿）广泛征求意见建议。

会议指出，2013年全省老龄系统围绕老龄事业发展“十二五”规划中期评估、“敬老文明号”创建检查、安徽省第三届老年人书画艺术展等有影响力的工作，全力做好《安徽省实施〈中华人民共和国老年人权益保障法〉办法》修改、老龄信息系统建设、老年协会备案制实施、16家单位联合制发《关于进一步加强老年文化建设的实施意见》等基础性工作，有效推动了老龄事业的持续发展。2014年全省老龄工作将全面贯彻党的十八大和十八届三中全会精神，以老龄产业博览会、安徽省老年法实施办法修改实施、安徽老龄事业和老龄产业中长期发展规划制定、十大福星十大孝星评选、第二轮“敬老文明号”创建、基层老年协会建设等工作为重点，着力解决涉及广大老年群众利益的热点难点问题。会议强调，各级老龄工作部门要深刻认识当前老龄工作面临的实际困难和有利机遇，一是认真查摆老龄事业发展“十二五”规划各项目标的落实情况，扎实采取措施，确保规划任务顺利完成。二是配合做好2014年老龄产业博览会的各项工作。三是总结第一轮“敬老文明号”经验，树立先进典范，切实加强指导，做好第二轮创建工作，努力打造我省老年品牌。四是加强老龄工作机构建设，夯实基层基础力量。五是积极谋划措施，加快落实《国务院关于加快发展养老服务业的若干意见》。

各项业务进展

【“敬老文明号”创建活动】 2013年初，安徽省老龄委下发《关于做好省“敬老文明号”申报工作的通知》，明确省“敬老文明号”申报条件、名额、程序、考核办法和工作要求。经各市和各相关单位上报、省“敬老文明号”创建活动领导小组专题讨论和省老龄办网站公示等程序后，7月25日至8月15日，省文明办、省总工会、省妇联、团省委、省老龄办分5个组对16市申报的创建先进单位进行了重点抽查。9月19日，省老龄委主任、省政府副省长梁卫国签发《安徽省老龄工作委员会关于对第一批全省“敬老文明号”单位命名表彰的通报》，决定授予合肥市滨湖医院老年科等125家单位第一批全省“敬老文明号”称号。同时，安徽还积极做好第一批全国“敬老文明号”申报工作，在125家省“敬老文明号”单位中择优推荐55家单位上报全国表彰，9月26日，全国老龄委下发表彰决定授予上述单位全国“敬老文明号”荣誉称号。

【老年维权工作方面】 一是普遍建立健全法律援助制度，为困难老年人提供法律援助。全省先后将老年法、《安徽省老年法实施办法》、民法、婚姻法、继承法等与老年人切身利益相关的法律法规纳入普法规划，坚持扩大针对老年人法制宣传的覆盖面，增强其依法办事、依法维权的自觉性。据不完全统计，2013年全年共编印、发放各种法制宣传材料、音像制品500多万份，出动宣传车2.6万台次，组织开展送法下乡、法律服务咨询、法制教育展览、法律知识竞赛等活动万余场次。各级审判机关对涉及赡养老年人的案件优先立案、优先审理、优先执行，有的地方还专门设立了老年法庭；对生活困难老年人维权诉讼交纳费用实行减、免、缓。充分发挥各级法律援助机构的作用，积极主动开展为老年人援助服务，努力做到应援尽援。同时，各级老龄机构均建立健全老年信访接待制度，坚持“牢记宗旨服务老龄”的工作理念，耐心细致地做好来访者的工作，无论是能够解决或暂时无法解决的问题，都能做到件件有着落，事事有回音，受到老年群体的广泛好评。

二是在全省推广签订《家庭赡养协议书》工作，细化家庭和子女赡养老年人的义务和责任。从2005年开始，绝大部分县（市、区）农村普遍开展了签订家庭赡养协议书活动，即在村两委或老年协会监督下，由子女和年老的父母签订包括粮、油、物、精神慰藉在内的赡养协议书。目前，全省近半数县（区）已将签订赡养协议书活动作为老龄部门的常规性工作，共签订赡养协议书20余万份。怀远县和铜陵县赡养协议书签订面达到95%以上，并根据当地经济社会发展情况，统一格式、统一内容、统一标准，抓签订，抓兑现，使老人尤其是农村老年人的被赡养权得到有效保护。

【为老服务发展方面】 一是加快推动养老服务体系建设步伐。全省各地贯彻落实《国务院关于加快发展养老服务业的若干意见》《安徽省人民政府关于加快推进养老服务体系建设的决定》和省《关于开展居家养老服务工作的意见》《关于加快发展养老服务业的通知》等重要文件精神，着眼城乡统筹、创新体制机制、激发社会活力，加快建立以居家为基础、社区为依托、机构为支撑的社会养老服务体系，满足老年群体多样化的养老服务需求。省老龄办于4月11日至14日，陪同全国老龄办事业发展部主任唐振兴一行对合肥市包河区、六安市的全国为老服务信息平台建设试点工作进行检查验收，同时考察了合肥市蜀山区居家养老服务中心，并对铜陵市、马鞍山市的信息平台建设进行指导。安徽省争取中央投资7 000万元，支持了51个养老服务体系项目建设。重点支持城市社区、农村薄弱地区的养老服务设施建设，努力延伸养老基本公共服务。其中：社区照料中心项目16个、资金1 540万元；农村敬老院18个、资金2 130万元。加强养老服务设施项目谋划，省发展和社会改革委员会会同省民政厅编制2014－2015年养老服务体系储备项目库，共谋划395个项目，总投资25亿元，主要涉及机构养老、日间照料中心和农村敬老院等项目，其中：养老机构 95 个、日间照料中心项目 119 个，农村敬老院 181 个。

二是扎实推进城乡居民社会养老保险工作。2012 年安徽省实现城乡居保制度全覆盖以来，各地持续开展政策宣传，切实加强经办能力，逐步完善政策制度，重点抓好参续保缴费和养老金发放，全省城乡居保工作稳步推进。截至 2013 年 12 月底，全省城乡居保参保人数 3 308.7 万，每月约 840 万人领取待遇，月发放养老金 5 亿余元。

三是稳步扩大医疗保险参保覆盖面。指导各地紧抓扩面重点，稳步调整待遇水平，提升管理服务能力，增强制度吸引力，巩固参保扩面成果。到 2013 年底，全省城镇基本医疗保险参保人数达 715.96 万人（其中：职工 512.68 万人、退休人员 203.28 万人），完成全年参保任务的 102%。同时积极推进城镇医保异地就医结算工作。按照省政府要求，省人力资源和社会保障厅牵头相关部门，确定全省异地就医结算的框架模式，协调省财政厅等部门，先后制定下发一系列异地就医结算政策文件，指导地市开展试点。通过全省上下共同努力，从 7 月份开始，全省 16 个市陆续实现与省厅系统对接，同合肥地区 18 家三级定点医疗机构联网。截至年底，全省一千多退休后异地安置及转诊的异地就医患者实现网上即时结算。

【“敬老月”系列庆祝活动】10 月，全省各地结合新老年法学习宣传实施以及我国第一个法定的“老年节”，围绕 2013 年“敬老月”“贯彻老年法、造福老年人”的活动主题，因地制宜，举办了丰富多彩的敬老助老活动，营造良好的舆论环境和社会氛围，强化全社会的老龄工作意识，大大提升老龄工作的影响力。据不完全统计，“敬老月”期间，各地组织慰问高龄、特困、空巢、失能和养老机构老年人 10 万人次，各级政府和社会各界筹集发放的慰问金和慰问品价值达 1 200万元之多，各类老年优待、法律援助、文化体育和为老服务等活动惠及全省近百万老年人。

重阳节当日，芜湖市老龄委专门在《芜湖日报》《大江晚报》头版刊登，在电台、电视台播发《致全市老年朋友的一封信》。同时，还组织开展了第二十四届九九重阳万名健康老人登山游园活动，市六大班子领导出席仪式，近 2 万名老人参加游园活动。黄山市老龄办在屯溪区昱中花园举办了“贯彻老年法，欢度重阳节”第三届老年人广场文艺演出，中心城区 10 余支社区中老年文体志愿者团队表演了精彩的节目，现场还通过知识问答的方式对老年法进行了宣传。宿州、淮南、池州等市各级领导走访慰问老年人，为全社会尊老敬老做出表率。亳州、阜阳、安庆、宣城通过知识竞赛、悬挂横幅、发放《老年法读本》等多种方式，广泛开展老年法宣传教育活动。淮北、滁州、六安、宿州、蚌埠举行主题鲜明、形式多样、异彩纷呈的文体活动，丰富了广大老年人的精神文化生活。合肥、黄山、铜陵、马鞍山充分发动主流媒体和老龄媒体的持续关注，增强了活动的宣传效果。

江苏省

综　　述

截至 2013 年底，全省 60 岁以上的户籍老年人口为 1 494 万人，占总人口 19.6%，比 2012 年增加 70 万人。80 岁以上高龄老年人 224 万人，占老年人口总数 15%。全省百岁以上老年人 4 616 人。13 个地级市中，60 岁以上老年人占总人口 20% 以上的有 7 个，老龄化比重由高到低的排序为：南通市、无锡市、苏州市、泰州市、常州市、镇江市、扬州市。其中南通市最高，达 25.4%，比重最低的是宿迁市，为 14.3%。农村特别是苏北农村大量劳动力外出务工，老龄化比重比城市严重。农村“留守老人”乃至“空巢村”日趋增多，养老服务的需求不断增长，养老问题连续多年成为社会关注的热点之一。面对老龄化的严峻态势，江苏积极应对，围绕省委、省政府实施“民生幸福工程”的决策部署，充分发挥综合协调、督促检查和参谋助手作用，加强政策创制、服务创优、工作创新，保障和改善老年民生，维护老年人合法权益，实现“五个老有”目标，全省老龄事业继续保持了良好发展势头。整体工作有了提升。

一、加强政策创制，老龄工作政策体系进一步完善

2013 年，我省开展了老有所医、养老服务体制机制创新、农村养老、老年教育等方面的调研，形成了专题报告，其中老有所医课题获得全国老龄政策调研优秀成果一等奖。推动出台了《关于进一步加强农村五保供养服务机构建设管理的意见》《关于进一步加强老年教育工作的意见》等多个文件。南京、无锡、徐州、常州、苏州、南通、镇江等市开展了社区居家养老服务、老年人参与社会发展、医养融合、老年人权益维护等方面的调研。苏州、南通市编制了养老服务设施布局专项规划；苏州、常州、南京、盐城、南通市下发了加快社区居家养老服务体系建设的实施意见、实施办法及任务分解表；镇江市出台了政府购买养老服务实施办法；南京市出台了社区居家养老服务、服务组织评定、老年人能力评估“三个标准”及深化养老服务体系与基层医疗卫生体系衔接的意见；扬州市出台了社区老年人日间照料中心建设实施意见；昆山市出台了老年人日间照料中心管理考评办法。13个地级市及沭阳县完成了老龄事业发展“十二五”规划中期评估。

二、广泛宣传老年法，老年人权益保障水平进一步提高

2013年7月，新修订的《中华人民共和国老年人权益保障法》（以下简称老年法）正式施行，全省各地组织了形式多样的学习宣传活动。连云港市在老年法颁布不久就在《苍梧晚报》开辟两个专版进行宣传；盐城市各县（市、区）翻印下发老年法15万多册、《江苏省老年人权益保障条例》10万多册；泰州市高港区制作了老年法动漫短片，在市区500辆公交车上滚动播放，用“三字经”的形式展现从养育到养老的全过程；泰兴市在广播电台设立《晚霞情》专题节目，每天播放，在电视台设立《尊老敬老，情暖今秋》栏目，“敬老月”期间每天一期。不少地方举办以“贯彻老年法、造福老年人”为主题的普法知识讲座。老年周报社联合南京市老龄办组织老年法知识竞赛；扬州、淮安、徐州、宿迁等市开展老年法广场宣传咨询活动，为老年人提供涉老政策法律咨询、法律援助。各地充分利用广播、电视、报刊、网络等媒体进行广泛宣传，使新修订的老年法逐步家喻户晓。

三、推进居家养老，养老服务能力进一步提升

全省各地以项目建设为抓手，推进社区居家养老服务工作。2013年，省老龄办通过调研，总结推广了“集中居住、村建养老区，整合资源、村办养老院，利用民产、家办托老所”等农村居家养老服务模式。在睢宁县召开了全省居家养老服务工作会议，研究探讨了经济薄弱地区如何开展社区居家养老服务工作，进一步理清思路，推动全省社区居家养老服务工作可持续发展。各地积极贯彻全省居家养老服务工作会议精神。77%的乡镇（街道）、100%的城镇社区、99%的农村社区建立居家养老服务中心（站），31%的城镇社区居家养老服务站开展了日托和助餐等常态化服务。部分县（市、区）出台了推进居家养老服务工作的实施意见，制定了政府购买养老服务实施办法。2013年，全省新建2 000个社区居家养老服务中心、305个省级示范性中心、25个“虚拟养老院”，新增城市社区小型托老所和农村老年关爱之家床位13 968张，城市社区居家养老服务基本实现全覆盖，农村社区居家养老服务覆盖率苏南、苏中、苏北分别达到65%、57%和50%。

四、开展敬老活动，尊老爱老社会意识进一步增强

继续开展“敬老文明号”创建活动。各级老龄工作部门把“敬老文明号”创建活动作为老龄工作的重要抓手，在各级涉老部门、公共服务窗口行业、为老服务组织中，积极开展“敬老文明号”创建活动。各创建单位以拓展服务内容、制定服务标准、完善服务制度为主要方式，落实老年优待政策，创新为老服务方式，提升为老服务质量，维护老年人合法权益，为社会文明风尚注入了新动力。全省65个单位被命名为国家级“敬老文明号”，130个单位被命名为省级“敬老文明号”。“敬老文明号”已经成为老龄工作较有影响力的重要品牌。深入开展“敬老月”系列活动。在第一个法定老年节期间，围绕“贯彻老年法、造福老年人”主题，省里举办了“公证‘敬老月’”、老年书画展、老年摄影展、老年产业博览会、老年春晚等大型活动，在《老年周报》上开辟专栏、云媒体电视江苏老年开展老年文化活动周、电视采访等内容丰富、形式多样的宣传。各地普遍开展了广场服务、志愿者上门服务、领导走访慰问等活动，为老年人解决实际困难。

五、加强老龄宣传，关注老龄事业的社会氛围进一步浓厚

各级老龄部门把老龄宣传工作摆在重要位置上，纳入目标任务，加大老龄宣传工作力度。省级构筑了老年周报、“晚霞”老年电视栏目、“美丽夕阳”老年广播、云媒体电视江苏老年、江苏老龄网站以及综合性报纸老年栏目、老年期刊、内部简报等多样化、立体化、广覆盖的强势老龄传媒新格局。在人民日报、新华日报、广播电台、电视台等主流媒体宣传江苏老龄工作。召开“江苏省老年人口信息和老龄事业发展状况报告”新闻发布会，向社会各界宣传了江苏老龄事业发展情况，取得了良好效果。各市也借力多种传媒，进行宣传。苏州市与云媒体电视江苏老年合作，搭建分支机构；常州市开设的“俏夕阳”全天候广播频率；无锡、徐州市，开通了老龄官方微博；徐州、盐城、连云港市把老龄宣传工作列入年度老龄工作目标考核范围，制定考核奖励办法，对老龄宣传工作先进单位和先进个人进行表彰奖励。老龄工作的社会影响力不断扩大，关注老龄事业发展的社会氛围不断浓厚。

六、创新工作举措，社会力量的主体作用进一步体现

按照构建大老龄工作格局的思路，积极推动社会力量参与老龄事业、开展为老服务。加强五级老年协会建设，10个地级市建立了老年协会或老年学学会，85%村（社区）建立了老年人协会，老年协会作用得到进一步发挥。常州、苏州、南京、徐州、淮安等市加强与高校联系，开展了老年医学、老年教育、老年文化等30多项调查研究，产生了一批研究成果。加大“安康关爱行动”实施力度，召开了座谈会、推进会、总结会，推动了“安康关爱行动”快速健康发展。2013年底，全省共承保老年人332万人，承保覆盖率达到23%。各地积极创新举措，为社会力量参与老龄事业发展搭建平台。无锡市老龄办举行了七大“爱心助老”项目签约发布会，由社会力量出资近400万元购买“爱心助老”项目，造福全市老人；镇江市开展“黄手环”行动，为失智老人出行提供安全保障；淮安市引导企业冠名社区居家养老服务中心，解决中心运营补贴，创办“关爱驿站”，关爱农村“送学”老人；南京、无锡市公益创投项目中为老服务项目不断增加；常州市举办养老产业招商会。各地积极推动保险、旅游、信息、传媒、护理、家政等领域的企事业单位参与养老服务，促进我省养老服务业快速发展。

重要会议和活动

【全省社区居家养老服务工作座谈会】5月30日至31日，全省社区居家养老服务工作座谈会在睢宁召开。会议总结交流2011年全省社区居家养老服务工作推进会以来各地开展社区居家养老服务工作的经验，研究探讨经济欠发达地区如何开展社区居家养老服务工作，进一步理清思路，推动全省社区居家养老服务工作可持续发展。省老龄办主任张建平作了讲话。与会代表还实地参观了睢宁县桃岚化工园区老年关爱之家、王集镇长埝村居家养老服务中心和睢城镇新东方怡康家园托老所。

【省老龄委人员调整】中共江苏省委办公厅于6月25日正式发文，对省老龄委组成人员进行调整。这是省老龄委成立以来，根据人事变动情况和工作需要进行的第七次人员调整。参照全国老龄委的建制，调整后的组成人员涉及26个厅局级单位，共有29位领导。主任由许津荣副省长担任，副主任有：徐国柱、庄同保、侯学元、陈励阳。省老龄委办公室主任张建平。

【安康关爱行动】6月28日，江苏省老龄办和中国人寿江苏省分公司联合在南通市召开了“安康关爱行动”推进会。继续推动全省老年人意外伤害保险。截至2013年底，全省承保老年人达到332万，承保率达到23.3%，获赔人数达1.58万人次。其中，老人自主购买的占78.9%，政府出资为困难老年人购买的占19.3%，慈善机构或企业捐助的占1.8%。

【省老龄委第七次全委会】10月11日，省老龄委第七次全委会在南京召开。会议传达了全国老龄委第十五次全体会议和全国老龄办工作会议精神，学习了《国务院关于加快发展养老服务业的若干意见》，总结了“十二五”以来全省老龄工作情况，部署了当前和今后一个时期的老龄工作。副省长、省老龄委主任许津荣出席会议并作重要讲话。

【敬老文明号】10月25日，首届江苏省“敬老文明号”授牌仪式在省人民医院举行，130个单位被授予为省“敬老文明号”称号，其中省人民医院老年医学科等65个单位被授于全国“敬老文明号”称号。表彰单位涉及20多个行业。省民政厅厅长侯学元、省老龄办主任张建平等领导出席授牌仪式。

【老年节活动】今年的“敬老月”，全省各地围绕“贯彻老年法、造福老年人”的主题，广泛开展了系列庆祝活动。

【老年节文化活动】江苏省老年文艺汇演于10月10日在南京举办，省和南京市2 000多名离退休老同志观看了演出。“2013金陵养老节暨老年养生博览会”在南京拉开帷幕，展会中安排了“快乐行善，才是健康长寿秘诀”的健康讲座，同时有义诊、免费法律咨询等公益活动，开幕式当天有近万老年人参会。苏州市首届老年用品博览会、常州市首届养老产业招商会等一批“为老服务”主题活动相继举办。徐州市在4A级风景名胜点彭祖园，举办了主题为“九九携老登寿山、久久孝亲常相见”的主题活动，上千名老人参加。淮安市、扬州市举办“中国人寿”杯“老年春晚”海选暨老年文艺汇演。南通市组织了第一届老年人才艺大赛（舞蹈专场）。

【老年维权活动】江苏省老龄办、省公证协会、省老龄协会联合继续开展“江苏公证‘敬老月’”活动。全省公证机构及公证员参与敬老月广场咨询活动60余次，发放宣传资料40 000余份，接待老年人咨询

11 000余人，受理相关公证6 300余件，为老年人办理遗嘱、遗赠抚养协议等公证减免公证费30余万元，为行动有困难的老年人上门办证500人次。

【敬老助养行动】省民政厅与省电力公司共同策划实施了"苏电敬老助养行动"，为苏北五市100所农村老年关爱之家捐赠200万元，给5 000余位"留守老人"送去了生活物品。

【南京老年产业博览会】11月1—3日，由江苏省民政厅、江苏省老龄工作委员会办公室和中国国际贸易促进委员会江苏省分会主办的第二届（2013）南京老年产业博览会在国际博览中心举办。该展会面积14000平方米，有200多家国内外参展商参展。除了传统的老年产品外，无障碍轮椅、智能化升降椅等主打高科技的老年用品成为了本届"老博会"的亮点。此外，省老年书画研究会组织现场创作和义卖活动，省老年摄影学会组织了老年摄影展。展会同期举办了第二届南京老龄人口与健康产业国际会议、"关爱老年人"微电影大赛展映和颁奖典礼。

【华龄智能科技产业园】11月30日，全国老龄工作委员会办公室信息中心与江苏省常熟市人民政府合作，在常熟高新区建立了全国首个老龄智能科技产业园——华龄智能科技产业园，和全国智能化养老（常熟）实验基地。

全国华龄智能科技产业园具有"以孝爱文化为名，以低碳生态为意，以循环经济为本"三个立意，并分成三个板块，包括集全国老龄信息数据中心、全国老龄健康管理中心、产品研发中心、总部办公等功能为一体的核心区；以绿色、生态的老年生活用品、医药、保健食品企业及高科技、智能化的医疗器械企业等老龄产业为内容的配套区，以及针对长三角经济发达地区的都市老年人口，提供智能化养老服务的智能化实验基地，通过不同的规划定位紧密地联系起来，将老龄智能科技产业园形成一个功能互补的整体。

各项业务进展

【养老保障】2013年11月，江苏省政府颁布了《江苏省城乡居民养老保险办法》，至此，全省新型农村社会养老保险和城镇居民社会养老保险在制度上实现了完全并轨。全省新农保和城居保的基础养老金从2013年1月1日起，由每人每月70元提高到每人每月80元。截止到2013年底，全省城乡居民养老保险累计参保人数为1 445.4万人，60周岁以上老年人领取基础养老金人数为933.15万人。全省企业职工基本养老保险参保人数达2 457.83万人，其中离退休人员参保人数为556.25万人。全省企业退休人员月人均养老金水平为2 027元，较上年增幅超过10%。全省企业职工基本养老保险单位缴费比例全部统一到20%。35%的涉农县（市、区）实现城乡低保标准一体化。全省共保障城乡低保对象88.82万户166.47万人，占总人口的2.3%，城乡低保平均标准分别达到487元/（月·人）和412元/（月·人）。农村"五保"供养对象有19.9万人，集中供养和分散供养人均标准分别达到6 373元、5 101元，全省平均供养人均标准为5 832元。对全省80周岁以上老年人发放尊老金。

【医疗保障】截至2013年底，全省职工和居民医保参保人数分别为2 274.73万人、1 152.86万人，城镇职工医保和居民医保政策范围内住院报销比例已经分别达到84.18%和71.9%。

全省现有老年病专科医院8所，护理院39所。109所二级以上医院开设老年病专科。全省共计开设老年病床位5 122张，有老年病专科医师1 531人。2013年全省老年病门诊人数127.1万人，住院人数14.2万人。

全省90%的社区卫生服务中心实施家庭医生制度，65岁以上老人建档率接近95%。对老年人在社区就诊实行免挂号费、诊疗费等，并对相关检查费用实行减半收费。

全省所有三级公立医院和97%二级公立医院开展志愿者服务，注册志愿者总数达71 468人，为需要帮助的老年患者提供服务。

【养老服务业】2013年，社会养老服务业加速发展。各地持续加大政策和资金扶持力度，着力构建以居家养老为基础、社区服务为依托、机构养老为支撑、信息服务为辅助的社会养老服务体系。省级财政投入4.3亿元，用于城乡养老服务设施建设和养老护理员培训。全省新建成2 000个社区居家养老中心、305个省级示范性居家养老服务中心、25个"虚拟养老院"；全年共有各类养老床位数42.8万张，当年新增养老床位7万多张，占老年人口的28.6‰，其中护理型床位达到21.4%，超过全国17.7张的平均值。已建成各类养老服务机构2 338家，其中公办养老机构1 476家、民办养老机构862家；民办养老机构床位数14.46万张，占总床位数的比例达33.8%。同时，通过村建养老区、村办养老院、家办托老所等形式，累计建成农村老年关爱之家564所，新增城市社区小型托老所和农村老年关爱之家床位13 968张。城市社区居家养老服务中心基本实现全覆盖，苏南、苏中、苏北农村社区居家养老覆盖率分别达到65%、57%和

50%。6个市建立了政府为困难老年人购买服务制度。各地通过购买公益性岗位、资金补助等扶持措施，引导和鼓励社会组织、家政服务企业参与居家养老服务，动员志愿者与空巢老年人建立结对关爱服务。实施养老护理员免费培训工程，2013年共培训了7 865名养老护理员和养老机构负责人。

【老年教育】 江苏老年教育现有市、县（市、区）公办和社会办规范性的老年大学112所，在校学员15万人；街道（乡镇）社区老年学校有9 343所，参加学习人数110万人，合计占老年人口的8.8%。2013年12月，省老龄办会同教育厅、民政厅、财政厅、文化厅、卫生厅、广播电影电视局、省委老干部局八个部门联合出台了《关于进一步加强老年教育工作的意见》，提出新时期老年教育工作的主要任务和发展老年教育的保障措施。同年，省开放大学（原省广播电视大学）专设了老年学院，开设了32门课程883讲专题。7月1日新推出《开放大学》栏目，在江苏教育频道开播，收视率经常高过晚间黄金档栏目。同年江苏省空中老年大学网站改版成“夕阳红空中老年大学”网站，目前共开放9大类39个方向16 454个单元的学习课程，提供个性化资源推送服务，开发17个素质学习证书。

【老龄宣传】 2013年老龄问题成为媒体集中报导、社会关注的热点。人民日报记者对我省农村居家养老问题进行了调查，撰写了《农民养老，咋办才好——关于江苏省农村居家养老服务的调查手记》，在10月14日人民日报18版大篇幅登载；民政部的民政信息参考第92期刊登了《江苏加快农村社会养老服务体系建设》的经验；“敬老月”期间，新华日报多次大篇幅报道江苏老龄工作；中国社会报整版介绍江苏居家养老服务工作。省民政厅、省老龄办领导多次走进广播和新闻公共频道的《政风热线》栏目，与公众交流。10月，在南京召开了《江苏省老年人口信息和老龄事业发展状况》新闻发布会。老年周报发行创历史新高，达到15万份。云媒体电视江苏老年上线以来，开办了10多档栏目，制作了860期节目，打造了老年春晚品牌。关注老龄事业发展的社会氛围不断浓厚。

浙江省

综　述

2013年，全省老龄工作在省委、省政府的正确领导下，各地、各成员单位加强老龄工作创新，加快推进各项制度建设，大力发展老龄事业和产业，应对人口老龄化的基础更加扎实、制度更加完善、措施更加有力。

一、养老和医疗保障水平进一步提高

2013年，各地全面实施城乡居民社会养老保险制度和高龄补贴制度。截至2013年底，企业基本养老保险参保人数为2 273万人（其中企业离退休人数为371万人），月人均养老金水平达到2 300元以上。城乡居民社会养老保险参保人数1 356万人（其中60周岁以上领取养老金人数为577万人），其中领取基础养老金的老年人572万人，最低标准80元/人月。享受高龄补贴的老年人有124.23万人，月人均48.35元，标准最高为温州市，月人均87.05元，其次为金华市和宁波市，月人均分别为69.54元和57.08元，最低的月人均30元。建立健全基本医疗保障和医疗救助制度，全省城镇基本医疗保险总参保人数达到4 120万人，其中城镇职工医保1 790万人、城乡居民医保2 330万人，参保率达95%以上。全省新型农村合作医疗参合率达97.8%，农村老年人基本达到应保尽保。资助农村“五保”、低保和低收入家庭的老年人参加新农合，其中个人缴费部分由当地财政负责解决。全省得到医疗救助174.59万人，其中老年人有41.27万。到12月底，全省有在册低保对象62.89万人，其中老年人22.55万人，城乡低保平均标准分别为每人每月526.34元和每人每月406.39元。

二、社会养老服务体系建设加快推进

截至2013年底，全省共有各类养老机构2 092家，养老床位数27.51万张（其中护理型床位8.45万张），百名老人拥有养老床位3.06张；其中民办养老机构1 072家，床位13.53万张，民办养老床位占总床位的49.18%。全省已建市、县（市、区）养老服务指导中心95个，乡镇、街道养老服务中心1 214个，社区居家养老服务照料中心4 996个，城市居家养老服务站和具有居家养老服务功能的农村星光老年

之家分别有2 140个和16 171个，日间照料及托老床位7.86万张，专职护理人员3.64万名；建有老年食堂3 302个；建立居家养老志愿者服务队伍15 770支，参与志愿者41.08万人。居家养老覆盖的老年人数达到650万人。享受政府购买养老服务的老年人达到14.51万人，各级政府补贴总额达2.04亿元。

三、老年活动设施建设加快，管理和服务水平进一步提高

2013年继续加大老年活动设施建设投入，省财政安排专项资金400万元，资助5个市、县老年活动中心和20个乡镇老年活动中心（室）建设。“十二五”期间，省财政专项资金下拨1 200万元，资助36个市、县老年活动中心和82个乡镇老年活动中心（室）建设。各地加大投入，老年活动设施覆盖面不断扩大，全省新建、改扩建老年活动中心（室）721个，新增建筑面积27.66万平方米，投资总额4.91亿元，其中各级政府财政投入1.53亿元，集体投入2.41亿元，民间及个人投入0.95亿元，其他投入0.02亿元。截至2013年底，全省共有各类老年活动中心（室）3.35万个，总建筑面积851.81万平方米。全省进一步加强老年活动中心规范化建设，继续开展“星级老年活动中心（室）”评比活动，“四星级”“三星级”“二星级”“一星级”老年活动中心（室）分别达到44个、1 138个、9 333个和3 140个，各级老年活动中心（室）建设和管理水平不断提高。

四、老年教育健康发展，文体活动日趋活跃

截至2013年底，全省已建立老年电大分校及教学点11 308个（所），比上年同期增加900个（所），增长8.65%。注册学员人数68.46万人，2013年底累计毕（结）业学员297.80万人次。全省有老年大学179所，在校学员16.29万人；老年学校2 445所，在校学员19.17万人。各类老年文艺团队1.50万个，参加活动老年人达41.45万人；老年体协3.32万个，有会员375.97万人，经常参加体育活动的老年人有564.02万人。

五、老年人依法维权意识增强，基本权益得到有效保障

2013年，各级人民法院按照涉老案件“三优先”的原则，受理涉老案件4128起，比上年同期增加197起，上升了5.01%，共审结案件3 945起，占受理案件总数的95.57%；执行2 202起，占审结案件总数的55.82%。全省各级已建老年法律援助中心278个，援助涉老案件3 052件；已建各类老年维权机构3 297个，从事老年维权工作的专兼职工作人员5 460人。各级老龄办和基层老年组织收到涉老群众来信3 573件，比上年增加18.43%，得到妥善处理的2 886件，占总数的80.77%；接待涉老来访18 121人次，比上年增加13.28%，反映问题得到妥善处理的16 632人次，占总数的91.78%。2013年，全省救助经济困难老年人50.33万人（含纳入“低保”22.55万人），比上年减少9.20%，其中城镇7.79万人、农村42.54万人。救助总金额10.51亿元，比上年增加10.62%。

六、基层老年组织规范化建设进一步加强

截至2013年底，全省共有3 535个社区建立了老龄工作小组，占社区总数的92.52%。有3 691个社区建立了老年人协会，占社区总数的96.60%。全省社区老年人入会总人数199.13万人，占社区老年人口总数的68.13%，入会率最高的是舟山市，为89.37%。社区老年人协会达到规范化建设标准的有3 246个，占已建社区老年人协会总数的87.94%。

全省行政村建立老年人协会26 221个，建会率最高的是舟山、台州、宁波、湖州、嘉兴等5个市，均达到100%。老年人入会总人数473.09万人，占行政村老年人口总数的80.42%。入会率最高的是台州市，为89.83%。依法登记和备案管理的行政村老年人协会分别有3 004个和10 716个，占协会总数的11.46%和40.87%。经各级老龄办评定，全省达到规范化建设标准的行政村老年人协会已有21 490个，占已建老年人协会总数的81.96%。

重要会议和活动

【老年人意外伤害保险试点工作】2月18日，省老龄办启动老年人意外伤害保险试点工作，决定在有条件的县（市、区）开展老年人意外伤害保险试点工作，努力构建多层次、多元化的老年社会保障体系。

【全省老龄办主任视频会议】4月27日上午，省老龄办召开全省老龄办主任视频会议。会议总结回顾了2012年的老龄工作，安排部署了2013年的老龄工作。

【浙江省老年人口状况和老龄事业发展新闻发布会】5月22日上午，省政府举行浙江省老年人口状况和老龄事业发展新闻发布会。

【省老龄工作年中分析暨“三项创建”工作推进会】6月28日上午，省老龄办召开省老龄工作年中分析暨“三项创建”工作推进会，全面总结上半年老龄工作情况，研究部署下半年工作任务。

【省老龄委第十二次全体会议】8月8日上午，省老龄委召开第十二次全体会议，全面总结2013年老龄工作情况，审议通过省老龄工作示范县（市、区）和老龄工作先进集体创建考评情况。

【全省老龄干部培训班】9月16—18日，省老龄办在杭州举办全省老龄干部培训班，邀请全国人大内司委、省政府研究室、浙江大学的专家、学者，围绕当前浙江经济社会发展、老年社会保障、老龄工作、社会养老服务体系、老年法和省两办《意见》等主题进行培训。

【“福彩牵手·晚霞有情”千名独居困难老人资助活动】9月22日，省老龄办、省福彩中心启动“福彩牵手·晚霞有情”敬老爱老活动，出资100万元资助全省1 000名独居困难老人，为他们送上真切的关怀和问候。

【省第十三届老年文化艺术周】10月10日下午，省老龄办、省文化厅联合举办省第十三届老年文化艺术周开幕式。艺术周期间，全省各地上下联动，组织开展了形式多样、内容丰富、健康有益的老年文体艺术活动。

【浙江省老龄事业“十二五”规划中期评估】7月起，省老龄办采取自查自评与综合评估相结合、内部评估与第三方评估相结合的方式，对《浙江省老龄事业发展“十二五”规划》实施情况进行了中期评估，并邀请人大代表、政协委员和相关成员单位进行座谈，听取意见，提高评估工作的科学性。

【第二届浙江国际老龄产业博览会】11月15—18日，省老龄委在杭州和平国际会展中心举办了以“发展老龄产业、构建和谐社会”为主题的第二届浙江国际老龄产业博览会。老博会期间，省民政厅、浙江日报报业集团还举办了养老服务业峰会。

【全省老龄工作交流暨老年电大教学工作会议】11月27—28日，省老龄办召开全省老龄工作交流暨老年电大教学工作会议，回顾总结2013年老龄工作，座谈交流各地电大分校实体化办学、老年人意外伤害保险等工作经验。

各项业务进展

【老龄事业发展“十二五”规划实施情况】2013年7月，省老龄委启动省老龄事业发展“十二五”规划中期评估工作。根据评估结果，规划设定的10项主要指标中，职工及城乡居民养老保险参保人数、城镇职工及城镇居民医疗保险参保人数、新农合老年人参合率、养老机构床位数占老年人口比率、老年体育人口比率、老年法宣传普及率、老年人参加教育比率等7项已提前完成规划目标，居家养老服务网络覆盖率、县（市）老年活动设施普及率已完成规划目标的80%左右，人均寿命已达77.6岁，各项指标中期完成度达到或超过100%，总体发展进度远远超过规划进度。规划提出的“五大体系”建设的具体任务取得阶段性成果，社会保障体系实现制度全覆盖，社会养老服务体系基本形成，安养环境体系加快建设，老年公共文化服务体系充满活力，老年人权益得到有效保障。规划明确的“八项工程”稳步推进，老年人收入保障提升工程、老年人医疗健康促进工程完成情况较好，老年人收入水平提高显著，老年人医疗和健康保障水平得到较大的提升；空巢老人关爱工程、百万志愿者助老工程、百万老人乐学工程进展顺利；养老服务专业培训工程、失能老人照护工程和老龄产业培育工程正在积极推进。同时，省老龄委2011－2013年为老年人办实事意见基本落实，个别项目中的细化任务正在抓紧落实。

【老龄政策法规体系建设】2013年，全省应对人口老龄化政策框架基本形成。省委办公厅、省政府办公厅出台了《关于进一步加强老龄工作的意见》，省政府办公厅出台《关于进一步加强老年体育工作的意见》。《浙江省社会养老服务促进条例》立法工作列入省人大2014年立法计划，省政府《关于加快发展养老服务业的实施意见》《关于发展民办养老服务产业的若干意见》的起草工作已进入征求意见阶段。各成员单位也积极推进老龄政策法规建设。省发改委把养老服务纳入了基本公共服务体系“十二五”规划重点工作和“411”重大项目建设行动计划，进一步加大了养老服务项目的实施力度。省民政厅、省计生委出台《关于做好计划生育特殊家庭扶助工作的意见》，加大了对失独家庭的扶持力度，进一步完善了失独老人的养老服务。省民政厅、省财政厅、省教育厅出台《浙江省老年服务与管理类专业毕业学生入职奖补办法》，进一步推进养老护理人员队伍建设。省民政厅下发《浙江省农村居家养老服务设施建设三年推进计划》，全面规划了农村养老服务工作。省人力社保厅出台《社会保险法》待遇配套政策，研究指导各类养老保障制度衔接整合和城乡居民大病保险试点工作，推动了更加公平可持续的社会保障制度的建立。省司法厅、省老龄办出台《关于加强老年人法律援助工作的意见》，明确从五方面加强老年人法律权益援助工作，从制度层面维护了老年人的合法权益。省卫生厅出台《浙江省农村居民重大疾病医疗保障工作实施方案（试行）》，进一步缓解了大病老年患者因病致贫、因病返贫的现象。一批新的老龄政策法规的制订和出台，有力地促进了全省老龄工作的法制化、规范化、制度化发展。

【老年社会保障体系建设】到2013年底，全省948万人享有养老保险待遇，企业退休人员月人均基本养老金超过2 300元，城乡居民社会养老保险基础养老金最低标准每人每月 80 元。老年人商业意外伤害保险试点稳步推进，10 个县（市、区）的 46.2 万老年人参加保险，为老年人意外伤害、意外残疾和骨折医疗等提供了新的保障渠道。城镇基本医疗保险和新农合制度进一步完善，基本医疗保险和新农合基本实现人群全覆盖，报销比例逐步提高，其中城镇居民医疗保险和新农合报销比例分别达到 70%以上和 75%左右。社会救助制度进一步健全，实现城乡低保标准全国最高、补差比例最大、城乡差距最小。全年有老年低保对象 22.55 万人，城乡平均月低保标准达到 526.34 元和 406.39 元，农村低保标准达到城市标准的 77.2%。其他老年民生保障服务工作同步推进，企业退休人员社会化管理服务率达到 89%，老年人电子健康档案建档率达到 90%，老年人体检率达到 72%，社区医疗机构为 125.3 万老年人提供全科医生签约服务。

【社会养老服务体系建设】2013 年，全省全面推进以居家为基础、社区为依托、机构为支撑的社会养老服务体系建设。截至 2013 年底，全省共有各类养老机构 2 092 家，养老床位数 27.51 万张（其中护理型床位 8.45 万张），百名老人拥有养老床位 3.06 张；其中民办养老机构 1 072 家，床位 13.53 万张，民办养老床位占总床位的 49.18%。新增城乡社区居家养老服务照料中心 3 491 家，有 14.5 万老年人享受养老服务补贴，其中 2 万人享受全额补贴。培训机构养老护理人员（含居家养老服务人员）4.35 万名，培训辅导失能、半失能老人家庭护理人员 20 万名。积极推进“医养结合”服务，探索建立康复医院和养老院结合、医生驻点养老机构、医疗机构转型、加快建设老年专科医疗机构和病区等多种服务模式。成功举办第二届浙江国际老龄产业博览会，开展老年人需求调查和老龄产业研究，推动了全省老龄产业加快发展。

【老年文化体系建设】2013 年，全省加快农村文化礼堂、县图书馆乡镇分馆以及村落文化与社区文化建设，推进老年活动设施全覆盖。截至 2013 年底，全省共有各类老年活动中心（室）3.35 万个，总建筑面积 851.81 万平方米。广泛开展“敬老月”和第十三届全省老年文化艺术周活动，省、市、县（市、区）都举办了有规模有影响的老年人广泛参与的文化活动；继续开展送文化下乡和“文化走亲”活动，共送戏下乡 2.4 万场次、送书下乡 261 万册次、送讲座展览下乡 8 100 场次，开展各类“文化走亲”活动 2 800 次，加大了老年人公共文化服务供给。大力发展老年教育，建成省老年电大教学点（班）1 万余个。进一步加强老年体育工作，新建省级老年体育活动中心（俱乐部）105 个，组织参加第二届全国老年人体育健身大会，举办县以上老年人运动会 118 次，参加人数达 13.9 万人。

【老年宜居环境建设】2013 年，有 15 个县（市、区）参与“老年友好型城市”创建。第一届“敬老文明号”创建活动在 20 多个系统、行业的 1 000 多个涉老工作部门，为老服务组织和公共服务窗口中广泛开展，有力地提升了为老服务质量，给老年人生活带来了诸多便利，为社会文明风尚注入了新动力。全省有 46 个集体获得全国“敬老文明号”荣誉称号，461 个集体被评为省级“敬老文明号”，654 个集体被评为市级“敬老文明号”。各市已命名表彰 258 个“老年宜居社区”。

【老年人权益保护工作】2013 年，全省以新修订的《老年人权益保障法》颁布和正式实施为契机，广泛开展了老年法学习宣传活动，为保障老年人权益营造了良好舆论氛围。在全省开展“保民生 促和谐 法律援助大行动”，积极推进法律援助“夕阳红”工程，全年接待法律咨询 1.75 万人次，提供法律援助 3 323 人次。妥善处置虐待、辱骂、拒绝赡养等侵害老年人合法权益的家庭暴力案件，依法严厉打击侵害老年人合法权益的诈骗、盗窃、抢夺、伤害等违法犯罪活动，先后侦破了一批重大案件，抓获并严惩了一批违法犯罪分子。广泛开展送温暖和走访慰问活动，省老龄办分别联合省福彩中心、省老年事业发展基金会慰问 3 000 余名困难老年人；各成员单位扎实做好了本系统老干部工作，抓好各项待遇落实，组织各种形式的走访慰问活动。

江西省

2013 年 1 月 10 日，召开江西省应对人口老龄化战略研究专家委员会会议。

2013 年 7 月 25 日，全省居家养老服务工作经验交流会在吉安市召开。

综　述

2013 年，全省老龄工作坚持以党的十八大精神为指导，按照第三次全省老龄工作会议部署和《江西省老龄事业发展“十二五”规划》提出的目标任务，认真组织应对人口老龄化战略研究，积极推进居家养老服务，加强基层老龄工作和老年优待工作，深入开展“敬老文明号”创建和“敬老月”活动，老龄事业得到了长足发展。

一、养老保障工作力度加大

截至 2013 年底，全省城镇企业职工基本养老保险参保人数 752.24 万人，较上年增加 42.53 万人，增长 6.01%。超额完成参保人数 695 万人的民生工程目标任务。调整企业退休人员基本养老金，月人均增加 158 元，增长幅度约为 10.44%。未参保城镇大集体企业退休人员、手工业联社大集体企业未参保退休人员及返城未安置就业知青享受养老生活补助标准由每人每月 285 元调整为 305 元。落实了 1953 年底前参军后在企业退休的退役士兵、企业退休的参战退役人员等基本养老金上浮 10% 的调整工作。进一步完善了职工养老保险政策，调整了最低基本养老金并建立了有关参保人员参保补缴长效机制。将尚未办理领取基本养老金手续的参保人员因病或非因工死亡后丧葬补助金和抚恤金列入了职工基本养老保险统筹基金支付范围。

二、老年基本医疗得到保障

全省参合农民 3 357.965 万人、参合率达 98.56%，人均筹资水平达到 340 元，将政策范围内住院费用报销比例提高到 75%。农村卫生服务能力明显提高，全省 97.6% 的乡镇中心卫生院、91.1% 的一般卫生院达到建设标准，98.7% 的行政村有一所达到建设标准的卫生室。全省有社区卫生服务机构 607 个，社区卫生服务中心覆盖全省 100% 的城市街道，每万城市居民有 3 名以上全科医师和 2 名以上社区护士，形成了“15 分钟社区卫生服务圈”。县及县以上医疗机构对 70 周岁以上老年人普遍实行了“三免四减半”政策。“光明微笑”工程累计完成白内障患者免费手术 24.35 万例，使白内障老人重见光明。全面实施重性精神病患者免费救治政策，共筛查确诊重性精神病人 65 085 人，免费救治 49 069 人，重性精神病患者治疗率得到显著提高。

三、社会养老服务体系建设稳步推进

通过以点带面、“以奖代补”，投入省级福彩公益金 1 500 万元，在全省打造了 120 个省级示范点，其中城市社区 45 个，农村社区 75 个，有效推动了市县两级居家养老服务平台建设步伐，全省全年新建居家养老服务中心（站）739 个，使其总量达到 1 860 个。争取中国红十字总会事业发展中心在我省设立了 10 个曜阳托老所，为困难失能老人捐赠液晶彩电 100 台、康复护理床 100 张、轮椅 200 个；争取中国康复协会为南昌市4个居家养老服务站点捐赠了价值240万元的康复器材。将老年人养老配套设施建设纳入了建设规划编制，切实完善城市功能，充分考虑“老年人生活圈”配套设施建设，为创建老年友好型城市提供有力的规划保障。各地新建、改建城市公园、公共绿地不断加快，全省已建城市道路、养老机构场所建筑无障碍改造率超过80%，有条件的建制镇积极推行无障碍设施建设。

四、老年人权益有效保障

认真落实省政府关于“70周岁以上老年人免费乘坐市内公交车意外伤害保险”民生工程，下发了《关于做好70周岁以上老年人免费乘坐市内公交车意外伤害保险有关工作的通知》，协调省财政厅及时下达了年度省级保险经费，与中国人寿保险股份有限公司江西省分公司、中国平安财产保险股份有限公司江西分公司、中国人民财产保险股份有限公司江西分公司签订了意外伤害保险协议书。2013年，全省共发生24起70周岁以上老年人免费乘坐公交车意外伤害事故，有23起得到妥善处理和理赔。全省有9个设区市建立了80周岁以上高龄津贴制度。

五、老年文化教育工作得到加强

省财政自2008年起，每年安排4 000万元专门用于全省县级图书馆、文化馆维修改造和购置相关设备。2013年，全省新完工宜丰县图书馆、莲花县图书馆、赣州市章贡区文化馆等20余个县级文化设施维修改造，启动了东湖区文化馆等44个馆舍的维修改造。通过这项惠民工程的实施，使县级两馆真正成了为老年人提供优质服务的文化阵地。2013年全省共下达专项资金900万元，对11设区市的25个社区文化中心、120个社区文化室添置文化信息资源共享工程设备等业务设备购置。下达中央专项资金783万元，用于省图书馆及乡镇基层服务点公共电子阅览室建设。不少村委会充分利用旧祠堂、旧操场、古围屋以及小学教学网点布局调整后的空闲校舍，改造和共建了一批可供农村老年人使用的村级文化活动室和文化大院。省群艺馆充分调动馆内业务干部的积极性，利用馆内的场地，免费开办了中老年舞蹈短、长训班等各类培训班。省群艺馆馆办团队群星越剧团常年活跃在基层，深受老年朋友的欢迎。2013年，全省各地文化部门利用传统节日，积极开展农村文艺演出、电影放映、农民自办文化活动，其中送戏下乡1.2万场、自办活动1.2万多场，服务全省包括老年人在内的群众近1 500万人次。

六、“敬老文明号”创建和“敬老月”活动深入开展

自2012年省老龄委下发《关于开展“敬老文明号”创建活动的通知》以来，全省各地、各有关部门认真组织养老机构、为老服务组织和公共服务窗口行业广泛开展“敬老文明号”创建活动，涌现出一大批在尊老、敬老、爱老、助老方面的先进单位和组织。为表彰先进，树立典型，8月29日，省老龄委发出通报，决定授予章金媛爱心奉献团等60个基层单位和服务组织江西省“敬老文明号”荣誉称号。其中省荣军医院、省革命烈士纪念堂等35个单位被全国老龄委命名为全国“敬老文明号”荣誉称号。

在“敬老月”活动中，全省各地把老年法的宣传教育与弘扬中华民族尊老敬老爱老传统美德结合起来，与“六五”普法教育结合起来，据不完全统计，全省共悬挂敬老宣传横幅5 000条、张贴敬老标语共8 000余条，印制发放孝亲敬老倡议书和新老年法宣传资料近10万份。活动期间，全省各地和社会各界纷纷开展贫困、高龄、百岁老人走访慰问活动，共发放慰问金（含慰问品）500余万元，为老年人办好事，献爱心。

重要会议和活动

【中国红十字会总会事业发展中心捐赠物资】5月8日，中国红十字会总会事业发展中心主任江丹、中国老龄事业发展基金会办公室副主任卢亚美一行前往瑞金市开展关爱失能老人慰问活动，向瑞金市居家养老服务中心捐赠了10台电视机和20辆轮椅，并为特困家庭失能老人送去米、面、油等生活用品和慰问金。江西省政府副省长谢茹、省红十字会常务副会长方娅等有关领导出席了捐赠仪式。

【召开全省居家养老服务工作经验交流会】7月24日至25日，全省居家养老服务工作经验交流会在吉安市召开。会议认真总结了四年来全省居家养老服务工作基本经验：一是领导重视，加强居家养老服务平台建设；二是积极探索，形成居家养老服务多种运营模式；三是因地制宜，拓展居家养老服务形式和内容；四是健全制度，促进居家养老服务规范化管理。会议就如何大力推进居家养老服务工作，完成“十二五”规划提出的目标任务进行了部署。

【开展江西省老龄事业发展“十二五”规划中期评估活动】为确保江西省老龄事业发展“十二五”规划目标任务如期完成，8月份，省老龄委向各设区市老龄委和省老龄委成员单位下发了《关于开展老龄事业发展“十二五”规划中期自查评估的通知》。《通知》要求各有关单位客观评价规划的发展目标、主要任务、政策措施等落实情况，深入分析存在的问题，并根据发展变化提出相应的对策建议。

【开展“老年节”庆祝活动】 10月13日，省老龄办联合省民生、旅游广播在南昌八一广场举办了以“贯彻老年法 造福老年人”为主题的“老年节”庆祝活动。活动宣传了老年法律、老龄工作政策性文件和敬老先进典型，组织了老年法律和健康咨询服务。南昌市老干部艺术团在自编自演了精彩的文艺节目，充分展示江西老年人风采。

各项业务进展

【老龄政策调研】 “江西省应对人口老龄化战略研究”是2012年省老龄委安排部署的一项重大研究课题。2013年，省老龄办加强了跟踪指导，多次召开会议，组织评审、修改和完善研究课题，按时完成了10个子课题的结题工作，并形成了《江西省应对人口老龄化战略研究总报告》和《关于我省应对人口老龄化战略报告》。同时，省老龄办向各设区市下发了《关于开展老龄政策理论调研的通知》，组织全省老龄系统就老年人权益保障、老龄产业促进政策、家庭养老支持政策等12个方面的难点、热点问题开展调查研究。赣州市报送的《赣州中心城区老年人养老需求情况调研》获得全省老龄政策理论调研成果一等奖，南昌市报送的《健全机制 加快发展》和宜春市报送的《宜春市老年公寓建设和工作的调研与思考》获得二等奖，萍乡市报送的《上栗县城市“空巢”和农村“留守”老人养老现状及新形势下养老服务的对策和建议》、吉安市报送的《关注“空巢老人”》和抚州市报送的《城镇“空巢”和农村“留守”老人养老现状及对策建议》获得三等奖，另有4篇获得优秀奖。在2013年全国老龄办组织的老龄政策调研成果评选中，省办报送的《江西省农村老年协会建设状况调查与对策建议》《江西省农村空巢老人的日常生活与基本需求研究—基于江西省8个村的田野调查》和新余市的《完善社区服务功能 健全社区养老服务社会化》分别获得二等奖和优秀奖。

【老年维权工作】 为有效维护老年人合法权益，全省县（市、区）100%建立了法律援助中心，依托乡镇（街道）司法所普遍建立了法律援助工作站，村（居）委会设立了法律援助联系点（或联络员）。能提供老年法律援助服务的基层（县、市、区）法律援助中心和乡镇（街道）法律援助工作站及村（居）委会法律援助联系点（或联络员）均达100%。2013年，全省共办理各类法律援助案件1 732件，其中老年人法律援助案件218件。一年来，各级法律援助机构及工作站点共接待老年人来信来访解答法律咨询28 562人次，占总咨询人数的13.6%；办理涉老法律援助案件2 668件，占总案件数的10.8%，受援老年人2 698人次，占受援对象总数的10.6%。为老年人挽回或避免经济损失近1 000多万元，有效地维护了老年人的合法权益。

【农村老龄工作】 制定下发了《关于加强基层老年人协会建设的意见》，按照“设施完善、制度健全、班子得力、经费落实、作用明显”规范化建设标准，全省完成了第七批133个农村老年协会规范化试点建设任务，利用省财政扶助资金200万元，为试点村老年协会配送了电视机、DVD、办公桌椅书柜、乒乓球桌、锣鼓乐器等一批办公设备和文娱活动器材，深受老年人欢迎。

【老龄新闻宣传】 为增强人们的老龄意识，全省各地充分利用广播电视等新闻媒体，加大了老年法规政策和敬老先进典型宣传力度。省广播电视台各频道和今视网先后播发与老年人相关的新闻报道约500篇。“敬老月”期间，广播电视部门以第一个老年人法定节日为契机，在都市频道、公共频道和主要新闻媒体报道了“敬老月”活动情况。省电视台派出多路记者围绕老年人的政策保障、养老机制、物质生活、精神状态等方面的内容进行系列报道，营造了浓厚的出敬老爱老助老社会氛围。据统计，“老年节”期间，全省共悬挂敬老宣传横幅5 000条、张贴敬老标语8 000余条，印制发放新老年法和孝亲敬老倡议书等宣传资料近10万份。全年共编发《江西老龄工作》12期，全省老龄系统在省、部级报刊用稿86篇。

【老年文体活动】 为丰富老年精神文化生活，全省各地积极组织开展丰富多彩的老年文体活动。南昌市举办了第二届老年人健身体育运动会、第六届夕阳红书画大赛及老干部太极拳表演赛；鹰潭市老龄办组织市老干部艺术团到敬老院和社区为老年人免费演出；新余、抚州、赣州等地举办了庆祝“老年节”文艺晚会；景德镇市与老干部局、老体协联合举办了老年节登山活动；南昌、宜春举办了老年人健身体育运动会；上饶市开展了全市老年人气排球比赛。

福建省

综　述

2013年，全省老龄工作在省委、省政府和省老龄委的坚强领导下，以全面实施《福建省老龄事业发展“十二五”规划》为重点，以学习宣传新修订的《中华人民共和国老年人权益保障法》为契机。创新机制，强化措施，扎实运作，通过点上突破，带动面上提升，不断拓展老龄工作新作为，持续开创老龄事业新局面。

截至2013年底，全省60周岁及以上老年人口476万（其中：男性234万人、女性242万人），占总人口的12.61%，较上年同期增加0.3个百分点；65周岁及以上老年人口311万，占总人口的8.24%；80周岁及以上老年人口64.56万人，占总人口的1.71%。全省共有百岁及以上老人1 690人，比上年同期增加239人，占人口总数的十万分之4.67。此外，全省健在离休干部12 216人。其中，土地革命时期入伍的（老红军）15人，抗日战争时期入伍的1 755人，解放战争时期入伍的10 446人。

一、社会养老保障进一步完善

全省城镇基本养老保险参保人数（含离退休）812.84万人，比上年同期增加56.36万人，增长7.45%。其中，城镇职工参加基本养老保险人数679.64万人，比上年同期增加48.66万人，增长7.71%。企业退休职工基本养老金人均增加290元，每月达到1 917元。进入社会化管理的企业退休人员103.91万人，社会化管理率达95.63%。其中，纳入社区管理的88.39万人，社区管理率达85.06%。截至2013年底，全省城乡居民社会养老保险制度进一步完善，参保人数1 467.16万人，参保率达96.8%，有367.49万名老年居民（年满60周岁）领取养老金。2013年，全省农村生育一子女或两女的计划生育家庭夫妇，60周岁后每年享受不低于1 200元的奖励扶助金的家庭为30 078户，当年累计兑现奖励扶助金6 877.92万元。全省共有“五保”对象87 824人，人均月补助374元。其中，集中供养人数为11 497人，集中供养率为13.09%。

二、社会医疗保障进一步推进

截至2013年底，参加城镇基本医疗保险人数达1 283.78万人。其中，城镇职工参保703万人，城镇居民参保580.78万人。全年享受医疗保险待遇人数601.86万人。其中，城镇职工528.31万人，城镇居民73.55万人。政府补助标准从每人每年不低于240元提高到不低于280元，城镇职工和城镇居民政策范围内报销比例分别达到75%和70%。同时，54.5万名关闭破产国有和县以上集体企业退休人员以及9.35万名困难企业职工（含退休人员）全部纳入城镇职工基本医保覆盖范围。2013年，新农合筹资标准每人每年提高到340元。全省新农合受益面扩大到49.4%，较上年增加16个百分点。新农合住院补偿封顶线提高到10万元，农民的实际保障水平提高到50%以上，次均住院补偿2 727元，较上年增加8个百分点。此外，将急性心肌梗塞、脑梗塞等13类病种纳入农村居民重大病医疗保险范围，使农村居民重大疾病保障范围扩大到21类病种。新农合补偿与民政医疗救助全部实现无缝对接，新农合患者中民政医疗救助对象出院时，可同时领取新农合补偿款和民政医疗救助款。2013年，全省新农合人员中有民政医疗救助对象97.69万人，受益29.43万人次。全省累计建立并管理老年人健康档案296万份，开展老年人体检178万人次。进一步规范老年慢性病人员的管理，基层医疗机构服务辖区内65岁以上的老年人都有相对固定的责任医生负责其健康管理工作，并为患有高血压、糖尿病等慢性病的老年人，建立专病管理档案。

三、社会养老服务进一步健全

2013年，省财政为156个城市社区居家养老服务中心（站）下拨补助金936万元。目前，全省共有城市社区居家养老服务中心（站）2 219个，设有日间照料室2 965个，有各类专兼职服务队伍4 708支、50 280人。全省有居家养老服务场所的乡镇471个，建成“五保幸福园”388所、农村居家养老服务站105个、农村集中式互助颐老乐园26个，设有日间照料室1 061个，有各类专兼职服务队伍1 051支、合计10 847人。2013年，省福彩公益金安排1.25亿元，用于补助116个乡镇敬老院和17个社会福利中心建设。下拨457.2万元，用于民办养老服务机构床位运营补贴。到2013年底，全省有养老机构1 661家，床位10.11万张。其中：公办养老机构1 428家、床位60 903张，民办养老机构233家、床位40 153张。此外，拥有城市日间照料床位5 424张，农村日间照料床位8 354张。

四、老年权益保障进一步落实

全省9个设区市和84个县（市、区）均设立法律援助中心，1 104个乡镇（街道）设立法律援助站，16 761个村（居）设立法律援助联络员，形成了以法律援助机构为主导，社会团体、乡镇（街道）法律援助站积极参与，上下一致，纵横协调的老年人法律援助工作服务网络。2013年，共有2 467名老年人获得法律援助，为当事老年人减免和缓交诉讼费近290万元，发放司法救助款近400万元。此外，各级司法机关继续对涉老案件实行“四优先”，即优先立案、优先审理、优先审结、优先执行。全省老龄系统共接待老年人来信来访6 316人次（件），较上年同期减少6773人次（件），处理率达97.02%。全省累计发放《福建省老年人优待证》18.41万张，在已开通城市公交线路的84个县（市、区）中，有81个县（市、区）落实了70周岁及以上老年人免费乘坐市内公交车优待。2013年9月，厦门市实行65周岁及以上老年人免费乘车的种类从城市公交车扩展到中巴、BRT和农客四种。全省二级以上医疗机构开设老年人优待就诊窗口，对老年人实行挂号、就诊、取药、住院、收费等方面的优待服务；全省有110个A级旅游景区对老年人实行门票优惠。2013年，全省有63个县（市、区）建立了高龄补（津）贴制度，较上年增加18个县（市、区），约13.3万名年满80或90周岁老人每人每月享受10至200元不等的补贴，1 690名百岁老人每人每月除了享受不低于200元长寿营养补贴外，省政府在“老年节”期间还为每人发放1 000元慰问金，全省全年共发放补贴1.95亿元。此外，全省有16.96万名机关事业单位70周岁以上退休人员和125名建国前参加革命工作的退休工人享受高龄补贴，有2 478个村（居）为33.58万名老年人发放固定生活补贴。

五、老年文化体育进一步繁荣

2013年省级体彩公益金投入老年体育场所建设资金3 850万元。全省拥有老年人健身活动中心（室）9 056座（间）、健身辅导站11 196个，健身辅导员30 957人。有老年体育活动场地17 622处，20人以上的纳凉点14 987处，经常参加体育锻炼的老年人258万人。全省共创办各类老年大学（学校）11 291所，较上年同期增加634所，在校学员86.1万人，较上年同期增加12.9万人，占全省老年人口总数的18.08%，建校率和老年人参学率均居全国前列。2013年，省委、省政府将扶持300个“群众性文化激情广场”示范点建设列入为民办实事项目。全省共出版有关老年人图书20余种；省老年书画艺术协会全年展出书画作品35场次、展出各类作品3 800多件；省老科协组织科技下乡和科技扶贫1 761次、受众19 782万多人；省老年学学会召开学术研究3次，撰写学术论文165篇，出版论文专辑1本、专著1本。

六、老年群众组织进一步发展

2013年，全省有老年体育协会组织15 896个。其中，县（市、区）级88个，乡镇（街道）和村（居）老年体育协会13 578个，机关、企事业单位及高校老年体育协会2 230个，参加人员325万人。全省有乡镇（街道）、村（居）老年协会15 098个，会员205.14万人。其中，乡镇（街道）老年协会698个，村（居）老年协会14 400个。各级有老年艺术协会48个、会员12 000多人，有老科学技术工作者协会254个、会员1.3万人，有老年文艺团体300个、人数5万余人。

重要会议和活动

【省老龄办领导走访慰问民办养老服务机构】2013年新春来临之际，1月28日下午，省老龄办常务副主任方少雄来到福州鸿儒老年公寓、郭宅寿怡轩老龄公寓和福州安心护理院，看望慰问入住老人350名、慰问春节期间仍将坚守岗位的养护人员77名。在慰问老年人时，方少雄说，春节是我国一年中最重要的传统节日，也是最受老年人重视的佳节，一定要安排好老人的生活起居，让住在养老机构的老年人都能过上一个欢乐喜庆、温馨祥和的新春佳节。方少雄向春节期间仍将坚守岗位的养护人员表示感谢。他表示，广大养护人员放弃春节假期与家人团聚机会而坚守岗位，是践行“孝亲敬老”传统美德和“为政府分忧、为百姓解愁、为老人解难”精神的生动体现，必将得到家人的理解和社会的尊重。他说，经省政府同意印发的《关于支持社会力量兴办养老服务机构的实施意见》已以2013年1月1日起正式执行，广大养护人员的工作条件将得到不断的提升和改善。

【我省举办2013年春节社区巾帼志愿者社区助老服务活动】2月4日，由省妇联、省民政厅、省老龄办联合开展的“‘红红火火过大年’——2013年春节巾帼志愿者社区助老服务”出发仪式在福州举行。省人大常委会副主任、省妇联主席刘群英，省民政厅副厅长周瑛，省老龄办常务副主任方少雄等出席出发仪式。省气象局、省委党校、福州市妇联，以及来自鼓楼、台江、仓山、晋安区共60个社区的巾帼志愿者参加出发仪式。当日活动，共走访慰问社区贫困、孤寡、病残、低保、高龄老人2 325人。

【我省首个“中国长寿之乡”落户柘荣县】 1月28日至30日，由中国老年学学会常务副会长赵宝华等7位专家组成的“中国长寿之乡”评审组，通过探望百岁老人，考察乡镇社会福利中心业，察看生态景区建设，参观城市规划展示馆等具体工作，对柘荣县申报“中国长寿之乡”工作展开评审，专家组认定柘荣县符合“中国长寿之乡”的评审的15项指标，并全票通过评审意见。3月7日，中国老年学学会正式授予柘荣县为“中国长寿之乡”称号。由此，柘荣县成为我省首个、全国第四十个“中国长寿之乡”。

【我省举办首期学习贯彻老年人权益保障法培训班】 7月4日至5日，首期全省老龄系统学习贯彻老年人权益保障法培训班在福州举办。培训班邀请了省人大常委会内司委黄进喜和省法律援助中心宋健炎分别就老年法修订情况和老年人维权工作作了培训，省老龄办综合处郭战平处长和调研处薛国栋处长分别结合业务工作对学习贯彻老年法作了讲解。来自全省老龄系统的共100多名工作人员参加了培训。培训期间，学员们结合工作实践就如何更好地学习贯彻新修订老年法与老师们进行了“一问一答”式的交流与探讨，进一步强化了法制观念，提高了依法行政的意识和水平，为全面贯彻落实老年人权益保障法、大力推进老龄工作奠定了坚实基础。为更好地宣传和贯彻落实新修订的老年人权益保障法，省老龄办还给各设区市、成员单位发放新老年法读本10 000册，并在《福建日报》开辟专版宣传。

【第二届全国老年人体育健身大会福建代表团成立】 7月18日，第二届全国老年人体育健身大会福建代表团在榕成立。代表团名誉团长、副省长李红，名誉团长、省老体协主席袁启彤，代表团团长、省老体协执行主席王美香，副团长、省老体协常务副主席宋峻、郑义正、黄文麟、林逸、叶继革等出席成立大会。李红为代表团授旗，并为备战中的运动员、教练员加油鼓劲。代表团副团长、省老龄办常务副主任方少雄参加成立大会并讲话。他指出，发展老年体育事业是老龄工作的一项重要内容。鼓励、引导广大老年人参加体育健身活动是实现积极老龄化、健康老龄化的重要举措。省老龄办作为省老龄工作委员会的办事机构，将积极支持省老年人体育协会大力推进我省的老年体育事业发展，为我省老年人参加体育健身活动营造更加良好的社会氛围。

【我省开展老龄事业发展“十二五”规划执行情况中期检查工作】 8月12日至16日，由福建省政协原副主席、省老龄事业发展基金会理事长李祖可任总领队，省老龄办常务副主任方少雄和原省人大常委陈阿涟分别担任组长，率领省人大、省政协、省发改委、省财政厅、省老干局、省统计局、省卫生厅、省计生委、省民政厅、省老龄办和课题组专家，组成两个检查组对全省九个设区市开展《福建省老龄事业发展“十二五”规划》执行情况中期检查工作。检查组围绕“评估指标体系”，通过实地查看重点项目、举办老龄委成员单位座谈会、听取政府工作汇报，对全省落实《规划》重点项目推进情况、主要任务完成情况和总体目标实现进展情况进行全面检查。

【泉州市泉港区被授牌“中国长寿之乡”】 9月24日，泉州市泉港区“中国长寿之乡”授牌仪式举行，这是我省继柘荣县之后第二个获此殊荣的县（区）。统计数显示，泉港区百岁及以上老人有39人，人均预期寿命77.76岁，高出全国平均水平3岁；80岁以上老人8 186人，占总人口的2.13%。

【全省“敬老文明号”创建工作推进会在泉州市召开】 9月29日，省老龄办、省邮政公司在泉州市召开全省“敬老文明号”创建工作推进会，总结全省“敬老文明号”创建工作，推广泉州市邮政系统创建工作经验，部署今后工作任务。省老龄办常务副主任方少雄、省邮政公司总经理潘杰等参加会议并讲话。各设区市老龄办负责人、邮政局分管金融副局长共50多人参加会议。会上，方少雄常务副主任肯定泉州市老龄办和泉州市邮政系统共建的“敬老文明号”创建模式形式好，内容好，成效好，值得全省推广。他强调，今后要巩固提升，培育新典型，扩大覆盖面，创新体制和方法，使全省敬老事业、企业事业、老年人权益达到“三赢”目的。潘杰总经理要求全省邮政系统要提高对老龄事业重要性的认识，履行社会责任，以真情服务老年人赢得社会效益，提升邮政为老服务品牌。他指出，全省要将争创“敬老文明号”与文明单位创建、“青年文明号”创建同等推进；配合当地老龄委，与社区老年组织共建共创；利用职工之家，夕阳红俱乐部等场所，开辟养老服务设施；全省窗口单位要推行泉州市“六个一”敬老服务标准，优先优质为老年人服务。

【省领导走访慰问养老服务机构】 10月13日，省政府副省长、省老龄委主任陈荣凯率省直有关部门走访福州市鸿儒老年乐园和福州市光荣院，并慰问了入住的老年人。陈荣凯指出，随着社会化养老需求日益增长，加快完善养老服务体系刻不容缓。近日，国务院发布《关于加快发展养老服务业的若干意见》，这是我国应对人口老龄化趋势的重大举措。各级各部门要鼓励扶持居家养老、社区养老、机构养老建设，帮助解决当前养老服务业面临的融资难、用地难、用人难、运营难等困难，研究相关补贴政策提高养老护理人员待遇，继续扩大民办养老院规模，满足不同层次老年人养老需求。

陕西省

综　述

一、认真谋划，周密部署，全面安排老龄工作

一是召开了全省老龄工作会议。年初召开了全省老龄工作会议，深刻分析了我省老龄工作面临的形势和任务、存在的问题和重点工作，提出了当前及今后一个时期全省老龄工作要以落实中央、省老龄事业发展"十二五"规划为主线，以开展"敬老文明号"创建为抓手，在提升全社会孝亲敬老意识、养老保障、老年服务设施建设、老年文化活动开展和老年优待工作等方面实现新的突破。二是全面落实老龄事业发展"十二五"规划。对照省政府办印发的老龄事业发展"十二五"规划及任务分解表，采取逐条逐项督促检查各地市和省级有关部门的办法，切实抓好落实，特别是加大对养老基础设施建设和居家养老服务工作开展情况的监督检查力度。及时召开了省老龄委成员单位会议，分析总结规划实施情况和存在问题，提出了阶段目标任务和进度要求。全省各地市、省级有关部门和涉老组织落实老龄事业发展"十二五"规划任务的整体情况良好。完成了老龄事业发展"十二五"规划指标体系的编制。召开"十二五"规划评估指标体系框架结构论证会、地市老龄办意见征询会、成员单位研讨会、专家和相关领导座谈论证，确定编制了我省老龄事业发展"十二五"规划评估指标体系。10月份，由全国人大内司委委员赵凯任组长、全国老龄办副主任肖才伟任副组长的全国老龄委"十二五"规划中期执行情况检查组，对我省老龄事业"十二五"规划中期执行情况进行了检查，检查组对我省老龄"十二五"规划各项指标的完成情况给予了充分肯定。

二、精心安排，认真实施，老年活动异彩纷呈

坚持高起点谋划、强舆论宣传的理念，用大活动营造大氛围，用大活动推动大老龄事业发展。一是深入开展"敬老文明号"创建活动。按照全国部署和安排，及时组织相关单位召开"敬老文明号"创建活动动员协调会，进一步明确了创建的指导思想、创建内容、创建要求和管理办法。各地市、省级各部门和各涉老组织，高度重视，精心部署，周密安排，严格按照创建条件和要求，积极认真抓好各项组织实施工作。经逐级检查验收、命名申报和评审公示，我省西安市公共交通总公司第五公司29路等35个单位被授予第一届全国"敬老文明号"荣誉称号；西安市公安局交警支队西京医院十字示范岗等152个单位被授予第一届省级"敬老文明号"荣誉称号。二是开展高规格大范围的慰问活动。"春节"前夕慰问高龄老人高龄贫困老人1 100名。"七一"期间，慰问1 000名失能老人。"敬老月"期间，由副省长、省老龄委主任祝列克带队走访慰问全省1 000名老红军、老党员、老劳模、老村干部、生活困难老人，共发放慰问金150余万元。三是积极开展"敬老月"活动。按照中、省安排，及时下发了《关于开展2013年"敬老月"活动的通知》，要求各地市、省级有关部门、各老年社会组织围绕"关爱老年人，敬老我先行"的活动主题，"敬老月"期间开展为期一个月的敬老爱老助老活动。各地市、省级有关部门、各老年社会组织，结合自身实际、部门职能和工作特点，积极行动起来，因地制宜开展了走访慰问送温暖、为老年人办实事、开展老年人优待、举办联欢等活动，在全省范围内掀起了一场轰轰烈烈的敬老大教育、爱老大宣传、助老大动员热潮，老年人在得到实惠、收获快乐的同时，深切感受到了社会大家庭的温暖，活动收到了非常好的效果。同时，围绕"敬老月"主题，积极动员社会力量参与，组织开展了全省老年文化艺术节，产生了良好的社会效果。举办了百对老年夫妇"金婚庆典"、老年书画展和老年摄影展等活动，在社会上赢得了良好反响，为丰富城乡老人精神文化生活发挥着越来越重要的作用，促进了尊老敬老社会氛围的形成和老龄事业的发展。

三、多措并举，上下联动，养老服务加快发展

一是抓好基层老年协会建设。以基层老年协会建设为重点，广西会议后及时将全国基层老年协会规范化建设经验交流会精神转发各地市学习。2月份，给各地市下发了《关于我省基层老年协会建设2013年工作安排的通知》。3月份，开始对省级规范化基层老年协会等级评审。4月份，安排资金对西安、延安、铜川等地市的基层老年活动室建设实施资助。5月份，赴七个地市对基层老年协会建设工作进行了调研。9月底，在阎良召开了全省基层老年协会规范化建设经验交流，安排部署了2014年基层老年协会工作思路。二是加强涉老社会组织管理。对业务主管的涉老社会组织进行年检登记，并对党建设工作进行了调查摸底登记上报。4月份，召开了社会组织联席会议提出了工作要求，加强对业务主管的涉老社会组织进行管理。三是做好为老服务工作。继续推进“爱心护理工程”建设，为西安三桥爱心护理院申请“全国爱心护理工程建设示范基地”，渭南大荔县幸福院等爱心护理院申请“全国爱心护理工程建设基地”办理了申报手续。在“爱心护理工程建设基地”中开展了“优秀护理院”和“优秀护理员”评选活动，表彰了12家爱心护理院，86名爱心护理员；举办了一期中级爱心护理员培训班，培训了49名护理员。为探索关爱失能老人新途径，在全省开展了社会养老服务试点工作，选择了11个居家养老服务试点单位，2个社区养老服务试点单位，2个机构养老服务试点单位，进行了典型培训，并给予奖励性扶持。四是认真落实“幸福养老大课堂”西部援助计划。在去年开展“幸福养老大课堂”活动的基础上，对开展活动的单位继续扶持，筛选确定了100家受助单位，申请下发《幸福养老大课堂》远程教育上网卡，组织了60名操作员赴北京参加培训，让幸福养老大课堂充分发挥作用，把党和政府对老年人的关爱及时送到老年人手中。

四、积极主动，服务老人，老年维权和优待工作有效落实

切实加强宣传、强化职责、创新举措，老年维权和优待工作逐步走上了正常化、规范化的运行轨道。一是认真负责做好发放高龄老人生活保健补贴工作。根据《全国老龄办关于进一步加强调查研究工作的意见》和省老龄办《关于认真做好党的群众路线教育实践活动调研工作的通知》精神，对全省老年人生活保健补贴发放情况进行了专项调研，结合我省老年人生活保健补贴发放工作现状，各地市2013年高龄补贴发放进展情况、资金的配套落实情况、目前存在的问题等，以更好地研究做好高龄补贴发放工作，组织召开了各地市老龄办高龄补贴发放座谈会，对于今后的工作起到有力的推动作用。全年为257万名70周岁以上高龄老人发放生活保健补贴20亿元。二是广泛宣传老年法。新修订的《中华人民共和国老年人权益保障法》从今年7月1日起施行。为了广泛宣传老年法，大力弘扬中华民族尊老敬老、爱老助老的传统美德，切实维护老年人的合法权益，各地市、省级各部门、各级涉老组织和老龄委成员单位以维护老年人合法权益为重点，认真贯彻落实新修订的老年法，采取张贴标语、悬挂横幅、制作宣传版面、印制彩页、办板报、发放宣传册、召开座谈会、举办老年法有奖知识答题以及手机短信等形式，大力宣传《中华人民共和国老年人权益保障法》，宣传党和政府关于老龄工作的方针政策，宣传人口老龄化的严峻形势和应对挑战的对策措施，充分发挥“老年维权示范岗”“老年优待服务窗口”和“敬老文明号”的作用，为老年人乘车、就医、就餐、出行等提供优质服务。认真组织开展老年法律援助和涉老政策、法律咨询活动，增强全社会的尊老、敬老和助老意识，切实把各项惠老优待政策落到实处。三是认真接待老年人来信来访。各级老龄部门切实履行职责，认真接待来信来访，主动协同公安机关、司法部门依法查处侵害老年人权益的人和事，做到反应迅速、查处有力，为老人提供周到便捷的服务，较好地充当了老年人的保护伞，较好地维护了老年人的合法权益，促进了社会的公平和正义。

五、加大力度，广泛宣传，尊老敬老社会氛围日渐浓厚

充分调动积极性，搞好宣传，营造氛围，全面提升了老龄工作的认知度，敬老爱老助老蔚然成风，一是对外宣传富有成效。全年宣传投稿不断增加，先后在《中国老年报》《老龄问题研究》《陕西老年报》《三秦老龄》《陕西民政》《陕西民政网》等媒体刊登信息多篇，在省广播电视节目做专题访谈节目。全方位、多层次的系统宣传和全面报道，进一步扩大了我省老龄工作的影响面和知晓率。二是评优树模鼓舞人心。通过开展评选表彰先进活动，总结经验，树立典型，增强敬老意识。积极开展“陕西省十大孝子”“陕西省优秀爱心护理院”“十大孝亲敬老楷模”“百名孝亲敬老之星”和“优秀护理员”等评选活动，受表彰的先进集体和先进个人事迹感人，活动开展对促进和谐社会发展做出了积极贡献。三充分发挥陕西老年报的主渠道、主阵地作用，推进全省老龄宣传工作上台阶。只有掌握话语权，赢得主导权，老龄宣传才能增强传播力。《陕西老年报》是省老龄委主管主办的全省唯一一份全国公开发行的老年类综合性报纸。是老龄、老干工作宣传的主渠道、主阵地，是省委、省政府联系全省老年人的桥梁和纽带，在应对人口老龄化方面发挥了重要作用。在陕西老年报的建设上，做了大量工作。狠抓了报纸质量，加强了采编力量，完善了规章制度，调整了专版专栏，美化了版面版式，加大了基层老年工作和老年生活宣传报道等。改版以来，受到了有关单位和部门及广大老年读者的好评。

六、加强学习，强化素质，工作能力和业务水平全面提升

以创先争优活动为抓手，进一步加强了老龄工作队伍的建设。一是营造机关学习氛围。坚持把学习作为年度考核的重要指标，促进大家主动开展学习，不断增强党性修养、政治修养、理论修养、道德修养、作风修养和纪律修养。二是有针对性地组织开展培训工作。结合工作实际，组织开展工作培训会，对年度工作任务进行梳理部署，采取请进来、走出去的办法，请专家学者授课，到兄弟省市学习考察，加强与老龄工作先进地区的沟通和交流，大家感触很深，启发很大，开阔了眼界，看到了差距，激发了干事创业激情。组织开展老龄知识、法律法规等的培训讲座，领导带头讲，努力提高大家的业务水平、工作能力和办事效率。三是建立和完善各项规章制度。不断建立和完善老龄干部学习教育、培养锻炼、选拔任用、考核评价、行为约束、监督检查等方面的规章制度。四是加强自身能力建设。认清使命，积极转变观念、转变职能、转变作风、转变工作方式，把工作重心转移到为老龄委议事协调工作服务上，加强建设学习型、研究型、创新型、服务型机关，提高履职能力，发挥自身的作用。五是深入践行党的群众路线实践教育活动。按照中央、省要求，结合工作实际，深入开展党的群众路线实践教育活动，通过基层调研、征集意见、自查整改等措施，严格贯彻中央“八项”规定，强化群众路线意识，转变工作作风，为基层、为机关、为群众办实事，办好事。

甘肃省

全省银龄行动座谈会在白银召开。

2013年10月12日，“情满重阳节，爱在夕阳红”大型关爱老年人主题活动在东方红广场隆重举行。

综　　述

2013年，甘肃省老龄办在各级领导的关怀下，创新形式，狠抓重点，稳步推进各项老龄工作，积极开创我省老龄事业的新局面。

一、老年法宣传活动蓬勃开展

贯彻执行新修订的老年人权益保障法是老龄工作的一件大事。为了宣传贯彻好这部法律，省老龄办进行了安排部署，并印制了3万份老年法读本向社会发放宣传。各市州以各种方式开展了老年法知识竞赛和发放活动。兰州市老龄办举办了各县（区）老龄办、街道、社区老龄专（兼）干、老龄委成员单位联络员共计290人参加的老年法培训，和市老年体协举行了“兰州市庆祝新修订老年法颁布实施宣传月文体展示”

活动，来自社区、街道、厂兰州市组织专家开展20多场中老年人健康知识讲座和糖尿病预防知识讲座，听众达3 000余人，100多场现场义诊，接诊1万多人次，有近百人（次）的老年医务工作者参与了银龄行动；张掖市山丹县位奇镇创建夕阳红再就业基地，再就业的7位老人年工资1万元，每半年体检1次。金昌市老龄委成员单位创建了“金昌市老年人才库”，使老年人才资源得到很好发挥。各级老年组织充分发挥老同志“政治、威望、经验、时间、亲情”优势，组织老干部、老战士、老教师、老模范、老专家组成“五老”志愿队，参与社会管理服务，取得了经济和社会效益。企事业单位的55个老年艺术团体、1 200多名老年文体爱好者参加了健身操、舞蹈、声乐等演出，活动现场设立了老年法咨询台，现场向群众发放老年法读本4 000本。酒泉市老龄办连续一个月在《酒泉日报》刊登有关老年法颁布实施的宣传标语和尊老敬老公益广告，在电视台播放有关老年法颁布实施宣传内容，发放老年法和解读老年法读本8 500份。张掖市各级老龄组织采取多种形式开展老年法宣传活动，向新闻媒体刊发稿件165篇。武威市101个乡镇、街道办建立老年人法律服务援助组织，定期组织法律服务工作者下基层宣传老年法，积极提供法律援助和司法救助服务，认真办理城乡老年人在婚姻、财产、赡养等方面的投诉案件。金昌市发放老年法和有关资料1 000多份，城乡集中开展宣传活动120多场次。定西市各级司法部门开展老年法咨询服务、送法律下乡入户、经典案例巡展等活动；市司法局和市妇联联合成立了“定西市妇女法律援助中心”，接待处理妇女群众财产权利、土地占用、房屋拆迁等，有效维护了老年妇女合法权益。临夏州各级老龄部门利用两个月时间开展“以贯彻老年法，造福老年人”为主题的敬老活动，印发宣传册3万余本。天水市印刷老年法和《老年法规和优待政策问答知识》读本，在城市广场、居民小区和农村集贸市场开设宣传咨询服务站（点）17个（次），发放学习教育读本8 000余册、传单2万多份，提供老年维权咨询服务300多人（次）。陇南市印制老年法10 000册下发各县。甘南州在街道、村、学校开展多种形式老年法学习教育，举办法律咨询和讲座5场（次），受教育人数500多人（次）。平凉市将《老年法》列入普法规划，建立了县乡村三级维权组织网络，严查侵老案件。庆阳市老龄办和市司法局联合出版印制《庆阳普法报》，设14个版面向全市老年人宣传老年法。全省各地通过广泛深入的宣传，使广大老年人的维权意识和全社会的老龄意识进一步增强。

二、各项重点工作扎实推进

（一）加快推进农村互助老人幸福院建设。全省农村开展以行政村为单位，以“村级主办、互助服务、政府支持、社会参与”为主要特点的互助老人幸福院建设。根据2012年全省农村互助老人幸福院建设现场会议精神，今年，省老龄办对去年投资建设的222个幸福院跟踪督查，并重点检查了农村互助老人幸福院，评比出幸福院建设十佳县区。为1256个村安排了2013年建设资金。兰州市市委、市政府召开全市互助院建设推进会议，建成城市社区日间照料中心62个，农村互助老人幸福院73所，完成目标任务的140%，在全市开展了“一企帮一村”“感恩行动”等光彩事业捐建活动，捐款410万元，为农村互助老人幸福院提供建设资金。酒泉市新建成农村互助老人幸福院53所，新增床位627张，使全市农村互助老人幸福院达到78所，农村互助老人幸福院覆盖率达17.85%。张掖市共建成农村互助老人幸福院77所，统一制订了《幸福院院长职责》《炊事员职责》《服务员岗位职责》《院民守则》《院民互助制度》等12项制度。据初步统计全省有1 327所幸福院投入使用，设置养老床位15 924张，有15个县区建成幸福院30个以上，床位300张以上。

（二）加强农村老年协会组织建设。按照全国老龄办加强农村基层组织建设的要求，2013年省老龄办突出抓以村两委会为核心的村老年协会组织建设。在工作中充分发挥县区老龄办的督查指导作用，乡镇老龄委的统筹协调作用，村党支部和村委会的领导核心作用。村老年协会会长由村党支部书记担任，村委会设置老年委员负责老龄工作，老年协会领导班子由老党员、老村干部、老劳模、老退伍军人和德高望重的老年人组成，定期不定期召开会议。不断加强村老年协会制度化、规范化建设，以此为平台，组织老年人开展科技推广、经济发展、环境治理、文体娱乐、维权保障、纠纷调解等活动。全省已有75%的村委会建立了老年人协会组织。国家“老龄事业发展十二五规划”检查评估组，对我省基层老年人协会组织工作给予了充分肯定。

（三）“敬老文明号”创建活动取得成效。全国开展敬老文明号活动以来，省委、省政府分管领导高度重视，从领导机构、创建范围、目标要求，方法步骤等逐项审定，做出精心组织，抓出实效的重要批示。省老龄办确定了“11234”创建计划：即1个系统（全省老龄系统）、10个行业（城建、司法、交通、教育、卫生、广电、电信、新闻出版、旅游、体育）、20个养老机构（含涉老社团组织）、30个老龄委成员单位、40个企事业单位（含大专院校、科研院所）先行组织实施，并召开了4次不同类型的推进会议。有33家单位联合向全社会发出开展敬老文明号创建活动的倡议。省老龄办组成工作组，到兰州、白银、甘南等市州县区进行动员部署和指导。提出了创建活动与政策法规建设相结合、创建活动与学雷锋等自愿服务相结合、创建活动与建立长效机制相结合、创建活动与孝亲敬老典型宣传相结合、创建活动与双联行动相结合的措施。省交通厅、兰州石化公司、金川公司、白银公司等部门开展了窗口优质服务和“一对一”志愿帮扶，兰州铁路局将创建活动引伸到京广沪车队，纳入客运列车文明服务考核范围。今年，各地把创建“敬老文明号”与“敬老月”活动相结合，开展了各种形式的为老年人做好事工作。省老龄办慰问了百岁寿星和夕阳红老年餐厅，兰州、嘉峪关为70岁以上老年人办理了免费乘座城市公交车敬老卡12万张。嘉峪关、定西等市实行了60岁以上老年人乘座城市公公交车优惠，全省落实了90岁以上高龄津贴发放，有37个县建立了80～89岁老年人高龄津贴政策。

（四）组织老年科技专家开展“银龄行动”。“银龄行动”是我省老龄工作亮点之一。今年召开“银龄行动”十周年座谈会并编辑画册资料汇编。我省经验做法在全国银龄行动十周年座谈会上重点发言交流。省老龄办组织医疗专家在临夏州人民医院义诊会诊，开展了技术指导；老教授协会和兰州大学离退处在临洮县送书送电脑，开展文化援助；农业专家在永靖开展科技援农，技术指导，举办培训讲座11多次，组织老专家在民政厅双联村针对当地气候和地理状况，提出种植百合、发展养羊和劳务输出三个脱贫致富项目，组织农业专家指导百合病害防治与栽培；省老年学学会利用国家为老服务项目资金，组织医务人员为村民进行免费体检，为351户老年人家庭购赠了电子血压计；在城关区盐场堡、郑家台和养老机构共为2 000名老人体检，赠送《老年健康知识手册》和药品；兰州市组织专家开展20多场中老年人健康知识讲座和糖尿病预防知识讲座，听众达3 000余人，100多场现场义诊，接诊1万多人次，有近百人（次）的老年医务工作者参与了银龄行动；张掖市山丹县位奇镇创建夕阳红再就业基地，再就业的7位老人年工资1万元，每半年体检1次。金昌市老龄委成员单位创建了“金昌市老年人才库”，使老年人才资源得到很好发挥。各级老年组织充分发挥老同志“政治、威望、经验、时间、亲情”优势，组织老干部、老战士、老教师、老模范、老专家组成“五老”志愿队，参与社会管理服务，取得了经济和社会效益。

青海省

综　述

2013年，省老龄办紧紧围绕“党政主导、社会参与、全民关怀”的老龄工作方针，在督促落实老龄事业规划、落实老年优待政策、开展敬老活动、加强组织建设等重点工作方面，创新思路，改进方法，加大力度，有力推动了老龄事业的健康发展，促进了和谐青海建设。现将2013年工作情况作如下总结。

一、抓好《中共青海省委、青海省人民政府关于进一步加强老龄工作的意见》和第三次全省老龄工作会议精神的贯彻落实，积极应对人口老龄化，促进老龄事业持续协调发展

我办将抓好《中共青海省委、青海省人民政府关于进一步加强老龄工作的意见》和第三次全省老龄工作会议精神的贯彻落实作为今年积极应对人口老龄化，促进老龄事业持续协调发展的重要工作。于年初研究制定印发了《2013年全省老龄工作要点》，要求各地各部门认真贯彻党的十八大和省第十二次党代会精神，全面落实第三次全省老龄工作会议的工作部署，紧紧围绕加快“四个发展”和建设新青海、创造新生活的要求，主动适应人口老龄化新形势，以“意见和规划双落实年”活动为载体，以建立健全老龄战略规划体系、社会养老保障体系、老年健康支持体系、基本养老服务体系、老年宜居环境体系和老年群众工作体系为重点，创新老龄事业管理体制和机制，维护老年人合法权益，努力营造“敬老、爱老、助老”与代际和谐的良好社会氛围，推动老龄事业发展与“四个发展”进程相同步，努力实现“老有所养、老有所医、老有所教、老有所学、老有所为、老有所乐”目标，不断提升老年人生活质量和生活水平，让广大老年人共享经济社会发展成果。工作要点的印发使各地各部门进一步明确了工作任务和目标，有力地推动了老龄工作。同时，我们组织人员分赴全省 8 个市（州）及 18 个县（市、区）以召开座谈会、走访了解、实地查看、翻阅资料等方式对贯彻落实意见和会议精神的情况进行了督促检查。为积极应对人口老龄化，促进老龄事业持续协调发展，2013 年上半年，组织省、州（地市）老龄、民政负责高龄补贴工作的人员赴陕西省、北京市考察学习两省市高龄补贴制度的建立及运行情况。考察期间，考察组与两省市的有关领导及工作人员就如何进一步完善高龄补贴制度，严格规范申报、审核、发放程序，严格执行资金管理、监督、检查制度，建立高龄补贴发放信息平台和高龄老年人信息数据库等问题进行了座谈交流。通过考察学习，借鉴兄弟省市的先进经验和做法，为进一步完善我省高龄补贴制度，提高规范管理水平，我们报请厅领导研究批准研发了青海省老龄信息管理系统并投入运行。老龄信息管理系统是具有统一老龄人口数据、业务管理功能全面的管理信息系统。本系统共包括老年人口信息管理平台、老龄工作行政管理平台、老龄工作数据统计分析平台、老龄事业发展评估系统、老龄工作考核评估系统、老年人生活质量综合监测与跟踪评估系统、居家养老支持系统、人口老龄化态势监测系统等业务系统平台、老龄事业信息网站系统。建设老龄信息管理系统，对于全面掌握人口龄化信息和老年人生活状况，为党委政府决策提供科学依据，大力发展老龄事业和产业，具有十分重要的意义。

二、抓好《青海省老龄事业发展“十二五”规划》的督促检查，坚持党政齐抓共管，各部门分工协作，合力推进工作落实

为了推动《青海省老龄事业发展“十二五”规划》的落实，根据《全国老龄办关于对〈中国老龄事业发展‘十二五’规划〉执行情况进行中期评估的通知》精神，及省老龄办《关于印发青海省老龄事业“十二五”规划主要任务分解的通知》，省老龄办会同有关部门对青海省老龄事业发展“十二五”规划执行情况进行中期检查评估。8 月中旬至 10 月中旬，通过地方老龄办自查、成员单位自评、省老龄办抽查等方式对各地及成员单位老龄事业发展进行评估，并于 9 月 20 日之前形成各地各部门的自查报告。省老龄办根据各地、各部门的自查自评报告和抽查评估，形成青海省老龄事业发展“十二五”规划中期检查评估报告，并上报全国老龄办。这次评估客观实际地总结了《规划》实施以来我省老龄事业取得的成绩和经验，分析了存在的困难和问题，对今后工作提出了建议。

三、抓好 70 岁以上老年人高龄补贴的发放工作，认真贯彻落实青政办〔2010〕218 号、青政办〔2012〕242 号文件精神，规范档案管理，严格发放程序，保证按时发放

高龄补贴发放工作是群众关心、关切的重要民生工作。为了保证这项制度很好地贯彻落实，我们组织人员赴海东地区化隆县、乐都县、民和县，海南州共和县、贵德县，果洛州玛沁县、甘德县以及玉树州落实高龄补贴制度的情况进行了解，听取汇报，查看资料，走访高龄老人。在检查调研中对个别州、县仍存在领导对这项惠民政策认识不到位，工作不重视，工作人员不熟悉政策，发放程序不规范、档案资料较乱的现象。及时提出了整改意见，要求限期整改。通过调研，我们与基层负责发放高龄补贴的工作人员就如何做好高龄补贴发放工作进行了深入的沟通。在今年开发的老龄信息管理系统中，我们把高龄补贴发放平台建设作为重点。老龄信息管理系统运行后，各地已开始录入高龄补贴信息。将极大地提高工作效率。2013 年全省享受 70 岁以上高龄补贴的老年人 258 652 人，共发放资金 10 126.5 万元，其中省级财政配套 3 037.95 万元，州（地、市）、县（区）财政配套 7 088.55 万元。对于西宁、海东、海南等地 2012 年度漏登的 70～79 岁老年人 23 458 人，同时下拨了省级财政补助部分的资金。

四、继续开展“孝亲敬老主题教育”活动，大力宣传老龄先进，提高全社会尊老、爱老、助老的良好社会氛围

在农村牧区开展“家庭赡养协议书”的签订工作，明确赡养人的法定义务和社会责任，落实子女赡养老人的责任，有效维护老年人的合法权益。积极开展敬老爱老创建活动，重点关注高龄、空巢、患病老人，大力营造尊老敬老的社会氛围。包括年度“孝亲敬老”模范评选、“尊老敬老宣传月”、“贴心保姆”扶老助残志愿服务、“孝亲敬老”典型宣传、“心连心”感恩敬老、“情暖老人心”、“幸福一家亲，温暖小年夜”——关爱空巢老人、三代同乐家庭趣味运动会、美丽农家院等活动。同时，扎实做好 2013 年全省“敬老文明号”创建推荐工作。通过基层申报，各级老龄委审查，由省老龄委向全国老龄委组委会推荐了 11 个活动开展较好的地区和单位，参加全国“敬老文明号”创建活动先进单位评选活动，通过评比，青海省老年医院等 11 个单位被评为全国“敬老文明号”。

五、抓好基层老年协会工作，加强老年协会规范化建设，充分发挥老年协会的作用

截至目前，全省农牧区 4 170 个村（牧）中，共建立了 2 502 个老年协会，协会总数占行政村总数的 60%，农村老年协会会员 18.69 万人。全省城镇 413 个社区中，共计建立了 289 个老年协会，协会总数占社区总数的 70%，城镇社区老年协会会员 15.12 万人。作为基层老年群众组织，老年协会组织和带领广大老年人在促进当地经济发展、保持社会稳定，调节邻里家庭纠纷，维护自身利益，活跃文化生活，关心教育下一代等方面发挥了积极的作用。主要体现在，一是积极协助村（居）两委会工作；二是积极维护老年人合法权益；三是老年协会大力提倡老年人之间互帮互助，特别在对贫困老年人扶贫帮困；四是带头活跃当地文化生活，丰富老年人的晚年生活。

六、继续开展“银龄行动”，并做好总结工作

2013 年，老年科技志愿者共出动 489 人（次），组成 8 个工作小组，积极参与各项社会服务活动，为新农村建设发挥余热、他们深入到基层社区、中小学校、贫困家庭和田间地头，开展援医、援农（牧）工作，“银龄行动”专家组帮助西宁市四区三县引进示范新品种、新技术 162 个，推广品种新技术 63 项。送医到户，救治患病群众，送精神关爱到学校，帮助青少年健康成长，圆满完成年度工作任务，取得良好的社会效益，深受群众一致好评。

七、开展第四个“敬老月”的各项活动。向全省各地老龄委及各成员单位发出《关于开展 2013 年“敬老月”活动的通知》，要求广泛开展“敬老月”活动，并组织好《中华人民共和国老年人权益保障法》的学习宣传贯彻和第一个“老年节”的庆祝活动

在第一个“老年节”来临之际，省委常委、省政府副省长、省老龄工作委员会主任王晓慰问了西宁市 2 家养老机构和 5 名高龄老人。在《青海日报》刊出一期专刊，报道近几年我省老龄事业取得的新成就，宣传新修订的《中华人民共和国老年人权益保障法》颁布的重大意义，有关部门发展老龄事业的好做法、好经验，各地涌现的敬老爱老助老模范典型等。在青海电视台播发，青海日报、西海都市报刊发了《青海省老龄工作委员会致全省老年人的慰问信》。各地、各部门组织老年人相继开展了丰富多彩的系列活动。

八、加大政务公开工作力度，及时编发要情信息，按时完成督办事项，健全规范业务档案，落实保密政策

2013 年度，根据老龄办工作内容，加大政务公开力度，共编发《老龄工作简报》16 期，老龄办发文 18 期，老龄委发文 3 期，对业务档案及相关文件进行规范管理。根据《全国老龄办关于对〈中国老龄事业发展‘十二五’规划〉执行情况进行中期评估的通知》精神，对各地老龄委及成员单位的老龄事业“十二五”规划的执行情况进行督促检查，并对相关部门日常老龄业务进行监督检查，有效规范了我省老龄工作的开展及运行。

2014 年，我们将继续以实现“老有所养，老有所医疗，老有所学，老有所居，老有所为”目标，创新工作思路，突出协调督促，做好各项老龄工作。

一是协调配合有关部门做好老年人权益保障法的学习宣传贯彻工作，尽快启动《青海省老年人权益保障条例》的修订工作。

二是做好《关于进一步加强老龄工作的意见》的贯彻落实的督促检查工作，做好《青海省老龄事业“十二五”规划》的实施的督促检查。

三是督促各地严格按照程序做好高龄补贴的发放。

四是组织开展好“银龄行动”活动和“敬老月”活动。

五是做好青海省老龄信息管理系统的开发使用。

河南省

综　述

目前，全省 60 岁及以上老年人口 1 300 多万，占常住人口的 13.8%。老年人群体呈现基数大、增速快、高龄化、空巢化明显、未富先老等特点，迫切需要社会提供多样化、多层次的养老服务。2013 年，我省继续以满足老年人养老服务需求为目标，坚持“党政主导、社会参与、全民关怀”的老龄工作方针，优先发展社会养老服务，完善老龄政策法规体系，健全老年社会保障制度，大力发展为老社会服务，维护老年人合法权益，促进老年人社会参与，加大对老龄事业基础设施建设的投入，健全老龄工作体制，努力满足老年人不断增长的物质文化需求，推动老龄事业与经济社会统筹协调发展。

一、不断完善社会保障体系

（一）养老保险服务水平有了新的提高。一是城乡居民社会养老保险制度实现全覆盖。我省2011年12月着手谋划和安排这项工作，先后在人社系统和政府层面进行了深入动员部署，组织对未纳入国家试点范围的58个县（市、区）中的51个进行了集中调研，编写了全覆盖准备工作各个环节的指南，组织对58个县（市、区）的工作人员进行了培训，对37个县（市、区）进行了重点督导，约谈了部分地区的主要领导，强力推动全覆盖准备工作落实和各地准备工作整体推进。除国家重点扶持的西部边疆地区（2011年实现了全覆盖）和自费提前全面开展试点的省份外，我省第一个实现了城乡居民社会养老保险制度全覆盖。目前我省城乡居民社会养老保险参保人数达到6 763.7万人，其中领取待遇人数1 200万人，参保率达到95.3%，超全国平均水平近9.94个百分点。二是确保企业离退休人员基本养老金按时足额发放。截至2013年8月底，全省企业职工基本养老保险参保人数达到1 184.5万人，其中参保职工897万人，离退休人员287.5万人。同期，全省发放企业离退休人员养老金418.5亿元，按时足额发放率保持100%，并全部实行社会化发放。三是圆满完成2013年企业退休人员养老金调整工作。在普遍增加退休人员养老金的基础上，对退休较早、基本养老金相对偏低的人员给予适当倾斜，最大限度让企业退休人员分享经济社会发展成果。2013年调整前全省企业退休人员月人均养老金1 592.12元，调整后的月人均养老金为1 763.58元，增加171.46元。在保障和改善民生中发挥重要作用。

（二）医疗保险服务水平有了新的加强。一是不断提高医疗保险参保和保障质量。在重点抓好农民工、非公有制经济组织从业人员、灵活就业人员参保的基础上，努力解决各类关闭破产企业退休人员和困难企业职工参保问题。截至7月底，全省城镇医保参保人数2 251万人。同时，各地稳步提高居民医保待遇水平，居民医保财政补助由去年每人每年240元提高到280元，相关待遇水平也稳步提高。18个省辖市职工、城镇居民医疗保险（含大额医疗补充保险）的最高支付限额分别达到当地在岗职工平均工资和当地城镇居民可支配收入的6倍以上且不低于6万元；城镇居民医保政策范围内的住院费用报销比例达到70%左右。二是扎实做好居民大病保险试点。2013年3月26日出台了《河南省人民政府办公厅转发关于开展城乡居民大病保险工作实施意见（试行）的通知》（豫政办〔2013〕22号），对我省开展城乡居民大病保险工作作出整体安排。三是积极推动城镇医疗保险付费方式改革工作。对全省及省直医疗保险付费方式改革工作情况开展深入调研，就当前工作中存在的突出问题、采取的措施和下一步工作建设向有关省领导作了专题汇报，积极争取有关领导的重视和支持，推动了我省医疗保险付费方式改革工作的顺利进行。截至目前，已有16个省辖市开展医疗保险付费制度改革工作。

（三）不断完善老年人社会救助制度。农村“五保”老人和困难老人供养水平不断提高。全省“五保”老人有47.4万人，供养标准逐年提高，目前集中供养的“五保”老人，年人均供养标准为不低于3 200元，分散供养标准为不低于2 220元，集中供养率超42%。对独生子女或农村双女户家庭60岁以上老人，每人每年奖励不低于840元，对其中的困难家庭实施救助。洛阳、新乡、许昌、三门峡、商丘等市还参照全省奖励扶助制度，提前5至15年给予独生子女和计生双女父母每人每年200元至480元的奖励扶助金。还有部分市、县为实行计划生育的困难家庭购买了居家养老服务、养老保险、代缴合作医疗费用并采取对口帮扶等措施，改善了他们的基本生活条件。

二、积极推进社会养老服务体系建设

我省以“居家养老为基础、社区服务为依托、机构养老为支撑”的社会养老服务体系基本框架初步形成，不断扩大服务范围。

（一）着力政策创制。我省老龄部门主动向领导汇报，积极协调有关部门，出台了一系列的关于推进养老服务体系发展的政策。河南省人民政府办公厅印发了《河南省社会养老服务体系建设规划（2011—2015年）的通知》，河南省民政厅逐年下达年度养老服务体系建设项目任务，出台了《养老服务机构服务质量规范》（DB41/T802—2013）和《养老服务机构星级评定标准》（DB41/T801—2013）省级地方标准，《关于开展农村互助养老服务工作的指导意见》（豫民文〔2013〕159号），《河南省彩票公益金支持农村幸福院项目实施办法》（豫民文〔2013〕240号），《河南省养老机构设立许可管理办法》（豫民〔2013〕7号），《河南省政府购买社会工作服务实施办法》（豫民〔2013〕3号），贯彻落实《国务院关于加快发展养老服务业的若干意见》（国发〔2013〕35号）精神，出台了《河南省人民政府关于加快发展养老服务业的实施意见》（豫政办〔2014〕24号）。

（二）加快养老服务基础设施建设。一是争取项目推进建设。争取国家养老机构建设试点项目30个，争取中央资金2.7亿元，建设后可增加床位7 700多张。上报民政部、财政部农村幸福院建设项目2 192个，申请资金6 500多万元；二是加大资助鼓励建设。省福彩公益金资助养老服务1.8亿元，占本级福彩金的53%，分别用于社会化养老服务示范单位的奖励、爱心护理工程资助、农村幸福院、养老机构建设，信息化养老服务平台建设，养老护理人员培训等，17个省辖市出台了针对民办养老机构的补贴政策，大大鼓励了社会参与养老服务的积极性。三是树立典型提高标准。每年省民政厅根据年度计划开展有重点的养老服务社会化示范创建活动。目前，11个县（市、区）被民政部命名为“全国社会养老服务示范县（市、区）”、35个县（市、区）被命名为“河南省养老服务社会化示范县（市、区）”、160个养老机构、社区日间照料中心（托老站）、农村互助家园（幸福院）被命名为“河南省养老服务机构示范单位”。先后3次召开有关养老服务体系建设方面的推进会，指导各地加大推进养老服务体系建设。

截至2013年11月底，各类养老服务机构3 886个，养老床位约32.8万张，每千名老人拥有床位数25.13张；城市日间照料中心（托老站）940个，覆盖率21%；农村幸福院（互助家园）3 788个，覆盖率8%。

（三）进一步加强服务队伍建设。采取集中、远程培训等方式，为533家养老机构培训了1 200多名护理人员，组织职业资格鉴定考试12期，1 095人获得等级资格证书，考试合格率91.3%。组织102名养老服务机构院长参加民政部举办的培训。举办了四期老年社会工作岗位培训班，培训人员237名。举办了全省第二届护理员职业技能比赛，选拔了4名选手参加全国护理员职业技能比赛。在全国护理员的职业技能比赛中，我省荣获团体二等奖、4名选手均获得二等奖的好成绩。

三、信息化建设不断推进

“河南老龄网”正常运行中，河南省居家养老服务信息平台在积极推进。目前1个省级平台运营顺利，7个市级、7个县级“12349”为老服务信息平台已建成运营。

四、积极引导全社会尊老、敬老、助老意识

（一）发挥主流媒体职责，做好老龄宣传工作。通过新闻、专题等多种形式大力开展新修订的老年法、“敬老文明号”创建、敬老模范事迹等宣传活动。河南卫视《金色梦舞台》《大家说健康》《古方养生》栏目，新闻频道《金秋》《仲景养生》《健康中原》栏目，民生频道《金色大讲堂》《幸福来敲门》《健康河南》以及河南电台《603老朋友》栏目等，常态化地推出众多以老年人为主题、服务老年人的节目和晚会，为老年人提供了丰富健康的精神食粮。

（二）全面开展“敬老文明号”评选活动。按照《河南省“敬老文明号”创建活动方案》要求，指导各地开展各级“敬老文明号”的评选工作，按照广泛动员、逐级申报、公示等程序，命名表彰了50个第一届“河南省敬老文明号”。同时，郑州市老干部活动中心等48个单位荣获第一届全国“敬老文明号”荣誉称号。创建活动的开展，让老年人得到了实惠，让创建单位得到了效益，得到广大老年人和创建单位的拥护。

（三）扎实开展“敬老月”活动。根据《全国老龄工作委员会关于开展2013年“敬老月”活动的通知》要求，我省及时下发了《河南省关于开展2013年“敬老月”活动的通知》（豫老龄办〔2013〕13号），各地加强组织领导，突出活动主题，丰富活动内容，扎实开展“敬老月”活动，动员老龄委成员单位，开展老年法宣传一条街活动，法律咨询活动、专访慰问贫困老年人活动和志愿者为老服务活动等，从而带动社会爱心人士广泛参与、献爱心、送温暖、举办文艺节目、悬挂宣传标牌、发放图册等。据不完全统计，全省在宣传方面，悬挂敬老标语条幅27 044条，发放老年法、敬老宣传册等23万多本。全省各级政府慰问老年人80.7万人次，慰问老年人实物折合金额约1.2亿元，为老志愿服务31万多人次，开展义诊服务2 600多场次，开展健康咨询服务72 000多人次、法律咨询5 800多人次，开展家政服务共27 000多人次。

（四）引导老年人开展丰富多彩的文体活动。为丰富老年人精神文化生活，宣传老年人健康、快乐、时尚的精神状态和风貌，打造和谐美好的社会风尚，省老龄办、河南省电视台公共频道《金色时光》栏目等联合举办河南省老年舞蹈大赛等系列文化娱乐活动，在洛阳、新乡、平顶山等地设立十个分赛区，邀请专业评委从舞蹈编排、精神状态、现场表现等方面综合打分，选出优秀团队参加总决赛。评选出30支优秀舞蹈团队和22名优秀个人选手；河南省老龄办、河南省体育局、河南省老年人体育协会举办了“2013年河南省老年人太极拳剑比赛暨第二届全国老年人体育健身大会选拔赛”，全省18个省辖市和2个行业老年体协21支代表队210人参加，决出了40个集体项目和320多名个人单项的全部奖项，21支代表队荣获体育道德风尚奖，21名运动员获体育道德风尚奖；各级老龄部门积极协同宣传、教育、体育、文化、卫生、工会、共青团、妇联等部门，充分发挥了各自职能优势，开展河南省老年舞蹈大赛、文艺晚会、老年声乐大赛、老年节健步走、“老健美”书画摄影展、扑克、棋类及各种老年球类比赛活动，丰富了老年人业余文化生活等活动。全省共开展文体活动7 834场次，开展文艺义演2 424场次。

（五）不断加大老年维权力度。新修订的老年法实施以来，省老龄办下发了《关于学习宣传贯彻〈中华人民共和国老年人权益保障法〉的通知》、河南省民政厅下发了《关于学习宣传贯彻〈中华人民共和国老年人权益保障法〉的通知》，各地各有关部门通过各种形式，广泛开展老年法进机关、乡村、社区、学校、企业、单位的宣传教育活动，全社会掀起了从学法、懂法、守法延伸至爱老、敬老、助老的社会新风尚，增强了老年人的维权意识。各地普遍设立了老年人合法权益巡回法庭、老年人维权岗等，为维护老年人的合法权益提供便捷平台，提供专业、便捷的服务。“十二五”以来，处理涉老案件5 764起、接待老年人来访3万余人次、来信1 000余件，电话咨询1万余人次，调解涉老纠纷3 000余起，防止了“涉老”矛盾的激化，维护了社会稳定。

（六）不断完善老年人优待政策。省辖市、直管试点县（市）普遍出台了老年人优待办法，从旅游景点、公共交通、医院、各类服务窗口等都体现了对老年人的优待。大力推进了80岁以上高龄补贴制度。目前全省百岁老人高龄补助金全面落实，补贴标准每人每月从100～500元不等；10个省辖市、县（区）出台了90岁以上高龄补贴制度，标准从10～200元不等；7个省辖市9个县（市、区）出台了80岁以上老人的高龄补贴制度。目前，享受80周岁及以上老年人高龄补贴人数约39.9万人，享受居家养老服务补贴人数1.3多万人，享受机构养老服务补贴人数约8.2万人。

（七）老年人精神关爱得到重视和加强。一是老年教育得到了加强。充分整合社会公共资源，拓展精神关爱空间，利用社区、学校、村部等公共资源，因地制宜地办好老年学校，采取现场授课、远程教育等形式，广泛开展老年教育活动，让学员在快乐学习中体验晚年生活的幸福。目前，全省开设老年大学250多所，涉及书法、美术、文学语言、器乐、戏曲、体育舞蹈、计算机、卫生保健等50个专业，在校学员每年达5万余人，使“老有所学”有效得到保障。二是鼓励支持老年人参与社会。建立老年志愿者登记制度，组织老年志愿者深入社区及养老机构开展义诊、义演活动，鼓励支持老年人参与社会活动。目前开展义演活动1万多场次，“老有所为”得以倡导，老年志愿活动逐步成为社会新风尚。

（八）努力构建社会助老环境。为加快推进无障碍设施建设和改造，方便老年人出行和参与社会活动，省下发了《河南省无障碍建设“十二五”实施方案》，2013年省住房和城乡建设厅、省民政厅、老龄办等5部门下发了《河南省开展创建无障碍环境市县工作实施方案》（豫建设标〔2013〕56号），加强对居住小区、园林绿地、既有道路、建筑物，特别是与老年人日常生活密切相关的已建设施的无障碍改造。积极营造全社会关爱老年人的无障碍建设氛围，继续开展全国无障碍建设城市创建工作。

湖北省

2013 年 6 月 30 日，省老龄办、武汉市老龄办联合在汉口江滩公园举办学习贯彻老年人权益保障法大型宣传活动。

2013 年 10 月 22 日，省委书记李鸿忠（左 2）、省长王国生（右 3）一行到武汉市江汉区福利院看望慰问老年人，并为百岁寿星过生日。

综　述

2013 年，全省老龄工作以邓小平理论和“三个代表”重要思想为指导，以科学发展观为统领，紧紧围绕党的群众路线教育实践活动和“学习十八大、争创新业绩”主题实践暨“三抓一促”活动，深入贯彻落实第三次全国老龄工作会议精神和省委、省政府《关于进一步加强老龄工作的意见》《湖北省老龄事业发展“十二五”规划》，切实转变作风，密切联系群众，抢抓机遇，克难攻坚，努力奋进，老龄事业再上新台阶。

一、党委、政府更加重视

一是及时研究部署老龄工作。2 月 21 日，省委书记李鸿忠与王国生、杨松、张昌尔等省领导一行，到武汉侨亚国际民营养老机构随机探访，指出要大力发展民营养老机构。8 月 9 日，李鸿忠与阮成发、傅德辉、梁惠玲、唐良智等省市领导，再访武汉市武昌区东亭社区看养老。8 月 20 日，李鸿忠书记在《光明日报》发表调研文章《老有所养是民生要计》。10 月 12 日，李鸿忠书记、王国生省长和阮成发、傅德辉、梁惠玲、唐良智等省市领导，专程到武汉市江汉区社会福利院看望慰问老年人，并送去慰问金和慰问品。省委常委、襄阳市委书记王君正，黄石市委书记周先旺、市长杨晓波，十堰市委书记周霁，孝感市委书记陶虹，鄂州市市长叶贤林，随州市委书记刘晓鸣、代市长郄英才等党政主要领导在“敬老月”期间亲自走访慰问老年人，出席当地开展的尊老敬老庆祝活动。荆门、黄冈、恩施、仙桃等市州的党政领导或走访慰问老年人，或参加“敬老月”活动。孝感市委市政府表彰、奖励十佳孝子；将“广泛开展‘十大孝子’‘十大孝亲敬老小天使’‘敬老文明号’评选活动，争创湖北省‘敬老模范城’、提升老年人幸福指数”纳入市委市政府制定的《大力推进“五个跨越”加快建设“五个城市”纲要》中。二是进一步出台老龄工作政策措施。省政府印发了《关于加快发展城乡社区居家养老服务的意见》。继去年荆州、襄阳、黄冈、咸宁、随州、仙桃、孝感、恩施、黄石、鄂州等地之后，今年又有天门、潜江、武汉 3 个市以党委、政府名义，出台了《关于进一步加强老龄工作的实施意见》；孝感市政府出台了《关于推进社会养老服务体系建设的实施方案》、恩施州政府出台了《关于推进养老服务业发展的意见》。三是政府为老年人办实事越来越多。省政府将“2013 年新建社区居家养老服务中心（站）和农村老年人互助照料活动中心 600 个”列入为民办十件实事内容予以重点推进。从 11 月 1 日起，湖北省老年人优待证实行免费办理。武汉、黄石、荆州、宜昌、襄阳、鄂州、孝感、黄冈、咸宁、天门、仙桃、潜江等市，政府确定为民办理的“十件实事”中，都包含了老龄工作方面的内容，其中武汉市涉及 8 个方面的惠老新政。

二、为老服务卓有成效

一是为老服务有新举措。全省各级老龄工作部门积极参与社会养老服务体系建设，结合当地实际，在为老服务方面进行了积极的探索和实践。武汉市新建居家养老服务中心（站）50个、农村老年人互助照料活动中心30个；为中心城区和新城区建制镇65周岁以上老年人免费发放社区居家养老服务求助信息系统“一键通”；建立65周岁以上老年人两年一次免费体检制度；65周岁以上老年人免费乘坐轻轨、地铁。从12月15日起，老年人优待证可在全市中百超市年审(充值)。黄石市开展农村互助式养老服务与农村老年协会协同发展试点；新建居家养老呼叫服务中心10个。宜昌市支持养老服务机构建设，健全社会和居家养老服务网络。襄阳市启动社会养老服务中心建设项目，开工建设襄阳道安老年公寓。孝感市城区公交系统使用敬老IC卡；加快建设市福利康复中心。咸宁市兴建市老年人活动中心。恩施州建立社区居家养老服务信息系统，为高龄、困难老年人免费发放了“一键通”；争取资金300万元，分别在恩施市、来凤县、巴东县各建设1个日间照料活动中心。天门市新建10个农村互助养老服务站，落实了65岁以上老年人免费乘坐公交车制度。仙桃市新建和改扩建社区服务场所20个。二是高龄津贴制度落实进展顺利。各地按照省委、省政府关于全面建立80岁以上高龄老人津贴制度的要求，千方百计做工作，取得了良好效果。据统计，全省有95个市、县、区初步建立并实施了高龄津贴制度，享受高龄津贴的人数约49.6万人，年发放经费近3亿元。其中从80岁开始全面实施高龄津贴的有64个市县区：十堰、宜昌、鄂州、随州、潜江所属县市区全部落实；武汉市的8个区，大冶市，襄阳市的5个区，孝感市的6个市县，黄冈市的10个县市区，咸宁市的3个区市县已经落实。从85岁起开始发放高龄津贴的有9个市县区。从90岁起开始发放高龄津贴的有22个市县区。三是基层老年协会建设稳步推进。全省老龄办主任暨基层老年协会建设现场会后，各地克服困难，抓点带面，大力开展基层老年协会建设，按照“五有要求”，建立组织，落实阵地，健全制度，开展活动。全省目前已建立基层老年协会13 770个，其中农村老年协会11 164个，占行政村总数的44.86%；城市社区老年协会2 606个，占城市社区的75.38%。基层老年协会坚持自我教育、自我服务、自我管理，组织广大老年人积极参与社会管理，开展邻里互助、精神关爱、权益维护、家庭纠纷调解，组织开展文体娱乐活动，为服务空巢老人、关爱留守老人发挥了积极作用。四是助老帮困蔚然成风。“敬老月”期间，全省各级组织近6万名医疗志愿者，为高龄、特困、空巢、失能和半失能老年人提供免费咨询40余万人次，举办老年健康知识讲座300余场，减免费用900多万元。各级各部门慰问老年人66万余人次，并向民办养老机构和基层老年协会延伸，发放慰问金1 400多万元、物品价值约1 000多万元。省慈善总会在省直机关开展了“百院千叟享晚年”、“慈善一日捐”活动，募集100万元在全省100所农村福利院建立护养专区，为1 000名重病失能孤寡老人提供一对一关怀服务，向1万名老区困难老人每人赠送1双棉袜。省卫生计生委开展“服务百姓健康行动”大型义诊活动，组织120多个义诊小分队，开展为敬老院老年人送健康活动，免费发放常用药品，提供咨询和义诊，发放医疗卫生宣传资料。武汉市举办首届“社工敬老月”，百名专业社工带领2 000名社区志愿者，为江城万名老人提供康复、护理、精神慰藉等免费服务。黄石市举办“老年健康知识讲座”。襄阳市举办首届老年用品博览会，引进百家企业，提供千种产品，惠及广大老年人。荆州市开展“爱心助老1+1”关爱空巢老人志愿服务行动，为困难空巢老人提供心理抚慰、健康保健、应急救助等志愿服务；市老年病医院开展义诊活动，为180多名高龄老人免费体检，为1 000多人次老人义诊，送“孝心卡”300余张，减免费用近10万元。荆门市康复医院开展敬老义诊活动，为200多名老年人免费义诊。咸宁市组织50多名志愿者为咸安横沟福利院老人开展“金秋重阳·我为老人洗洗脚”活动。支持协助中国红十字会总会事业发展中心在我省10家民办养老机构开展“曜阳失能老人关爱行动”试点，通过统一装修样板间、赠送急需物资、培训院长和护理员，得到民办养老机构的肯定和老年人的欢迎。

三、宣传教育广泛深入

全省各地老龄工作部门通过多种有效形式，广泛开展尊老敬老宣传教育，努力营造良好的尊老敬老社会氛围。一是深入学习宣传老年法。年初计划安排工作时，就将学习宣传贯彻新修订的老年法摆到重要位置，以省老龄委1号文件下发宣传贯彻通知。从5月份起，省老龄办与省广播电台在《老年天地》连播6期，对新老年法逐条逐文进行解读；在《楚天都市报》、省人民政府网、荆楚网、老人坊等报刊、网站全文刊登老年法；联合武汉市老龄办联合在汉举办学习贯彻老年法大型宣传活动；举办全省老龄系统学习贯彻老年法培训班，对全省140多名老龄工作者进行系统培训，编印3万余份宣传手册发放全省各地；办领导参与湖北电视台《新闻轻松谈》《新闻连连看》等直播节目，宣传解读老年法。各地高度重视，将宣传老年法列入年度工作计划，采取一系列宣传措施，掀起学习宣传老年法的热潮。武汉、黄石、黄冈、孝感、襄阳、荆门等市以老龄委的名义发文，作出安排部署。黄石市委常委、常务副市长、市老龄委主任周蔚芬在《黄石日报》发表题为《贯彻实施老年法，建设温暖新黄石》的署名文章，向全市人民学习贯彻老年法提出要求；在全市开展"福彩杯"老年法知识竞赛活动。荆门市将老年法列入"六五"普法重要内容；纳入"文明社区""文明单位"创建活动中；印发8 000份老年法和"湖北省老年人优待规定"宣传单，悬挂100多条敬老横幅。十堰市副市长张歌莺出席老年法宣传活动并发表讲话。襄阳市组织老年法宣讲专班14个。荆门市。黄冈市在黄冈电视台、公汽车载电视上反复播放老年法宣传片。武钢、东风汽车等大型企事业单位利用电子大屏幕，滚动宣传老龄政策。通过报刊、广播、电视、网络等媒体集中宣传老年法，形成强大宣传声势，营造出处处可闻、家喻户晓的浓厚氛围。二是大力表彰敬老先进典型。全省各级老龄工作部门组织开展了一系列评比表彰活动。省老龄委命名了698个湖北省"敬老文明号"；省老龄办联合省科协评比表彰了"老有所为科技贡献奖"先进个人90名；联合省人社厅表彰了"湖北省老龄工作系统先进集体"15个、"湖北省老龄工作系统先进工作者"20名。武汉市开展了老龄工作五星模范单位评选；孝感市举办了第七届十大孝子表彰活动，并邀请全省道德模范到孝感参加座谈会，向全市发布敬老倡仪书；大冶有色金属有限公司表彰了老有所为退休职工、孝亲敬老好儿女和老年温馨家庭。据不完全统计，全省各级表彰"敬老文明号"、杰出老人、敬老楷模、敬老先进单位近万个，在全社会形成了敬老人、比孝心、学楷模的良好风尚。三是广泛开展尊老敬老宣传教育。"敬老月"期间，广泛开展各种行之有效的宣传教育活动，积极营造尊老敬老爱老助老的良好社会氛围。省老龄委向全省老年人发了慰问信。省老龄办主要领导通过"老年维权热线"节目，宣讲新修订的老年法。湖北电视台在10月12日播出了"创新机制，不断提升老年人社会福利水平"专题新闻。湖北日报于10月13日拿出3个专版，大篇幅宣传老龄工作，报道老年先进典型。湖北卫视、垄上行、湖北经视、湖北综合等频道集中时间大力弘扬敬老文化，宣传老年优待政策落实情况，反映广大老年人的精神风貌。湖北广播电视总台《枫林漫步》《老年天地》栏目连续组织系列宣传专题，积极营造尊老敬老良好氛围。宜昌市举办了"贯彻老年法，关爱老年人"文艺晚会。据不完全统计，"敬老月"期间，全省各地各部门主流媒体开办专栏专版96个，新闻近万条，印发各种宣传手册6万多份、彩图4万多张，张贴海报3万多张、标语2万多条，机关企事业单位开办涉老宣传栏、板报900多个。

四、调研维权工作扎实

今年以来，围绕老龄工作的热点、难点问题，办领导分工负责，重点开展了湖北人口老龄化现状、居家养老服务发展状况、民办养老机构发展状况等课题的调研，形成的调研成果得到省领导的肯定和批示，分别在省委、省政府《调查与研究》《政府调研》等党政内部刊物和主流媒体上刊登，在全国老龄办组织的优秀调研成果评审中，获一、二、三等奖各1篇。全省各地立足当地实际，突出工作重点，深入开展调查研究，积极为党委、政府做好老龄工作出谋划策。各地共撰写各类调研报告和理论文章100余篇，部分调研成果已转化成惠及广大老年人的政策措施，产生了很好的社会效果。继续与湖北广播电台合作办好《老年维权热线》栏目，全年直播节目24期，为老年听众答疑解惑；高度重视老年信访工作，认真接听来电，耐心接待来访，及时回复来信，做到事事有回音，较好地维护了老年人的合法权益；举办全省老年信访工作培训班，提高基层老龄工作者的信访工作能力。各级及时认真办理人大建议和政协提案回复工作。组织开展法制教育，发放老年法读本和挂图，使老年法条文家喻户晓；办好"12·4"法制宣传活动。

五、老年人参与社会活动广泛

一是继续组织老年科技人才开展"银龄行动"。在各地申报的基础上，安排补助经费60万元，在25个县市区开展了"银龄行动"。各地充分利用"银龄行动"这一平台，组织老年科技人才，为人民群众特别是老年群众办好事、做实事、解难事，促进农村经济发展，扩大社会影响，活动效果十分明显。据不完全统计，全省各级老龄部门组织开展送医送药活动95次，义诊7 300多人，送药价值20余万元；组织农业科技培训20余场，发放技术资料上千份，受益群众近2万人；组织文艺志愿者956人次，下乡演出79场，观众2万余人次。二是广泛开展老年文体娱乐活动。在全省开展了第八届中老年才艺大赛，1 000多名老年人汇聚黄石参加决赛。省老体协在襄阳市举办全省中老年人柔力球比赛，22支代表队的273名中老年运动员参赛。武汉、黄石、十堰、荆州、宜昌、襄阳、鄂州、荆门、孝感、黄冈、咸宁、恩施、仙桃、神农架等地举办了大型老年文体展演或竞赛活动。武钢举办第二十三届金秋敬老月文艺表演活动和门球比赛。葛洲坝集团举办了"同心共筑中国梦"离退休人员文艺汇演。江汉油田为175名年满70、80、90周岁的老寿星举办集体祝寿活动。华中师范大学、武汉理工大学开展了群众喜闻乐见的老年文体活动。据不完全统计，全省各市、州、县举办不同形式的老年文体活动1 000多场次，参加演出的老年人达8万多人次。三是组织老年人参加全民阅读活动。根据省全民阅读活动小组的要求，于4月发文开展老年人读书有奖征文活动，在机关网站开辟专栏，接收各地老年人投稿，收到作品近百篇。经评审，共评出一等奖3篇，二等奖6篇，三等奖10篇，优秀奖20篇；将获奖作品汇编成册，发放各地学习交流。各地老龄工作部门通过不同形式，广泛动员老年人参加全民读书活动，举办老年读书专栏、板报，展示广大老年人的学习成果，激发了广大老年人关心国家建设，参与社会发展的热情。

六、机关建设进一步加强

在各级党委、政府的重视下，全省老龄系统机关建设得到进一步加强。经省编办批准，成立了省老龄问题研究中心，明确全额拨款事业编制8名。省老龄办按照省委党的群众路线教育实践活动统一部署，党组高度重视，周密组织，扎实推进，圆满完成各个环节工作，机关工作作风、密切联系群众方面取得明显成效；举办湖北省老年人优待证办证培训班，更新办证设备，改进办证方式，提高办证效率；改版网站，丰富内容和功能。武汉市老龄办经市委批准成立了党组，健全了老龄工作组织机制。孝感市改善市老龄办办公条件，由60平方米增加到200多平方米。恩施州将州老龄办常务副主任高配为副县级，增配1名工作人员，核定工作经费20万元，纳入财政预算。荆州、襄阳、仙桃等市老龄办增加了专职工作人员。各市州老龄办工作经费和事业经费普遍有增加，工作体制机制在向好的方面转变。

重要会议和活动

【全省老龄办主任暨基层老年协会建设现场会】3月29日，全省老龄办主任暨基层老年协会建设现场会在黄梅县召开。会议表彰了全省老龄信息报送工作、全省老龄调研工作、全国老年人口追踪调查工作的先进典型和优秀成果，交流了老龄工作经验，全面总结了2012年全省老龄工作，分析了基层老年协会建设的形势，安排部署了2013年工作。全省各市、州、直管市、神农架林区老龄办主任（部分市州民政局分管局长）和综合科科长，部分县市区老龄办主任以及省老龄办机关各处负责同志约60人参加了会议。省老龄办党组成员、副巡视员王建楷主持会议，党组成员、副主任尹本武安排部署基层老年协会建设推进工作，党组书记、主任刘长斗出席会议并讲话。

【老年人权益保障法学习培训班】6月25至27日，省老龄办在武昌举办新修订的老年人权益保障法学习培训班。刘长斗主任出席培训班并作动员，省人大内司委副主任委员孙少衡、省老龄办副巡视员王建楷、维权调研处处长田莹就老年法修订的背景、意义及热点、亮点问题分别进行解读。来自各市州县的老龄工作者120多人参加了培训。

【省老龄委成员单位联络员会议】8月12日，省老龄委成员单位联络员座谈会在武汉市武昌区召开。会议回顾了去年以来全省老龄工作取得的成绩，对新修订的老年人权益保障法进行了解读。各成员单位联络员交流了今年以来本部门开展老龄工作的情况，对进一步做好老龄工作提出意见和建议。除因工作特殊情况未能到会外，省老龄委26个成员单位的联络员出席了会议。会议由省老龄办王建楷副巡视员主持，刘长斗主任出席会议并讲话。

【省主要领导看望慰问老人】10月12日，省委书记李鸿忠、省长王国生和阮成发、傅德辉、梁惠玲、唐良智等省市领导，专程到武汉市江汉区社会福利院看望慰问老年人，并为百岁老人过生日。省老龄办刘长斗主任陪同参加活动。

【全省老龄工作调研会】11月8日、13日，省老龄办在鄂州、襄阳两地分片召开了老龄工作调研会。会议交流了湖北省老龄事业发展“十二五”规划中期评估、贯彻落实省委21号文件、“敬老月”活动开展、基层老年协会建设推进、老年法宣传贯彻、全国全省“敬老文明号”创建工作等情况，听取了各地对进一步做好全省老龄工作的意见和建议，分别参观了鄂州市基层老年协会建设、襄阳市老年文化建设等情况，对2014年全省老龄工作作了初步安排。各市州老龄办主任、综合科长，省老龄办机关处长和有关工作人员参加会议，省老龄办王建楷副巡视员主持会议，刘长斗主任出席会议并讲话。

【全省老年信访老年优待证办证工作培训班】11月21日，省老龄办在武汉举办全省老年信访老年优待证办证工作培训班。来自全省17个市州，80多个县、市、区从事老年维权信访工作及优待证办理工作的100多名基层老龄工作者参加了培训。省老龄办王建楷副巡视员作开班动员，尹本武副主任为培训班作总结讲话。

各项业务进展

【开展湖北省老龄事业发展“十二五”规划中期评估】根据省政府和全国老龄办要求，制定了《湖北省老龄事业发展“十二五”规划评估指标体系》，对老龄事业发展“十二五”规划执行情况进行了中期评估。从评估情况看，多数指标已提前完成。在养老保障方面，城乡社会养老保险实现全覆盖，参加城镇基本养老保险人数达 1 171.4 万人，超出目标 17.4 万人；城乡居民养老保险参保人数 2 271 万人，综合参保率 98.38%，提前完成规划目标；企业退休人员月人均基本养老金 1 800 元，年均增长 16.4%，超过目标值 9.4 个百分点；294.5 万企业退休人员纳入社区管理服务体系，占 83.8%。城乡困难老人基本生活得到有效保障，城市低保对象人均保障标准 370 元/月，农村低保对象人均保障标准 2 025 元/年；农村“五保”对象集中供养和分散供养标准分别为 3 216 元/（人・年）和 2 347 元/（人・年）；农村计划生育老人奖励政策覆盖率达到 100%。在医疗保障方面，城镇职工基本医疗保险覆盖率达 95%以上，新农合参合率达 99.2%，职工医保、城镇居民医保住院费用报销比例分别达 76.5%、70.05%。医疗救助力度加大，低保、五保对象普遍得到资助；住院救助起付线取消，政策范围内自费救助率达 52%；社区卫生服务机构普遍建立，65 岁以上老年人健康管理率达 92.2%，慢性病规范化管理率为 42.1%。在养老服务方面，全省城乡养老机构 2 572 个，养老床位总数 23.6 万张，建立城市社区居家养老服务中心 1 315 个，农村老年人互助照料活动中心 1 941 个，日间照料床位 10 007 张，每千名老年人拥有养老床位约 28 张，基本实现了城乡“三无”“五保”对象自愿条件下的集中供养目标。争取全国老龄办补助经费 93 万元，进一步推进基层老年协会建设，全省共建立基层老年协会 13 770个，建会率达 60.12%，其中农村老年协会 11 164个，占行政村总数的 44.86%；城市社区老年协会 2 606 个，占城市社区的 75.38%，利用老年协会，服务空巢老人，关爱留守老人。争取全国老龄办补助经费 105 万元，继续开展居家养老服务信息平台建设试点工作，养老服务产业化格局逐步形成。在老年居住环境方面，城市新建公共建筑（设施）无障碍率达 87%；新建居住建筑（小区）无障碍率达 71%；城市道路（广场）无障碍率达 76%；养老机构（设施）无障碍率达 90%。

【加快实施高龄津贴制度】根据省委省政府《关于进一步加强老龄工作的意见》要求，大力推进高龄老人津贴制度落实。2013 年底，全省有 95 个市、县、区建立并实施了高龄津贴制度，享受高龄津贴的人数约 88.23 万人，年发放经费 3.7 亿元。其中有 69 个县市区从 80 岁开始实施高龄津贴，8 个县市区从 85 岁开始实施，18 个县市区从 90 岁开始实施。

【维护老年人合法权益】新修订的《中华人民共和国老年人权益保障法》自 7 月 1 日实施。全省各级老龄工作部门组织开展了大规模的老年法律宣传活动，使老年法内容家喻户晓，强化社会老年法律意识。从 11 月 1 日起，免费为老年人制发湖北省老年人优待证。督促各地全面落实老年优待政策，全省 500 多条公交线路、近 1 万台公共汽车向老年人提供免费优待；3 439所医院免收普通门诊挂号费；202 个景区景点、147 座纪念馆（博物馆）、681 个宗教活动场所减免门票；5 680 户得到天然气初装费优惠、1.53 万户得到有线电视初装费优惠；15 万老年个体经营户年免征税费 2.5 亿元。层层开展老年维权检查和维权服务活动，为老年人提供法律咨询，帮助解决赡养纠纷等问题。省老龄办联合湖北广播电台举办《老年维权热线》栏目，全年直播节目 24 期，为老年人答疑解惑。

【加强老年思想文化建设】把离退休干部党支部建设纳入党的基层组织建设总体规划，统筹安排，分类指导，整体推进，为老年党员搭建组织活动平台；全省开办老年大学（学校）2 000 多所，开设课程 400 多门，在校学员 24 万多人，初步形成省、市（州）、县（市、区）、乡（镇）四级老年教育网络，加强老年教育，做好老年人思想政治工作，促进老年群体稳定。积极推动老年文化活动阵地建设，全省共建各类老年活动中心（室、站）1.3 万多个，组建各类老年文体组织 1 871 个，40 余万老年人经常参加活动。在全省组织开展老年人读书征文活动，举办中老年人柔力球比赛、第八届中老年人才艺大赛，组织参加第二届全国老年人体育健身大会。通过开展形式多样的老年文化体育活动，丰富了老年人的精神文化生活。

【组织老年人参与经济社会建设】安排补助经费 60 万元，在 25 个县市区开展“银龄行动”，组织老年科技、医疗、文化工作者，采取“打造银龄基地、送医送药送文化下乡”等方式，服务经济社会发展。开展第二届全省“老有所为科技贡献奖”评比表彰活动，评比表彰老有所为科技贡献奖一等奖 10 名、二等奖 20 名、三等奖 30 名。全省 4 万多名老年教育、科技工作者常年参与教学、科研、科普和科技成果推广等活动，成为推动经济发展的重要力量；30 多万老年志愿者常年活动在社区、农村，成为社会建设的生力军。

【开展“敬老月”活动】在全省深入开展第 5 个“敬老月”活动，通过多种有效形式，广泛开展尊老敬老宣传教育和主题实践活动，发动社会各界走访老年人，扶老助困，为老年人做好事、办实事。“敬老月”期间，省委书记李鸿忠、省长王国生等省领导专程到武汉市江汉区福利院看望慰问老年人；全省各级各部门慰问老年人66万余人次，发放慰问金1 400多万元、物资折款1 000多万元；各级组织近6万名医疗志愿者，为高龄、特困、空巢、失能和半失能老年人提供免费咨询、服务40余万人次，举办老年健康知识讲座300余场，减免费用900多万元；在基层窗口单位开展"敬老文明号"创建活动，首次表彰"湖北省敬老文明号"698个，其中53个被授予"全国敬老文明号单位"；全省各级表彰"敬老文明号"、杰出老人、敬老楷模、敬老先进单位近万个。通过这些活动，营造了浓厚的尊老敬老社会氛围。

【开展老龄问题调研】 围绕老龄工作的热点、难点问题，重点开展了湖北人口老龄化现状、居家养老服务发展状况、民办养老机构发展状况、农村养老服务体系建设等课题的调研，形成的调研成果得到省领导的肯定和批示，分别在省委、省政府《政策》《调查与研究》《政府调研》等党政内部刊物和主流媒体上刊登，在全国老龄办组织的优秀调研成果评审中，获一、二、三等奖各1篇。各地共撰写各类调研报告和理论文章100余篇，部分调研成果已转化成惠及广大老年人的政策措施，产生了很好的社会效果。

湖南省

综　述

2013年，全省老年人口持续快速增长，老年社会保障水平不断提高，养老服务体系建设稳步推进，老年权益保障力度进一步加大，各项惠老政策有效落实，老年文化、教育、体育事业日益繁荣，老年群众工作和社会管理不断创新。

一、老年人口基本信息

2013年末，全省常住人口6 690.6万人。其中，60岁及以上老年人口1 079.1万人，占全省常住人口总数16.13%，较上年度上升0.53个百分点；65岁及以上老年人口708.4万人，占全省常住人口总数10.59%，较上年度上升0.33个百分点。80岁以上高龄老人151.1万人，90岁以上高龄老人19.87万人，分别占60岁及以上老年人口总数的14%和1.84%。

2013年，全省共有百岁及以上老人1 843人，较上年同期减少5人。其中：男性369人，女性1474人；男、女性分别占百岁及以上老人总数的20%和80%。年龄最长者120岁，为女性。

2013年，全省有纯空巢老人318.8万人，占老年人口总数28.7%，完全失能的老年人口88.5万人，占老年人口总数8%，部分失能的老年人口136.9万人，占老年人口总数12.3%。

二、老龄事业发展状况

（一）养老保障。城镇职工基本养老保险。截至2013年底，全省参保的离退休人员达270.2万人，比上年增加26.5万人，增长10.8%，全年累计发放基本养老金496.6亿元。为2012年底前已办理退休手续的252.6万企业退休人员增加了基本养老金，月人均增加158元，增长11.4%，达到1 648元/月，顺利完成9年连调任务。城镇居民社会养老保险和新型农村社会养老保险。2013年，城镇居民社会养老保险（简称"城居保"）和新型农村社会养老保险（简称"新农保"）试点工作继续推进，全省122个县市区全部纳入国家"城居保"和"新农保"试点范围。"城居保"中，60周岁及以上领取养老金人数31.3万人，全年发放养老金2.1亿元；"新农保"中，60周岁及以上领取养老金人数856.9万人，全年发放养老金58亿元。农村计划生育家庭奖励扶助。2013年，全省农村计划生育家庭享受奖励扶助金的老年人达到29.9万人，标准不低于960元/年，全年共计发放奖励扶助金2.87亿元。贫困老年人社会救助。城乡最低生活保障。2013年，全省60岁以上的城乡低保对象90.65万人。其中，城市低保老年人33.65万，月低保标准为345元，月人均救助271元（含一次性生活补贴），比上年提高8.4%；农村低保老年人57万，年低保标准为2 090元，月人均救助119元，比上年提高14.6%。农村五保供养。2013年，全省农村五保供养对象51.4万人，分散和集中供养标准分别达到2 511元/年和5 134元/年，比上年分别提高396元和822元。农村五保集中供养率达到27%。城乡医疗救助和临时救助。2013年，全省包括老年人在内的城乡医疗救助达552万人次，发放医疗救助资金13亿元。农村"五保"老人、城市"三无"老人、低收入家庭中的老年人全部纳入医疗救助范围。全年救助包括老年人在内的城乡困难家庭（特别是低保边缘家庭）36万户。高龄生活补贴。2013年，全省各级政府为1 843名百岁老人发放长寿补贴771.55万元，为24.3万高龄老人发放高龄补贴1.8亿元。

（二）医疗保障。城镇职工基本医疗保险。2013年，城镇职工基本医疗保险参保人数799.3万人，比2012年增加1.7万人，其中退休人员257.5万人。全省城镇职工医保政策范围内报销比例达到80%以上。城镇居民基本医疗保险。2013年，包括老年人在内的城镇居民基本医疗保险人数1 516.9万人，比2012年减少27.4万人（含城乡统筹的农村居民）。全省居民医保政策范围内报销比例达到70%左右。基本医疗保险整体参保率稳定在95%以上。新型农村合作医疗。全省参加新农合的县市区达到112个，包括老年人在内的参合人数4 728.91万人，参合率达98.98%。新农合报销比例达到62.32%，统筹地区政策范围内住院补偿率为78.12%。医疗卫生服务。截至2013年底，全省医疗机构总数58 598个，其中医院798个，乡镇卫生院2 291个，村卫生室44 373个，社区卫生服务机构630个，老年病医院（康复医院、疗养院、颐养院等）21个，全省二、三级综合医院开设了老年病门诊或老年特色门诊。为686.84万老年人建立健康档案，占全省老年人口总数63.65%；为626.94万老年人免费健康体检，占全省老年人口总数的58.1%。

（三）养老服务。机构养老服务。2013年，全省新建和改扩建农村敬老院205所、县级社会福利院（福利中心、老年公寓）20个。全省有敬老院2 045所，五保之家1 821所，床位14万余张；综合性社会福利院140所，老年床位2.3万张；登记注册的各类民办养老机构138所，床位1.9万张。全省老年人养老床位占有率约为21‰。居家养老服务。2013年，全省继续推进居家养老服务社会化、市场化、产业化，进一步建立健全居家养老服务体系。省级福彩公益金投入资金1 200万元，建成省级乡镇居家养老服务示范点86个、村级示范点122个、社区示范点95个，累计服务城乡老年人120.9万；市县级财政、福彩公益金共投入资金1 675.3万元，建成市县级乡镇示范点131个、村级示范点228个、社区示范点164个，累计服务老年人272.7万；中央专项彩票公益金投入5 684万元，建成农村互助幸福院1 923个。社区养老服务。2013年，继续推进城市社区和农村中心社区（村）老年人日间照料中心建设。新建城市社区日间照料中心110个，农村日间照料中心230个，累计服务老年人5 021人；为老年人提供生活照料、医疗护理、心理慰藉、娱乐休闲等10多项养老服务。基本养老服务补贴。2013年，省委、省政府出台《关于分类指导加快推进全面建成小康社会的意见》（湘发〔2013〕6号），我省正式启动基本养老服务补贴工作，在全国范围内率先将基本养老服务补贴覆盖率纳入县市区全面建成小康社会考评指标体系，进一步加强了养老服务体系建设。

（四）权益维护。老年社会优待。2013年，发放老年人优待证49.7万本。全省13个市州出台了落实省委、省政府办公厅《关于进一步加强老年人优待工作的意见》（湘办〔2009〕67号）的实施意见。122个县市区落实65岁以上老年人免费乘坐城市公交车的规定，部分县市区进一步增加优待内容，扩大优待范围；118个县市区落实了城乡贫困老人、“五保”老人、“三无”老人和百岁老人丧葬费用减免规定；96.7%以上的县市区免费为特困老人办理公安系统证件、减免特殊老人的电话和宽带安装费；100%的公益性文化设施、风景名胜区和自然保护区等景点为老年人提供减免优待；100%的文化体育场馆为老年人提供优惠服务。老年人法律援助。继续依托各级法律援助机构开展老年人法律援助工作，对涉老案件遵循“三优先”原则，即优先受理、优先审查、优先指派。2013年，新增各级法律援助站195个。目前，全省有法律援助中心140个，法律援助站4 026个（其中依托老龄委设立法律援助站81个）。各级法律援助机构接待老年人来信来访2 681件（次），来信答复率98%以上；共办理涉老法律援助案件3 310起，同比增长4.2%，占全省法律援助案件总数的10%，为老年人优惠减免法律服务费用700余万元。

（五）老年群众工作和社会管理。老年文化。2013年，全省有各类老年合唱团、艺术团3 543个，常年参加活动的老年团员24.4万人。“欢乐潇湘”大型群众文艺汇演在14市州举行，全省1 700多个老年文艺团队参加演出，参演节目5 300多个，41个老年文艺节目获“优秀节目奖”。我省3支老年合唱团参加文化部“永远的辉煌”第十五届中国老年合唱节，荣获银奖2个和铜奖1个。老年教育。2013年，全省新建、改建老年大学59所，乡镇（街道）、村（社区）新增基层老年学校308所，新增学员3.27万人；截至年底，全省共有老年（老干部）大学277所，在校学员26.44万人（其中，全省市州级老干部党校10所、县市区级61所，开办率分别为71.4%和50%）；老年学校1 784所，在校学员24.01万人；老年教育网站和网页36个，老年教育电视栏目22个。老年体育。2013年，湖南省老年人气排球赛、湖南省老年人乒乓球赛、湖南省首届老年人广场舞俱乐部大赛等8个单项运动会，分别在长沙、湘潭、怀化等地举行，参赛老年选手达2 814人。目前，全省有县级及以上老年体育协会141个，乡镇级及以上老年体育协会2 000多个。全省有各类体育活动场地11 032个，经常性参加体育活动的老年人500多万人次。老年社会参与。2013年，全省老龄系统继续组织开展“银龄行动”，组织老年人在建言献策、调查研究、科技攻关、服务“三农”、科学普及等方面老有所为。据统计，全年参与“银龄行动”的老年知识分子10万多人，投身公益事业的老年人超过50万人，参与经济建设的老年人超过100万人，为我省经济建设、社会治理、环境保护以及关心下一代工作做出了积极贡献。基层老年协会。截止到2013年底，全省共建立农村村级老年协会31 084个，占全省行政村总数的75.4%；城市社区老年协会3 340个，占城市社区总数的67.5%，对维护老年人权益，参与社会公益事务，组织老年群众参与经济社会建设及开展文件活动做出积极贡献。

（六）老龄工作机构。全省市、县（市、区）老龄工作机构136个，工作人员355人。机构设置中，行政编制单位110个，参公事业单位18个，事业单位8个。老龄工作机构单列（独立）的15个，由民政部门代管的30个，为民政内设机构的91个。设立了老龄工作机构的乡镇（街道）2207个，占乡镇（街道）总数91.7%。

重要会议和活动

【2013年度全省老龄办主任会议召开】6月21日，全省老龄办主任会议在长沙召开。省民政厅党组成员、省老龄办主任陈毅华出席会议并讲话。各市州老龄办主任、民政局分管老龄工作的副局长以及省民政厅社会福利和慈善事业促进处处长参加了本次会议。会议部署了以下四项重点工作：一是第一届全国和省级“敬老文明号”评选推荐工作；二是百岁老人复核工作；三是新老年法普法宣传工作；四是城乡养老服务示范点建设。

【湖南省老龄办召开统计公报和“敬老月”活动方案新闻通气会】9月27日，“敬老月”前夕，湖南省老龄办召开新闻通气会。会议由省老龄办副主任刘宪铭主持，省民政厅党组成员、省老龄办主任陈毅华在会上发布《2012年湖南省老龄事业发展统计公报》，通报了湖南省2012年人口老龄化的基本形势、推动老龄事业发展所做的工作、取得的成绩以及未来全省老龄工作的六大方向。今年第一个法定全国“老年节”期间，全省以“贯彻老年法、造福老年人”为主题，将会开展以五大内容为主的“敬老月”系列活动。参加本次新闻发布会的有省老龄委主要成员单位、省老龄事业发展基金会、省民政厅以及长株潭老龄办的相关同志，以及湖南卫视、湖南经视、湖南广播电台、湖南日报、潇湘晨报、长沙晚报、快乐老人报、华声在线等省内主流媒体。

【2013年湖南省“敬老月”系列活动启动】10月11日上午，2013年湖南省“敬老月”活动启动仪式在长沙市举行。省政府副秘书长、省老龄委副主任虢正贵主持活动，省政府副省长、省老龄委主任盛茂林出席并宣布我省“敬老月”系列活动开幕。全国老龄办副主任肖才伟，中国老龄事业发展基金会副会长章国荣，中国老龄事业发展基金会秘书长张垒，省民政厅厅长、省老龄委常务副主任段林毅，省民政厅党组成员、省老龄委专职副主任、省老龄办主任陈毅华，长沙市委常委、常务副市长、市老龄委主任陈泽珲等出席。长沙市各区县市老年人和老龄工作者代表，长沙市养老服务机构和老年用品企业代表200多人参加活动。

【2013年中国（长沙）老年产业博览会、养老服务业博览会暨湖南首届老年人才智力交流洽谈会召开】为进一步推进湖南省老年产业、养老服务业发展，合理配置老年人才智力资源，2013年10月（敬老月），由中国老龄事业发展基金会、湖南省老龄工作委员会办公室、省民政厅、长沙市人民政府联合举办的中国（长沙）首届老年产业博览会，由湖南省人社厅、省民政厅、省老龄工作委员会办公室联合主办的“2013年中国湖南养老服务业博览会暨湖南首届老年人才智力交流洽谈会”在长沙举行。来自全国近20个省市近千家养老产品生产企业、养老服务机构、投资机构齐聚长沙，洽谈产业发展、异地式度假养老跨区域资源整合及社区居家养老服务等养老产业项目的对接合作。博览会期间，还举办了2013年全国异地度假式养老合作洽谈会、居家养老服务外包对接合作洽谈会、养老模式创新研讨会、老年诗词书画作品展、老年人才艺表演等多项活动。

【湖南省举办首届健康长寿老人、健康长寿之星评选】2013年10月10日，由湖南省老龄委办公室、省委老干部局、省卫生厅、省老年保健协会举办的湖南省“健康长寿之星”“健康长寿老人”评比表彰大会在长沙落下帷幕。本次活动旨在增强老年人的健康意识、自我保健能力和参与社会发展的积极性。此次评比对象的条件除了长寿，还必须健康。全省共评选出了100周岁以上的“长寿之星”10名，年龄最小的101岁，年龄最大的120岁；同时还有100位高龄老人被评为全省“健康长寿老人”。

各项业务进展

【养老服务补贴覆盖率纳入全省建设小康社会考评指标体系】 2013年8月，湖南省委省政府印发《关于分类指导加快推进全面建成小康社会的意见》（湘发〔2013〕6号），将基本养老服务补贴覆盖率纳入湖南省县市区全面建成小康社会考评指标体系，目标值大于等于50%，与基本医疗保险覆盖率共同组成衡阳县市区社会保障发展水平的指标，权重在中心城区和城乡符合发展县市区考评中占4%，在扶贫开发县市区占5%。这一举措，有力地促进了全省基本养老服务补贴和养老服务工作的开展。

【湖南省51个单位荣获第一届全国“敬老文明号”荣誉称号】 为树立典型，表彰先进，进一步弘扬尊老敬老的传统美德，推动社会涉老行业更好地为老年人服务，按照全国老龄委确定的表彰原则和全省“敬老文明号”创建活动实施方案，湖南省各市（州）、县（市区）从2012年起开始“敬老文明号”创建和评选表彰工作，2013年上半年启动第一届全省“敬老文明号”的评选和第一届全国“敬老文明号”的推荐工作，经过考核和公示，省级“敬老文明号”创建活动领导小组决定授予129个单位为第一届湖南省“敬老文明号”（表彰决定已下发）。2013年9月26日，全国老龄委印发《关于表彰第一届全国“敬老文明号”的决定》（全国老龄委发〔2013〕5号），授予湖南51个单位第一届全国“敬老文明号”荣誉称号。

【全省对落实国家和湖南省老龄事业发展“十二五”规划执行情况进行中期检查评估】 2013年8月，全省各地启动了对落实国家和湖南省老龄事业发展“十二五”规划情况的中期检查评估，要求各地各单位对“十二五”规划阶段性目标任务及所承担工作的完成情况认真开展自查。

12月2日至4日，由全国政协委员、《求是》杂志社原总编张晓林，全国老龄办副主任鲍学全带队的全国老龄委检查组一行，从老年社会保障、老年健康支持、养老服务体系、涉老环境、老年社会参与、老龄工作体系等六个方面对湖南省贯彻落实国家老龄事业发展“十二五”规划情况进行中期检查评估。总体来看，全省执行《中国老龄事业发展“十二五”规划》成效明显，各项“十二五”规划目标完成情况较好。在6个方面23项指标中，已完成和完成过半的指标有21个，占91.3%。其中，6个约束性指标完成了4个，完成率66.7%。17个预期性指标全部完成的有11个，完成过半的5个，较好地完成《中国老龄事业发展“十二五”规划》中期目标。

在执行《湖南省老龄事业发展“十二五”规划》方面，综合全省情况看，省老龄事业发展“十二五”规划评估指标体系（含国家指标）全部41项二级指标中，已完成或基本完成的指标有21项，完成过半的有11项。其中，在19个约束性指标中，完成或基本完成的有10项，占53%。在22个预期指标中，完成或基本完成的有12项，占55%。从各地情况看，省老龄事业发展“十二五”规划评估指标体系全部41项二级指标中，完成过半的市州有13个，占全省市州总数的92.9%，完成80%以上的市州有常德、湘西、郴州和湘潭等4个市州。

【湖南省老龄宣传工作受到各界关注】 2013年，湖南省老龄办认真贯彻落实省老龄委主任、副省长盛茂林关于老龄工作要主动发声等一系列要求，加大宣传力度，创新宣传形式，丰富宣传内容，着力营造全民关怀的社会氛围，推动全省老龄宣传工作取得了新进步。一是加大宣传力度，助推工作落实。把学习宣传贯彻新老年法列入“六五”普法重要内容，推动新老年法全面贯彻实施；召开2012年度老龄事业发展统计公报媒体通气会，全面展示老龄事业发展成果；协调省老龄委领导在主流媒体发表署名文章，借力营造孝亲敬老氛围。二是加强交流合作，创新宣传形式。承办2013年全国老龄宣传工作暨新闻媒体交流座谈会，宣传了全省老龄宣传的典型经验和做法；指导《快乐老人报》转型发展，完成期发量超过100万份的目标，位居全国各类报纸发行量第五位，丰富了广大老年人精神文化生活；联合《中国社会报》驻湖南记者站以“湖南积极应对人口老龄化系列观察”为主题发表5篇系列报道并配发一篇专题评论，受到各界广泛关注，产生了良好的社会效应。三是打造活动品牌，扩大社会影响。在“敬老月”期间，重点开展了湖南养老服务业博览会暨湖南首届老年人才智力交流会、关爱老年人健康周、金秋惠老慰问、微孝大爱等九大敬老爱老助老活动。这些品牌活动服务老人多、持续时间长、社会反响好，成为老龄宣传的重要抓手。民政部党组成员、全国老龄办常务副主任陈传书就湖南省老龄宣传工作作出批示：“湖南省积极应对人口老龄化的系列报道，有深度，有新意。不仅反映了湖南老龄工作的突出成绩，也为全国老龄工作提供可以借鉴的宝贵经验。”

【开展老龄调研和信息宣传工作评比】 2013年，全省继续组织开展老龄问题的调研和论文报告的撰写，共上报有效调研报告64篇；积极开展涉老信息的宣传报道，在网络和报纸、期刊等平面媒体上发布涉老信息近800余篇。9月，我省报送8篇调研报告参加全国老龄政策调研优秀成果评比，省老龄办《湖南农村老年社会保障现状和对策研究》、常德市桃源县老龄办《关于离退休人才资源再开发的对策与研究》分获2013年度全国老龄政策调研成果二等奖和优秀奖，省老龄办被授予优秀组织单位奖。在全省的调研和宣传评比中，湘潭市老龄办、株洲市老龄办，常德市老龄办等3个单位被授予老龄调研报告优秀组织单位奖，《湘潭市城乡公共养老服务体系建设研究》等18篇调研报告分获一、二、三等奖。郴州市、张家界市、永州市老龄办被评为老龄信息宣传工作优秀单位，罗解军等12名同志被评为老龄信息宣传工作先进个人。

广东省

综　述

2013年是全面贯彻党的十八大精神的开局之年，一年来，全省各级涉老部门在当地党委、政府的正确领导下，按照“党政主导、社会参与、全民关怀”的老龄工作方针，抢抓机遇，奋发进取，各项工作取得明显的成效。

一、老年社会保障制度逐步完善

各地不断加大养老保障工作力度。不断完善社会保障扩面征缴机制。截至2013年底，全省企业职工基本养老保险参保率87.1%，同比提高5个百分点；城乡居民社会养老保险参保率为99%，基本医疗保险参保率超过96%，基本实现人人享有养老和医疗保险的目标。同时，稳步提高养老、医疗保障待遇水平。企业退休人员月人均基本养老金达2 078元，累计增长了16.5%；城乡居民养老保险基础养老金提高至每人每月65元，增长18.2%；全省职工医保、居民医保政策范围内平均住院支付比例分别达到87%和75%，最高支付限额平均分别提高到37万和29万；全省14个市实施大病保险试点，对参保人个人自付医疗费用进行“二次补偿”。继续做好低保及“五保”工作。目前，全省城乡低保月人均补助分别达到281元、135元；农村五保年集中供养和分散供养人均标准分别达到6 700元、4 700元。退休人员社会化管理服务稳步推进，社区管理服务率达80.3%。

二、养老服务体系建设加快推进

以居家为基础、社区为依托、机构为支撑的社会养老服务体系建设全面推进。各地不断加大投人，积极构建养老服务体系建设。到目前为止，全省共有各类城乡养老机构2 856家，居家养老机构和日间照料设施2.1万个，城市社区“星光老人之家”8 036个，每千名老人拥有床位17.3张。城市居家和日间照料服务覆盖率达到76.4%，农村居家养老和日间照料服务覆盖率达到59.2%。

三、老龄战略研究和宣传工作取得丰硕成果

在全国老龄办表彰的2013年度全国老龄政策调研优秀成果中，深圳市老龄办获得优秀组织奖。我省老龄系统共有6篇论文获奖，其中，一等奖1篇，二等奖1篇，三等奖3篇，优秀奖1篇。各级老龄办通过举办各种培训班、知识竞赛，加深入对老年法宣传解读，使老年法家喻户晓，人人皆知。在“敬老文明号”创建工作活动中，广州市老人院等68个单位被全国老龄委评为全国第一届“敬老文明号”单位。在全国老龄新闻宣传作品评选中，省老龄办获得优秀组织奖，我省新闻作品获得三等奖一篇，优秀奖四篇。

四、老年维权和优待工作取得显著成绩

各级老龄工作部门以《中华人民共和国老年人权益保障法》颁布实施为契机，大力推进老年维权和优待工作。经省政府第十二届16次常务会议审议通过，《广东省老年人优待办法》从2014年3月1日起正式施行，为老年人的文体休闲、交通出行、卫生保健、精神文化生活等多方面提供了优待服务，标志着我省老年优待政策从此正式走上法制化轨道。到目前为止，全省已有14个地级以上市建立了标准不同的普惠型80岁以上高龄老人津贴制度。其中，广州、东莞把津贴发放范围扩至当地70岁以上老人。汕头、韶关、梅州、湛江、潮州、揭阳、云浮等7个市建立了80岁以上高龄困难老人津贴制度。据不完全统计，各地领取高龄津贴的老年人总数达到169万人，每年用于发放高龄津贴的资金达10亿多元。各地通过成立老年法律援助中心或事务所，开通服务热线，切实保障老年人的合法权益。省老龄办坚持每月一次法律咨询日活动，为一批老年信访群众妥善解决了难题。

五、老年人精神文化生活更加丰富多彩

在“敬老月”期间，省老龄办组织了万名老人登白云山、“关爱进社区·情满夕阳红”等老年文体活动。省老年基金会举办了广东省第四届党政军老领导暨名人书画作品展览；省老年文化协会举办了首届老年公园文化风采大赛；省老龄产业协会连续多年举办夕阳红老年人旅游活动。各级老龄办利用自身优势，积极开展具有地方特色的老年人文化体育活动。广州市利用高校的优势，搭建社区教育网络，为老年人提供国学、书法、茶艺等课程教育；东莞、清远市多年来一直坚持举办当地老年体育文化艺术节；珠海市连续举办五届珠澳中老年太极柔力球大赛；湛江、中山等市举办敬老尊老摄影比赛和老人运动会；梅州市评选“十大寿星”和“十对长寿夫妻”等等。在全省第五届老年文艺调演活动中，各地级以上市老龄委和省直各有关单位共报送节目 81 个，其中韶关市老龄办等 8 家单位获得了金奖，深圳市老龄办等 14 家单位获得了银奖，广州市老龄办等 20 家单位获得了铜奖。

六、老年人参与经济社会发展成效明显

各级老龄工作部门围绕“老有所为、老有所乐”主题，积极组织老年人参与经济社会建设。一是为政府决策建言献策，贡献智慧。如梅州市蕉岭县委托老专家，组织申报“世界长寿之乡”并完成相关验证工作，得到业界的普遍好评。二是银龄行动的援助范围越来越广。省老龄办会同省老科联组织开展“银龄行动”，从最初的单一医疗援助扩展到了现在科技、工业、农业、教育、医疗等多个领域，并越来越得到社会的认同。如郁南县教育部门通过连续两期老教授的智力帮扶，教学质量有了明显提高，高考升学率由以往垫底跃升至云浮市第三名。三是老年人在开展宣传教育、维护社区治安、调解邻里纠纷、开展互助服务、开展心理健康咨询、关心下一代工作等方面发挥了不可替代的积极作用。

七、老龄系统自身建设得到加强

一是积极凝聚各方力量加强涉老工作。各级老龄工作机构切实履行好自身职能，针对换届期间老龄委成员单位人员变动比较频繁的情况，及时做好调整充实人员的工作。如深圳市调整充实老龄委成员单位，形成支持老龄事业发展的强大合力；省老龄办加大人员交流力度，从厅相关处室和单位中抽调一些业务能力强的人员充实到省老龄办。二是以群众路线教育实践活动为契机，狠抓老龄干部队伍作风建设。去年省老龄办在开展群众路线教育实践活动中，把作风建设放在突出位置来抓，通过开展正面教育、批评和自我批评，聚焦“四风”，干部职工的作风明显好转，团结干事的劲头越来越足。三是积极开展各种学习培训，不断加强老龄干部队伍建设。各级老龄办结合老年人权益保障法宣讲，开展各式各样的培训学习，以会代训，进一步提高我省老龄工作人员的素质。

重要会议和活动

【举办全省老龄系统《中华人民共和国老年人权益保障法》学习培训班】6 月 20 日至 21 日，省老龄办在广州市华泰宾馆举办了全省老龄系统《中华人民共和国老年人权益保障法》学习培训班。全国老龄办副主任朱勇、全国老龄办政研部法规处处长张宝等有针对性地对老年法修订的背景、内容、特点进行了详细地解读阐释。

【召开省老龄委成员单位联络员座谈会】1 月 17 日，2013 年省老龄委成员单位联络员座谈会在省老龄办会议室召开。省老龄办主任陈瑞峰出席会议并讲话。省老龄委成员单位联络员约 30 人参加了会议。

【组织“关爱进社区、情满夕阳红”敬老助困活动】9 月 4 日，省老龄办在番禺区南村镇文化中心一楼举行“关爱进社区、情满夕阳红”敬老助困活动启动仪式。向 60 岁以上长者赠送粮油制品，并对 90 岁以上高龄长者进行走访慰问。

各项业务进展

【《广东省老年人优待办法》获审议通过】2013 年 12 月 4 日，广东省人民政府召开第十二届 16 次常务会议审议通过了《广东省老年人优待办法（草案）》。《办法》的出台，是广东省老龄事业发展中的一件大事，是增进老年人福祉的幸福工程，对于广东省积极应对人口老龄化、着力保障和改善民生、早日实现“三个定位、两个率先”的总目标具有重要意义。巩固、完善养老和医疗保险制度、老年人社会救助体系、适度普惠的老年人优待制度，让老年人共享改革发展成果，是实现老有所养、老有所医、老有所为、老有所学、老有所乐的必然要求，也是体现社会公平、维护社会稳定的关键所在。《办法》对老年人的文体休闲、交通出行、卫生保健、精神文化生活等多方面优待内容提供了法律保障，标志着我省养老服务政策走上了法制化和规范化的轨道。

【老年维权工作】全省各级法律援助部门对老年当事人提供减免费服务，对行动不便的老年人提供上门服务。人民法院对涉老案件实行优先受理、优先审理、优先执行，对较复杂和易反复的案件实行回访制度，对经济有困难的老年人实施司法救助。各级司法行政部门制定实施了律师、公证机构为老年人提供法律援助和法律服务的规定。全省大部分地区成立了老年法律援助中心、老年法律事务所，有的还开设了老年法律服务热线，为老年人的维权活动提供便利。省老龄办坚持每月一次法律咨询日活动，为老年信访群众处理了50多起案件。各地老龄工作部门加强老年人来信来访工作，妥善处理信访案件，及时化解矛盾纠纷，老年人的合法权益得到维护。

【老龄新闻宣传】广泛开展了“敬老文明号”创建活动，积极在各新闻媒体广泛开展宣传报道，着力抓好试点和先进典型，指导并推动“敬老文明号”创建活动深入开展。各地以开展“敬老文明号”创建活动为契机，不断加大老龄工作的宣传力度，在社会营造了尊老敬老爱老的良好氛围。

【第十期“银龄行动”】广东省第十期“银龄行动”在惠州市龙门、云浮市郁南两县全面铺开，主要有两个方面的内容：一是开展科技支农活动。共组织了18名农业老专家，分批对当地进行农业技术培训。涉及农作物包括蔬菜、水稻、柑橘、杨桃、粉蕉、茶叶、植保、养猪和养鸡等九个专业学科。发放技术资料1350份，参加培训人员达630多名。二是开展教育扶持活动。先后组织了9位老教授，对当地进行高考教学指导讲座，学科涉及语文、数学、英语和物理等主要课程。据不完全统计，两县教师共计250多人次参加了听课，受到了县教育部门的重视和毕业班老师的欢迎与好评。银龄行动”鼓励和引导老年知识分子积极参与社会发展，扩大了老龄工作的影响，提升了老龄工作部门的地位，为我省社会经济发展作出了新的贡献。

云南省

综　　述

2013年，在省委、省政府的正确领导和全国老龄办的指导帮助下，在省老龄委成员单位的密切配合下，全省老龄工作部门坚持以党的十八大、第三次全省老龄工作会议精神为指导，认真执行贯彻落实全国、全省老龄事业发展和社会养老服务体系建设“十二五”规划，以编制实施云南省“十二五”老龄规划评估指标体系为重要抓手，锐意进取、开拓创新、狠抓落实，我省各项老龄工作成绩显著，老龄事业得到了持续发展。

一、积极协调编制实施“十二五”老龄规划评估指标体系，推进老龄事业和养老服务体系规划的贯彻落实

今年，全国老龄办将我省列为开展老龄事业发展“十二五”规划评估指标体系编制工作的试点省份。省老龄办积极牵头组织云南财经大学城市与环境学院，认真对照《中国老龄事业发展“十二五”规划评估指标体系》的相关内容指标，结合我省各地经济社会发展现状和《云南省老龄事业发展“十二五”规划》和《云南省养老服务体系建设规划》提出的目标任务，及时向省老龄委成员单位和各州市老龄办收集相关数据，经过多次评审论证、反复修改完善，7月初制定下发了《云南省老龄事业发展“十二五”规划评估指标体系》。8月底，省老龄委组织成员单位领导带队，省人大内司委、省政府法制办相关领导和部分民主党派人士、高校学者参加的八个检查组，利用规划评估指标体系对16个州市贯彻执行《规划》情况进行评估检查，起草上报了中期评估报告。11月中旬，全国老龄委组织由全国政协法制委员会委员、中国社会科学院原副院长高全立和全国老龄办朱勇副主任带队的工作组，对我省贯彻《中国老龄事业发展“十二五”规划》情况进行了中期评估检查，对我省老龄事业发展取得的显著成绩给予了充分肯定，对加快推进规划目标任务的完成提出了要求。

二、组织召开第三次全省老龄工作会议和全省基层老龄工作推进会，全面部署安排老龄工作任务

为推动全省老龄工作的扎实开展，经过精心筹备，2013年1月8日，省政府在连云宾馆召开第三次全省老龄工作会议，各州市人民政府分管领导、民政局长、老龄办主任和省老龄委成员单位领导参加了会议，省老龄委常务副主任、省民政厅厅长王树芬同志作了工作报告，刘慧晏副省长出席会议并作了重要讲话。会议全面总结了五年来全省老龄工作成绩和经验，安排部署了今后几年的工作目标任务。4月中旬，省老龄办在玉溪组织召开全省基层老龄工作推进会，各州（市）老龄办负责人、州市人民政府所在地的县（市、区）老龄办主任，省老龄工作委员会部分成员单位的领导参加了会议。会议期间，全面总结了2012年全省老龄工作成绩及存在的问题，部署安排了2013年的工作任务；通报了2012年度全省老龄工作目标责任制考核情况；签订了2013年度全省老龄工作目标管理责任书；实地参观了玉溪市养老服务和基层组织建设与管理情况。会后，省老龄办及时跟踪督促各地抓好会议精神的贯彻落实，推动了年度各项工作的发展

三、认真抓好老龄目标责任考核，督促各地积极落实老龄工作要求

为全面检验各地年度老龄工作目标责任落实效果，根据省考核领导小组办公室的有关通知精神，省民政厅、省老龄办于2013年2月组成由厅级领导带队的8个考核组，在各地自查的基础上，采取听取工作汇报、查阅台账资料、实地抽查养老服务设施项目建设与管理情况等检查考核的方式，严格按照考核内容及评分标准，对全省16个州（市）及其部分县（市、区）贯彻落实2012年老龄工作目标管理责任制情况认真进行了检查考评，并及时向省考评办上报了各地贯彻执行2012年度老龄工作目标责任制落实情况报告，实事求是、客观公正地评出结果，为省考核领导小组综合评估各州市的年度工作提供了依据。各州（市）及时总结经验，加强老龄政策研究，创新工作措施，狠抓工作落实，注重工作实效，积极推进老龄事业与经济社会持续发展。

四、认真落实惠老政策，有效维护老年人的合法权益

为更好地贯彻落实《云南省老年人权益保障条例》，省老龄办积极协调再次提高高龄补贴标准，并纳入年度老龄工作目标考核范围，加强跟踪督查。各州（市）、县（市、区）老龄部门积极争取当地党委、政府的支持，适时提高了高龄老人生活补贴标准，认真做好80周岁以上老年人的调查登记、公示审核和补助资金的审批发放工作。今年全省近70万名80周岁以上老年人领取了月人均40元的健康补贴，1 241名百岁老人领取了月人均250元的长寿补贴，全省累计发放高龄补贴3.3亿元。各地采取有力措施，督促相关部门在医院、旅游景点、公厕、商业网点等主要服务窗口设置老年人优先、优惠和免费的标志，60周岁以上老年人持老年优待证免费乘坐城市市内公交车、进公园公厕和就医减免挂号费等优待政策得到了很好的落实。

五、高度重视，养老服务设施建设步伐明显加快

为认真贯彻实施《云南省社会养老服务体系建设规划（2011－2015）》，省政府继续将加强城乡养老服务体系建设列入今年的惠民十件实事之一，加大资金投入和督促检查力度，养老服务设施建设得到前所未有的快速推进。2013年省级投入养老服务体系建设专项资金4.77亿元，新建、改扩建城市老年福利机构22个、农村敬老院83个，新增养老床位17 535张。省老龄办多方协调投入1.1亿元，新建了509个城乡社区居家养老服务中心，安排省级福彩公益金200万元，继续组织实施“百村建设”计划，帮助100个基层老年协会解决活动设施、器材和图书等。截至2013年底，全省共建有各类养老机构1 679个，养老床位83 276张，每千名老年人拥有养老床位14.87张，比上年末增加了3.14张。

六、强化老龄宣传工作，进一步扩大我省老龄工作的社会影响

省老龄办紧紧围绕新修订的《中华人民共和国老年人权益保障法》的颁布实施，组织开展了一系列丰富多彩的主题宣传活动。去年6月30日，省老龄办联合昆明市老龄办在昆明组织举办大型广场宣传活动，大力宣传新修订的老年人权益保障法，积极引导全社会更加关心关爱老年人、积极支持参与我省老龄事业的发展。省老龄办先后在《云南日报》《云南政协报》《云南老年报》等报刊上开辟专版或持续性专栏，扩大了我省老龄工作的社会影响。各地各部门积极采取与报社、电台联办专栏、评选表彰、征文评比、举行文艺活动等形式，广泛宣传老龄法规政策和敬老先进典型，进一步增强了全社会的老龄工作意识。

七、扎实开展庆祝老年节系列活动，营造敬老助老的社会氛围

2013年10月13日（农历九月初九）是全国第一个法定的老年节。省委书记秦光荣、省长李纪恒代表省委、省政府在云南日报上对全省540万老年人、老龄机构和老龄工作者致以老年节祝贺。省委书记、省人大主任秦光荣在昆明亲自走访慰问部分百岁老人。从当年开始，省民政厅、省老龄办将连续三年在全省组织实施以“六个一”为主要内容的“彩云百岁寿星关爱行动”：每年老年节前投入200多万元，为全省每一名百岁老年人赠送1张老年节贺卡、1份2 000元的慰问金、1份慰问品、1次免费体检、拍1张全家福照片、建立1项志愿者为百岁寿星送温暖制度。老年节前，省老龄办联合省文联在昆明举办第二届全省老年文化艺术节，省民政厅、省老龄办组织召开云南省敬老助老模范代表老年节座谈会，省老龄委表彰了第六届“云岭十大孝星”、首届省级“敬老文明号”，有力地推动了全省敬老爱老助老活动的热潮。

各地各部门组织开展形式多样的庆祝老年节文体活动，大力表彰敬老爱老助老的先进典型，走访慰问城乡贫困老人和百岁老人，进一步弘扬中华民族孝亲敬老的传统美德，营造了“关爱老人、共建和谐、共享和谐”的良好社会氛围。

八、认真做好老龄统计调研，不断夯实工作基础

认真组织开展老龄事业发展情况统计工作，对全省各地的老年人口数量、老龄机构编制和落实、老年福利服务设施、经费投入、贫困老年人生活保障和为老服务情况等进行全面的调查统计和分析研究，为有针对性地开展老龄工作提供了详实的依据。根据国务院加强应对人口老龄化战略研究的部署，省老龄办结合我省实际，协调委托省内相关高校分别就我省老龄规划评估指标体系、居家养老服务等课题进行重点研究，对我省创制老龄工作政策、发展老龄事业、推动工作落实提供重要的决策参考意见。

九、注重业务培训，着力强老龄干部队伍建设

积极组织省老龄办机关干部职工认真学习党的十八大、十八届三中全会第三次全省老龄工作会等会议精神，深入开展党的群众路线教育实践活动，进一步增强了全体人员的工作责任心和紧迫感，为推动各项老龄工作有效开展奠定了思想基础。为积极适应新时期老龄工作新形势、新任务的要求，针对全省老龄系统队伍建设的现状，2013 年 7 月，省老龄办与省委党校干部继续教育学院共同组织举办了第三期全省老龄系统干部综合能力培训班，进一步提高了全省老龄系统干部队伍的综合素质和能力。昆明、曲靖、文山等地在加强县乡老龄干部和成员单位联络员培训的基础上，组织老龄干部到外地学习考察，拓展了基层老龄干部的视野，促进了老龄工作的创新发展。

重要会议及活动

【组织召开第三次全省老龄工作会议】2013 年 1 月 15 日，省政府在连云宾馆召开第三次全省老龄工作会议，各州市人民政府分管领导、民政局长、老龄办主任和省老龄委成员单位领导参加会议，省老龄委常务副主任、省民政厅厅长王树芬同志作工作报告，刘慧晏副省长出席会议并作重要讲话。会议全面总结了“十一五”以来全省老龄工作成绩和经验，安排部署了今后一个时期的工作目标任务。

【组织召开全省基层老龄工作推进会】2013 年 4 月中旬，省老龄办组织在玉溪召开了全省基层老龄工作推进会，各州（市）老龄办负责人、州市人民政府所在地的县（市、区）老龄办主任，省老龄工作委员会部分成员单位的领导参加了会议，会议总结 2012 年的工作，安排部署 2013 年的工作任务，部分州县交流了基层老龄工作经验，通报了各地贯彻执行 2012 年度老龄工作目标责任制落实情况。

【举办新老年法大型广场宣传活动】2013 年 6 月 30 日，省老龄办联合昆明市老龄办在昆明举办了大型广场宣传活动，大力宣传新修订的老年人权益保障法，引导社会关心关爱老年人、积极参与支持老龄事业发展。省市老龄委各成员单位的领导参加，省人大副主任王树芬同志出席活动并讲话。

【省委书记、省长祝贺全省老年朋友老年节快乐】2013 年 10 月 13 日（农历九月初九）是全国第一个法定的老年节。省委书记秦光荣、省长李纪恒在云南日报上发表慰问信，对全省 540 多万各族老年朋友、各级老龄组织和全体老龄工作者致以老年节祝贺。

【第二届全省老年文化艺术节成功举办】老年节前，省老龄办联合省文联在昆明举办第二届全省老年文化艺术节，全省各地 100 多个文艺团体参加老年艺术节，老年朋友们用嘹亮的歌声、优美的舞姿，热情讴歌社会主义建设和改革开放取得的伟大成就，充分展示老年人的健康活泼、昂扬向上的时代风采和精神面貌，全面展现当代老年人多姿多彩、幸福和谐的晚年生活。

【组织表彰第六届“云岭十大孝星”、首届省级“敬老文明号”】经过各地层层推荐，老年节前，省老龄委表彰了第六届“云岭十大孝星”、首届省级“敬老文明号”，并在昆明召开云南省敬老助老模范代表老年节座谈会，在全省掀起了敬老爱老助老的热潮。

【组织实施“彩云百岁寿星关爱行动”】从 2013 年开始，省民政厅、省老龄办连续三年在全省组织实施以“六个一”为主要内容的“彩云百岁寿星关爱行动”：每年老年节前投入 200 多万元，为全省每一名百岁老年人赠送 1 张老年节贺卡、1 份 2 000 元的慰问金、1 份慰问品、1 次免费体检、拍 1 张全家福照片、建立 1 项志愿者为百岁寿星送温情制度。省委书记秦光荣在昆明亲自走访慰问部分百岁老人，拉开了 2013 年“彩云百岁寿星关爱行动”序幕，“彩云百岁寿星关爱行动”惠及全省 1 241 名 100 周岁以上老年人。

【全国老龄办组织检查我省贯彻老龄规划情况】2013 年 11 月 10 日至 13 日，全国老龄委组织由全国政协法制委员会委员、中国社会科学院原副院长高全立、全国老龄办副主任朱勇带队的工作组对我省贯彻落实《中国老龄事业发展“十二五”规划》情况进行中期检查评估，尹建业副省长向全国检查组全面汇报了我省贯彻实施《规划》中期的进展情况，全国检查评估组对云南老龄事业发展给予了充分肯定，对加快推进《规划》目标任务完成提出了要求。

各项业务进展

2013 年，云南省始终坚持“党政主导、社会参与、全民关怀”的方针，紧紧围绕实现“五个老有”的工作目标，以保障和改善民生为重点，真抓实干，开拓进取，务求实效，各项老龄事业呈现出持续健康发展的良好局面。

【认真开展老龄目标责任制考核】2013 年 2 月，省民政厅、省老龄办组成由厅级领导带队的 8 个考核组，严格按照 2012 年老龄工作目标责任制考核内容及评分标准，认真检查考评 16 个州（市）贯彻落实 2012 年度老龄工作目标管理责任制情况，并向省考评办上报了各地贯彻执行 2012 年度老龄工作目标责任制落实情况报告。

【科学编制“十二五”老龄规划评估指标体系】2013 年初，全国老龄办将我省列为开展老龄事业发展“十二五”规划评估指标体系编制工作的试点省份。对照《中国老龄事业发展“十二五”规划评估指标体系》的相关内容，结合我省“十二五”老龄规划的目标任务，经过多次论证、修改完善，2013 年 7 月初，省老龄办制定下发了《云南省老龄事业发展“十二五”规划评估指标体系》，并督促各地运用评估指标体系加强“十二五”老龄规划的贯彻落实。

【组织开展“十二五”老龄规划中期评估检查】2013 年 8 月底 9 月初，云南省老龄委组织由成员单位领导带队，省人大内务司法委员会、省政府法制办公室相关领导和部分民主党派人士、高校专家学者参加的 8 个检查组，在各地自查评估的基础上，充分运用《云南省老龄事业发展“十二五”规划评估指标体系》，对各地贯彻执行《云南省老龄事业发展“十二五”规划》情况认真进行中期检查评估，并及时向全国老龄办和省政府报告中期评估情况。

【切实做好贫困老年人的社会救助工作】截至 2013 年底，全省 22.1 万名农村五保供养对象实现了应保尽保，将 16 万名城市老年人和 130 万名农村老年人纳入最低生活保障范围，并将符合条件的老年人全部纳入医疗救助范围，对城乡低收入老年人参加城镇居民基本医疗保险和新型农村合作医疗的，个人应缴纳的保险费，全部由财政承担。

【积极加强为老服务基础设施建设】2013 年省级投入养老服务体系建设专项资金 4.77 亿元，新建、改扩建城市老年福利机构 22 个、农村敬老院 83 个，新增养老床位 17 535 张。省老龄办多方协调投入 1.1 亿元，新建了 509 个城乡社区居家养老服务中心，安排省级福彩公益金 200 万元，继续组织实施“百村建设”计划，帮助 100 个基层老年协会解决活动设施、器材和图书等。截至 2013 年底，全省共建有各类养老机构 1 679 个，养老床位 83 276 张；每千名老年人拥有养老床位 14.87 张，比上年末增加了 3.14 张。

【全面落实各项惠老优待政策】各地采取有力措施，督促相关部门在医院、旅游景点、公厕、商业网点等主要服务窗口设置老年人优先、优惠和免费的标志，全面落实了 60 周岁以上老年人持老年优待证免费乘坐城市市内公交车、进公园公厕和就医减免挂号费等优待政策。仅老年人免费乘坐城市市内公交车一项，昆明市市级财政全年补贴公交公司 1 亿多元。

【认真做好高龄补贴审核发放工作】2013 年，省老龄办将落实高龄补贴纳入年度老龄目标责任考核的重要内容，加强跟踪督查。各级老龄部门积极争取当地党委、政府的支持，适时提高高龄老人生活补贴标准，并认真做好高龄老人的调查登记、公示审核和补助资金的审批发放工作。全省近 70 万名 80 周岁以上老年人领取了保健补贴，1 241 名百岁老人领取了长寿补贴，全省累计发放高龄补贴 3.3 亿元。

【老龄宣传工作成效显著】省老龄办先后在《云南日报》《云南政协报》《云南老年报》等报刊上开辟专版或持续性专栏，大力宣传新修订的老年人权益保障法和我省老龄工作成绩以及敬老爱老助老模范的先进事迹，扩大我省老龄工作的社会影响，引导社会关心关爱老年人，支持老龄事业发展。

【助老工作成效明显】省老龄办把基层老促会建设纳入老龄工作目标管理责任考核内容，督促各地加快建设老龄事业发展促进会。年内，省老龄事业发展基金会安排募筹资金 202 万元，帮助 101 户“五老”解决住房困难，扶持 106 个基层老年协会添置活动设施，扶持农村特困老人发展种植业、养殖业、服务业项目。省敬老爱民促进会安排 263 万多元资助公益福利事业设施建设，帮助贫困家庭子女解决上学难等问题。

【扎实开展老龄事业发展情况统计】认真组织开展老龄事业发展情况统计工作，对全省各地的老年人口数量、老龄机构编制和落实、老年福利服务设施、经费投入、贫困老年人生活保障和为老服务情况等进行了全面的调查统计，为有针对性地开展老龄工作提供了详实的依据。

【切实加强老龄干部队伍能力建设】组织省老龄办机关干部职工认真学习党的十八大、十八届三中全会等会议精神，深入开展党的群众路线教育实践活动，增强全体人员的工作责任心和紧迫感。2013 年 7 月，与省委党校干部继续教育学院共同组织举办第三期全省老龄系统干部综合能力培训班，进一步提高全省老龄系统干部队伍的综合素质和能力。

贵州省

2013 年 7 月 18 日，贵州省第三次老龄工作会议在贵阳召开。省委组织部部长、省老龄委主任孙永春在大会上作重要讲话。

2013 年“老年节”前夕，贵州省副省长、省老龄委常务副主任慕德贵（右 2），省民政厅厅长、省老龄委副主任、省老龄办主任丁治学（右 1）一行走访慰问百岁老人。

综　述

2013 年贵州全省老龄事业有了长足发展。从 2013 年开展的《贵州省老龄事业发展“十二五”规划》中期检查评估情况看，23 项评估指标目前已有 14 项指标提前完成，还有 9 项指标正在推进和实施中。

一、社会养老保障制度进一步健全完善，社会救助水平不断提升

2013 年全省基本养老保险实现省级统筹。城乡居民社会养老保险在实现全覆盖的基础上进一步提高保障水平。截至 2013 年底，全省城乡居民社会养老保险参保人数达到 1 487.22 万人，406.38 万 60 岁以上老年人领取养老保险金。城镇职工基本养老保险参保人数达 337.24 万人，82.61 万 60 岁以上退休职工领取养老保障金，月人均基本养老金达到 1 776 元。城乡三项基本医疗保险覆盖面进一步扩大，参保人数达到 3 886.2 万人，参保率 95%。其中城镇居民基本医疗保险参保人数 327.2 万人，其中 60 岁以上老年人 34.82 万。城镇职工基本医疗保险参保人数 345.1 万人，其中 60 岁以上退休职工 157.27 万人。新型农村合作医疗参合农民 3 213.9 万人，参合率 98.7%。进一步完善城乡低保制度，将符合条件的城乡老年人以及特困老年人全部纳入低保范围，做到“应保尽保”。全省城市低保标准平均每人每月 352 元，农村低保标准平均每人每年 1 841 元。全省农村“五保”供养对象 12.59 万人，集中供养 27 481 人，供养标准年人均 2 501 元，其余分散供养者供养标准年人均 1 618 元，分别比去年同期增长 15%、9%。计生部门实施“圆梦小康行动计划”，惠及 128.2 万户计生家庭，继续开展失独家庭养老扶助和奖励帮扶计生家庭工作。各级妇联通过“母亲水窖”工程和“复明 11 号”工程，分别对贫困老龄妇女和老年女性白内障患者实施了救助。

二、养老服务体系建设快速推进，居家养老服务覆盖面不断扩大

2013 年，省发改委将社会养老服务体系建设纳入我省国民经济和社会发展计划，争取中央预算内投资 5 000 万元资助全省 6 个老年养护院和 5 个老年人日间照料中心建设。省民政厅争取中央专项彩票公益金 3 543 万元资助全省农村幸福院项目 1 181 个，并会同财政厅下拨专项资金 500 万元，对全省民办养老机构和日间照料中心给予建设补助。各地通过争取财政投入，加大彩票公益金投入比例，加快推进养老服务设施建设。铜仁市老年公寓、毕节市老年养护楼等一批国办养老机构和贵阳市观山湖区碧海社区、遵义市红花岗区府后山社区等一批日间照料中心已投入使用或正在抓紧建设中。2013 年各级民政部门完成 150 所新建和改扩建农村敬老院主体工程。截至 2013 年底，全省各类养老机构床位数增加到 8 万张以上，较上年增长3.3万张，增幅70.2%，每千名老年人拥有养老床位达到16张，较上年增长5.5张，增幅52.4%。

三、老年人合法权益得到有效维护，各项惠老政策落到实处

2013年全省各级司法部门调解涉老纠纷6 000余件，接待老年法律咨询1.5万人次。7月1日各级司法部门开展了新修订《中华人民共和国老年人权益保障法》宣传活动。省老龄办启动重新制定《贵州省老年人保护条例》工作，召开了立法调研座谈会。公安部门针对空巢老人、鳏寡孤独老人、生活困难老人开展入户走访，及时发现和调解处理遗弃、虐待老年人等事件。各级法院在处理涉老案件时对老年人实行优先立案、减免诉讼费等优待政策。省妇联依托“老龄妇女维权工作站”“妇女之家”等平台为老年妇女维护自身合法权益提供有效渠道，启动“践行雷锋精神·百万巾帼志愿者在行动”活动，组织35万妇女志愿者开展为老服务。组织部门对年老多病、生活困难党员实施救助，开展对离退休老干部、农村老党员、城市下岗失业党员、困难党员及因公牺牲党员家属专访慰问活动。省委宣传部继续开展“和谐贵州三关爱”绿丝带志愿服务活动，帮扶空巢老人。省总工会积极开展为困难职工送温暖关爱空巢老人活动。各级团委充分发挥为老志愿服务网络作用，不断强化和丰富“微笑小屋”为老服务内容。省卫生厅规定70周岁以上老年人在县级以上医院门诊就医享受挂号、就诊等6个方面的优先医疗服务。省体育局积极投入体育彩票公益金，2013年实施贵阳市修文县等8个县老年体育活动中心建设项目。省民委对民族地区老年文化活动中心（室）、体育活动场所项目建设给予支持，推进民族地区老年医药用品、保健品等老龄产业发展。省住建厅审查通过六盘水市、铜仁市和盘县等10个县（市）的城市建设总体规划，科学规划布局养老服务资源配置，进一步推进无障碍设施建设。旅游部门在饭店、宾馆星级评定工作中严格执行公共区域无障碍设施建设有关规定。

四、老年文化、体育、教育事业有长足发展，老年人精神生活丰富多彩

省老年体协开展了老年体育征文、“健康老人”评选活动、老年体育健身项目展示、老年人健步走大联动等一系列老年体育活动。加强老龄工作宣传阵地建设，《贵州老年报》顺利完成扩版，发行量得到增长。新闻出版部门审查出版一系列适合老年人阅读的优秀图书，在“农家书屋”工程建设中配置《晚晴》《快乐老人报》等20余种老年图书和报刊，丰富了老年人精神生活。各级老年大学不断丰富教学内容，学员人数大幅增加，老年教育参与率持续增长，截止2013年底，全省建立各级各类老年大学（学校）2 037所，较上年增加440所，在校学员20.7万人，较上年增加4.8万人。

重要会议和活动

【第三次全省老龄工作会议】7月18日，第三次全省老龄工作会议在贵阳召开，会议全面回顾总结了2007年以来全省老龄事业发展的成果，安排布置当前和今后一个时期全省老龄工作任务。省委组织部部长、省老龄委主任孙永春在大会上作重要讲话，副省长、省老龄委常务副主任慕德贵主持会议并作总结讲话。大会还对2008—2012年全省老龄工作先进单位和先进个人进行了表彰。

【省老龄委第十二次全体会议】5月31日，省老龄委召开第十二次全体会议，省委组织部部长、省老龄委主任孙永春和副省长、省老龄委常务副主任慕德贵出席会议，会议总结回顾了我省2012年全省老龄工作情况，安排部署2013年老龄工作。

【2013年全省老龄工作会议】3月27日，省老龄办筹备召开了2013年全省老龄工作会议，对2013年老龄工作任务进行安排部署。按照会议精神，省老龄办印发2013年全省老龄工作要点，制定并下发市（州）老龄办业务工作目标，对省老龄委各成员单位2013年老龄工作进行了安排。

【第三届敬老爱老助老四个“十佳”及敬老模范单位评选表彰活动】省老龄办与省妇联、团省委、省民政厅等八部门联合开展了第三届敬老爱老助老四个“十佳”及敬老模范单位评选表彰活动。10月10日在贵阳举行了颁奖典礼，省人大副主任张群山、省政协副主席陈海峰、省人大原副主任杨光林、省政协原副主席李元栋等领导和老同志出席颁奖典礼。

【“敬老文明号”创建活动】省老龄办、省民政厅、省总工会、团省委、省妇联等单位在全省联合开展“敬老文明号”创建活动，评选表彰100个省级“敬老文明号”单位，并有30家获得全国“敬老文明号”授牌表彰。

【第二届“福彩杯”老年合唱大赛】省老龄办组织举办第二届“福彩杯”老年合唱大赛，各地组织了38支老年合唱团2 280名老年人参加大赛，评出特别奖1名、一等奖2名、二等奖3名、三等奖4名、优秀奖28名。

各项业务进展

【老龄政策研究】2013年省老龄办在全省组织开展了

空巢老人和社会养老服务体系建设等方面的调研，其中空巢老人调研列入2013年省政府重点工作。毕节市老龄办撰写的《毕节市空巢老人生活状况调研报告》荣获2013年全国老龄政策调研优秀成果二等奖。省老龄办在各地调研基础上，形成《贵州省空巢老人生活状况调研报告》。省老年学学会对《贵州人口老龄化现状及发展趋势研究》和《全面推进贵州省"空巢老人"社会支持系统的建构》两个课题进行了结题。

【高龄补贴工作】省级层面建立了百岁老年补贴，标准为每人每年1 200元。贵阳、铜仁、毕节在市级层面实施了80岁以上高龄补贴；全省71个县（市、区）在省级百岁老年补贴基础上增发百岁老人补贴，53个县（市、区）实施90岁以上高龄补贴制度，31个县（市、区）实施80岁以上高龄老年人补贴制度，凯里市实施了60岁以上老年人生活补贴制度。

【城乡基层老年协会建设工作】一是开展争创星级老年协会活动。2013年省老龄办评选并授牌57个星级老年协会，其中三星级老年协会50个，二星级老年协会7个。二是继续抓好项目建设。2013年省、市（州）、县（市、区）三级老龄办继续实施基层老年协会活动室设施建设补助项目。全省共资助965个基层老年协会，累计投入资金901.8万元，并争取全国老龄办补助经费75万元。截至2013年12月底，全省城市社区成立老年协会率达到95.5%，农村成立老年协会率达到86%。

【居家养老服务工作继续推进】2013年省老龄办投入省级福利彩票公益金300万元用于全省34个居家养老服务中心（站）设施建设。各市（州）共投入专项资金4 519万元。截至2013年底，全省建立居家养老服务中心（站）996个，其中日间照料中心279个，床位3 450张，服务人员14.4万人，其中专职人员有3 215人（含公益性岗位1 492人），53万老年人享受居家养老服务。2013年全省开展农村居家养老服务试点27个。

【加强老龄宣传工作】各级老龄办和各级老龄委成员单位加强与新闻单位联系，在年初两会、新修订《中华人民共和国老年人权益保障法》颁布日、老年节、敬老月活动期间加强老龄工作宣传，扩大了老龄工作的社会影响。

【实施老龄事业发展"十二五"规划中期检查评估】2013年省老龄委组织开展了《贵州省老龄事业发展"十二五"规划》中期检查评估工作，在省老龄委有关成员单位和各市（州）老龄委自查工作基础上，省老龄委组织人力资源和社会保障厅、省司法厅、省民政厅、团省委等单位组成3个检查评估小组，对全省贯彻实施《规划》的情况进行检查评估，形成检查评估报告报省人民政府和全国老龄办。

四川省

综 述

2013年，在省委、省政府和省民政厅的正确领导下，在全国老龄办的指导和支持下，省老龄办以科学发展观为指导，深入贯彻党的十八大、十八届三中全会和2013年全国老龄委全会精神，紧紧围绕"党政主导、社会参与、全民关怀"的老龄工作方针，以实现"五个老有"为目标，充分发挥"综合协调、督促检查、参谋助手"作用，全面完成了2013年度各项工作任务。

一、进一步推动了基层老年人协会建设

为进一步推动基层老年人协会建设，我省将2013年确定为"基层老年人协会规范化建设推进年"，省老龄办下发了《进一步加强基层老年人协会规范化建设的意见》，再次明确了基层老年人协会规范化建设的六条标准。在眉山市丹棱县召开了四川省基层老年人协会规范化建设推进会。还结合"敬老文明号"的检查验收对14个市基层老年人协会建设进行了调研，完成了基层老年人协会的统计调研工作，做到了底数清楚、情况明，并撰写了调研报告。基层老年人协会在四川省基本形成了规模，联成了网络，成为老龄工作的有效载体和基层组织的重要抓手，基层老年人协会功能不断拓展，作用得到进一步发挥，特别是在服务居家养老方面逐步走出了一条新路，一大批"基层老年人协会+居家养老"的体制机制已现雏形，并初见成效。基层老年人协会已成为党和政府联络员、社情民意调研员、乡情民风监督员、关教后代辅导员、先进文化宣传员、邻里纠纷调解员、老年权益守护员和为老服务办事员。

二、认真学习宣传贯彻《中华人民共和国老年人权益保障法》

省老龄办于1月15日下发了《关于学习宣传贯彻〈中华人民共和国老年人权益保障法〉的通知》，省老龄委于7月9日印发了《关于贯彻落实〈中华人民共和国老年人权益保障法〉的通知》，要求各地加强领导，各成员单位充分发挥职能作用，落实责任，采取多种形式，进一步推动老年法的贯彻落实。为了切实加强老年法的宣传力度，提高民众的认识，省老龄办在主办的晚霞报上开辟了“聚焦新老年法专栏”，邀请专家撰写系列解读文章，省老领导应邀做客四川电视台对老年法进行分析解读。各地各部门充分利用广播、电视、报刊、网站等多种媒体加大了对老年法的学习宣传贯彻力度。通过编印宣传资料、召开座谈会、开展街头宣传和知识竞赛活动等形式，大力宣传老年法，进一步增加公众对老年法的知晓度。宜宾市率先利用高校资源举办龄办老年法培训班，宜宾县还率先在全省出版老年法宣传挂图；攀枝花市老龄办印发了2 000份老年法读本宣传单和7 000本老年手册，并在《攀枝花日报》上用一个通版宣传新修订的老年法全文；乐山市、泸州市先后组织了老年法培训，并印发老年法宣传资料；内江市举行了老年法宣传周活动；资阳市各级老龄部门组织街头宣传活动12场次，发放宣传资料4万余份，组织6支老年文艺宣传队，到城市街道、社区宣传老年人权益保障法；阿坝州在全州范围内开展低保提标扩面工作，要求尽量将老年人纳入低保范围，解决其生活困难，及时解决一些伤害老年人的家庭纠纷，加大了对新修订老年法的执行力度，受到了各地老年人的赞誉。2013年，省老龄办共收到老年人来信34封，已全部妥善处理，接待老年人上访41人，接受老年人各类咨询1 600余人(次)。为了规范老年人优待证制发工作，省老龄办积极争取省级福彩金，拟在三年内逐步实现全省老年人优待证电脑打印办理。目前，已向60个县（市、区）老龄办配备了设备。

三、认真开展“敬老月”活动

各地在第四个“敬老月”活动期间，围绕庆祝第一个法定的“老年节”，将老年文化建设融入“敬老月”活动内容，广泛开展走访慰问送温暖活动，大力开展为老志愿服务活动，深入开展老年优待维权活动，积极开展老年文化体育活动，广泛动员社会力量参与推进老龄事业发展。9月26日至27日，省老龄办、省民政厅、省文化厅等单位在成都举行了“四川省中老年合唱比赛”。全省各市（州）和省直机关的42支代表队、2 000余名中老年朋友参加了比赛。10月12日，省老龄办、省委老干部局、省教育厅、省民政厅等单位在四川科技馆举行了“四川省庆祝中国老年教育事业发展30周年书画展览”，展览了全省21个市（州）和部分县（市、区）老年大学（学校）的278幅优秀作品。第一个“老年节”（10月13日），省委、省政府向全省1 500多万老年人发出慰问信，省政府副省长曲木史哈等领导到成都市锦江区龙舟路街道养老助残关爱中心看望慰问老年人，给他们送去首个“老年节”的祝福。遂宁、内江、广安、巴中、达州、雅安、眉山和资阳等市的市委书记、副书记，市长、副市长也分别带队深入基层看望慰问了当地的百岁老人、老复员军人、空巢老人、贫困老人和敬老院“五保老人”，为他们送上浓浓的节日祝福。成都市老龄委在人民公园举办了庆祝“老年节”暨成都市老年人协会表彰孝亲敬老“十佳模范”大会；宜宾市制作了以孝亲敬老为主题的音乐录影带《孝亲敬老歌》，并与市教育局联合在全市中小学校开展了同唱敬老歌活动；自贡市老龄办举办了第十四届文化艺术节老年专场文艺演出；广元市开展了“我和身边老人一起过重阳——广场嘉年华敬老活动”；乐山市开展了庆重阳老年健身趣味运动会和庆祝老年节大型义诊活动；南充市举行了万名老人登山活动；资阳市开展了为200位“三无”老人、空巢老人每天提供一杯牛奶和一个鸡蛋，组织志愿者到养老机构开展文艺表演、体检、照相、理发、洗衣等志愿服务的“微公益”活动。这些活动进一步提升了“敬老月”活动的社会影响力，在全社会营造了尊老敬老助老的良好氛围。

四、进一步加强了老龄调研工作

全省老龄系统以开展应对人口老龄化战略研究为主线，立足四川实际，围绕老龄事业发展中的重点、难点、热点问题，广泛开展调查研究，调研工作取得显著成绩，政策创制取得新进展。全省老龄系统各级领导干部对新形势下调查研究工作重要性的认识不断深化，开展调查研究的主动性、自觉性不断增强。各级老龄办都把调查研究工作摆在重要位置上，每年确定一批调研课题，由领导带队深入基层调查研究。今年初，省老龄办印发了今年的重点调研课题，并对各地开展老龄问题调研提出了新的要求。为积极应对人口老龄化，省老龄办与省民政厅福利处联合开展了我省养老服务体系建设的调研，同时由三位副主任分别带队分赴14个市对基层老年人协会建设进行了调研。今年来，先后撰写《当前基层社会养老服务体系建设的调查与思考》《实现“五个转变”　加快推进养老服务体系建设》《加强基层老年人协会建设，发挥老年人协会更大作用——关于四川省基层老年人协会建设情况的调查》等调研文章10余篇。其中，《当前基层社会养老服务体系建设的调查与思考》被《中国社会工作·老龄》2013年10月（中）刊发，《四川省农村老龄化对农村经济发展的影响》被《老龄问题研究》2013年第3期刊发。12月11日，省老龄办召开了全省老龄政策研究工作会，总结了近年来老龄政策研究工作，安排部署了近期老龄调研工作。同时，编印了优秀调研文章选编，并对10个优秀调研成果、8个市（州）老龄办进行了表彰。12月12日，全国老龄办在成都召开了全国老龄政策研究工作会议暨农村老龄问题研讨会。省老龄办在会上作了《打牢老龄调研基础，促进老龄政策创制》的经验交流，我省老龄系统有4篇调研文章在全国老龄政策优秀成果评选中获奖，省老龄办还荣获全国老龄政策研究“优秀组织奖”。

五、切实加强老龄队伍建设

通过以会代训形式举办了一次培训会议，通过专家学者授课，进一步提升老龄工作干部队伍素质。深入开展了“实现伟大中国梦，建设美丽繁荣和谐四川”主题教育活动和党的群众路线教育实践活动，进一步加强了老龄工作队伍作风建设和党风廉政建设。积极组织人员赴雅安灾区参加“4·20”芦山抗震救灾工作。认真搞好老龄事业统计工作。进一步加强机关制度建设，在年初修订下发了省老龄办行政管理制度、车辆管理制度、会议制度和“银龄行动”专项资金管理暂行办法等，加强机关后勤工作和财务管理，坚持厉行节约，认真执行中央八项规定，2013年省老龄办机关压缩一般性经费和减少“三公”开支9万余元，省老龄办获2013年度厅财务统计工作考评二等奖。

此外，省老龄办以“和谐四川·长寿天府”为主题，组织了8个市（州）老龄办和成都再军爱心护理院参加了在北京举行的第二届中国国际养老服务业博览会和在重庆举行的第八届中国老年产业博览会；积极协助全国老龄办开展智能化养老基地试点工作，我省崇州市、金堂县的3个民办养老基地已纳入全国智能化养老建设项目，成都市锦江区已被全国老龄办列为智能化养老示范区；按照中国老年学学会的要求，认真做好百岁老人的统计工作，积极参加中国十大寿星排行榜活动，双流县女寿星付素清名列“中国十大寿星排行榜”第十名，省老龄办荣获优秀组织奖。

重要会议和活动

【参加《四川省社会化养老问题研究》课题评审】1月14日，省老龄办副主任张晋川参加了民建四川省委的《四川省社会化养老问题研究》课题评审会，对该课题涉老方面提出了意见和建议。

【慰问老年人】1月24日，省政府副省长、省老龄委第一副主任曲木史哈，省政府副秘书长、省老龄委副主任张晋川，省民政厅厅长、省老龄委副主任黄明全，省老龄办常务副主任叶路，成都市政府副市长、市老龄委主任谢瑞武等一行来到成都市第二社会福利院，亲切看望慰问在福利院休养的老年人，并向他们赠送了慰问品，给他们送去了新春的祝福。

【举办迎春敬老交响音乐会】1月25日下午，由四川省老龄工作委员会主办，省老龄办、晚霞报社、四川老年大学承办，四川爱乐乐团演出的“2013年四川省迎春敬老交响音乐会”在成都市娇子音乐厅举行。省老龄办常务副主任叶路出席音乐会并致辞。来自省直机关离退休的老同志和社会各界的800余名老年朋友参加了音乐会。

【召开基层老年人协会推进会】5月28日，四川省基层老年人协会规范化建设推进会在丹棱县召开。省老龄办及各市（州）老龄办、晚霞报社、四川老年大学的负责人出席会议。会议强调，要进一步加强基层老年人协会规范化建设，将其培育成为广大老年群众信赖的骨干组织。会议期间，与会代表还参观了丹棱县仁美镇老年人协会和杨场镇狮子村、仁美镇雄义村的老年人协会。

【召开省老龄委第九次全体会议】8月8日，四川省老龄工作委员会召开第九次全体会议，省政府副省长、省老龄委主任曲木史哈出席会议并作重要讲话。会议总结了近年来全省老龄工作情况，传达了全国老龄工作委员会第十五次全体会议精神，安排部署了下一步全省老龄工作。省政府副秘书长、省老龄委副主任赵学谦主持会议。省老龄委各成员单位领导参加会议。

【举办中老年合唱比赛】9月26日至27日，由四川省老龄办、省教育厅、省民政厅、省文化厅、省直机关老龄委主办，晚霞报社、四川老年大学协办的四川省中老年合唱比赛在成都军区西南剧院圆满举行。省老领导韩邦彦、孟俊修、席义方、纽小明、王恒丰、何志尧、曾清华及主办单位的负责同志出席了27日下午举行的颁奖晚会并为获奖代表队颁奖。来自全省各市（州）和省直机关的42支代表队、2 000余名中老年朋友参加了比赛，年龄最大的达到87岁。

【举办老年教育30周年书画展】10月12－13日，为庆祝我国法定的第一个“老年节”，展示四川省老年教育事业发展近30年取得的辉煌成就，由省老龄办、省委老干部局、省教育厅、省民政厅、省文化厅主办，四川老年大学、晚霞报社、四川省老年大学协会承办的“四川省庆祝中国老年教育事业发展30周年书画展览”在四川科技馆隆重举行。

【召开全省老龄政策研究会】 12月11日，四川省老龄办在成都召开2013年老龄政策研究工作会议，总结了近几年全省老龄系统政策研究工作主要成绩和经验，研究部署了当前和今后一个时期的老龄政策研究工作，表彰了获得2013年度全省老龄政策研究优秀成果奖和优秀组织奖的单位和个人。各市（州）老龄办主任和晚霞报社、四川老年大学负责同志出席会议。

【承办全国老龄政策研讨会】 12月12日，全国老龄办在四川省成都市召开了全国老龄政策研究工作会议暨农村老龄问题研讨会。全国老龄办副主任鲍学全出席并做重要讲话，会议由全国老龄办副主任吕晓莉主持，四川省老龄办常务副主任叶路致辞。会议表彰了2013年度全国老龄政策调研优秀成果，交流了政策研究工作典型经验和优秀调研成果，研讨了农村老龄问题专题研究成果，研究确定了今后一个时期的老龄政策研究工作的思路和重点。

【参加专题会议】 12月18日，省政府在成都召开了“专题研究全省养老服务业工作”会议，会议由省长魏宏主持，省老龄办常务副主任叶路参加会议。

【调研养老工作】 12月27日下午，省民政厅厅长黄明全率省老龄办常务副主任叶路和省民政厅相关负责人专程到成都市锦江区“长者通”呼援中心调研养老服务工作。

各项业务进展

【启动第四轮敬老模范县（市、区）创建工作】 按照《四川省老龄事业发展“十二五”规划》关于大力开展创建敬老模范县（市、区）要求，省老龄办组织人员，经过反复修改，在征求各成员单位意见后，形成了《关于开展第四轮创建敬老模范县（市、区）工作的实施意见（2012—2015年）》，并以省老龄委名义报送省政府。7月9日，省政府办公厅向各市（州）、县（市、区）人民政府和省老龄委各成员单位转发了四川省老龄工作委员会《关于开展第四轮创建敬老模范县（市、区）工作的实施意见（2012—2015年）》，我省第四轮创建敬老模范县（市、区）工作正式启动。为了进一步推动创建工作的开展，经认真调研，并向各成员单位征求了修改意见，省老龄办于12月中旬，向省老龄委报送了《四川省第四轮敬老模范县（市、区）考核验收标准》，经省老龄委同意后下发执行。

【老龄事业发展“十二五”规划中期评估工作】 今年是实施《中国老龄事业发展“十二五”规划》和《四川省老龄事业发展“十二五”规划》的关键之年，我们在年初印发了《四川省老龄事业发展“十二五”规划成员单位任务分工》，将各项任务分解到各成员单位头上。并及时印发了《四川省老龄事业发展“十二五”规划评估指标体系》。各地各部门按照有关要求，认真落实规划中的各项任务，按时完成了年度任务，并上报了中期评估自查报告。省老龄办在对各市（州）和成员单位完成情况进行检查后，向全国老龄办上报了中期评估自查报告。

【老龄宣传教育工作】 充分发挥《晚霞报》的宣传主渠道作用，积极利用报刊、广播电台、电视台、网络等媒体，大力宣传人口老龄化的紧迫形势，宣传老龄工作方针政策，宣传老龄事业的发展成就，宣传敬老爱老助老典型人物，宣传开展老龄工作和发展老龄事业的好经验好做法。编辑《四川老龄工作简报》24期，《四川老龄》杂志6期，四川老龄网信息千余条，还在省级以上和全国媒体刊发新闻稿200多条（件）。省老龄办重点宣传了南充市西充县太平镇敬老院院长赵凤林的先进事迹；组织参加了第二届全国老年人体育健身大会，并荣获了优秀组织奖；与四川省委老干部局、省老年书画研究会联合在四川省北川县举办了长江流域九省市区第五届老年书画联展；与四川省人大办公厅、省政协办公厅、省委老干部局、省老联合主办了“四川省纪念毛泽东同志诞辰120周年书画展览”。进一步加强了基层老年教育，承办了全国基层老年教育工作经验交流会，召开了四川省老年大学协会第六次代表大会，选举了新一届会长、副会长、秘书长和理事。

【“敬老文明号”创建活动】 按照全国老龄委开展“敬老文明号”创建活动的要求，我们紧紧围绕“五个老有”目标，以“关爱老人、构建和谐”为主题，在各级涉老职能部门、公共服务窗口行业、基层为老服务组织中广泛深入开展了“敬老文明号”创建活动。6月至8月，省老龄办组成3个检查验收组，对全省的创建工作进行了抽查。同时，在8月接受了全国老龄办的检查验收。通过检查验收，我省共有73个单位获得第一届全国“敬老文明号”荣誉称号，287个单位获得四川省“敬老文明号”荣誉称号。各地也结合实际开展了市级“敬老文明号”创建活动。

【“银龄行动”】 川浙“银龄行动”援助乐山茶叶发展项目实施7年，成效显著，影响广泛，7年来共举办种茶、制茶技术培训各7次，直接培训2 135人次。2013年，据6个试点乡镇统计：茶园面积由2007年的45 757亩，增到2013年的106 800亩，增长

133.4%，年均增长22.23%；茶叶产量由2 517吨，增到4 860吨，增长93.08%；茶业产值由8 006万元增到25 200万元，增长214.76%。川浙“银龄行动”推动了受援地区茶产业发展、提升了茶叶加工技术、促进了茶农增收。今年，按照项目的要求，举办了两次茶农培训班。9月15日，召开了川浙“银龄行动”援助乐山茶叶发展项目第二阶段项目实施情况汇报座谈会。12月19日，在全国老龄办召开的老有所为暨“银龄行动”十周年座谈会上，乐山市老科协代表四川作了经验交流发言。

海南省

综　　述

2013年，全省60岁及以上户籍老年人口121.41万人，占全省户籍人口的13.35%。面对“未富先老”的人口老龄化形势，海南省委、省政府高度重视老龄工作，认真贯彻落实科学发展观，坚持以学习贯彻党的十八大精神为指导，以统筹推进城乡社会保障体系建设、推进老龄政策落实、推动养老服务业发展、维护老年人合法权益、加强老龄宣传和文化建设等工作为重点，创新思路，健全机制，狠抓落实，全省老龄事业持续健康发展。

一、老龄工作机制逐步加强

各级党委政府高度重视老龄工作，紧紧围绕“党政主导、社会参与、全民关怀”的老龄工作方针，初步形成党委领导、政府负责、社会协同、公众参与老龄工作机制，基本形成政府主导、覆盖城乡、可持续发展的基本公共服务体系。各级党委政府把老龄事业发展“十二五”规划纳入本地经济社会发展总体规划，纳入民生建设实事项目，切实加强组织领导、健全投入机制、夯实基础，加快建立健全社会养老保障体系、老年健康支持体系、社会养老服务体系、老年人精神关爱体系和老年维权体系。各级领导干部带头弘扬敬老、助老的传统美德，扎扎实实为老年人做实事办好事解难题，在建立高龄津贴制度、推行政府购买服务、落实老年优待政策等方面，加大了协调推进力度，形成老龄委组织协调、成员单位联动支持、社会公众积极参与，齐心协力推动老龄事业发展的工作格局。

二、养老保障水平不断提升

统筹城乡的社保体系日趋健全，城乡居民社会保险待遇水平得到提高。以制度“全覆盖”和人群“广覆盖”为目标，进一步完善城乡社保政策法规。拓展社保普惠范围，继续适度提高待遇水平。连续第9年调整我省企业退休人员基本养老金，月人均养老金达到1 661元；新农保月人均基础养老金由85元提高到100元，解决了4万余人超龄参保、361名邮政企业职工补缴社会保险问题。加强社会保险基金监管，实现全省联网监控。全民医保实现全覆盖，城乡基本卫生制度初步建立，实行老年人参保优惠政策，不断提高医保筹资标准和保障水平。实行定点医疗机构垫付制度，基本做到出院即报销，极大减轻老年人的医药费用负担，缓解老年人“看病难、看病贵”问题。推进异地就医结算，目前共与14个省23个统筹地区签订异地就医结算合作协作，省内跨市县就医联网结算全面铺开，更加便利了参保群众。

三、重大养老服务基础设施建设项目有新进展

被列入了海南省政府2013年为民办10件实事之一——海南省社区居家养老网络服务平台建成并正式投入运营，为全省1万名民政对象和困难老年人免费发放了老年人手机，提供居家养老信息服务，在全国率先实现全省城乡社区居家养老服务信息网络全覆盖。全省建设296个农村幸福院项目，年度计划建设床位4 063张，涉及村委会296个，占全省村委会总数的11.5%，惠及农村老年人约12.7万人。海省托老院、屯昌县养老院一号养护楼、陵水养老服务中心、澄迈托老院、儋州市托老院、万宁市托老院、文昌市文城镇养老院等7家公办养老服务机构已建成。省老龄办积极采取措施，加强养老服务从业人员培训，组建专业化、加盟商与志愿者相结合的居家养老服务队伍。

四、维权优待工作得到加强

全面落实老年优待政策，充分保障和维护老年人合法权益。通过政府督查、人大检查、政协视察、媒体监督及行政问责等方式加强对老年人老年优待政策落实情况进行监督检查，推动老龄政策措施的全面落实。逐步建立老年人免费健康查体、免费参加新农合、高龄养老补贴、百岁长寿补贴等老年优待政策措施。健全覆盖城乡居民的基本医疗保障体系和重特大疾病保障和救助机制，将所有老年人纳入医保和救助制度范围，逐步提高保障标准。积极鼓励兴办老年病专科医院、老年护理院和临终关怀机构，鼓励各级综合性医院设立老年门诊或老年护理专科，规模较大的养老机构设门诊部或卫生室。完善农村三级医疗卫生服务网络和城市社区卫生服务体系，积极探索建立"家庭病床""流动诊所"等便民医疗组织，开通全省远程医疗系统，方便群众疑难杂症就诊，积极开展医务社工和医院志愿者服务活动，深入开展送医下乡活动。加强老年健康教育及长寿科学研究，提高老年人自我保健能力，促进健康老龄化。健全完善各级老年法律援助组织，积极解决老年人反应的各种困难、问题和纠纷，切实维护和保障老年人合法权益。加强文化养老服务工作。坚持公共文化设施建设的为老服务导向，全省公共图书馆、文化馆、文化站等公共文化服务设施免费开放，引导老年人在文化建设中自我表现、自我教育、自我服务，广泛开展丰富多彩的老年文体生活。大力培育和践行社会主义核心价值观，加强敬老文化宣传教育，注重人文关怀和心理疏导，引导人民群众自觉履行法定义务、家庭责任、社会责任，营造敬老助老的浓厚社会氛围。

五、老龄宣传工作形成氛围

加强社会主义核心价值观教育，积极宣传人口老龄化形势，大力弘扬敬老文化，充分依托省内主流媒体和《海南老龄》杂志、《海南老龄工作简报》、省老龄办门户网站等宣传阵地，构建老龄工作宣传平台，老龄宣传格局初步形成。积极开展"敬老文明号"创建活动，有10个先进集体被全国"敬老文明号"创建领导小组授予"全国敬老文明号"荣誉称号。开展具有海南特色的"敬老月"活动，营造党政主导、社会参与、全民关怀的敬老社会氛围。

重要会议和活动

【老年人教育与文体活动】2013年，全省老干部系统老年大学已形成网络，海口、三亚、儋州、文昌、万宁、五指山、东方、昌江、白沙、乐东、澄迈、陵水、屯昌等市县相继创办老年大学，推进老年教育。开设书法、国画、音乐、诗词、计算机、舞蹈、摄影、英语等适合老年人的课程，有老年学员3万多人。

海南省在城市和农村社区建立老年文娱活动队伍，老年人体育设施逐年完备，城乡老年人开展健康有益的文体日趋活跃。各地以"敬老月""敬老文明号"创建活动和重大节庆为契机，举办形式多样的文体活动；全省城乡经常参加体育锻炼的老年人有60多万人。

【老年人参与社会活动】2013年，继续支持老年人参与社会活动。组织老年人参与全省经济社会建设。省老年协会、老年科协、关心下一代工委等老年社团组织，组织老教师、老专家、老学者、老干部等参与全省经济建设、公民道德建设和社区精种文明创建等活动，大力宣传社会主义核心价值观。海口、三亚等市老科学工作者协会、老教授协会吸收近千名"候鸟"式度假的老年知识分子和科技人员入会，在为海口、三亚市经济社会发展计献策方面发挥重要作用。鼓励老年人参加文明生态村创建活动。发挥老年人在文明生态村创建活动中的重要作用，组织健康老年人参加修路、村容村貌整治、民房改造、垃圾清理、绿化美化、治安巡逻、便民服务等活动；在行政村建立老党员、老干部、老教师"三老"协会组织，成为村党支部、村委会的参谋助手。开展"银龄行动"。组织离退休专业技术人员志愿到海南岛中西部服务，送技术下乡，举办农科技术讲座并进行技术示范，传授热带蔬菜、橡胶、香蕉、荔枝、龙眼、芒果等热带作物种植和管理技术，开展地方常见病咨询、义诊活动，并宣传、普及健康知识。

【海南老年人在"中国十大百岁夫妻"排行上榜上有名】10月16日，第四届"中国十大百岁夫妻排行榜"在在万宁市兴隆华侨旅游经济区揭晓。此项活动由中国老年学学会主办，全国老龄办支持，经过全国筛选、户籍核实、专家评议等程序，得出寿星排序结果。在第四届"中国十大百岁夫妻排行榜"上，我省共有5对夫妻当选，占据了排行榜的半壁江山。这5对夫妻分别是来自万宁的吴廷亿、梁金荣夫妇（209岁），罗开明、吴关凤夫妇（207岁），王文书、王爱萍夫妇（207岁），临高的王爱刚、王不二夫妇（206岁），以及澄迈的刘扬儒、王才容夫妇（205岁）。据介绍，这一评选结果仅仅是海南长寿现象的一个缩影；在全国范围内，海南的百岁老人占总人口比例是最高的。"来自海南的老人占据了排行榜的一半，这一结果是突破性的。"中国老年学学会会长赵宝华表示，这既反映了海南人居生态环境十分优良，也是海南多年来经济社会和谐发展的最好例证。海南省老龄办在此次活动中获优秀组织奖。

【"敬老文明号"创建活动】我省于2012年9月启动"敬老文明号"创建活动，2013年9月结束。经各级老龄委积极采取措施，精心组织，规范标准，公众评选等程序，涌现出一批敬老先进集体，43个单位被授予“海南省敬老文明号”牌匾，在此基础上，向全国“敬老文明号”创建活动领导小组推荐。海南南山文化旅游开发有限公司、三亚广达公共交通有限公司、海南省老年大学、海南省干部疗养院、海南山海疗养院、澄迈县金江镇黄竹村长寿老爸茶园、儋州市残疾人康复服务中心、海口市琼山区振东（米铺）老年公寓、海口市龙华区阳光居家养老服务中心、海口市琼山区旧州镇敬老院等10个单位被授予全国“敬老文明号”牌匾。

【海南省社区居家养老网络服务中心】9月14日，海南省社区居家养老网络服务中心在海南省社会福利中心举行揭牌仪式，这标志着我省社区居家养老网络服务平台顺利建成并正式投入运营。海南省社区居家养老网络服务平台项目建设是省委、省政府2013年度的十大重点为民实事项目之一。我省投入216万元建设全省社区居家养老网络服务平台，并为全省农村“五保”“三无”人员、重点优抚对象、低保等困难老人免费发放1万部手机用于居家养老服务，并由政府提供话费补贴。老人可以通过手机拨打12349热线电话，从我省社区居家养老网络服务平台获得24小时紧急救助、走失定位、政策咨询、精神关爱、节日祝福、生活服务、健康管理、社区志愿、社区生活、文体活动等基础服务及后续的各类增值服务等内容。该平台将服务热线与先进的信息化技术手段相结合，将老人家属、急救中心、服务企业等资源全部被纳入平台体系，形成一个居家老人专属的安全服务平台。除了获取信息服务等功能外，我省老人还可以在已经推行社区居家养老服务试点工作的地区，拨打12349热线电话获得居家养老服务工作人员的上门服务。目前，我省已在海口、儋州、文昌、三亚、定安和琼中6个市县的203个社区开展居家养老服务试点工作。

【海南省托老院】12月20日上午，省托老院开业仪式在隆重、简朴而热烈气氛中举行。省托老院位于海口市滨海大道南侧永万西路延长线（海南省气象台西南角），地处海口市规划建设的森林公园正中央，占地58.2亩地，地理位置优越。省托老院环境优美，采用园林化布局设计，绿化率达70%以上，可提供养老床位618张，是一所省内规模最大、功能齐全，集定期托养、医疗康复、临时暂住、休闲度假等综合配套设施于一体的托老院，主要接纳城市无人照料的老人和低收入、独居、空巢、失能等养老困难的老年人。省托老院具有完善的生活照料、文化娱乐、保健康复、精神慰藉及临终关怀等满足各类人群、多种需求的多种功能服务设施，是我省第一所省级综合性、具有较高水准的养老服务机构，是我省养老服务的示范基地和培训基地，将为老年人颐养天年提供优质服务和良好的养老保障。

【万宁市获“中国长寿之乡”和“世界长寿之乡”称号】10月23日，万宁市被中国老年学学会正式授予“中国长寿之乡”称号，成为“中国长寿之乡”评审新标准公布后，全国首个荣膺这一称号的城市。11月22日上午，万宁市荣获“世界长寿之乡”授牌仪式暨新闻发布会在兴隆热带花园举行。国际人口老龄化长寿化专家委员会正式宣布万宁获得“世界长寿之乡”称号，并颁发了“世界长寿之乡”牌匾、证书。这是继2013年10月获评“中国长寿之乡”后，万宁获得的又一殊荣，同时万宁也成为我省继澄迈之后第二个获得此荣誉的市县。据介绍，近一年来，国际人口老龄化长寿化专家委员会等机构按照国际长寿指数规范要求，对万宁市区域人口长寿状态、生态及社会经济环境对长寿水平的影响状况进行了调查研究。调研结果显示，万宁市的区域长寿指数为0.61，大大超过了“世界长寿区域”0.45的标准要求。据2010年第六次全国人口普查结果，万宁市人均预期寿命高达79.85岁，比全国平均水平高5岁多；目前该市共有百岁以上老人111人，与总人口之比为20.34/10万，人口长寿数据水平在全国名列前茅。会上公布的万宁“世界长寿之乡”论证报告认为，万宁人口的长寿，得益于其良好的生态环境和较高的社会经济综合发展水平。发布会结束后，还举行了国际长寿论坛永久性会址奠基仪式，“国际长寿论坛”将永久落户万宁。

【举办初级养老护理员职业技能鉴定培训班】2013年度，为贯彻落实《海南省老龄事业发展“十二五”规划》，加强养老服队伍建设，提高养老服务从业人员的职业道德、业务技能和服务水平，省老龄办在三亚市高级技工学校和儋州市中等职业学校举办全省初级养老护理员职业技能鉴定培训班。此次培训邀请海南新珠江培训中心的教师授课，主要从养老护理员职业职守、医疗护理、康复护理、安全护理、心理护理、技能操作、老人排泄照料、精神慰藉等实操知识方面进行初步培训，有212名学员参加。通过培训，学员们掌握了初级养老护理员的职业技能，经职业技能鉴定考核，90%以上的学员们领取了养老护理从业资格证书，为我省推行社区居家养老服务试点工作提供了一定的人力资源保障。

各项业务进展

【老年人口概况】2013年，全省60岁及以上户籍老年人口121.41万人，占全省户籍人口的13.35%；年末，全省百岁及以上老年人享受长寿补助金达1 850

人，其中男性 321 人，女性 1 529 人；汉族 1 693 人，黎族 147 人，苗族 7 人，壮族 2 人，瑶族 1 人。全省有 20 对“双百夫妻”老年人。

【养老保障】2013 年，统筹城乡的社保体系日趋健全。全省基本养老保险参保离退休人员达到 57.06 万人，月人均基本养老金 1 712 元。其中，企业离退休人员 48.49 万人，月人均基本养老金 1 564 元；机关事业单位离退休人员 8.57 万人，月人均基本养老金 2 094 元。城乡居民社会保险待遇水平得到提高。全省新农保领取待遇人员 62.70 万人，月人均养老金 103 元，其中月人均基础养老金 100 元。全省各级社保经办机构采取有力措施，确保各项待遇按时发放。全省城镇居民社会养老保险领取待遇人员 4.28 万人，月人均养老金 135 元，其中月人均基础养老金 130 元。社会保障体系进一步完善。以制度“全覆盖”和人群“广覆盖”为目标，进一步完善城乡社保政策法规，出台新农保及城居保两项制度合并实施办法等一系列政策法规；拓展社保普惠范围，继续适度提高待遇水平。连续第 9 年调整我省企业退休人员基本养老金，月人均养老金达到 1 661 元；新农保月人均基础养老金由 85 元提高到 100 元，解决了 4 万余人超龄参保、361 名邮政企业职工补缴社会保险问题。加强社会保险基金监管，实现全省联网监控。

【医疗保障】2013 年，全省城镇居民医疗保险参保人数 186.57 万人；新型农村合作医疗参合 490.42 万人，较上年增长 8.89 万人，参合率 99.19%，较上年 0.97 个百分点，超过国家要求 95%左右的目标。全省从业人员基本医疗保险实现全省统筹，省级统筹后，全省退休人员统一报销比例最高可达 90%；退休人员个人账户待遇按照省本级退休人员标准执行，待遇标准大幅提高；提高了城乡居民筹资标准和保障水平，各级财政对城乡居民医疗保险的年度标准由 240 元提高到 280 元。急性白血病和肝病、肾移植等重大疾病医保最高支付限额提高到 50 万元。低收入家庭 60 岁以上老年人参加城镇居民基本医疗保险的，其个人缴费部分由财政全额代缴。提高了政策范围内住院费用报销比例达 78.8%。全面推进新农合门诊统筹，扩大新农合受益范围。加快推进新农合支付方式改革，降低参合老年人的自付医疗费用。2013 年，全省参合老年人受益 252.35 万人次，补偿金额 55 914 万元，实际补偿比 61.07%。其中，住院补偿 11.37 万人次，补偿金额 50 321 万元，实际补偿比 62.01%，次均补偿 4 426 元，次均自付费用 2 712 元；门诊补偿 240.98 万人次，补偿金额 5 593 万元，实际补偿比 53.8%，次均补偿 23 元，次均自付费用 20 元。实行定点医疗机构垫付制，基本做到出院即报销，极大减轻农村老年人的医药费用负担，缓解了农村老年人“看病贵、看病难”问题，使老年疾病得到及时救治，切实解决农村老年人老有所医问题。落实基本公共卫生服务项目，加强我省 65 岁以上老年人健康管理。在 18 个市县启动 65 岁以上老年人健康管理工作，开展健康危险因素调查、体检、登记和疾病预防、保健等健康指导。2013 年健康管理 65 岁及以上老年人 48.3 万人，健康管理率为 67.7%，达到国家“十二五”规划老年人健康管理率目标。截至 2013 年底，所有老年人健康管理资料均录入海南居民健康档案管理系统，初步实现了老年人信息化健康管理工作。加强老年门诊、老年病房建设，重视老年常见病、慢性病、疑难病、多发病、突发病和心理卫生研究，不断提高老年病的防治和康复水平。加大推进异地就医结算力度，扩大异地医疗结算合作区域，目前共与 14 个省份 23 个统筹区签订异地就医结算合作协作关系，省内跨市县就医疗联网结算全面铺开，更加便利了参保群众，解决老年患者异地就医的垫资、跑腿问题。

【老年人社会救助】年末城镇居民最低生活保障人数 14.53 万人，农村居民最低生活保障人数 24.72 万人，农村“五保”户供养对象 3.28 万人。城市低保标准由每月不低于 280 元提高到 365 元，农村低保标准提高到 247 元，农村“五保”户集中供养标准由每月 306 元提高到 459 元、分散供养标准由每月 288 元提高到 380 元。积极开展重特大疾病医疗救助试点。全年实施包括老年人在内的城乡医疗救助 53.58 万人次，其中城市医疗救助 17.86 万人次，农村医疗救助 35.71 万人次。开展医疗帮老助困工作。充分利用医疗机构资源，各级医疗单位不定期组织医护人员到敬老院或利用下乡医疗扶贫的时机，为孤寡老人进行免费义诊，赠送常用药品和生活用品。积极开展扶老助困活动，在春节、重阳节期间，由各地党政领导带队走访慰问贫困老年人，帮助解决实际困难。我省各市县继续完善利益导向政策，提高了奖扶标准，扩大了奖励覆盖面。全省符合农村部分计划生育家庭年老父母奖励扶助制度扶助对象 1.06 万人，发放标准每人每年 1 200 元，发放奖励扶助金 1 274.52 万元。分配公共廉租住房时优先保障城市“三无”老人和低收入老年家庭，危房改造时重点保障农村五保老人和重点优抚对象，缓解了困难老年人的“住房难”问题。

【老年福利服务设施】各市县通过多渠道筹措资金，加大对养老服务事业的投入，逐步形成财政、彩票公益金和社会投入相结合的多元化投入机制。重大养老服务基础设施建设取得突破，全省老年福利服务设施逐步完善。2013年，省财政投入216万元建设省社区居家养老网络服务信息平台。该项目列入了省政府2013年为民办10件实事之一，列入省政府重点步骤办工程。平台从紧急救援、走失定位、家政服务、生活帮助、咨询服务、精神慰藉和临终关怀等方面，为全省1万名民政对象和困难老年人免费发放老年人手机，依托平台提供优质的居家养老信息服务，在全国率先实现养老服务信息网络全省覆盖。全省开展社区居家养老服务试点范围逐步扩大，海口、三亚、儋州、文昌、定安、澄迈、琼中7个市县开展了社区居家养老服务试点，试点社区数达230个。其中，海口、三亚、琼海、儋州、文昌、琼中6个市县实现了主城区社区居家养老服务全覆盖。2013年申报养老服务体系项目10个，计划总投资5 549万元，其中申请中央预算内投资3 518万余，地方配套1 216万元。自社会养老服务体系实施以来，全省新建专业机构类公办养老服务机构12个，目前，省托老院、屯昌县养老院一号养护楼、陵水养老服务中心、澄迈托老院、儋州市托老院、万宁市托老院、文昌市文城镇养老院已建成；定安县托老院、琼中县养老中心养护楼、屯昌县新兴镇养老服务中心、琼海市养老中心养护楼正在建设之中。农村养老模式有了创新发展。按照“统筹规划、分类实施”和“自治、自愿、自保、自助”的原则，2013年在全省建设296个农村幸福院项目，其中选择在经济相对发达的市县建设具有示范指导作用的幸福院项目20个，其余项目分配至各市县开展实施，年度计划建设床位4 063张，涉及村委会296个，占全省村委会总数的11.5%，惠及农村老年人约12.7万人，占全省60岁以上老年人口数的10.5%。社会力量积极参与养老服务机构建设。全省现有28家民办养老服务机构，其中，护理院总数已有5家，占民办养老机构的18.51%。正是因为有民办力量的参与，较好地解决失能老年人的医疗和生活护理问题。年末建设社区老人日间照料中心21个。全省共有各类养老服务机构254家，其中公办养老机构226家（含农村敬老院210所），民办养老服务机构28家，养老床位数19 602张，其中公办养老服务机构床位数11 288张（农村敬老院床位7 000张），社会力量兴办养老服务机构床位数8 314张。各类养老机构床位总数比2010年增加14 965张床位，增长322.7%。全省平均每千位老年人拥有养老床位数16.4张。完善老年人活动设施建设。全省各市县都建有老年活动中心、文化广场和激情广场，配备室内外健身和活动器材，在城市绿化带或小区安装适合老年人活动的健身器材和娱乐用具，为社区老年人提供高质量的文体活动场所；部分条件好的市县进行农村老年活动场所建设，促进基层老龄工作持续发展。积极开展无障碍环境市县创建活动，全省市县（除三沙市外）在城市无障碍建设方面都有了不同程度的推进，县城主城区的新改扩建主干道、公共厕所均按《城市道路和建筑物无障碍设计规范》标准配建无障碍设施。琼海市区（县级市）、博鳌镇区设有盲道约40公里，三星级以上的酒店都设有无障设施，我省城市无障碍化格局基本形成。

【养老服务体系建设】2013年，继续按照《海南省老龄事业发展“十二五”规划》的要求，积极开展社区居家养老服务试点。海口、三亚、儋州、文昌、定安、澄迈、琼中7个市县开展了社区居家养老服务试点，试点城镇社区数达230个，占全省城镇社区总数50.21%。其中，海口、三亚、儋州、文昌4个市县实现了主城区社区居家养老服务全覆盖。开展无偿、低偿、有偿服务相结合的社区居家养老服务试点工作，为居家老人提供生活照料、家政、康复护理和精神慰藉等服务，兑现“老人不离家，服务送到家”的社区居家养老服务承诺。社会力量兴办的养老服务机构发展较快，利用社区老年公寓或租赁房屋的方式，为失能或半失能老人提供康复护理、健康保健、精神慰藉、紧急救援和抚养等多种有偿服务，同时，为候鸟型、异地度假式养老的老年人提供保障，并实行保姆式的社区管理，收费标准按自理、半自理等不同护理等级进行，做好服务跟踪回访监管。农村社区养老服务有了新的模式。除了管好乡镇敬老院外，启动农村幸福院项目建设，主要以村委会为单位，充分利用现有日间照料中心、村委会办公场所、老年人活动中心、闲置的校舍和厂房等房产资源，以“村级主办、互助服务、群众参与、政府支持”的互助幸福院为主要模式，着重满足农村老年人日间照料、文体娱乐、医疗保健等需求，破解农村老年人无人照料等难题，改善农村老年人生活氛围，促进农村社会和谐稳定。机构养老有了新的发展。按照“政府主导、社会参与，公办民办并举”的发展思路，采取公建民营、民办公助、政府购买服务等方式，大力发展机构养老服务，为老年人提供就近、方便、快捷、多样的托养服务。按照民政部的通知要求，我省制定了养老服务社会化方案，选定海口、三亚、琼海、文昌、儋州5个市作为养老服务社会化示范试点单位。

【老年人维权工作】2013年，继续开展老年人法律援助工作，维护老年人合法权益。一是进行老年法规政策宣传。加强宣传新修订的《中华人民共和国老年人权益保障法》和《海南省实施〈中华人民共和国老年人权益保障法〉若干规定》等老年法规政策的宣传力度。二是实施法律援助。紧紧围绕维护老年人合法权益的工作宗旨，发挥司法行政职能作用，以法律援助作为司法行政服务老龄工作的重点，降低门槛，扩大范围，开展便民服务，不断提高工作的能力和水平，较好维护老年人合法权益。2013年，全省各级法律援助机构为807名老年人提供法律援助，占受援人总数的4.85%；免费解答法律咨询1 411人次，占来访咨询人总数的5.06%。三是优先处理涉老案件。各级人民法院对涉老纠纷的案件，按照“优先立案、优先审理、优先执行”的原则办理；在审理涉及老年人民事、行政案件时，在不违反法律政策的前提下，本着适当照顾老年人的原则，尽量维护老年人的合法权益；在审理侵害老年人人身财产权益的刑事案件中，充分发挥司法保障功能，依法严惩侵害老年人权益的犯罪分子。年末共受理法律援助案件592件，其中老年人法律援助案件52件，占公益金项目案件受理总数的9%，为老年人挽回经济损失343万元。四是积极推进全省法律援助便民服务窗口，为老年人寻求法律援助提供便捷条件。海口、文昌等14个市县的法律援助便民服务窗口，为行动不便人群活动提供和创造方便条件。设置方便老、弱、病、残等行动不便人群的无障碍设施和准备轮椅、拐杖、老花镜等，并根据需要为行动不便的老年人提供上门服务、预约服务等，进一步提升法律援助服务老年人的能力。

【老年人优待工作】2013年，继续组织实施《海南省实施〈老年法〉若干规定》，落实老年人各项优待政策，全省先后累计发放老年优待证39.6万张。各地采取措施安排老年优待证制作经费，并督促有关部门在医院、旅游景点、车站、港口、码头、图书馆、博物馆、商业网点、公交车、公厕等公共服务窗口设置老年人优待、优惠和免费的标志。65周岁以上不满70周岁的本省老年人持老年优待证乘坐城市市内公交车费用减半，70周岁以上老年人乘坐城市市内公交车免费，就医减免普通门诊挂号费等优待政策得到很好落实。各医院门诊积极组织志愿者为老年患者提供服务，对行动不便的老年人实行全程导诊，如需入院、办理入院手续后有专人陪送到病房。

【老龄宣传工作】2013年，各地加大敬老爱老宣传工作力度。围绕“敬老文明号”创建、“敬老月”、新修订《中华人民共和国老年人权益保障法》宣传等重大活动，以活动载体，策划一系列主题宣传活动。在全省开展“敬老月”和“敬老文明号”创建活动期间，各地各级领导走访慰问高龄贫困老人；各级老龄机构以宣传贯彻“一法一规”为主线，组织开展老年人文艺汇演、慰问贫困老人和高龄老人等活动，弘扬中华民族孝亲敬老的传统美德，营造“关爱老人、共建和谐”的良好社会氛围；省老龄办创办海南省老龄门户网站、《海南老龄工作简报》和《海南老龄》杂志，及时传递老龄工作法规政策和工作动态等信息，为社会各界关注和了解我省老龄工作动态和老龄问题搭建交流互动平台。年内，利用广播、电视、报刊、互联网等媒体，通过开辟专栏、设立专题、发表评论等多种形式，宣传尊老敬老的先进典型，推广成功经验；加强中华传统美德宣传教育工作，将尊老敬老教育与中小学德育、公民道德建设、“海南文明大行动”有机结合，推动城乡敬老爱老助老文化建设；不断在社会上扩大老龄宣传范围，老年人权益保障和养老服务等工作得到社会各界关注。

【长寿补助与高龄生活津贴】2013年海南省政府继续将百岁老人的长寿补助政策列入重点民生工程进行督察，省老龄办把发放标准、发放程序、规范长寿补贴纳入年度工作计划，加强跟踪督查，及时向省督查办和审计部门报告情况。各级老龄部门争取当地党委、政府支持，提高高龄补贴，规范高龄补贴发放工作。至2013年底，已有海口、三亚、文昌、琼海、东方、五指山、澄迈、昌江、白沙、保亭、陵水、万宁、屯昌、琼中、定安、临高16个市县政府和洋浦经济开发区安排高龄补贴专项资金，其中海口、三亚、万宁、澄迈、陵水、昌江、保亭、琼中和洋浦经济开发区安排80周岁以上的高龄生活津贴。

【老龄工作研究】全省各级老龄工作部门围绕老年人社会保障、社会养老服务、老年社会管理和老年文化教育等重点热点问题开展专题调研，形成一批高质量的调研成果。经全国老龄办组织专家评审，海南省的《海南省养老服务业发展现状、问题及对策思考》《海南省社区居家养老服务工作现实困境及对策思考》和《旅游、养老、医疗三位一体——海南“候鸟”式养老模式的考察报告》《进一步推进社区居家养老服务工作的对策及建议》等优秀调研成果，分获2013年度全国老龄政策调研优秀成果二等奖和优秀奖各2个。

宁夏回族自治区

自治区党委副书记崔波参加我区老年书画展。

自治区政府副主席、老龄委主任李锐调研陶乐养老城。

综　　述

2013年，宁夏坚持以邓小平理论、“三个代表”重要思想、科学发展观为指导，深入贯彻党的十八大、十八届三中全会、自治区第十一次党代会和第三次全国、全区老龄工作会议精神，突出重点，强化措施，全面实施《老龄事业发展“十二五”规划》确定的目标任务，推动了老龄事业科学发展、跨越发展。

一、社会保障体系日趋完善

（一）覆盖城乡的养老保险制度基本建立。下发了《宁夏回族自治区新型农村社会养老保险试点实施办法》，参保覆盖全区22个县（市、区），比国家规定时间提前10年、比自治区原计划时间提前两年实现了新农保全覆盖。采取补建养老关系和补缴养老保险费等措施，将城镇各类未参保群体全部纳入参保范围。截至2013年底，全区企业职工基本养老保险参保人数达130万人，其中参保离退休人员39.8万人，支付养老金86.2亿元，实际支付率和社会化发放率均达到100%。

（二）离退休人员各项待遇逐步提高。连续10年调整提高了企业退休人员基本养老金水平，调整企业退休人员高龄津贴标准，按照年满70、75、80周岁以上三个档次，每人每月分别由原来的80元、110元、140元提高到目前的100元、130元和160元；调整参加职工基本养老保险的退休人员因病非因工死亡丧葬费标准，由11 143.5元调整到12 240元。

（三）城乡居民养老保险待遇稳步提高。2011年实现城乡居民社会养老保险制度全覆盖以来，目前城乡居民每人每月基础养老金达到了85元。截至目前，全区参保城乡居民达到180万人，参保率84%，其中有35.5万城乡老年居民享受了基础养老金，发放率达100%；对于参加统筹城乡居民社会养老保险时年满60周岁及以上的乡村医生，比照离职村干部养老金补贴办法，在享受城乡居民基础养老金的同时，按其从事乡村医生的累计年限（统一计算到年满60周岁，）给予养老金补贴；制定了城乡居民养老保险和优抚、“五保”供养、低保、高龄补贴接续办法，确保此类人员参保后待遇水平不降低。

（四）历史遗留问题得到妥善解决。将城镇各类未参保群体全部纳入养老参保范围，全区累计办理登记参保22.8万人，妥善解决了全区2.4万名国有关闭破产企业、集体企业、困难国有企业退休人员医疗保险历史遗留问题。

（五）统筹城乡医疗保险制度不断完善。下发了《统筹城乡居民基本医疗保险的意见》，采取“一制三档”模式，逐步实现了城乡居民基本医疗保障制度框架、管理体制、政策标准、支付结算、信息系统、经办服务“六统一”。截止到2012年底，全区医疗保险参保人数达561.84万人。其中：参加城镇职工基本医疗保险106.61万人，退休人员28.48万人；参加城乡居民基本医疗保险455.23万人，老年人参保率90%以上。

（六）城乡居民医保筹资和待遇标准不断提高。城乡居民基本医疗保险政府补助标准由每人每年200

元提高到300元。将一、二、三档缴费标准分别确定为50元、200元和400元。全区医保住院起付标准一、二、三档住院报销分别提高5%、年度最高支付限额分别提高到6万元、11万元和15万元。将普通门诊统筹最高支付限额从260元提高到300元。将乡镇卫生院（社区卫生服务中心）、村卫生室（社区卫生服务站）、县级医疗机构门诊费用报销比例分别提高到2013年的55%、65%和35%。

（七）老年人社会救助制度不断完善。及时将符合条件的城乡老年人全部纳入低保保障范围，对低保家庭中的老年人采取多种措施提高其救助水平。截至2013年底，全区纳入城乡低保的老年人共计152 795人，其中农村130 235人，占农村低保人数37%。连续6年为城市低保对象发放价格临时补贴，为城乡低保对象、重点优抚对象发放春节饺子费和冬季取暖补贴等。对因临时性、突发性原因导致家庭基本生活难以维持的，给予500～5 000元的临时性生活救助。对城乡低保对象中的老年人、农村五保对象、领取高龄津贴人员和重点优抚对象中的老年人参加基本医疗保险，发放门诊救助金60～1 000元；推行定点医疗机构“一站式”医疗救助服务，住院费用经基本医疗保险、大病保险报销后，2 000元以内的给予全额救助，2 001元以上的给予80%～50%比例的救助，年救助封顶线为5万元。其他低收入家庭和临时性特殊困难家庭成员中的老年人给予40%～20%的救助，年救助封顶线为3万元。认真贯彻落实国务院颁布的《五保供养工作条例》，五保供养对象13 994人，集中供养率32.2%，年均集中供养标准5 320元，分散供养标准2 225元。

（八）老年社会福利制度逐步完善。在2009年建立高龄老人津贴制度的基础上，2011年又扩大了范围，享受高龄津贴的80周岁以上的农村老年人范围不变，城市低收入家庭中无固定收入的老年人扩大到城市家庭中80岁以上无基本养老金收入的老年人。补贴标准也不断提高，且由原来的山、川城市农村有别调整为同一标准。目前，全区80～89周岁城市高龄津贴标准为每人每月300元；80～89周岁农村高龄津贴标准为每人每月150元；90周岁以上城乡高龄津贴标准均为每人每月350元。截至去年年底，全区共有34 637人享受高龄低收入老年人津贴，月均发放资金698万元。

二、社会养老服务体系建设成效显著

（一）加大社会养老服务法规政策创制力度。先后制发了《宁夏农村五保供养办法》《宁夏回族自治区社会养老服务体系建设规划（2011－2015）》《关于加快推进社会养老服务体系建设的意见》《宁夏农村敬老院建设管理服务规范》《宁夏回族自治区农村五保供养服务机构等级评定办法（试行）》和《宁夏农村五保供养服务机构等级评定标准》《宁夏回族自治区社区居家养老服务规范化建设考评办法（试行）》《宁夏回族自治区社区居家养老服务资格准入制度（试行）》和《宁夏回族自治区社区居家养老服务单位质量评估制度（试行）》，为推进养老服务规范化、标准化建设奠定了基础。颁布了《宁夏农村敬老院建设管理服务规范》等标准。积极开展创建星级敬老院评比活动，评选五星级敬老院11个、四星级敬老院16个、三星级敬老院17个。

（二）加快养老服务机构设施建设。完成了宁夏老年人福利服务中心项目建设，两个地级市关爱护理楼和五个县级综合福利服务中心即将竣工；新建陶乐幸福院护理楼项目，新建改扩建中心敬老院项目14个，五保老人集中供养率提高到37%。截至2013年，全区有各类养老服务机构90所，设置床位1.2万张，每千名老人拥有机构养老床位数达到15张。在民办养老服务机构建设中注重医养结合，为失能失智老人提供专业化服务取得突破。目前，5家托护中心设置床位420张，填补了宁夏没有专业养老护理院的空白。

（三）深入推进城乡社区居家养老服务工作。以建立社区居家养老服务中心（站）为载体，以建立社区居家养老服务信息平台为抓手，以满足老年人多层次、个性化的服务需求为重点，充分利用现有的社区医疗服务站、社区便民服务中心、辖区养老机构、老年活动中心（站）等多种资源，依托社区建设了一批具有日间托管、医疗保健、文化娱乐等功能的居家养老服务中心（站），探索多种形式的服务模式，为老年人提供日托、就餐、洗衣、保健、休闲、娱乐、学习等多种服务。充分利用现有的社区医疗服务站、社区便民服务中心、辖区养老机构、老年活动中心（站）等多种资源，依托城乡社区建成规范运作、管理有序、服务优良的城乡社区居家养老服务站584个、农村幸福院443个，城镇社区居家服务站覆盖率达到了79.5%；农村社区居家养老服务站（含农村幸福院）覆盖率近20%。建设区域性社区日间照料中心23个，床位460张；采取政府资助的形式，在社区居家养老服务站设立日间照料室389个、有照料床位1 167张；设立老饭桌21个。建成了集为老服务热线、紧急救援系统、数字网络系统和“一键式”紧急呼叫服务为一体的宁夏智能化社区居家养老服务中心和惠农区、金凤区等9个县级智能化社区居家养老服务中心，安装“一键式”呼叫器 8 000 余部，协议加盟家政服务企业和商业企业近 3 000 户，开通了社区便民服务热线“96890”和养老服务热线“12349”，开展社区居家养老生活照料服务和紧急求救等多种延伸服务，用户满意度达到 90%以上，惠及老年人 10 万余人。

三、老年人权益得到有效维护

自治区人大对我区贯彻落实《老年法》和《宁夏回族自治区老年人权益保障条例》情况进行了检查并提出整改意见和建议。各地各有关部门通过各种形式，广泛开展老年法律法规的宣传教育活动，增强了老年人的维权意识。目前，全区各市、县（区）对百岁老人每月发放 350～700 元的高龄津贴和长寿保健费，一些条件好的村为老年人每月发放 50～60 元不等的补贴。城市公交车、体育场馆对老年人实行半价优惠，旅游景点、城市公厕全部对老年人免费开放，老年法律援助、老年法律服务、老年司法救助等得以广泛实施。各市、县（区）普遍成立了由司法、民政、人力资源社会保障、卫生等涉老职能部门组成的老年维权服务中心，共接待老年人来访 3 万余人次、来信 1 800 余件，电话咨询 1 万余人次，调解涉老纠纷 4 000 余起，防止了“涉老”矛盾的激化，维护了社会稳定。

四、老年人精神文化生活日益丰富

加快基础设施建设，搭建精神关爱平台。将老年活动中心建设纳入政府 10 项民生计划为民办 30 件实事之一，采取“财政补助一点、福利彩票公益金安排一点、地方政府配套一点”的办法，在全区规划建设了 16 所县（市、区）老年活动中心、30 所城镇社区老年人活动中心，搭建了“老有所乐”的平台。大力发展老年教育，拓展精神关爱空间。继续加大对老年教育的资金投入，因地制宜地办好老年学校。目前，全区共有老年大学 25 所，在校学员 8 000 余人。重视对老年农民的培训，把老年教育与老年人脱贫致富、维护权益、破除迷信和移风易俗结合起来，促进了和谐社会建设。

五、老龄宣传工作得到普遍加强

加强了与新闻媒体的联系，收到了良好的社会效果。认真办好《宁夏老龄工作》刊物和《宁夏老龄工作信息》，及时宣传老龄工作方针政策，交流经验，沟通信息，普及老年法律法规知识，指导基层做好老龄工作。发挥了《宁夏老年报》、宁夏老年网的作用，实现了老龄宣传的多层次、立体化。全社会敬老、爱老、助老的氛围日益浓厚，老龄事业受到重视，老龄问题得到广泛关注。

重要会议和活动

【宁夏新协和老年关爱护理中心开业典礼】1 月 18 日，宁夏新协和老年关爱护理中心举行了隆重的开业典礼，自治区老龄办常务副主任李治贵出席典礼仪式并做了讲话。

【全区老龄办主任会议】3 月 9 日，全区老龄办主任会议在银川召开，自治区老龄委副主任、民政厅厅长兼老龄办主任杜正彬出席会议并作了重要讲话，民政厅副厅长余瑞东主持会议，自治区老龄办常务副主任李治贵作了工作报告。会议总结了 2012 年老龄工作，表彰奖励了 2012 年度全区《宁夏老龄工作信息》、老龄政策研究成果和老龄工作先进单位，安排部署了 2013 年全区老龄工作。全区各市、县（区）老龄办主任或专职副主任、民政厅有关处室负责人参加了会议。

【支持社会养老服务体系建设合作协议签字仪式】3 月 13 日自治区民政厅、国家开发银行宁夏分行，本着“优势互补、共促发展”的原则，就支持宁夏社会养老服务体系建设建立长期稳定、全面合作关系，举行了隆重的合作协议签字仪式。自治区民政厅厅长杜正彬、国家开发银行宁夏分行行长赵耀中、副行长刘加清，民政厅副厅长高万金、自治区老龄办常务副主任李治贵等厅领导以及自治区发改委、财政厅、民政厅、国开行宁夏分行相关处室负责人、部分养老机构、民营企业家代表参加了签字仪式。

【全区智能化社区服务中心项目建设推进会】3 月 27 日，自治区老龄办召开了 13 个市、县（区）民政局长、老龄办负责人参加的全区智能化社区服务中心项目建设推进会，与宁夏援通智能化社区服务中心和大武口等 4 个县（区）签订了 2013 年智能化社区服务中心项目建设协议

【自治区副主席李锐调研陶乐养老服务中心工作】5 月 18 日，自治区副主席李锐在民政厅厅长杜正彬的陪同下，到宁夏陶乐养老服务中心调研指导工作。李锐副主席实地查看了“幸福书屋”、“老人园地”、回民餐厅等设施，并就中心基本建设情况及“文化养老、健康养老、快乐养老”建设工作进行了详细了解。

【民政部副部长窦玉沛来到宁夏陶乐养老服务中心检查指导工作】5 月 28 日，国家民政部党组成员、副部长窦玉沛自治区副主席李锐、民政厅厅长杜正彬等领导陪同下，来到宁夏陶乐养老服务中心检查指导工作。窦玉沛要求中心，要继续努力，将“文化养老、健康养老、快乐养老”做大、做精、做好，力争在全国推广。还欣然为中心题字留言“把全国级别最高的

敬老院办的最好”。

【全国“敬老文明号”创建活动领导小组来我区督导创建工作】7月10日至12日，以全国老龄办宣传部主任刁海峰为组长的全国“敬老文明号”创建活动领导小组对我区开展“敬老文明号”创建评选工作进行检查指导。

【全区养老服务机构从业人员培训班】7月24日，为提高社会养老服务机构从业人员的综合素质，特别是管理服务技能，自治区民政厅、老龄办、人力资源和社会保障厅联合举办了全区养老服务机构从业人员培训班在。来自全区敬老院、社会福利机构、民办养老服务机构的150名管理人员、养老护理员，系统学习了养老服务业发展现状与趋势，老龄工作法规政策，老年人护理知识技能，老年人急救知识及操作，老年人生理、心理特点，养老护理从业人员职业道德培养，食品、营养与健康，常见老年病康复等专业知识，有143人取得了养老护理员初级职业资格证书。

【全区智能化社区服务平台建设推进会】7月29日，自治区人民政府在银川市召开了全区智能化社区服务平台建设推进会，总结了智能化社区服务平台建设经验，部署了今后工作。自治区党委常委、副主席、老龄委主任李锐出席会议并作了讲话。

【全区老龄工作年中总结会】7月29日，自治区老龄办在银川召开了全区老龄工作年中总结会，传达了全国老龄办主任会议精神，表彰奖励了老年人权益保障法知识竞赛的个人和组织，讨论了《宁夏回族自治区民办养老机构管理办法（讨论稿）》和《宁夏回族自治区人民政府关于推进农村幸福院建设的意见（讨论稿）》。自治区老龄办常务副主任李治贵作了工作报告。

【政协开展我区社会养老服务体系建设专题调研】7—8月，自治区老龄办配合自治区政协广泛开展了社会养老服务体系建设调研，自治区政协4名副主席分别带领调研组，分赴各市、县（区）开展专题调研，并召开常委扩大会议，就上报自治区党委、政府的《关于推进社会养老服务体系建设的建议案》进行了讨论。建议案上报自治区党委政府后，李建华书记、刘慧主席、李锐副主席分别做出了批示，提出了要求。

【第六届沿黄河九省区老年书画联展开幕】8月15日，以“弘扬中华民族传统书画艺术，实现伟大中国梦”为主题的第六届沿黄河九省区老年书画联展在银川隆重开幕。自治区党委副书记崔波，政协原主席任启兴，自治区人大、政协部分老领导及沿黄各省区老年书画协会、学会、研究会负责人出席开幕式；自治区老龄办常务副主任李治贵到会祝贺并参观书画展。

【自治区老龄办“清凉宁夏”广场文化专场文艺演出】8月20日，以“权益、共享、和谐”为主题的自治区老龄办“清凉宁夏”专场文艺演出在银川市光明广场精彩上演，自治区老龄办常务副主任李治贵与数百名观众一同欣赏了精彩表演，自治区老龄办副主任岳秀霞为演出致开幕词。

【民政部副部长宫蒲光考察金凤区智能化社区服务平台】8月29日，民政部副部长宫蒲光在自治区民政厅副厅长王凤刚、佘瑞东陪同下，考察金凤区智能化社区服务平台及社区建设情况。

【全区第四届“特困老人家乡游”公益活动启动】9月26日，自治区老龄办、财政厅、旅游局联合举办的第四届“特困老人免费家乡游”公益活动在全区五市同时启动，全区4300多名特困老人领略家乡美景和巨大变化，感受到了社会大家庭的温暖。

【全区社会养老服务体系建设情况专题议政会】9月27日，自治区政协十届4次常委会围绕“我区社会养老服务体系建设情况”进行专题议政，为解决好各级党委政府高度重视、社会各界密切关注、人民群众热切期盼的重大民生问题凝心聚力、广集良策。自治区党委常委、政府副主席李锐到会介绍了我区社会养老服务体系建设情况。自治区政协副主席李淑芬主持会议并讲话。

【第二届“九九重阳情·健康伴我行”大型广场公益活动】10月23日，自治区老龄办与宁夏人民广播电台新闻广播频率在银川市光明广场联合举办了第二届“九九重阳情·健康伴我行”大型广场公益活动。宁夏医科大学附属医院、自治区人民医院、银川市人民医院等7家公办医院共派出了呼吸内科、神经内科、妇科、口腔科、针灸理疗科等科室的14位专家，现场为千余名老年人解疑答惑，免费提供检查、诊断、治疗、咨询，讲解常见病的防治措施。自治区老龄办常务副主任李治贵，自治区广电总台负责人亲临活动现场并为老人送上了诚挚的祝福。

【全国老龄委检查组对我区贯彻执行《中国老龄事业发展“十二五”规划》情况进行中期检查评估】11月4日至5日，由全国人大内务司法委员会委员赵凯带领的全国老龄委检查评估组，采取实地考察和召开座谈会的方式，围绕《规划》对老龄事业发展目标任务的工作分工安排、落实情况，特别是老年社会保障、老年医疗卫生保健、老年养老服务体系、涉老环境建设、老年社会参与、老龄工作体系等情况，对我区贯彻执行《中国老龄事业发展“十二五”规划》情况进行了中期检查评估。

各项业务进展

【涉老政策和制度建设】在广泛调研的基础上，根据国务院《关于加快发展养老服务业的若干意见》精神，草拟了《自治区人民政府关于加快发展养老服务业的实施意见》《关于鼓励支持社会力量进入养老服务领域的意见》《关于推进农村老年幸福院建设的意见》《关于进一步加强失能失智老人护理服务工作的意见》《宁夏回族自治区民办养老服务机构管理办法》《民办养老服务机构一次性床位补助管理办法》等文稿，力求为加快推进我区社会养老服务体系建设提供政策支撑。同时在全区开展了老龄工作政策调研活动，共征集调研论文37篇，上报全国老龄办15篇，其中有2篇被全国老龄办评为二等奖和三等奖，15篇被自治区老龄办评为一、二、三等奖和优秀奖。

【养老服务设施建设】2013年，全区各地认真贯彻《自治区人民政府关于加快推进社会养老服务体系建设的意见》，加大对社会参与养老服务业发展的支持力度，特别是灵武市、泾源县更新观念，调整思路，完善政策，在政府的支持下，把民办养老服务机构与老年活动中心一体规划、统一设计，做到了资源共享，最大限度地利用有限的土地资源和资金，且布局合理、规模适度、功能完善、设施配套，扩大了为老服务设施建设规模，提升了为老服务设施建设层次。继宁夏上陵实业（集团）有限公司创造性地提出了“以房养老”的新理念后，宁夏三鑫集团在贺兰县开工建设了集居家养老、机构养老、社区养老为一体的如意园复合型养老社区。全年兴建民办养老服务机构4所，新增床位415张。积极协调自治区财政厅等相关部门拨付一次性床位补助资金302万元。同时扩大了民办养老机构的融资渠道，3月27日与国家开发银行宁夏分行签订了《支持社会养老服务体系建设合作协议》，通过合作探索民政部门与开发性金融机构携手支持社会养老服务体系建设的模式和路径，带动社会资源对社会养老服务体系建设领域的投入，实现财政资金、金融资金、社会资金的有效结合。

【居家养老服务工作】全年新建城乡社区居家养老服务站139个，落实自治区级扶持资金278万元，开展了建设农村幸福院建设工作。召开了13个市、县（区）民政局长、老龄办负责人参加的全区智能化社区服务中心项目建设推进会，与宁夏援通智能化社区服务中心和大武口等4个县（区）签订了2013年智能化社区服务中心项目建设协议。7月29日，自治区人民政府召开了全区智能化社区服务平台建设推进会，总结了智能化社区服务平台建设经验，部署了今后工作。自治区党委常委、副主席、老龄委主任李锐出席会议并作了讲话。目前全区共建成县级呼叫中心9个，免费为上万名困难老人安装了固定或移动式呼叫器。同时加强了服务队伍建设、规范了管理、扩大了服务领域、提升了服务水平、受到老年人和社会的好评。

【老年人权益保障】为贯彻执行新修定的老年法，增强广大群众、特别是老年人的维权意识，自治区老龄办组织开展了老年法系列学习宣传活动。一是翻印了15 000份新修订的老年法单行本，征订了老年法宣传挂图和解读本，免费向全区有关党政机关、学校、企事业单位、乡镇（街道）、村（居）、社团等发放宣传。二是在全区组织开展老年法知识竞赛活动，印制了5 000份老年法竞赛试题，并从收回的答卷中评选出一等奖5名，二等奖15名，三等奖30名，优秀组织奖6个。三是组织52名老龄工作人员参加了全国老龄办在厦门举办的贯彻执行老年法培训班。举办了三期养老服务机构从业人员培训班，共有150名养老机构从业人员参加了培训，143人取得了养老护理初级职业资格证书。

【老龄宣传工作】牢牢把握正确舆论导向，紧紧围绕“传递政策、交流经验、沟通信息、指导工作”办刊宗旨，认真办好《宁夏老龄工作》刊物，及时宣传党和政府有关老龄工作的方针政策，交流各地老龄工作先进经验，沟通各地老龄工作信息，普及老年法律法规知识，指导各地做好老龄工作。不定期编发《宁夏老龄工作信息》（每年编发40期左右），关注全区老龄工作动态，反映全区老龄工作的重点、亮点和各地有特色、有创新的工作举措、重大社会活动等，为各地传递工作信息、工作交流、共同推进工作提供平台；编发《宁夏老年报》，注重刊载涉老热点新闻、养生保健、敬老养老正反典型等，实现了老龄宣传的多层次、立体化。同时，充分调动各新闻媒体的积极性，联合宁夏日报、新消息报、银川晚报、宁夏电视台、宁夏电台等主流媒体，及时就老龄工作开展的重大社会活动、出台的老龄政策等进行多角度、全方位宣传报道，以直观的宣传方式深化宣传效果；围绕社会关注的热点问题，采取“面对面”、走进直播间等形式，走进社区老人家中，就社会广泛关注的养老问题尤其是社区居家养老服务问题进行现场访谈，为老年人释疑解惑；在新消息报创办老龄专栏，增强了老龄宣传的现实性和针对性，扩大了老龄工作的社会影响，营造了全社会关心老龄事业、关注老年群体、推动老龄事业发展的良好氛围。

【敬老月活动】联合自治区党委组织部等13个部门下

发了《关于开展2013年“敬老月”活动的通知》，明确了“敬老月”活动的宗旨与主题及活动内容。为把党和政府对老年人的关爱送到老人身边，“敬老月”期间，自治区分管领导、各市县区四套班子相关领导相继慰问百岁老人，送去慰问金和祝福。自治区老龄办为全区102位百岁老人送去慰问金；各市、县（区）领导和各部门走访慰问老党员、老干部、优抚对象、特困老人、孤寡老人、高龄老人、百岁老人以及养老机构的老人；联合自治区民政厅、双拥办、解放军第五医院共同举办了“弘扬孝道文化、关注老人健康”大型广场义诊活动，50多位各科室临床专家、医护人员现场坐诊，1 300多名老人接受了现场诊断和健康咨询；举办了“第三届特困老人家乡游”大型公益活动，4 979名特困老人走出家门，亲身感受了家乡日新月异的发展变化，充分享受了我区经济社会发展成果。同时，借助媒体、刊物，开展了强有力的宣传，让他们的事迹深入人心，家喻户晓，使尊老敬老爱老助老在全社会蔚然成风。

【敬老文明号创建活动】“敬老文明号”创建活动是在新形势下营造敬老爱老助老社会氛围的新形式，是构建大老龄格局的新举措，是加强基层老龄工作的新抓手。为组织好、指导好、开展好“创建活动”，自治区老龄办下发了《关于开展第五届敬老爱老助老主题教育评选表彰活动的通知》《关于开展“敬老文明号”创建活动的通知》，制定了《宁夏回族自治区“敬老文明号”创建管理办法（试行）》和《宁夏回族自治区“敬老文明号”创建活动实施方案》，明确了创建的指导思想、目标任务、评选标准、评选办法、方法步骤、具体要求等。2013年，根据任务要求变化，下发了《关于申报“敬老文明号”的通知》，对申报范围、申报条件、考核和命名表彰作了具体安排，确保了“创建活动”稳步推进和有序开展。

“创建活动”开展以来，各地、各部门及各创建单位以弘扬敬老爱老助老优良传统、拓展服务内容、制定服务标准、完善服务制度为主要方式，将“创建活动”与落实惠老政策结合起来，充分发挥部门和行业优势，进一步创新为老服务方式，深入开展为老服务，使惠老优待政策进一步得到落实，老优待范围不断扩大，年服务和活动设施不断完善，更多的老年人享受到了更加方便、快捷、优质、温馨的服务。有14个单位获得了国家级“敬老文明号”称号，31个单位获得了自治区级“敬老文明号”。“创建活动”的开展，调动了各成员单位为老年人办实事、办好事的积极性，优化了为老服务环境，提升了为老服务水平，收到了整合社会力量参与敬老爱老助老工作、提升全社会为老服务水平的效果。

【老年精神文化活动】为营造浓厚的敬老爱老助老社会氛围，不断丰富老年人的精神文化生活，自治区老龄办加大支持力度，鼓励支持社会团体开展了一系列形式多样、内容丰富、适合老年人特点的各种文化娱乐、体育健身及旅游活动。配合相关部门和社会团体组织参加了第二届全国老年人健身比赛，举办了全区老年书画展、全区第二十届老年人门球赛、全区老年人健步走大联动活动、纪念毛泽东主席诞辰120周年书画文艺展系列活动；举办了第四届全区特困老人家乡游大型公益活动，让4 465名特困老人走出家门，亲身感受了家乡日新月异的发展变化，充分享受了我区经济社会发展成果；组织了“宁夏—韩国和谐夕阳”旅游活动，让315名老年人走出国门，感受异国他乡的风土人情和自然风光。

新疆维吾尔自治区

中共中央政治局委员、新疆维吾尔自治区党委书记张春贤同志在“老人节”期间看望慰问老年人并与老年人合影留念。

自治区庆祝“老年节”——夕阳舞天山专场文艺演出隆重举行。

综　述

2013年，全区各级全面贯彻落实党的十八届三中全会和自治区党委八届六次全委（扩大）会议精神，坚持以科学发展观为指导，紧紧围绕习总书记12月19日讲话和中央政治局常委会会议精神，围绕自治区党委、政府“深化改革创新，聚力长治久安”的战略部署，以中央新疆工作座谈会精神为动力，坚持“党政主导、社会参与、全民关怀”的老龄工作方针，充分发挥老龄工作部门“综合协调、督促检查、参谋助手”职能作用，协调推动老龄工作不断创新发展。

一、党政主导，“十二五”规划中期取得成效

2013年，各级党委、政府坚持把加强老龄工作作为党的群众路线教育实践活动的重要抓手，认真听取老年人的意见建议，把老龄工作纳入议事日程，积极落实涉老惠民政策措施，推动了老龄事业的快速发展。2013年是完成《自治区老龄事业发展“十二五”规划》各项目标任务承前启后的关键一年，为全面评估《规划》各项目标任务进展情况，自治区老龄办会同成员单位制定了6大类48项的《规划》评估指标体系。并对各地老龄事业发展“十二五”规划执行情况、采取的措施、取得的成效、存在的问题和主要原因以及今后努力的方向等，进行了深入的调研。调研情况表明，全区上下因地制宜，克服困难，不断加大老龄事业发展力度，在养老、医疗保障、老年教育、权益保护、老年优待等各方面做了大量卓有成效的工作。自治区形成了中期评估报告，向自治区党委政府分管领导进行了汇报，提出了推动《规划》目标任务进一步落实的对策建议。

二、贯彻落实老年优待政策，切实维护老年人合法权益

各地认真贯彻涉老法律法规政策，不断加强对老年维权工作的领导，重视老年法律援助机构建设，县乡村三级老年维权网络基本形成。各地主动为老年人提供就地就近优质的法律服务，加大对农村老年人的法律援助和案件审判力度，对涉老案件实行优先立案、优先审理、优先执行和案件回访制度。

各地认真落实《优待老年人规定》，各地结合实际逐步提高优待标准，拓宽优待领域和优待范围。每逢重要节日，各级党政领导带队走访慰问老人，踊跃为老年人办好事、办实事，自治区党委张春贤书记在老年节亲自带队赴敬老院慰问，给老年人送去党和政府的关怀。各有关部门始终把加快为老服务体系建设作为老龄工作的重点，关注失能、特困、空巢、低收入老年群体的特殊需求，推动为老服务社会化、产业化发展，养老服务体系建设成效显著。

三、丰富老年人精神文化生活，支持老年人参与社会发展

老年文化不仅是社会主义文化的重要组成部分，也是老龄工作的重要组成部分。各级认真落实自治区老龄办与自治区党委组织部、宣传部、教育厅等单位联合转发中组部等16个部门《关于加强老年文化建设的意见》，以先进文化为引领，提高老年人的生活质量。各地加大投入力度，新建、改建了一批老年活动场所，投入资金支持各类老年文体活动，不断满足老年人精神文化需求。各地认真贯彻落实自治区人民政府《关于加强老年教育工作的意见》，稳步推进老年大学（学校）规范化建设。老年大学（学校）为弘扬传播先进文化，全面促进老龄事业发展，维护社会稳定，构建和谐新疆发挥了重要作用。

各地积极探索“老有所为”新途径，拓宽老年人参与社会发展渠道。沪疆第11期“银龄行动”24名上海医疗、教育专业的老专家分别在喀什地区的巴楚、莎车、泽普、叶城县和克拉玛依市8个地区开展为期两个半月的智力援助行动，1.5万各族群众直接受益，取得了较好的社会效益。各族老年人充分发挥在维护社会稳定、促进经济社会发展中的积极作用，开展治安巡逻、志愿服务、义务宣传、帮扶救助等力所能及的工作，以实际行动维护了民族团结和社会稳定。

四、加大老龄宣传力度，营造发展老龄事业的良好氛围

一年来，各地采取多种措施广泛开展以贴近老年人、贴近老龄工作实际为重点的老龄宣传。充分发挥广播、电视、报刊、网络等新闻媒体的宣传主渠道作用，在开展工作和举办各种活动中，积极邀请新闻媒体进行宣传报道，提供宣传素材，形成了新闻媒体宣传与老龄工作良性互动的格局。《老年康乐报》坚持正确的舆论导向，坚持新闻的“三贴近”和“两为”方针，围绕党和政府中心工作，全方位、多角度地开展宣传，充分发挥了老龄宣传主阵地作用。在“敬老宣传月”活动期间，各地结合工作实际，以宣传涉老法规和倡导科学健康的生活方式为主线，在新闻媒体联动和老年人的参与互动上下功夫，使宣传内容和形式得到了全面的提升，大力弘扬中华民族传统敬老文化，增强了全社会的老龄意识。交通运输、人力资源和社会保障、卫生、人口与计划生育等十个部门细化了“敬老文明号”创建评估标准。

五、加强自身建设，不断提升为老服务水平

自治区老龄办积极组织开展党的群众路线教育实践活动，建章立制，全面加强作风建设。各级老龄办注重加强自身建设，不断提高为老服务水平和能力。通过签订老龄工作责任书、定期召开讲评会等形式，对完成目标任务情况进行督查考评。按照分级培训的原则，采取以会代训、集中培训等方式，提高老龄工作干部队伍素质。注重加强基层老年协会建设，加大扶持力度，实施规范化管理，充分发挥老年协会在宣传党的方针政策、“五个文明”建设、维护老年人合法权益、调解家庭邻里涉老纠纷等方面的作用。

各地按照自治区老龄办要求，加大调研工作力度，深入研究制约老龄事业发展的突出问题，围绕“社会养老服务创新”等十大调研课题，深入调查研究，撰写了一批针对性强、具有可操作性的优秀调研报告，为党委、政府加强老龄工作提供对策建议。各级不断加大老龄事业发展统计工作力度，编制了统计手册，更新了统计软件，完善了统计参数，举办了老龄统计工作培训班，组织开展统计工作为各级把握老龄事业发展状况、进行科学决策提供了重要依据。

重要会议和活动

【自治区老龄工作会议】2013年4月27日，自治区老龄办在乌鲁木齐召开自治区老龄工作会议，自治区党委、政府分管领导出席会议，各地州市老龄办负责人共80人参加会议，自治区老龄办常务副主任宋海渭作2012年工作总结安排和2013年工作任务报告，会议对评选出的自治区老龄工作先进集体和先进个人进行了表彰。自治区党委常委肖开提·依明作重要讲话，自治区人民政府副秘书长帕尔哈提·贾拉勒作总结讲话。

【自治区“敬老宣传月”和全国“敬老月”】自治区老龄办主动与自治区党委宣传部协调，联系新疆人民广播电台、新疆电视台、新疆广电网络有线电视和天山网、自治区移动、联通、电信分公司等媒体共同开展“敬老月”活动期间的宣传工作。举办“夕阳舞天山一庆祝老年节”文艺演出。经统计，“敬老月”和“自治区敬老宣传月”期间，全区县级以上电台播发老龄工作的内容819次、电视台播发799次，地州以上报刊刊登老龄工作稿件430篇，网络刊登稿件580篇，开展座谈咨询活动1 244场次，参加座谈人数达到46 504人，开展知识竞赛422场次，参加人数56 023人。

【“银龄行动”援疆工作】2013年，为落实新疆工作座谈会议精神，结合援疆工作实际，组织实施上海援助新疆的第十一期“银龄行动”工作。自治区党委常委肖开提·依明出席欢迎仪式并作了重要讲话，自治区副主席吉尔拉·衣沙木丁出席活动，24位上海老年志愿者分别在喀什地区、克拉玛依市开展了为期两个半月的智力援助活动，产生了积极的社会效应，对促进民族团结和经济发展产生了积极的影响。各地开展区域内对口援助“银龄行动”工作，在实施范围、援助领域等方面均有所扩展，开展的援医、援农、援牧工作受到受援地单位和各族群众一致好评，取得了良好的经济效益和社会效益。

【“敬老文明号”创建】自治区老龄办牵头交通运输、人力资源和社会保障、卫生、人口与计划生育等十个部门细化了“敬老文明号”创建评估标准，全区有892个单位组织开展了创建工作，在全区评选表彰了60个自治区“敬老文明号”单位，30个单位荣获全国“敬老文明号”称号。

【老龄信息宣传培训班】自治区老龄办在乌鲁木齐举办老龄信息宣传培训班，各地、州、市（县）共计82人参加培训。

【老龄统计工作培训班】自治区老龄办在乌鲁木齐举办老龄统计工作培训班，各地、州、市（县）共计75人参加培训。

各项业务进展

【老龄宣传】一年来，各地采取多种措施广泛开展以贴近老年人、贴近老龄工作实际为重点的老龄宣传。充分发挥广播、电视、报刊、网络等新闻媒体的宣传主渠道作用，在开展工作和举办各种活动中，积极邀请新闻媒体进行宣传报道，提供宣传素材，形成了新闻媒体宣传与老龄工作互动的格局。通过新疆老年文化网和《老年康乐报》组织开展了3.26万人参加的老年人权益保障法有奖知识竞赛活动，通报表彰了321名获奖个人和49个优秀组织单位。各级重视推进信息工作规范化建设，定期通报信息工作情况，不断提升信息宣传水平和质量。全区上报老龄工作信息共2 261条，处理信息动态电子邮件1 750多份，评选表彰了12个信息工作先进单位和21名先进个人。

【老年维权】目前，全区共有县以上老年维权机构285个，专兼职老年维权工作人员803人。各级重视老年信访工作，对老年人反映的问题，做到了件件有人管、有落实，充分发挥了信访工作在化解涉老纠纷、保障老年人合法权益和维护社会稳定中的重要作用。

【老年优待】各地重视老年优待、优惠证发放和管理工作，130万持证老年人享受到了各种优惠、优待。全区26万80岁以上老人享受高龄津贴，2013年发放高龄津贴2.2亿元，各地结合实际逐步提高优待标准，拓宽优待领域和优待范围，全年有2.4万79岁以下老年人享受了生活补贴。

【老年教育】目前，自治区老年社会组织建设步伐进一步加快，截至2013年底全区有老年协会4 706个，比上一年增加278个，增幅10.6%，惠及会员22.61万人。自治区老年大学协会现有82个县级老年大学会员学校，在校学员近6万人。自治区老年大学2013年共开设15个专业，171个班级，招收5784名学员，老年大学（学校）已成为老年人学习教育的重要阵地和精神文化生活的乐园。

【老龄工作调研】自治区老龄办组织开展优秀调研报告评选活动，从各地老龄办和有关部门报送的130篇调研报告中，评选表彰了44篇优秀调研报告，其中有3篇在全国获奖。

【老年文化】全区582个老年艺术团体参与活动人数逾15.3万人，既满足了老年人多层次、多样化的精神文化需求，也展示了当代老年人的时代风貌。在自治区“老人节”前夕举办了老年艺术节文艺演出。截至2013年底，全区共有老年活动场所10161处。

【高龄补贴和免费体检】全区认真落实《优待老年人规定》，重视老年优待、优惠证发放和管理工作，130万持证老年人享受到了各种优惠、优待。全区26万80岁以上老人享受高龄津贴，2013年发放高龄津贴2.2亿元，免费体检为老年人节省2 000万元，各地州市结合实际逐步提高优待标准，拓宽优待领域和优待范围，全年有2.4万79岁以下老年人享受了生活补贴。

【居家养老】各级政府加大投入，扩大养老服务内容和范围。目前，全区共建居家养老服务站及日托站（所）136个，床位1 690张；养老服务机构621个，床位3.1万张；老年公寓74家，床位7 350张。政府引导、社会参与、市场运作，服务人性化、队伍专业化、对象大众化的社会养老服务体系初步形成。

【5位老人入选中国十大寿星】2013年，在中国老年学学会组织的第六届中国“十大寿星”评选活动中，我区又有5位百岁老人当选十大寿星，连续五年成为上榜人数最多的省份。

广西壮族自治区

2013 年 3 月 22 日，自治区民政厅、自治区老龄办在首府南宁举行媒体通报会，向中央、自治区媒体通报广西农村养老工作情况。

2013 年 8 月 1 日，广西在首府南宁市举办《中华人民共和国老年人权益保障法》宣传月活动启动仪式。

综　述

2013 年，按广西常住人口统计，广西现有 60 周岁及以上老年人口 643 万人，占广西常住人口的 13.62%。广西老龄办持续坚持“党政主导、社会参与、全民关怀”的老龄工作方针，以贯彻党的“十八大”精神为统领，以实施国家和自治区老龄事业发展“十二五”规划为主线，围绕广西经济社会发展大局，不断创新老龄工作思路，着力解决涉及广大老年群众利益的热点难点问题，重点加强基层老龄工作，提高老年优待水平，保障老年人合法权益，推动老龄工作及老龄事业实现新的发展。

一、夯实基础，认真开展《中国老龄事业发展“十二五”规划》中期评估

根据全国老龄办的统一部署，在全广西范围组织开展了《中国老龄事业发展“十二五”规划》中期评估工作。2013 年 12 月，全国政协委员张晓林、全国老龄办副主任鲍学全率全国妇联、国家税务局等单位的领导莅临广西，对广西执行《中国老龄事业发展“十二五”规划》情况进行中期检查评估。自治区人民政府在首府南宁市召开汇报会，自治区副主席蓝天立向全国检查组汇报了广西执行《中国老龄事业发展“十二五”规划》中期情况，自治区政协办公厅、自治区发展改革委、民政厅、财政厅、人力资源社会保障厅、老龄办等单位负责同志参加会议。会后，全国检查组一行实地考察了广西社会福利院、广西重阳老年公寓、南宁市宾阳县福利院、老年协会等。

二、提高待遇，完善社会保障制度

一是养老保障工作超额完成任务。2013 年，广西基本养老保险参保职工总人数 538.37 万人，其中参保在职职工人数 365.77 万人；参保企业退休人数 171.79 万人，比去年同期增加了 9.03 万人；全年共发放养老金 347.42 亿元，确保了企业离退休人员基本养老金按时足达的额发放；参保总人数和养老金发放总金额数均超额完成上级下达的目标任务。二是医疗保障工作基本达到全覆盖。2013 年，广西城镇职工医疗保险参保人数达到 1 031.42 万人，其中城镇居民医疗参保人数达 564.4 万人，参保覆盖率达 96%，超过广西老龄事业“十二五”规划覆盖率达 95%的任务目标。三是社会救助水平持续提高。全区城乡低保平均保障标准分别达每人每月 307 元和 143 元，比上年分别提高 37 元和 29 元；城乡低保对象月人均补助水平分别达 236 元和 99 元，比上年分别增加 41 元和 22 元。全区 29.6 万农村“五保”供养对象供养标准稳步提高，集中供养对象月人均供养标准达 319 元，比上年增加 20 元；分散供养对象月人均供养标准达 249 元，比上年增加 21 元。

三、整合资源，创新养老服务模式

广西已建成各类收养性养老服务机构 1 487 个，拥有养老床位 12 万张，平均每千名老人拥有床位 18.3 张。整合“五保”村、幸福院、村老年协会等社会资源，探索建立“三位一体”的农村养老服务模式，破解农村老人特别是留守老年人的养老服务难题，全国老龄办组织新华社等中央媒体对此进行了专题报道，在全国宣传推广我区的基层老年协会建设和农村养老服务模式。

四、加强宣传，贯彻学习《老年人权益保障法》

一是举办老年人权益保障法学习培训。新修订的老年人权益保障法于2013年7月1日起实施，为认真做好该法的学习宣传，6月，广西老龄办组织举办了全区老龄工作系统学习贯彻老年人权益保障法培训班，邀请全国老龄办副主任朱勇，清华大学、中国政法大学、山东大学教授等前来指导授课，全区各市、县（市、区）老龄办专职负责人约150人参加培训。二是开展老年人权益保障法“宣传月”活动。2013年8月，广西老龄委在全区范围组织开展以“普及老年法，造福老年人”为主题的广西实施老年人权益保障法“宣传月”活动。自治区民政厅、自治区老龄办、南宁市老龄办、南宁市青秀区人民政府共同举办了“宣传月”活动启动仪式；自治区民政厅、自治区老龄办、自治区福利彩票发行中心在《南国早报》《广西老年报》联合举办了老年人权益保障法有奖知识竞赛，在广西电视台《广西新闻》《新闻在线》两个节目开展宣传贯彻老年人权益保障法系列专题节目。广西各地各有关部门积极开展老年人权益保障法进企业、单位、机关、乡镇、社区和学校的“六进”活动，通过印发单行本、挂图，全面宣传老年人权益保障法，仅桂林市便发放老年人权益保障法单行本达25 800本，宣传资料31 000份，出动宣传车辆420台次，悬挂宣传标语、横幅、电子屏幕2 150条。

五、扩大成效，持续推进基层老年协会规范化建设。

一是扶持建设750个示范性村级老年协会。根据《广西创新农村养老服务体系建设工作方案》，自治区财政继续安排资金2 250万元，新扶持建设750个示范性村级老年协会。二是推动城市社区老年协会发展。在大力扶持农村基层老年协会发展的同时，注重将基层老年协会建设与社区建设相结合，大力培育发展城市社区基层老年协会。在深入调研的基础上，在南宁市选择6个基础设施完善、老年人相对集中、工作积极性高的社区建立基层老年协会示范点，打造一批“机构健全、活动正常、作用明显、生命力强”的示范性社区老年协会，推动城市社区老年协会全面协调发展。三是开展基层老年协会规范化检查评估。2013年7月，自治区老龄办、自治区民政厅联合印发了《广西基层老年协会规范化建设检查验收办法》，明确了验收内容、范围和标准。自治区老龄办于2013年11月份抽调全广西各市老龄办有关负责同志组成7个检查组，对2012年示范性老年协会的组织机构、章程制度、基础设施、活动开展以及扶持经费落实和使用情况进行了交叉检查验收。截至2013年底，全区登记备案基层老年协会达12 344个，比2012年增加1 215个，会员人数超过180万。2013年3月，全国老龄办组织新华社、人民日报、经济日报、光明日报、中国社会报、中国老年报等全国性媒体到广西就农村养老工作特别是基层老年协会规范化建设工作进行了为期一周的深度采访，在全国范围宣传推广广西经验。

六、营造氛围，开展敬老爱老活动

一是“敬老文明号”创建取得成效。2013年10月，全国老龄委开展了第一届全国“敬老文明号”评选表彰活动，我区广西中医药大学附属瑞康医院等34个单位被评选为第一届全国“敬老文明号”。二是广泛开展“敬老月”活动。2013年10月，自治区老龄办在全区范围组织开展了以“贯彻老年法，造福老年人”为主题的“敬老月”活动。连续13天在广西电视台新闻频道播放敬老活动宣传口号，在《广西老年报》开辟为期一个月“敬老月”专栏，宣传报道“敬老月”活动开展情况。“敬老月”期间，自治区民政厅、自治区老龄办深入南宁市武鸣县、防城港东兴市、来宾市金秀瑶族自治县等地，看望慰问高龄、特困老年人以及基层老年协会。各为老服务组织、服务窗口行业和基层群众性自治组织发挥“老年维权示范岗”“老年优待服务窗口”和“敬老文明号”的作用，为老年人提供优质服务，营造了尊老敬老传统风尚。

七、发挥作用，持续实施“银龄行动”

联合广西老科协，继续开展以科学素质报告、中小学班主任工作技能培训、医疗技术培训等为主要内容的“银龄行动”。一是科学素质报告演讲。在梧州、防城港、玉林市举办科学素质报告演讲111场，听众49 363人次。内容涉及科学技术、文化思想教育、卫生保健知识等。二是中小学班主任工作技能培训。在防城港市开展中小学班主任工作技能培训，培训中小学教师共300人。内容涉及学生及班级日常管理与学生行为规范训练、班级活动的途径与方法等。三是医疗技术培训和医疗进社区活动。在梧州、防城港市广泛开展医疗技术培训，培训医务人员124人次，搞高了医务人员的医疗水平和管理能力。深入开展医疗进社区活动，为群众提高健康咨询、医疗义诊共795人次。

重要会议和活动

【广西农村养老情况通报会】3月22日，广西农村养老工作情况通报会在南宁召开。情况通报会由自治区老龄委、自治区民政厅举办。自治区民政厅副巡视员陈佳克主持会议，自治区民政厅副厅长冯志全面介绍广西农村养老工作情况。人民日报、新华社、光明日报、经济日报、中国社会报、中国老年报六家中央媒体参加通报会。会后，六家中央媒体赴崇左、贺州、桂林等市的部分乡村采访报道了广西农村养老工作情况。

【全区老龄办主任会议】 5月21日，2013年广西老龄办主任会议在南宁召开。自治区民政厅副厅长黄瑞平出席会议并做动员讲话，自治区老龄办主任梁丽玲在会上回顾和总结了2012年老龄工作，并对2013年老龄工作任务做了部署。会议听取了各地对基层老年协会工作的情况汇报，并对《广西基层老年协会规范化建设考核验收办法》进行了研究讨论。

【全区老龄委成员单位联络员会议】 9月16日，2013年广西老龄委成员单位联络员会议在南宁召开。自治区民政厅党组成员、自治区老龄办主任梁丽玲对前一阶段老龄工作进行了总结，自治区民政厅副厅长黄瑞平参加会议并作重要讲话，自治区老龄委成员单位联络员40余人参加了会议。会议期间，与会人员现场参观了“12349”社区为老服务信息平台。

【党日活动】 6月29日，广西老龄办党支部、自治区民政厅优抚处（双拥办）党支部在自治区民政厅副厅长黄瑞平带领下，深入钦州市灵山县联合开展“美丽广西我先行”主题党日活动，纪念建党92周年。党员干部一行看望慰问了高龄老人、老复员军人、基层老年协会和灵山县光荣院优抚对象，并送上了慰问金和慰问品。在灵山县光荣院，党员干部在黄瑞平副厅长带领下，认真清扫院内垃圾。

【“敬老月”活动】 2013年10月，广西老龄办组织开展了以“贯彻老年法，造福老年人”为主题的“敬老月”活动。南宁市老龄办联合慈善总会开展“慈善助老情暖夕阳”，为600名贫困老年人共送去60万元慰问金；桂林市老龄办积极发动老龄委成员单位开展敬老活动，共走访慰问高龄、特困、空巢、失能老年人5万多人次，组织开展老年优待、法律援助、文体活动等5 000多场次；河池市投入100多万元走访慰问福利院、乡镇敬老院、老年协会、“五保”老人。各为老服务组织、服务窗口行业和基层群众性自治组织充分发挥“老年维权示范岗”“老年优待服务窗口”和“敬老文明号”的作用，为老年人衣食住行、精神慰藉和为老服务等提供优质服务。

【“敬老文明号”】 2013年10月，全国老龄委开展了第一届全国“敬老文明号”评选表彰活动，广西中医药大学附属瑞康医院等34个单位被评选为第一届全国“敬老文明号”。

【老年团体活动】 广西老年学学会组织参加了“第六届中国十大寿星、第四届中国十大百岁夫妻排行榜”推荐活动，巴马瑶族自治县116岁寿星黄乜依入选中国十大寿星排行榜。组织广西12个“中国长寿之乡”市县代表参加了中国老年学学会在浙江省桐庐县举办的第二届中国长寿之乡峰会暨美丽中国与寿乡发展（桐庐）高峰论坛。广西老年基金会与广西一通公司合作，利用民政部“12349”公益服务电话搭建为老服务信息平台。广西老科技工作者协会被中国老科协评为2012年度“万名科技专家讲科普”活动优秀科普演讲团一等奖。广西老年书画研究会举办了首届广西青少年书画才艺大赛、纪念帅立志先生诞辰九十周年大型书画展等四次大型书画展。广西老年体育协会组团参加了全国第二届老年体育健身交流大会，广西老年代表队荣获第二届老年人健身项目创新交流大会“优胜奖”“最佳效果奖”和“体育道德风尚奖”三大奖项。广西老年大学参加了第三届全国老年大学文艺汇演，其中合唱节目《啊，朋友再见》《踩踩脚》获得金牡丹奖（金奖），舞蹈《壮乡欢歌》获荷花奖，学校获得优秀组织奖。

各项业务进展

【《中国老龄事业发展“十二五”规划》中期执行评估】 根据全国老龄工作委员会的统一部署，广西及时将全国老龄办关于开展中期检查评估的相关文件转发各市老龄办和广西老龄委各成员单位，在全广西范围认真组织开展了检查评估工作，并根据各地各有关部门执行情况，结合广西实际，认真研究分析形成了评估报告。2013年12月，全国检查组一行实地考察了广西社会福利院、广西重阳老年公寓、南宁市宾阳县福利院、老年协会等地方的工作落实情况。

【老年维权工作】 2013年，广西老年维权工作主要以学习宣传新修订老年人权益保障法为主要内容，举办了全区老年人权益保障法学习培训班，开展了老年人权益保障法“宣传月”活动，广西各地各有关部门开展老年人权益保障法进企业、单位、机关、乡镇、社区和学校的“六进”活动，通过印发单行本、挂图，全面宣传老年人权益保障法，仅桂林市便发放老年人权益保障法单行本25 800本，宣传资料31 000份，出动宣传车辆420台次，悬挂宣传标语、横幅、电子屏幕2 150条。司法保护和法律服务方面，对“涉老”案件持续实行“优先接访、优先立案、优先审理、优先执行”的“四优先”原则，以老年法律援助中心、老年人权益维护岗、老年法庭和老年维权热线等多种维权为载体，加大了老年人的司法保护力度。积极做好老年人信访工作，自治区老龄办共处理来信来访23人次，电访77人次，老人提出的问题基本得到解决。

【养老保障工作】2013年，广西基本养老保险参保职工总人数538.37万人，其中参保在职职工人数365.77万人；参保企业退休人数171.79万人，比去年同期增加了9.03万人；全年共发放养老金347.42亿元。广西城镇职工医疗保险参保人数达到1 031.42万人，其中城镇居民医疗参保人数达564.4万人，参保覆盖率达96%，超过广西老龄事业“十二五”规划覆盖率达95%的任务。广西城乡低保平均保障标准分别达每人每月307元和143元，比上年分别提高37元和29元；城乡低保对象月人均补助水平分别达236元和99元，比上年分别增加41元和22元。全区29.6万农村“五保”供养对象供养标准稳步提高，集中供养对象月人均供养标准达319元，比上年增加20元；分散供养对象月人均供养标准达249元，比上年增加21元。

【养老服务工作】一是认真贯彻养老服务政策法规。2013年，国务院印发《关于加快发展养老服务业的若干意见》、民政部发布《养老机构设立许可办法》和《养老机构管理办法》，自治区政府办公厅印发《广西社会养老服务体系建设规划（2011—2015）》等，广西区结合实际，认真贯彻国务院《意见》，组织养老服务业发展情况调研，起草自治区人民政府关于加快发展养老服务业的实施意见。二是加大养老服务基础设施建设力度。2013年广西获国家养老服务设施建设项目9个，资助金额5 000万元，获民政部资助养老项目资金2 615万元。组织实施广西本级彩票公益金项目，全年共安排福利院改造25项，老年活动中心项目16项。2013年底，全区已建成各类养老机构共1 487个，养老床位12.05万张，每千名老人拥有养老床位数达到18.3张。继续为入住养老机构的老人购买意外伤保险，全区共为221个养老机构、1.23万名老人购买意外伤保险。三是发展民间资本参与养老服务。2013年，广西已建成并已运行的民办养老机构148家，其中有18家公办福利机构推行公建民营或委托经营模式。主要有中脉集团在巴马县筹建大型养生养老产业园，香港信和信集团在桂林打造桂林智慧健康产业园，广西和正集团在南宁东盟经济开发区兴建“太和·自在城”，五行创展公司在崇左建设“中国（扶绥）乐养城”，中国社会福利基金会在北海市兴建大型养生养老产业园等大型养老项目。

四是全面展开农村幸福院建设。2013年，民政部、财政部部署在“十二五”后三年，全国投入30亿，建设10万个农村幸福院，安排广西建设1 293个。广西筹措资金4 000万元，配套中央补助，共投入7 878万元，实施农村幸福院建设。五是加强养老护理员队伍建设。全年共举办培训班4期，其中中级班3期，参加培训280人，通过培训和鉴定254人，其中中级护理员188人。组织参加全国第三届民政行业技能竞赛，广西代表队荣获团体三等奖、获得个人一等奖1名、二等奖1名、三等奖2名。

【老龄宣传工作】新华社、人民日报、经济日报、光明日报、中国社会报、中国老年报等八家全国性媒体到广西就农村养老工作为期一周的深度采访宣传工作，我区及时将全国老龄办宣传部和中央媒体及老龄媒体赴广西集中采访成果编辑成册，印发全区各级民政、老龄工作部门和自治区老龄委成员单位；在全区范围组织开展以“普及老年法，造福老年人”为主题的老年人权益保障法宣传月活动；2013年10月“敬老月”活动期间，在全区范围组织开展了以“贯彻老年法，造福老年人”为主题的“敬老月”活动。

【“银龄行动”】广西老龄办联合广西老科协，继续开展以科学素质报告、中小学班主任工作技能培训、医疗技术培训等为主要内容的“银龄行动”。全年举办科学素质报告演讲111场，听众49 363人次，培训中小学教师共300人，培训医务人员124人次，开展医疗义诊795人次。

【老年优待工作】据统计，2013年，广西为年满60周岁以上老年人免费办理老年人优待证136 339张。

西藏自治区

综　述

2013年，在自治区老龄委的正确领导下，在全国老龄办的指导下，在自治区各涉老部门的通力协作下，自治区老龄委办公室坚持以邓小平理论和“三个代表”重要思想为指导，全面贯彻落实科学发展观，认真贯彻落实《西藏自治区实施〈中华人民共和国老年人权益保障法〉办法》和全区第三次老龄工作会议精神。为构建富裕西藏、和谐西藏、幸福西藏、法制西藏、文明西藏、美丽西藏发挥了积极作用。

一、着力开展走访慰问活动

在举国上下深入开展党的群众路线教育实践活动之际，全区老龄工作部门，认真贯彻落实新颁布的《中华人民共和国老年人权益保障法》和《西藏自治区实施〈中华人民共和国老年人权益保障法〉办法》。10月13日，全国第一个法定的“老年节”之际，为弘扬中华民族爱老、敬老、助老的传统美德，充分体现党和政府对老年人的关怀，2013年10月10日，自治区副主席多吉次珠率自治区老龄办和拉萨市老龄办驱车前往堆龙德庆县古荣乡加入村看望和慰问敬老院的“五保户”、百岁老人和空巢老人，送去党和政府的温暖，并向老人们致以节日的祝贺和问候。多吉次珠副主席一行在所到之处详细询问老人们的生活、身体情况及所需解决的困难，并向敬老院的老人们、百岁老人和空巢老人献上祝福的哈达，送去慰问金。使老人们切实感受到祖国大家庭的温暖，感受到党和政府对老年人的关怀。慰问结束后，多吉次珠副主席一行与老人们一同兴致勃勃地观看拉萨市、堆龙德庆县、林周县离退休老年文艺队表演的文艺节目。重阳节期间，各地（市）干部也结合本地的实际情况，到困难老人、空巢老人家里与老人们亲切交谈，嘘寒问暖，解决他们的实际困难，让老人们过了一个祥和隆重的“老年节”。

二、加大老年法律、法规的宣传力度

10月13日，是中国民间传统节日重阳节，也是新修订的《中华人民共和国老年人权益保障法》规定的我国第一个法定的“老年节”。为了保障老年人的合法权益，自治区老龄工作委员会办公室和拉萨市老龄工作委员会办公室在第一个老年节联合举行了老年人权益保障法宣传活动。在整个活动实施过程中，突出“贯彻老年法造福老年人”的活动主题。进一步激发全社会敬老、爱老、助老活动的热情。同时，各地（市）结合本地的实际情况，通过走访慰问、开座谈会、悬挂宣传横幅、设立宣传点、宣讲惠老政策、印发宣传手册、编发手机短信等方式，开展点面结合、生活多样的庆祝活动。

自治区老龄委办公室利用“12·4”法制宣传日，将新修订颁布的《中华人民共和国老年人权益保障法》翻印成藏汉文手册向广大市民和老年人发放。同时，发放到各地（市）老龄委办公室，让老年法家喻户晓，人人皆知，进一步增强了老年人的维权意识。

三、为老年人办理优待证，兑现健康补贴费

认真贯彻落实《西藏自治区实施〈中华人民共和国老年人权益保障法〉办法》。为80周岁以上寿星老人免费办理老年人寿星证1 016本；兑现健康补贴费900余万元。为60周岁以上老年人免费办理老年人优待证14 700多本。

四、简政放权，提高工作效率

认真贯彻落实党的十八大会议精神，进一步简政放权，提高办事效率，自治区人民政府办公厅转发了自治区老龄委办公室、自治区财政厅关于下放老年人优待证、寿星证审批权的通知。结合西藏实际，将集中在自治区老龄委办公室办理老年人优待证、寿星证的审批权下放至各地（市）、县（市、区）老龄委办公室。要求各地（市）、县（市、区）老龄委办公室严格按照《中华人民共和国老年人权益保障法》《西藏自治区实施〈中华人民共和国老年人权益保障法〉办法》相关规定，认真为老年人办理老年人优待证、寿星证，为全区老年人提供及时、方便、快捷的服务。让广大老年人充分享受到党和政府的各项优惠政策；各地（市）、县（市、区）人民政府审批颁发属地管辖的老年人优待证、寿星证，确保优待的老人能随时随地享受党和政府的优惠政策；严格把握政策。凡老年人符合办证条件的一个不能少，凡不符合办证条件的一个不能批；按照“一级政府、一级财政”的原则，审批权下放后经费保障由同级财政负责；完善各项规章制度，提高服务质量，热心为老年人服务；各地（市）、县（市、区）老龄委办公室尽快建立老年人数据信息库。

五、加强老龄工作机构自身建设

各级老龄工作委员会办公室是各级政府老龄工作议事协调机构的办事机构，在老龄工作部门从事老龄工作干部的素质如何直接关系到各地老龄工作的质量。因此，各级老龄委办公室工作人员不断加强能力建设，加强规范化管理，坚持高标准、严要求，注重工作质量和工作效率。配齐配强专职干部，提高老龄委办公室干部的整体素质，提升适应新时期老龄工作需要的统筹综合能力，调查研究能力，协调服务能力、做好宣传员和联络员，更好地把有关政策和要求传达到各成员单位，加强了与各成员单位之间的联络。要进一步健全地、县两级老龄委及其办公室的工作机构，确保人员编制到位，工作经费到位。着力改善办公室条件，真正做到有职、有位、有责、有为，更好地发挥老龄委及其办公室应有的作用，更好地履行所承担的各项职能。

大连市

综　　述

截至2013年底，大连市户籍总人口为591.45万人，其中60岁以上户籍老年人口为122.45万人，占户籍总人口的20.7%。80岁以上的户籍高龄老人18.35万人，占户籍老年人口总数的14.99%。

2013年，大连市老龄工作坚持以党的十八大、十八届三中全会精神为指导，以贯彻落实全国、省老龄事业发展“十二五”规划为主线，以提高为老服务能力、提升老年人幸福指数为目标，在市委、市政府的高度重视和大力支持下，在全市社会力量的共同参与下，扎实开展各项为老服务工作，形成了党政主导、老龄委协调、各部门分工负责、社会力量积极参与的老龄工作新格局，开创了大连市老龄事业科学发展新局面。

一、完善老年社会保障体系，推进老龄事业稳步发展

近年来，大连市始终将加快推进老龄事业发展作为经济社会发展的重要内容，把老龄工作纳入各级政府经济和社会发展整体规划之中。

（一）加大工作经费投入，完善老龄工作协同机制。大连市委、市政府不断加大老龄工作经费投入力度，2013年全市用于老龄事业发展的财政性资金总投入达3.2亿元；市老龄办年度工作经费由过去的64万元增长为124万元，有力地保障了我市老龄工作的可持续开展。老龄工作协同机制不断完善，形成了全社会关注和支持老龄事业发展的新局面。自觉接受市人大、市政协的监督指导，2013年市老龄办累计办理涉老方面的人大建议和政协提案50余件，许多意见和建议被纳入全市老龄事业发展规划。

（二）推进老龄工作政策创新，全面提升老年人保障水平。老年社会保障体系不断完善。大连市始终坚持把贯彻落实国家、省市老龄工作政策法规作为推进老龄事业创新发展的重要基础，以加强惠老政策创制为重点，不断完善老年社会保障体系，建立新型农村社会养老保险制度，完善新型农村合作医疗制度，使全市老年人生活保障和医疗保障水平与经济社会发展水平同步。截至2013年底，全市基本养老保险参保人数达到274.3万人；城镇老年人全部办理了医疗保险；农村新型合作医疗参合率达99%，新农合最低筹资标准达到每人每年400元；城乡居民社会养老保险基础养老金统一提高到每人每月150元；企业退休人员养老金标准提高到1 917元，实现了城镇居民社会养老保险和医疗保险的全覆盖，待遇水平居东北地区首位。老年群体生活补助标准实现动态增长。以老年人为保障对象的最低生活保障、高龄补贴、老年优待等多项惠老标准进一步提高，建立了高龄老人生活补助标准与城市居民最低生活保障标准同步增长机制。城乡百岁老人生活补贴标准全部达到每人每月530元以上，其中市内四区、保税区、长兴岛每人每月达到1 000元以上。市内四区和高新园区90周岁以上高龄老年人生活补贴标准为200～300元；部分区市县还为85～89岁老人每人每月发放生活补贴100元。全市全年共为高龄老人发放生活补贴3 561余万元。2013年为全市6 022名困难老年人累计发放居家养老补贴和机构养老补贴资金940.51万元。全市70

～79 周岁和 80 周岁以上贫困老人在低保标准基础上分别上浮 20%和 40%，“三无”老人在低保标准基础上再上浮 100%，“三无”老人居家供养标准达到每人每月 1 060 元，同时医保范围内的医疗费用予以全额报销。全市现有 74 所农村敬老院、8 493 张床位，全部 10 607 名农村“五保”老人实现国家供养。老年生活优待范围不断拓宽。《大连市老年人优待规定》明确提出，60～69 周岁老年人到公园、博物馆和乘坐公交车等一律享受半价优惠，70 周岁以上免费；65 周岁以上老年人就医免收挂号费和就诊费。市财政每年给予老年人优惠乘车和海岛优惠乘船等补贴达亿元。自 2013 年 6 月起，市老龄办将老年证（70 岁以上为优待证）的办理权限由原来的市指定办证点统一办理，下放到各区市县就近办理，同时取消了每年一次的老年证（优待证）年检工作，为全市老年人提供了极大的便利，此项举措被评为大连市直机关 2013 年度百项“最佳服务成果”之一。

（三）加大工作力度，不断推进养老服务业和老龄产业发展。养老设施建设水平明显提升。2013 年，市政府按照每张床位 3 000～5 000 元的标准，为养老机构发放新增养老床位补贴；按照每人每月 80～100 元的标准，为养老机构发放运营补贴，全年累计发放这两项补贴资金 1 431.6 万元。截至 2013 年底，全市有养老机构 300 家、养老床位 3.8 万张，每千名老人拥有床位 32 张，提前并超额完成国家“十二五”规划提出的“每千名老人 30 张床位”的目标。老龄产业发展步伐明显加快。自 2011 年市政府颁布实施《关于加快发展养老服务业的意见》以来，努力激发社会活力，加大社会投入力度，不断完善养老服务业。2013 年 7 月，成立大连市老龄产业联合会。该联合会按照国务院《关于加快发展养老服务业的若干意见》的要求，紧紧围绕老年宜居社区建设与改造、金融投资保险、老年用品、养老服务、医药康复保健、教育培训等六大板块吸纳会员，扎实开展筹建工作；积极开展产业政策、产业发展调研，为企业牵线搭桥，促进老年用品、用具和服务产品开发与改造。2013 年举办的大连国际老龄产业博览会，共吸引国内外 150 多个企业参展，现场交易额达 2 000 余万元，近 10 万市民参观。参展的老年用品在突出实用性基础上融入新技术成果，同时本地老年宜居社区和一些养老机构也进驻了博览会，对大连老龄产业发展起到积极的推动作用。

二、强化老年人权益保障，老年人维权工作扎实有效

2013 年，我市认真贯彻落实老年人权益保护法、《辽宁省老年人权益保障条例》和《大连市老年人优待规定》，老年人的合法权益得到较好维护。维护老年人权益注重把为老年人提供优质、高效的法律援助作为一项重要内容做好做实，积极营造尊老、爱老、敬老、助老的良好氛围，用爱心为老年人提供更加满意的法律援助服务。各区市县都有老年法律援助中心，162 个乡镇街道成立了法律援助工作站，1 600 个村（居）民委员会成立了法律援助联络点。司法部门建立了老年人维权网络，实现了老年人维权工作制度化、信息化、规范化，老年人维权工作便捷优质。法律援助工作的触角延伸到社区，特别是对行动不便的老年人采取上门服务、定期回访等方法，提高了法律援助的效率和质量。为提高办案质量，我市建立了一套覆盖涉老办案全过程的监督检查制度，使老年人的合法权益在制度方面获得可靠的保障。2013 年，我市共办理涉老法律援助案件 45 件，挽回经济损失近 50 多万元，为老年人提供各类咨询 800 余人次，受益老年人达 1 200 多人，老年群体对法律援助工作的满意度达到 95%以上。

三、深入开展“敬老月”和“敬老文明号”创建活动，在全市掀起敬老爱老助老热潮

2013 年“敬老月”恰逢我国第一个法定“老年节”，全市开展了一系列丰富多彩的庆祝活动。一是举办了主题为“金秋舞重阳，唱响中国梦”的大连市 2013 年“敬老月”启动仪式暨大连市“敬老文明号”单位授牌大会。朱程清副市长对我市“敬老月”活动开展做出部署和要求，向获得“敬老文明号”称号的单位进行授牌。二是在全市开展走访慰问送温暖活动，让老年人切实感受到党和政府的关怀。节日期间，全市走访慰问老年人 10 万余人次，赠送慰问品及慰问金约 1 450 万元。三是督查老年人乘车、医疗、文化娱乐、丧葬等优待政策落实情况。四是举办老年人书画摄影作品展、球类棋类比赛、文艺汇演等文化体育活动。敬老月期间，从市内到县区，各种庆祝活动丰富多彩，老年人参与度大幅度提升。五是在全市开展义诊活动，请解放军 210 医院、大连何氏眼科医院、大连市若石健康研究会等医疗机构开展医疗知识讲座和免费义诊。六是大力开展为老志愿服务活动，组织志愿者对老年机构和空巢困难老人开展生活照料、家政服务、精神慰藉等志愿服务。

引入第三方评估机制，对“敬老文明号”参评单位进行评估，避免创建活动流于形式，有效促进了创建单位为老服务取得实效，为老服务环境得到进一步优化，敬老爱老助老蔚然成风。我市“敬老文明号”创建活动得到了全国和省检查组的高度评价，赞扬大连“敬老文明号”创建活动开展得深入、扎实、有效，走在了全国的前列，亮点经验值得全国推广。在首届评选中，我市有33个单位被确定为2012年度市级“敬老文明号”先进单位，其中23个被授予省级“敬老文明号”称号，大连市企业离退休人员管理服务中心、大连银行第二中心支行营业部、中山公园街道居家养老服务中心、大连市社会福利院、大连法律援助中心、大连公交客运集团有限公司、大连市军队离休退休干部第十服务管理中心、大连市光荣院、大连老虎滩海洋公园9个单位被授予国家级“敬老文明号”称号。

四、充分发挥老年人基层组织和社会团体作用，开展为老服务等社会活动

大连市现有各类老年基层社会组织1万多个，社会组织成员达40多万人，老年义工3万多人。全市621个城镇社区全部建立了老年协会（部分社区拥有2个以上），会员超过20万人；976个农村社区（行政村）成立基层老年基层组织达83.3%以上。老年基层组织坚持开展老年人满意、适合老年人的各种活动，如为老年人提供健康咨询、养生指导、法律维权、调解纠纷等服务。建成各类社区老年文化、体育指导站2 000多个，老年人协会1 754个，各类老年学校1 264所，在校人数138 185人。市老年学学会、老科技工作者协会、老年体育协会、老教师协会、关心下一代工作委员会等老年社会组织积极投身于经济社会发展的方方面面，参与社会管理，为建设和谐大连做出了积极的贡献。

为鼓励各地区建设老年活动场所，市财力出资1 800万元，融合市内四区、旅顺口区、普兰店市、瓦房店市、庄河市、长海县等区市县财政投资，建成了9所2 000平方米以上的高标准区市县级老年人活动中心。全市已有各类老年活动中心、站、室1 680个，大大丰富了老年人文化生活，众多老年人走出家门，开阔了视野，亲身感受了大连市日新月异的发展变化。

五、加强政策创制，编制《大连市老龄事业2014—2020年发展规划纲要》

为大力推进大连市老龄事业与经济社会全面协调发展，编制了《大连市老龄事业2014—2020年发展规划纲要》。内容主要涉及“完善老年社会保障体系、加强老年医疗保健服务、完善社会养老服务体系、营造老年人宜居生活环境、丰富老年人精神文化生活、加强老年社会管理、有效维护老年人合法权益、推动老龄产业可持续发展、大力提升老龄科研与学科水平、加强老龄国际交流与合作”等十大任务。着重对未来老龄事业发展需要解决的问题，提出相应的刚性内容和约束性指标，清晰地描绘了大连市老龄事业和产业发展的远景蓝图。《规划》将以大连市政府名义正式颁发。

六、开展专题调研，成果获得全国老龄办表彰

针对老龄工作中群众关注的突出问题，我市积极开展专题调查研究，增强调研的实效性和针对性。市老龄办发挥自身优势，并联合部分专家学者、市老科协等积极开展政策调研和建言献策活动。在全国老龄办组织的2013年专题政策调研及优秀成果评选工作中，我市申报的《基于养老意愿调查的社会化养老服务标准研究——来自大连市样本的结果》和《大连老龄产业发展对策研究》两篇论文获得三等奖。

重要会议和活动

【全市民政工作会议】 1月21日，大连市2013年民政工作会议召开，会议提出修订《大连市城乡居民最低生活保障办法》，以适应本市经济社会发展对社会救助工作的要求，提高社会救助水平。特别是老年人特困群体，在应享受当地低保标准的基础上，再上浮10%～100%，确保低保户中特殊困难老年群体的基本生活。

【走访慰问困难老人】 2013年春节期间，由大连市领导带队，深入我市社区、家庭，分别慰问百岁老人，看望特困、空巢、高龄、失能病残老人，到5088户家庭进行深入走访慰问，送去慰问金113.07万元，送上市委、市政府的亲切关怀和新年祝福。

【全市老龄工作会议】 4月24日，大连市老龄工作会议召开，传达全国、辽宁省老龄办工作会议精神，总结2012年老龄工作情况，部署2013年老龄工作任务，就新修订的《中华人民共和国老年人权益保障法》贯彻、《大连市老龄事业中长期发展规划》落实、“敬老文明号”创建、“敬老月”活动、发展老年服务事业和产业、加强基层老年协会工作、老年证颁发和管理工作提出具体要求。

【“敬老文明号”创建活动】 “敬老文明号”创建活动开展以来，大连市采取多种方式，有效推动了创建活动的深入开展。创办了《大连“敬老文明号”创建活动情况交流》简报，已印发了10期。2013年春节期间，在市内主要繁华地段青泥洼桥、西安路、华南广场三处繁华商业街的醒目位置，分别制作了超大型的LED宣传广告屏，滚动播放敬老爱老宣传语，搭建敬老爱老宣传平台。3月30日，在星海广场、奥林匹克广场和居民小区开展了“敬老文明号”宣传日活动，制作了“敬老文明号”宣传展板，公开为老服务承诺和老年人优待事项，现场发放业务办理宣传单800份，现场解答老年人政策法规咨询100余人次。

【老年法宣传活动】7月26日，大连市举办了全市贯彻老年法大型宣传活动：市老龄办制作了20块宣传展板，详细介绍老年人权益保障法相关内容；大连国际老年联谊交流服务中心金秋乐百名义工进行群众文艺表演，西岗区老年协会锣鼓队现场助阵，文艺演出穿插普法问答；市司法局法律援助中心派出律师志愿者接受市民和老年人的现场咨询；免费发放老年法手册。通过群众喜闻乐见的形式，让广大市民了解老年法，进而增强全社会的责任意识，自觉维护老年人的合法权益。一些老年团体还连续举办专题讲座，向社区居民、老年义工宣讲老年法。2013年全市已有12个市、区法援中心，160多个乡镇（街道）法援工作站，2 000多个村（社区）法援工作点，老年法的宣传覆盖全市城乡。大连市政府网站和各大媒体坚持及时刊登、宣传惠老政策、老龄工作动态，让更多人了解、关注、支持老龄工作。2013年全市免费发放老年法手册6万余本。

【大连国际老龄产业博览会】2013大连国际老龄产业博览会于9月7－9日在大连星海会展中心隆重举办。博览会以“探索养老新模式”为主题，通过养老地产、康复医疗、健康养生、生活护理，及老年服务五大展区立体式的展示了近年来国际养老的主导趋势以及最新的适老化产品。博览会云集了来自美国、英国、日本、新加坡、中国香港、中国台湾等10多个国家和地区及国内各省市的国际品牌及企业，参展商家达157家。展会面积达10 000平方米，展位数量260多个。展会期间观众达10万人次，展会规模为东北之最。

青岛市

综　述

截至2013年底，我市60周岁以上老年人达146万人，占总人口的18.9%，高于全国4个百分点，高于全省1.9个百分点。80周岁以上老年人口23.2万人，占老年人口的15.9%。2013年，青岛市老龄系统在市委、市政府的正确领导和上级老龄部门的指导支持下，紧紧围绕“老有颐养”目标，围绕中心、服务大局，改革创新、锐意进取，推动全市老龄事业和老龄工作取得了新的进展。

一、养老保障体系不断完善

（一）社会养老保险制度日益健全。在全国率先启动城乡居民养老保险和新型农村养老保险向城镇职工基本养老保险转移接续工作，打通城乡养老保险转移通道。全市企业退休人员基本养老金实现“九连涨”，月人均基本养老金达到2 268元。

（二）老年医疗保障水平进一步提高。城镇居民医疗保险费财政补助提高至每人每年300元。建立城镇居民大额医疗补助金制度，医疗保险年度最高保障额度城镇职工达到80万元以上，城镇居民达到77.2万元以上。新型农村合作医疗制度筹资标准提高到每人每年375元，新农合受益率、门诊补偿比、政策范围内住院补偿比三项指标分别较上年同期提高56.78%、50.31%、1.99%。长期医疗护理保险制度覆盖面进一步扩大，全市有2万多人享受到护理保险待遇。

（三）老年社会救助制度不断完善。建立农村低保家庭冬季取暖补助制度，每户每年发放400元。农村“五保”老人集中和分散供养标准分别达到每人每年7 200元和3 600元。

（四）老年人优待水平不断提高。计划生育家庭特别扶助标准再次提高，独生子女伤残家庭特别扶助标准由每人每月110元提高到150元，独生子女死亡家庭特别扶助标准由每人每月135元提高到500元，并建立动态增长机制。自2013年11月1日起，崂山风景区将老年人进山门票（不含观光车费）免费范围由70周岁以上扩大到60周岁以上，成为全国首家将进山门票免费范围扩大到60周岁的5A级景区。

二、养老服务体系更加健全

（一）养老服务设施规划建设进一步加强。严格落实养老服务设施规划建设相关规范和配套标准，在新建或改建居民区规划建设配套养老服务设施。截至2013年底，全市共有养老机构252家，其中城区养老机构159家，农村敬老院93家，总床位达到3.6万张。全市建有城乡社区日间照料中心547个，社区养老互助点2 110个。

（二）养老服务专业化水平进一步提高。出台《青岛市养老服务机构等级管理办法》，对养老机构实行分级分类管理，有20个养老机构通过ISO9001国际质量体系认证。由市、区（市）两级财政购买居家养老服务人数达6 000人。

三、老年人权益得到有效保障

（一）成立“老年维权调解中心”和“老年法律维权俱乐部”，为维护老年人合法权益提供了新平台，全年共为老年人提供法律咨询348次，办理维权案件65件。

（二）扩大老年人法律援助范围，将具有青岛市常住户口、65周岁以上的老年人全部纳入法律援助对象范围，并严格落实涉老案件执行“三优先”原则，执行率达100%。

（三）认真履行督促检查职能，全年共对近20个窗口服务单位落实老年法和《山东省优待老年人规定》情况开展执法检查，有力促进了老年法律法规的落实。四是认真做好老年信访工作，全年各级共办理各类老年信访案件1 552件，全部办结，满意率99%以上。我市老年维权工作经验在2013年全省老年维权工作座谈会上作了典型发言。

四、助老惠老活动深入开展

（一）“敬老文明号”创建活动走在全国前列，创建的以行业系统为重点、以“提工作服务水平、树行业文明形象，关爱老人，构建和谐，建设老有颐养宜居幸福城市”为主题的“敬老文明号”创建工作青岛模式，取得良好效果，相关经验做法先后得到全国老龄办主要领导和分管领导的肯定性批示，并在全国范围推广。在2013年全国和山东省第一届“敬老文明号”评选表彰中，我市共有10家单位获得全国“敬老文明号”称号、26家单位获得山东省“敬老文明号”荣誉称号，受表彰单位数量位居全国前列。

（二）青岛日报和市老龄办联合举办的“爱心陪伴空巢老人”大型公益活动取得良好效果，陪伴志愿者报名已达6 000多人，千余名空巢老人得到爱心陪伴，300余位老人得到长期结对帮扶。绿飘带志愿服务队、蒲公英志愿服务队等民间志愿服务团队也积极开展敬老志愿服务活动。

（三）春节和老年节期间，全市各级各部门各单位共走访慰问老年人8万余人次，发放慰问品、慰问金折合人民币1 500余万元；兴办惠老实事近400件，投入经费约2 200万元；发放百岁老人长寿补贴和老年节过节费283.86万元。

（四）市妇联开展“风吹麦浪、姐妹情深”帮扶活动，为农村贫困留守老年妇女送去帮扶救助金；争取社会资金90余万元，对260余名“两癌”患者其中老年患者50余名进行了救助。

（五）市交通运输部门增设三处办理老年卡业务的“青岛通”客服网点，为老年人提供方便。

五、老年文化事业蓬勃发展

（一）在全国率先开展“老年人免费娱乐”活动，截至2013年底，共推出量贩式KTV“老年人免费娱乐”场所17家，参加活动老年人达1万余人次。

（二）老年教育覆盖面不断扩大，目前全市共有各类老年大学、老年学校3 018所，其中街道（镇）级老年学校171所，办学率100%，社区（村）办老年学校2 826所，办学率43.5%；市图书馆开展“文化大讲堂”“老年人文学沙龙”等公益文化培训交流活动，市群艺馆面向全市老年人免费开设老年舞蹈班、美术班、书法班、声乐班、电子琴班等系列培训班，全年培训老年文艺人才和基层文化骨干10万余人次，市文博系统面向老年人开设了“博雅讲堂”“国韵学堂”“民俗文化讲堂”等文化讲座，有效满足了老年人学习需求。

（三）老年文体活动丰富多彩，先后举办“世园情·中国梦”老年书画摄影展、青岛市第三届老油画家作品展、“放歌世园会”青岛市银龄之声合唱音乐会和“2013青岛市银龄之声迎新春民族音乐会”等多场大型文体活动，同时在五四广场举办“欢乐青岛”广场周周演活动近百场，深入社区广场、老年公寓等举办“银龄欢歌大舞台”公益演出70余场，丰富了老年人的文化生活。我市开展老年文化建设的相关经验做法在全省老年文化工作现场会上作了大会交流发言。

六、老龄宣传教育更加深入

（一）广泛开展《中华人民共和国老年人权益保障法》宣传教育活动，全年共举办老年法知识讲座60余场次，老年法普法文艺演出30余场，发放老年法宣传材料100余万份，各类媒体编发老年法宣传专题、稿件8 700余条，在全社会营造了学习老年法、知晓老年法、理解老年法、遵守老年法的浓厚氛围。

（二）在青岛电视台推出《老来乐》老年电视专题栏目，为全市老龄工作开辟了新的宣传阵地，同时为全市老年人提供了新的生活服务平台。

（三）开展“孝满岛城”主题系列宣传活动，围绕“孝满岛城”主题，先后推出“开心100万·老龄专场”、百岁寿星、维权老年、尊老孝亲、话暖空巢、老有颐养等专题节目或宣传专栏，全方位、多角度开展老龄宣传，营造了浓厚的孝亲敬老社会氛围。

（四）设计制作敬老电视公益广告和敬老电台公

益广告，在青岛电视台、青岛广播电台播出，取得了良好社会效果。

七、老龄工作基础更加巩固

（一）老龄专题调研成效明显，有4篇调研报告获全国老龄政策调研优秀成果奖。市人力资源社会保障局撰写的《青岛市长期医疗护理保险制度实施情况及发展方向研究》在全国老龄政策研究工作会议上作优秀成果发言交流，市社科院撰写的《关于借鉴“金东模式”有益经验，完善我市养老服务体系的建议》《关注老人精神需求，加强我市精神养老的建议》等理论文章在市委《决策参考》上刊发。

（二）探索建设青岛市老年人口信息统计分析系统。在市南、市北、李沧三区试点建设青岛市老年人口信息统计分析系统，共采集登记老年人口基本信息27万余份，为摸清老年人底数，制定针对性更强的老龄政策奠定了坚实基础。

（三）开展基层老年协会规范化建设活动，共命名“青岛市规范化基层老年协会”89个，对全市其它基层老年协会建设起到了良好的示范带动作用。

重要会议和活动

【召开全市老龄办主任会议】2月28日，市老龄办召开全市老龄办主任会议。传达学习了2013年全省老龄工作要点，各区市老龄办汇报交流了2013年工作思路，研究部署2013年全市老龄工作任务。会议强调，2013年全市老龄工作要紧紧围绕加强老年社会保障、养老社会服务、调查研究、老龄宣传、老年维权、助老惠老、精神关爱、基础和基层老年协会建设等八项工作，全面推动全市老龄工作新跨越和老龄事业快速发展。

【开展“敬老文明号”创建活动】市老龄委决定，在全市民政、社保、卫生、交通、商业、旅游、教育、司法、公安、法院等十大部门、系统中，深入开展以“提工作服务水平、树行业文明形象，关爱老人，构建和谐，建设老有颐养宜居幸福城市”为主题的“敬老文明号”创建活动，以促进我市各窗口行业、单位、岗位践行为老服务承诺、创新为老服务方式、提高为老服务水平、提升行业形象，推动全市社会主义精神文明建设与和谐社会建设。相关经验做法先后得到全国老龄办主要领导和分管领导的肯定性批示，并在全国范围推广。在2013年全国和山东省第一届“敬老文明号”评选表彰中，我市共有10家单位获得全国“敬老文明号”称号、26家单位获得山东省“敬老文明号”荣誉称号，受表彰单位数量位居全国前列。

【开展“爱心陪伴空巢老人”大型公益活动】3月7日，市老龄办联合青岛日报，共同推出“爱心陪伴空巢老人”大型公益活动。《青岛日报》刊登《爱心陪伴空巢老人 大型公益活动启动》，向全社会公开招募“陪伴志愿者”，号召志愿者团队、市民、青年学生等利用周末、假期时间轮流上门，陪老人拉家常、聊聊天，听老人倾诉喜怒哀乐，并给老人提供力所能及的帮助。青岛日报长期开设“爱心陪伴”公益新闻专栏，报道广大志愿者陪伴老人的感人事迹。市老龄办作为全市老年人的“守护者”，提供空巢老人名单。3月31日上午，由市老龄办与青岛日报联合发起“爱心陪伴空巢老人”大型公益活动在市北区阜新路街道南山社区正式启动。市老龄办主任赵宝玲、青岛日报社总编辑余钦伟、市北区副区长童煜、市老龄办副主任宋希娟、青岛日报副总编辑姜鸣钧出席活动。市老龄办、青岛日报社编辑部向空巢老人赠送了2013年度《青岛日报》赠阅券等慰问品。青岛公交集团公司温馨巴士31路队、绿飘带夕阳服务队和市北区地税局等单位的志愿者分别走进了居住在阜新路街道南山社区和辽源路街道佳木斯社区的空巢老人家中进行“爱心陪伴”志愿服务，给空巢老人带来了欢乐和温情服务。

【开展优秀孝亲敬老征联】市老龄办、市委老干部局、市文明办、市教育局、市民政局、市文联等六部门联合组织开展了孝亲敬老对联征集活动。共收到全国各地362位作者的应征作品1 130副，评出入选作品120副。入选作品将结集成册，向社会宣传发放。

【开展老年维权月活动】4月份，市老龄办与市中级人民法院、市公安局、市司法局、市工商局将继续联合开展以“维护老人合法权益，构建和谐美好家园”为主题的老年维权月活动。该活动是继2008年以来，连续开展的第6个老年维权月。维权月活动分三个阶段进行：第一阶段（4月上旬）开展形式多样的涉老法律、政策宣传与咨询；第二阶段（4月中旬）：进行老年维权大接访；第三阶段（4月下旬）：对接访的老年人案件进行督办落实。维权月期间，老龄、法院、公安、司法、工商等各有关部门，按照工作分工，紧紧围绕老年人需求，针对老年人反映较为集中的赡养、房产、婚姻家庭、继承等涉老纠纷，加大解决的力度。

【老年维权调解中心揭牌】4月2日，市老年维权调解中心揭牌仪式在山东岛城律师事务所举行。市老龄办主任赵宝玲、副主任高恒文、市司法局副局长赵纯利出席揭牌仪式。仪式由市老龄办副主任高恒文主持，赵宝玲主任、赵纯利副局长为青岛市老年维权调解中心揭牌。市老年维权调解中心的成立，是我市老年维权工作的又一创新举措，标志着我市老年维权工作网络建设更加趋于成熟和完善。老年维权调解中心下设调解委员会等工作机构，具体负责涉老案件的调解工作。

【开展孝亲敬老美文摄影漫画作品征集】4月15日—7月15日，市老龄办、市委老干部局、市文明办、市教育局、团市委、市文联以“全民阅读季”活动为契机，在全市联合开展“读敬老书、写尊老文、拍爱老情、画助老图”美文摄影漫画作品征集活动。活动以“孝满岛城”为主题，倡导广大市民记录生活中真实的孝亲敬老事迹，捕捉精彩的孝亲敬老瞬间，描绘感人的孝亲敬老画面，引导孝亲敬老的良好社会风尚，弘扬中华传统美德。

【量贩式KTV“老年人免费娱乐”活动】5月7日下午，青岛市量贩式KTV“老年人免费娱乐”活动启动仪式在市南区格莱美娱乐城金湾路店举行。市老领导孔心田，市文化市场行政执法局局长徐增敏，市老龄办主任赵宝玲以及市南区有关部门负责同志出席了启动仪式，200余名老年朋友代表参加了启动仪式。量贩式KTV“老年人免费娱乐”活动是由市文化市场行政执法局和市老龄办联合组织开展的一项为老服务活动，是丰富老年人精神文化生活的一项创新举措。首批参与活动的17家量贩式KTV娱乐场所，地域范围涵盖青岛辖区五区四市。每个月第一个周二下午2时至5时开展。

【“银龄欢歌大舞台”年度公益演出启动】5月10日上午，青岛市“银龄欢歌大舞台”年度首场社区公益演出在市北区老年乐园隆重举行，青岛市七彩风艺术团、青岛老年艺术专修大学和市北区的优秀中老年文艺团队把他们最动听的歌声和最优美的舞姿献给在场观众朋友们。演出节目丰富多彩，展示了老年人健康、快乐、积极向上的生活态度，也正式拉开了年度公益演出的序幕。

2013年“银龄欢歌大舞台”公益演出活动由市老龄办、市委老干部局、市文明办、市民政局、市文广新局、市体育局、市妇联、市文联等单位共同主办。“银龄欢歌大舞台”公益演出活动已连续举办六年，以社区广场、老年公寓为主要演出阵地，每年的5月初至10月底进行巡回公益演出，演员队伍由青岛市七彩风艺术团和社区老年文艺队伍组成。

【举办2013年老龄工作干部培训班】4月27日，市老龄办在八大关小礼堂举办2013年老龄工作干部培训班。市老龄办副主任高恒文出席开班仪式并作动员讲话。本次培训班，专门邀请了市委政策研究室、山东岛城律师事务所以及青岛日报社等有关专家，紧紧围绕以求真务实的精神搞好调查研究和如何做好老龄新闻报道工作以及如何实施好《中华人民共和国老年人权益保障法》等进行专题辅导。各区、市老龄办，市老龄委各成员单位联络员以及市老龄办60余名老龄干部参加了培训。

【启动“开心一百万·老龄专场”海选活动】市老龄办与青岛电视台“开心一百万”栏目合作推出老龄专场。“开心一百万·老龄专场”共录制6期，5月中旬在有关区市、单位进行海选，6月中下旬在青岛电视台播出。5月15日下午，首场海选活动在李沧区星光老年大学和银龄助老服务中心举行，近200人现场参加了海选。

【举办“让我们再牵手吧”中老年人相亲会】5月25日上午，由市老龄办和市妇联联合主办，市老年服务中心、中山公园和青岛喜康商贸有限公司联合承办的“让我们再牵手吧”中老年人相亲会，在中山公园老游乐场举行。本次活动大约2 600多名单身中老年人报名参加。本次中老年人相亲会是我市自2006年以来举办的第15次，相亲会累计已有数万人次单身中老年人参加此项活动。

【启动老年人口信息统计调查工作】5月，市老龄办启动了老年人口信息统计调查工作，为党委政府决策老龄工作、制定老龄政策、改善老年民生等提供参考。

此次老年人口信息统计调查分为三个阶段。一是老年人口信息采集。市老龄办统一印发《青岛市老年人口信息登记表》，区（市）、街道（镇）、社区（村）对60周岁及以上的老年人进行信息采集。二是老年人口信息登记。市老龄办依托金宏网上的青岛市政务信息采集平台，对青岛市老年人口信息进行登记管理。三是老年人口信息统计分析。区（市）、市级老龄办对基层报送的老年人口信息，适时进行汇总、统计、分析，为研究老龄问题、决策老龄工作提供参考依据。2013年在市南、市北、李沧三区启动建设青岛市老年人口信息统计采集分析系统，为制定老龄政策提供了更加坚实可靠的基础。

【开展“老龄工作调查研究推进年”活动】2013年市老龄委在全市组织开展“老龄工作调查研究推进年”活动，为市委、市政府积极应对人口老龄化、实现“老有颐养”工作目标提供决策服务。共收到调研报告和理论研讨文章45篇，优秀调研成果将汇集成册，其中4篇调研报告获全国老龄政策调研优秀成果。

【开展老年法宣传月活动】5月30日，市人大内司委、市老龄办、市普法办就6月份联合开展老年法宣传月活动，召开宣传月活动部署会暨新闻通报会。会议由市老龄办副主任高恒文主持，会上，市人大常委会内务司法工作室副主任张东升与市司法局副局长、市普法办副主任赵纯利分别宣读了老年法宣传月活动的通知和活动方案，最后，市老龄办副主任高恒文对全市开展好宣传月活动提出了具体要求，拉开了宣传月活动的序幕。

【全市老龄办主任会议】8 月 2 日，我市召开全市老龄办主任会议，传达学习了全国老龄工作会议和省老龄办党组理论中心组集中学习暨全省老龄工作会议精神，交流了各区市今年以来的工作情况和下一步工作打算，部署了下一步重点工作。

【开展“青岛十大寿星”和“青岛十大孝星”评选活动】为大力弘扬中华民族敬老养老助老的传统美德，促进和谐青岛建设，动员全社会关爱老年人、支持老龄事业，加快实现“老有颐养”的奋斗目标，市老龄委在全市开展“青岛十大寿星”“青岛十大孝星”评选活动。“青岛十大寿星”采取组织推荐的形式，“青岛十大孝星”采取组织推荐、社会推荐和个人自荐的形式。评选活动引起了社会众多单位和个人的积极参与，纷纷推荐候选人参与评选。经评审，获得青岛十大寿星是：黄佳梓（男）111 周岁、巩王氏（女）108 周岁、崔惟尊（男）107 周岁、惠长绪（男）105 周岁、万秀云（女）103 周岁、刘柳氏（女）103 周岁、于美芝（女）102 周岁、何云峰（男）102 周岁、蔡省庐（男）101 周岁、杨高氏（女）101 周岁。青岛十大孝星是：魏兆菊、王鹏、纪玉兰、高雪落、王德星、曹衍秀、王文华、孙清云、王永杰、刘鸿。

【全国老龄办来青调研青岛市长期医疗护理保险制度施行情况】7 月 17—18 日，全国老龄办副主任鲍学全率队来青调研长期医疗护理保险制度，国务院办公厅、人力资源社会保障部社会保障研究所、中国老龄科学研究中心有关人员同行。17 日下午，青岛市长期医疗护理保险制度调研座谈会在市级机关会议中心 207 会议室举行。青岛市副市长栾新、市政府副秘书长李明、市老龄办主任赵宝玲参加座谈，市人力资源社会保障局、市民政局、市财政局、市卫生局、市北区红十字养老护理院有关同志分别向调研组汇报了青岛市长期医疗护理保险制度施行情况及遇到的困难和存在的问题。鲍学全对青岛市率先在全国施行长期医疗护理保险制度给予了充分肯定。他表示，作为一项新制度，青岛在制度设计上有魄力、有思想、有方法，各部门积极配合，真正从失能、半失能老人的实际需求出发，围绕解决老年人的实际困难，超前规划，共同推动制度的出台，填补了国内相关领域的制度空白。制度的保障范围、保障标准、准入机制等设计缜密，可操作性强。下一步，希望青岛在总结前期经验的基础上，进一步完善制度设计，扩大制度的覆盖范围，引入第三方经办管理，让更多有需求的失能、半失能老人从中受益，提高老年人的生活品质，让老年人有尊严地生活。18 日上午，调研组一行赴青岛市市北区红十字养老护理院、青岛夕阳红老年公寓，实地考察了长期医疗护理保险制度在养老机构的施行情况。

【举办“放歌世园会”银龄之声音乐会】6 月 29 日上午，全市老年人喜迎世园会倒计时 300 天暨庆祝建党 92 周年文艺演出——“放歌世园会”青岛市银龄之声合唱音乐会在五四广场隆重举行。本次活动由世园会执委会、市老龄办、市委老干部局、市文明办、市民政局、市文广新局、市体育局、市妇联、市文联共同主办，市老年服务中心、市群众艺术馆共同承办，世园会执委会文化活动部等单位协办。活动当日正值 2014 年青岛世界园艺博览会倒计时 300 天和党的 92 岁华诞来临之际，全市 8 支最优秀的中老年合唱队伍齐聚一堂，用他们最美的歌声为世园会放歌，为党的 92 岁华诞祝福，吸引观众两千余人。

【全国老龄办来青检查“敬老文明号”创建工作】8 月 28—29 日，全国老龄办副主任吴玉韶带领全国“敬老文明号”创建活动检查组，在省老龄办副主任于振业的陪同下，对青岛市“敬老文明号”创建活动进行了检查验收。

8 月 28 日下午，青岛市“敬老文明号”创建工作汇报会在市级机关会议中心召开，青岛市副市长栾新主持会议。会上，市老龄办主任赵宝玲汇报了青岛市“敬老文明号”创建活动开展情况，青岛日报社、青岛公交集团公司、市南区老龄办、李沧区老龄办、市老年服务中心、山东岛城律师事务所分别汇报了本单位创建“敬老文明号”的做法和取得的成果。

汇报会上，全国老龄办副主任吴玉韶高度评价青岛市的“敬老文明号”创建工作，认为青岛市的“敬老文明号”创建活动领导重视、组织周密，宣传到位，特色突出，效果明显，提高了社会敬老意识，提升了为老服务水平。他希望，青岛市能够在第一轮创建活动的基础上，及时总结经验，继续发扬成绩，在第二轮创建活动中做得更好，为全国‘敬老文明号’创建提供经验，输送样板，切实让老年人享受实惠。

栾新副市长表示，青岛市“敬老文明号”创建工作，将在全国、省老龄办的指导下，认真学习其他城市好的经验做法，进一步加大力度，创新措施，更好地为老年人服务，让我们的城市更加宜居，让老年人生活更加幸福，为实现“老有颐养”奋斗目标再创佳绩。

8月29日，全国老龄办检查组一行深入到基层窗口单位——市南区八大湖街道社区养老互助点、山东岛城律师事务所、交运集团公司温馨巴士公司31路队，实地考察了各窗口单位“敬老文明号”创建工作开展情况。

【开展落实《山东省优待老年人规定》执法检查】 9月25日至27日，市老龄办副主任高恒文率领检查组，对优待老年人服务窗口单位开展了为期三天的执法检查，重点抽查了市区部分景点和医疗机构。

25日和26日的检查主要针对旅游景点落实老年人优待政策情况。从检查情况看，在景点旅游比较集中的沿海一线的景点较好地落实了《山东省优待老年人规定》关于“政府兴办或支持的旅游景点对老年人免门票费；社会力量兴办的旅游景点对60～69周岁老年人实行门票半价，70周岁以上老年人免门票费”的规定。27日检查组重点对青岛市级较大的医疗机构进行了检查，从检查情况看，各单位均在收费服务窗口张贴了“老年人优先”的标识，提醒老年人可以优先办理，提示其他人员要礼让老年人，但仍然存在对优待内容未标示或标示不准确等问题。检查组在检查现场，对于相关单位存在的问题提出了改进意见。

【市领导走访慰问百岁老人】 10月10日上午，青岛市副市长栾新在市老龄办主任赵宝玲、市南区区长华玉松等陪同下，走访慰问了市南区百岁老人刘仲平，送去了党和政府的关怀与祝福。在老人家中，栾新给老人送上了慰问金和慰问品，详细询问了这位百岁老人的饮食起居和健康状况，并祝福老人健康长寿。

【举办2013“世园情·中国梦”老年书画摄影展】 10月10日上午，栾新副市长来到市级机关会议中心一楼大厅，参观了2013“世园情·中国梦”老年书画摄影展。书画展由市老龄办主办，市老年服务中心、市老年书画研究会、市老摄影家协会承办。书画展从10月9日开始至12日结束，共展出书法、美术、摄影、漫画及公益广告作品300余幅，吸引了众多市民及书画爱好者参观欣赏。

各项业务进展

【养老保障工作】 2013年，全市企业退休人员基本养老金实现“九连涨”，月人均基本养老金达到2 268元。城镇居民医疗保险费财政补助提高至每人每年300元。医疗保险年度最高保障额度城镇职工达到80万元以上，城镇居民达到77.2万元以上。新型农村合作医疗制度筹资标准提高到每人每年375元。全市有2万多人享受到长期医疗护理保险待遇。建立农村低保家庭冬季取暖补助制度，每户每年发放400元。农村五保老人集中和分散供养标准分别达到每人每年7 200元和3 600元。

【发展养老服务业】 全市共有养老机构252家，其中城区养老机构159家，农村敬老院93家，总床位达到3.6万张。全市建有城乡社区日间照料中心547个，社区养老互助点2 110个。

出台《青岛市养老服务机构等级管理办法》，对养老机构实行分级分类管理，有20个养老机构通过ISO9001国际质量体系认证。由市、区（市）两级财政购买居家养老服务人数达6 000人。

【老龄宣传工作】 开展《中华人民共和国老年人权益保障法》宣传教育活动，全年共举办老年法知识讲座60余场次，老年法普法文艺演出30余场，发放老年法宣传材料100余万份，各类媒体编发老年法宣传专题、稿件8 700余条。青岛电视台推出“老来乐”老年电视专题栏目。开展“孝满岛城”主题系列宣传活动，围绕“孝满岛城”主题，先后推出“开心100万·老龄专场”、百岁寿星、维权老年、尊老孝亲、话暖空巢、老有颐养等专题节目或宣传专栏。设计制作敬老电视公益广告和敬老电台公益广告，在青岛电视台、青岛广播电台播出。

【老年维权工作】 成立“老年维权调解中心”和“老年法律维权俱乐部”，全年共为老年人提供法律咨询348次，办理维权案件65件。将具有青岛市常住户口、65周岁以上的老年人全部纳入法律援助对象范围，并严格落实涉老案件执行“三优先”原则，执行率达100%。全年共对近20个窗口服务单位落实《老年法》和《山东省优待老年人规定》情况开展执法检查。全年各级共办理各类老年信访案件1 552件，全部办结，满意率99%以上。

【老龄调研工作】 2013年市老龄委在全市组织开展“老龄工作调查研究推进年”活动，共收到调研报告和理论研讨文章45篇，优秀调研成果将汇集成册，其中4篇调研报告获全国老龄政策调研优秀成果奖。在市南、市北、李沧三区试点建设青岛市老年人口信息统计分析系统，共采集登记老年人口基本信息27万余份。

【助老惠老工作】 开展以行业系统为重点、以“提工作服务水平、树行业文明形象，关爱老人，构建和谐，建设老有颐养宜居幸福城市”为主题的“敬老文明号”创建工作。有10家单位获得全国“敬老文明号”称号、26家单位获得山东省“敬老文明号”荣誉称号。

青岛日报社和市老龄办联合举办“爱心陪伴空巢

老人”大型公益活动，陪伴志愿者报名已达6 000多人，千余名空巢老人得到爱心陪伴，300余位老人得到长期结对帮扶。春节和老年节期间，全市各级各部门各单位共走访慰问老年人8万余人次，发放慰问品、慰问金折合人民币1 500余万元；兴办惠老实事近400件，投入经费约2 200万元；发放百岁老人长寿补贴和老年节过节费283.86万元。

【老年优待工作】独生子女伤残家庭特别扶助标准由每人每月110元提高到150元，独生子女死亡家庭特别扶助标准由每人每月135元提高到500元。自2013年11月1日起，崂山风景区将老年人进山门票（不含观光车费）免费范围由70周岁以上扩大到60周岁以上。

【老年文化教育工作】2013年，推出量贩式KTV“老年人免费娱乐”场所17家，参加活动老年人达1万余人次。全市共有各类老年大学、老年学校3 018所，其中街道（镇）级老年学校171所，办学率100%，社区（村）办老年学校2 826所，办学率43.5%。先后举办“世园情·中国梦”老年书画摄影展、青岛市第三届老油画家作品展、“放歌世园会”青岛市银龄之声合唱音乐会和“2013青岛市银龄之声迎新春民族音乐会”等多场大型文体活动，同时在五四广场举办“欢乐青岛”广场周周演活动近百场，深入社区广场、老年公寓等举办“银龄欢歌大舞台”公益演出70余场。

宁波市

综　述

2013年末，我市60周岁及以上户籍老年人口118.7万，占户籍人口总数的20.5%，较上年增加6.4万人，增长5.66%，老龄化系数较上年提高1.1%。70岁、80岁、90岁以上老年人口分别为49.1万人、18.1万人、1.8万人，百岁老人181人。

一、社会养老和医疗保障覆盖面不断扩大

到2013年底，全市企业职工基本养老参保人数达到508.94万人，其中退休人员51.4万；城乡居民社会养老保险实施地区参保人数132.87万人，其中年满60周岁以上享受人数79.02万人；被征地人员养老保障参保人数51.2万人，其中享受人数40.76万人；城镇居民医疗参保人数104.2万人，其中市区老年居民参保人数11.5万人。

二、各类养老保障待遇稳步提高

一是调整提高了全市44.5万名企业退休人员及其他各类人员的基本养老金和生活待遇水平，基本养老金全市人均提高233元/月；2013年全市企业退休人员平均养老金达到2 336元/月。二是调整提高了全市被征地人员养老保障待遇享受水平，市辖各区目前标准为650元/月、600元/月和550元/月，其中达到60周岁的被征地人员在叠加享受城乡居保基础养老金后的待遇水平分别达到820元/月、770元/月和720元/月。三是调整提高了全市城乡居保基础养老金水平，其中市辖各区从140元/月提高到170元/月，同时对城镇老年居民养老保障和新型农村社会保险并轨到城乡居民社会养老保险，且未叠加享受其他养老保障待遇的城乡居保参保缴费人员增发20元/月。我市于2011年4月起全省率先建立高龄老人生活津贴制度，2013年全市各级财政共发放高龄津贴1.1亿多元，约有17.3万多名高龄老人受益。

三、医保统筹层次和待遇有序提高

2013年增加了市区老年居民参加居民医疗保险财政补助，年缴费标准由1 800元提高到2 400元，其中个人缴纳600元，财政补助1 800元；老年居民住院和特殊病种医保基金支付比例分别上调了3个百分点，住院的医保基金支付为68%～78%，特殊病种治疗医保基金支付为73%；老年居民的住院医疗费和特殊病种治疗的最高支付限额从20万元调整为25万元；市区还组织了居民医保参保人员免费体检，体检标准为每人100元。目前共有4.8万多老年居民参加了体检。此外，退休人员门诊和住院医保待遇均高于在职职工。退休人员门诊医疗费年度个人自负段标准为300元，比在职人员低300元至600元；门诊医疗费进入统筹基金支付段后，在社区卫生服务中心就医医保基金支付92%，比在职人员高6个百分点；住院时7万元以下医疗费基金支付比例为85%～90%，比在职人员高5个百分点。

四、社会养老服务体系建设加快推进

坚持政策支持和投入支撑并重，积极探索创新，加快发展养老服务事业，着力构建与人口老龄化进程相适应、与经济社会发展相协调，以居家为基础、社区为依托、机构为支撑，覆盖城乡的养老服务体系。截至2013年底，全市养老机构床位达到37 934张，每百名老人拥有养老床位3.20张，超过全国、全省平均水平；居家养老服务已覆盖全市90%的城市社区和50%的行政村，同时开展了区域性居家养老服务中心建设试点，392个社区和1 527个村建立居家养老服务中心（站），初步构建起了覆盖城乡、层次有别、功能完善的居家养老服务网络。全市城乡共有约1.8万名特别困难老年人享受政府购买服务政策，另有约7万名有一定困难的居家老人享受志愿者长期结对帮扶服务，有力保障了许多困难居家老年人的基本养老生活，还有4万余户老年人家庭免费安装了“一键通”电话机，累计享受即时求助服务26万余人次。

五、基层老龄工作基础进一步夯实

继续安排下拨100万元市财政资金，用于扶持奉化、宁海、象山、余姚欠发达地区的35个经济薄弱村的老年活动室建设。持续开展基层老年协会规范化建设和星级老年活动中心（室）创建工作，全市新增100个优秀基层老年协会和7个三星级老年活动室。开展了第二轮老年电大市级示范教学点创建工作，有50个教学点被评为市级示范教学点，5个被评为省级示范教学点。截至目前，全市有老年活动中心（室）4 200多个、基层老年协会3 200多个、老年电大教学点1 200多个，基本实现了老年活动设施和基层群众组织城乡社区全覆盖。

重要会议和活动

【首次发布宁波市老龄事业发展年度统计公报】依托老龄事业发展年度统计工作，首次编制了《2012年宁波市老龄事业发展统计公报》，通过文字、图表和数据等，全面、客观地反映全市老年人口和老龄事业发展状况，并向社会公开发布，增进社会了解，收到了较好效果。

【开展老龄事业发展“十二五”规划中期评估】按照“十二五”规划及其目标任务分解要求，制定评估方案，明确评估内容，引入第三方评估机制，采取全面评估和重点评估相结合、定性评估和定量评估相结合的方法，对全市老龄事业“十二五”规划实施情况进行了中期评估，掌握规划实施进展情况和存在问题，提出后期改进措施，并形成了中期评估报告。

【广泛开展新老年人权益保障法学习宣传活动】在新的老年法正式实施前后，采取多载体、多形式、多层次推进的方式，组织开展了一系列宣传活动。6月中旬，会同市普法办在“天一讲堂”举办了《让老年人生活更加美好》的主题宣讲活动，邀请全国人大内司委内务室主任、老年人权益保障法起草组组长于建伟主讲，对新法的主要精神进行解读；组织开展各县（市）区老龄工作人员法律知识培训，配合市普法办把老年法知识列入公务员学法用法考试内容；在宁波电台《爱晚亭》节目中开设“律师说法”专栏，在《宁波老年》报推出“法律顾问”栏目；广泛开展老年法进机关、进学校、进社区活动，共发放老年法读本16 000余册。

【深入开展“敬老月”和老人节庆祝活动】全国第一个法定老年节期间，组织各级各有关部门和社会各界以“贯彻老年法，造福老年人”为主题，围绕老年法宣贯、走访慰问送温暖、老年维权、优老助老服务、老年健康促进、老年文体活动等六方面内容开展丰富多彩的敬老爱老助老活动，营造全社会尊老敬老的良好氛围。活动期间，市四套班子领导分路走访慰问了百岁老人、困难老人和养老服务机构；市老龄办和市福彩中心联合开展“福彩牵手·晚霞有情”活动。

【开展“敬老文明号”创建活动】坚持分级负责，层层推动，在各涉老部门、为老服务组织和公共服务窗口行业中深入开展“敬老文明号”创建活动。在加强面上推进的同时，加强分类指导和典型培育，通过召开现场推进会、经验交流会等途径，指导各创建单位立足本行业本单位实际，坚持以老年人需求为导向，创新制度举措，在加大优老惠老力度、提高为老服务水平上下工夫，增强创建实效。通过逐级申报、全面考评，全市有88个集体获得首批市“敬老文明号”荣誉称号，其中有45个集体获评省级“敬老文明号”，7个集体获评全国“敬老文明号”。

【启动老年宜居社区建设】按照省老龄办的统一部署，印发了老年宜居社区创建工作通知，明确了创建任务，把老年宜居社区和居家养老服务工作有机结合起来予以推进，确立了一批老年宜居社区的重点培育对象，各项工作正按计划有序推进。

【开展区域性居家养老服务中心建设试点】在海曙、江北、镇海区各选择一个街道开展区域性居家养老服务中心建设试点，重点研究探索区域性居家养老服务中心的功能定位、服务形式和运行机制等要素，构建街道（乡镇）、社区（村）两级布局合理、功能互补、服务完善的居家养老服务体系。

【《居家养老服务机构等级规范》地方标准修订发布】宁波市质量技术监督局、宁波市民政局联合发布宁波市地方标准《居家养老服务机构等级规范》（以下简称《规范》）。该《规范》是对2009年出台的《宁波市地方标准——居家养老服务机构等级评定规范》的修订，是基于近几年居家养老服务机构等级评定试点工作经验之上，适应城乡居家养老服务机构发展形势而作的修改完善。《规范》自 2014 年 1 月 30 日起实施，将对促进居家养老服务机构规范化、标准化建设起到积极作用。

厦门市

综　述

2013 年是实施我市老龄事业发展“十二五”规划的关键之年。截至 2013 年 8 月底，全市户籍 60 周岁及以上老年人数达 26.46 万人，占全市户籍总人口 194.2 万的 13.63%。其中，80 岁及以上老年人口 4.08 万，占老年人口的 15.43%。90～99 周岁的老年人共 3872 人，百岁及以上的老年人共 120 人。全年我市老龄事业继续取得较大发展。一是政策创新取得突破。市政府陆续出台了《关于加快社会养老服务体系建设的实施意见》等一系列推进养老服务业的文件。二是老年人社会保障水平不断提高。实行年满 60 周岁、符合领取城乡居民养老保险待遇条件的低保、“五保”、优抚对象，原已享受的待遇只叠加、不扣减、不冲销政策，低保、“五保”、优抚对象的养老保险增加 200 元基础养老金。三是老年优待政策进一步扩大。免费乘车年龄从 70 周岁提前到 65 周岁，受益人口达 5.95 万。四是社会养老服务体系不断完善。全市有养老服务机构新增 5 所，达到 37 所，新建居家养老服务站 51 个，达到 341 个。逐步形成了以居家为基础、社区为依托、机构为支撑、信息为辅助的养老服务体系。五是老年人精神文化生活更加丰富多彩。老年文化、教育、体育事业稳步发展，通过开展中老年广场舞、金婚老年人庆典等“孝行天下”系列活动，敬老、爱老、助老的社会氛围日益浓厚。

重要会议和活动

【举办老龄工作业务培训班】1 月 10－11 日，市老龄办在日东花园酒店举办了 2013 年全市老龄工作业务培训班，特别邀请全国老龄办副主任、中国老龄科研中心主任吴玉韶博士作了题为《老龄问题与老龄工作》的讲座；邀请厦门市委党校政治学教研室尹彦教授作了题为《推进中国特色社会主义建设的政治纲领》的讲座。全市老龄系统干部职工 100 多人参加了培训。

【市老年基金会被评为全国敬老模范单位】市老年基金会在第五届全国敬老爱老助老教育活动中，被全国老龄办、民政部、教育部、共青团中央、全国妇联等单位联合授于“全国敬老模范单位”荣誉称号。全国共有 130 个单位获此殊荣。此外，厦门柯依达工贸有限公司总经理林良菽荣获“中华孝亲敬老楷模提名奖”称号。

【开展“情系特困助老暖冬”四下乡活动】1 月 30 日，市老龄办联合集美区老龄办、市老年志愿者协会、市老年活动中心、市老年学学会、市老年书画研究会、市直机关离退休职工联合会、“温馨夕阳”咨询服务中心等涉老单位，在集美区后溪镇三兴社区，举办“情系特困助老暖冬”四下乡活动。知名老专家、老书法家，为社区老年人现场解答他们咨询的有关身体健康的医学问题、尊老养老的法律问题，书写赠送了 500 多幅春联。市老年活动中心曲艺队、市知音艺术团、海沧区水头慈善会艺术团和集美区老年艺术团表演文艺节目。

【百名特困老人围炉欢度新春佳节】2 月 1 日，市老龄办联合厦门意飞旋管理公司旗下的白鹭洲大酒店、日东酒店、港湾酒店等爱心企业，邀请我市 100 名特困老人代表围炉，共度佳节。这百名老人分别来自全市 6 区 10 多个社区（村）和海沧敬善养老院、翔安大嶝敬老院。酒店还精心为每位老年人准备了一份精美的年货。该活动是我市“情系特困助老暖冬”系列活动之一。

【邀请特困老人游元宵看花灯】2 月 21 日，市老龄办联合厦门园博苑、集美味友餐饮服务有限公司、厦门中国旅行社等社会爱心企业，邀请我市 50 名特困老人代表游元宵看花灯。这些老人分别来自翔安、同安、海沧 3 个区的农村社区和敬老院。该活动是我市“情系特困助老暖冬”系列活动之一，全市组织特困老年人游元宵看花灯尚属第一次。

【举办元宵游园活动】2 月 22 日，市老年活动中心在院内广场举办元宵游园活动，共有 3 000 多名老年人参加了猜谜、掌上明珠、掷沙包、投篮、打羽毛球、飞镖、趣味台球、快乐毽子、射击等9个游园项目，并观看了高甲戏剧团专场慰问演出。此外，老年文艺团体还为游园老年人组织了包括声乐、器乐合奏、舞蹈、南音、时装表演等22个节目的文艺演出。元宵游园活动自1997年开始已经持续了16年，备受老年人的喜爱。

【举办老龄宣传工作培训班】3月20日，市老龄办在经济管理学院举行2013年全市老龄宣传工作培训班，邀请厦门晚报副总编、市新闻工作者协会学术委员会副主任委员叶胜伟授课。全市市、区、街（镇）、社区（村）四级老龄系统和老年活动中心干部职工近300人参加了培训。

【我市出台加快社会养老服务体系建设的实施意见】3月26日上午，刘可清市长主持召开第21次市政府常务会议。会议研究通过了《厦门人民政府关于加快社会养老服务体系建设的实施意见》，实施意见主要围绕“社会养老服务基础设施建设”“社会养老服务规范化建设”“社会养老信息化建设”“社会养老服务业发展”“养老服务人才队伍建设”等内容进行了一系列制度创制，将加快我市社会养老服务体系建设的发展。

【开展“内强素质，外树形象”教育月活动】4月2日，市老龄办在市老年活动中心开展以“内强素质，外树形象”为主题的机关教育月活动，邀请厦门弘德盛世文化传媒有限公司董事长、对中华孝文化、国学深有研究的史立明讲授《德润人生——孝道同行，福满人间》。市老龄办、市老年活动中心全体工作人员参加了学习。市老龄办根据工作需要，围绕“内强素质、外树形象”的主题，将4月份定为教育月，史立明老师还讲授《生命的喜悦》《成人达已，内圣外王之道》《五伦与疾病的关系》等系列讲座。

【召开居家养老养老信息化建设运营商评审会】5月7日，市老龄办召开居家养老信息化建设运营商评审会，邀请市人大内司委、市府办、市民政局、市信息产业局、市委老干局、市教育局、市卫生局、市残联、市离退联、市直机关离退联等部门，共同对有意参加厦门居家养老信息化工作的中山点通科技有限公司、上海答恩（物联）网络科技有限公司、厦门捷立居家养老智能关爱中心、奥维通信股份有限公司等4家承办单位进行评审与考核。我市有关部门重点围绕运营商的养老服务软硬件实力、已有成功案例、政府投入成本、管理评估机制等方面进行评审。最终确定奥维通信股份有限公司作为我市居家养老服务工作运营商。

【赴台老年文化交流载誉归来】应台湾海峡两岸音乐交流协会、财团法人台北艺术家文教推广基金会的邀请，5月20—24日，市老龄办常务副主任李文晖率领由100多名人员组成的厦门老年文艺团体，跨越海峡前往金门、新竹、南投等地，开展3场海峡两岸老年文化交流活动。我市老朋友艺术团、市老年活动中心曲艺队、集美区老年艺术团、市老体协等老年文体团队和金门棠风舞蹈团、新竹市妇女社区大学等台湾老年文艺团体同台联袂演出。文化交流活动经《金门日报》等台湾媒体宣传报道后，在当地产生了积极的反响，称誉我市老年文艺团体是两岸文化交流的使者。

【我市举办解读新修订老年法培训班】5月14日，市老龄办在经济管理学院专题举行解读新修订老年法培训班。本次培训邀请厦门大学硕士研究生导师、中国法学会社会法学研究会理事潘峰博士授课。全市市、区、街（镇）、社区（村）四级老龄系统和市老年活动中心干部职工近300人参加了培训。新修订的《中华人民共和国老年人权益保障法》于2013年7月1日正式实施。

【首届厦门市中老年广场舞大赛启动】6月21日晚，市老龄委、市文明办、厦门广电集团在海沧区市民文化广场隆重举办了“孝行天下·舞动厦门”——兴业银行·安愉人生首届厦门市中老年广场舞大赛启动仪式。市政府副市长、市老龄委主任国桂荣致辞。市领导郑云峰、国桂荣共同为大赛插上组委会会旗并启动彩虹机、礼花炮，启动首届厦门市中老年广场舞大赛。启动仪式结束后，举行海沧区预赛专场演出，15支代表队角逐出晋级全市决赛资格的前3名。此外，思明、湖里、集美、同安、翔安陆续举办各区预赛专场。本次活动由厦门电视台移动电视频道承办。

【漫画解读新修订老年法】7月1日，新老年法实施当日，厦门市老龄办、厦门晚报联合推出“新老年法”漫画解读，在《厦门晚报》和厦门老龄网，邀请本市著名漫画家刘翔（小牛），以漫画的形式生动形象地解析新老年法的新理念、新内涵、新规定。

【市人大老年法执法检查组听取涉老团体对政府老龄工作的意见】7月23日，市人大老年法执法检查组召开老龄部门和涉老团体座谈会，听取了解市政府及有关部门贯彻实施老年人权益保障法的有关情况。各区老龄办、市老年基金会、市老体协、市老年志愿者协会、市老年艺术协会、市老年学学会、市老年健身协会、敬善养老院、金山养老院、爱欣老年公寓等涉老组织负责人以及深田、康泰、铁山、鼎美、前垵等社区（村）老年人协会代表参加会议。检查组表示将进一步整理各项建议和意见，并反馈市政府，推动各项工作的改进和提高。

【首届厦门市中老年广场舞大赛圆满落幕】8月3日晚，由市老龄委、市文明办、厦门广电集团联合举办的中老年广场舞大赛总决赛在五一文化广场隆重举行。经过两个多小时的激烈角逐，来自思明区鹭江街道的《扇花随想》获得冠军；来自集美区老年艺术团的《爱的旋律》和湖里区老体协代表队的《嘎嘎女王》获得亚军；海沧海虹社区的《五套秧歌》、厦门老年大学的《回娘家》以及翔安区老年活动中心的《鼓舞翔安》获得季军；同安区老年大学的《闽南歌谣串烧广场舞》获得最具创意奖。兴业银行获得了本次大赛特别贡献奖。

市委常委、宣传部长叶重耕、副市长国桂荣等领导出席比赛现场并分别为获奖的代表队颁奖。本次大赛由各区老龄办、各区文明办协办，兴业银行总冠名，厦门电视台移动电视频道承办。

【“孝行厦门·孝老爱亲好子女”评选活动启动】市老龄办、市文明办、厦门日报社和厦门农商银行联合举办的“孝行厦门——孝老爱亲好子女”评选活动正式启动。本次评选以“念亲恩、弘孝道”为主题，通过社区、村居推荐，媒体宣传，读者投票、专家评议等环节，评选出我市的孝亲敬老模范。在征集和评审的过程中，厦门日报将对其中感人的孝亲敬老故事进行充分的报道和展示。本次活动评选范围包括本市所有居民以及在我市工作、学习和居住一年以上的外地市民。

【省老龄事业发展“十二五”规划检查组来厦开展中期评估检查】8月13日，由省政协原副主席李祖可带队的福建省老龄事业发展“十二五”规划检查组一行莅临厦门，对我市贯彻《福建省老龄事业发展“十二五”规划》执行情况进行中期评估检查。省检查组对湖里区吕岭社区居家养老服务站、金尚老年公寓和市老年活动中心等为老服务单位的设施建设、队伍建设、制度建设、成效建设等方面情况进行实地检查，并认真听取了市政府执行《福建省老龄事业发展“十二五”规划》的情况汇报。市政府副市长、市老龄委主任国桂荣等陪同评估工作。

【市人大集中视察老年法实施情况】8月14日，市人大常委会主任郑道溪带队对我市实施老年人权益保障法情况开展集中视察。市人大常委会副主任何清秋、陈昭扬、杨金兴、黄诗福、陈紫萱，秘书长胡家榕，部分市人大常委会委员和市人大常委会老年法执法检查组成员参加视察。副市长黄强、国桂荣陪同视察。视察组一行听取了政府工作汇报，实地察看了市爱心护理院、思明区民生服务中心、湖里区吕岭社区养老服务站、集美爱欣老年公寓等服务点。

【市领导专题调研市爱心护理院扩建问题】9月4日上午，刘可清市长、郑道溪主任带领市人大、市政府办、市民政、老龄、规划、国土和房产、卫生、公安等相关部门，到市爱心护理院调研，研究解决市爱心护理院扩建问题。刘市长、郑主任一行先后察看和了解了爱心护理院周边用地建设和管理服务情况，并召开专题会议。会议决定，通过置换搬迁周边用地，对市老年活动中心进行改扩建。

【市人大常委会举行发展老龄服务业专题询问】8月29日上午，市十四届人大常委会第十一次会议，围绕“发展老龄服务业”举行专题询问。市人大常委会委员就老龄产业规划、理顺管理体制、探索养老模式等提出十几个问题。市政府国桂荣副市长以及办公厅、老龄办、发改委、民政局、财政局等10多个部门到场接受询问。市人大常委会主任郑道溪，副主任杜明聪、何清秋、杨金兴、黄诗福、陈紫萱，秘书长胡家榕及常委会委员参加询问。

【举办“牵手半世纪 金婚展风采”庆典活动】9月20日，市老龄委联合市总工会、团市委、市妇联在厦门悦华酒店草坪为我市50多对金婚夫妇，联合举办“孝行天下·恩爱厦门”金婚庆典活动。50多对金婚老人来自各行各业，年龄最大的91岁，最小的68岁，平均年龄77.2岁。婚龄超过60年钻石婚的有7对，最长的婚龄达68年。市政府副市长、市老龄委主任国桂荣出席典礼并为金婚老人颁发金婚证书。省市级老领导、市老龄委成员单位负责人，金婚老人子女等嘉宾参加庆典。10多家爱心企业为主、承办单位提供各种支持和服务。

【启动第四届“重阳敬老你我同行”系列活动】9月27日，市委文明办、市老龄办、厦门日报社和市老年基金会联合启动第四届“重阳敬老 你我同行”暨中国电信天翼手机募捐短信平台开通仪式。市委副书记钟兴国出席启动仪式并致辞。启动仪式上，宣读了“重阳敬老 你我同行——关爱失能老人 共享生命尊严”活动倡议书，并对“关爱失能老人”公益活动行动计划进行部署。出席启动仪式的领导向关心支持老年公益慈善事业的爱心单位——厦门建发集团有限公司、厦门银行股份有限公司、中交第三航务工程局有限公司厦门分公司、厦门市轮渡公司、厦门南普陀寺慈善事业发展基金会、厦门烟草工业有限责任公司、厦门南普陀寺实业社、厦门地税局和爱心人士代表李安娜颁发捐赠荣誉证书。

【召开2013年敬老月新闻通气会】9月29日，市老龄办召开2013年敬老月新闻通气会，通报了全市200

多项为老年人办实事和免费乘座公交年龄下调至65周岁的政策。厦门电视台、厦门日报等7家媒体记者出席会议。

【市四套班子领导走访慰问特困老年人】10月9日，市委常委、组织部部长陈秋雄、市人大常委会副主任何清秋、副市长国桂荣、市政协副主席卢士钢等领导分别带队前往我市六个区特困老年人家中，为老人们送去节日的问候和良好祝愿，也送去了市委、市政府对困难老年群体的关爱之情。

【启动市老年人登山周活动】10月9日，由市体育局、市老体协主办，海沧区文体局、海沧区老体协承办的"2013重阳节老年人登山周"活动在天竺山举行启动仪式。市委副书记钟兴国宣布登山周活动启动，市领导郑云峰、何清秋、黄强、潘世建，以及市级老领导出席活动。该活动于10月9—15日在我市各大山地公园举行，参与人数将达3万多人。

【2013年庆祝老年节大会暨孝行天下幸福厦门文艺演出】10月13日，市老龄委在市广电中心举行2013年老年节庆祝大会暨"孝行天下·幸福厦门"文艺演出。副市长、市老龄委主任国桂荣代表市委、市政府向全市离退休老同志和老年朋友致以节日的问候和良好的祝愿。社会各届老年人代表800多人参加了庆祝大会，并观看了题为"孝行天下·幸福厦门"的文艺演出。会议还表彰了市老年活动中心、市公安局出入境管理支队、市公交集团湖里公交有限公司等首批全国"敬老文明号"、9家省级"敬老文明号"单位和29家市级"敬老文明号"单位。

【市委市政府连续十年在老年节致信慰问全市老年朋友】10月13日，在全国第一个法定老年节当日，市委、市政府通过厦门日报、厦门电视台、厦门人民广播电台等主流媒体，在头版和黄金时段，向全市老年朋友致信慰问，倡导全社会关爱老年群体，弘扬尊老敬老传统美德。我市已连续十年在日报等主流媒体致信慰问全市老年人。

【海西四省二十市老年书画交流会在厦开幕】10月16日，由市委、市政府主办，市文广新局、市老干局、市老龄办、市老年书画研究会承办的"第四届海西经济区四省二十市老年书画交流会作品展"在市文化艺术中心美术馆开幕。本届书画交流会为期两天，有近80名老年书画家齐聚一堂，展示书画交流作品500多幅。副市长、市老龄委主任国桂荣，省市级老领导黄文麟、林源、桂其明等出席开幕式并参观作品展。省委原书记陈明义、省委原副书记黄瑞麟、省委常委、秘书长叶双榆均有作品参展。海峡西岸经济区四省（福建、浙江、广东、江西）20市老年书画交流会旨在加强老年书画艺术交流学习，推动老年文化事业健康发展，促进海峡两岸文化交流合作。迄今已成功举办三届，前三届分别在福建莆田、江西鹰潭、广东梅州举行，下一届将在浙江丽水举行。

【厦门市老年艺术协会举办成立五周年文艺演出】11月25日，市老年艺术协会在老年活动中心音乐厅举办主题为"春光礼赞"的成立5周年文艺演出。副市长国桂荣，市级老领导林源、黄杰成、刘成业、庄亨浩、张斌生等出席庆祝活动并和老文艺专家、老年艺术团体成员等一同观看演出。厦门市老年艺术协会成立于2008年12月，下属30个艺术团2 000多名会员，协会的前身是成立于2003年9月2日的厦门市老年艺术团。

【市财政为新建居家养老服务站提供经费保障】市老龄办、市财政局出台了《关于下达2013年居家养老服务中心（站）建设补助资金的通知》（厦财社指〔2013〕42号），由市财政承担每个新建居家养老服务站社区12万元一次性建设补助金，专项用于改善居家养老服务站硬件设施、重点服务对象购买服务和相关工作经费补助等。据此，市财政年内投入612万元，解决全市51个新建社区的居家养老服务站建设资金，有力地保障了为民办实事项目的圆满完成。

【市失能老年人状况调查工作顺利完成】12月10日，厦门市失能老年人状况调查课题通过专家评审经，标志着市老龄委、市老年基金会、市老年学学会、厦门大学公共卫生学院等单位联合开展，经3个多月入户调查的该课题已顺利完成。调查结果显示，我市老年群体中，87.45%的老年人日常生活能够完全自理，8.28%的老年人部分自理，4.27%的老年人失能。据此，我市户籍老年人口中约有2.19万为部分失能，有1.13万为完全失能。本次调查范围涵盖每个街道（镇），并在每个街（镇）中抽取1/3个社区，合计173个社区。该调查的目的主要是全面掌握我市失能老年人的基础数据和基本状况，进一步了解其养老服务需求以及需求满足情况，为市委、市政府建立、健全社会养老保障制度，制定政策和科学决策提供依据，此项调研是今年市老龄办的重点课题，也被市委政研室、市社科联列为今年部门调研课题。

【我市调研论文荣获年度全国老龄政策研究优秀成果奖】近日，2013年度全国老龄政策研究优秀成果奖揭晓，经评审，全国老龄办评选出100篇优秀政策研究成果，其中一等奖10篇、二等奖20篇、三等奖30篇、优秀奖40篇。我市所选送的调研论文《加速推进厦门市岛内外一体化社会养老服务体系建设》、《厦门市特困老年人状况调查报告》分别荣获优秀成果一等奖、三等奖。

【我市新二十四孝行动标准系列漫画荣获年度全国老龄新闻宣传好作品】近日，由全国老龄工作委员会办公室、中华全国新闻工作者协会联合主办的2013年度全国“老龄新闻宣传好作品”揭晓。经专家评审，活动组委会最终评选出中央电视台《最美重阳情》等100篇新闻好作品。我市新闻作品《厦门市老龄办、厦门晚报联合推出新二十四孝行动标准系列漫画》荣获二等奖。市老龄办邀请厦门晚报著名漫画家刘翔（小牛）以漫画形式，在晚报刊登“新二十四孝行动标准”。

【我市第一份老龄报刊正式出版】12月17日，由厦门市老龄办、市老年基金会和海西晨报社联合打造的厦门市第一份专门为老年人服务的市级涉老报刊《海西晨报·夕阳红周刊》正式创刊发行，该周刊与《海西晨报》主报同步发行，覆盖范围立足厦门，面向漳州、泉州、龙岩，并辐射海峡两岸。每期8版，栏目主要包括关注老龄、聚焦老年、老年圈子、快乐生活、健康养生、史海钩沉、社区商圈等。

【邀请百名孤寡老人围炉迎新】12月30日，市老龄委办公室联合京闽中心酒店举办“行百善邀百叟，京闽情儿女心”慈善宴请活动，邀请100名孤寡困难老人代表在京闽中心酒店欢聚一堂，围炉迎新。这百名老人分别来自市社会福利中心、第二福利中心、海沧敬善养老院、集美社会福利中心和酒店附近社区的孤寡老人。该活动是市老龄办“情系老人爱涌鹭岛”系列活动之一。

深圳市

综　述

一、社会保障体系建设取得重大突破

（一）制定出台《深圳市人民政府关于加快发展老龄服务事业和产业的意见》。从土地、财政、金融、保险、税收、医疗、人才、价格、服务等方面进行顶层设计，提出了一系列具体举措，为推动我市老龄服务事业和产业加快发展、创新发展、科学发展提供了强有力的政策支撑。在2013年全国老龄工作会议上，深圳市作为5个省市发言代表之一作介绍经验。

（二）出台《深圳市养老设施专项规划（2011—2020)》。构建适应深圳特色的养老设施体系，预控设施用地，统筹安排老年福利设施基本建设，大力推进市老年综合服务中心、社区老年活动中心、街道敬老院升级改造等项目建设。

（三）完善了财政资金投入养老事业的保障机制。强化财政在社会养老服务体系建设中的支出责任，确保社会养老事业投入随着经济发展和人民群众的需要稳步增加。同时，福利彩票公益金留存部分优先保障社会养老服务体系建设。

（四）我市继续完善以社会保险、社会救助、社会福利为基础，以基本养老、最低生活保障制度为重点，以慈善事业、商业保险为补充的社会养老保障体系。养老保险待遇稳步提高，按月领取养老金的离退休人员达到了19.80万人，同比增加1.79万人。

二、养老服务体系建设取得新进展

（一）各类养老机构、服务设施建设有效推进。全市养老机构达30家，提供养老床位4 894张；全市开展社区老年日间照料中心试点8间，为老年人提供日托看护、配餐就餐、健康护理、康复运动、心理咨询等综合性服务；正式启动建设市级养老护理院，占地面积10 000 ㎡，提供800个床位，重点为“三无”“三失”、孤独、高龄、低收入和其他困难老人群体提供供养型和养护型的基本养老护理服务；全市已建立社区星光老年之家916个，总建筑面积200多万平方米；全市建有332家社区综合服务中心。

（二）老年卫生保健工作发展顺利。各医疗机构开设老人优先窗口和推进老年病专科门诊建设，探索以医疗机构为主体和依托，完善老年医疗保健服务网络，为老年病预防、医疗、保健、康复工作提供服务，推动“家庭病床”等送医上门的社区卫生服务，制定了老年病医院和老年康复中心等管理规定，全市各社康中心均为辖区老人建立了健康档案，促进老年卫生保健与社会经济的协调发展。

三、老龄调研工作扎实有效开展

今年初，全国老龄办启动了全国老龄专题政策调研及优秀成果评选工作，经专家评审确定《深圳市老龄服务设施规划思路和建议》荣获一等奖，《深圳市街道敬老院调研报告》《移民城市养老需求的规划应对——深圳的探索》荣获三等奖。此外，市老龄办还与其他7个省级老龄办荣获2013年度全国老龄政策调研优秀组织奖。

（一）开展市老年活动中心建设项目规划调研。根据今年3月市领导及局领导的有关指示，今年6月下旬市老龄办组织民政局相关处室、市老年协会和深圳大学专家一行调研组赴西安、青岛、厦门、福州4个城市7个考察点进行调研，并形成《建议规划建设我市老龄服务中心》报告，9月初上报市委市政府办公厅信息专报，2013年9月18日市委办公厅转来许勤、锐锋、张文同志的批示。10月中旬市政府黄国强副秘书长主持召开《规划建设市老龄服务中心的报告》协调会，市发改委、市国土规划委、市民政局、市老龄办领导参加会议，共同研究部署落实推进市老龄活动中心实施意见，在会议上国强秘书长代表市领导高度表扬市老龄办在时间紧、任务重的情况下，高质量完成《规划建设市老龄活动中心的报告》调研报告，对下一步推进此项工作打下一个良好的基础，并提供了可操作性的依据。

（二）调研调整充实市老龄委成员单位的有关工作。贯彻落实市政府《关于加快发展老龄服务事业和产业的意见》提出的健全老龄委组织机构，充实工作力量，完善工作机制的要求，起草《深圳市老龄委关于调整充实市老龄委成员单位的通知》。

（三）启动“幸福老人”公益金资助项目创新与流程优化课题调研。课题组经过3个月的进社区实地调研了解、问卷调查等不同形式，提出科学合理、具有可操作性的资助项目绩效评估指标体系和管理创新，并于年底前形成《深圳市“幸福老人计划”公益金项目资助管理暂行办法》。

四、老龄宣传工作广泛有效

（一）我市出台老龄服务事业和产业“1＋2”文件入选2013年全国“十大老龄新闻”。在全国老龄办、全国记协主办的2013年全国“十大老龄新闻”评选中，关于我市出台的老龄服务事业和产业“1＋2”文件的报道入选2013年全国“十大老龄新闻”。报道中指出，深圳市人民政府出台《关于加快发展老龄服务事业和产业的意见》，从发展目标、主要任务、政策体系、组织领导等方面进行系统性、开创性的顶层设计。随后出台《深圳市养老设施专项规划（2011－2020）》《深圳市无障碍设施建设与改造规划（2013－2015）》。三个文件构建起深圳特色老龄事业和产业发展与改革的基本制度框架体系。

（二）加强相关部门联动做好老龄宣传工作。为做好敬老月系列活动活动宣传工作，积极与深圳广电集团、深圳报业集团、市关爱办联系，对内积极协调局办公室、市福彩中心等单位，多部门联动积极参与和大力支持我市敬老月系列活动，做到了花钱少，办实事，符合了中央八项规定要求。

（三）通过开展老年系列活动加强宣传工作。今年8月我办先后到市关爱办、深圳市华龄老年服务中心等单位了解情况，通过开展130多项丰富多彩的老年系列活动来加强宣传力度。一是我们制作了2013年深圳市敬老月系列活动手册，让老年朋友手握手册，就知道在什么时间、地点举办什么活动，便于他们积极参与；二是10月11日举办全市“敬老月”活动启动仪式，通过对敬老月活动启动仪式展开电视、报刊、网络等媒体的宣传报道，将“敬老月”系列活动正式动拉开帷幕；三是10月13日举办深圳市庆祝首个老人节及第二届全国老年人体育健身交流大会闭幕式，将我市“敬老月”系列活动推向高潮；四是11月3日举办2013年深圳老年人风筝邀请赛，全市十个区共127名老年朋友参加了比赛，老年朋友在锻炼身体的同时丰富了生活。

（四）组织订阅老龄书刊，加强老龄工作宣传。组织订阅《〈中华人民共和国老年人权益保障法〉读本》、《中华人民共和国老年人权益保障法》彩色挂图、《中国老龄事业发展报告2013蓝皮书》《老年科学研究》等书报刊读物，充实老龄系统工作人员业务知识，做好基层老龄工作宣传。

五、老年人权益保障和优待工作逐步加强

（一）积极推进“敬老文明号”创建工作。根据全国老龄工作委员会关于开展“敬老文明号”创建活动的文件精神，编制印发了《深圳市“敬老文明号”创建活动实施细则》，要求各有关单位按照创建的考评标准，结合本单位实际情况做好本区或本部门（行业）“敬老文明号”的创建指导和考评推荐工作，确保“敬老文明号”创建活动取得实效。在首届敬老文明号创建活动中我市有7个敬老文明号创建窗口被评为全国敬老文明号单位，并得到全国老龄办通报表彰。

（二）凝聚老年专业人才开展“银龄行动”。2013年，“银龄行动”在市民政局的领导下、在市卫生和计划生育委员会、市教育局、市中小企业服务中心等部门的支持下，通过原特区关外社区、中小幼学校、科技中小微企业等受援单位和老年志愿者的共同努力，圆满完成了为期90天的支医支教和技术援助活动，取得了较好的社会和经济效益。

（三）组织召开老年人权益保障法学习研修班。

按照全国老龄办统一部署要求，市老龄办于6月举办了“深圳市老龄系统老年人权益保障法学习研修班”，来自老龄委成员单位负责同志、全市各区（新区）民政部门负责同志和老龄办主任等40余人参加。全国老龄办朱勇副主任出席培训班并讲授了老年法修订的背景、意义、社会保障、社会服务等有关内容，全国老龄办吕晓莉副主任就老年法社会优待、宜居环境、参与社会发展、特点和操作等方面内容作了讲解。

（四）开展敬老优待工作调研。6月至7月期间先后组织到市发改委、市交委、市文体旅游局、市义工联、中国银行等单位调研，对我市敬老优待证方案实施、功能的完善、以及如何加强管理工作进行前期论证工作，并于近期到省内和兄弟省市学习考察学习敬老优待政策及好的做法。

（五）市老龄办积极落实敬老优待证办理工作。截止今年底，全市办共办理敬老优待证6万多张。我市老人持深圳市敬老优待证（蓝色）可享7大类优待，其中包括：免费进全市各公园；免费进全市各旅游景区；免费进全市博物馆、文化宫（馆）、美术馆、图书馆等文化场所；免费使用全市公共体育场所设施；全市范围内免费使用公厕；在市、区所属各医院看病，挂号费享受半价优惠；优先得到免费法律援助。如果年龄更大一些，持有深圳市敬老优待证（黄色），那么还在上述7项优待内容的基础上，增享免费乘坐全市公共大巴、中小巴和地铁等优待与福利。非户籍老人年满65周岁常住在深圳，可以办理暂住老人免费乘车证，可以享受免费乘坐市内公共汽车和地铁。全市约有30万符合条件的老人享受到此项实惠。

六、市、区老年文体活动丰富多彩

（一）完成了“银龄行动”招投标及前期准备工作。为了做好今年“银龄行动”项目准备工作，我办于7月到深圳市中小企业服务中心、深圳市老年科技工作者协会等单位深入调研，了解“银龄行动”有关中小企业活动项目和老年科技工作者情况，为做好“银龄行动”工作打下一个良好基础。在今年敬老月系列活动启动仪式上，举行“银龄行动”的授旗仪式，市领导、局领导将银龄行动三个小组旗帜分别授予银龄行动三个小组，为今年的“银龄行动”正式拉开了序幕。今年，深圳“银龄行动”将派出50人的工作队，分赴全市各社区、民办中小学及中小微企业开展智力援助。

（二）“敬老月”期间组织开展了老人节庆祝大会、老年产业博览会、老年欢乐节、老年公园文化节等文体活动和慰问百岁老人。各区活动丰富多彩：福田区打造具有福田特色的“夕阳文化”品牌，筹办福田区“敬老文明号”命名表彰活动暨第九届夕阳红文艺汇演、“追梦——2013美丽福田 长者歌咏汇”、长者文化大讲堂等丰富多彩的大型活动；罗湖区提出“精神民生”的理念，培育成立一支由50名国家级心理咨询师组成的罗湖区心理关爱志愿者服务中心，为辖区内老人和所有居民提供心理咨询、心理援助和普及心理健康知识等服务，并依托该中心举办104场心理关爱讲座；南山区在“敬老月”期间，发放宣传敬老资料4 400多份，慰问特困、百岁和其它老人200人，开展各种座谈会、茶话会15次，文体娱乐活动37次，组织老有所为一对一结对帮扶3次，体检（咨询）活动22次、受惠11 630人次，活动形式多样，内容鲜明，丰富多彩，让广大老年朋友感受到了切身的实惠；盐田区开展军民共建助老专题活动，调动军地双方为老服务的积极性，与区双拥办、区人武部组织驻盐有关部队、社工机构和有关单位举行“走出庭院 登高望远”大型活动，组织颐养院的老人们外出登高望远，让他们感受到了社会的关怀与温暖；宝安区组织开展“宝城秋韵”老年人文艺汇演，协调全区各街道、老龄委成员单位、区体育协会、区公园文化协会、区退休教师协会、各街道老年协会为老人免费体检、参观旅游、开展茶话会、健身培训、健康保健讲座、文艺演出、老年维权宣传等各类尊老爱老助老活动；龙岗区在8个社区为老年人开设老年人心理健康专题讲座，同时资助8个街道开展老年人文艺汇演及文体活动19场。光明新区组建6支社区老年志愿者服务队多次慰问独居孤寡老人、组织义务治安巡逻，组织社区老年人集中学习家政手工、日常健康、法律法规相关知识，开展节假日老年人联欢活动；坪山新区开展慰问孤残老年人活动、老年人健康知识讲座、老年法知识讲座、好日子健步走活动、老年门球赛和深圳市第四届柔力球交流比赛；龙华新区举行了龙华新区2013年“龙华金秋”重阳节文艺汇演暨“敬老文明号”表彰活动，表彰了26家龙华新区“敬老文明号”；大鹏新区组织开展“三走三献”“敬老月”系列活动，共10余项活动，逐渐形成“一街道一品牌，一社区一特色”的新区老龄文化活动模式。

七、深入开展党的群众路线教育实践活动

今年老龄办完成党支部改选工作，并根据局系统统一部署，结合我办实际制定我办开展党的群众路线教育实践活动实施方案，并结合我办实际工作，进入社区街道与服务对象和老年朋友了解情况，掌握第一手资料，我办将党群众路线教育实践活动与我办实际工作有效结合起来，现阶段已进入第二阶段查摆问题阶段，我办将根据群众提出的问题和意见，努力改正自身的问题，切实做到边整边改。

与此同时，市老龄办在第二届慈展会期间，积极配合主办方，圆满完成各项保障任务工作。一是6月初赴广西、山西等地开展慈展会的前期招展工作，并取得预期效果；二是慈展会期间负责国家民政部、全国老龄办以及省民政厅的接待工作，做到了热情周到，善始善终，得到了受接待单位好评；三是开展了慈展会的票务票证印制及发放工作，这项工作时间紧，任务重，票证种类繁多（12种），票证数量多（20 000张），发放票证工作做到细致周到，最后在老龄办的全体人员共同努力下，印制发放票证工作圆满完成；。在第二届慈展会总结表彰会上，荣获“先进集体”和“先进个人”荣誉称号。

新疆生产建设兵团

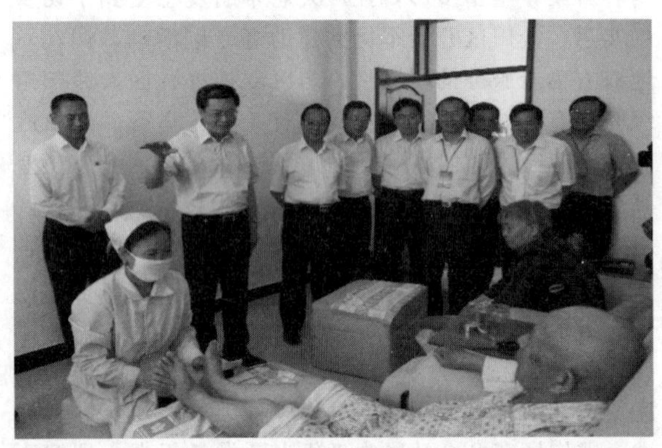

2013年8月20日，兵团党委书记、政委车俊同志（左3）到兵团第八师一五〇团老年公寓考察调研，亲切了解老年人生活、医疗保健及颐养情况。

2013年3月13日，兵团党委常委、副政委阿布力孜·尼牙孜同志（右3）到十三师红旗农场养老院慰问为兵团屯垦戍边建设做出贡献的老年人，详细了解他们的生活与饮食状况。

综　述

新疆生产建设兵团历史的特殊性决定了人口老龄化比全国来得早，速度快，老年人口基数大，呈现出“三个加快”的显著特点。一是老年人口增速加快。截至2012年底，兵团现有人口264.86万人，60岁以上老年人口46.6万人，占兵团总人口的17.6%，目前兵团老年人口的增速已经超过出生人口的增速，预计到“十二五”末，兵团老年人口将达到50万人以上，占总人口数量的20%左右，老龄化速度在未来十年中将呈现持续加快的态势，兵团老龄工作的压力将越来越大，老龄事业发展面临新的挑战。二是高龄老人、失能半失能老人增速加快。截至2013年12月底，兵团80周岁以上的老年人有4.2万人，约占老年人口的9%。预计在“十二五”末，80周岁以上高龄老人年净增1 000多人，将达到4.4万余人，约占老年人口的10%，高龄人口的增速将逐渐超过老年人口的增速。高龄人群中失能或半失能生活不能自理的老人较多，他们对社会养老服务要求将越来越高。三是空巢老人增速加快。兵团驻地大部分在条件艰苦的地方，经济发展相对滞后，自身解决子女就业的能力弱，造成了兵团青壮年离开父母外出务工、异地安居较多的现实，这些原因加快了兵团空巢老人的增速。

重要会议和活动

【老龄委组织机构调整】2013年8月23日，由兵团办公厅发文（新兵办发〔2013〕109号），调整了新一届兵团老龄工作委员会成员单位和组成人员。兵团党委常委、副政委阿布力孜·尼牙孜担任兵团老龄委主任，兵团党委、兵团副秘书长帕尔哈德·赛义德、兵团民政局局长令勇、兵团党委组织部副部长鲁旭平担任副主任。共有组织部、宣传部、编办、兵直党工委、发改委、教育局、民宗局、公安局、民政局、司法局、财务局、人社局、建设局、统计局、计生委、旅游局、工会、团委、妇联、卫生局、老干局等21个老龄委成员单位。兵团老龄工作委员会办公室设在民政局，令勇兼任办公室主任，于锋（兵团老龄协会办公室主任）任办公室专职副主任。

【老龄工作电视电话会议】2013年8月28日，兵团召开第一次老龄工作电视电话工作会议。会上，令勇局长代表兵团老龄委作了工作报告，全面、客观地总结了兵团老龄工作取得的成绩，对兵团今后老龄事业的发展提出了总体要求和奋斗目标；崔铭副局长传达了2013年全国老龄工作会议精神；兵团党委常委、副政委阿布力孜·尼牙孜做了题为“求真务实扎实工作 努力开创兵团老龄工作新局面”的重要讲话。会议的主要任务是：学习贯彻全国老龄委第十五次全会精神，回顾总结兵团老龄委“十二五”以来的工作，安排部署当前兵团老龄工作和今后一个时期的主要任务，并从三个方面强调了兵团老龄工作的重要性。一是要积极应对兵团人口老龄化，切实增强做好兵团老龄工作的责任感和紧迫感；二是要紧扣兵团屯垦戍边实际，积极推动兵团老龄工作又好又快全面发展；三是要着眼兵团老龄事业长远发展，切实加强兵团老龄工作的组织领导。

【兵团领导走访慰问】8月20日，兵团党委书记、政委车俊同志到八师一五〇团老年公寓考察调研。对住在这里的60余位老人在休闲、娱乐、康复、居住、养老等方面进行调研。他表示，要认真贯彻国务院有关养老的要求，结合兵团的具体实际，加大养老配套设施投入，不断改善养老保障条件，使兵团“六个老有”的目标落到实处。

3月10日至14日，兵团党委常委、副政委阿布力孜·尼牙孜一行到十三师柳树泉农场、淖毛湖农场、红山农场及六师北塔山、红旗农场等调研统战、民宗、兴边富民情况及养老院、社区建设等工作。6月16日，到十师一八一团，调研统战、民宗、工商联、残联、社区等工作情况。阿布力孜·尼牙孜一行来到该团社会福利院，亲切看望了居住在这里的老人，详细询问了老人们的起居饮食、身体状况和就餐条件等情况。对社会福利院各项工作予以肯定，并要求继续加大对社会福利事业的关注，在社会保障各方面给予更多的扶持。

【老年社团】截至2013年底，兵团共有老年社团组织412个，其中兵团本级6个，基层老年协会社区创建率47.2%。这些社团在基层老年组织及活动中发挥了极大的作用。12月11－14日，中华全国社区文艺会演在广西东兴市举办，兵团老文协老军垦舞蹈团在第五届中华全国社区文艺会演中取得佳绩，老军垦舞蹈团33人组成的参赛队表演的维吾尔族舞蹈“欢庆”、蒙古族舞蹈“草原的祝福”、三人舞“我爱你中国”以及“维吾尔族舞蹈动作组合”受到评委们和观众的热烈赞誉。最终取得金奖两个、银奖一个、导演奖（辅导奖）两个、最佳组织奖一个的好成绩，为兵团争得荣誉，为兵团老年文艺事业发展做出了新贡献。

【敬老爱老助老主题教育活动】第五届全国敬老爱老主题教育活动组委会评选出兵团“中华孝亲敬老楷模提名奖”2名、“全国孝亲敬老之星”58名、“全国敬老模范单位”2个。为大力弘扬敬老爱老助老的中华民族传统美德，兵团老龄办对获奖单位和个人进行了表彰。

【“敬老月”活动】10月为“敬老月”，12日是中国第一个法定老年节，各级老龄办积极开展多种形式、各具特色的“敬老月”活动。兵团老龄办在光明路北社区举办“敬老月”活动启动仪式暨《中国老年人健康指南》首发仪式；五师新华社区通过“与普法宣传、与助老志愿服务、与‘老年人之家’、与和谐社区”等四个结合的活动，创新活动载体；七师老龄办突出“四个一”，即开展一次老年法的宣传，组织一次慰问送温暖活动，开展一次老年健康知识讲座，承办一次文化体育娱乐活动，逐步形成了尊重、关心、帮助老人的社会风尚；九师在活动期间，累计走访老年人共1 301人次，给1 202名老人送上慰问品（金），价值共计19.3万元；十师广泛开展青少年志愿者为老服务活动。各团场、社区组织中小学生、大学生志愿者到敬老院为老年人打扫卫生，帮助老人们洗衣服、捶背、修剪指甲等。二二二团为90岁以上高龄老人和贫困老人送去温暖，与老人们亲切交谈，送上节日祝福，把党和政府的温暖送到老人家中。

【“十大寿星”活动】6月份老龄办在全兵团范围内积极参与了由中国老年学学会举办的第六届“中国十大寿星”、第四届“中国十大百岁夫妻排行榜”活动。倡导了科学健康文明的生活方式，传播了长寿经验，加强了对长寿文化的科学研究，展示了兵团长寿水平，促进健康老龄化与社会代际和谐。兵团共有33位百岁老人，位居“兵团十大寿星”排行榜首的是第六师新湖一场李月兰，女，汉族，1905年6月12日出生，108岁。

【老有所学和老年大学】兵团老年大学以“增长知识、丰富生活、陶冶情操、促进健康、融入社会”为办学宗旨，服务广大兵团离退休干部职工，使老年人老有所学、老有所教，以广大学员满意为标尺，遵循老年教育办学规律，围绕老年学员的需要和特点开展教学活动，把不断提高教学质量作为老年大学的生命线，加以研究、改进和提高。截至2013年底，兵团共有老年大学（学校）46所，在校学员10 032人，开设专业20多个，大大丰富了老年人的业余生活。

【第五届老年人运动会】6月9日，兵团第五届老年人运动会在第六师五家渠市隆重开幕。本届老年人运动会设置有健身球操、柔力球、健身秧歌等9个比赛项目，共吸引了来自兵团各师、院校的1 023名老年人报名参加，报名人数为兵团历届老年人运动会之最。

【兵团老战士南粤行活动】6月18日下午，第三师副政委张新辉率第二批“兵团老战士南粤行”代表团抵达广东东莞考察参观。作为此次南粤行的第二站，老战士们除了感慨东莞美丽的城市建设外，也对东莞人民表达了援疆建设的感激之情。东莞市市委常委、组织部部长甄瑞潮，东莞市市委常委、常务副市长梁国英热情接待了兵团老战士一行并与老战士代表进行了座谈。甄瑞潮对兵团老战士为祖国边疆稳定所作出的贡献表达了深深的敬意。“兵团老战士南粤行”老战士的到来就是要宣传东莞援建的成果，宣传援疆干部在师市无私奉献，默默工作的感人事迹，感受东莞改革开放的力量，创业的力量，展现兵团老战士热爱祖国、无私奉献、艰苦创业、开拓进取的精神，是一个感恩之旅、感谢之旅，兵团老战士们扎根边疆、艰苦奋斗、无私奉献的精神值得学习。兵团老战士一行参观了东莞市展览馆、松山湖展览馆、大朗镇求富路社区、虎门海战博物馆和威远炮台等地，感受东莞的人文历史和城市建设成果。

【老党员周国瑞去世捐赠特殊党费】7月22日，兵团第一师阿拉尔市党委组织部、老干局在师市党委党校举行周国瑞同志特殊党费捐赠仪式。2013年4月去世的离休干部、原师运输公司纪委书记周国瑞委托儿子周健向党组织捐赠1万元特殊党费。周国瑞，1929年5月出生，1949年8月参加革命，1950年7月加入中国共产党，是一名有着60多年党龄的老党员。1949年12月，周国瑞参加了中国人民解放军一野二师十五团徒步穿越塔克拉玛干大沙漠解放和田的战斗。解放后，周国瑞先后在三团、一团和五团工作，分别在阿克苏地区农垦局物资处担任处长，在师运输公司任纪委书记等职务。文化大革命时期，周国瑞遭到了批斗，后又被下放到“五七”干校。即使受到了错误对待，他依旧对党忠心耿耿，信念不变，依旧不忘党对他的教育和培养，留下了最后再交1万元党费的遗言，充分体现了一个老党员对党的赤诚之心。周国瑞生前常说，是伟大的中国共产党，使他由旧社会的一个农民成长为新时代的一名领导干部，一辈子永远跟党走。早在2011年8月，周国瑞就立下遗嘱，去世后要从抚恤金中拿出一万元，作为特殊党费交给党组织，为自己一生的信仰作出了最后的诠释。

【“屯垦戍边”与“三化”建设】9月30日，在老人节来临之际，兵团党委老干部局在老干部局局长雷新阳的带领下，组织30余名离休干部到兵团第六师参观“三化”建设。老同志们首先参观了六师博物馆，面对一幅幅生动的照片和一件件珍贵的实物，老同志们激动不已，战火纷飞的战争场景不断在脑海浮现，进军荒漠，戈壁滩上盖花园的豪情在胸中油然激荡。在102团，老同志们满怀喜悦地参观了团史馆、幼儿园、老年活动中心和职工住宅小区等，为近年来团场发生的巨大变化感到由衷的高兴，对兵团的美好明天充满信心，纷纷表示，一定要继续关心、支持兵团各项事业的发展，为兵团的“三化”建设作出应有贡献。

【庆祝中国老年节大会】10月11日，2013年兵团庆祝中国老年节大会在乌鲁木齐和平都会举行。兵团党委常委、组织部部长宋浩作书面讲话。他指出，兵团的老年人，包括广大的离退休干部，为解放新疆、保卫边疆、建设边疆，为兵团的屯垦戍边伟业做出过不可磨灭的重要贡献。庆祝大会在全场上下合唱的《歌唱祖国》中揭开序幕。最后，全体演唱《啊，光荣的生产兵团》将气氛推向了高潮。

【老军垦合唱团举办成立十五周年音乐会】2013年10月12日，兵团老军垦文艺协会、兵团老军垦合唱团举办的兵团老军垦合唱团成立十五周年纪念音乐会在兵团和平都会开幕。兵团老军垦合唱团的成立，是弘扬兵团精神，推进兵团老年事业蓬勃发展的重要举措。十五年来，合唱团的每一点进步，都离不开社会各界的鼎力支持，离不开有关领导和部门的大力帮助，更离不开合唱团一群默默无闻、无私奉献的老同志。这支团队不断地运用合唱这一艺术手段，在新疆、在祖国各地展示了迷人的风采，弘扬了兵团精神，为推动兵团老年文化事业和丰富离退休老同志文化生活贡献了力量。

【老年书画竞赛作品展】11月1日至11月3日，兵团老年书画学会在乌鲁木齐人民公园朝阳阁举办书画竞赛作品展。此次书画竞赛选自兵团十四个师及乌鲁木齐市书画爱好老同志的作品。共展出书画作品259幅，其中有书法作品175幅，绘画作品84幅。评出一等奖2名，二等奖6名，三等奖12名，优秀奖30名，组织奖5名。书画竞赛作品展开幕的第一天，迎来数百名书画爱好者参观鉴赏。兵团老年书画学会的各项工作和活动，为老年人文化娱乐活动提供和搭建平台，让老年人文化活动在现有的基础上开展的更好，大家了解了兵团各师、院校老年书画学会的组织及活动情况，交流了活动经验，明确了今后的任务和活动方法，对兵团社会主义先进文化建设起到推动作用。

【兵团领导关心关爱老年困难群体】12月20日，兵团党委组织部、老干部局、兵团人力资源和社会保障局、民政局等4部门联合下发《关于认真做好老年困难群体有关情况调查和走访工作的通知》（兵党组明传〔2013〕170号），对全面调查和走访兵团老年困难群体有关情况进行安排部署。通知指出，要充分认识做好老年困难群体有关情况调查和走访的意义。兵团上下正在深入学习贯彻党的十八大、十八届三中全会和习近平总书记系列重要讲话精神，推动兵团党的群众路线教育实践活动不断深入，又逢元旦、春节将至，各单位、各部门对老年困难群体有关情况普遍开展一次调查和走访，努力帮助他们切实解决生活上存在的困难和问题。调查走访的主要任务是，统计摸清楚各单位各部门离退休干部职工中的鳏寡孤独和“空巢”老人，以及享受低保、“三无”和“五保”老年人员等老年困难群体的基本情况，对老年困难群体有关情况，真正摸清底数，不留死角，切实把生活困难老同志的情况调查清楚，做到心中有数。单位、社区、连队要建立完善经常性老年困难群体走访看望制度，切实担负起帮扶老年困难人员的责任，把经常走访看望常态化。

各项业务进展

【老龄宣传】为创新宣传形式，丰富宣传内容，努力营造老年事业发展的良好环境，按照党的十八大提出的“加快发展老龄服务业和产业”的总要求，兵团老龄办与生活晚报社联合开展了2013年度“十大老龄新闻”“老龄新闻宣传好作品”评选活动。通过重大新闻事件、好新闻作品的评选，树立了典型，表彰了先进，增强了宣传效果，扩大老龄工作的社会影响力，促进社会和谐和兵团老龄事业的发展。为不断加强加大宣传教育力度，老龄办购买了《中国老年人健康指南》手册2 000册、《中华人民共和国老年人权益保障法》宣传挂图300套、其它涉老图书500余册，价值近5万元。

12月11日，兵团党委常委、副政委阿布力孜·尼牙孜非常关注兵团老年人的报刊《生活晚报》，对《生活晚报》的改版予以肯定，希望《生活晚报》努力做广大老年群体的忠实朋友。这次全新改版体现了创新精神，更贴近实际，贴近老龄工作，为进一步宣传兵团老龄事业、提高老龄新闻报道的质量和水平找到了切入点。

【老龄政策研究】兵团老龄办于5月启动了2013年度专题政策调研及优秀调研成果评选活动，各级老龄机构积极参与调研工作。围绕老年人权益保障、法律援助、社会养老服务发展、老年护理保障、老年人社会参与、老年文化建设、老年社会管理等重点、热点问题开展专题调研。第四师七十二团民政科张树新同志题为《创新社会养老模式 不断提升服务质量和水平》的调研优秀成果获全国三等奖，石河子市司法局法律援助中心赵长行同志题为《新疆石河子市维护老年人合法权益工作情况初探》的优秀成果获全国优秀奖，兵团老龄工作委员会办公室获全国优秀组织奖。

【“敬老文明号”创建】为积极应对兵团人口老龄化，广泛动员社会各界开展为老服务，兵团老龄办及时下发文件，动员全兵团积极参与全国“敬老文明号”创建活动。全国老龄委授予兵团第四师军垦路社区、第五师综合福利服务中心、第六师芳草湖农场养老服务中心、第七师医院老年病科、第九师医院、第十四师皮山农场社区服务中心、建工师四团社会福利中心、石河子怡心园养老院、石河子社会福利中心、北屯得仁老年公寓等十家单位获全国级“敬老文明号”称号，兵团老龄办授予第四师七十二团老革命遗孀福利院、第五师新华社区、第六师振兴街社区、第七师一二三团军垦路社区、兵团军垦博物馆、石河子旅客运输服务中心、第九师老干部休养所、第十师老干部休养所、第十四师四十七团敬老院、二二二团老年公寓等十家单位获兵团级“敬老文明号”称号。

【老龄新闻宣传好作品】兵团老龄办积极参加2013年度全国“十大老龄新闻”“老龄新闻宣传好作品”评选活动。由兵团老龄办和兵团广播电视台共同选送的好作品《超越血缘的爱》获全国三等奖；由十师老龄办选送的作品《老军垦的绿色梦》和生活晚报社选送的作品《汉族奶奶和维吾尔族女孩的祖孙情》获全国优秀奖。

【养老机构】截至2013年底，兵、师、团三级建有各类养老机构103所，床位数6 035张，每千名老年人拥有养老机构床位数为13.1张，全年为80岁以上老年人发放津贴3 500多万元，免费体检支出650万元。

【社区建设】兵团社区建设在探索连社合一的有效实现形式上取得新进展。积极探索连队人财物向团镇社区整合转移，完善了团场社区工作体制机制，开展了和谐社区创建和创先争优活动，推行了“一站式”社区服务。第八师石河子市作为兵团社区管理与服务创新的示范单位，向国家申报，成为全国农垦系统西北地区少数民族地区唯一的“第二批全国社区管理与服务创新实验区”。2013年实施建设项目45个，总投资9 719万元。

【社区教育示范区】为深入贯彻落实《教育规划纲要》中关于“大力开展城乡社区教育，加快各类学习型组织建设”的要求，12月2日，第十师184团荣获“兵团社区教育示范区（试点）”单位（兵教办发〔2013〕165号“关于公布兵团社区教育示范区（试点）名单的通知”，旨在以党的十八大精神为指导，加强统筹规划，整合教育资源，广泛开展面向社区居民的各类教育培训活动，努力满足社区居民多样化的教育需求，深入开展兵团社区教育示范区（试点）创建工作，构建终身教育体系、建设全民学习、终身学习的学习型社会。

【社会保障】截至2013年12月底，兵团基本养老保险、基本医疗保险、失业保险、工伤保险、生育保险五项社会保险参保人数分别达到160.24万人、223.48万人、65.3万人、69.27万人、65.6万人；征缴收入分别达到56.57亿元、23.01亿元、5.01亿元、2.35亿元、0.65亿元；支出分别达到144.19亿元、21.66亿元、3.18亿元、1.66亿元、0.38亿元，圆满完成国家和兵团下达的扩面征缴计划，基本确保各项待遇支付。

截至2013年12月底，兵团养老保险参保人数达到160.24万人，比上年增加5.5万人，养老保险覆盖率达到98.5%以上，连续15年按时足额发放企业退休人员基本养老金。各师做到了养老保险基金收支“两个接近”，即参保人数与就业人数逐步接近，人均缴费基数与企业在岗职工月平均工资逐步接近。2013年，养老保险基金征缴收入63亿元，基金累计结余30亿元以上。为进一步提高企业退休人员生活水平，兵团出台了调整企业退休人员基本养老金政策，从2013年1月1日起，连续9年上调企业退休人员基本养老金，人均每月增加养老金211元，人均月养老金达到2 130元，在全国列第7位。维护了兵团退休人员利益和新疆地区的社会稳定。截至2013年年底，兵团基本医疗保险参保人数达226.48万人，职工基本医疗保险、居民基本医疗保险综合参保率稳定在95%以上，居民医保补助标准提高到每人每年280元，职工医保、居民医保最高支付限额分别提高到20万元和9万元。

【老有所为和“银龄行动”】老有所为是老年人参与社会、服务社会的一种重要形式，是积极应对人口老龄化的重要举措。老年人通过参与各类志愿服务，努力实现老有所为，为兵团经济社会发展做出了积极贡献。2013年，老年志愿者人数近5万人，老年志愿服务涉及为老服务、治安维稳、环境保护、社区共建、卫生绿化、宣传教育等社会生活各个方面。“银龄行动”是老有所为的创新形式。兵团在医疗卫生、文化教育、农业科技等方面的老专家、老教授，积极开展老年志愿行动——“银龄行动”，据不完全统计，参加活动的老年志愿者累计近1万人次，受益群众10多万人次。如十师一八八团新城社区老年义务巡逻队被3 000居民誉为“保护神”，巡逻队由社区18名退休老人组成，年龄最大的78岁。老年义务巡逻队的成立，大大缓解了社区管理上的压力，老年志愿者实现了老有所为。

第六部分

科研成果和调查报告

北京市养老服务社会化产业化发展调研报告（摘要）

北京市老龄办

为贯彻全国社会养老服务体系建设工作会议精神，落实《社会养老服务体系建设规划（2011－2015年）》和《北京市国民经济和社会发展第十二个五年规划纲要》，2012年开始，市民政局深入调研本市养老服务业发展状况，提出加快推进养老服务业发展政策建议。

一、加快推进养老服务业发展的重要性和必要性

加快推进养老服务业发展，对于积极主动科学应对人口老龄化，推动首都服务业发展、优化服务业发展结构，保障和改善民生，解决社会养老问题，推进中国特色世界城市建设具有日益重要的战略意义。

（一）实施积极健康人口老龄化战略的现实需求

本市于1990年进入人口老龄化社会。预计到2015年，常住老年人口将超过300万，占常住人口的15％；户籍老年人口将超过280万，占户籍人口的20％。2050年，全市每三个人中将有一人是老年人。人口老龄化是当前和未来社会发展的常态，是相当长一段时间内重要的基本市情。发展养老服务业，对满足老年人个性化、多样化、复杂化的养老需求，构建健康和谐的老龄社会具有重要的战略意义。

（二）推进首都服务业发展、优化服务业结构的重要途径

服务业是国民经济的重要组成部分，服务业的发展水平是衡量现代社会经济发达程度的重要标志。加快发展服务业，是推进经济结构调整、加快转变经济增长方式的必由之路，也是解决民生问题、促进社会和谐、全面建设小康社会的内在要求。养老服务业涉及领域较广，将成为最大的潜在内需消费市场之一。同时，其就业能量容量巨大，以养老护理业为例，其所创造的就业机会是基础设施建设等公共事业的两倍。

（三）保障和改善民生，解决社会养老问题的重要举措

老年人是维护家庭和睦的重要成员，老年群体是影响经济社会发展、促进社会和谐稳定的重要力量。随着老年人口规模扩大，高龄、空巢、独居、失能老人明显增加。发展养老服务业是最大的德政，最大的民生。加快推进养老服务业发展，不仅有助于老年人得到更好照顾，缓解家庭养老压力，维护社会稳定，而且也是落实以人为本的发展理念和构建和谐社会的重要体现。

二、本市养老服务发展的成绩和经验

市委、市政府高度重视养老工作，坚持以人为本、科学发展，积极、主动应对人口老龄化，推动养老服务实现跨越式发展。

（一）党委政府和各部门高度重视养老服务发展

市委、市政府从战略高度充分认识加强养老工作的重大意义，印发关于加强老龄工作的意见，编制实施老龄事业发展规划，成立市老龄工作委员会，连续将养老服务工作列入年度政府实事项目和折子工程，统筹协调指导首都老龄工作开展。市人大、市政协、市委、市政府各部门、市老龄委44个成员单位和各级党委政府，积极履职，分工配合，推进养老服务发展。

（二）养老服务发展取得重大成就

根据老年人的需求，结合经济社会发展实际，加强政策创制，加大资金保障和扶持力度，老年人养老保障水平显著提高，养老服务基础设施和体系建设取得重大突破。

老年人收入水平大幅提高。养老服务基础设施快速增长。养老服务运营机制实现创新。组织人才和技术标准得到发展。资金保障和扶持力度加大。敬老养老社会氛围更加浓厚。

（三）养老服务发展取得重要经验

坚持党政主导、部门协同、社会参与、全民关怀的老龄工作方针，本市养老服务工作取得重大成就的同时，也积累了成功的经验。

一是着眼全局，加强理念模式政策创制。二是保障基本，夯实养老服务事业基础。三是因势利导，发挥不同载体协同效应。四是顺应发展，推进养老服务社会化进程。

三、养老服务业发展的存在问题

日益严峻的老龄化形势，使得首都养老服务业的发展成为政府最大的民生工作，也是政府最大的德

政，需要创造良好的社会和市场环境，让养老服务旗帜始终飘扬，不断进步。本市养老服务业实现了较快发展，但与广大老年人的现实需求相比，仍存在不小的差距，面临着诸多发展难题。

（一）养老服务业发展中的政府定位不清，政策取向不明

一是政府对养老服务业定性存在认识误区。二是政府在养老服务业发展中的职能定位不清。三是运营管理机制模式单一。四是部门之间条块分割，协作不够，未形成整体推动养老服务业发展的合力。

（二）养老服务业社会化程度低，社会主体作用未能有效发挥

一是投资主体相对单一。二是服务对象公众化程度不高。三是服务内容不丰富。四是养老服务业经营管理人员缺乏。

（三）养老服务业产业化发展缓慢，市场化程度不高

一是养老服务业尚未纳入本市国民经济和社会发展总体规划。二是养老服务业市场定位不清。三是市场化程度不高，市场运营机制尚未建立。四是老年群体潜在消费能力尚未得到释放。

（四）养老服务业发展环境不佳，配套措施不完善

一是养老服务急需的专业人才缺口大，人才培养机制还不健全。二是政府对社会力量参与养老服务业的政策支持力度不够。三是养老服务业尚未建立科学的监督管理办法。四是养老服务信息化建设滞后。

四、加快推进养老服务业发展的政策建议

（一）总体思路

以邓小平理论、“三个代表”重要思想和科学发展观为指导，贯彻党的十八大要求，坚持“政府引导、政策扶持、社会主体、多元发展、市场运作、产业方向”的工作方针，加快推进养老服务社会化产业化发展，全面开放养老服务市场，充分发挥市场配置资源的基础性作用，完善养老服务产业链，实现养老服务供给和需求基本平衡，建成投资主体多元化、运作机制市场化、服务对象公众化、服务内容多样化、服务队伍专业化、监督管理规范化的社会养老服务产业体系。到2020年，养老服务业总值占全市社会生产总值的7%，养老服务从业人员达到100万人，家庭护理床位和社区托老床位达到24万张，机构养老床位达到16万张，“9064”养老服务模式和发展目标基本实现。

（二）基本原则

坚持政府引导，培育养老服务市场。

坚持社会主体，整合养老服务资源。

坚持市场运营，发展养老服务产业。

（三）主要任务

着力发展居家和社区养老服务。

统筹发展机构养老服务。

健全养老服务发展机制。

（四）支持政策

全面开放养老服务市场，支持社会资本进入养老服务领域，政府、社会组织和企业以平等的主体地位参与养老服务市场，根据提供的基本养老服务和非基本养老服务，享受相应的扶持政策。

1. 建立基本养老服务制度。基本养老服务是指与经济社会发展水平相适应，以满足老年人基本服务需求、提升老年人生活质量为目标，面向所有老年群体提供的生活照料、紧急救援、医疗护理、精神慰藉、心理咨询和社会参与等服务。

2. 探索建立老年人长期护理保险。研究运用社会保险管理机制，优化社保资源配置，提高社保基金使用效益，建立以社会化护理服务为主的长期医疗护理保险制度，对参保人的相关费用给予相应的补偿。

3. 编制养老服务业发展专项规划。明确养老服务业发展的整体思路、发展方向、发展目标、空间布局，把养老服务业纳入经济社会发展规划、城乡建设规划以及其他专项规划。建立养老服务业行业、职业分类及相关标准，出台养老服务重点行业发展指导目录和扶持政策。

4. 强化政府办养老机构的基础保障职能。政府办养老机构主要提供基本养老服务，接收低收入、失能等重点人群的床位比例不低于80%。市级分别给予建设成本30%、50%、70%、90%的一次性建设资金支持，区（县）落实相应配套资金。深化政府办养老机构改革，按照政事分开、管办分开的原则，统筹推进政府办养老机构改革。

5. 加大扶持社会力量投资建设养老机构。加大养老服务设施建设用地供应。鼓励街道（乡镇）、社区（村）将自有房屋以入股或合作的形式提供给社会力量举办养老机构。完善建设支持政策。提高运营补贴。

6. 加快发展居家养老服务。实行社区养老服务设施配置标准化，明确政府建设责任，完善社区卫生服务、居民生活服务、文体娱乐和老年活动等基本公共服务设施配置，增强为老服务功能。推进家庭无障碍设施改造。完善居家养老（助残）券制度。

7. 扶持发展社区托养服务。通过政府提供场所、购买服务、项目委托、运营服务补助等手段，鼓励支

持社会力量提供上门护理服务和集中照料托养服务。落实《北京市居住公共服务设施规划设计指标》，按照标准配置床位。制定社区托养院（30张以下床位的小型养老机构）管理办法，规范社区养老院管理。

8. 增强养老机构医疗服务能力。规范养老机构的基本医疗条件和医疗护理服务。将养老机构和医疗资源有效结合，鼓励有条件的医疗单位“医养合一”养老机构；鼓励养老机构经审查批准后内设医疗机构。养老机构内设的医疗机构符合条件的，可以纳入基本医疗保险报销定点单位。

9. 落实税费优惠措施。对符合条件的非营利性养老机构或服务设施自用房产、土地免征房产税、城镇土地使用税，其免税收入不计入所得税应纳税收入。对新建的老年服务设施，免收市政基础设施费等行政事业性收费。

10. 加大投融资力度。鼓励支持社会资本投资养老服务业。采取直接补助或贴息的方式，支持社会资本投资建设养老服务设施。鼓励和引导金融机构在风险可控和商业可持续的前提下，创新金融产品和服务方式，改进和完善对养老服务业的金融服务。

11. 设立养老服务产业发展基金和产业园。整合现有政策中对中小企业、科技创新、创业投资等方面的项目、资金，增加财政投入。依托中关村国家自主创新示范区、亦庄国家高新技术产业开发区，统筹建设一体化的养老服务产业园。充分发挥区县积极性和区域资源优势，鼓励建设一批功能突出、特色鲜明的休闲养生、特色医疗、文化教育、科技服务养老基地。

12. 推进养老服务信息化建设。强化信息网络技术在养老服务中的支撑作用，整合多方面资源，建设统一的首都养老服务信息服务平台。建立首都养老服务科技联盟，组织制定相关老年产品标准，提高养老服务产品标准化、规范化水平。

13. 打造养老服务专业人才队伍。建立健全养老服务人才培养、使用、评价和激励制度。加快培养养老专业人才，形成与社会化养老服务需求相适应的人才队伍体系。建立多主体、多层次、多领域的养老服务从业人员培训制度。推行养老护理员国家职业资格制度，保证从业人员持证上岗。利用再就业援助和公益性岗位等优惠政策，吸引失业等人员加入到护理员队伍。

14. 扶持养老服务社会组织发展。畅通社会组织参与养老服务渠道，发挥社会组织在推进自我管理、承接公共服务、维护社会和谐方面的积极作用。加大政府购买社会组织养老服务力度。支持慈善组织承担社区养老、慈善超市等公益服务，指导志愿者注册登记及开展活动。引导制定养老服务行业标准，促进行业自律和养老服务业规范化、标准化、信息化发展。培养一批北京特色品牌养老服务社会组织。

15. 建设立体化老年文化传播体系。统筹建设全方位、立体化老年文化传播网络，增强全社会积极应对人口老龄化意识。深化“孝星”评选命名活动，扩大社会参与。扶持建设老年人文化、教育、体育、卫生等方面社团组织，举办丰富多彩的老年活动，打造北京老年文化品牌。完善老年教育管理体制，建立市、区（县）、街道（乡、镇）、社区（村）四级老年教育网络，多层次、多形式开展适合老年人特点的知识更新、健康养身、兴趣培养等方面的老年文化教育活动。

16. 开展老年人精神关爱服务。建立市、区级老年人精神关爱组织，依托街道（乡镇）社区服务中心建立心理服务站，为老年人提供专业的心理咨询、干预和疏导服务。加强老年精神关爱服务，及时帮助解决生活上的困难和心理上的困境。在社区建立独居高危老年人责任关怀制度，各区县至少确定1所机构开展长期护理和关怀服务。根据老年人兴趣、能力发展需要开展针对性教育，促进老年人对人生新阶段生活、价值的再认识；通过举办多种文体活动、扩大老年人社会参与，促进老年人身心健康。

河北省养老服务业现状、问题及对策建议（有删节）

赵　丽　田晶丽

我省是最早进入老龄化社会的省份之一。截至2013年底，我省60岁以上的老年人口达1 074万人，占全省总人口的14.65%。据预测，今后一个时期，我省老年人口还将以年均3%以上的速度持续增长，预计到2015年，我省老年人口将达到1 100万左右，占全省总人口的15%以上。如何应对快速发展的老龄化趋势，满足日益增长的养老服务需求，已成为一项十分重要而紧迫的社会问题。为推动我省养老服务业快速发展，进一步健全我省养老服务体系，省老年产业协会就我省养老服务业的现状、问题及对策进行了专题调研，现将调研情况报告如下。

一、我省养老服务业发展现状

近年来，在省委、省政府的高度重视下，经过民政、老龄主管部门的艰苦努力和相关单位的协调推动，我省养老服务业取得了长足发展。

（一）扶持养老服务业政策逐步完善。2010年6月省政府发布了《关于加快推进养老服务体系建设的意见》，明确了我省养老服务体系建设目标和任务，并在非营利性老年服务机构建设、社会力量兴办养老机构以及养老机构建设运营税费减免等方面出台了一系列优惠政策。2012年1月省政府发布了《河北省老龄事业发展“十二五”规划》，进一步提出优先发展社会养老服务，积极支持社会力量兴办养老机构，按照“谁投资、谁管理、谁受益”的原则，建立公开、平等、规范的养老服务业准入制度，通过税费优惠、资金补贴等扶持政策，鼓励支持企事业单位、集体组织、民间组织、个人等社会力量，以独资、合资、合作等多种形式兴办养老机构。2012年8月省民政厅、省财政厅联合出台了《关于对养老服务机构实行奖补的意见（试行）》，具体明确了对新建养老服务机构给予一次性建设奖补和对运营中的养老服务机构给予运营床位补贴的鼓励政策。

（二）养老服务业新格局初步形成。一是养老服务机构建设快速发展。目前，全省公办养老机构床位总数达到16万张，社会办养老机构床位总数达到了7.5万张；全省县建县管民政事业服务中心已有580所，全省农村五保供养床位数达到15.7万张，集中供养率达到60%以上，大大高于全国平均水平；全省已建农村幸福院20 136所，占全省行政村总数的42%；全省已有26 966个行政村建起了基层老年服务组织（老年协会），占全省行政村总数的76%。二是居家养老服务稳步推进。我省按照有房、有网、有服务的“三有”要求，在全省开展了以“12349”民政服务热线为主的多种模式的居家养老呼叫服务网络建设。2011底，全省所有的172个县（市、区），全部构建起了以“为老服务热线”和“一键通紧急呼叫”为主要内容的居家养老呼叫服务网络，目前全省入网老人达到92.8多户，加盟商达3.97万多家，为64.8万老人提供了日常生活照料、康复护理、紧急救援等项服务，实现了“一键通”养老服务呼叫网络全覆盖，开辟了依托城乡社区开展居家养老服务的新途径。

（三）养老服务惠及范围逐步扩大。一是养老服务对象正在由农村“五保”老人和城镇“三无”老人向全社会有需求的老人拓展。对于农村“五保”老人和城镇“三无”老人，省内各地采取集中供养和分散供养相结合的方式，保障基本生活。二是积极探索建立了高龄老年人生活补贴制度。截止目前我省已有133个县建立实施了80岁以上老人生活补贴制度，有155个县建立实施了90岁高龄老人生活补贴制度，全省172个县全部建立了百岁老人生活补贴制度。

（四）养老服务先进经验在全国推广。2012年3月29日民政部在我省邯郸市召开了全国社会养老服务体系建设工作会议。会议向全国推广我省建设“多院合一”型民政事业服务中心的经验和创新农村互助养老模式等养老服务体系建设先进经验。推进敬老院、光荣院、福利院等“多院合一”型民政事业服务中心建设，是我省对公办示范性养老服务模式的一个新尝试。这种模式针对过去民政系统的福利机构普遍存在小（规模小）、弱（功能弱）、散（布局散）、破（设施破）、差（环境差）的状况，通过整合资源，解决了体制分割问题，统一了管理，规范了服务，降低了成本，提高了效能。肥乡县农村互助养老模式，是破解农村养老难题的一个创新。“集体建院、集中居住、自我保障、互助服务”农村互助养老模式解决了老人的生活照料、人际交往、精神慰籍、文化活动等问题，能够适应农村多层次、多样化养老服务需求，为全国发展农村养老服务提供了样本。

二、我省养老服务业发展中存在的主要问题

近年来，我省养老服务业虽然加快了发展步伐，取得了积极成效，但也面临严峻挑战存在一些困难和问题，养老服务体系建设还有“软肋”和“断档”，主要表现在以下几点。

（一）养老服务机构数量和品质有待增加和提升。近些年我省养老服务机构建设虽然有了快速发展，但仍满足不了我省老龄化快速发展的需求，“一床难求”现象还比较普遍。一是数量少。目前我省公办养老机构的床位和社会办养老机构的床位加到一起总数才约有 23.5 万张，全省千名老人拥有床位数只有 23 张，远远低于发达国家 50～70 张的水平，距我省规划的“十二五”末全省千名老年人的机构养老床位数达到 30 张以上的目标，也有较大差距。二是规模小。目前全省养老服务机构不仅数量上有较大缺口，而且规模普遍偏小。据调查，全省公办养老机构每所平均床位仅为 192 张左右，民办养老机构每所平均床位仅为 26 张左右。不少养老服务机构建筑老化、设施不全、服务较差，难以满足市场多层次的需求。

（二）养老服务内容有待丰富和拓展。为破解城乡居家老人养老难题，我省加快推进了以“12349”民政服务热线为主的居家养老呼叫服务网络建设和居家养老服务中心建设，但从居家养老服务的实际运行情况看，存在内容单一和服务面较窄等问题。在政府为困难老人购买服务方面，还存在目标人群覆盖面窄的问题。目前，城市社区由政府出资购买服务的扶持对象主要是城区内分散居住的没有劳动能力、没有生活来源和没有法定赡养人的“三无”老人。从优先原则来说这是毋庸置疑的。但是应进一步扩大困难老人的受益范围，包括高龄、空巢、独居、失能和“失独”老人等群体。

（三）养老服务扶持政策有待完善和细化。近些年，我省虽然出台了一系列扶持养老服务业发展的政策，但由于有的政策原则性较强，可操作性不够，在实际工作中难以落实，在一定程度上制约影响了养老服务业的发展。《河北省人民政府关于加快推进养老服务体系建设的意见》（冀政〔2010〕72 号），有“优先保障养老机构建设用地，对各类投资主体新建、改建、扩建的养老服务项目和养老服务设施，要优先予以立项；对新办的非营利性养老机构建设用地，可采用划拨方式优先供地。”的表述，但由于对土地划拨的具体条件、划拨程序以及管理主体等关键内容均未作具体明确的阐述和规定，门槛设置过高，部分实施细则不具体，导致此项政策的操作性和法律约束性不强，实践中难以落实，从而影响了已出台的优惠政策对养老服务行业的扶持作用，也影响了鼓励和引导民间投资政策效应的有效发挥。

（四）民办养老机构有待重点关注和支持。我省现有养老机构还是以公办为主，民办养老机构拥有床位数仅占全省总床位的 26%。民办养老机构在发展中困难重重。一是登记时身份的困惑。现在民办养老机构一般只能在民政部门登记为“民办非企业单位”，而公办养老则登记为“非盈利性老年福利事业单位”，这种身份置民办养老机构于困难境地。二是虽然政府采取床位补贴、运营补贴和购买服务等方式，支持社会力量，以多种形式兴办养老机构，但相应配套政策还不够完善，“民办公助”的优惠政策和补助资金难于落实，致使民营养老机构发展步履维艰。

（五）养老服务队伍素质有待壮大和提高。一是从业人员数量不足。按国家有关规定测算，专业化养老护理服务机构中 2～3 张床位就需要 1 名护理人员。但目前人员数量严重不足，一个护理员往往照顾五六个甚至十几个老人，服务质量难以得到保证。二是从业人员结构不合理。养老机构的从业人员多为城镇下岗职工和农民工，且整体队伍年龄偏大，文化偏低，自身精力和体力有限，在一定程度上影响了对老年人的护理。三是从业人员缺乏专业知识和护理经验。目前养老服务从业人员大部分没有经过系统的专业培训，文化水平普遍较低，护理经验不足，难以提供优质规范的服务。

三、关于进一步加快我省养老服务业发展的建议

党的十八大明确提出“要积极应对人口老龄化，大力发展老龄事业和产业”，加快养老服务体系建设作为国家一项重要战略决策，大力发展养老服务业迎来了难得的历史发展机遇。通过实际调研和认真的梳理，特提出如下建议。

（一）加强组织协调，形成整体合力。目前我省养老服务业的发展已初步改变了民政部门“一家独唱”的局面，但联动机制仍需要进一步强化。继续强化对政策落实情况的督查考核，注重引入社会力量开展第三方评估，接受各方监督，不能“自拉自唱”。要在明确各相关部门在养老服务体系建设中的职能基础上，建立健全联席会制度，定期会商养老服务体系建设工作，对重大问题和重大事项及时进行沟通协调，完善协同研究思路、协同制定政策、协同出台措施、协同推动落实机制，更好地形成党委、政府主导、民政部门牵头、关部门协同、社会广泛参与的“大合唱”工作格局。

（二）加大扶持力度，鼓励社会力量兴办养老机构。要制定、完善、吸引、整合社会资源和民间资本兴办老年公寓、敬老院、福利院、居家养老服务机构及养老服务设施的优惠政策，从土地供应、税费优惠、财政补助、贴息贷款等方面给予扶持。对于国家出台的广泛适用的扶持政策，要及时研究制定配套实施细则；对于结合我省实际出台的扶持政策，要清晰透明、增强刚性和可操作性，强化政策执行效果。要真正建立起公开、平等、规范的养老服务业准入制度，开放社会养老服务市场，为民间投资参与市场竞争“松绑开路”，积极引进国内外资金，采取公建民营、民办公助、政府购买服务、补助贴息等多种形式，积极引导和支持社会力量兴办各类养老服务机构，促进养老机构规模化、品牌化、连锁化经营。

（三）积极探索，创新居家养老服务模式。居家养老服务要体现以老人为中心的服务理念，不断丰富服务形式和服务内容，为老年人提供多层次、多样化的选择性服务，使养老服务走向市场化。居家养老服务范围和服务项目，由单纯的生活照料向医疗康复、精神慰藉及家庭理财、法律维权、咨询等服务延伸，积极推进以日托照顾和上门服务为主要方式，为居家老年人提供包括生活照料、家政服务、康复护理、文体娱乐、医疗保健、定期探望、精神抚慰和应急救助、交通等项服务，支持提供助餐、助浴、助洁、助急、助医等上门服务，使养老服务手段趋向人本化、个性化、智能化。

（四）规范管理，发挥公办养老机构示范作用。推进公办示范性养老机构建设是规范养老行业发展，提高养老服务水平的重要措施，有利于提升全省养老服务的整体水平。在推进公办示范性养老机构建设中，一方面要坚持高起点规划、高标准建设，促进示范性养老机构硬件建设的提档升级；另一方面更要着力抓好示范性养老机构的规范化管理“软件”建设体质升级。强化规范化建设的监督和考评。要推动示范性养老机构建立健全院长责任制、安全责任制、民主评议制、公开监督制和考评奖惩制等规章制度，并对养老机构加大指导力度，把示范性养老机构的服务专业化、规范化建设提高到一个新的水平。

（五）强化教育培训，提高养老服务质量。养老服务工作的质量，很大程度上取决于是否拥有一支专业化的养老服务队伍。一是加强养老服务职业教育培训。要有计划地在省内高等院校和中等职业学校增设养老服务相关专业和课程，开辟养老服务培训基地，加快培养老年医学、护理康复、营养调配和心理咨询等方面的专业人才。二是推行持证上岗制度。要将养老服务技能培训、技能鉴定纳入城乡就业培训和职业资格认证体系，对从事养老服务的工作人员和护理人员定期进行技能培训和继续教育培训。三是建立护理补贴、特岗补贴等制度。要解决好养老服务机构员工尤其是护理人员的待遇、医疗、保险等涉及切身利益的问题，保证养老服务队伍稳定性和可持续性。

（六）依靠科技，迈向智慧养老服务。要在全省构建以“为老服务热线”和“一键通”紧急呼叫为主要内容的居家养老呼叫服务网络的基础上，更多的采取便民信息网、热线电话、爱心门铃、健康档案、服务手册、有线电视网络等多种形式，进一步搭建社区养老服务信息网络和平台，为社区居家老年人提供更便捷高效的服务。在养老机构中，逐步推广建立老年人基本信息电子档案，建成以网络为支撑的机构信息平台，实现居家、社区与机构养老服务的有效衔接，提高养老服务效率和管理水平。省内有条件的城市可以尝试智慧养老服务，率先建设智慧养老服务平台。

深入农村了解老年人生活状况和需求
不断推进农村老年人日间照料服务建设

王进龙

按照厅党的群众路线教育实践活动关于进社会福利机构、进重点优抚对象家庭、进基层民政站所即“三进”实践活动的安排和要求，我们先后深入到侯马、乡宁、永和、蒲县等县，住农家，访民情，问民意，真实地了解和感受了当前农村老年人生活状况和需求，深刻地认识到解决和搞好农村老年人养老服务特别是日间照料服务即是民心所向，也是民生所系，是当前我们面临和必须搞好的一项重要工作。

一、农村老年人生活状况

这次我们调研所到之村，一个突出的感觉和印象几乎无一例外的是“老人村”。伴随着人口老龄化的快速发展，农村青壮年的外出务工，初中以上学生到外地上学就读，留守一族大多是老人。这些“空巢”老人处在家庭养老和社会养老的“夹心层”，生活有着诸多的困难和不便，给农村养老提出了新的课题和挑战。

(一) 农村老年人的经济状况。随着经济社会的发展，我省农村村民养老和全国一样有了制度性的安排。凡是60岁以上的农村户籍人口，无论其就业历史和收入状况，均可获得以国家财政为基础，按月领取的养老金。有的失去基本生活能力或患有慢性疾病的老年人还享受国家低保，有的县乡对高龄老人制定制度，实行生活补助。可以说，大多数老年人物质生活基本得到了保障，但是由于养老保险标准很低，还无法起到兜底作用，如果养老保险仅是其唯一的生活来源，在遇到大病的情况下，贫困就在所难免。

(二) 农村老年人的医疗保障情况。农村老年人长期处于患病状态，是医疗资源的主要消费者。据了解新型农村合作医疗覆盖率已接近100%，绝大多数农村老年人都参加了新农合。其中，通过参加新农合能基本解决看病问题的占89.8%，不能解决看病问题的占10.2%。对于患有慢性病的老年人，每年很大一部分支出用于购买药物，绝大多数由自己、配偶或子女承担，这样就给老年人和整个家庭造成较为严重的经济负担。

(三) 农村老年人的生活照料情况。随着越来越多的农村青壮年背井离乡进城务工，老年人不仅要劳作在田间地头，有的甚至还要承担抚养孙辈的重任。生活照料只能靠配偶或自己。据了解农村老年人中由配偶照料或自己照料的占66%。家庭养老功能日益弱化，传统的“养儿防老”模式受到了严重的冲击。

(四) 农村老年人精神和心理状况。农村老年人大都有儿女，却享受不到儿孙绕膝的欢乐，情感交流缺乏，精神生活单调。村里老年文化娱乐设施比较短缺，有的村几乎没有组织过老年人文化体育活动，老人们主要的文化活动是看电视，打扑克。因此，农村老年人普遍感到孤独寂寞，甚至有的老年人认为，生活对他们就是打发时光熬日子，没有多少意思。

(五) 第一代农民工的养老问题。改革开放已走过30多个年头，第一代农民工也到了知天命之年，由于收入低，故土难离等原因，他们中的绝大多数选择叶落归根回到农村。随着第一代农民工整体步入老年，养老问题已摆上议程。由于他们的工资收入比较低，积蓄有限，基本上也没有什么福利保障，缺钱少地，第一代农民工回乡养老正面临困难，必须予以重视。

二、存在问题及原因分析

(一) 经济保障水平较低，不能满足农村老年人的养老需求。一是收入水平低。相对于城市老年人，大多数农村老年人没有退休金这一固定收入，主要靠从事农业生产劳动获取微薄的收入。同时随着年龄的不断增大，劳动能力不断降低，收入与年龄呈反比下降趋势明显。尽管新型农村社会养老保险制度已实现全覆盖，但目前每月65元的标准只能维持正常生活。二是支出不断增加。随着长期繁重的体力劳动和年龄的增大，农村老年人的医疗支出不断增加，占用了本就较低的收入中的一大部分。三是储蓄水平较低。农村老年人为子女上学、结婚、买房等，几乎花光了一生的积蓄，基本没有储蓄存款用于养老，更谈不上高层次的晚年生活。

(二) 医疗保障机制不完善，不能满足农村老年人的医疗需求。老年人是医疗卫生资源消耗的主要群体。据统计，60岁以上老年人余寿中有2/3时间为带病期，其消耗的医疗卫生资源是社会平均水平的1.9倍，是一般人群的3～5倍。而由于饮食结构、营养搭配、保养保健、生活条件等因素，相对于城市老年人，农村老年人的身体状况普遍较差，长期患病率始终较高，这给农村医疗保障制度带来了巨大压力。目前，我省农村新型合作医疗制度已实现全覆盖，但其主要解决需要住院和手术治疗等重大疾病费用，而对于普通门诊可以治疗的农村老年人普遍存在的慢性病、常见病所产生的费用，则没法有效解决。而且一些重大疾病的治疗费用，比如十几万、甚至几十万元，除去新农合报销的部分，个人仍无力负担剩余部分，导致因病致贫、因病返贫的现象时有发生。

(三) 老年照料体系建设滞后，不能满足农村老年人的服务需求。随着年龄的增长，生活自理能力下降是一种自然规律。调查显示，农村老年人中由老伴照料或自己照料的占绝大多数。老年人中有一部分是低龄老年人、健康老年人，目前生活可以自理，暂时不需要照料服务，但随着年龄的增长，身体状况不断下降，未来一段时间后大部分需要别人来照料。同时，还有一些高龄老人、孤寡老人、空巢老人和失能、半失能老人，他们的日常照料问题已经比较突出，需要认真研究采取措施加以解决。

我省老年照料服务建设比较滞后，其原因是多方面的。第一，“未富先老”的基本省情决定了政府没有足够的能力一下子拿出大量的资金，用于农村照料服务设施的建设和运营，只能逐步推进，不断完善。第二，目前，我省农村照料服务还处于起步阶段，基础设施薄弱，服务功能单一，难以提供较为完善的日常照料、医疗护理、精神慰藉等多方面服务。第三，民办为老服务机构目前还无法承担农村照料服务，农村老年人迫切需要为他们提供照料服务，但经济收入普遍较低，没有能力支付照料服务费用，这一矛盾在短期之内还无法很好地解决。第四，对农村老龄问题调研不够深入，掌握的情况不够具体，反映出我们的工作作风还不实不深。

（四）文化娱乐生活匮乏，不能满足农村老年人的精神需求。农村老年人的精神文化生活处于被忽视和不受关注的境地，呈现出单调性、被动性、自发性和低质性等特点。许多农村老年人时常感到孤独、寂寞，闲暇活动单调，精神状况总体欠佳。究其原因，主要有两点。一是缺乏必要的文化体育健身活动条件。农村公共活动场所、场地少，活动设施缺乏是普遍现象，特别是适合老年人的活动场所和设施更少。“蹲村头、靠墙头、晒日头”是农村老年人精神文化生活匮乏的真实写照。二是缺乏对老年人精神文化生活的组织引导。有的村虽然成立有老年协会等老年群众组织，但资金有限，开展活动较少。还有的村根本没有老年协会组织，精神文化活动基本没有开展。

三、大力推进农村老年人日间照料服务建设

近日国务院下发了《关于加快推进养老服务体系建设的若干意见》，为解决农村养老服务建设指明了方向，我们要认真学习领会，坚决贯彻落实。结合我们山西实际，首先要搞好农村日间照料服务建设。

（一）要切实提高推进农村老年人日间照料服务建设的认识。目前，我省人口老龄化、高龄化、空巢化将进一步加速，有效应对人口老龄化，已成为各级政府关心、社会各界关注，广大群众特别是老年人迫切期待解决的重大社会问题和民生问题。我们务必要提高认识，从思想、政策、物质、法律等方面积极做好各项应对的准备工作。

推进和搞好农村老年人日间照料服务建设，是应对人口老龄化，贯彻落实国务院《关于加强推进养老服务体系建设若干意见》精神的重要举措，是当前解决农村养老服务问题，保障和改善民生的必然要求，是适应传统养老模式转变，满足人民群众养老服务需求的有效途径。投入少，见效快，适合农村情况和实际，我们务必要提高认识，增强责任心和主动性，切实有效推进农村养老服务建设。

（二）政府主导，社会参与，不断加大政策扶持和公共财政投入力度。要坚持“村级主办，政府支持，社会参与，因地制宜，自主管理，互助服务”的原则，大力创建农村老年人日间照料服务中心，探索建立新型农村养老服务模式，为农村留守、独居老人提供消除孤独、快乐生活的环境，逐步达到老人开心，子女安心，政府放心的效果，使老年人共享经济社会发展成果，安度晚年。

一是要为农村老年人日间照料中心提供必要的资金支持。各级政府要为农村日间照料服务中心提供资金支持，民政部门每年要安排部分本级福利彩票公益金给予适当补助，主要用于为“三无”老人、高龄老人和需要特殊扶持的老人购买服务，用于养老服务设施建设、养老服务机构运作等。二是要整合养老服务资源，利用集体闲置校舍、活动室或租用农户闲置房产建立农村日间照料服务中心，以此为依托，为老年人提供全方位的服务。

（三）因地制宜，不断探索多样化的养老服务模式。各地要从实际情况出发，探索符合当地实际情况的养老服务模式。实践证明，运城市在农村通过办“老年灶”解决老年人吃饭难提供生活照料服务的经验值得推广。要以此为切入点，向医疗、康复、健身、文娱、旅游等一系列领域延伸，为农村老年人提供生活照料、日间托管、精神慰藉、医疗保健、文化娱乐等全方位、多层次的服务。

（四）立足实际，为老年人提供志愿服务。乡、村可组织有党员、干部、学生和有能力老人组建志愿者队伍，为老年人提供洗衣做饭，清洁卫生、家政等服务，积极倡导“邻里相守、邻里相帮、邻里互助、邻里相望”，鼓励左邻右舍采取“一帮一”的方式为老人服务，开展低龄健康老人为高龄和患有疾病的老人服务，这样既可弥补和解决农村服务人员不足的问题，又满足了老年人的服务需求。

（五）搭建载体，强化农村养老服务基层组织建设。要建立健全农村老年协会，注重挑选那些德高望重、工作经验丰富、又热心为老年人服务的回村老干部、老教师以及退下来的老同志担任协会会长、副会长或秘书长等职务。为老年协会提供固定的办公和活动场所，提供一定的活动经费，制定完善的规章制度和章程。充分发挥老年协会在社会养老服务、调解涉老纠纷、维护老年人合法权益、关心下一代、活跃老年人精神文化生活、促进经济发展、维护农村社会稳定中的作用，让广大老年人成为新农村建设的实践者、推动者和受益者，为山西的转型跨越营造良好的发展环境。

内蒙古自治区养老服务市场分析

韩　奇　哈　斯　张　凯

内蒙古作为一个经济欠发达地区，养老服务业（广义的养老服务业是一个系统产业，包括老年机构养老、老年健康产品、老年文体教育、老年旅游、老年房产等等，本文所提养老服务业仅指为老年人提供日常生活或特殊需要照料的养老机构，也就是我们通常讲的包含养老院、福利院、老年公寓等产业）的发展比较滞后，特别是相关服务的供给，存在比较多的问题，大致可以概括为如下几点。（1）国有（公办）养老机构发展迅速，质量逐步提高，范围逐步扩大，但是发展不平衡，政府重复投资浪费与老年人服务设施不足的矛盾明显。（2）民办养老机构处于起步阶段，呈现良好发展势头，但困难重重。主要是政策障碍，政府扶持力度过小，发展缓慢。尤其在欠发达地区和贫困地区，投资民办养老机构被称为美丽的陷阱。（3）老年社区照料服务设施建设有了良好开端，但困惑较多，主要是服务设施建设管理体制机制没有建立起来，缺乏投资主体，缺乏政策支持，缺乏制度规范。（4）医护型养老机构建设严重滞后，管理体制尚未确立，慢性病老年人生活质量低。

一、内蒙古人口老龄化的基本情况

内蒙古的区域面积占国土总面积的12.3%，是我国面积第三大省区，但仅居住着全国1.85%的人口，呈现出明显的地广人稀的特征。据第六次人口普查，截止到2010年底，内蒙古全区常住人口为2 470.63万人，家庭户均人口为2.8人，且分布极不平衡，东部地区人口多于西部地区，农村牧区人口多于城镇人口，各盟市、旗县之间的人口分布非常悬殊，人口密度最大的乌海市（250.9人/平方公里）比人口密度最小的阿拉善盟（0.67人/平方公里）高出370多倍。

（一）未富先老、无备而至

“未富先老”最早是由中国人民大学人口研究所的邬沧萍教授提出。国家层面是未富先老，内蒙古亦然，且形势的严峻性甚至超过全国平均水平，直到2011年，内蒙古的GDP才突破一万亿，尽管人均水平位列全国中上流，但由于历史欠账太多，能够投入到应对人口老龄化领域的财政收入还很少。而截至2010年底，内蒙古的人口老龄化比例就已经达到12.7%。

“无备而至”是时任内蒙古自治区政府副主席连辑对内蒙古老龄事业发展的概括，意指内蒙古人口老龄化的应对准备工作还没有具体开始，老龄化就已经到来。就拿内蒙古老龄工作的职能机构，内蒙古自治区老龄工作委员会来说，主任由自治区党委常委、组织部部长兼任，副主任由自治区副主席兼任，下设办公室挂靠自治区民政厅，办公室主任由民政厅厅长兼任，配副厅级专职副主任一名，办公室仅为正处级单位，编制更是少的可怜，只有7个。而各盟市老龄办普遍为2～3人，旗县几乎没有专职老龄工作人员。这样的机构设置与东部发达省区甚至个别西部省区相比都很落后，随着老龄化形势的不断加剧，社会各界对做好老龄工作已经形成统一认识，但是这样的机构设定几乎不可能保障日常工作的正常开展，也很难满足应对内蒙古老龄化的需要。

（二）阶段性特征明显

内蒙古是少数民族聚居区，因此生育政策与汉族聚居区有一定差别，加之蒙古族是少数民族中人口数量较大的一个民族，因此内蒙古的新生儿的出生率要相对高于一般省区。同时，随着改革开放各项政策的落实和西部大开发战略的推进，内蒙古依托自身的资源、气候、区位等优势，大力推进经济建设和社会发展，为外来资源落户内蒙古提供了大量优惠条件，这就吸引了众多其他省区市人口大量迁移并落户内蒙古，在近30年的大迁徙过程中，内蒙古的人口结构也随之发生了重大变化，同时也早就了其老龄化发展明显的阶段性特征。

（三）高龄化、空巢化比例较高

所谓的高龄化，就是指80岁以上的老年人占60岁以上老年人的比重，当前国际国内统计老年人口时通常会将80岁以上人口数从中单列出来，因为这是考量一个国家、地区人口老龄化程度的一个重要指标。空巢化是指独居老人占60岁以上老年人的比重，这主要是由于城市化、教育、就业等方面的原因，使得老年人独居在家，子女不能陪伴左右。

二、内蒙古养老服务的现状分析

老龄化带来的最大问题就是养老，国家为做好养老工作指出的发展方向就是要实现“六个老有”，即老有所养、老有所医、老有所教、老有所乐、老有所学、老有所为。而这其中，老有所养是基础，也是核心。由于内蒙古经济实力的增强、社会建设的进步和人民生活水平的提高等诸多因素的共同作用，使得内蒙古养老服务的基本状况也发生了重大变化，分析研究养老服务的现状，对进一步研究养老服务业的发展意义重大。

（一）居家养老仍是养老主流选择

家庭支持是老年人社会支持系统中最基本的一种社会支持。尊老孝老本就是中华民族的传统美德，加之内蒙古是少数民族聚居区，以蒙古族为代表的各民族人民孝老观念根深蒂固，这直接影响老年人养老方式的选择，即以居家养老为首选，以选择机构养老也就是到养老院为其次。无论是老年人还是年轻人，都比较在意自家老人的养老方式，甚至在个别地区，人们还普遍认为将老年人送至养老院是不孝顺的表现。客观来讲，居家养老可以给老年人带来更多安全感和幸福感，可以让老年人晚年生活更加惬意。

（二）传统的家庭养老方式受到冲击

传统的家庭以家族人员聚居为主要特征，受制于社会生产力发展水平，人们集中生产、生活，以抵御各种不确定因素对生产、生活安全的影响，这一过程中，年轻人在承担更多生产职责的同时，也要担当起照顾、抚养老年人的责任，这就是传统的家庭养老所天然拥有的养老、防老功能，而这也是中国传统文化中非常重要的一个内容。但是经过改革开放后的中国，无论是经济社会还是生产生活方式都发生了翻天覆地的变化，经济的交流需要人口的流动，社会的发展带动生活水平的提高，这些都是看得见摸得着的变化，而这也对传统家庭的养老防老功能带来了巨大冲击。

（三）农村牧区养老形势更加严峻

内蒙古幅员辽阔，人口居住集中度较低，直到2010年，人口突破百万的盟市仅有9个，人口破百万的城市更是屈指可数，近半数人口仍分布于全区101个旗县的11 159个农村、牧区当中。与城市、城镇相对完善的养老服务体系比较，农村牧区的养老服务业发展几乎为零，而另一个更让人揪心的现实是，当前留守农村的居民过半为60岁以上老年人口，因此，农村牧区的养老压力将会更大，解决农村牧区养老问题的形势和任务也会更艰巨、更困难。

（四）老龄产业发展滞后

这里讲的老龄产业是宏观上的概念，即包括老年养老、老年文体教育、老年产品等内容在内的大老龄产业。内蒙古老龄产业的发展现状比老龄事业的情况还要滞后，几乎可以说是空白。

三、内蒙古养老服务需求分析

发展养老服务业，不仅是政府、社会的责任，更是市场的需要。老龄化的是一个棘手的社会问题，会对经济社会发展带来很多不利影响，但是我们也要看到，老龄化还会催生一个产业的发展，那就是养老服务业。

（一）老年人数的增加带来的需求

（二）老年人收入水平的增加带来的需求

（三）老年人及其子女观念的转变带来的需求

（四）老年人家庭结构的变化带来的需求

（五）政府投入的增加带来的需求

四、内蒙古养老服务供给分析

养老服务供给是相对于养老服务需求而言的。就我国目前的养老服务市场来讲，针对养老服务需求的供给主要由三方面力量给予满足，一类是老年人居家养老，由子女照顾或子女雇佣家庭保姆照顾；一类是老年人独立居住但依靠社区周边服务主体提供的各类服务满足自己的生活需求；还有一类就是公办或民办的养老机构提供全面的养老服务。

（一）居家养老服务供给分析

从现实情况来看，我们一般将居家养老服务的供给分为两大类，也可以说是两个系统，即家庭照料系统和社会公共服务系统两大类，其中家庭照料系统是指老年人配偶、子女或其他近亲属所提供的生活照料服务，社会公共服务系统是指社区（居委会）、街道办事处等政府部门或社会组织所提供的生活服务，主要作为家庭照料系统的必要辅助和补充，可是从当前形势预测，社会公共服务系统终将在居家养老服务供给中占据主导位置。

当前，内蒙古的老年人日间照料中心由民政部门投资建设，最低标准为每个中心配置20张床位，同时具备为老年人提供餐饮、家政、娱乐服务等功能，中心日常管理由社区负责。但是综合分析来看，内蒙古的居家养老服务供给能力还比较差，服务内容有待进一步扩展，服务质量有待进一步提高，无论是服务供给的能力还是服务供给的质量，都与日益增多的老年人的需求有一定差距。

（二）机构养老服务供给分析

机构养老就是我们通常讲的到养老院、福利院、老年公寓等机构中养老。民政部门一般依据投资主体和经营主体的差别来划分养老机构，具体分为以下四种基本类型：公办公营的养老机构、公办民营的养老机构、民建公助的养老机构、民办民营的养老机构。

1. 公办公营的养老机构。公办公营养老机构是指由政府投资建设并管理运营的养老机构，其建设和运营资金是由地方政府或公共部门全额拨款或差额拨款，其性质属于具有法人登记资质的事业单位，有专职工作人员和运营经费保障，政府色彩浓重，具有很强的社会福利性，其服务对象也相对固定，主要是没有固定经济来源、无法定扶养（赡养）人、基本丧失劳动能力的城镇“三无”老人和农村牧区孤寡老人。因此，公办公营的养老机构不会也不能成为养老服务供给的主要力量，只能作为社会养老服务体系中的必要支撑和补充，为特定的人群提供服务，是政府履行公共服务职能的重要实现途径。目前，内蒙古共计建设运营此类养老机构564所，分布于14个盟市的101个旗县区中，共有养老床位3.5万张，供养着2.97万人困难老人。

2. 公办民营的养老机构。公办民营型养老机构与公办公营养老机构有很多渊源，此类养老机构的出现就是为弥补公办公营养老机构的一些天然短板。因此，该类型养老机构也是由政府公共部门投资，而管理运营却交给有经验、管理科学灵活的企业、私人部门。在这类养老机构中，作为产权方的政府公共部门和作为合作方的企业私人部门在保证国有资产性质不变的前提下，通过承包、租赁、股权转让等方式将养老机构的使用权和经营权转让给社会，由企业私人部门负责养老机构的日常管理和经营事务。公办民营养老机构的服务对象是社会中等收入老年人，这部分老人对养老服务具有一定的消费能力，但对养老服务的质量要求又相对较低，可以作为公办公营和民办民营养老机构的过渡空间存在。在经过几年的探索后，当前内蒙古全区共有此类型养老机构163所，设置床位1.34万张，供养1.1万老年人。

3. 民建公助养老机构。民建公助养老机构是由私人部门投资经营、政府部门对符合条件的提供必要资助的养老机构。这类养老机构的投资经营主体一般是社会团体、民办非企业单位等社会公益组织，而其之所以能够得到政府的资助，很大程度上也正取决于非营利性特征。政府对于此类养老机构的资助方式主要包括：政策优惠（减免企业所得税、营业税征收）、资金补助（建设补贴、床位补贴、运营补贴）、技术和人员支持等。民建公助养老机构在“补缺”“普惠”“保险”三种养老机构模式中都有很大的发展空间，是提供低价甚至免费养老服务的重要力量，在整个社会养老服务体系中占据重要地位。目前，内蒙古全区约有50所民建公助的养老机构，设置床位近5000张，入住老年人约4500人。

4. 民办民营养老机构。民办民营养老机构是由私人投资经营、自负盈亏的养老机构，也是养老机构中市场化程度最高的一种类型（目前内蒙古约有近200家，设置床位数近3万张，入住老年人近3万人），其投资方式、运营模式、服务内容、收费标准等完全遵循于市场选择，是养老服务市场化、社会化、专业化、个性化的集中体现。随着经济社会的发展和养老格局的转变，民办民营养老机构将在社会养老服务中扮演越来越重要的角色，发挥越来越突出的作用。

五、研究结论

通过对内蒙古养老服务市场的综合分析得出，内蒙古的养老服务业发展已经具备一定的基础条件，随着老龄化程度的日益加深，养老服务供给与需求之间的矛盾会愈加激烈，总体呈现为需求大于供给的状况，而且高质量的养老服务需求会呈现井喷式增长，但是受困于经济、人员、管理等多重因素制约，供给的增加速度会相对缓慢，因此，养老服务业的发展前景可谓一片大好。分析研究认为，内蒙古的养老服务业发展要紧紧依托内蒙古的区情实际，坚持两条腿走路，即要充分发挥政府的主导作用，同时要激发社会力量投身养老服务业的热情，但是必须要进一步明确职责和角色定位，严格执行国务院有关政企分开、政社分开、政事分开的一系列要求，着力抓好养老服务市场培育，即政府应该将主要精力用于行业管理、规则制定、政策扶持等方面，涉及市场、投融资等领域的事情则交由社会力量承接。

认真研究分析养老现状 积极采取有效措施切实提高老年人生活质量（摘要）

潘占学 杨 奇 刘志军

人口老龄化问题是一个重要的、严峻的社会问题，我省如此，我国如此，国际亦如此。为了更好地、更积极地应对人口老龄化问题，吉林省老龄办于2013年4—5月历时两个月时间，在全省选择了不同地区、不同经济条件、不同居住环境、不同规模的100个城市社区、100个农村行政村，围绕老年人的养老现状，分9大项、76小项，组织开展了“吉林省老年人生活基本状况调查”（以下简称“双百调查”），得到了一些珍贵的第一手资料，从中了解了基本情况，分析了存在的主要问题，根据国情、省情和参考国外的做法提出今后工作思路及建议。

一、我省人口老龄化形势严峻，必须高度重视

（一）我省人口老龄化的态势及特点

目前，我省人口老龄化与全国一样形势非常严峻，主要呈现如下特点。

一是基数大。2013年吉林省60岁以上老年人口已达到427.8万，占人口总数的比例已达到15.48%，超过全国14.3%的老龄化水平，全省老年人口总数相当于欧洲国家摩尔多瓦的全国总人口。

二是增长快。据预测，吉林省到2015年老年人口约为490万，占总人口的16.3%；到2020年老年人口约为594万，占全省总人口的21.35%；到2030年老年人口约为839万，占全省总人口的28%，年均净增超过20万人。据预测，到2040年，我省65岁以上老年人口占总人口的比例将达到35.77%；到2050年，我省65岁以上老年人口占总人口的比例将达到40.1%，达到重度老龄化。

三是空巢多。国家实行一对夫妻一个孩子的计划生育政策以后，独生子女的父母逐渐进入了老年人口的行列，市场经济和城镇化快速发展，城乡青壮年劳动力异地就业迁移，导致父母与子女工作、生活在不同城市，彼此不能照顾，空巢老人数量逐年增加。据统计，2012年我省空巢老人占老年人口总数的45.3%。

四是保障弱。我国还处于社会主义初级阶段，社会保障制度的方针是“保基本，广覆盖”，保障水平相对较低。在我省老年群体中，生活困难的比例大约在23.4%。但由于政策所限，还有大约9%的低收入的老年人没有纳入低保氛围，生活仍很困难。

（二）我省老年人生活基本状况

1. 老年人基本生活有保障。一是我省连续三年调整企业退休人员养老金水平，企业退休人员人均月养老金水平已从2010年底的1 126元增加到目前的1 565元，待遇水平明显提高。二是2012年，我省实现了城镇居民社会养老保险制度全覆盖。截至今年9月末，城居保参保人数达32.8万人。三是2012年我省实现了新农保制度的全覆盖。四是2010年，我省建立了高龄老年人生活津贴制度，提高了老年人的生活水平。

2. 老年人基本医疗保障水平逐步提高。一是60周岁以上老年人城镇居民医保参保人数稳步提高。二是对参加基本医疗保险的老年人给予优惠政策并按规定及时予以报销。三是全面开展城镇居民医保社区门诊统筹，切实减轻老年人门诊医疗费负担。

3. 居家养老仍然是主要养老方式。全省与子女等赡养人或抚养人共同居住生活的老年人199.9万人，占老年人的48.52%；独立居住生活的老年人（空巢老人）186.8万人，占老年人的45.35 %。几年来，我省为1 464个城市社区养老服务站配备公益性岗位4 392名，为全省农村社会福利中心配备公益性岗位1 720个，平均每个福利中心配备公益性岗位2～3名。

4. 老年人消费水平不高。全省月均支出低于当地人均消费性支出水平的老年人144.1万人，占老年人的34.98%，超过老年人总数的三分之一；月均支出达到当地人均消费性支出水平的老年人168.9万人，占老年人的40.99%；月均支出高于当地人均消费性支出水平的老年人99万人，占老年人的24.03%。

5. 消费支出偏重于生活及医疗。在老年人消费支出结构上，大部分养老资金用于日常生活支出的老年人276.5万人，占老年人的67.11%；大部分养老资金用于医疗支出的老年人106.9万人，占老年人的25.94%，两项合计占老年人总数的93.05%。

6. 老年人健康状况堪忧。全省患有各类慢性疾病老年人 172 万人，占老年人的 41.78%，将近半数。有失能、半失能老人约 63.49 万人，占老年人总数的 15.41%，其中失能老人占 4.36%，半失能老人占 11.05%。这部分老年人自养能力差，需要照护。

7. 为老服务设施发展空间很大。据“双百调查”，城市社区建有养老服务站 79 个，占调查社区的 79%；社区建有日间照料室 88 个，占调查社区的 88%；社区建有文体活动室 92 个，占调查社区的 92%。农村建有村级社区服务中心 51 个，占调查村的 50%；村级建有养老服务大院 54 个，占调查村的 53%。

8. 老年群众组织普遍建立。据“双百调查”，城乡社区、村建有老年人协会群众组织的 157 个，占调查社区、村的 77.73%。城乡社区、村有老年文娱活动组织的 159 个，占调查社区、村的 78.72%。城乡社区、村有老年健身活动组织的 147 个，占调查社区、村的 72.78%.。

9. 部分老年人文体生活比较丰富。据“双百调查”，经常性参加文娱活动的老年人有 8 780 人，占老年人的 13.35%。其中：城市老年人 14 283 人，占城市调查老年人的 12.74%；农村老年人 4 497 人，占农村调查老年人的 15.73%。经常性参加健身活动的老年人有 28 774 人，占老年人的 20.45%。

10. 部分老年人老有所为，奉献社会。据“双百调查”，经常性参加社会公益活动的老年人有 9 918 人，占老年人的 7.05%。城市从事知识性、技术性有偿服务的老年人数量 3 017 人，占城市调查老年人的 2.69%。农村有老年基地（田、林、副业等）的村 27 个，占调查村的 26.47%；上一年度纯收入 39.26 万元，27 个村平均 1.45 万元。

二、存在的主要问题

在我省各级党委、政府的重视下，全省各地、各有关部门紧紧围绕“六个老有”的老龄工作目标，协同推进老龄工作，使老龄事业得到了较快发展。但是，也不能盲目乐观，要看到目前我省老龄事业的发展与人口老龄化形势发展的要求还有诸多不适应的问题，通过调查分析，主要有以下几个方面。

（一）对人口老龄化带来的社会问题和影响认识不到位，准备不充分

目前，全社会对人口老龄化的严峻形势认识不足，对其给经济社会发展带来的影响缺乏足够预见。由于认识不到位，导致我们在法律法规、政策措施、舆论氛围、服务设施等方面准备都不够充分，不能很好应对人口老龄化带来的挑战。

（二）各项养老保障政策、制度不够完善

一是应对人口老龄化的政策措施、保障制度和体制机制等方面还不够健全和完善。二是老年人就医难的问题还普遍存在。农村医疗条件相对城市较差，医疗服务网点少，老年人居住分散就医不方便的问题突出。

（三）老龄服务事业和产业的发展现状与现实养老服务需要还不相适应

一是社会养老事业发展不够，养老机构数量少、功能弱、结构不合理。我省养老机构床位总数约 10 万张，仅占全省老年人总数的 2.4%，与发达国家 5%～7%的水平尚有较大差距。我省还有约 3.6 万有集中养老需求的老年人没能入住养老机构。多数养老机构的服务功能不健全，服务内容和形式单一，尚不能满足老年人多方面的服务需求。

二是养老事业资金投入不足，养老机构分布不合理。政府在养老服务设施建设上投入不足、投入效率不高等问题并存，供需矛盾仍然突出。局部存在农村供大于求，城市供小于求的矛盾。

三是政策落实不好，民办养老机构发展受限。各地存在相关政策落实不到位问题，一些民办养老机构没有享受到相关税费减免和补助补贴政策，社会力量、民间资本投资养老事业和产业动力不足，行业后续发展乏力。

四是行业管理不利，困难老人难以入住养老机构。目前在养老服务机构的管理上存在不够规范的问题。多数民办养老机构规模小、实施简陋，存在隐患。失能和半失能困难老人入住养老机构存在经费难以承受的问题。

五是养老护理员不足，缺乏专业知识。由于民办养老机构的养老护理员报酬少、工作累、责任大，因此存在护理员短缺、不好聘用的问题，另外，已上岗养老服务员的服务水平和服务质量也亟待加强。

（四）居家养老服务平台还没有真正建立起来，养老服务供求矛盾还十分突出

一方面，家庭养老能力弱化，导致对社会养老服务的需求急剧增加。随着人口预期寿命的延长（我省目前人口预期寿命已达 76 岁），涉老家庭的赡养人在精力上、经济上有很大的负担和压力。特别是独生子女的父母进入老年行列以后，家庭照料老年人将更加困难。

另一方面，居家养老服务平台还没有真正建立起来，养老服务供求矛盾突出。“双百调查”显示，需要提供家政服务、护理照料的老年人 1.43 万人，占老年人的 10.17%，由此推算，我省大约有 42 万老年人需要这些服务。但从实际情况看，社区养老服务的平台

没有真正搭建起来，养老服务与老年人的养老需求没有有效对接。

三、对策建议

未来五到十年，我国将会出现养老难、养老贵的问题；未来十到十五年，独生子女的父母70到75岁时，需要照料、护理的老年人将大量增加，养老将成为不容回避的一个重大社会问题。为此，要结合我省实际，确立工作目标，让广大老年人共享改革发展成果。在“六个老有”中，“养”是首位，是老龄工作的重中之重。

（一）完善养老保障制度是根本

老有所养、病有所医是老年人最为关注的利益问题。要结合我省实际，逐步提高老年人养老保障水平。

一是逐步扩大社会保险覆盖面。继续扩大以养老、医疗保险为重点的社会保险覆盖面，完善城镇居民社会养老保险制度。要巩固新型农村社会养老保险制度，增加老年人基础养老金。

二是不断提高保障水平。逐步提高企业退休人员基本养老金，适当提高城镇居民医保参保补助标准和城镇医疗保险的最高支付限额。逐步提高城乡低保保障标准和补助水平，切实保障老年人的基本生活。

三是确保各项制度落实到位。各级政府和各部门应针对城乡老年人在养老、医疗、社会服务等方面日益突出的问题，加强涉老配套政策的研究。

（二）突出搞好居家养老服务是关键

一是城市要探索出养老需求和养老服务有效对接的途径。要建立、健全和完善社区居家养老服务信息系统，使提供服务的组织与有服务需求的老年人能实现有效对接。还要规范和指导加盟组织的服务内容和形式，同时加强社区养老服务站建设。

二是农村要全力推进居家养老服务大院建设。这是解决农村养老问题的一个有效途径。“十二五”末期，要在全省农村普及居家养老服务大院。

三是要大力发展社会养老服务事业和产业。按照十八大提出的“积极应对人口老龄化，大力发展老龄服务事业和产业”的要求，动员和扶持社会力量参与养老服务事业和产业。

（三）解决好困难群众的养老问题是重点

一是对身体健康、有专业特长，且有志向的，可以鼓励其“老有所为、老有所业”。这部分人不是社会的包袱，而是社会的财富，他们还能继续做贡献。

二是对身体尚好，且兴趣广泛的，要创造条件，使其“老有所学、老有所乐”，这部分人生活是很幸福的，他们也不是社会的负担。

三是对年龄大、身体弱、困难多、特别是子女又在异地居住的空巢和独居老年人，要做到“雪中送炭”，重点解决好他们的养老问题。

（四）大力发展社会养老服务事业是保证

要认真贯彻落实《国务院关于加快发展养老服务业的若干意见》（国发〔2013〕35号），到2020年，全面建成以居家为基础、社区为依托、机构为支撑的，功能完善、规模适度、覆盖城乡的养老服务体系。

一是政府要发挥在养老服务事业发展中的主导作用。既要根据现实需要制定新的优惠政策，又要落实好原有的相关政策，引导和鼓励社会力量参与养老服务事业和产业发展，扶持民间资本兴办各类养老服务机构，并把公办养老机构建设好。

二是要依靠社会力量开展养老服务。要通过建立一种机制，把社会组织、中介机构、志愿者队伍组织起来，对有养老服务需求的老年人分别实行有偿、低偿、无偿服务，帮助他们解决生活中遇到的困难和问题，实现真正意义上的养老社会化。

（五）强化家庭养老功能是基础

家庭是养老的基础，子女尽赡养老人的义务是几千年传承下来的孝道文化，也是法律规定的义务。由于社会养老机构资源有限，应主要收养那些失能、半失能的老年人。应提倡老年人居家养老，子女尽孝，社区提供服务的养老模式。

（六）充分发挥老年人的正能量是手段

一方面要抓好老年群众组织建设全面推进基层老龄组织建设，建立和完善基层老年协会。

另一方面要加强对老年人的教育、引导，充分发挥其正能量。

（七）部门尽责齐抓共管是合力

根据新修订的《中华人民共和国老年人权益保障法》，明年要出台《吉林省老年人权益保障条例》，用法律和政策来维护老年人的合法权益。落实养老问题是个复杂的社会系统工程，除了政府发挥主导作用，动员、扶持社会力量广泛参与外，要形成相关部门都各司其职、齐抓共管、整体推进的工作格局。

（八）学习借鉴国外先进经验是捷径

北欧国家丹麦的退休年龄是根据人均寿命来确定的。随着人均寿命的不断延长，退休年龄也相应进行调整。从长远看，考虑养老保险支出压力越来越大的实际，国家应研究和探索适当延长退休年龄的问题。

2012年辽宁省老年人口信息和老龄事业发展状况报告（有删节）

辽宁省老龄办

一、辽宁省老年人口信息

（一）老年人口总量

依据全省14市老龄办的统计数据，2012年末，全省总人口为4 254万人，60岁及以上老年人口751.7万人，占总人口17.67%。与2011年相比，老年人口增加31.3万人，增长率为4.35%。我省人口老龄化程度较高，与全国老年人口占总人口的14.3%相比，高出3.37个百分点。

从各市老年人口情况上看，沈阳市、大连市的老年人口均已突破百万，老年人口占总人口比例分别为18.58%和19.83%，分别高出全省老年人口占总人口比例0.91个百分点和2.16个百分点。盘锦市的老年人口最少，为18.7万人，老年人口占总人口比例为14.46%，低于全省老年人口占总人口比例3.21个百分点。

表1　2012年辽宁省分地区60岁及以上老年人口　单位：人，%

地区别	总人口	老年人口				同比增长幅度	老龄化排名
		人数	比例	城镇老年人数	农村老年人数		
沈阳市	7 245 506	1 346 304	18.58	950 625	395 679	3.50	5
大连市	5 903 050	1 170 327	19.83	754 154	416 173	5.47	1
鞍山市	3 501 434	665 792	19.01	369 024	296 768	9.08	3
抚顺市	2 192 585	370 535	16.90	262 933	107 602	4.61	9
本溪市	1 531 931	285 851	18.66	204 117	81 734	2.73	4
丹东市	2 404 847	461 728	19.20	197 014	264 714	5.52	2
锦州市	3 083 000	487 156	15.80	226 092	261 064	0.82	12
营口市	2 350 814	411 371	17.50	192 521	218 850	5.72	6
阜新市	1 915 800	325 800	17.01	145 266	180 534	4.09	8
辽阳市	1 838 989	316 218	17.19	133 428	182 790	0.18	7
铁岭市	3 046 261	509 720	16.73	198 246	311 474	7.59	10
朝阳市	3 422 495	540 999	15.81	146 106	394 893	1.68	11
盘锦市	1 288 000	186 219	14.46	79 025	107 194	5.12	14
葫芦岛市	2 817 515	438 693	15.57	139 203	299 490	2.35	13
合计	42 542 227	7 516 713	17.67	3 997 754	3 518 959	4.35	

在全省751.7万老年人口中，城镇老年人口399.8万，占53.2%；农村老年人口351.9万，占46.8%。从地区分布上看，沈阳、大连、鞍山、抚顺、本溪等五市城镇老年人口多于农村老年人口，其

他九市均是农村老年人口多于城镇老年人口。

（二）老年人口年龄构成

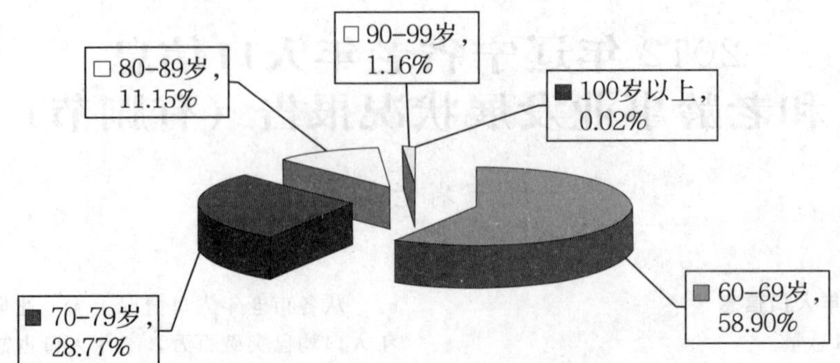

图1　2012年辽宁省老年人口年龄构成

与2011年相比，2012年末，全省60～69岁老年人口同比增加8.6万人，70～79岁老年人口增加20.5万人，80～89岁老年人口增加3.2万人，90～99岁老年人口减少近1万人，百岁老人数略有增加。

（三）高龄老人

2012年末，全省80岁及以上高龄老年人口达92.7万人，占老年人口12.33%。

（四）百岁老人

2012年末，全省100岁及以上老年人口1 515人，较2011年末增加44人。其中男性509人，女性1 006人，男女比为1∶1.98。城镇百岁老人763人，农村百岁老人752人。全省平均每万名老年人拥有百岁老人2.02人。

（五）老年人口健康状况

根据各市老龄办统计数据，全省老年人口中健康老人达到3 772 170人，占老年人口50.18%，所占比例与2011年基本持平。患有老年慢性病和其他疾病的老年人所占比例为49.82%。失能、半失能老年人口占老年人口14.21%。

（六）空巢老人

空巢老人群体的形成是由于社会城镇化进程，现代生活方式的转变以及子女因工作、学习、婚姻等原因离家外出所造成的。缺少生活照料和精神慰藉是空巢老人面临的最突出的两个问题。随着城镇化程度和生活水平的提高，空巢现象将越来越普遍，空巢老人数量也将越来越多。2012年末，全省空巢老人达到340.6万人，占老年人口45.31%。

二、辽宁省老龄事业发展状况

（一）养老保障

作为全国首个进行“完善城镇社会保障体系改革试点”的省份，2012年末，全省参加城镇职工基本养老保险人数为1 609.2万人，比上年末增加52.6万人，增长3.38%。其中，参保职工1 098.8万人，参保离退休人员510.4万人，分别比上年末增加28.7万人和23.9万人。

全省企业退休人员基本养老金连续八年增长，平均涨幅14.2%，全部按时足额发放。全省企业退休人员养老金月人均达到1 683元。

全省继续加强各项社会保险制度建设和扩面征缴工作。2012年全年城镇基本养老保险基金征缴收入850.3亿元，比上年增长15.9%。全年基金总支出1 037.5亿元，比上年增长18%。

2012年全省继续稳步推进新型农村社会养老保险工作，全省参保人数达到994.7万人，比2011年末增加94.7万人，同比增长10.52%。参保人员中有305.7万名农村老年人按月领取了养老金，比2011年末增加16.3万人，同比增长5.63%。

（二）最低生活保障

2012年末，全省低保对象195.9万人，其中城镇低保105.3万人，农村低保90.6万人。城镇低保月人均标准为370元，农村低保年人均标准为2 448元。全年累计发放城乡低保资金51.04亿元，其中城市36.08亿元，农村14.96亿元。全省低保对象中60岁及以上老年人有43.3万人，其中城镇老年人13.6万人，农村老年人29.7万人。

全省农村集中供养的3.6万名和分散供养的10.5万名五保老人，供养水平分别为年人均4 600元和3 000元。

（三）医疗保障

2012年末，全省参加城镇基本医疗保险人数为2 251.9万人，比上年末增加131.8万人。其中，参加城镇职工基本医疗保险人数1 587万人，比上年末增加87.6万人；参加城镇居民基本医疗保险人数为664.9万人，比上年末增加44.2万人。在城镇职工基本医疗保险参保人数中，在职职工达到 1 062.1 万人，退休人员 524.8 万人，分别比上年末增加 56.8 万人和 30.7 万人。

全年城镇职工基本医疗保险基金征缴收入 279.3 亿元，比上年增长近 20%。年末城镇职工基本医疗基金累计结存 292.4 亿元。

2012 年末，全省参加新型农村合作医疗保险人数为 1 965 万人，比 2011 年末减少 11 万人，参合率为 93%，参合人数占常住农业人口的 99%。新农合政府补助标准提高到每人每年 290 元，比上年度提高 60 元。统筹区域政策范围内住院比例达到 73%。

2012 年全省共救治农村大病患者 10.14 万人次，新农合补偿支出 2.6 亿元。

（四）养老服务机构

2012 年末，全省城乡各类养老机构达到 1 591 家，养老床位总数达到 20 万张，新增床位 2 万张，同比增长 11.1 %。千名老年人拥有养老床位达到了 27 张。

全省共有公办养老机构 741 家，养老床位 11 万张，其中城市养老机构 123 家，养老床位 3.7 万张；农村敬老院 560 家，养老床位 6.4 万张；农村托管中心 58 家，床位 0.9 万张。

全省共有民办养老机构 850 家，床位 9 万张。

全省进一步推进农村中心敬老院建设工程，全年维修改造农村中心敬老院 105 所。改扩建城市公办养老机构 68 所。

全省继续开展农村常年病人托管工程，现有 58 家托管中心全部投入使用。此外，全省划拨专项资金 1.2 亿元，在朝阳、阜新两市的 8 个县开展应托尽托试点。

（五）居家养老

积极推进以居家养老为基础、社区服务为依托、机构养老为支撑的社会养老服务体系建设。2012 年全省新建、改扩建城市社区服务站 435 个，农村社区服务中心 1 054 个，新增农村村级互助幸福院 265 个。2012 年末，全省共有城市社区服务站 3 250 个，农村社区服务中心 3 918 个。全省共有 10.5 万老年人享受到了居家养老服务，其中 1.5 万“三无”、低保、特困老人获得了政府购买的服务。

（六）社区养老

社区养老服务网络不断完善，全省有 10 个区（市）建立老年人信息服务平台，通过“一键通”呼叫系统或“老年人智能手机”搭建起了衔接居家和社区养老服务网络，构建了 10 分钟服务圈，促进了快捷、方便、优质、高效的智能化服务网络平台。社区养老服务设施不断完善，社区“星光老年之家、老年人日间照料站、小型家庭养老院”等服务载体达到了 5 190 个。每年享受社区各类养老服务的老年人达到了 130 多万人次。

（七）扶老助老

全省百岁老人长寿补贴和 90～99 岁老人的高龄补贴政策全面落实。本溪市本溪县、营口市鲅鱼圈区等部分县（市、区）还出台了 80～89 岁老人的补贴政策。

全省 14 市全部实现了 70 岁以上老年人免费乘车，沈阳、大连、鞍山、抚顺、营口、阜新、铁岭、葫芦岛等 8 市实行了 60～69 岁老年人半价乘车；全省的文化、体育、旅游景点等公共设施和场所基本能够实现为 60～69 岁老年人提供优惠，给予 70 岁及以上老年人免费优待。县级以上公立医疗机构对 70 岁及以上老年人免收普通门诊挂号费。

全省继续深入开展建立包括老年人口在内的居民健康档案工作。2012 年末，城乡居民健康档案电子建档率达到 77.28%。

（八）法律援助

全省加强老年人法律援助建设，普遍建立了老年法律援助网络，各县（市、区）都设有专人、电话专线负责为老法律援助服务。全省共有老年法律援助中心 725 个，全年处理涉老案件 2 569 件，其中赡养纠纷占 53%，财产纠纷占 38%。

（九）文教体育

2012 年末，全省共有老年大学（老干部大学）155 所，在校学习人数 2.4 万人；基层老年学校 621 所，在校人数近 10 万人。

全省老年文艺团体共有 4 688 个，参团老年人数为 16.5 万人。全省老年体育协会、团队共 2 300 个，参会老人数 25 万人。

注：本公告中城镇养老保险人数、新农保、城镇基本医疗保险等数据来自省人社厅；新农合等数据来自省卫生厅；城乡最低生活保障人数、养老机构、农村常年病人托管中心等数据来自省民政厅；人口信息等其他数据来自省老龄办统计汇总所得。

2013年辽宁省老年人口生活状况与养老意愿调查评估报告（有删节）

辽宁省老龄办　辽宁省统计局调查队

一、我省老年人口的生存状况及养老意愿

（一）“离退休金”及“个人劳动收入”是我省老年人口两大主要经济来源。

（二）我省绝大多数老年人口月经济收入在1 000～3 000元，整体收入水平有待提高。

（三）城镇老年人口收入水平明显高于农村老年人口，城乡差异明显。

（四）我省老年人口独立住房拥有率较高。

（五）我省空巢老人占相对多数，空巢状况值得关注。

（六）医疗保险状况：我省老年人口的医疗保险覆盖水平很高，基本医疗保障状况良好。

（七）超八成的老人选择“居家养老”。

二、我省老年人口最关注的问题和主要生活方式

（一）最关注的问题。调查结果显示：医疗、养老、养老金三大问题成为我省所有老年人最为关注的三大问题；“失去健康”为老年人最担心的自身问题，其次是“生病时无钱医治”。“孤独寂寞”是一部分文化程度较高、经济收入较好老人较为在意和关注的问题。“上门看病送药”是老年人对政府、对社区最期待的服务项目；“看病就医的费用”是“老有所医”中的最关注问题；“医疗保健”“饮食制作”是老年人退休后最喜欢的两项学习内容。相对而言，文化程度较高的老年人对音乐、美术等愉悦精神类的文体活动关注比例相对较高。

（二）主要生活方式选择。多数老年人能够在身体不适时选择到医院去看病，同时在身体不便时，第一个寻求“老伴”的帮助；“运动健身”及“调节饮食”是我省老年人健康管理的两个主要方法；超八成的老年人口经常参加户外活动；“公园锻炼散步”是老年人最喜欢参加的活动；“照顾家庭或照看孙子女”是目前我省多数老年人的现实生活方式；没压力、无负担、快乐健康轻松地颐享天年是我省最多数老年人的最大晚年愿景。

三、目前我省老年人口养老优势及存在的主要问题

总体来看，作为老工业基地且城镇化程度较高的辽宁，（离）退休职工及城镇居民比例较高，一面是需要政府、企业负担的养老人员较多，一面是进入规范养老体制内的人员比例较大，这既是压力又是优势所在。依据本次调查数据并结合辽宁人口总体状况，我省老年人口养老工作具有以下有利条件。

（一）我省绝大多数老年人具有一定物质基础及基本的医疗保障。

（二）我省老年人口具有较为健康的身体条件。

（三）我省老年人口具有良好的心态及健康的生活方式。

（四）我省许多老年人具有“老有所为”的能力与愿望。

（五）我省老年人口具有良好的文化素质。

存在的主要问题有：

（一）城乡老人养老状况差异明显，农村养老问题突出。1. 农村老人收入水平明显低于城镇，收入水平低且收入来源亦不稳定，农村老人的养老面临诸多不确定；2. 农村老年活动场所缺失严重；3. 近两成的农村老人60周岁以后仍要参加社会劳动，且农村老人较少参加文体娱乐活动，养老层次明显低于城镇老人。对绝大多数城镇老人而言，“老有所养”不是问题，保证城镇老年人养老金与社会发展的同步增长、提升养老质量是当前城镇老年人养老问题中的主要矛盾。相对而言，农村老年人由于没有稳定的收入，随着年龄的增长必然是劳动能力的丧失，“老有所养”仍然是现今农村老年人面临的最基本、最现实的问题。

（二）少数“边缘老人”的养老问题将持续存在。无论是在城镇还是在农村，无论是现在还是将来，我们的身边都会有一部分低收入、高龄、低文化程度、低生存能力，即所谓脱离主流社会群体的“边缘老人”存在，这部分老人所占比例虽然不大，但他（她）们晚年的养老、医疗等问题只能依靠政府规范的、持续的、有效的管理解决。

（三）“被动空巢老人”及“失独老人”的养老问题将日趋严重。因“子女在外地或外国工作”、“居住

条件限制”“没有子女”“子女去世”“其他”等客观条件造成的“被动空巢老人”，需要得到政府和社会的特殊关照。其中“子女去世”造成的空巢老人，其绝大多数应属“失独老人”，他们晚年的生活状况、精神状态等诸多问题应当受到社会及各级党委、政府的高度关注。

（四）不久的未来，家庭养老面临难以为继的局面。近几年，我省第一代独生子女的父母已逐步步入退休养老的年龄。不难判断，在不久的未来，我省所有家庭养老均要面临愈加严重的家庭少子化，一对小夫妻在发展自我，建设自身小家庭的同时，将难以照顾4个日渐衰老的父母。依靠独生子女家庭养老已不现实，家庭养老面临难以为继的局面。

（五）养老设施结构不合理，有的层次过低，但还有的住不起，不能满足不同老年群体的层次需求。我省现有养老服务制度基本上还是“补缺型”的制度框架，主要保障“三无”和困难老人的基本生存，服务面相对狭窄，尚未形成系统化的、惠及全体老年人的服务体系。在养老服务供给不足的同时，又表现为供给相对过剩，有些养老机构设施落后，生活缺乏情趣；有些又过于奢华，收费过高，致使许多老年人望而却步，结果是本来为数不多的养老机构利用率不高。

四、建议与对策

老龄问题既是重大的社会问题，也是重大的政治问题，涉及政治、经济、文化和社会生产等诸多领域，关乎国计民生和改革发展的大局。2013年3月，习近平总书记在“中国梦归根到底是人民的梦”中表述：“我们要随时随刻倾听人民呼声、回应人民期待，保证人民平等参与、平等发展权利，维护社会公平正义，在学有所教、老有所得、病有所医、老有所养、住有所居上持续取得新进展，不断实现好、维护好、发展好最广大人民根本利益……”。如何实现全体老年人“老有所养、老有所医、老有所为、老有所学、老有所乐”的要求和愿望，是各级政府要予以密切关注和必须解决的现实问题。

根据对目前我省老年人口的生活状况及养老意愿的调查分析，联系我省实际，提出如下建议和措施。

第一，明确各级政府在老龄人口工作上的主导地位，坚持“党政主导、社会参与、全民关怀”的工作方针。

第二，继续完善现有的城镇职工养老保障制度，完善并提升农村社会养老保障制度，增加对农村地区休闲活动场所的投资建设，提高农村老年人口的养老层次，逐步实现全社会公共养老并轨，城乡养老公平一致。

第三，着手研究建立家庭少子化引起的家庭养老应对预案，探索出一个切实可行的居民养老“顶层”设计方案。

第四，以老年人权益保障法为依托，加强老年人维权工作；加大老年活动场所设施建设的投入，广泛开展老年文体活动；搭建老有所为的社会发展平台；继续完善落实老年人优惠优待政策。

第五，构建以“居家养老”为基础、以“机构养老”为支撑、以“社区养老”服务为依托的新型社会化养老服务体系，积极推行老年人在家中居住，养老服务由社会提供的一种家庭—社会一体化的养老模式。

第六，明确公办和民办养老机构的功能定位，即政府承担社会基本养老功能，市场解决养老层次需求。

第七，大力扶持老龄产业，实现社会经济和谐发展。

第八，建立针对特殊老年群体的救助制度。

第九，加大孝心孝道孝德的宣传，营造社会尊老敬老的良好氛围。

第十，加强对老龄工作机构的自身建设。

综上所述，人口老龄化既是人类寿命提高的重要标志，也是社会综合发展过程的一个历史现象。作为行进在人口老龄化过程中的我们，应以乐观的心态看待人口老龄化现象，积极运用我们的智慧和勇气，将老龄化带来的负面作用转化为推动社会向前发展的正能量。努力建立一种促进老年人发展的社会机制，营造刚健有为的老年社会文化，确保有能力的老者全方位继续参与社会的政治、经济、文化及其他活动，为高龄或非健康的老年人提供良好的生活条件和社会氛围，保障他（她）们的生存尊严，和全社会一起见证并享受社会的繁荣与进步，同圆“学有所教、老有所得、病有所医、老有所养”的中国梦。

孝德文化在农村失能老人照护中的作用（摘要）

高利平

孝德文化是中华民族的传统伦理文化。目前我国学术界针对老年人健康、失能以及照护的研究主要面向城市，而如何运用我国传统的孝德文化对农村失能老人进行照护的研究还很缺乏。

一、我国农村失能老人状况

失能即失去生活自理能力，是指老年人部分生活不能自理或完全不能自理。

根据我国第六次人口普查数据，我国完全失能老年人规模为522.1万人，占老年人的比例为2.95%。乡村完全失能老年人的比例为3.3%，城市完全失能老年人的比例为2.35%，镇完全失能老年人的比例为2.60%。

根据《我国城乡老年人口状况追踪调查》，我国城乡失能老年人有1 208万（占老年人的比例为6.8%），有部分自理困难2 824万（占老年人的比例为15.9%）。

根据《全国城乡失能老年人状况》研究的结论，2010年末全国城乡部分失能和完全失能老年人总数约3 300万，占总体老年人口的19.0%。其中完全失能老年人1 080万，占总体老年人口的6.23%。

上面所描述的我国几乎是在同一时期（2010年）所做的三次重要调查中的失能老年人的数据有一定出入，应该是由于资料来源、指标界定、统计口径等的不同而造成的。

农村老年人失能率

2010年我国第六次人口普查中，对于城乡的划分是我国统计上的划分方法，分为城市、镇和乡村。我国60周岁以上的农村老年人中，“生活不能自理”的占3.32%，自评“健康”的占40.42%，“基本健康”的占39.33%，“不健康，但生活能自理”的占16.94%。农村老年人完全失能的比例比全国老年人平均水平高0.37个百分点，自评“健康”的比例比全国老年人平均水平低3.4个百分点。可见，农村老年人的生活自理能力低于老年人平均水平。

山东省老龄委2008年对5 400位老年人（农村老年人4 312人，城镇老年人1 088人）进行了问卷调查。显示的结果表明，就老年人总体而言，生活完全自理的老年人占82.6%；轻度失能者占14.9%；完全失能者占2.5%。农村老年人生活完全自理的占81.0%、轻度失能的占16.1%、完全失能的占2.9%；城镇老年人生活完全自理的占89.1%、轻度失能的占10.0%、完全失能的占0.9%。农村老年人“生活完全自理”的比例比城镇老人低8.1个百分点，轻度失能和完全失能的比例分别高出城镇老年人6.1个百分点和2个百分点。

今后一段时期，我国失能老人会呈继续增长的发展趋势。要有两个原因，一是随着人口老龄化程度的加深，进入老年期的老年人口会日益增多；二是由于经济发展、社会进步以及医疗卫生事业的发展，人口的死亡率降低、预期寿命延长，许多老年人带病生存期或失能期也会相应延长。

二、农村老年人生活需要照料状况

《2010年我国城乡老年人口状况追踪调查》显示，全国认为自己日常生活需要照料的老年人比例为13.7%。农村老年人中，认为自己日常生活需要照料的比例为14.4%（比2006年的数据高出5.1个百分点），79周岁及以下老年人需要照料的比例为11.0%（比2006年的数据高出3.5个百分点），80周岁及以上老年人的需要照料的比例为39.9%（比2006年的数据高出9.5个百分点）。城镇老年人而言，日常生活需要照料的比例为12.8%（比2006年的数据高出2.9个百分点），其中79周岁及以下老年人需要照料的比例为9.2%（比2006年的数据高出2.5个百分点），80周岁及以上的老年人需要照料的比例为39.9%（比2006年的数据高出6.8个百分点）。这说明与2006年相比较，2010年我国农村和城镇老年人日常生活需要照料的比例均有所增加，而农村老年人增加的比例均高于城镇老年人。

山东省的调查数据显示，尽管轻度失能和完全失能的农村老年人比例达到19%，但是日常生活需要照料的老年人比例仅为5.7%。表5显示，94.3%的农村老人日常生活不需要照料，比城镇老人低2个百分点。农村老年人照料时间在1年以内、1～2年、2～3年和3年以上的比例分别为1.4%、0.9%、0.5%

和2.9%。

老年人的年龄与照料需求呈正相关，年龄越高，照料需求越大。而当日常生活中遇到自己做不了的事情时，80.1%的农村老年人请家庭成员帮助解决，7.8%的农村老年人向邻居或亲朋求助，11.6%的农村老年人表示“从不求人或无人可求”，0.5%的农村老年人求助于家政服务员、钟点工或其他人员。

山东省4 312份对农村老年人的调查问卷显示，当前的农村老年人92.2%的拥有2个或更多的子女。子女较多农村老年人的养老优势，但是，随着第一代独生子女父母逐渐步入老年，我们正在进入少子老龄化阶段，高龄、失能老人会日渐增多，他们的照护问题将日益凸显。

三、农村失能老人不同照护方式比较

（一）居家照护

居家照护，是指老年人在家里居住并得到照护，其照护资源（主要是经济或物质的供养、生活照料、医疗护理和精神慰藉）既可以来自家庭，也可以来自社会或社区。从这个角度而言，居家照护可以分为两种形式：居家—家庭照护和居家—社会（社区）照护。

1. 居家—家庭照护。居家—家庭照护是指失能老年人在家里（自己家里或子女家里）居住，由家庭成员照护的方式。在这种方式下，家庭既是老年人的居住场所，同时也是养老资源的主要提供者。这是一种无需付费、非正式的的照护方式。

居家—家庭照护（养老）可以独立运作，中国传统的养老主要是依靠这种方式独立运作完成的。家庭养老一直被认为是农村养老的主要模式，而且很多学者认为应该在农村提倡并继续保持这种养老模式。

居家—家庭照护按照照护者的角色可以分为配偶照护和子女照护。研究发现，城乡完全失能老年人的照料按照介入和承担责任的顺序依次为：配偶、儿子、媳妇、女儿。不过，配偶在照料中的作用随着失能老年人年龄的增加而弱化。

2. 居家—社会（社区）照护。居家—社会（社区）照护是指老年人居住在家里（自己家里或子女家里），由社会（社区）服务人员入户照护的方式。这是对家庭养老护理功能弱化的必要补充。居家—社会（社区）照护并不能独立运作，需要社会（主要是社区）提供支持和服务。

居家—社会（社区）照护的对象可以是那些日常生活部分能够自理及轻度失能的老年人，也可以是中度失能或完全失能老年人。居家照顾的提供者主要是社区服务机构、志愿者队伍以及其他形式的慈善、互助组织等。

（二）社区照护

社区照护强调的是社区作为人们社会活动和社会交往的空间地域，所具有的在为老年人提供养老、医疗、日常生活照料等方面保障的功能。农村社区对失能老年人的照护主要有两种形式：一是社区服务人员入户为居家失能老人提供照护。这种形式实质上是我们上文谈到的居家—社会（社区）照护，此处不再赘述。二是失能老人在社区日间照护中心、托老所或护理机构，由社会服务人员、护理人员或医师提供的正式照护。这种照护方式目前在我国广大农村地区，还尚未开展。

我们在调研和访谈时发现，目前我国农村面向老年人的社区组织和机构较少，仅一些经济发达地区的富裕农村建设了一些为老年人提供集中居住和照顾的房屋、机构和设施。

按照照护资源的来源，社区照护也可以划分为社区—家庭照护和社区—社会照护两种形式。

1. 社区—家庭照护。社区—家庭照护是指老年人居住在社区组织或机构得到照护，但是照护资源（主要指经济供养）来源于家庭的方式。

2. 社区—社会照护。社区—社会照护是指老年人主要在社区组织或机构得到照护，同时照护资源（主要指经济供养）来源于社会的方式。

（三）机构照护

1. 机构—家庭照护。机构—家庭照护是指老年人居住在专门的养老或照护机构，由受过专门培训、有相应照护技能的服务人员提供的正规照护服务，照护费用全部或大部分来源于家庭。目前我国养老和照护机构中的老人绝大多数采取的是这种形式。

2. 机构—社会照护。机构—社会照护是指老年人居住在专门的养老或照护机构，由机构的受过专门培训、有相应照护技能的服务人员提供的正规照护服务，照护费用全部或大部分来源于社会（政府或其他组织和机构）。

四、积极发挥孝德文化在农村失能老人照护中的作用

（一）弘扬孝文化，强调子代对亲代的照护责任

在中国传统文化中，孝德文化居于首德地位，“百德孝为本，百善孝为先”，不仅如此，传统的政治文化、人们的日常生活都和“孝”有着密切的关系，如“以孝治天下”“举孝廉”等。我国虽然在法律上规定了子女赡养父母的义务，但这个义务在很大程度上是通过社会习俗和道德规范进行约束的，其中最重要的是子女的“孝心”。

我国是儒家文化发源地，尊老敬老的传统由来已久。应大力弘扬孝文化，明确子代对亲代的照护责任。首先，要在家庭内部培养和树立敬老、养老的意识。其次要从“娃娃”抓起，把老龄社会教育纳入从初级教育开始的各层次教育体系，向孩子们培养和树立敬老、助老、养老的意识。第三，应在社会上继承和发扬“尊敬老人、关爱老人、抚养老人”的儒家文化传统，形成“年轻时我敬老、助老、养老，年老后人家敬我、助我、养我”的良好社会风尚。

（二）营造良好的社区爱老敬老文化

一个好的、团结向上的村集体非常重要，包括老龄工作在内的各项工作都会做得有声有色。因此，营造一个敬老爱老、充满爱心的农村社区，让社区老年人真正享受到方便、安全、温馨的生活和服务，是对社区照护的文化支持。积极向上的社区文化和丰富多彩的娱乐活动对于老年人健康的维护有非常重要的意义，农村社区应该积极组织和行动起来，营造良好的社区爱老敬老文化和开展丰富的娱乐活动。

（三）宣传和引导失能老人转变养老观念

目前我国很多农村地区，因为传统观念的禁锢，很多人不能接受把父母放到敬老院里养老和接受护理。在一些农村地区，只要是有儿有女的，都不会把老人送到敬老院里。大部分老人晚年也更喜欢和子女住在一起，生活由子女来照顾，或者把保姆、护理人员请到家里来。

尽管居住在家里由家庭人员进行照护，或者在社区接受照护是大多数失能老人的首选照护方式，但有的农村老年人家庭照护资源匮乏或无力，这时采取灵活的方式比如进养老机构接受照护比一个人在家里要合适得多。如果失能老年人一味地由着自己的性子，坚持要自己留在家里，则不仅会给子女造成很大压力，而且对老年人自身也有不利的影响。应完善机构，并引导失能老人从主观上减少对子女和家庭的过分依赖。

（四）发挥家庭在传承孝德文化的重要载体作用

对失去生活自理能力的老年人进行养老、照顾和护理是社会和谐发展和文明进步的重要标志。家庭作为老年人的主要生活场所，是对失能老年人进行照护的第一责任主体。

在对失能老人进行照护的问题上，家庭的责任主要在于以下方面。

1. 传承孝文化。对老年人进行家庭养老和照护是中国几千年来养老的主要形式，虽然也不排斥国家（政府）和社会养老形式的存在，但是家庭养老和照护始终占据着主体地位。

我国传统的孝文化是家庭照护的理论基础。在中国，家庭养老和照护是与“孝”观念和以“孝”为核心的传统家庭伦理联系在一起的。“孝”是儒家文化的核心内容之一，儒家将“孝”具体化为“养亲”“尊亲”“无违”等行为准则，从而使“孝”成为我国传统社会中家庭养老的道德基础。依据我国国情和民族传统，家庭依然是老年人生活的主要依靠，家庭养老和照护永远都不应被人们所遗弃。

2. 供养和照护。家家有老人，人人都会老；“鸦有反哺之义，羊有跪乳之恩”（《增广贤文》）。家庭的具体养老责任在于对老年人的经济供养、生活照料和护理。

家庭供养和照护的成本很低，我国农村地区的家庭养老资源以及和谐的代际关系是其他国家所无法比拟的，无论从必要性、可行性以及运行效率和成本来说都是最佳的选择，因此在农村失能老人养老和照护方面，家庭和子女扮演着非常重要的角色，在解决失能老年人的经济供养、生活照料和康复护理等方面都具有重要作用。不仅如此，家庭照护是我国传统道德强大内在力的必然结果，自古以来子女照护老人被认为是一种理所当然、责无旁贷的义务，中国人提倡尊老爱幼，在全社会形成养老尊老的风气。

当然，基于家庭养老和照护功能的弱化，完善我国农村地区的社会保障制度是社会转型的必然要求。目前我国农村地区的社会化养老还处在探索阶段，还没有形成一定的规模和特定模式。农村地区在社会化养老的发展过程中，应该继承传统的养老文化和发扬和谐的家庭关系，以社会化养老弥补家庭结构变化所产生的家庭养老功能弱化的不足。

3. 精神慰藉。国外研究显示精神慰藉对患病和失能的老人至关重要。2010 年全国老龄办发布的《全国城乡失能老年人状况研究》数据显示，完全失能老年人的孤独感更为严重，城乡完全失能老年人常常感到孤独的比例分别达到了 41.1%和 50.9%；完全失能老年人中具有中度以上抑郁症状的比例达到 45.9%。家庭的供养和照护能促进代际交流，给予老年人精神归属感。家庭、子女和孙辈对失能老人精神上的慰藉是其他任何人都不可能给予的，是不可替代的。正如费孝通教授在《江村经济》中所讲过的：“家，强调了父母和子女之间的相互依存。它给那些丧失劳动能力的老年人以生活的保障。它也有利于保证社会的延续和家庭成员之间的合作”。

关于新时期加强基层老龄工作的调研报告（有删节）

杨立美

老龄问题是一个重大的社会问题，老龄事业和老龄工作重心在基层。按照厅党组统一部署，我省老龄办在张建平主任的带领下，先后赴无锡、苏州、连云港、徐州等市、县，就如何加强新时期基层老龄工作进行了深入调研。通过座谈交流、实地考察、表格统计等方式基本掌握了我省基层老龄工作的现状，现将有关情况报告如下。

一、我省基层老龄工作现状

近年来，全省各地认真贯彻落实省委省政府加快发展老龄事业的决策部署，不断加强老龄工作。全省老龄工作部门，负重拼搏，锐意进取，积极作为，基层老龄工作呈现良好的发展势头。

一是推动规划政策出台，制度惠老的机制完善。自省委省政府 2009 年出台《关于加快我省老龄事业发展的意见》（苏发〔2009〕5 号）（以下简称 5 号文件）以来，省政府召开了全省老龄工作会议，出台了《加快构建社会养老服务体系的实施意见》《江苏省“十二五”老龄事业发展规划》；省人大颁发了《江苏省老年人权益保障条例》。各基层认真贯彻落实法规文件和会议精神，召开了会议，出台了文件，完善了制度，老年保障、老年维权、老年优待、为老服务等得到较好落实。

二是强化工作机构建设，齐抓共管的能力增强。老龄工作牵涉面广，需要跨部门、跨单位进行协调推动。为加强应对人口老龄化的统筹协调能力，许多地方都结合领导调整、机构调整等时机，不断加强老龄工作机构建设。

三是加强老年协会建设，以“老”应“老”的效果显现。特别是在 2010 年省民政厅、省老龄办和省老龄协会在常州市联合召开“全省老龄协会组织建设推进会”之后，各地加快了建设推进力度。到目前为止，全省有 8 个辖区市成立了老年协会，占辖区市的 61.5%；有 46 个县（市、区）成立了老龄协会，占县（市、区）总数的 45.1%。宜兴市、张家港市、睢宁县等地起到了示范作用（见表 1）。

表 1　宜兴市、张家港市、睢宁县老年协会建设情况表

单位	乡镇（街道）老年协会建设情况			村（社区）老年协会建设情况		
	乡镇（街道）数（个）	老年协会数（个）	覆盖率（%）	村社数（个）	老年协会数（个）	覆盖率（%）
宜兴市	18	18	100	309	185	60
张家港	9	9	100	256	256	100
睢宁县	22	22	100	400	43	10.8

四是搞好老年文体活动，平台“聚”老的作用彰显。搞好老年文化、体育活动，既是健康老龄的需要，也是消除老年人自我孤独、将其组织起来的一种好办法。近年来，老年文化、老年体育已从城市延伸到乡村，成为社区（居）文化体育活动的主旋律。

五是组织敬老评比表彰，文明孝老的氛围浓厚。为了弘扬中华民族尊老敬老传统美德、夯实巩固居家养老基础，各地基层将“孝亲敬老”评比常态化，取得了良好的社会效果。

二、当前基层老龄工作存在的困难和问题

尽管全省老龄工作有了长足发展，但还存在发展不平衡、基础薄弱、后劲不足等问题，基层老龄工作面临着许多困难和矛盾，与人口老龄化形势的要求不相适应。

（一）认识不到位

省委省政府十分重视应对人口老龄化工作，出台了一系列政策措施，但惠老政策在一些地方没有得到很好的落实。其原因主要是认识不到位。在本次调研过程中，我们发现，有相当一部分县（市、区）领导对人口老龄化、老龄工作存在认识上的偏差。因而摆不上议事日程，往往是说起来重要、做起来次要、忙起来不要。目前，存在三种不利现象：一是认为老龄工作可有可无；二是认为老龄工作可干可不干；三是想干很难，不干也没事儿。

（二）机构薄弱

全省县（市、区）以下普遍存在老龄工作专职部门机构弱的问题。

一是机构不健全。全省 102 个县（市、区）中，仍有 18 个县（市、区）没有老龄工作专职机构，占 17.6%。有 22 个县（市、区）没有老龄工作机构编制，占县（市、区）总数的 21.6%。

二是机构性质不一致。全省设有专职办事机构的 84 个县（市、区）中，有 51 个县（市、区）的专门办事机构属于行政单位，25 个属于参公单位，6 个属于事业单位，还有两个未定性。全省县（市、区）老龄委办事机构可分为五种类型（表 2）。

表 2　县（市、区）老龄工作委员会办事机构情况表

类型	县（市、区）总数	归口民政设老龄办	归口民政设老龄科	归口民政挂老龄科和老龄办两块牌子	工作归口民政既无老龄科、也无老龄办	独立
数量（个）	102	53	16	6	18	9
占比（%）	52	15.7	5.9	17.6	8.8	

三是普遍存在人员少、年龄大、兼职多等问题。全省县（市、区）老龄工作专职机构在位人员 333 人（表 3），其中兼职人数 101 人，占在职人数的 44%。

表 3　县（市区）老龄工作委员会办事机构人员编制情况统计表

单　位	在职数（人）	年龄构成				职级构成					
		30 岁以下（人）	30～40 岁（人）	40～50 岁（人）	50 岁以上（人）	处级（人）	正科（人）	副科（人）	科员（人）	事业编制（人）	聘用人员（人）
南京市	55	4	7	27	17	18	23	5	2	3	4
徐州市	57	9	15	23	10		10	16	25	4	2
无锡市	33	4	6	16	7	1	5	7	10	7	3
常州市	17	2	2	8	5		1	9	7		
苏州市	36	7	8	8	13	1	6	4	14	6	5
南通市	17	1	6	6	4		2	5	4	5	1
连云港市	14	5		7	2		2	3	1	7	1
淮安市	23	1	6	8	8		4	7	5	7	
盐城市	21		5	8	8			8	7	6	
扬州市	17	2	6	5	4		1	2	3	4	7

续表

单位	在职数（人）	年龄构成				职级构成					
		30岁以下（人）	30～40岁（人）	40～50岁（人）	50岁以上（人）	处级（人）	正科（人）	副科（人）	科员（人）	事业编制（人）	聘用人员（人）
镇江市	26	4	8	5	9		3	6	6	7	4
泰州市	16		3	4	9		1	3	6	6	
宿迁市											
合计	332	39	72	125	96	20	58	75	90	62	27
占比（%）	11.7%	21.7%	37.7%	28.9%	6%	17.5%	22.6%	27.1%	18.6%	8.1%	

2009年省委省政府5号文件出台后，全省基层老龄工作切实得到加强。但老龄委工作的专职办事机构——老龄办，却在2010年的机构改革中被不同程度弱化，有的被裁，有的职能转变，有的级别降低。

（三）经费不足。通过调研，明显感觉到基层老龄工作经费明显不足，基本没有纳入财政预算，每次开展专项工作，都需要向财政专题报告。老龄工作经费的问题虽然在省级层面得到较好解决，但在县（市区）级层面确是个普遍存在的问题。

三、加强基层老龄工作的对策建议

“十二五”期间人口老龄化仍在持续快速发展，下一个十年，人口老龄化带来的各种矛盾和问题将更加突出，必须积极应对，进一步加强基层老龄工作。

（一）进一步加强“大老龄”工作机制。应对人口老龄化，坚持党政主导是第一关键。应该推广苏州市的做法，县（市、区）老龄委主任由副书记或组织部长担任，常务副主任由政府分管副市长担任；老龄办主任由县（市、区）委办公室主任兼任，副主任由县（市、区）政府办副主任兼任，常务副主任由县（市、区）民政局长兼任或专设。

（二）进一步加强基层老龄工作机构建设。要按照中共中央、国务院《关于加强老龄工作的决定》、省委省政府《关于加快我省老龄事业发展的意见》和《江苏省老年人权益保障条例》等规定要求，进一步加强基层老龄工作机构建设。

（三）进一步加强基层老年社会组织建设。应对人口老龄化，老年人自身是一支不可或缺的力量。要将老年人组织起来，要认真贯彻落实2010年全省老年组织建设常州会议、全国老龄办关于加强基层老年协会建设的意见和江苏省“十二五”老龄事业发展规划的要求，进一步加大老年社会组织建设力度，确保“十二五”末成立老年协会的社区（村）达到95%。

（四）进一步加大对基层老龄事业的投入。要按照5号文件要求，加大对老龄事业经费的投入。要根据经济社会发展水平和老年人口规模，将老龄事业经费纳入各级财政预算，并逐步建立老龄事业费按老年人口数量提取的机制，以保证应对人口老龄化的需要。要在福利彩票公益金中安排一定比例使用发展老龄事业的专项经费。

关于苏北农村社会养老服务体系建设的调研报告

张建平

苏北地区包括徐州、淮安、盐城、连云港、宿迁五市和沭阳县39个县（市、区）。2012年末，苏北地区老年人数量达到533万，占全省户籍老年人口的37%。苏北地区农村老年人口众多，老年人生活状况、需求特征相近，加快构建苏北农区域性村社会养老服务体系建设，意义重大。

一、苏北农村社会养老服务体系建设基本情况

随着人口老龄化的深入发展，苏北地区加快了社会养老服务体系建设步伐，农村社会养老服务体系建设有了起步，发展势头良好。

一是通过实施“关爱工程”，农村敬老院床位快速增长，为苏北农村社会养老服务发展奠定了基础。从2005年起，我省大力实施以新建和改扩建农村敬老院为内容的“关爱工程”。苏北“关爱工程”项目的实施，不仅改变了苏北农村五保供养服务机构设施条件较差、集中供养能力较弱，难以满足五保对象集中供养需求的状况；而且还为农村社会养老服务发展增添了后劲：积累了管理经验、存储了大量床位（见表1）。

表1 苏北农村敬老院床位情况

单位	敬老院数（所）	床位数（张）	入住五保老人数（人）	富余床位数（张）
徐州	194	29 291	24 431	4 860
连云港	80	8 948	6 267	2 681
淮安市	132	13 528	11 506	2 022
盐城市	141	18 940	17 238	1 702
宿迁市	74	12 653	10 455	2 198
沭阳县	38	3 975	3 399	576
合计	659	87 335	73 296	14 039

二是通过实施社区居家养老服务项目建设，农村居家养老服务设施快速增长，养老服务开始进入农村养老生活。2009年，省委省政府出台了《关于加快我省老龄事业发展的意见》，要求“大力发展居家养老服务”。为贯彻落实省委省政府的决策部署，全省从2009年开始实施社区居家养老服务项目建设，苏北农村地区积极主动，将项目建设纳入保障和改善民生重要内容，通过大力推进社区居家养老服务中心、省级示范性社区居家养老服务中心和农村老年关爱之家建设，使农村社区居家养老服务设施快速增长、服务网络不断延伸，居家养老逐渐为农村老年人所接受、喜爱。到今年年底，苏北地区农村社区居家养老服务中心覆盖率达50%以上，将建成省级示范性中心326个，农村老年关爱之家219所、床位9559张（见表2）。

表 2 苏北农村社区居家养老服务设施建设情况

单位	社区居家养老服务中心		农村老年关爱之家	
	覆盖率（%）	省级示范性服务中心（个）	建成数（所）	床位数（张）
徐州	50	89	66	3 069
连云港	50	52	25	1 351
淮安市	50	69	26	1 166
盐城市	50	65	58	2 131
宿迁市	50	33	33	1 347
沭阳县	50	18	11	495
合计	50	326	219	9 559

三是通过实施农村文化工程，农村老年人的孤独问题得到一定程度缓解。近年来，各地积极将农村文化建设纳入农村实事工程，加力加强乡镇文化站建设、“农家书屋”建设和“送书、送戏、送电影”“三送”下乡活动，使农村精神养老问题得到一定程度的缓解。自 2010 年起，徐州市睢宁县开展了“舞动乡村”农民健身舞活动，每当农闲季节的傍晚时分，村里的大喇叭都会响起美妙的舞曲，老年人有的伴随着美妙的音乐翩翩起舞，有的只是来坐坐、聊聊，但它确在客观上搭建了一个沟通的平台，丰富了农村老年人的精神生活。

此外，一些农村社区还成立了老年人协会，由热心公益事业的老支书、老教师、老退休干部等担任会长，组织老年人开展“四个自我”活动。

二、苏北农村社会养老服务体系建设面临挑战

加快构建社会养老服务体系建设，是积极应对人口老龄化重要环节，已经摆上了省委省政府的重要议事日程。但与城市相比，甚至与苏南、苏中的农村地区相比，苏北农村社会养老服务体系建设面临的挑战更大。

（一）农村老人养老储蓄不足，市场自然发育难。苏北农村主要还是以农业为导产业，农民收入相对较低。当下的农村老人，在他们青壮年时，为子女成长付出了全部。在进入老年后，如果仍健康，则不仅要承担繁重的农业劳动，还要为外出的儿女看房子、看孙子（女）；若身体不行或进入高龄不能从事生产劳动后，则收入明显下降，多数要靠晚辈赡养。从我们“三解三促”驻村调研，对睢宁县王集镇长埝村 412 名 60 周岁以上老年人的问卷调查情况看，大多数老年人的收入来源主要有基础养老金、土地收入和子女的孝敬钱，年收入在 3 000 元以下，开支主要用于吃饭和看病，基本上没有多余的钱去享受服务。从徐州市对失能老人调查情况看，新沂市时集镇 97%以上失能老人月收入均在 1 000 元以下（见表 3）。由于没有养老消费的支撑，农村社会养老服务市场很难自然正常发育，新沂市时集镇 305 位失能老人中的 298 位在家照顾，占 97.7%，也说明了新沂市农村的养老护理业发育全。

表 3 徐州市新沂市时集镇失能老人基本情况统计表

村别	总计	轻度失能				重轻度失能				照护			1000 元以上	1000—2000 元	2000—3000 元
		小计	年龄分数统计（周岁）			小计	年龄分数统计（周岁）			家庭	机构	其他			
			60—69	70—79	80—89		60—69	70—79	80—89						
时集	34	27	7	6	14	7	3	3	1	32		2	31	3	
大周	10					10	2	4	4	10			10		
陈墩	14	11	2	4	5	3		3		14			14		
西洪	14					14	5	6	3	14			14		
马厂	15	1		1		14	3	4	7	15			15		

续表

村别	总计	轻度失能				重轻度失能				照护			1000元以上	1000—2000元	2000—3000元
		小计	年龄分数统计（周岁）			小计	年龄分数统计（周岁）			家庭	机构	其他			
			60—69	70—79	80—89		60—69	70—79	80—89						
陈刘	10	4		4		6	1		5	10			10		
敬元	21	4		1	3	17	2	7	8	21			21		
蒋沟	7	3			3	4		1	3	6		1	7		
温墩	8						8	1	2	5	8			5	2
白科	34	26		3	23	8	2	2	4	31		3	34		
新庄	18	6	2	4		12	2	3	7	18			18		
万沟	15	11			11	4		2	2	15			15		
蒋刘	14	12	1	8	3	2		1	1	14			14		
明甫	11	5		1	4	6	1	2	3	11			11		
凤云	14	7	4		3	7	1	3	3	14			14		
山东	8					8	2	4	2	7		1	8、		
郝湖	40	18	4	7	7	22	4	5	13	40			39	1	
白石	18	11	5	2	4	7	1	4	2	18			18		
合计	305	146	25	41	80	159	30	56	73	298		7	298	6	1

（二）村级经济薄弱，集体互助养老实施难。苏北农村地区的村级经济总体薄弱。以徐州市睢宁县为例，全县393个行政村，有收入的村仅有180个，占总村数的45.8%，其中收入达到10万元以上的村仅有22个，占总村数5.6%，收入在5～10万元的有42个，占10.69%，收入低于5万元的116个，占总村数的29.52%。一半以上的村，集体收入为零，集体无资源、无产业、无门路，根本拿不出钱来支撑社会养老服务体系建设发展。虽然在省"以奖代补"专项资金的扶持下，苏北农村依托社区（村）建设社区居家养老服务中心，覆盖率已达到50%以上，但由于村级经济基础薄弱，缺乏维持正常运转资金，许多中心统计上有数量、检查时有服务，但并没有完全发挥其应有的作用。睢宁县岚山镇胡集村立足当地实际，积极探索互助式养老方式，该村老年关爱之家，入住了44位高龄、独居、空巢等老年人，他们采取"无偿入住、自我管理、互助服务"等方式，老年人满意、社会评价高，但也面临着每年水电等维持费的经费缺口。

（三）社会观念陈旧，服务需求被人为遏制。随着城市化进程和劳动力流转速度进一步加快，农村留守老年人已成为常驻人口主体，且高龄多、空巢多、失能半失能多的现象突出。在有儿防养不了老、有地养不了老的情况下，虽然养儿防老观念开始淡化，但根深蒂固，从而人为地抑制了社会养老服务的需求。许多老年人都想进老年关爱之家互助养老，但子女们却不同意，一方面，他们没有能力伺奉父母天年，另一方面却极力反对父母进老年关爱之家。一些失能老人，家庭条件较好，能够进得起养老机构，但由于社会养老服务的误解，宁愿在家里煎熬，也不愿进入专业机构养老。

三、对策建议

在"未富先老"情况严重、家庭养老文化根深蒂固，而家庭养老功能日渐弱化的情况下，构建苏北农村社会养老服务体系建设，要立足当前，以解决当下老年人的养老需求为出发点，突出满足高龄、独居、失能半失能老年人养老服务需求重点。

（一）实现农村敬老院向区域性养老服务中心的转型，解决重度失能老年人的护理问题。一是对农村敬老院功能重新定位。农村"敬老院"是特定时期产生的特定设施，而随着救助制度的全面实施和日益完善，农村"三无"老人基本能和社会老人一样享有保障，健康的“三无”老人也十分愿意居家养老。因此，应将农村“敬老院”重新定位为农村福利中心，用于“兜底”困难的农村失能半能失老人。二是要将农村敬老院打造成农村社会养老护理中心、服务示范中心和指导培训中心。依托农村敬老院，组织开展农村家庭护理培训。三是以农村敬老院为母体，按照连锁经营的方式，将农村家庭护理服务监管起来，以充分发挥农村闲置农房在养老护理中的作用。

（二）大力推进农村老年关爱之家建设，照顾好高龄、独居和半失能的老人。要充分利用新农村建设、城镇化“三集中”、中心镇的提档升级等有利机时，按照村建集中居住区、村建养老院和家办托老所三种形式，坚持“村级主办、互助服务、社会参与、政府扶持”的建设原则，采取“村集体建、村和个体合资建、成功人士回报家乡无偿建和个人独资建”等多种建设方式，大力推进农村老年关爱之家建设，就近、就便、低偿关爱农村留守老人。

（三）大力推进农村社区居家养老服务中心标准化建设，增强社区居家养老服务中心的管理功能。经过三年多的实践探索，省级示范性中心在低龄健康老人提供活动、学习、就餐以及短期、应急性等服务方面发挥着较好的作用，要以此为标准，推进农村社区居家养老服务中心标准化建设。同时，要加强社区居家养老服务的县（市、区）级指导中心、乡（镇、街道）级管理中心和村（社区）级服务中心建设，并以此形成纽带，将社区高龄、失能半失能老龄的需求和社会服务组织及市场有机联结起来，形成社区居家养老之全力。

（四）大力推进农村老年人社会组织建设，充分发挥农村老年人在应对人口老龄化中的作用。要将农村老支书、老党员、老干部、老教师、老退伍军人“五老”中有为老服务热心、有一定组织协调能力、有一定社会威望的老年社会骨干力量选拔出来，组织起来，成立农村老年人协会，并赋予其负责社区居家养老服务的功能。

关于江西省农村老年协会建设状况调查与对策建议

曾广水　傅保国

江西省是个农业比重较大的省份，全省 558 万 60 岁以上老年人，农村老年人占约占 70%。农村老龄工作始终是我省老龄工作的重点。在目前基层老龄工作机构人员编制少、经费不足的情况下，农村老年协会是做好农村老龄工作的主要依靠力量。我省农村老年协会建设状况如何？带着这个问题，最近我们采取问卷调查、下基层考察、开座谈会等方式进行了一次调查。现将情况综述如下。

一、江西省农村老年协会发展历程

1984 年 11 月，经省政府批准，成立了江西省老龄问题委员会（后改为老龄工作委员会，简称省老龄委）。之后，市、县（市、区）三级也相继设有老龄工作机构。为推动农村老龄工作，1988 年，省老龄委在总结兴国县高寨村“老人互助会”（后改为老年人协会，号称全国第一个农村基层老年组织）工作经验的基础上，开始在全省部分农村进行建立老年人协会工作试点。1990 年，工作试点取得成功后，省老龄委向省政府呈送了《关于建立和巩固农村老年人协会的报告》并得到批转。从此，农村老年人协会建设在全省大规模开展，队伍不断发展壮大。据不完全统计，到目前为止，全省 16 900 多个村委会，有 13 000 多个村建立了农村老年人协会（为了同全国的叫法一致，2012 年底改称为农村老年协会），占行政村总数 77%。所谓“农村老年协会”，它是在村党支部和村委会（以下简称“两委”）的领导下，在上级老龄工作机构的指导下，实行自我管理、自我服务、自我教育、自我保护的一个基层老年群众组织。农村老年协会领导成员一般由 5～7 人组成，设会长 1 人，副会长 2 人，委员若干人。会长可以由村“两委”主要负责人兼任，也可以由有一定文化水平，德高望重，身体健康，组织能力较强的老同志担任。按照协会章程，农村老年协会班子每 3 年进行一次换届选举。协会的主要任务：一是围绕党和政府的中心任务，按照自愿与量力、社会需求与个人志趣相结合的原则，鼓励老年人从事社区各种公益活动，参与当地经济和社会事业发展，参与社会主义新农村建设；二是组织会员学习党和政府的方针、政策，开展民主与法制教育、科学文化教育和保健知识教育，开展老年思想政治工作，办好农村老年学校；三是宣传老年法律法规，协助当地政府及村“两委”调解邻里、家庭等方面的纠纷，维护农村社会稳定。组织签订家庭赡养协议书，并对赡养和扶养情况进行督促，维护老年人的合法权益；四是组织会员积极参与“敬老模范乡镇、敬老模苑村”和“文明乡村”等创建工作，组织本村“敬老模范户、敬老好儿女（好儿媳）”等评比表彰，宣传计划生育政策，动员村民开展为困难老人送温暖、献爱心活动，在农村营造浓厚的敬老养老助老社会风尚；五是提倡科学、文明、健康的生活方式，反对邪教、封建迷信和宗派行为，积极组织老年人开展各种有益于身心健康的文化、娱乐、体育等活动；六是根据当地实际和资源，组织会员和低龄老人依法发展老龄产业，参与种植、养殖等多种经营，鼓励“自我养老”；七是积极向有关部门反映老年人的要求和愿望，为党和政府制定有关老龄政策法规提供参考。

二、我省农村老年协会建设的基本经验

随着人口老龄化形势的发展和农村“留守老人”的增多，农村养老保障工作出现了许多新情况、新问题，作为农村老龄工作的主要依靠力量，农村老年协会建设已引起各级党委政府和老龄工作部门的高度重视。综合调研情况，我省农村老年协会建设有以下基本经验。

（一）出台政策措施，加强协会规范建设。为把农村老年协会建设好，2005年以来，省老龄委、省老龄办先后下发了《关于加强农村老年人协会建设指导性意见》《关于加强基层老年人协会建设的意见》等一系列规范性、政策性文件，特别是《关于加强农村老年人协会建设指导性意见》，进一步明确了农村老年协会建设的指导思想、目标任务和工作措施，提出了“设施完善、制度落实、班子得力、经费落实、作用明显”五条农村老年协会规范化建设标准。7年来，省老龄办按照这个建设标准，每年争取省财政扶助资金200万元，采取政府招标，统一采购、统一送货的方式，为800多个农村老年协会配发了彩电、DVD和音响、棋牌、民间器乐、乒乓球桌、办公桌椅、书柜、麻将桌等文化活动器材，改善了农村老龄基础设施条件，深受农村老年人的欢迎。各设区市、县（市、区）老龄办也积极争取党委和政府的支持，安排相应的配套资金，扩大试点范围，让更多的农村老年人收益。

（二）建立老年经济基地，提高协会自我生存能力。由于受经济条件的制约，有些地方出现老年协会“自生自灭”的情况，为提高协会自我生存能力，早在九十年代，宜春市就创造性地提出协会要建立老年经济基地，办法是由乡镇、村划拨一定的山林、竹林、荒地、水塘给村老年协会用于发展种植、养殖业，收入归协会所有。据初步统计，目前，我省农村老年协会有大小老年经济基地2 701个。

（三）坚持“建有所用”，积极发挥协会作用。在农村老年协会建设中，各地一方面重视“硬件”建设，注意帮助改善基础设施条件，另一方面又不忽视“软件”建设，注意帮助协会建立健全工作制度，使之在新农村建设中发挥积极作用，农村老年协会已成为农村“两委”的得力助手。一是建言献策，关心教育下一代。二是带头致富，促进当地经济发展。三是调解纠纷，维护老年人合法权益。

三、农村老年协会建设存在的主要问题

（一）缺乏必要的经济支撑，工作运行困难。据调查，我省农村老年协会的工作和活动经费来源主要有四个方面：一是村“两委”拨款，此类占57%；二是社会资助，此类占32%；三是自身固定资产收益，此类占4%；四是会员会费，此类占7%。全年经费在1 000元以下的占43%、在1 000元至5 000元的占38%、在5 000元至1万元的占8%。少数农村老年协会经济充足，主要是靠农村实行生产承包责任制之前，乡镇、村划拨山林、竹林、荒地、水塘给村老年协会用于发展种植、养殖业得来的。有些村集体经济雄厚，每年可以安排一定资金给老年协会用于开展活动。生产承包责任制实行之后，尤其是近年来林业改革，土地、山林、竹林都分给了个人，集体经济消弱，村没有钱给老年协会，加上老年协会自身缺乏“造血功能”，致使工作运行困难，有的难以维持，存有“自生自灭”的危险。

（二）缺乏办公和活动场所，基础设施落后。调查中我们发现，有不少农村老年协会办公和活动场所是在改建的旧祠堂、旧校舍和旧仓库，依靠集资和有关部门支持新建办公和活动场所的不多。有的由于缺乏资金，旧房屋年久失修，办公条件十分简陋，基础设施非常落后。据统计，全省老年协会有50%没有办公场所、60%没有活动场所、46%没有图书阅览室、73%没有电视室，有戏台的只占27%，有一半没有成立文娱活动队伍。有的老年协会在村委会只有一间办公房，开会、活动都要借用村委会的办公室和党员群众活动室，满足不了工作、学习和活动的需要。

（三）缺乏检查指导，作用没有充分发挥。农村老年协会尽管是个老年群众组织，但跟老年体育协会不同，从省老龄委下发的《关于加强农村老年人协会建设指导性意见》提出的7项任务来看，它更多地是赋予农村社会管理和为老年人服务职能。由于乡镇一级没有设立老龄工作机构，县一级老龄办又存在人员编制少、工作力量不足的问题，因而对农村老年协会缺乏有效管理，使之处于放任自流的状态，作用没有得到充分发挥。现农村老年协会多数成了老年人打麻将、打纸牌的娱乐场所，工作和活动内容十分单一。

四、加强农村老年协会建设的对策建议

实践证明，农村老年协会在维护农村老年人合法权益、调解赡养纠纷、落实计划生育政策、促进当地经济发展等方面具有其他组织无法替代的作用。各级党委政府和有关部门，无论从维护农村老年人合法权益，还是从维护农村社会稳定，加强社会化管理的角度上讲，都应该重视农村老年协会建设。

（一）思想认识要提高，重在加强组织建设。在新的历史条件下，各级党委政府和有关部门要把加强老年协会建设作为创新社会管理，解决农村养老保障和养老服务的一件大事来抓。首先是在行政村普遍建立老年协会组织。大村可以建立老年协会，小村可以成立老年协会分会。通过努力，力争“十二五”期末，实现《江西省老龄事业“十二五”规划》和省老龄办《关于加强基层老年人协会建设的意见》提出的全省农村社区老年协会成立数达到80％以上的目标。其次是要充分挖掘和整合社会资源，解决农村老年协会公室和活动场所不足的问题。有条件的地方可以出资帮助农村老年协会建房，无条件的地方可以利用现有的公共设施，如农村学校撤并不用的校舍、集体闲置房屋等，通过翻新修缮，给老年协会提供办公和活动场所。三是要按照省老龄委提出的“设施完善、制度落实、班子得力、经费落实、作用明显”五条标准，坚持不懈地开展农村老年协会规范化建设。

（二）经费投入要加大，重在增强其自身“造血功能”。当前，农村老年协会办公场所和活动场所，不仅是农村老年人学习、娱乐的地方，而且有不少地方已成为农村开展居家养老服务的重要平台，有些村在老年协会办公和活动场所里建立了居家养老服务中心，为农村留守、空巢老人开展送餐、配餐和健身服务，受到老年人欢迎。《江西省国民经济和社会发展第十二个五年规划纲要》和《江西省老龄事业发展“十二五”规划》提出“十二五”时期，全省要建4500个农村社区居家养老（日间照料）服务中心，但从目前的情况看，各级政府没有将这个项目建设资金列入本级年度财政预算。要把农村老年协会建设与居家养老（日间照料）服务中心项目建设紧密结合起来，加大政府资金投入。要想方设法、多措并举，帮助农村老年协会增强自身“造血功能”。有条件的地方，可以采取个人和社会捐赠的方式，帮助老年协会建立老年基金会；通过行政手段，调整部分荒地、山林、水面、滩涂等给老年协会作为老年经济基地，收益归老年协会所有；利用当地地理条件和自然环境的优势，帮助农村老年协会策划和开发经营项目。通过这些措施，为农村老年协会创造良好的工作条件。

（三）工作指导要加强，重在充分发挥其作用。调研中村干部一致认为成立村老年协会非常必要，之所以必要，是因为村老年协会不仅是农村老年人的“娘家”，而且帮助村“两委”做了大量的社会管理工作，解决了不少社会矛盾。因此成立老年协会的目的，不少为了“凑数”或单纯的丰富老年人文化生活，更重要的是充分发挥其社会管理作用。为此，基层老龄工作部门和乡镇一级党委政府要加强农村老年协会的领导。分管民政、老干部工作的乡镇干部、民政助理或所长要重视农村老年协会建设，经常下去指导检查工作，帮助选好会长，搞好协会班子成员的培训，通过建立考评机制，使农村老年协会能够按照省老龄委《关于加强农村老年人协会建设指导性意见》提出的7项任务，卓有成效地开展工作，在新农村建设中充分发挥作用。

社区老年人日间照料中心建设及运营模式长效机制的建立与设想

田开胜　张红兵　张　明

据省统计局抽样调查，2012年底河南省60岁以上老年人1304.55万人，占常住人口的13.87％，养老压力很大。随着家庭规模和家庭结构小型化的变化，传统养老模式难以为继，家庭养老功能不断弱化，传统的家庭养老模式受到前所未有的冲击。解决养老问题，国家在调查研究的基础上，提出要努力构建适合我国国情的“以居家为基础、社区为依托、机构为支撑”的养老服务体系。通过有关部门调查显示，由于社区居家养老服务成本相对较低、能减轻家人照料负担，并且还能于子女相互照应，有90%以上的老年人，选择居家养老服务。而机构养老由于存在收费偏高、老年人传统家庭伦理意识影响等原因，有一少部分老年人选择入住养老机构。

社区老年人日间照料中心是承担社区居家养老服务工作的重要设施之一，是政府和社会力量依托社区，为居家老年人提供生活照料、家政服务、康复护理和精神慰藉等服务的场所。包括社区居家养老服务中心、托老站、农村幸福院等。

一、目前我省社区日间照料中心运营现状

近年来，各级民政、老龄部门在推进社区日间照料中心建设方面付出了很大努力，出台了一系列优惠优待支持政策，通过政策引导、各级财政资金扶持等方式，基础设施发展比较迅速。截至2013年11月底，城市日间照料场所（托老站）940多个，覆盖率21%；农村日间照料场所（幸福院、互助家园）3788多个，覆盖率8%。在这些老年人日间照料场中，有一少部分运营状况较好，这些运营较好的地方普遍有一定经济基础，或本社区、本村有固定的资金支持，或政府财政每年有固定的专项资金支持，如信阳市平桥区、罗山县，他们每年从地方财政中列支日间照料中心运营经费。平顶山市宝丰县的老年人互助家园，大部分依托本村的固定收入或本村流转土地的收入来资助，解决老年人日间照料场的人员工资、水、电费等，基本能维持正常的运营。焦作市武涉县农村幸福院建设运营引进社会慈善基金，广泛动员社会力量捐资农村幸福院造福乡邻，也有力地推动了农村幸福院的建设和可持续发展。但由于我省老年人口基数大、养老服务设施匮乏、经济基础差等原因，有不少老年人日间照料场所，在当地政府的资金和支持下，虽然建成开业，由于没有长效的运营机制，处于艰难维持状况。存在的突出问题是：

（一）设施简陋，功能单一。各地基层对社区养老很积极，响应上级号召，部分日间照料场所虽然挂牌开展了服务，但设施设备十分简单，只有文体娱乐设施，比较单一。有些旧城社区日间照料中心，受面积的限制，只能提供简单的活动场所。还有些日间照料中心设计没考虑老年人生理特征，忽略了老年服务设施应具备防滑、防碰撞、防摔跤等功能，无法满足老年的服务需求。

（二）服务人员素质低、服务单一。有不少日间照料中心没有配备专业服务人员或管理人员，有的是社区工作人员兼职，只负责日间照料中心的开门和关门，或提供简单的服务。部分开展比较好的日间照料中心，多数有一些靠有尊老爱老之心和经验而工作的服务人员活跃在日间照料中心，他们多数文化较低、年龄偏大，没有接受过专业知识的培训，即使在管理人员中有部分接受过相关的社会工作培训，但这些培训仅仅是一种上岗人员的短期培训，专业性不强，对老年人的需求了解多是从自己的经验出发，缺少专业化的服务理念。同时，因服务工作繁琐、劳累、且收入低等方面的因素，也导致服务人员流动性较强，人员流失现象严重。

（三）政府定位不清，主导作用不明显。社区老年人日间照料中心，是为老年人提供生活娱乐等服务的场所，是公益性社区基础服务设施，理应由政府规划建设，建成后引进社会力量运营管理，同时加大政府购买服务的力度，为“三无”老人、“五保”老人、重点优抚对象高龄失能老人、低保家庭高龄失能老人、失独特殊困难家庭老人等，提供免费生活照料、护理、家政等服务；为生活困难家庭高龄失能老人提供低偿服务；为广大有需求老人提供有偿服务。政府可以根据服务人群不同、服务量多少，给予资金支持，通过购买服务的方式，使社区日间照料中心正常有序运营。另外，在城市可以安排“4050”人员，在农村可以安排闲置劳动力从事社区养老服务工作。

（四）功能不健全，没有真正发挥照料护理服务的作用。社区老年人日间照料中心由于普遍存在场地小的原因，照料护理服务的功能没有发挥。有的基层认为场地是无偿项目，这种不正确的认识，引致照料护理项目不能开展，社会力量参与运营的积极性不高或运营困难。

三、社区老年人日间照料中心的建设及长期运营设想

（一）社区老年人日间照料中心应具备的主要功能。随着现代老年人追求生活方式质量的实际需求，从关心生活入手，围绕老年福利、日常生活照料、家务帮助、医疗保健、精神慰藉、健身娱乐、老年维权等，做到面向辖区所有老年人、公共服务功能完善、服务质量和管理水平专业化、职业化，实现困有所助、难有所帮、需有所应。具体服务内容：

1. 生活照料服务。对无人照料能够“走出来”的老年人，提供所需服务，包括看护、休息等。同时，设立养老服务信息系统或热线，对等不能“走出来”的老年人，实施“走进去”服务，联系服务人员或志愿者上门为老年人提供一般居家照料服务。

2. 配餐、就餐服务。根据老年人需求和身体状况，提供就餐、上门配餐服务。

3. 康复保健服务。为老年人提供康复训练、心理咨询、健康指导、情绪疏导等服务。

4. 开展护理服务。对失能、高龄老人提供专业护理服务。

5. 文体服务。为老年人提供有益身体健康的文化体育活动，如健康知识讲座、学习培训、书法绘画、图书阅览等服务。

6. 其他志愿服务。为老年人提供邻里互助、谈心交流、精神慰藉等服务。

（二）社区老年人日间照料中心的建设。要让老年人在自己生活的社区内获得体面生存必需的资源，是摆在各级人民政府面前的重要任务之一，政府有义务为社区老年人提供必要的日间照料中心的场地和设施。

1. 严格标准，合理规划。各地有关部门应认真落实《国务院关于加快发展养老服务业的若干意见》和《社区老年人日间照料中心建设标准》，结合老年人口规模、养老服务需求，明确养老服务设施建设规划，并将有关内容纳入城市、镇总体规划，加强养老服务设施统筹协调。合理确定养老服务设施类型、布局和规模，实现养老服务设施的均衡配置。严格落实提出的社区养老服务设施人均用地不低于0.1平方米标准，确定养老服务设施布局和建设标准，分区分级规划设置养老服务设施。

2. 因地制宜，确保落实。可通过政府购买、租赁、调配、插建、企业共建、开发商配建等多种方式保障老年人日间照料中心用房。社区日间照料中心用房应该纳入社区居民公益性服务设施建设，可与社区公益用房调配使用，资源共享。在日间照料中心建设过程中，住房城乡建设主管部门应加强对日间照料中心设施设计、施工、验收、备案等环节的管理，保证工程质量安全，新建居住（小）区的养老服务设施应与住宅同步验收、同步交付使用，所在街道办事处应参与交付验收。对旧城区已规划社区养老服务用房，但未建设或未按规划建设的，应责成建设单位按规定补建或新建。未规划旧城社区养老服务用房的，应通过在临时空地插建、闲置房产改扩建、调剂置换等方式解决，可协调与辖区大型企业社区用房合建、共建，也可与社区卫生服务站点、养老公寓、老年活动中心等服务资源共享。

（三）老年人日间照料中心的运营模式的设想。社区日间照料中心的服务深受广大老年人的欢迎，如何使老年人日间照料中心可持续化运营，是当前值得探索的课题。要保证为老服务的良性运转，资金来源尤为重要。靠政府、社会赞助补贴的方式，只能维持一时，不能长久。那么要想长期健康的运营，必须有源源不断的经费作支撑，也就是说老年人日间照料中心不能只有输血功能，也要有造血机制。就是要探索、创造日间照料中心运营利润增长点。我想，在运营方面应尝试以下办法：

1. 明确政府购买服务对象，资助一点。对辖区内的城镇散居“三无”老人、农村分散供养的“五保”老人、低收入独生子女和计生双女父母老人、失能特殊困难家庭、低收入失独老人、生活不能自理或半自理无子女照顾的低保老人、省级以上老劳动模范、重点优抚对象中生活困难的老年人以及其他特别困难老年人，政府应实行购买服务。政府有关部门可根据确定服务对象的身体状况和自身服务能力，制订不同的服务菜单供老年人自主选择服务项目，并随着服务需求发展，逐步增加服务内容，让老年人接受日间照料中心的服务，同时得到政府的补贴。

2. 开展兴趣活动项目，留住人。从目前我省部分日间照料中心的经营状况来看，开局很好，但过段时间后人气不是很好，甚至运营困难，也有不少面临关闭状态。要组织更丰富的活动。一是常规活动要保持。由中心工作人员带领，早上组织大家测量血压，做集体关节操，阅读报纸等。二是不断增设特色项目。如专家授课。三是丰富娱乐活动。每周安排老年朋友听老戏曲、观看老电影、做游戏、也可联系一些具有爱心的企业和志愿者来中心召开联谊会等。

3. 开设利润项目，挣一点。老年人日间照料中心要寻找造血机制就需要把眼光放开，在保证老年人利益的同时可以开拓更广泛的思路。一是开设配餐服务。有了很好的人气，在保证特别需要照顾的政府购买服务的老人外，可以面向周边社会老人或白领提供优惠的服务，从中获得一点微利。二是开展日间照料和护理。对有能力支付的因子女临时出差无人照料需要托管、护理的老年人，依托日间照料中心提供低偿和有偿服务，也可从中获得一点费用。三是开展日常项目。可以利用日常项目包括理发、足浴、保健等。当然这些服务要优惠于市场价。随着项目逐渐的增多、逐步的完善。可以实现单个项目赢利。通过各个项目的利润，补充日间照料中心人员工资、水、电费的开支。

4. 为服务人员提供公益性岗位。社区老年人日间照料中心本身是公益性服务设施，政府应提供一些公益性岗位。解决好公益性岗位，至少有以下三点好处：其一，有利于把养老服务人员纳入职业系列体系，从而创造出新的职业岗位，促进下岗再就业；其二，专业化包含着职业技术资格认证，从业者必须通过一定的培训和技术考核，才能上岗，这对从事为老年人服务人员而言，既是职业肯定，又是上岗保障；其三，专业化意味着职业规范和职业道德，不但要求为老年人服务人员自律，而且有利于社会监督。政府提供为老年人服务公益岗位，一方面对老年人服务人员的专业化具有推动作用；另一方面，送给下岗失业人员的是岗位、收入和尊严，送给老人的是免费服务的福利。

（四）确保日间照料中心正常运转的政府职能。在养老服务方面，重要的还是要体现政府的主导作用。

1. 落实优惠政策，鼓励社会各界参与社区养老服务。对非营利的社区养老服务机构的用地、规划和各项税费，要严格按照国家、省关于支持养老服务业发展的优惠政策执行，水、电、气暖费用按居民生活类价格执行。各级政府应支持社会力量参与社区日间照料中心建设运行和开展居家养老服务，街道、社区应当无偿提供服务场地和其他优惠支持，鼓励连锁经营、统一管理，通过各种渠道给予以奖代补。政府为社会参与者创造良好的市场、投资环境，降低市场准入门槛，消除体制障碍。

2. 加强服务人员队伍的培训。随着老年人对社会化、专业化服务需求的大量增加，“老年服务与管理”专业人才的社会需求量越来越大。从目前现状来看养老服务队伍整体素质低下。从业人员的在职培训也亟待解决。政府有关部门对符合条件的养老服务从业人员，应提供免费的社会养老、居家养老服务技能培训，颁发从业资格证书，并纳入政府公益性岗位扶持范围。鼓励失业下岗人员和农村富余劳动力通过职业资格培训，从事养老服务，满足市场用工需求。同时，还要加强对社工专业人才的吸纳与培养，大力发展养老服务志愿者队伍，改善和提高服务队伍的整体素质。

3. 政府应加强行业的管理和监管。各级政府、有关部门应当加强对老年人日间照料中心建设、运营的监管和指导，不断开展服务评比、评定活动，建立健全科学量化的考评机制和评估、评审制度，构建服务质量监控体系。同时加大对老年人日间照料中心的宣传力度，不断开展示范单位（社区日间照料中心）、优秀护理员的评选，逐步提高养老服务行业的地位和美誉度，鼓励更多的社会人士和志愿者参与养老服务，不断激励养老服务从业人员的热情，提高职业素养和业务技能，确保老年人得到满意的服务。

湖北人口老龄化现状、趋势与对策

湖北省老龄办联合调研组

人口老龄化是经济社会发展的必然趋势，是人口再生产模式发生转变的结果。按照60岁及以上人口比重超过10%或65岁及以上人口比重超过7%的国际标准，我省早于1998年进入老龄化社会。为科学预测人口老龄化发展趋势，积极应对人口老龄化给经济社会发展带来的新挑战，省老龄办联合武汉大学人口·资源·环境经济研究中心，以2010年第六次人口普查数据为基础，参考以往统计及抽样调查数据资料，采用中国人口预测软件（CPPS）和国际人口预测软件（PADIS—INT），在分析我省人口年龄结构和老年人口发展变化特征的基础上，对2011—2050年全省总人口、老年人口发展趋势进行预测，分析人口发展规模和人口老龄化特点，针对人口老龄化发展过程中存在的问题，提出对策和建议。

一、我省人口老龄化现状分析

建国以来，我省人口长期处于高出生、低死亡的人口快速增长阶段，期间，除三年自然灾害外，一直持续到20世纪70年代初期。此后，随着计划生育政策实施和生育观念转变，生育水平整体呈下降趋势，逐步完成了向低出生、低死亡、人口低速增长转变，进入现代型的人口再生产类型，同时也加速了我省人口老龄化进程。2010年“六普”数据显示，全省总人口5 723.8万，其中0～14岁少儿796.4万，占总人口13.9%；15～59岁4 130万，占总人口72.2%；60岁及以上797.4万，占总人口13.9%；65岁及以上520.2万，占总人口的9.1%；80岁及以上80.7万，占总人口1.4%。到2012年底，全省60岁及以上老年人口已达889万，占总人口的15.4%，其中65岁及以上老年人口583.8万，占总人口的10.1%。与“五普”数据相比，呈现以下特点。

（一）生育水平大幅下降，人口总量高位运行。国际上通常将总和生育率小于或等于2.1确定为低生育率水平。建国初全省妇女总和生育率为6.23，高于5.29的全国水平。在经历20世纪60年代的超高总和生育率后，70年代初下降到3.24，到1980年又降至2.12，基本达到国际低生育水平标准，2010年达到1.35。在生育水平持续低下和部分人口向外省流出的情况下，全省常住人口总量在高位运行中有所下降。2010年全省常住总人口5723.8万，比“五普”少227.1万人。

（二）人口结构逆向攀升，老龄化程度逐步加重。2010年，全省0～14岁少儿人口由2000年的1357.1万人减少到796.4万，减少了560.7万，占总人口的比例从24.0%下降到13.91%。而60岁及以上老年人口则由2000年的565万增加到2010年797.4万，净增232.4万，占总人口的比例由10%上升到13.93%。老年人多于少儿的现象开始出现，老年人口规模不断增大，人口老龄化程度进一步加深。

（三）家庭规模不断缩小，“空巢”现象日益突出。2010年全省共有1 669.9万户，平均每户3.16人，比2000年的每户3.51人减少了0.35人。有老年人家庭户为541万户，空巢家庭171.9万户，占老年人家庭户的31.8%；空巢老人276.2万人，占老年人口总数34.6%。家庭规模缩小，空巢老人增多，使传统的家庭养老方式受到冲击。

（四）总抚养比持续下降，人口红利持续上升。根据国际人口学理论，总人口抚养比小于或等于50%称为人口机会窗口期，也称之为人口红利期。2002年我省人口总抚养比高峰为46.8%，此后总抚养比呈现持续下降趋势，2010年下降到29.9%。其中少儿抚养比由2002年的33.9%下降到2010年的18.1%。总抚养比从负担少年儿童为主逐步向负担老年人为主转变。在总人口抚养负担不断减轻的情况下，人口红利持续攀升达到顶峰，进入拐点。随着老龄化程度的加剧，总人口抚养比2011年开始进入上升通道，2012年底达到32%，人口红利窗口开始缩小。

（五）少儿数量持续减少，人力资源短缺和老化风险显现。2000年我省少儿占比24.0%，略低于中部六省的24.7%，高于全国的22.9%。2010年我省少儿占比13.9%，明显低于中部六省的18.3%和全国的16.6%。10年间，少儿占比下降了10.1个百分点，远高于全国（6.3个百分点）和中部六省（6.4个百分点）的下降率。由于人口机会窗口扩大主要依靠0～14岁少儿人口减少及老年人口的持平来实现，0～14岁少儿快速下降的人口结构，在加速人口老龄化进程的同时，意味着人力资源走向枯竭，形成人力资本的潜在风险。

二、我省人口老龄化发展趋势预测

（一）人口总规模增速缓慢，2023年左右出现拐点，形成城镇递增、乡村递减态势

据预测，全省常住人口将在2023年达到峰值6064万人，2010—2022年间年均增加28.4万人，年均增长率为4.83‰。之后总人口开始以年均18.6万人和3.26‰的比率负增长，2050年为5 699.8万人。受城镇化影响，城乡人口增长将呈现城镇增、乡村减的态势。农村人口将提前在2017年左右出现拐点，开始下降。而城镇人口将持续增长至2050年左右。

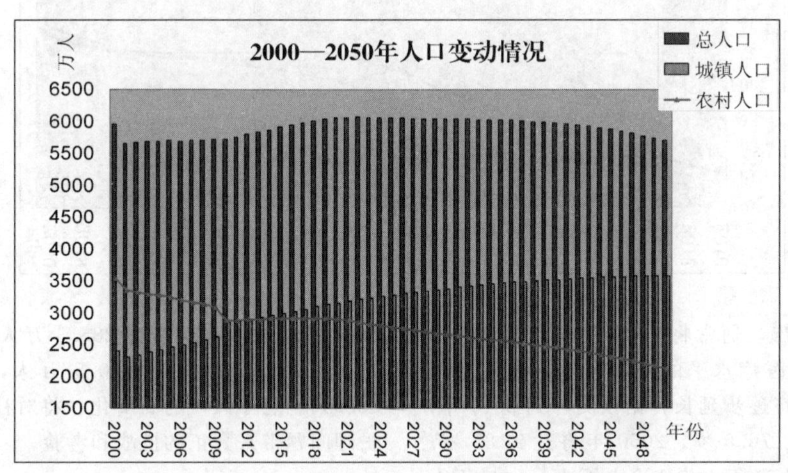

（二）老年人口规模快速增长，2034年后趋缓，增速农村快于城镇

据预测，全省人口老龄化进程在2034年以前的20多年间始终处于快速增长状态。

一是规模大、速度快。“十二五”期间每年净增加49万人，到2015年末，60岁及以上老年人1 042.4万人，占总人口的17.6%，65岁及以上686.4万人，占总人口11.6%；“十三五”期间，受上世纪三年自然灾害低出生、高死亡率的影响，老年人口增长速度稍有放缓，但平均每年也净增39万人，到2020年末，60岁及以上老年人1 243.9万人，占总人口20.6%，65岁及以上老年人894.6万人，占总人口14.8%；此后的13年间，每年平均增加55万人，到2033年60岁及以上老年人将达到1 958.4万人，占总人口的32.6%，65岁及以上老年人1 449.6万人，占总人口24.0%。期间在2019年60岁及以上老年人口超过总人口的20%，进入中度老龄化状态，2030年超过总人口的30%，进入重度老龄化状态。2034年以后，老年人口增长速度有所减缓，到2050年老年人口规模达到峰值时为2 179.8万人，占总人口的38.8%。

二是城乡不平衡。全省人口老龄化进程中城乡之间差异明显，农村人口老龄化程度快于、重于城镇。2012年底，全省60岁及以上老年人口中，城镇为393.7万人，占总人口13.6%，而农村为496.1万人，占17.2%，农村高于城镇3.6个百分点。农村人口老龄化将于2016年超过20%，2028年超过30%，达到中、重度老龄化状态，而城镇则分别延迟到2022年和2032年，延迟4～6年。2010～2035年之间，农村老龄化比重始终高于城镇3～6个百分点，之后城乡之间的差距开始逐步缩小，至2050年左右，城乡的老龄化程度才能接近平衡。

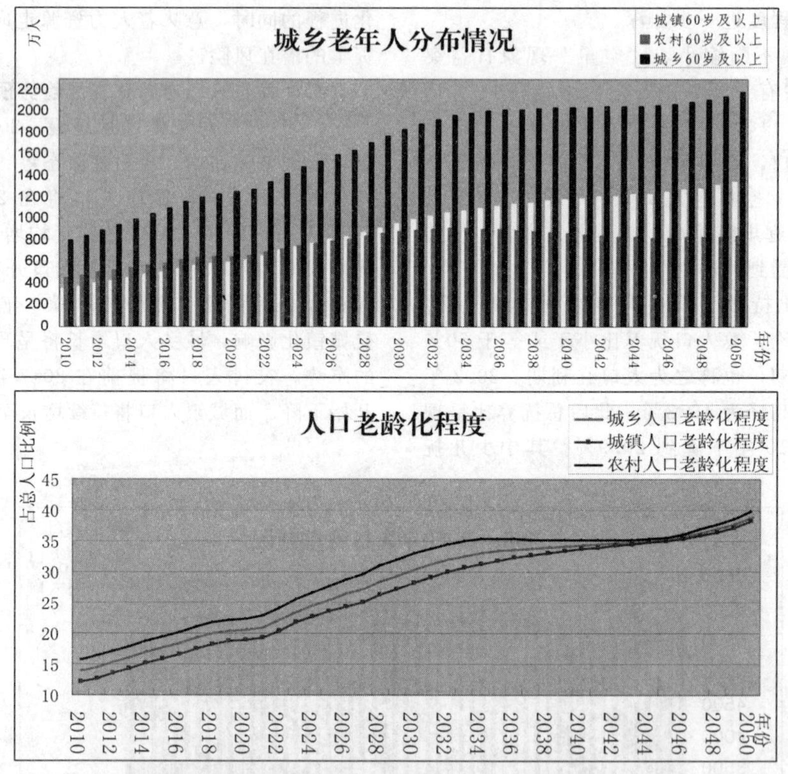

三是高龄化突出。通常将80岁及以上老年人称为高龄老人。随着医疗水平的提高和生活条件的改善，人均预期寿命将逐步延长。据预测，到2015年，人均预期寿命约为76.5岁，2050年将达到85岁。2015年80岁及以上老年人为129.3万人，占老年人口的12.4%；2030年为285.3万人，占老年人口的15.6%；2050年将达630.5万人，占老年人口的28.9%。老年人口的高龄化，将对社会养老、特别是护理问题带来真正的挑战和考验。

（三）抚养比持续快速上升，2030年左右人口红利将完全消失，人口机遇城镇好于农村

据分析，我省社会总抚养比在2010年就已达到29.9%的最低点，其中老年抚养比为11.8%，少儿抚养比为18.1%。未来50年间，全省少儿抚养比将在18%～23%之间小幅波动，最高的2020年也仅23.1%；而老年抚养比则一直保持快速上升态势，2022年超过少儿抚养比，2033年为少儿抚养比的2倍，达到37.6%，2050年仅老年抚养比即超过50%。在老年抚养比持续快速上升的情况下，全省社会总抚养比从2011年开始由降转升，2030年左右总抚养比将超过50%，达到国际50%的人口红利期上限，人口红利窗口关闭；2050年总抚养比将达到71.7%。其中农村人口红利期将在2019年结束，总抚养比超过50%，2050年达到75.9%；而城镇的人口红利期将延长到2031年左右，2050年上升到69.2%。

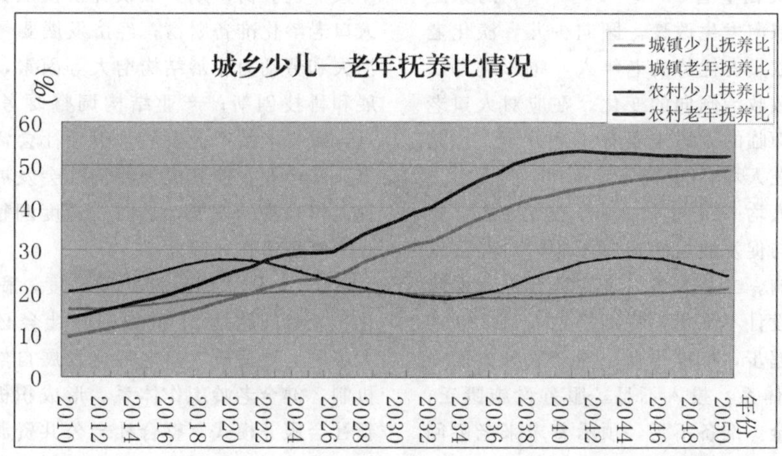

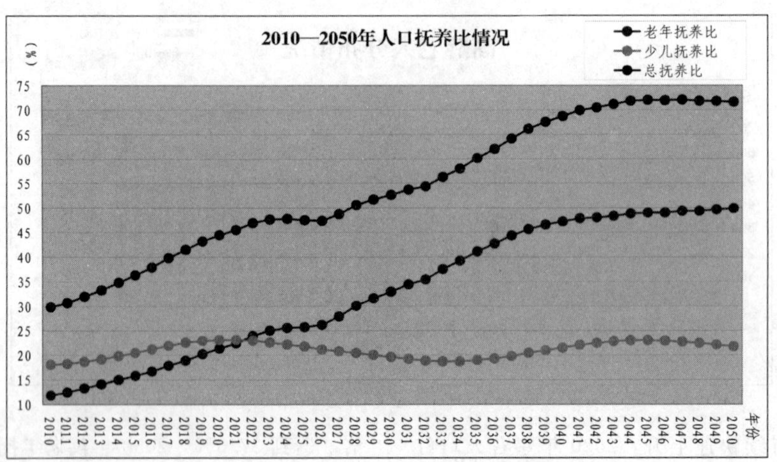

三、人口老龄化进程中面临的主要矛盾及应对措施

随着人口老龄化的逐步加重，老龄问题将对经济社会发展发生深刻影响。从经济上看，人口红利逐步消失，企业成本提高，增长潜力下降；从社会上看，养老负担加重，利益格局发生变化，老人诉求增多，管理难度加大；从文化上看，“8—4—2—1”的家庭格局，将导致道德取向发生改变，倾向少儿，淡化老人；从政治上看，数量占优势的老年人，将影响基层民主选举，最终导致政治倾向的变化。在应对人口老龄化问题上，当前面临的矛盾主要有4个方面。一是未富先老。我省是在人均GDP尚不足1 000美元时进入老龄社会，目前人均GDP也仅6 000美元左右。财富不足，使保民生与促发展之间形成矛盾，对经济发展潜力带来直接影响。二是未备先老。社会养老保障体系不完善，制度设计不平衡，特别是占人口2/3的农村养老保障刚刚起步，标准很低；养老服务方面尚未形成系统的政策体系，投入不足，服务设施匮乏；老龄工作体系不健全。准备不足，预示着未来老龄问题的矛盾将日益尖锐。三是老年多病。老年患病率是总人口的3.2倍，60%以上老年人患有2种以上疾病。我省人均预期寿命虽达76岁左右，但健康寿命仅有66岁左右，而发达国家人均健康寿命一般都在70岁以上，日本高达76岁左右。不良的健康状况，在加重社会医疗、护理负担的同时，将成为延长退休年限的主要障碍。四是家庭空巢。据有关资料分析，目前我省的老人空巢率实际达40%以上，部分县市的农村超过60%。空巢现象，成为老年人精神关爱、家庭照料的突出矛盾，同时也将给社会管理带来新的挑战。

老龄问题是一个关系到人口与经济社会可持续发展的战略性问题。我们应当立足当前、着眼长远，充分利用短暂的人口机会窗口，从建设“五个湖北”的高度，积极应对人口老龄化，推动经济社会协调持续发展。

（一）从“富强湖北”高度，积极应对人口老龄化。发展是解决一切问题的关键。要充分利用未来20年人口机会窗口期，加快经济发展，为未来中、重度人口老龄化准备财富；经济发展要考虑人口红利逐步消失和劳动力年龄结构增大等因素，更加重视集约发展和科技创新；产业结构调整要考虑老年人消费特点，重视老龄产业发展，引导社会资本投入老龄服务事业和产业，使其成为经济社会发展新的增长点；重视人口自身的发展，适时、适度调整生育水平，防范人力资源潜在风险。

（二）从“创新湖北”高度，积极应对人口老龄化。老龄问题是21世纪国际社会必须共同面对的一大难题。要适应人口老龄化发展自然规律，创新体制机制，健全老龄工作体系，形成积极应对的合力；创新社会服务模式，整合社会公共资源，逐步形成适应老龄社会特点的社会公共服务体系；创新老年人管理方式，发展和规范基层老年社会组织，倡导老年人自我教育、自我服务、自我管理；创新人才开发模式，最大限度发挥老年人智力科技优势，服务经济社会建设。

（三）从“法治湖北”高度，积极应对人口老龄化。以贯彻落实刚刚修订的《中国人民共和国老年人权益保障法》为契机，加快老龄法规建设，逐步完善老龄政策法规体系；重视老龄法制宣传教育，增强社会老龄意识，依法保障老年人的生活；广泛开展老年法律援助，切实维护老年人的权益。

（四）从“文明湖北”高度，积极应对人口老龄化。加强尊老敬老宣传教育，倡导扶老助老社会风尚，构建老少共融、代际和谐的社会环境；重视老年宜居环境建设，城市规划、建设要充分考虑老龄社会和老年人的特殊需要，加快推进无障碍设施建设，构建方便老年人出行安全、生活方便的居住环境；大力发展老年文化，鼓励老年人走出家门、融入社会，丰富精神生活，提升晚年生活质量。

（五）从“幸福湖北”高度，积极应对人口老龄化。加快建立和完善政府、社会、家庭和个人相结合的多支柱的老年经济供养体系，围绕“广覆盖、保基本、多层次、可持续”的目标，不断提高老年人经济供养水平，让老年人共享改革发展成果；高度重视养老服务设施建设，加大政府投入，引导社会资本投入，逐步形成居家为基础、社区为依托、机构为支撑的养老服务体系；大力发展老年医疗卫生事业，强化老年医疗保健服务，提升老年人健康水平；引导社会从幼儿开始改变饮食习惯和生活方式，提升全民健康水平，让幸福更有质量。

注：

1. 人口红利是指一个国家的劳动年龄人口占总人口比重较大，抚养率比较低，为经济发展创造了有利的人口条件，整个国家的经济成高储蓄、高投资和高增长的局面。国际上通常将人口负担系数小于或等于50％称为人口机会窗口期，也可称为人口红利期。

2. 总和生育率指某国家或地区在当前情况下，平均每个妇女一生所生育的孩子数。

3. 总抚养比是指在人口当中，非劳动年龄人口对劳动年龄人口数之比，抚养比越大，表明劳动力人均承担的抚养人数就越多，即意味着劳动力的抚养负担就越严重。总抚养比＝（0～14 岁＋65 岁以上人口数）÷15～64 岁人口数×100％

4. 少儿抚养比＝（0～14 岁少年儿童人口数／15～64 岁人口数）×100％

5. 老年抚养比＝（65 岁以上人口数／15～64 岁人口数）×100％

托老康复机构中社工服务的重要性及体会（有删节）

乐婷娜姆

一、引言

2012 年，我省 60 岁以上的老年人口已达 1 103 万，超过全省人口总数的 13％，并且还将以每年 3.5％的速度递增。预计到 2015 年底，全省将有近 1 266 万 60 岁以上的老年人，其中 80 岁以上的高龄老人占 15％。

一方面，老年人为国家、社会和家庭作出了应有的贡献，理应受到党和政府、社会以及家庭的关心、尊重。另一方面，高龄老年人对他人的依赖性越来越高，需要长期的照料与关注，但受他们的子女普遍存在时间和精力有限。为此，社工服务便应运而生，并成为养老服务中一支强大的生力军。

二、托老机构中的社工服务实践

广东省社会福利服务中心是广东省民政厅直属事业单位，创建于 1984 年 11 月。近年来，中心先后被国家民政部、中国老年基金会、广东省卫生厅授予“国家级临终关怀爱心护理院”“居家养老服务示范中心”“全国首批爱心护理工程试点单位”和“广东省中医康复重点专科”等称号。中心主要以收养社会老人，照料失智、失能老人、残疾人康复及全省养老服务培训为主要功能，承担民政对象、社会困难群体的公益养老安置工作；开展社会老年人的托养、康复、治疗和临终关怀服务，满足不同层次服务需求的社会福利服务示范单位。多年来，中心一直注重对入院老人进行医疗和护理两个层面的重点关注，有效地减轻了老年人自身的病痛和家庭的照料负担。但随着经济和社会的发展，以及老年人自身健康状况的好转，入院老年人已产生了越来越多的精神和情绪方面的需求。针对这一状况，中心率先开创了医疗—护理—社工服务三位一体的健康服务新模式。自 2010 年底开始，中心成立了社工部，由专业社工开展针对住院老人、家属、职工各个方面的服务，取得了良好的成效。

（一）对服务对象进行深入细致的分析

社工部建立初期，针对院内的长期住院病人医院社工部开展了深入的摸底建档工作，全面了解住院的病人的年龄段、身体状况、行为能力、意识状况等。同时针对部分状况良好，能自由表达的病人进行个案访谈，了解他们对院内服务的各种需求，共获病人档案207份，得出如下结论。

1. 性别、年龄及住院类型

(1) 性别比例：从207份档案中分析，其中男性69人，所占比例33%。女性138人，所占比例67%。男女比例不平衡，这与男女寿命差别相关。同时性别比例可以让我们更合理的设计男女病房及其他相关设施。

(2) 住院病人年龄段分布：我们可以看出医院住院病人是以高龄及超高龄老年人为主，80岁以上老年人占了病人总数的65%，低龄病人（70岁以下）所占比例不中10%。

(3) 住院类型分析：我们可以看到86%的病人处于长期住院状态，包括托老病人、长期院内治疗。反复多次入院的病人也占了9%，两者相加比例为95%，可以看出这部分病人对医疗护理及院舍养老的依赖性。

2. 行为能力分析

(1) 行动状况：我们可以看出，从207份档案分析，病人行动能力较差。其中长期卧床者占了39%，依靠轮椅代步者占了38%，两者所占比例达到77%。

(2) 意识状况：在住院病人中意识清醒者占了48%，有时清醒则占了24%，两者共占了病人部数的72%，意识不清或患有较严重老年痴呆病人则只占到28%。实际上很大一部分长期卧床病人其意识状况为较为清醒的，他们有着精神慰藉方面的需求。

(3) 言语状况：可进行经常语言表达病人为38%，经协助可进行语言表达者为26%，两者比例为64%。通过其他途径可进行表达如肢休语言、写字等，占了6%。不能进行有效表达为30%。

3. 病人患慢性病患病率以及日常生活能力的分析

(1) 病人日常生活能力：建档数据证明，从日常生活能力来看，病人基本为生活半自理及生活不能自理，部分病人在入院后状况有所好转但其日常生活能力还是很低。老年人生活自理能力越低，越需要得到他人的帮助。

(2) 病人患慢性病患病情况分析：建档数据显示病人患慢性疾病按系统分类统计，207位老人共患疾病1 138.5种，平均每人患病5.5种。从其患慢性疾病排位统计结果来看，排在较前面的是：脑梗死（脑出血）后遗症、高血压、糖尿病、冠心病、慢性支气管炎（肺部感染）、失智症、骨关节病、骨折、褥疮、帕金森综合症。

(3) 通过数据分析我们可以看出：住院病人所患疾病主要为慢性及退行性疾病，疾病的加重及年龄的渐长会导致病人情况及自理能力越来越差，所以医院需要通过适当的物理康复、娱乐活动等保持或恢复病人的生活能力。

4. 病人的需求

调查结果显示，入院的老年人基本上都存在三种需求：一是医疗保健，二是物质生活及生活照料，在这二种得到保障之后，老年人的需求重点便放在了精神文化生活及精神慰藉方面。很多高龄老人、身体状况不佳的老年人更是渴望得到临终关怀和抚慰，希望能够有尊严地离世。

（二）界定社工服务的内容和对象

通过与老年人、家属和中心医护人员、职工的访谈，社工部建立了详细的档案和记录。并根据各方面情况的分析，我们将社工服务的内容和对象界定为以下几个方面。

1. 丰富住院病人的精神文化生活

由于中心收治病人主要以长期病患托老及康复病人为主，住院病人在医疗和生活层面有专业的医护人员负责得到了基本的满足，但传统的护理模式重生理照顾而轻精神生活。通过对病人精神生活关注可以让病人增加对医院的归属感，从而提升医院的服务水平。

2. 对住院病人开展精神慰藉

长期住院病人特别是住院老年人都希望子女可以经常来探望，感受天伦之乐。然而随着社会生活节奏的加快，子女并不一定能满足老年人的需求。精神慰藉这方面的缺口是巨大的，同时也是社工部的工作重点之一。

3. 对病人及家属开展临终关怀和心理疏导

就江南医院的实际状况来看，住院病人多为长期患病的老人，实际上也有不少病人由于种种原因在医院离世。对病人及家属开展临终关怀及心理疏导工作是体现人性关怀，提升医疗服务的重要措施。

4. 对院内员工进行情绪支援

社工部的服务对象包括住院病人及其家属、院内全体工作人员。作为医疗单位其医护人员面临巨大的情绪压力，包括病人的治疗、抢救、离世等都对人员的情绪带来一定的困扰，需要进行情绪疏导等工作。

5. 普及社工知识

作为广东省级社会福利服务中心，必须在全省起到良好的表率作用，让医院的服务质量、服务水平达到全省先进水平。而要提升自身的服务水平，就必须加强院内社工知识的普及，提高员工的基本素质，强化他们的社会工作意识，才能促使更好的服务病人。

（三）具体做法

了解了服务对象，界定了服务重心后，中心社工部多方位入手，全面开展社工服务。

1. 深入病房，细致做好个案探访和建档工作，为服务对象解决实际困难

在医务人员的协助下，社工深入到每个病房与病人进行亲密接触，针对每个住院病人情况建立了个案档案并进行随时的跟进工作。在个案工作方面，社工投入了大量的精力，先后跟进个案 19 个，服务对象包括住院病人、家属及院内职工，服务内容包括情绪疏导、资源争取、关系调解等。

2. 联系实际，开展各种类型的小组及活动，促进服务对象的身心健康

社工部设计了以“开心·开怀”为主题的康娱活动及小组活动满足老年人精神文化方面的需求。同时社工部每月还会组织不定期的大型康娱活动，目前服务人数超过 8 500 人次。这些活动极大的丰富了服务对象的生活，促进了服务对象的身心健康。

3. 开展生命回顾，推动“我的美丽故事”计划，协助老年人发掘人生意义

社工部以“我的美丽故事”计划协助住院病人，进行人生回顾，诠释人生经历，肯定自我价值，发现新希望。此计划主要涵盖三个小组的活动，包括：沟通成长小组、“怀念我的过去”小组、“说说我的美丽故事”小组。

4. 推动快乐出游，促进老年人与院外社区融合

通过探访，社工发现部分病人对出游有着强烈的愿望，为此，社工部制定了“快乐出游计划”。针对较健康的老年人，社工部开展院外出游活动；针对行动不便不能外出的老年人，社工组织开展模拟旅游小组活动；针对行动能力更差需长期卧床的老年人，社工开展枕边旅游服务，通过图片、音乐、故事等使老年人了解院外社会的发展。

5. 引入义工资源，同心服务老年人

满足中心住院病人各方面的需求，单靠社工是不行的，必须引进社会的力量。试点一年多来，社工部建立了同心义工服务队，现已吸引 150 多名来自社会各界的义工队员参与义务服务，义务服务时数近 1 000 小时。同时，社工部还组织志愿者为中心困难老人开展了院内、院外的募捐活动，收集到爱心物品 240 件，更好的满足院内老人的需求。

6. 关注焦点问题，促进院方总体管理水平改进

在一年多的试点工作当中，社工部更是深入的关注院内的焦点问题，包括推进居家养老服务、关注院舍服务饭堂问题、院内员工工作满意度调查、护工服务改进、院内行风评议改进工作等，并形成具有实际建议性的方案并提交院方，为院方改进管理水平提供了依据。

7. 普及社工理念，传播社工种子

为更好的开展社工服务推广社工理念，由社工部负责筹备及计划，面向院内员工以社工知识讲座、社工工作坊、社工学习小组等形式开展社工知识培训，大力推进社工知识在院内的普及。目前共开展社工培训及团队活动 10 余次，参加员工达 300 多人次，其中包括社工知识讲座、“512”国际护士座谈会等。经过大量的推广工作，2011 年中心员工报考社会工作师职业水平考试人数为历年之最，达 30 多人。

三、社工服务的重要性及几点建议

（一）老年人的精神文化需求不断增加，建立专业的社工服务团队势在必行

入住托老机构的老年人孤独感非常严重，普遍存在排遣不去的孤独感。心情郁闷、沮丧、孤寂，甚至食欲降低，睡眠失调，平时愁容不展，长吁短叹，流泪自责，有时认为自已对不起子女，没有完全尽到做父母的责任，有时又责备子女，觉得子女不孝，让父母独自度过晚年，在生活和精神上，难免会出现难以弥补的“空缺”感。如果老年人口长期单身生活，生活的目标定位不清，生活意义不明确，很容易造成精神空虚、孤独感，进而发展成轻生现象。这些心理失调症，已经成为这些亲人远离身边的老人生活中挥之不去的阴影。专门针对老年人的具有专业水平的社工服务，正好满足了老年人的这一重要需求。

（二）在托老机构中建立稳定的社工服务站，能最大限度地服务老年人

我们在工作中发现，老年人尤其是高龄老年人，对陌生人的照顾和帮助，老年人持防备和拒绝的态度。而固定的社工服务站的工作人员，在与老年人建立了良好和长期的关系之后，很容易和老年人沟通，和他们建立深厚的感情，成为老年人的精神和心理上的依靠，从而能促使老年人把心里话倾诉出来，解决他们的困难，排解他们的情绪，能最大限度地满足老年人的精神需求，

让老年人更快地恢复到健康的生活状态之中。尤其是通过个案、小组、社区等多种方式，有针对性地解决老年群体、个体诸多方面的需求，营造有利于他们的和谐的生活环境，把为老服务水平发挥到了最大限度。

（三）建立社工工作制度，是完善社工服务的必要保障

试点一年多来，中心社工部根据自身工作的实际情况，建立了基本的工作制度及职业守则，包括《江

南医院社工部工作守则》《江南医院社工部督导制度》《江南医院社工部服务记录保存指引》《江南医院社工部岗位职责》《江南医院社工部工作原则》《江南医院社工部考勤管理制度》。规章制度的建立更好的完善了社工的发展，为发展社工服务培养社工人才奠定了良好的基础。为更好的落实项目组织管理规范服务，社工部还制定相关服务系统文件，包括个案报告表、个案服务记录表、服务对象档案表、小组活动流程表、小组活动评估表、社区活动流程表、社区活动评估表。这些表格使服务在执行过程中各环节紧紧相扣，确保了专业的社工服务质量，成为不断完善社工服务的重要保障。

（四）完善医疗－护理－社工服务三位一体的服务模式，在养老服务中将发挥越来越大的功能

实践证明，引入社会工作理念和服务手法，透过跨专业团队的服务方式，以及社会工作理念和社工服务在各部门、各管理和服务环节的嵌入和融入，为医院托养老人及其他一般病人和职工提供专业化的服务，协调医患关系，开展员工团队活动，疏导情绪，建立支持，逐步建立医疗—护理—社工服务三位一体的健康服务新模式，并加以推广，正成为当前最新的养老服务模式。同时，建立一支结构合理、素质优良的本土化医务社会工作人才队伍，探索建立科学合理的社会工作人才培养、评价、使用、激励机制，才能让这种服务模式走上良性循环的轨道，才能在养老服务中充分体现爱心护理的专业理念。在人口老龄化日益严峻的形势下，养老服务才能发挥越来越大的作用和功能。

贵州空巢老人生活状况调查报告（摘要）

贵州省老龄办

当前，我国已进入人口老龄化快速发展阶段。2013年底，我国60岁及以上老年人口已达2.02亿，占总人口的14.9%。据预测，到2053年，我国60岁及以上老年人口达到4.87亿的峰值，占总人口的34.9%，届时空巢老人家庭比例或将超过90%。2013年，贵州老年人口501万，空巢老人150.3万、比上一年净增36.36万，并保持高增长势头，同时凸显的矛盾问题多，对经济社会发展影响也大。为此，我们对贵州空巢老人生活状况开展了一次专题调研，现将报告整理如下。

一、空巢老人的概念及成因

（一）空巢老人的概念。所谓“空巢”，指无子女或不与子女共居一舍独自生活的老年人家庭。本文所指的空巢老人包括无子女或不与子女共居一舍独自生活的老年人家庭，也包括有子女其子女已经超过60岁且共居一舍生活的两代老年人家庭。

（二）空巢老人形成的原因。近年来，贵州空巢老人逐年增多，其主要原因有：一是实行计划生育政策的结果；二是经济快速发展的结果；三是现代生活竞争加剧的结果；四是生活水平普遍提高的结果；五是社会转型变迁引发的结果；六是部分子女不孝造成的结果。

二、空巢老人基本生活情况

本次调研除从面上了解全省的基本情况外，为进一步深入调研空巢老人生活情况，还选取九个市（州）各具代表性的城镇社区和农村社区进行实地走访和问卷调查。

（一）生活保障状况。一是经济收入情况。全省空巢老人生活来源靠退休金的占14.1%，享受低保的占25.9%，通过其他救助的占10.7%，还有3%的空巢老人无生活保障。走访的空巢老人年平均收入为2 701元，每月225元，年收入在2 300元贫困线下的占53%，年收入在1 000元以下约占30 %（不含政府及社会的各种补助）。被调查者自认为经济宽裕55人，较宽裕50人，够用300人，较困难153人，很困难41人。调查结果表明，农村空巢老人的生活负担仍然比较大，可供支配收入很少。二是老年人住房情况。据调查全省还有9%的空巢老人无住房。在黔东南通过问卷和访谈，发现空巢老人有自有住房的占75.96%，属子女房产的占17.2%，无房的占调查总人数的6.84%。三是主要负担情况。在黔西南晴隆县调研发现，有61.83%空巢老人要照顾外出子女的孙辈，且孙辈大多有3至5人。四是老年人参加社保情况。走访的空巢老人参加企业职工养老保险的占调查总人数的58.1%，参加城镇居民养老保险的占13.02%，参加农村社会养老保险的占17.86%，参加商业保险的占0.33%，没有参加养老保险的

有10.68%。

（二）医疗保障情况。一是就医情况。空巢老人“小病拖、大病熬”的现象普遍存在。据调查，只有49.31%的空巢老人认为看病方便或比较方便，有21.55%的空巢老人认为到医院看病便利或程度一般，另有近三分之一（29.14%）空巢老人认为到医院看病不方便或不很方便。二是医保情况。受访对象有87.16%享有社会医疗保险、公费医疗或合作医疗。医疗报销仍然是空巢老年患者的主要问题。除大病外，只有不足一半（47.94%）的空巢老人能够或基本承担得起日常的医疗费用。

（三）身体健康状况。一是身体健康状况。调查显示，身体非常好的空巢老人占6.18%，身体较好的占18.36%，一般的占57.93%，较差的占11.52%，非常差的占6.01%。二是养生保健状况。据调查，去年只有35.7%的空巢老人参加过体检，而有10.7%的空巢老人长期处于生病状态。全省还有近70%的老年人未建立健全健康档案。同时，老人档案不全，信息不详等情况不乏存在。

（四）精神慰藉状况。调查显示，全省23%的空巢老人经常感到精神空虚，走访中发现有41%的空巢老人对生活感到不满意、92%的空巢老人在子女外出后感到孤独。外出子女用电话慰问和慰藉空巢老人，10天至2月（即经常）慰问一次的只有53%，一年一次有15%，长期未联系还有8%。

（五）社会参与状况。空巢老人参加活动较少，经常参加的比例仅为8%，很少参加的比例高达46.6%。有13.53%的空巢老人可能出于健康或性格（心理健康）等方面的原因而基本上待在家里或没有任何兴趣爱好，这部分空巢老人应成为老龄工作的重点关注对象。

三、空巢老人面临的困难与问题

（一）保障体系未健全，未保低保脱保依然存在。在黔东南调查三个村中，只有17.86%人空巢老人享有每月55元的社会养老保险金，有13.19%的空巢老人享有低保补助，但仍有13%的空巢老人从未享受过任何社会扶持。医疗保障形势依然严峻，在走访贵阳市空巢老人中发现有12.8%老人没有参加医疗保险。

（二）身体状况欠佳、存在健康隐患。经调查样本显示，空巢老人中有6.01%患有严重疾病，11.52%患有慢性疾病，57.93%觉得身体健康一般，18.36%认为自己目前还可以，只有6.18%表示自己目前健康。

（三）生活空间窄小，精神生活空虚。一是老人生活不丰富。因为子女远离无人陪伴在身边、物质生活不能得到满足、身体状况不佳等诸多原因，空巢老人在精神方面不同程度地存在心理问题。二是农村老人生活领域不宽，基本上没有什么娱乐活动。三是缺乏精神慰藉。空巢老人缺乏精神慰藉，总会感觉孤单寂寞。

（四）部分子女不孝，弃老情况时有发生。走访中发现，还有近5%的农村贫困空巢老人仅靠城乡最低生活保障生活，子女基本不给一分钱。另外，因儿女长期在外打工，拒赡养或无力赡养老人的情况也时有发生。

（五）社会责任不力，为老服务不够。空巢老人在居住环境内急需新建老年公寓的有3.67%，居家养老服务站的有41.9%，老年活动中心有66.44%，医院有4.5%，超市有2.17%。当前，我省为老服务现有力量比较薄弱，有些问题还比较突出。

（六）医保水平不高，老人愿望难满足。本次调查结果表明，空巢老人没有达到人人享有社会医疗、公费医疗或合作医疗保险要求；同时入保者所享受保险金额也不高，而且还有6%的空巢老人则没有任何形式的医疗社会保障。

（七）居住环境差，老龄机构薄弱。在调查中发现，有部分空巢老人的居住环境很差，主要表现在住房面积过小、生活设施不配套、住房质量差等问题。

四、对策与建议

空巢老人存在的困难和问题较多，影响深远。为此，拟提如下建议供有关部门参考。

（一）为满足养老需求，要继续完善养老保障制度。一是建立符合省情的社会养老保险制度。二是建立健全医疗保障制度。三是加强对老人特别是空巢老人的医疗服务。四是加快建立和完善农村社会养老保障和救助制度。五是新农合政策适当向空巢老人优惠倾斜。六是积极建立高龄老人生活补贴制度。

（二）积极开展居家养老服务，全面提高服务水平。一是主要做好重点人群的服务。二是居家养老服务内容要多样化。三是逐步完善社区服务功能。四是加大建立居家养老政府补贴制度。

（三）加快养老机构建设，多领域拓宽老年人活动场所。一是要支持和鼓励社会力量兴办养老机构。二是要把社区作为老年人生活、邻里情感交流、寻求心理安慰和帮助、文化娱乐活动场所，并充分发挥其重要作用。三是加强老年福利服务设施建设。四是要尽快启动在社区（乡、镇）建设集修养、医疗、教育、娱乐、上门服务等多功能于一体的养老机构。五是要充分利用社区互助的潜力，提高群众的互助互爱意识。

（四）积极探索养老服务新模式，完善服务功能。充分整合全社会资源，以经营主体民营化的模式，构建养老服务纵横网络，进一步完善社会分工，减轻子女赡养压力，逐步形成养老服务社会化、专业化、产业化多元化服务模式。一是建立健全基层养老服务机构。二是着力构建空巢老人关爱服务体系。三是健全应急预案机制。四是加快公共服务体系建设。五是加快发展社区、农村老年社会组织。

（五）积极创造就业环境，创业敬老两不误。造成空巢老人增多的一个最主要原因就是子女外出务工，因此，若能够鼓励和帮助广大年轻人在家门口就业，是解决空巢老人问题最直接有效途径。

（六）引导老年人走出家门，积极参与社会文化活动。按照就地、小型、分散的原则，引导老人特别是空巢老人走出家门，参加室内外各种活动。一是创建“星级”老年活动中心。二是成立老年文体组织。三是设立老年电大教学点。四是加强“孝道”文化宣传。

（七）加大赡养维权力度，维护空巢老人合法权益。今年是新修订的老年人权益保障法颁布实施的第一年，相关涉老部门要整合资源，加大联动力量，切实维护老年应拥有的被赡养权利。一是加强“孝德”“守法”的宣传教育。二是加强青少年对敬老、爱老、助老孝文化的教育。三是开展专门针对妇女敬老、爱老、助老孝道的宣传教育。四是充分发挥基层老年组织作用，做好老年维权工作。五是对赡养侵权行为决不手软。

（八）各级党委政府要高度重视老龄工作。切实把老龄工作提上各级党委、政府重要议事日程，纳入经济社会发展的总体规划、纳入精神文明创建内容、纳入党委、政府年度目标责任考核体系，定期召开会议听取老龄工作汇报，及时研究部署，明确目标，抓好责任落实，使老龄工作与经济社会协调发展。一是要健全各级老龄工作机构。二是要有专门编制。三是老龄工作经费要列入年度财政预算。

总之，人口老龄化已经成为不可回避的社会化发展趋势，老龄化问题已成为21世纪世界各国面临的重大难题。省委省政府在这个关键时刻提出关爱空巢老人目标，无疑意义深远。我们只有倍加关爱这个特殊群体，倍加整合资源凝聚力量，以壮士断腕的勇气解决空巢老人带来的一切问题，才能确保贵州经济社会与人口资源环境的协调发展，确保全面建成小康社会的同步实现，确保中华民族的伟大复兴和中国梦的早日实现。

加强老年人协会建设
发挥老年人协会作用（有删节）

——关于四川省基层老年人协会建设情况的调查

四川省老龄办

为进一步推进我省基层老年人协会（下称“老协”）建设，2013年7月至9月，四川省老龄办组织3个调研组先后到成都、德阳、绵阳、广元、巴中、眉山、乐山、泸州、宜宾、遂宁、达州、南充、广安等10余个市调研基层老协建设情况。调研组采取集中座谈、个别走访和现场查看等形式深入了解乡（镇）、村（社区）40余个老协建设情况，重点查看老协的组织、场地、资金及作用发挥的情况以及老协建设中存在的问题，广泛听取基层工作人员和老年人对加强老协建设的建议意见。通过调研，我们对全省基层老协的状况有了一个初步了解。

一、我省基层老年人协会建设的现状

（一）老协发展迅速，组织建设得到加强。一是领导重视，老协发展迅速。我省老协产生于20世纪80年代中期，于90年代得到蓬勃发展。近年来，省老龄办高度重视老协建设，先后多次下发加强老协建设的意见，并积极协调相关部门，切实指导各地老协的建设。为适应新形势下的老龄工作，省老龄办将2013年确定为“基层老年人协会规范化建设推进年”，并于5月在眉山市丹棱县召开了“四川省基层老年人协会规范化建设推进会”。成都、泸州、宜宾、乐山、眉山、达州等地也先后出台了加强老协建设的文件，有力推动了老协规范化建设。截至2013年8月，全省共有各类老协30 755个，会员超过450余万人。其中，市（州）老协89个、县级老协541个、街道老协524个、城市社区老协4 177个、乡（镇）老协3

215 个、村老协 22 209 个。城市建会率达 81.01%，农村建会率达 48.83%。老协在全省基本形成了规模，联成了网络，成为老龄工作的有效载体、基层组织的重要抓手和党委、政府联系老年群众的桥梁纽带。二是配强班子，加强老协负责人培训。搞好老协工作，选好配强老协负责人是关键。为此，各地都很注重挑选那些在本地德高望重、有工作经验、又愿意为老年人服务的老村干部、老教师以及从县乡机关退下来的老同志，担任老协领导。至 2013 年 8 月，担任各街道老协专职副会长的人员全部落实到位。为进一步提高老协负责人的工作能力和领导水平，省老龄办早在 2006 年就组织人员编写了《基层老年人协会负责人能力培训教材》，并利用教材对各地老协负责人开展培训。眉山、乐山、泸州、绵阳等市对基层老协会长和骨干成员进行定期培训。三是加大投入，老协活动场所大幅增加。各地老协在县级党委、政府和相关部门的大力支持下，不仅将一些闲置的中小学校改建为老年活动中心，还将体育馆、青少年宫等空置的房屋划拨给老协作为办公和老年活动的场所，同时给老协预算了办公和活动经费。眉山市狠抓基层老协阵地建设，全市 80%的乡（镇）、70%的村（社区）都建有老年活动阵地。

（二）管理逐步规范，制度建设力度加大。一是完善章程。各地通过老协章程，对老协的组织方式、工作范围、会员权利和义务等进行了全面规范，从农村老协的法律地位、阵地建设、作用发挥等方面进行了详细指导。泸州市老龄办指导各区县，根据各地实际情况，制订了《农村村（社区）基层老年人协会章程》和《农村村（社区）基层老年人协会规范化建设暂行标准》等管理规范，进一步明确了老协的各项管理事项。二是健全制度。按照规范管理原则，各级老协建立和完善了老协工作制度、老协会长办公会、老协常务理事会、老协理事会等会议制度、财务管理制度、物资管理制度、老年活动制度、学习制度以及信访工作制度、留守老人帮扶制度和老年人司法救助等制度，有效地保障了各级老协工作的正常运转。并做到了制度上墙，接受会员的监督，避免制度流于形式。三是建立台账。很多老协都建立了工作台账。丹棱县仁美镇雄义村、杨场镇狮子村等村级老协建立了“一册五簿”工作资料，“一册”即本村 60 岁以上老年人的花名册，“五簿”即会议记录簿、走访慰问记录簿、开展活动记录簿、好人好事记录簿和老年人健康记录簿。并将“一册五簿”连同章程和相关制度全部在村老协活动室里上墙公布，使老协工作更加规范化、制度化。

（三）搭建服务平台，老协作用发挥明显。一是围绕党委政府的中心工作发挥助手作用。老协紧紧围绕党和政府各个时期的中心工作，引导老年人利用自身经验和威望，积极协助党委政府工作，主动参与地方经济社会发展，为重大项目出谋划策，为村（社区）两委当好参谋助手。二是在维护社会和谐上发挥促进作用。老协是最基层的老年群众组织，根植于民间，对广大老年人遇到的难点热点问题能及时了解和掌握，最有代表性和发言权。通过基层老协可以使党和政府的各项政策得以及时落实，可以把老年人的建议和呼声及时反映到党政有关部门，也可以在第一时间使部分老年人与党政之间出现的矛盾或误解在基层和萌芽阶段得以化解。三是在维护老年人合法权益上发挥调解作用。老协是老年人的组织，是老年人自己的家。老协在属地范围内，积极宣传老年法，宣传老龄政策，监督各项惠老政策的落实，开展各种尊老敬老活动，引导良好社会风尚，切实维护老年人的合法权益。四是在组织老年人文体活动上发挥主导作用。老协都把组织老年人开展文化、体育活动，丰富老年人精神文化生活作为一项重要的工作内容。通过开展各种健康有益、形式多样的老年文体活动，丰富了广大老年人的晚年生活。五是在关心下一代上发挥教育作用。老协利用老年人德高望重、阅历丰富等优势，对一些失足青少年晓之以理、动之以情，教育他们步入正途。此外，还通过担任校外辅导员以及举办未成年人研讨会的形式，主动到学校作报告，引导未成年人健康成长，在青少年思想道德教育中发挥良师益友作用。六是在农村养老服务上发挥互助作用。随着农村青壮年外出务工、经商、办企业逐年增多，客观上加剧了农村人口的老龄化。在农村留守人员中，主要是老年人，农村“空巢”老人问题日益突出，这给农村老年人的赡养、照料、精神慰藉等带来了许多问题。为此，农村老年人对组建居家养老服务中心的意识、呼声和热情都很高。针对这种状况，很多地方在规范农村老协建设的基础上，对建立农村居家养老服务模式进行了积极探索。

许多基层领导尤其是村两委会领导，都对老协发挥的作用有很深的感触，赞扬基层老协是“八大员”，即党和政府联络员、社情民意调研员、乡情民风监督员、关教后代辅导员、先进文化宣传员、邻里纠纷调解员、老年权益守护员、为老服务办事员。

二、存在的主要问题

（一）对老协定位不准。基层老协为社会做的工作已经得到了社会的肯定，大多数基层领导也对老协给予了充分肯定。但是仍有一些基层领导对老协在基层老龄工作中的重要性认识不足，对老协的社会地位肯定不够。

（二）经费来源严重不足。当前，资金来源成为基层老协发展的最大瓶颈。老协目前的资金来源过于单一，有固定经费来源的少，除一些集体经济发达的地方由村（社区）拨款，或由老协管理市场、菜场、山场、林场、出租房屋等有比较稳定的经费来源外，相当一部分的基层老协没有固定经费来源，仅仅依靠会费维持老协的日常运转。

（三）办公活动场所缺乏。不管是城镇还是农村，老协的办公和活动场所缺乏始终是一个大问题。很多基层老协缺乏活动场所和设施，有的根本没有活动场所，有的虽然有，但活动空间小、设备简陋。一些农村老协就在会长家里办公，或者只是在村（社区）办公室挂一个牌子或张贴一张老协负责人员的名单。办公活动场所的缺乏，进一步制约了老协作用的发挥。

（四）管理制度落实不够。目前，一部分拥有办公和活动场所的老协却存在管理跟不上的问题，各项制度没有很好落实，台账记录不完整，财务管理存在漏洞，环境卫生脏乱差，一些先进的设备、器具无人问津，活动器具、场地得不到充分有效利用。

（五）活动内容不够丰富。由于缺乏活动场所和设施，很多老协活动项目单调，层次不高，真正走出家门、贴近大自然参与的各种健身活动不多，即使参加活动的也是局限于培养兴趣爱好。对于老年人的疾病防治、保健、心理咨询、才艺展示等方面的活动开展得还不是很充分，无法调动老年人的积极性，导致老年人参与率较低。

（六）地区发展极不平衡。我省地域广阔，各地自然条件和经济条件差别较大，基层老协发展也参差不齐。总的说来，城市发展比农村好些，盆地发展比山区好些，经济发达地区比经济欠发达地区好些，领导重视的地方比领导不重视的地方好些。这种发展的不平衡严重影响了我省基层老协建设的整体水平，也给我们下一步工作带来挑战。

三、对策建议

（一）提高认识，促进党政重视。要进一步加大宣传力度，促进各级党政领导对基层老协建设的重视，让广大党员干部充分认识到，加强基层老协建设是推进社会主义新农村建设的需要，是构建和谐社会的需要，是加强和创新社会管理的需要，也是做好基层老龄工作的需要。因此，很有必要进一步加强基层老协的建设，特别是要加强顶层的制度设计，出台帮助其健康发展的具体政策措施，保证其快速发展并发挥作用，为深入开展基层老龄工作奠定扎实的群众基础。

（二）加大投入，改善硬件设施。要进一步加大对基层老协的资金投入，特别是要加大各级财政资金的支持力度。建议将基层老协建设经费列入财政预算。各地在新农村建设和城市居委会建设改造时，要将老协的办公用房和活动场所纳入统一规划。要积极出台有关政策，鼓励基层政府对废弃的学校等公共设施进行改造，并无偿交付给基层老协使用，使基层老协的办公条件、活动场所和其他各种硬件设施得到进一步的改善。

（三）加快发展，形成组织网络。当前，我省城市老协建会率为81.01%，农村老协建会率只有48.83%，离《中国老龄事业发展“十二五”规划》要求的城镇社区达到95%以上，农村社区（行政村）达到80%以上的要求还有较大的差距。特别是农村老协的建设还有很大的空间。各乡镇（街道）党委、政府要高度重视老协组织的发展，切实列入议事日程，要有分管领导抓，配备专职干部，负责老协组织的发展和规范化建设。对村（社区）涉老工作，明确由老协牵头负责，使基层老协成为党和政府老龄工作机构在村（社区）一级的延伸。要以多种方式鼓励老协发展，在数量上，要扩大农村老协的覆盖面，力争到“十二五”期末，消除村级老协盲点，实现村村有老协，织密农村老龄工作的基层组织网络。

（四）搭建平台，服务农村养老。四川是一个农业大省，地区条件复杂，农村经济发展相对滞后，全省大约70%的老人生活在农村。而现阶段在农村除了由政府针对供养“五保”对象修建的敬老院外，几乎没有其他的养老设施，农村的居家养老、社区养老服务也几乎是个空白。开展农村养老，如果依靠村委会来承接具体养老事务，由于村委会人手有限，面对的不仅仅是养老一项工作，恐怕难以长期维系；像城市社区一样引进公司和专业组织开展养老服务，目前也不太现实。因此，必须紧紧抓住农村基层老协这个社会组织，在进一步发挥基层老协其他作用的同时，重点探索发挥基层老协在农村居家养老服务中的特殊作用，以此破解农村养老难题。一是要出台文件，明确由基层老协牵头开展农村养老服务；二是要制定优惠政策，采取政府购买服务的方式，为基层老协开展农村居家养老服务提供经费支持；三是要结合老年活动阵地建设，为基层老协开展农村居家养老服务提供场所；四是要因地制宜灵活多样的开展养老服务。

（五）加强领导，配强老协班子。村（社区）党支部、村（社区）委会作为村级组织的领导核心，对本村（社区）老协建设负有不可推卸的领导责任。村

(社区)两委要选派主要负责同志联系老协，要把老协工作列入村(社区)两委的日常工作议程，支持老协开展正常活动，经常听取老协的汇报，及时研究解决工作中出现的新情况、新问题、主动帮助老协解决一些实际困难。要高度重视老协班子的建设，要把热爱老龄事业，有群众威望，有开拓创新、求真务实、乐于奉献精神，有活动能力和工作水平的老年人充实到老协班子，并选好会长、常务副会长。

(六)完善制度，推进规范管理。要加强对农村老协的指导，进一步建立健全会议、学习、议事、财务、活动等必要的规章制度。通过实行制度上墙，定期检查等制度，推行规范化管理。要按照四川省老协建设六条标准(遵纪守法、班子得力、制度健全、经费落实、活动经常、作用明显)，进一步抓好老协的规范化建设。在法律地位上，相关部门要为基层老协进行登记和备案创造条件，使其具有合法身份，便于监督管理和独立开展活动。在作用定位上，要明确老协是村(社区)两委的参谋和助手，接受村(社区)两委的领导。在规范管理上，要按照老协章程开展活动，定期进行换届选举，确保班子健全得力、充满活力。

关于宁夏社会养老服务体系建设情况的调研报告

李治贵

根据自治区党委、政府的工作部署和厅党组的安排，自治区老龄办组织专题调研组就我区社会养老服务体系建设情况进行了专题调研。调研组先后赴全区五市及辖区各市、县(区)实地察看了部分社会养老服务机构、城乡社区居家养老服务站、社区医疗服务站、老年活动中心等养老服务基础设施建设和服务工作开展情况，并与基层广大干部群众、老龄工作者及部分老年人进行了面对面的交流和座谈，形成了一些意见和建议。现将调研情况报告如下。

一、基本情况

我区于2009年进入人口老龄化社会，虽然比全国晚了10年，却以每年5.0%(全国3.2%)的速度递增。目前，我区60岁以上老年人口已达80.7万，占总人口的12.2%，其中80周岁以上老年人口6.6万，占老年人口的8.2%；失能失智老人14.98万，占老年人总数的18.56%。据测算，到“十二五”末，全区60岁以上老年人口将达到90万以上，占届时总人口的13%以上，其中80周岁以上老年人口将达到7.8万，占老年人口的8.7%，且老年人口的失能失智化、空巢化将进一步加剧。

二、取得成效

在自治区党委、政府的高度重视下，在相关部门的积极配合下，我区的社会养老服务体系建设取得了明显成效。

(一)坚持政府主导，科学制定规划。国务院第三次全国老龄工作会议后，自治区人民政府召开会议，专题研究和部署我区社会养老服务体系建设工作，2012年4月印发了《宁夏回族自治区老龄事业发展“十二五”规划》《宁夏回族自治区社会养老服务体系建设规划(2011—2015)》和《关于加快推进社会养老服务体系建设的意见》，提出了构建“9073”的养老服务模式，到2015年，基本形成制度完善、组织健全、运营良好、服务优良、监管到位、可持续发展的社会养老服务体系，全区城镇社区居家养老服务实现全覆盖，农村50%以上的社区开展居家养老服务，各类机构养老床位数达到2.5万张，每千名老人拥有机构养老床位数达到30张的目标。围绕这一目标，各级政府将养老事业发展纳入民生计划，充分发挥政府和市场在资源配置中的作用，加强规划指导，加大投入力度，不断提升养老服务水平，逐步建立健全与人口老龄化程度相适应、与经济社会发展相协调，投资主体多元化、服务方式多样化、服务对象公众化、服务队伍专业化，覆盖城乡的养老服务体系。

(二)加大政府投入，推进城乡统筹。一是加快城镇养老服务设施建设。按照“争取纳入一批、抓紧建设一批、论证储备一批”的要求，新建和改扩建了一批养老服务机构。二是推进农村养老服务设施建设。按照“撤小并大、撤弱并强”的建设思路，利用撤乡并镇后的闲置资产，新建和改扩建了一批农村敬老院。三是加强老年活动中心建设。采取“财政补助一点、福利彩票公益金安排一点、地方政府配套一点”的办法，投资5 000余万元，在全区规划建设了

16所老年活动中心，搭建了“老有所乐”的平台。

（三）强化政策扶持，引导社会参与。坚持“政府支持、政策引导、社会参与、市场运营”的原则，积极引导社会力量兴办养老服务机构，在土地、税收、用水、用电等方面给予优惠。同时，对按标准建设的非营利性民办养老服务机构，按照核定的床位数给予每张床位5 000元的一次性开办补助和每年1 200元的运营补贴。2010年以来，自治区财政共安排848.5万元资金，用于民办养老服务机构一次性床位补贴，极大地调动了社会力量参与社会养老服务的积极性。目前，全区民办公助养老服务机构12所，建筑面积76 056平方米，总投资13 342.4万元，设置床位2 579张；新建和改扩建的6所，计划设置床位2 000张。

（四）整合各类资源，创新发展模式。充分利用现有资源，依托社区建设了一批居家养老服务中心（站），为老年人提供日托、就餐、洗衣、保健、休闲、娱乐、学习等多种服务。目前已建成城乡社区居家养老服务站445个，其中城镇社区353个，覆盖率达到了79.5%，农村社区和幸福院共200个，覆盖率接近10%。自治区财政预算资金和福彩公益金补助481.2万元，累计为5 000余名困难老年人购买服务，为5万多名老年人提供了多种形式的服务。采取社会力量投资、市场化运作、政府和慈善公益组织资助并监管的方式，建设了集为老服务热线、紧急救援系统、数字网络系统和“一键式”紧急呼叫服务为一体的宁夏智能化社区居家养老服务信息平台，开通便民服务热线和心理咨询热线，开展社区居家养老生活照料服务和紧急求救等多种延伸服务，用户满意度达到90%以上。

（五）注重制度建设，规范管理服务。近年来，通过不断探索研究，建立健全了一批职责明确、管理规范的制度，提升了养老服务功能。先后出台了一系列制度，明确了养老服务机构的准入条件、登记程序、考评办法等，确保各类养老服务机构健康有序发展。同时，自治区民政、发改、财政等部门对养老服务机构建设、资金投入和使用情况及时跟踪检查，对发现的问题督促整改，确保了政府补助资金的安全高效使用。

三、存在的主要问题

我区社会养老服务体系建设虽然取得了明显成效，但也还存在一些不容忽视的问题。

（一）重视程度不够，发展不平衡。有的市、县（区）对人口老龄化的严峻性认识不足，未能把社会养老服务体系建设真正摆上位置，纳入当地经济社会发展总体规划。有的地方和部门对养老服务体系建设统筹规划和综合协调不够，加之，受经济、社会、地域、思想观念等制约，致使社会养老服务体系建设城乡区域发展不平衡。如固原市的机构养老床位仅占老年人口的11‰，而石嘴山市的机构养老床位已达20‰以上。

（二）资金投入不足，机构养老床位缺口大。2012年4月，自治区人民政府出台的《关于加快推进社会养老服务体系建设的意见》明确要求：“到2015年，各类机构养老床位数达到2.5万张，每千名老人拥有机构养老床位数达到30张。”“农村敬老院床位数达到1.2万张以上，集中供养率达到70%。”但从调研情况看，目前我区每千名老人拥有机构养老床位仅13.9张，农村敬老院“五保”对象集中供养率32%。如果要实现上述目标，到“十二五”末需新增机构养老床位1.58万张，其中农村敬老院需新增8 000张床位，养老服务机构建设任务十分艰巨。

（三）服务功能不全，社区居家养老推进难度大。我区虽已建成城乡社区居家养老服务站445个，但由于缺乏长效的经费保障机制，资金短缺，人力不足，服务设施差，功能不齐全，日间照料中心、托护中心发展慢，致使居家养老综合服务总体上推进迟缓。目前，社区居家养老服务水平不高，内容单一，大多只能提供一些简单的文体活动、日托生活照料和卫生保健服务，多元化服务模式尚未形成，难以满足社区老人日益增长的养老服务需求。特别是农村养老形势严峻，除敬老院收养“五保”老人之外，农村老年人只能依靠子女或亲戚朋友的照料。

（四）政策落实不到位，民办养老机构发展缓慢。近年来，国家和自治区在土地、税费、用水、用电、用气、民办养老服务机构的一次性床位补助和年运营管理费等方面出台了一些优惠扶持政策，鼓励社会力量参与养老服务体系建设。但由于认识不到位，配合协调不力，加上一些政策措施刚性不够，地方配套措施跟不上，许多政策落实困难。特别是民办养老机构数量少、规模小，普遍存在设施简陋、功能单一等问题。目前，固原市还没有一所投入运营的民办养老服务机构。

（五）从业人员短缺，专业化服务水平较低。从事养老服务人员较少、服务水平参差不齐、专业化程度低。据了解，全区各级各类养老服务机构的服务人员720名，取得专业证书的只有69人，持证率不足10%。由于养老服务机构从业人员大都没有受过专业培训，缺乏基本的护理知识、经验和技能，只能为老人提供日常性的生活照料。如大武口逢千老年公寓收养123位老人，护理员23人，只有4人取得国家认定的养老护理员从业资格证书。

（六）体制机制不健全，行业监管力度不够。目前，国家和自治区尚未出台养老服务机构管理的专项行政法规，养老服务机构的准入机制尚未建立，民政部门对各类养老服务机构的监管缺乏法律法规依据。有的养老服务机构和小型社区养老服务设施未在任何部门登记，游离于政府监管范围之外，缺乏有效的监管。

四、几点建议

针对上述存在的突出问题，就加快推进我区社会养老服务体系建设提出如下建议。

（一）加强组织领导，高度重视社会养老服务体系建设。目前，社会养老服务体系建设已进入关键阶段，建议自治区进一步加强顶层规划指导和统筹管理。组织力量深入全区就各市、县（区）贯彻落实自治区人民政府出台的《意见》和《规划》等情况进行全面的督导检查，促使各地和相关部门高度重视社会养老服务体系建设，切实将其纳入本地区经济社会发展总体规划和年度计划，纳入政府工作目标管理和效能考核，纳入政府年度重点工作和为民办实事项目，明确建设目标，细化配套措施，强化部门职责，加大推进力度，确保取得实效。

（二）加大投入力度，充分发挥政府主导作用。各级政府要把社会养老服务体系建设作为公共服务的重点领域和重要民生工程，加大公共财政投入力度，建立长效经费保障机制，统筹规划发展。要充分发挥托底作用，办好公办保障性养老机构，为“三无”老人、低收入老人、经济困难的失能半失能老人提供无偿或低收费的供养护理服务。要切实解决农村敬老院基础设施建设资金不足的问题。经调研，如要达到“十二五”农村“五保”对象集中供养率的目标，共需资金8.4亿元。除争取国家项目资金30%，即2.52亿元外，需地方投入近6亿元资金。建议自治区和各级财政每年安排2亿元，支持农村敬老院建设，提高集中供养率，确保满足“五保”供养对象入住需求。

（三）健全服务功能，推进社区居家养老服务。要认真贯彻国务院《关于加快发展养老服务业的若干意见》，加强社区居家养老服务设施建设。凡新建城区和新建居住区，要按标准要求配套建设养老服务设施，并与住宅同步规划、同步建设、同步验收、同步交付使用；凡老城区和已建成居住区无养老服务设施或现有设施没有达到规划和建设指标要求的，限期通过购置、置换、租赁等方式开辟养老服务设施。要在巩固城镇社区居家养老服务站建设成果的同时，大力推进农村养老幸福院建设。从今年起，国家民政部、财政部将给予每个建成的农村养老幸福院3万元的资助，主要用于设施修缮、设备购置。因此，我们建议自治区财政和区本级福利公益再各给予1万元资助。

（四）完善相关政策，鼓励支持社会力量参与社会养老服务体系建设。加大落实国家有关鼓励和支持社会力量参与养老服务事业发展政策，加强对我区社会养老服务体系建设的政策研究和制度设计。消除体制机制障碍，在强制落实土地、税收、用水、用电、用气、用热等方面优惠政策的同时，提高对民办养老服务机构一次性床位补助标准和运营补助标准。提高后的一次性床位补助费采取自治区财政50%，区本级福彩公益金30%，市和市辖区各10%，县（市）20%的办法解决；运营管理费由所在县（市、区）政府解决。通过采取公建民营、民办公助、民办民营、政府补贴、财政贴息、购买服务等多元资金投入和经营运作方式，支持企业、慈善组织、民间资本等社会力量举办养老机构，开展养老服务，逐步使社会力量成为发展养老服务业的主体。

（五）加强人才队伍建设，提升专业化服务水平。建立养老服务从业人员岗前培训和持证上岗制度。支持高等院校和中等职业学校增设养老服务相关专业和课程，依托院校和养老机构建立养老服务实训基地，分期分批对从业人员进行专业化培训。采取有效措施，引导院校毕业生、城镇和农村转移劳动者到养老服务机构就业；在养老服务机构中积极引入社会工作者，广泛开展养老志愿者服务。通过多措并举，加快养老服务人才培养，建立一支以养老专业人才为支撑、社工和志愿者为补充的养老服务专业化队伍。根据国家和自治区《规划》要求，到“十二五”末养老服务机构从业人员持证上岗率达到80%的要求，需要对4 000余名养老服务机构从业人员进行培训。除市、县（区）就地培训外，建议自治区财政厅、人社厅每年专门给民政厅安排500名养老服务机构从业人员的培训，经费列入全区的就业培训计划中，具体由民政厅按程序组织实施，培训后报请人社厅审核后将所需费用拨付培训机构。

（六）理顺体制机制，规范养老服务行业管理。制定完善我区养老服务业发展的地方性法规、规章和规范性文件，建立健全养老服务准入、退出和监管机制。制定社会养老服务评估办法，实行等级评定制度。完善居家养老服务中心（站）建设标准和指标评估体系，建立相应的认证体系，推行养老服务标准化。强化监管工作，加大执法力度，规范养老服务市场行为。理顺农村敬老院管理体制，解决其机构、人员、经费问题，逐步提高“五保”老人生活救助标准，促使农村敬老院规范有序发展。

青岛市养老服务人员状况调查与思考（有删节）

张永梅　高　飞　王少梅

青岛市1987年进入人口老龄化社会，先于全省7年、全国12年，老年人口增长速度快、比例高、高龄化突出、空巢化显著。预计人口老龄化高峰将于2035年左右出现，届时老年人口将占总人口的1/3。建设以居家养老为基础、社区服务为依托、机构养老为支撑的社会化养老服务体系逐渐成为共识。本文以青岛市居家养老服务的探索为例，从分析老年人特别是城市老年人居家养老服务现实和潜在的需求出发，对居家养老服务发展提出几点建议。

一、青岛市居家养老服务现状

青岛市居家养老服务工作始于2006年，工作发展态势良好。

（一）政府购买服务逐步制度化、规范化。一是出台扶持政策。先后制发了《关于加快养老服务业发展的意见》《关于做好困难老年人居家养老服务资金补助和管理工作的通知》《青岛市社区养老服务场所规范化管理办法》等文件，明确政府购买居家养老服务对象及标准，所需资金由市、区两级财政共同负担。二是建立四级工作网络。市级成立养老服务协会，区（市）级成立养老服务中心，街道成立养老服务社，社区建立养老服务站，设立公益性岗位，为困难老人免费提供服务，对其他社会老人实行有偿和低偿服务。三是规范运行机制。建立了养老护理员的服务反馈、服务回访、服务考评、财务管理等工作制度，规范了申请、评估、审核、复核、审批、办理时限、服务监督等工作规程。四是拓展服务对象。目前，青岛市享受政府购买居家养老服务的困难老年人5 877人，还有2万余位独居、空巢等特殊老年群体享受到了政府免费或低偿提供的其他服务。

（二）创立“互助式”居家养老服务模式。一是建立“社区养老互助点”。主要是利用空巢、独居老人的自有房屋，政府统一配发麻将桌椅、棋牌、老年健康书籍等娱乐设施和活动用品，周边老人自愿组团活动，市财政每月给予100元补助，目前已建“社区养老互助点”2 110个。二是开展“以老扶老”互助服务。李沧区招募低龄健康老人为1 300余名80岁以上的独居老人提供志愿服务，破解了长期以来高龄老年人“精神孤寂、生活危险、求医无助”的社会难题。三是开展社会志愿助老服务。组织开展了“关爱父母家家行”“敲响爱心门，邻里一家亲”等活动，社会志愿者与困难、独居、空巢老人结对帮扶近10万人次。

（三）居家养老服务平台多元化发展。一是建设日间托老平台。在市内四区建设社区日间照料中心和老年人娱乐室，市财政按建设规模和运营状况分别给予3～20万元的一次性建设补助和每年1～3万元的运营补助。二是发展信息服务平台。市南区实施“一网一线四库”工程，设立“社区服务网站”。市北区开发“一键通”助老服务系统。李沧区为孤寡、高龄独居老人配备具有GPS定位功能的“一键通”呼叫手机。三是建立助餐服务平台。四方区在7个街道建起助老大食堂，市南区、市北区都设立了养老午餐配送服务点。四是整合利用养老机构服务平台。拓展养老机构服务功能，利用养老机构专业化的服务资源，为附近社区、居家老年人提供送餐配餐、康复照料、短期托养等服务，发挥了较好的辐射作用。

（四）失能失智老年人护理服务克难解困。2011年，青岛市首家民办专业化居家养老服务机构——青岛期颐居家养老服务中心注册成立，该中心服务对象主要是高龄失能失智老人，从业人员全部是具有临床经验、持有护理专业文凭和国家颁发的护士资格证书、经过严格培训的专业人员。其服务对象已发展到近200人，解决了失能失智老人的护理难题。2012年7月1日，青岛市《关于建立长期医疗护理制度的意见（试行）》正式实施，需要医护人员上门提供医疗护理服务的，可以申请居家接受医疗护理照料，发生的符合规定的医疗护理费，护理保险基金支付96%，不设起付线，每床日定额包干费用（含统筹范围内个人负担部分）为60元。此举为解决失能老年人的医疗护理问题提供了制度保障，大大减轻了老年人的医疗护理负担。

二、居家养老服务存在的主要问题

（一）居家养老服务对象量小面窄。政府购买居家养老服务的保障对象主要是困难老年人，仅占老年人的0.4%，即使加上享受低偿或有偿服务的老年人，也不过3万人左右，占老年人的比例不到3%。总体来看，面向全体社会老人的居家养老服务发展缓慢，特别是对高龄、失能、独居、空巢和带病老年人的生活照料、康复护理、精神慰藉等服务严重滞后，独居老人去世无人知、老人抑郁自杀等事件时有发生。

（二）社区居家养老服务场所数量不足、利用率不高。现有社区养老服务设施和场所，远远不能满足广大老年人的需要，特别是在老城区，养老服务场所面积小、设施简陋等问题比较突出。已建成的社区养老服务场所，部分由于服务人员少、服务项目单一、服务时间与老年人需求不同步等原因，难以满足老年人日益增多的多样化、个性化服务需求，老年人不愿意去，场所利用率不高。

（三）居家养老服务供给市场化程度不高。居家养老服务中介组织发展滞后，全市仅有一家社会力量兴办的专业化居家养老服务机构。政府购买居家养老服务多数由政府组建的服务机构提供，少数委托给社会中介组织，但未形成规模化，特别是能够提供老年人康复护理、医疗保健、精神慰藉等深层次的养老服务组织和人员相对较少，市场化程度不高。

（四）失能老人长期照护难题尚需进一步解决。尽管青岛市已经实施了长期医疗护理制度，但受益的老年人数量有限，与实际需求差距较大。同时由于老年人医疗护理风险较大，而社区卫生服务机构又缺乏专业人才，一旦护理对象发生意外，社区医疗卫生服务机构往往要赔付巨额资金，影响了社区卫生服务机构办理此项业务的积极性，7区233家具有资质的社区卫生服务中心（站），只有100多家开展了此项服务。

（五）缺乏专业化的居家养老服务队伍。在政府兴办的居家养老服务机构中，服务人员平均年龄在50岁以上，年龄普遍偏大。具有养老护理职业资格证书的服务人员不到20%，整体服务水平和质量不高。由于居家养老服务劳动量大、工资报酬低，也影响了服务队伍的稳定和知识化、专业化建设。

三、发展居家养老服务的对策建议

（一）完善居家养老政策支持体系。一是大力推行以居家为主的养老模式，积极研究出台居家养老的支持政策，巩固家庭养老功能。通过购房津贴、住房补贴、税费减免、表彰奖励等形式，鼓励子女与老人同住，减少老年空巢现象。二是随着经济增长和财政收入的提高，逐步完善政府购买服务的财政支持制度，加大投入力度，扩大补贴范围，强化服务质量监督体系，引入市场竞争机制，鼓励社会资本进入，将居家养老服务置于政府和社会的双重监督之下，充分发挥财政资金的放大效应。

（二）强化社区居家养老服务功能。一是严格执行在居民区配套建设养老服务设施的相关规范和标准，加强社区养老服务设施建设，为老年人构建安全、舒适、便利的居家养老生活圈。二是继续加强社区养老互助点建设，为老年人特别是独居、空巢老人提供一个相互交流、相互倾听的平台，使老人们不出社区，就可实现安心养老。三是要加强社区日间照料中心建设，完善硬件设施，增加服务项目，配齐服务人员，将中心打造成不能完全自理老人的日间托养阵地和健康老人的休闲娱乐家园。四是要继续加强老年人助餐点建设，鼓励社会力量参与，采取连锁经营的形式，为老年人提供经济、营养、便捷的午餐服务，促进老年人的身心健康。

（三）推动居家养老服务向市场化发展。与西方发达国家相比，我国老龄化的显著特点是“未富先老”“未备先老”，因此居家养老服务的发展应该是首先由政府主导、逐步过渡到市场参与、直至发展成为市场化运作模式这样一个循序渐近的过程。应积极培育社会居家养老服务中介组织，打造品牌信誉高、服务质量好、专业素质强的社会居家养老连锁服务机构，为居家老年人提供包括生活照料、医疗康复、精神慰藉、心理疏导等多元化养老服务，将居家养老打造成不出家门的养老院。香港实施的安老服务、英国采用的社区照顾等养老形式，都是我们可以学习借鉴的养老形式。

（四）建立居家养老“互助服务”激励机制。在“未富先老”“未备先老”的人口老龄化背景下，互助养老是缓解政府养老压力、减轻家庭养老负担的有效方式。可以借鉴美国互助养老“时间银行”模式，采取政府主导、社会参与的原则，组织社会志愿者为居家老年人提供生活照料、精神慰藉等互助式服务，服务以小时为单位，储存到志愿者个人账户中，当其自身需要服务需求时，由其他志愿者提供等量时间的服务，实现互助养老服务的持续发展和健康循环。政府投入一定资金，指导、委托社会组织具体运作，建立健全有关申请程序、评估方法、服务反馈等工作机制，在试点的基础上向全市推广。

（五）加强居家养老服务信息化建设。一是在深入调查的基础上，建立老年人口基本信息库，全面掌握老年人口发展状况，对老年人口实行动态管理，实时了解老年人生活状况和服务需求，为人口老龄化战略研究和政府决策提供及时准确的数据，增强养老服务政策、措施的针对性和实效性。二是利用通讯、互联网等现代化手段，建立居家养老服务信息供求平台，整合衣、食、住、行、医、学、购、乐等各类养老服务信息资源，使老人足不出户就可以通过拨打电话、登陆网站、一键式呼叫等方式获得服务。

（六）培育居家养老服务需求市场。居家养老服务发展缓慢的一个重要原因，还在于老年人“购买”居家养老服务的意识不强。尽管青岛市社会基本养老保障已经实现全覆盖，老年人最低享有每月110元的基础养老金，企业退休人员基本养老金在连续八年调整后达到月人均2 023元，但老年人不愿意把钱花在购买养老服务上，导致居家养老服务市场需求不足。在目前财政能力有限、政府购买服务要优先保障困难老人的情况下，应在提高养老保障水平的同时，大力提倡“花钱买服务”的消费理念，逐渐加深民众对居家养老服务的认同感，推动居家养老需求形成一定规模的市场，加快居家养老服务市场化、专业化步伐。

（七）构建失能老人居家养老长期照护体系。我国首次城乡失能老年人状况调查显示，我国失能老人占老年人口的19%，其中完全失能老人占老年人口的6.23%，据此推算，青岛市目前需要照料的老年人有25万之多，完全失能的也有8万多人。从长远来看，要解决失能老人的长期照护问题，最根本的办法，是建立完善的老年护理保险制度。居家养老的失能老人由亲属或自聘家政人员照料护理的，可发给现金补贴，一是顺应了我国传统的由子女养老的习俗；二是可以节省社会服务资源；三是可以减少基金支出。

（八）加强对居家老年人的健康管理服务。国家老龄科研中心调查数据显示，我国60岁以上老年人余寿中，2/3时间处于“带病生存”状态。青岛市抽样调查显示，70%以上的老年人患有一种或多种老年病，排在前五位的分别是高血压、冠心病、骨质疏松、糖尿病和白内障。要关注老年人的健康需求，开展多种形式的老年医疗卫生保健服务，举办健康讲座，普及健康知识，开展老年人易发心理疾病的专业咨询和老年常见病、慢性病的早期预防、干预等工作，提高老年人的自我保健能力。要加强对老年人的健康管理，为老年人建立健康档案，定期查体，切实改善老年人的健康状况，延长老年人的健康自理期，帮助老年人实现居家养老的愿望。

（九）大力开展精神慰藉、心理健康服务。调查显示，青岛市城镇空巢老人家庭比例达到66%，农村空巢老人家庭比例达到70%以上；74%的老年人希望子女常回家看看，47%的老年人希望子女多给予自己精神上的关爱。针对老年人的现实需求，要大力开展精神慰藉类服务，一是督促家庭成员履行对父母的精神赡养义务，关注老年人的精神需求；二是要加强老年人的心理健康教育，设立老年人聊天室、心理关爱站等服务场所，由专业人士提供服务；三是要广泛开展社会敬老助老志愿服务活动，给老年人送去精神关爱；四是要加快老年活动中心、老年大学、健身场所等设施建设，组织开展丰富多彩的文化体育活动，愉悦老年人身心，丰富老年人的精神文化生活。

（十）建设高素质的居家养老服务人员队伍。一是加强养老护理人员和管理人员的职业技能培训，实行养老服务职业资格认证制度。二是鼓励高等院校和职业教育机构设立与养老服务相关的医学、管理学、护理学、社会学等专业，培养专业的养老服务人才。三是对养老服务人员技能培训给予政策扶持，不断提高养老服务从业人员待遇水平，保障养老服务从业人员的合法权益。四是开展养老服务人员职业道德培训，牢固树立为老人服务光荣的工作理念和职业价值观，大力宣传养老服务人员中的先进典型，激发他们创业的热情和动力，提高居家养老的服务水平。

厦门市老年人失能状况研究报告（有删节）

厦门市老龄办调研处

为全面掌握厦门市老年人失能的基本状况，更好地协助政府部门完善人口老龄化战略和老龄事业发展的中长期规划，市老龄办、市老年基金会、市老年学学会、各区老龄办及厦门大学公共卫生学院联合开展了本次调研。

一、研究目的

了解全市失能老年人的数量、程度及分布，为探索和完善相关支持对策提供依据。

二、研究框架

（一）概念界定

日常生活自理能力（BADL）反映的是老年人最基本的生活能力，故本课题主要针对 BADL 开展研究。

（二）研究对象

厦门市 60 岁及以上户籍老年人。

（三）研究内容

老年人基本信息（社会人口学情况、家庭居住情况等）、自理情况（失能程度、失能原因、伤害发生情况等）、健康状况（健康自评、慢性病患病情况、孤独感等）及照护现状（主要照护人、照护时间、养老方式等）。

三、调查结果

本次调查共完成问卷 14 373 份，其中有效问卷 14 292 份，问卷有效率为 99.44%。

（一）基本情况

1. 受调查老年人区域分布

思明区占比最高，为 36.65%，海沧区最低，为 6.10%。

2. 个人基本信息

居住地为城市社区者占 48.92%，农村社区占 51.08%（其中村改居占 25.63%）；男性占 48.19%，女性占 51.81%；年龄最小为 60 岁，最大为 103 岁，平均年龄 71.49±8.34 岁；汉族占 99.43%；69.60% 的老年人在婚；文化程度为小学及以下者占 63.78%；42.63%退休前主要职业为农业劳动者，12.21%为工人，10.42% 为管理人员，12.75% 为无职业者；12.43%的老年人现在仍在工作。

3. 家庭基本情况

有子女的老年人占 97.57%；有儿子的老年人占 85.26%，有女儿的老年人占 76.18%。

家庭成员数为 5 人及以上者较多，占 32.98%。在家庭居住成员中，以与配偶和子女的家庭居住者较多（34.12%），其次为仅与配偶居住（29.41%），独居者占 11.07%。

4. 社会保障基本情况

达到高龄津贴申请标准的老年人中，92.57%获得，7.43%的自认未获得；43.15%的老年人最主要经济来源为离退休金，22.31%为基础养老金；所有调查老年人中 15.61%为政府优待对象，其中低保对象占 3.65%，“三无”和“五保”分别占 4.14%和 0.28%，优抚对象为 1.18%，“五老”对象为 0.45%，有残疾证的老年人为 6.49%；99.16%拥有医疗保险，其中 38.17%的老年人享有城镇职工基本医疗保险，56.99%的老年人享有城镇居民基本医疗保险。

（二）自理情况

1. 受调查老年人

受调查老年人中 87.45%为完全自理，8.28%为部分自理，4.27%为失能。

按性别、年龄、居住地等对调查老年人自理情况进行分层分析所得结果：(1) 女性失能状况较男性严重，女性老人更容易患上非致命性但易致残的疾病，如骨折、骨关节炎、骨质疏松以及慢性背部疾病等；(2) 失能率随年龄的增长而升高；(3) 城乡老年人失能率相近。

按性别、年龄、居住地等对调查老年人 BADL 进行分层分析所得结果。(1) 洗澡的失能率均最高，为 3.94%，吃饭的失能率最低，为 2.20%；(2) 女性的各项 BADL 失能率均大于男性；(3) 随着年龄增大各项 BADL 失能率均增高。

2. 失能老年人

(1) 失能程度

失能的老年人中，24.75%为轻度失能，18.53%为中度失能，56.72%为重度失能，分别占总调查老年人口比例为 1.06%、0.79%、2.42%、

(2) 失能原因

老年人失能的原因前 3 位依次为：疾病（50.17%），年纪大、功能衰退（32.34%），意外伤害（14.19%）。其中，与老年人失能有关的疾病前 3 位依次为：脑血管病（50.53%），帕金森（6.76%），糖尿病（5.34%）。

(3) 伤害发生情况

53.28%的老年人失能后发生过伤害事件，跌倒的发生率最高，为 45.04%，远高于其它意外伤害事件。老年人由于骨质疏松，跌倒又极容易引起骨折。这也是许多养老机构接收失能老年人时担忧的重要原因。

（三）健康状况

1. 健康自评

(1) 受调查老年人

所有受调查老年人中健康自评为很差或较差者占 17.97%，一般者占 48.30%，较好或很好者占 33.73%。失能老年人中 88.86% 健康自评很差或较差。

(2) 失能老年人

按失能程度、性别、年龄、居住地等对失能老年人健康自评进行分层分析得到如下结果：①随着失能程度的加重自评结果越差；②低年龄段的老年人自评结果较差，可能与不同年龄段对健康的要求或标准不同有关。

2. 慢性病患病情况

(1) 受调查老年人

所有受调查老年人中63.40%患有慢性病，失能老年人中88.03%患有慢性病。

所有受调查老年人主要慢性病患病率最高的前3种依次为：高血压（30.10%）、关节炎或风湿（24.76%）、腰颈椎病（10.60%）。失能老年人患慢性病前3位依次为：高血压（50.00%）、关节炎或风湿（34.10%）、脑血管病（24.59%）。

(2) 失能老年人

①男性失能老年人的慢性病患病率高于女性。②70～79岁失能老年人慢病患病率最高。③不同特征的失能老年人所患慢性病均主要集中于高血压、关节炎或风湿、脑血管病、糖尿病/高血糖、腰颈椎病等。④引起老年人群功能障碍的慢性病主要为循环系统和运动系统损伤。

3. 生活满意度

(1) 受调查老年人

所有受调查老年人中，对现在生活不满意者占5.79%，满意者占54.31%。失能老年人中，对现在生活不满意者占26.93%，满意者占23.97%。

(2) 失能老年人

①中度与重度失能老年人对生活更不满意。②年龄越高对生活越满意，可能与不同年龄段对生活满意度的标准及要求不同有关。

4. 日常情绪

(1) 调查老年人

调查老年人中3.62%经常情绪不好，48.80%有时情绪不好；失能老年人中23.06%的失能老年人经常情绪不好，53.38%有时情绪不好。

(2) 失能老年人

年龄越高情绪越好，可能与不同年龄段心态不同有关。

5. 孤独感

(1) 受调查老年人

受调查老年人中3.92%经常存在孤独感，34.28%有时存在孤独感；失能老年人中19.40%经常存在孤独感，51.74%有时存在孤独感。

(2) 失能老年人

①60～69岁失能老年人的孤独感更严重。②农村失能老年人的孤独感较高于城市失能老年人。

(四) 照护现状

1. 主要照护人

(1) 受调查老年人

86.40%需要被照护的受调查老年人现在得到照护，主要照护人为配偶和儿子，分别占39.07%和30.77%，保姆/护理人员者占7.49%；96.89%的失能老年人现在得到照护，主要照护人为配偶或儿子者分别占34.52%和26.02%，为保姆或护理人员者占14.12%。

(2) 失能老年人

①重度失能老年人的照护人为保姆或护理人员的比例高于轻度或中度失能老年人，主要因为可能为重度失能老年人对照护经验与要求均较高，所以需要聘请保姆或护理人员。②男性失能老年人的主要照护人为配偶，而女性主要照护人为儿子，可能与家庭中男性一般较女性年长，故可能较早发生失能有关。③高龄失能老年人的照护人主要为儿子，可能也与配偶的身体状况有关，因为高龄老年人的配偶可能身体健康状况也较差或者已过世。④城市的主要照护人为配偶和保姆或护理人员，而农村为配偶和儿子，可能与城市养老服务业，经济水平有关。

2. 接受照护时间

(1) 受调查老年人

受调查老年人中41.86%接受照护时间为5年以上；失能老年人中48.13%接受照护时间为5年以上，如此长的被照护时间可能给家庭经济和照护人精力带来沉重的负担。

(2) 失能老年人

不同特征老年人接受照护的时间无明显差别。

3. 养老方式选择

(1) 受调查老年人

受调查老年人中66.60%希望住在家中，自理或家人照顾；2.82%选择养老机构。失能老年人中69.52%希望住在家中，自理或家人照顾；14.17%希望住在家中，居家养老中心上门护理；8.57%选择养老机构。

(2) 失能老年人

①随着失能程度的加重，选择养老机构的比例也加大；中度失能老年人选择住在家中，居家养老中心上门护理的比例较高。②男性失能老年人选择住在家中，居家养老中心上门护理比例高于女性；女性失能老年人选择养老机构的比例高于男性。③70～79岁失能老年人选择养老机构的比例高于其它二者。④城市失能老年人选择养老机构的比例高于农村，这可能与城乡养老服务业发展的不均衡有关。

根据本次调查的数据结果，我市老年人失能状况存在以下特点。

①失能情况：老年人失能率为4.27%，低于2010年全国水平6.25%，但失能程度较严重，重度

失能率为 2.42%，高于全国水平 0.84%；日常生活自理能力中，以洗澡的失能率最高（3.94%），以吃饭的失能率最低（2.20%）。②导致失能的主要原因前 3 位是：疾病（50.17%），年纪大功能衰退（32.34%）。意外伤害（14.19%）。与失能有关疾病前 3 位是：脑血管病（50.53%）、帕金森（6.76%）、糖尿病（5.34%）。③失能后伤害发生状况：53.28%的老年人失能后发生过意外伤害，主要为跌倒，发生率为 45.04%。④失能老年人健康状况：失能老年人的健康状况存在严重问题，其中 88.86%健康自评为差；88.03%患有慢性病；26.93%对现在生活不满意；23.06%经常情绪不好；19.40%经常有孤独感。⑤失能老年人的照护现状：照护人主要为配偶和儿子，分别占 34.52%和 26.02%；48.13%的失能老年人照护时间为 5 年以上；希望选择的养老方式以家庭养老为主，占 69.52%，而机构养老比例为 8.57%。

四、现有支持对策与建议

（一）现有支持对策

1. 政策

目前厦门市与失能老年人的相关救助政策主要集中在残疾人的救助政策中。

2. “老年希望工程”活动

①扩建爱心护理院，为更多的失能老人提供优质的护理环境。②市老年基金会从助老基金中拨出专款 200 万元用于采购护理用品，优先分配给急需的失能老人。③通过节日慰问活动，向困难失能老人和半失能老人发放护理补助金，每人每年分别为 1 600 元和 1 000 元。④开办“老年照护”培训班，聘请资深护理专家授课，免费培训照护人员。同时，筹备设立“老年照护培训中心”，为社会开展职业岗位技能培训创造条件。⑤借助政府购买服务，有关部门帮扶，爱心企业捐赠，志愿团队服务等方式，共建社区（乡村）老年日间照护所，为失能老人提供日间照料。

3. 养老机构

民政局资料显示，截至 2013 年 9 月 30 日，全市共有养老服务机构 37 所、床位 6 772 张。“十二五”期间，计划再新增养老机构床位 5 020 张。我市还按照“一市一区一中心”的基本布局，建设公办养老机构。

4. 社区居家养老服务站

老龄办报告显示，截至 2013 年全市完成了 341 个社区居家养老服务站建设，基本实现了城区居家养老服务的全覆盖。我市在省级 6 万元一次性建设补助经费基础上，明确市级财政配套给予每个新建居家养老服务站 6 万元一次性建设补助金。各区政府也加大了经费投入。

（二）不足之处

1. 缺乏失能老年人专项救助政策

现厦门市暂无针对失能老年人这一特殊群体的救助政策。由于失能与残疾证的评估标准不同，所以可能导致部分失能老年人无法获得残疾救助。

2. 养老服务发展不均衡，医疗卫生与养老服务结合发展方面有待于推进

首先，养老机构城乡发展不均衡，服务水平参差不齐。其次，护理型床位缺乏，医养结合有待推进，目前配置远远不能满足养老机构入住老人医疗护理看病难的需求。

3. 社区居家养老服务刚起步，难以满足老年人服务需求现状

首先，社区居家养老服务中心硬件设施不够完善，队伍建设也不够规范，而各类志愿服务呈现波动状态。其次，社区卫生服务中心为社区老年人提供服务所起到的作用有限，只能局限于健康管理等基本的公共卫生服务，并无法解决失能老年人的护理问题。

（三）建议

1. 地方政策层面

（1）探索长期护理保险制度，并制定地方老年人权益保障相关政策性的法律规范

厦门市可依据因地制宜、实事求是的原则，制定切合本市实际情形的规范性的法律文件。结合我市失能老年人实际情况，制定相关的法律规范，并结合道德网络的构建，逐步完善老年人的权益的保障。

（2）设立失能老年人专项救助补贴。

可通过补贴、募捐等方式设立补贴资金。建立一套专门的评估标准，根据不同失能程度给予不同额度的经济补贴，优先缓解困难失能老年人的家庭经济负担。

（3）探索建立失能老年人意外伤害保险。

与商业保险企业开发推广适合厦门地区老年人意外伤害保险产品，发挥商业保险的重要补充作用，提高老年人抵御意外风险的能力。

2. 养老机构建设

（1）进一步加大养老机构建设，逐步建立专业型护理院

对经批准、规模较大的养老机构，准予申请办理审批内设医疗机构。同时建立评估制度，对老年人的失能状况及护理进行评估分级，给予适合的照护服务。

（2）推进养老机构医疗卫生与养老服务结合，加强服务队伍建设

对规模较小的养老机构，通过与周边医院、社区卫生服务中心开展医疗合作，由医院、社区医生上门为养老机构入住老人开展医疗护理服务，以解决养老机构老年医疗护理问题。

3. 社区居家养老服务站建设

（1）大力发展养老护理服务产业，试行“喘息服务”

服务可涵盖日间托养和上门护理，部分基础服务可以采用发放服务券方式。此外可以试行一些新的专业化护理服务项目，如“喘息服务”。

（2）加强志愿者队伍建设，建立爱心积分制

为老年志愿者建立爱心积分卡，对老年人服务的工时等进行量化积分。老年志愿者可根据累计积分，享受不同优惠或奖励，以此来鼓励全社会参与老年人志愿服务活动。

（3）加强慢性病管理工作，建立社区卫生机构与失能老年人家庭医疗契约服务关系

可建立社区卫生机构与失能老年人家庭契约服务关系，社区卫生机构的医生及护士可上门为失能老年人提供服务，避免失能老年人出门不便、易发生伤害等问题，服务内容可包括健康评估、康复训练、保健咨询等。

（4）普及健康教育知识，建设老年人运动场所，鼓励老年人参加社会活动和体育锻炼

社区通过聘请专家召开健康知识讲座，使老年人自觉选择有益于健康的行为和生活方式，降低失能的风险。建立适合老年人的体育锻炼场所，使老年人有条件进行户外活动。

第七部分

出访（含港、澳、台）报告

全国老龄办赴德学习培训团调查报告

全国老龄办赴德培训团

2013年1月5日至1月25日，全国老龄办赴德培训团16名成员在德国进行了为期21天的学习培训，通过课堂学习、访问考察、专题交流等方式，圆满完成了学习培训任务。

一、培训的基本情况

在德期间，我们主要在法兰克福的黑森州行政学院进行了集中学习培训，行政学院赫斯院长给我们讲授了相关课程，主要介绍了德国人口的概况、德国老年人生活状况、老年人生活用品情况、养老护理培训管理情况、老年养老金支付情况、德国养老机构的种类、市场服务的对象、德国养老政策及德国养老发展的趋势等内容。

期间我们在柏林还拜访了联邦德国卫生和社会福利部、德国老年问题研究中心、国家法定医疗保险协会。卫生部博瑞格博士详细介绍了德国护理保险开展情况，并就存在的问题与我们进行了交流。研究中心安德列斯博士就中心的任务以及所开展的工作作了专题介绍。养老基金和老年医疗护理部负责人施纳博向我们介绍了德国医疗保险的结构、体制以及对未来的展望。在波恩，我们拜访了德国老年人联合会，联合会主席库沁女士给我们介绍了联合会的机构设置、工作性质、经费来源等有关情况，并进行了专题交流。

除此之外，我们还到柏林市勃兰登堡区的老年人康复休闲活动中心进行了参观和考察，并围绕老年人养老及服务的相关内容做了相关咨询。

二、德国人口老龄化发展现状

德国现有人口8 187.4万人，其中65岁以上老年人口2 031.7万人，占总人口的25%。进入21世纪以来，人口老龄化已经成为全球人口发展趋势，越来越多的国家或地区步入了人口老龄化。据2011年德国相关部门预测，2030年65岁以上老年人将占人口总数的比例为29%，85岁以上老年人将占4%；而到2060年，这一比例将分别高达34%、9%。德国退休老人生活富裕的不超过1%，生活在贫困线（月收入少于800欧元）以下的目前只占0.6%，其他老人均属于中产阶层：独立生活老年女性可支配退休金收入平均每月1 600欧元，老年男性2 000欧元。有一部分老人因退休金不够用仍继续工作，65岁至74岁退休老人重新工作的占6%，75岁以上的占1%，两项加起来有66.6万人；还有约400万老人是自己经营。

三、德国人口老龄化对德国社会发展的影响

人口老龄化给德国经济社会发展带来了不可估量的影响。主要表现在以下几个方面。

（1）对社会保障制度的影响。人口老龄化的到来，使德国在养老、医疗方面的社会保障压力增加。首先人口老龄化进程会带来退休人员数量增加，养老压力增大的结果。专家预测，从2010年至2030年，20岁以下年龄段人口将每年减少11.9万人，20至64岁劳动年龄段人口将减少12.6万人，65至80岁年龄段人口将增加26.8万人，80岁以上年龄段人口将增加50.9万人。随着人均寿命越来越长，退休的数量不断增加，生产者数量不断减少，养老、医疗、护理费用等支出必将也水涨船高。其次老年人不可避免地增加了对医疗的需求，而能支付养老、医疗费用的人在逐年减少，从而进一步加大了政府的社会保障压力，2010年德国三级公共财政加上社会保险基金的赤字总计为820亿欧元，占GDP比重的3.3%。

（二）对社会经济发展的影响。首先老年人口比例不断上升，劳动力资源不断减少，使得劳动力的价格不断上涨，企业同时还要承担雇员的各种社会保障金；其次，德国高福利来源于高税收，政府的社会保障压力大，必然会提高赋税，这会在无形中增加企业的生产成本，使企业的竞争压力减弱，势必影响企业的生产和投资积极性，进而影响国家经济发展。

（三）对社会服务能力的影响。老年人口的增加和人口预期寿命的延长对社会服务提出了更高的要求，目前社会养老模式主要是居家养老和机构养老两种方式，无论居家养老还是机构养老，都需要社会提供相应的服务，势必增加政府公共费用支出。

2010年社会保障等部门对德国老年人一般状况调查结果显示，总的结论是：德国老人对现阶段生活状况满意度高，但政府部门认为随着老龄化进程的加快，这种“黄金时代”难以长期持续，必须及时采取措施应对。

四、德国应对人口老龄化的政策措施

（一）改革养老保险制度。德国养老保险制度自1957年以来，一直实行着先收现付制，2001年德国政府第一次承认了这种养老保险体系已无法支付足额的养老金，并推行了“里斯特”改革，将原来单一的法定养老保险制度发展成为多支柱的养老保险体系。该项改革削减了第一支柱养老金，通过津贴和税收减免，发展基金制的第二、第三养老保障体系。为了鼓励补充养老体系的建立，德国政府采取了一系列激励措施，例如：直接养老储蓄津贴、税收抵免特别支出、延缓纳税等。另外，德国还延长了法定养老金缴费年限，年满63岁且至少工作35年才能有权利提前退休，但每提前一月就会扣除退休金的0.3%，年满65岁且工作年限45年才有权退休并且不扣发养老金，残疾人则需要年满62岁并且工作35年才有退休的权利。

（二）延长退休年龄。为了保持一定的缴费人数，以保证足够的养老金供给，德国政府不得不逐步提高退休年龄。1997年，德国男性法定退休年龄为63岁，女性为60岁，2004年男女退休年龄都提高到了65岁。预计从2006年起至2030年，一年加一个月，用24年时间过渡，将65岁退休年龄提高到67岁，目前社会普遍反映平和，没有引发社会动荡。现在德国有关部门正在研究，要把退休年龄再延后3年，到70岁。

（三）教育改革。自2010起，德国的高等院校就全面实施“博洛尼亚进程”，本科毕业为3年至4年，硕士学位时间为3至4年，博士学习时间由原来的5年缩短为3年至4年。其次强化职业培训，提高教育与职业相关性，培养能够适应市场需要的人才。2009年德国政府拿出近150亿欧元作为对大学和培训机构的投资，2010年又提出了新的措施，与经济联合会和各州文化部签署职业教育和专业技术人才接班人国家公约，特别约定了职业教育数量目标。德国政府相信由此可以提高社会效益，延长人的一生中的工作时间，从而也延长了交纳各种捐税和保险的时间。

（四）鼓励移民。德国政府积极鼓励移民，使劳动力市场一体化，增加劳动力市场流动性，可以从其他劳动力供给较为充足的国家引进劳动力来解决德国劳动力供给不足的问题，因此，特别是吸引优质移民，通过同行和整合移民来提高就业人员所占的比例。据2010年统计数据表明，德国近8 200万人口中，就有1 500万是移民，德国已然成为欧洲移民人口最多的国家。据专家分析统计，德国每年需引进外国移民30万人，才能保持供养关系基本平衡。

（五）鼓励生育。随着新生儿的减少，提高生育率已经成为德国的一项重要国策。在德森州行政学院，据赫斯院长介绍，根据2010年联合国人口发展报告，德国人口自然增长率为－0.2%，预计2010—2015年每名妇女的生育数仅为1.3。最新统计数据显示，目前德国育龄妇女的平均初次生育年龄已达到30岁。为了鼓励生育，德国政府出台了一系列优惠政策。一是发放“儿童金”，即为每一个孩子免税发放每月184欧元至18周岁，如孩子上大学可延长至25岁；生二胎按同样标准发放；生三胎增加至每月215欧元。二是增加养老金，生育一个孩子的，退休金每月可增加90欧元，多生多得，生双胞胎每月增加180欧元。三是工作保障，孩子3岁前，雇主不允许解雇生育孩子的雇员. 四是发放父母金，除了前一、二项，国家每年还要给生育孩子的父母发放一笔不低于净收入67%的“父母金”。

（六）提供多种养老方式。德国联邦政府鼓励老年人居家养老，更多的老年人也愿意居家养老。目前，仅有3%的65～84岁老年人入住专业护理院，有17%的85岁以上老年人入住专业护理院。入住专业护理院是德国有护理需求老年人的一种选择。这些护理院拥有世界一流的硬件设备和人员管理方式。近年来，德国政府还鼓励开展一种名为“老年之家”的互助养老方式。其模式：几个老年人共同租一个院子或一套房子，不脱离社会，互助养老，并由政府出资进行无障碍设施改造，每个老人资助2 500欧元，最高不超过1万欧元。同时，德国一些社会团体和地方政府也探索出了包括“多代屋”在内的多种养模式。

（七）发展长期护理保险。1995年1月1日，德国启动了《长期护理保险法案》。长期护理保险成为继养老保险、医疗保险、失业保险、事故保险四大保险之后的“第五大支柱保险”，法定所有医疗保险的投保人都要参加护理保险，保险资金由政府、企业、个人和医疗机构四方面负担，政府承担1/3以上。2013年1月1日，又颁布实施了《长期护理保险修正法案》。该制度规定，老人由家庭护理的，护理保险支付给家庭实际护理者。长期护理分为居家和入住护理院两大类，其中居家护理又分为居家由家庭成员护理和居家由服务公司提供护理。2010年德国专家测算结果显示，不同年龄段对护理的需求是不同的。

年龄段	护理需求指数
20 岁以下	4.2
20～55 岁	10.3（患慢性病的年轻人也需要护理）
55～60 岁	2.9
60～65 岁	3.4
65～70 岁	5.4
70～75 岁	9.8
75～80 岁	13.3
80～85 岁	19.0
85～90 岁	19.9
90 岁以上	11.8

从上表中可见，护理需求最多的就是 80 岁以上年龄段老年人。目前，德国共有 250 万老年人有护理需求，占总人口的 3%，其中有 230 万需支付长期护理金；在 230 万需支付长期护理金的老年人中，2/3 是居家护理，只有 1/3 入住护理院。其中，失忆（阿尔兹海默症）老人超过了 100 万，且仍在增长中。按需要护理的时间又分为三级：第一级需 90 分钟，其中 45 分钟是进行身体护理，45 分钟是家务服务；第二级需 3 个小时，其中 2 小时是进行身体护理，1 小时是家务服务；第三级需 5 小时，其中 4 小时是进行身体护理，1 小时是家务服务。三个等级的护理金标准如下表。

护理等级	每月支付给由家庭成员护理的	每月支付给请服务公司上门护理的	每月支付给入住护理机构护理的
一级	235 欧元	450 欧元	1 023 欧元
二级	440 欧元	1 100 欧元	1 279 欧元
三级	700 欧元	1 550 欧元	1 550 欧元

随着老龄化程度的不断深化和人口预期寿命的延长，有护理需求的老年人逐年增加，护理费总支出也在逐年增加，预计到 2030 年有护理需求的老年人将达到 350 万人。

年份	护理总费用支出（亿欧元）
2005 年	16.98
2006 年	17.14
2007 年	17.45
2008 年	18.20
2009 年	19.33
2010 年	20.43

实施长期护理保险制度解决了全社会共同承担护理责任问题，使政府减少了护理支出。实施长期护理保险制度使相应的机构得以建立，在一定程度上解决了就业问题。据统计德国有专业护理院 1 200 个，共有员工 27 万人；护理公司 11 600 个，员工 61 万人。同时，还在一定范围内解决老年人的长期照料问题。

德国社会工作管理中的涉老工作，特别是长期护理、为老服务等方面的一些做法给了我们一定的启发，对我国正在建设中的社会养老服务体系建设颇具启迪意义。

关于出席联合国社会发展委员会第51届会议的报告

肖才伟

联合国社会发展委员会第51届会议于2013年2月6日至15日在纽约联合国总部举行。我国派出了由外交部、常驻联合国代表团、发改委、团中央、中残联和我协会人员组成的代表团与会。我作为代表团成员出席了会议。关于会议的整体情况，代表团已向国内专电报告。我主要将此次会议的涉老问题及相关情况汇报如下。

一、老龄议题的重要文件及会议通过的老龄问题决议

此届社发会老龄议题的重点是审查2002年《马德里老龄问题国际行动计划》十年来的执行情况（每五年审查一次，此次为第二次审查）。根据上届社发会议的决议要求，联合国秘书长向此次会议提交了2002年《马德里老龄问题国际行动计划》的第二次审查和评估报告。该报告主要基于联合国各大洲经济社会理事会就本地区执行情况评估结果，全面分析了全球执行情况及发展趋势，取得的成绩以及存在的问题和不足，面临的挑战，提出了今后行动的方向。

会议经过多轮磋商和协商通过了《关于〈2002年马德里老龄问题国际行动计划〉第二次审查和评估的决议》（决议中文版附后）。该决议要求会员国系统地审查其执行情况，鼓励各成员国通过强化体制机制、研究、数据收集和分析以及培训老龄工作领域必要工作人员等办法，加强努力建设国家能力，以处理其在审查和评价中确定的国家执行工作优先事项，同时铭记在自然灾害和紧急状况中老年人的特定需求；并吁请各成员国采取适当措施，包括酌情采取立法措施，以促进和保护老年人的权利，并采取措施，确保老年人获得经济和社会保障以及保健，同时考虑到《马德里行动计划》和将性别平等视角纳入主流，确保老年人充分参与影响到其生活的决策进程以及有尊严地迈向老年。

二、举行了老龄问题专题会议

在2月7日的第6次会议上，社发委员会对联合国秘书长《关于2002年〈马德里老龄问题国际行动计划〉第二次审查和评价的报告》进行了专题讨论。津巴布韦劳动和社会事务部长Paurina Mpariwa代表非洲地区，奥地利劳工、社会事务和消费者保护部长Rudolph Hundstorfer代表欧洲，本人代表亚太地区，哥斯达黎加外交部副部长Carlos Roverssi Rojas代表拉美地区，西亚经济和社会委员会高级社会事务干事Gisela Nauk代表西亚地区分别报告了本地区的执行情况。委员会随后同以上发言人进行了互动对话。墨西哥、加蓬、日本、美国、德国和萨尔瓦多代表和智利、芬兰、以色列、肯尼亚以及欧洲联盟观察员参加了互动对话。具有经济及社会理事会咨商地位的下列非政府组织代表也参加了对话：国际助老会、防止虐待老年人国际网络、哥伦比亚敬老联合协会。

赴香港出席仁爱堂第三届两岸四地论坛并赴澳门考察老龄事业情况报告

全国老龄办赴香港、澳门代表团

2013年1月29日至2月3日，应香港社会服务联会行政总裁方敏生女士和澳门特别行政区荣光耀局长邀请，全国老龄办常务副主任陈传书一行四人组成代表团赴香港出席了仁爱堂第三届两岸四地论坛，并澳门就老龄化情况和老龄事业发展情况进行了考察。

一、第三届两岸四地论坛及香港应对人口老龄化有关情况

第三届两岸四地论坛由仁爱堂与香港大学、香港社会服务联会合办的，以“脑退化症照顾——突破界限共创机遇”（脑退化症即失智症，为方便与论坛主题统一，以下均使用脑退化症概念）为主题，防治脑退化症拓展新方向。全国人大常委范徐丽泰，香港特别行政区食物及卫生局副局长陈肇始、香港大学校长徐立之等出席。

随着全球老龄化趋势加剧，脑退化症已成为重大的公共健康及社会问题。据世界卫生组织统计，目前患者总数超过3 500万，仅在中国就有近1 000万之众。香港地区65岁以上的病患者约有10%患有脑退化症，85岁以上患病率高达3成，数目呈上升趋势，而其中只有约一成患者得到了适当的照顾。脑退化症不仅对患者家庭带来沉重的经济及精神负担，亦同时影响照顾者身心健康。目前包括香港在内的不少地区，脑退化症患者服务仍处于发展阶段，论坛共同交流探讨脑退化症的健康护理、福利政策等议题，推动脑退化症理疗的发展。

香港社会服务联会，简称香港社联，是一个代表非政府的香港社会福利服务机构，成立于1947年，目的是为了有系统地统筹及策划各种社会福利服务工作，并致力推动香港社会福利的发展。其前身是“紧急救济联会”，于1951年正式成为法定团体。现时有超过310个机构会员，3 000多个服务单位，为香港市民提供超过九成的社会福利服务。社联信守社会的公义、公平，肯定人拥有天赋的权利，而社会有责任为每个公民提供基本的社会和经济资源；个人亦有义务履行对家庭和社会的责任、自力更生、实现自我。

仁爱堂为香港社会服务联会机构会员，于1977年注册为非营利性慈善团体，积极拓展各项服务计划，为市民提供社会福利、教育、医疗、康体等服务，共有服务单位超过70个，受惠的人数及对象与日俱增，可说是与广大市民的福址和休闲生活息息相关。仁爱堂以“匡老扶幼、兴学育才、助弱保康、关社睦邻”为宗旨，为市民提供福利、教育、医疗、康体等服务。仁爱堂社会服务科下设有4个部门，包括社区发展部、社区服务部、长者地区及邻舍中心部、幼青及长期护理服务部，共有30个服务单位，服务广及全港各区与各年龄层，尤其关注老人、需要长期护理和弱势社群人士之福祉。此外，仁爱堂乐助弱老基金主要为自我照顾能力较差、体弱但未符合入住政府资助院舍或严重缺乏家居照顾的老人提供一系列到户家居支援服务，例如家居清洁、陪诊护送、日间看顾等服务，有需要时更会提供到户家居维修服务、转赠食物、粮油及家居小电器，以加强体弱老人的个人照顾和改善生活质量；同时，减轻家人照顾体弱老人所承受的压力。

目前，香港人口高龄化问题日趋严重，年纪愈大，脑退化症发病率愈高，据统计，香港目前约有10万名脑退化症患者，其中85岁以上老年人患有脑退化症每年新增约1.8万人，估计到2036年，患者将高达28万人，约占香港总人口的4%，对医疗服务、社区服务的需求带来巨大挑战。为积极应对脑退化症，香港社会服务联社制定了《脑退化症2012—2017策略行动方案》，从公众教育及法律保障、早起检测及医疗服务、社会服务及照顾者培训3个方面9个具体目标进行了规划。具体包括：1. 将脑退化症定位成优先的老年健康重要项目；2. 加强公众认识脑退化症；3. 保障脑退化症患者的权利得到监管和保护；4. 改善脑退化症早期检测及其症状管理；5. 为脑退化症患者提供可负担及切实的药物治疗并改善非药物治疗器材用具及环境设施；6. 加强脑退化症研究及实证为本的服务评估；7. 为脑退化症患者提供适切的社会服务；8. 为脑退化症患者的照顾者及家庭提供支援；9. 发展脑退化症服务专业人员及从业人员的培训。

在出席论坛的同时，代表团还与香港社会服务联会行政总裁方敏生等进行了座谈，并实地考察了仁爱堂胡忠长者地区中心。2012 年，香港 65 岁及以上的老年人口为 98 万，占香港总人口的 14%。根据最新推算，到 2041 年，老年人数目将大幅增加至 256 万，占人口的 30%。老年抚养比率将由现在的 5∶1 提高为 2030 年的 2∶1。为积极应对日益严峻的老龄化趋势，香港社会服务联会制定了《香港高龄化行动方案》，着重就老年参与、老年健康、老年宜居环境和老年生活保障四个方面制定了行动方面。

（一）老年参与。一是让老年人参与各项政策的制定，确保老年人的意见获得充分考虑。保证老年人在政府咨议架构的参与；加强老年人参与香港安老事务委员会的程度；采取适合老年人的方法、途径和媒介，方便老年人参与咨议；加强老年人的选民教育，促进老年人更加成熟地参与政治。二是提供及保障老年人平等就业机会及权利，协助希望继续工作的老年人工作。善用老年人的经验，促进老年人创业，创造良好的老年人就业环境，肯定老年人及老年人护理人员的贡献。三是提供及保障老年人的平等学习机会及权利。积极提倡“跃动晚年”，肯定老年人继续学习的权利，让老年人融入社会；进一步发挥老年人的积极性，促进社会融合；设立制度，推动老年教育的发展；放开继续教育基金 65 岁的上限；改善老年人学习场地不足的实际；改进成人教育课程；设立老年大学。

（二）老年健康。一是提供一系列保健、医疗服务，改善老年人健康，并满足患病老年人的需求。制定全面的医疗政策，促进老年人健康，巩固核心医疗护理服务，注重康复服务。二是建立一系列社区支援服务，促进老年人的精神健康。正视老年人的孤独、失去自我价值、健康日益下降及财务困难等生活压力；回应常见的老年人精神健康问题，包括脑退化症、抑郁症等；提升核心服务素质。三是加强医疗工作人员及专业人士的培训，提高服务质量。四是回应老龄化社会发展，建立与时俱进的长期护理系统。

（三）老年宜居环境。一是建设无障碍环境设施，促进老年人可以独立生活及发挥他们的潜能。加强老年人居住集中区域的公屋提供照护服务，加强邻里教育，是老年人得到更多支援；针对老人老楼问题，加强部门协作，为老年人制定相应的房屋政策，协助老人在熟悉社区继续生活；加强对公共交通服务的监管，增加无障碍公交车；在城市规划中，政府部门要考虑老年人需求，为老年人提供更好的社区设施配套及休息环境。二是增加不同年龄人群的接触和沟通，促进彼此认识及欣赏。提升家庭凝聚力，推动代际融合；加强敬老爱老教育；重新反思老年人综援申领措施，从政策层面协助家人照顾老年人；积极回应家庭结构改变的问题；鼓励长幼共融的主题活动；利用媒体手段加强敬老文化宣传。三是支持老年护理人员，让他们有效地发挥其角色功能，减轻他们的压力。研究老年护理人员需求，制定相应政策；重视社区照顾服务；加强敬老爱老道德教育；研究提供老年护理人员补助金政策。

（四）老年生活保障。一是保护老年人免受虐待及诈骗。及早识别虐待和老年人被骗个案；打击虐老、广泛宣传老年人被骗案例应对策略；加强推广施虐者辅导计划；建立社区支援机制，支援专业社工服务；加强虐老问题研究和资料库建设；修订现行《家庭暴力条例》，向受害者提供法律保护。二是确保老年人退休后有基本的生活保障。制订长远的辅助贫困老年人策略；研究目前香港退休保障的可持续性，包括“综合社会保障援助（综援）计划”及“高龄津贴”“强制性公积金计划”及个人资源储蓄，制定惠及全民的退休保障计划。三是确保不同阶层的老年人，可按其需求得到医疗及长期护理服务。确保公共医疗服务与政府补助的长期护理服务能够满足老年人的基本需求；不分贫富，老年人均能得到基本的服务保障；鼓励个人对自己和家人健康负责，鼓励储蓄；确保服务质量得到保障；改善公司经营的医疗失衡专科，鼓励竞争和合作，扩大服务选择；提高全民保健意识，减轻对长期护理服务的需求；鼓励公营及私营安老服务均衡发展，使老年人可以在优质的自负盈亏及私营院舍床位方面有更多选择。

二、澳门老龄事业发展相关情况

赴澳门期间，代表团分别与澳门社会工作局和社会保障基金相关负责人进行了座谈，并实地考察了澳门街坊会联合总会。

据统计，截至 2012 年底，澳门共有人口 55.74 万人，其中，65 岁以上人口 4.09 万人，占 7.3%，根据澳门统计暨普查局预测，老年人口比例 2021 年将达 12.9%，2036 年上升至 20.7%。澳门的安老服务（即老龄服务，为与澳门称呼保持一致，以下使用安老服务概念）架构涵盖社会保障、社会福利、医疗服务、公共房屋、公交出行、老年教育服务等范畴，分别由社会保障基金、社会工作局、卫生局、房屋局、交通事务局、教育暨青年局、理工学院等单位与民间机构协助推动。

（一）社会保障。推行双层式社会保障制度。一是“社会保障制度”，以社会保险原则及随收随付形式运作，养老小牧包括养老金及提前发放养老金。现在，澳门养老金数额为每月 3000 澳元，按季发放。二是“中央公积金制度”，目前已经实行的是“公积金个人账户”，目的为加强及提升居民，尤其是老年人的社会保障和生活素质，并为将来在社会保障体系建立中央公积金制度做准备。

（二）社会福利服务。一是各项援助金，包括“一般援助金”“偶发性援助金”及“特别援助金”三类。2013 年开始，一般援助金每个家庭最高 3 450 澳元。二是各项福利服务，包括敬老金和“颐老咭”计划。其中敬老金对象为年满 65 岁的澳门特区永久居民，每年发放一次，2013 年为 6 600 澳元；“颐老咭”计划向 65 岁以上持有澳门居民身份证的老年人免费发放“颐老咭”，凭此享受由政府部门、公共机构和其他志愿者参与该项计划的公共事业及四人机构提供的价格折扣、费用减免或特定优惠。三是社区照顾服务，包括耆康中心、长者日间中心、长者日间护理中心、家庭照顾及支持服务、平安钟呼援服务、长者关怀服务网络及独居长者连网计划护送服务等。四是院舍照顾服务，包括护理/安老院舍和护养院。其中护理/安老院舍主要为没有或缺乏家庭或亲友支持，其照护需要不能通过其他途径得以满足的老年人，提供长期住宿、膳食服务、起居照顾、健康护理、社交活动以及其他的社会服务；护养院服务对象是因健康欠佳，身体残障或技能受损，以致在个人起居及日常生活上需要依靠他人提供紧密照顾的老人或其他有需要的人事，有的院舍设有为照顾脑退化症老年人的专区服务。

（三）医疗服务。一是提供老年人健康预防、一般护理和专门护理的免费门诊及住院服务。二是设有社区医疗外展队（老年人居家护理服务），为有需要的老年病患者提供家居医疗及护理的服务。三是与相关医院合作开设住院式的善终服务。四是设立老年人住院病区（老人科/老年人精神病房）。五是开展老年人记忆门诊。六是老年人服务优先措施。

（四）公共房屋。包括经济房屋、社会房屋和长者社会房屋。第一，经济房屋是协助特定收入水平及财产的澳门居民解决住房问题，与促进符合澳门居民实际需要及购买力的房屋供应。第二，社会房屋是以低廉的租金租予经济状况薄弱或有特殊困难，且居住于澳门的家庭。第三，长者社会房屋是符合条件的老年人可以向房屋局申请入住转为独居老人或老年夫妇而设的社会房屋。此类社会房屋每栋楼均会配备一间“长者日间中心”，并由非政府机构受托运营，为社会房屋内的老年人提供 24 小时紧急支持及其他相应服务（如个人照顾、洗衣、陪诊、文体活动及辅导服务等），有关中心由社会工作局提供财政资助及技术支持。

（五）公交出行。年满 65 岁或以上人士搭乘公共巴士可享受乘车优惠，每程只需 0.3 澳元。

（六）老年教育。澳门理工学院设有长者书院，为老年人提供持续学习、终身学习的机会，而教育暨青年局和社会工作局亦有资助民间机构开办专为 55 岁或以上的年长居民提供各种学习班组与进修活动。

为应对人口老龄化带来的影响，澳门社会工作局近年来还通过多项与老龄服务有关的调查研究，开展相关工作，特别是特区政府根据《2011－2036 澳门人口预测》等制定《2015—2024 长者社会服务发展 10 年规划》，并已经成立了由社会工作局牵头的跨部门研究小组，对老年人的医疗、住房、退休保障等方面尽心综合评估，逐步建立系统的养老保障机制。

三、借鉴港澳经验推进内地老龄事业发展

通过对港澳地区老龄事业的考察，总体看，为积极应对人口老龄化，我们必须紧紧围绕 2002 年联合国第二届世界老龄大会提出的“健康、保障、参与”的“积极老龄化”的发展战略，结合我国实际，树立积极老龄观，全面实施“发展为根本、保障为基础、健康为支撑、参与为动力、和谐为要求”的积极应对人口老龄化战略。

一是坚持科学发展。人口老龄化进程中的各种矛盾和问题都是发展中的问题，只有不断推进科学发展才能解决。发展是解决我国所有问题的“总钥匙”。为此，我们要立足我国“未富先老”的实际，推进经济社会发展与人口老龄化相互协调、相互适应，将人口老龄化对我国经济社会发展的影响降低到最小水平。特别是要充分发挥老年人在经济社会发展中的积极能动作用，大力开发老年人力资源，促进人口长期均衡发展，稳妥处理人口规模与结构之间的矛盾，提高人口素质，加快由人口大国向人力资源强国转变。

二是完善保障制度。保障制度不仅关系到老年人切身利益，而且关系到经济发展活力与社会和谐稳定。要从我国基本国情出发，坚持政府、社会、家庭和个人相结合，建立“全覆盖、保基本、多层次、可持续”的养老保障体系，以增强公平性、适应流动性、保证可持续性为重点，创新制度设计、做好制度衔接、加大投入力度、加强监督管理，加快建立健全养老、医疗和护理保障制度体系，为全体公民进入老年期后抵御贫困、疾病、失能三大风险提前做好制度安排。

三是实施健康促进。健康是人全面发展的基础，是一个国家人力资本的重要组成部分，也是保持和发展生产力的重要因素。要实施健康促进行动，增加健康投资，开展健康教育；合理配置公共卫生和医疗服务资源，加快建设重大疾病防控体系，加快发展老年保健事业，降低老年病的发生率，最大程度延长老年人独立、自主生活时间；促进医疗保障制度由全民医保向全民健康保障转型，实现健康老龄化目标，为低成本应对人口老龄化、保持国家经济社会发展活力打好基础。

四是扩大社会参与。参与社会发展既是老年人的权利，也是经济社会发展的客观需要。要建立健全老年人参与社会的体制机制，推进老年宜居环境建设，改善老年参与的环境条件，完善老年人力资源开发政策，推进老年人才市场建设，鼓励支持老年人参与经济、政治、文化、社会建设活动，保障老年人参与权利；引导全体社会成员转变养老观念，对个人养老提前作出计划，帮助老年人树立自立自强意识，积极面对老年期生活。

五是促进和谐共融。实现家庭和睦、代际和顺和社会和谐是应对人口老龄化的本质要求。要加强家庭美德教育，完善家庭支持政策，健全家庭服务体系，提高家庭发展能力，巩固家庭养老功能；统筹协调代际矛盾冲突，解决好未成年人、成年人和老年人三大年龄群体间的责任分担、利益调处、资源共享和权益保障；增强文化融合和社会认同，妥善处理老年群体利益诉求，实现社会管理体制由成年型向老年型的适应性转变，充分发挥老年人在促进社会和谐稳定中的积极作用。

代表团成员：

陈传书　全国老龄办常务副主任

王　珣　全国老龄办国际部主任

蔡　婕　全国老龄办国际部主任综合处处长

李　勇　全国老龄办秘书

关于出席全球老年人视力保护研讨会的报告

肖才伟

应国际老龄联合会和澳大利亚老年黄斑疾病基金会的邀请，我于2013年4月17日至18日出席了由以上两个组织在西班牙巴塞罗那举行的全球老年人视力保护国际研讨会。中方应邀出席会议的还有协和医院眼科专家赵家良教授。现将有关情况报告如下：

会议时间地点：2013年4月17日至18日，全球老年人视力保护国际研讨会在西班牙巴塞罗那召开。

会议主办单位：国际老龄联合会、澳大利亚黄斑疾病基金会。

与会国家和人员来自澳大利亚、巴西、加拿大、中国、丹麦、法国、德国、意大利、日本、挪威、英国、美国的政、学、商界代表约20余人。与会代表包括蜚声全球的眼科专家，国际老龄社团组织及视力健康领域社团的负责人，学术机构研究人员等。

会议召开的背景及主要内容视力下降是全球主要，但容易被人忽视的导致残疾的原因。据世界卫生组织估算，全球约2.85亿人有视力残疾，其中包含3 900万盲人。在欠发达地区，视力障碍人数是听力障碍人数两倍。让人难以置信的是每5例视力丧失患者中有4例估计是可以预防的。所以世界卫生组织总干事陈冯富珍指出："挽救视力是件紧要的事情"。对老年人来说，视力问题尤其紧要。国际老龄联合会近期一份"视力低下的高昂成本"报道认为，视力丧失是这老年人群"残疾的主要因素"。视力丧失成为生产力和社会融合的屏障，阻碍运用全球老龄人口日益增长的有益资源和经验作为经济增长新资源的机会。

全球范围内，老年退化性黄斑症影响着3 000万人，也是高收入国家导致视力丧失和失明最主要的原因。越来越多的报道和数据显示，发展中国家地区情况相似，甚至更严重。

一份近期的澳大利亚研究发现每7个50岁以上澳大利亚人（100万人）有一些老年退化性黄斑症症状。未来20年里，如果不予以治疗和预防，随着人口老龄化发展，病例将会加倍。有专家认为，老年退化性黄斑症及随之发生的视力丧失虽然高发但仍可预防，由于没有受到足够的重视，此问题正在老年人群中"静静蔓延"。

目前，全世界视力缺陷人口的65%是50岁以上人群，全世界失明人口82%是50岁以上人群，而导致50岁以上人口视力缺陷的主要原因有：白内障、青光眼、老年退化性黄斑症、糖尿病视网膜病等。在欠发达国家，白内障和未矫正的屈光不正是视力缺陷的主要原因，导致75%的失明和视力残缺。此外，所有可预防的视力丧失人群，90%发生在中低收入国家。

此次研讨会专题研讨老年人视力问题，通过发达国家与发展中国家的相互交流，使老年人视力问题受到社会的重视，共同应对老年人视力问题。

出席会议的代表分别介绍了各自国家人口老龄化问题，特别是在老年人视力方面取得的成绩和存在的主要问题。

会议主要成果。与会代表一致认为，国际社会应更好地理解老龄化和老年人视力健康的相互关系，通过清晰而有争对性的倡导，使全社会更好地认识受视力损伤和下降影响的老年人群的需要，提升对他们的关注。代表们认为要使人们认识到：视力下降所带来的后果并非只是公共健康和伦理责任的问题，也是一项经济问题，从财政角度来看，老年人视力保护势在必行。

代表们一致认为目前在老年人视力保护方面存在的主要问题是：未察觉老年退化性视力缺陷的盛行、成本和“连锁反应”，预防、治疗和恢复投入不足，不同部门、学科和跨代的竞争，据此，与会代表团建议：要通过积极宣传和倡议取得政府对老年人视力问题的关注；要通过强有力并协调和沟通，使人们更有意识地预防老龄视力下降；加强全球科研能力，以减少人们，尤其是老年人视力下降的发生几率。

与会代表同意，今后要在以下三方面加强工作力度，一是加强对老年人视力问题的科学研究；二是进一步加强研究成果、数据和信息的交流；加强在全球范围的宣传和倡导，提高政府、社会和个人对视力问题的认识。

2013 年 5 月 15 日

关于赴喀麦隆出席国际会议及访问瑞士的情况报告

全国老龄办赴喀麦隆、瑞士代表团

2013 年 5 月 25－28 日，国际老龄联合会理事会和“老龄和老年友好型环境建设国际研讨会”在喀麦隆首都雅温得召开，朱勇副主任应邀率团出席以上会议并发言。

一、国际老龄联合会理事会情况

国际老龄联合会理事会于 5 月 25－26 日召开，会议听取了理事会主席、区域副主席及秘书长等的工作汇报，并讨论确定了国际老龄联合会近期的重要活动。

会议回顾了 2012－2013 年度国际老龄联合会开展的重点工作，包括 2012 年 6 月在捷克成功举办了国际老龄联合会第 11 届全球大会：国际老龄联合会出席了 2012 年 8 月举行的联合国老龄问题开放性工作组的第三次工作会议；任命了国际老龄联合会驻维也纳和驻日内瓦代表；出席了 2012 年 9 月在维也纳举行的联合国欧洲经济委员会部长级老龄大会；出席了 2012 年 10 月在斯里兰卡举办的东南亚地区健康老化会议；国际老龄联合会理事会在香港举办，并于会后在中国深圳参加了友好型城市研讨会；2013 年 2 月出席了联合国社会发展委员会会议，参与讨论马德里国际老龄行动计划的一评估和审议。会议还通报了国际老龄联合会本年度经费人员审计等行政管理事项等。

会议讨论了即将召开的“老龄和老年友好型环境建设国际研讨会”和“伊斯坦布尔国际老龄会议”的具体事项。

会议讨论了拟于 2014 年 6 月在印度召开第 12 届国际老龄联合会世界大会的筹备进展。会议拟定下一次理事会将于 2013 年 10 月 3 日在土耳其举行。

二、老龄和老年友好型环境建设国际研讨会情况

老龄和老年友好型环境建设国际研讨会于 5 月 27－28 日召开，来自 25 个国家或地区的政府、非政府、学术机构及国际组织等一百多名代表出席会议。会议召开地点在中国政府援建的雅温得会议中心。

老龄化问题最早出现在发达国家，但随着发展中国家加速老龄化，人口老龄化已如今发展成为全球性的问题。变带来的挑战在非洲将日益突显。根据预测，非洲大陆 60 岁及以上人口比例将从 2000 年的 5.1%提高到2050年的 10.4%（UNDESA 2007）。而且由于目前面临的高贫困率和艾滋病流行，非洲人口老龄化的发展对社会经济带来的挑战更加严峻。与会代表交流探讨了非洲的老龄问题，介绍分享了其他国家和地区应对老龄化的各项政策与措施，旨在促进对老龄化带来的新需求和新问题的认识，推动采取更积极有效的政策和行动应对挑战。

（一）会议围绕以下4个主要议程展开主题发言和分会。发言，并展开了积极热烈的提问和讨论

1. 保障健康和福祉，顺利进入老龄阶段。与会发言提到，健康和福祉是老龄化中非常重要的因素，可以预防疾病并保持老年人独立的生活能力。当发生越来越多的非传染性慢性病时，预防措施对提高老年人的生活质量以维持他们尽可能长地在社区健康积极地生活至关重要。建议通过实施健康促进活动，支持老年人就地养老，通过鼓励老年人参与社会活动，鼓励志愿者项目等办法促进老年人的健康和福祉。同时，我们需要想出办法和措施来确认老年人的积极作用和贡献，认可他们的能力和他们对福祉所做的贡献。健康和福祉项目可以作为老年友好型建设中的一部分，以推动建设一个不分年龄共享的社会，确保老年人和年轻人同样得到社会认可和发挥作用。

2. 针对老年人的暴力。发言普遍认为，不论是在富裕或是贫穷人群中，老年暴力是一个正在各个社区日益增加、不断加重的问题，老年暴力、歧视和剥削，普遍隐藏和掩盖在人们的耻辱心理下。而且有些侵害已经威胁到老年人的安全，影响到老年人参与社会。而且，随着人口老龄化的发展也不断产生新的挑战，比如怎样保护那些失智症患者和老年羁押犯。

经济暴力是发言中提到的最普遍的暴力形式，同时老年暴力还有很多形式：身体暴力、情感暴力、歧视忽视和精神暴力等等。很多老年暴力事件并没有被诉诸法庭，很多虐待事件并没有被报道。这种沉默有时是因为受害者已经没有能力诉讼（比如失智症患者），有时是因为受害者羞于或者害怕公布他们的受暴事件，尤其是当暴力来自家庭成员时。有些时候，受害者甚至没有意识到自己受到了侵害。比如很多经济暴力往往是由于偶然原因或者牵扯到第三方才被发现的。

3. 老年人与危机管理。发言大多认为，老年人与危机管理常以一种不可避免的方式被联系在一起，紧急情况、灾难或人道主义危机中长面临的主要挑战之一就是如何辨明老年人的需要并提供帮助，因为他们代表了最弱势的群体之一。老年人常常在人道主义干预项目中被忽视，常受到歧视，未得到相应的服务。

国际社会应采取相应方法和行动来满足紧急情况下涉及老年人的一系列广泛问题，并充分认识到他们的积极作用。同样，危机管理也应保证老年人能有平等获得有效服务的权利，并在危机过去之后能保障老年人继续维持独立自立的状态和积极的老年生活。

随着老年人在我们社会生活中变得越来越重要，我们需要调整态度、政策和实践工作，使老年人在所有时间和所有情况下都得到支持和保护。

4. 老年友好型环境建设。与会发言指出，到2010年，在人类历史上第一次出现大部分的老年人是生活在城市环境中，并预测到2050年70%的老年人将生活在城市。这种重大的转变使我们必须考虑建设一个不分年龄共享的城市环境：一个人人都能积极贡献的环境。

老年友好型城市的概念由世界卫生组织提出，以强调环境和社会因素对健康和积极老龄化的贡献。这个概念强调采取自下而上的方法，要求城市为适应人口结构的老龄化转变，制定计划来满足居民相应的需求，而不是自上而下的由国家来提出计划。它需要创造就地养老的条件，需要建立可持续的社会体系，而且也需要提供机会鼓励尊重文化习俗的及时的健康和社会服务，以此来推动老年群体得以继续实现经济和社会参与。希望居住在自己熟悉的家庭和老年友好型环境中，也是很多老年人的热切愿望。

快速的城市化和老龄化叠加的情况下，如果不能为之做好充分的准备，将会导致老年人被社会孤立，得不到相应服务，从而更加边缘化。发言者介绍了各国友好型城市建设的经验，一致呼吁，大家要共同探讨如何采取最要有效的方法和途径，提高友好型城市建设在全球政策议程中的可见性。

（二）代表团发言情况

朱勇副主任在“老年人和危机管理”议题下作主旨发言，介绍中国在各种危机管理中，如何树立“老龄视角”，将老年群体作为重点关注群体，采取相应的应对措施，确保老年人有平等机会获得各种援助和服务。

朱勇在发言中提出，中国是一个人口快速老龄化的国家，做好老年人危机管理工作，对于保障老年人基本权益，促进经济社会发展具有十分重要的意义。发生危机事件是人类社会的客观现象。在社会变革或转型时期，将导致危机事件发生率的提高。中国转型正处于加速现代化的过程中，经济转轨和社会转型深入发展，已经进入各类危机事件高发时期。中国已经进入人口老龄化快速发展阶段，老年人危机事件发生率不断提高，老年人危机管理的重要性和紧迫性日益凸现。老年人是危机事件中最容易受伤害的群体。由于老年人的边缘性地位，导致他们在危机管理过程中比较容易遭到忽视。在各种危机管理中，应当树立

“老龄视角”，将老年群体作为重点关注群体，确保老年人有平等机会获得各种援助和服务。要树立“积极老龄化”的理念，不能把老年人当作危机管理的被动客体，要珍惜老年人处理危机的经历、知识和经验，让老年人充分参与危机管理的全过程，发挥老年人的积极作用。

朱勇以地震灾害（3次大地震：四川汶川地震、青海玉树地震和四川雅安地震）为例，介绍了中国老年危机管理的做法和经验。发言生动详实的案例介绍和精炼深刻的经验总结受到了与会代表的积极称赞和高度好评，答疑环节和休息交流期间很多参会者对中国老龄工作的经验表示了极大兴趣。

三、会后活动情况

代表团访问了世界卫生组织驻喀麦隆代表处，代表处代表接待了代表团一行，并表示希望加强今后在老龄领域与中国的交流与合作。代表团随后赴瑞士顺访了世界卫生组织日内瓦总部，世卫组织生命与历程司司长比尔德先生和团队与代表团一行进行了亲切友好的会谈，外方准备了详细的PPT，介绍了生命与历程司目前开展的涉及老龄领域的几个重点项目活动，其中包括“老年友好型城市”建设项目。朱主任介绍了我国当前重点老龄工作；双方深入交流探讨了“老年友好型城市”建设工作和今后合作事宜。代表团还考察了日内瓦市养老服务中心，对方详细介绍了日内瓦市老龄基本状况和老年政策，以及该中心提供的丰富多彩的老年服务项目。

四、感想和建议

在国际老龄联合会和日本国际老龄联合会之友组织的认真准备和大力支持下，在当地机构的辛勤努力下，在非洲这样的欠发达地区，能够顺利召开如此规模的国际会议，实属不易。尤其是此次会议作为关注老龄问题的专题国际会议，在非洲地区并不多见，对推动当地提高认识和学习其他地区成功经验，起到了很好的引领和示范作用。会议日程虽然有些拖延，但内容非常丰富，信息量非常大。同时，也使我们能够在短时间内了解国际的一些经验和做法，了解非洲的一些真实状况和问题，反思我们在发展中的经验与教训，可谓感触颇多，收获颇丰。

发达国家与发展中国家，在应对人口老龄化问题中，都需要政府、非政府和社会各界携手一致，促进老龄领域的知识和信息交流，在研究、政策和实践中加强合作。在现有国际老龄领域网络平台内外，中国作为老年人口大国，尤其在发展中国家的发展进程中，日益受到更多的关注。中国应在立足于本国国情的基础上，适当促进成功经验和最佳实践的推广和交流，在制定全球的发展日程并推动全球老龄事业的发展中，拓宽视野，发挥我们应有的作用，采取切实的措施，动员可能的资源和力量，促进区域内及全球范围内的老龄合作。

全国老龄办赴喀麦、隆瑞士代表团：

团长：朱　勇（全国老龄办副主任）

团员：李　伟（全国老龄办老年人才信息中心主任）

张忠健（甘肃省老龄办常务副主任）

肖宏燕（全国老龄办国际部项目处处长）

2013年6月

韩国出访报告

全国老龄赴韩国代表团

2013年6月23－27日，第20届世界老年学和老年医学大会（IAGG）在韩国首尔国家会议中心（COEX大厦）隆重举行。本次大会主题为“数字化高龄社会：健康、活泼的老龄社会新起点”。

本次大会由国际老年学和老年医学协会（IAGG）轮值主席国——韩国老年学和老年医学协会主办。吸引了全世界约86个国家、近4 289名学者参会。大会学术活动共分为四大学科（生物科学；临床医学；社会行动科学；调查与政策、实践）类，具体形式包括8个大会特邀主旨报告、261个分论坛专家演讲、卫星会议、展览展示等；140个专题海报部分囊括了来自世界各地近年来老年学和老年医学方面从理论到实践的3 479份研究成果。大会共计发表4 000余篇学术论文。

中国老年学学会主办了“金砖国家老年学国际论坛”，并与韩国老年学和老年医学协会共同主办了“中韩论坛”。中国老龄科学研究中心副研究员张秋霞、助理研究员方彧、主任科员李晓分别以论文《心理因素、生活方式对健康长寿的影响》《文化传统：影响老年人健康的无形因素》参加“中韩论坛”。

2013 年 6 月 24 日，新当选的 IAGG 主席车兴奉和中国老年学学会常务副会长赵宝华出席“中韩论坛”开幕式并致辞。“中韩论坛”的学术活动分 8 个专题进行，按两个学科（社会科学与临床医学）各 4 个专题分别进行。中韩双方 16 位学者共同主持，共有 32 位学者在各自学科的论坛上发言。闭幕式上，IAGG 大中华区主席、韩国东国大学教养教育学院教授金益基，中国老年学学会副会长、中国人民大学老年学研究所所长杜鹏分别对本次论坛进行了总结。

从接到论坛征文通知到正式参会有近半年的时间，在这一期间我们做了充分的准备。从论文的构思到论文的初成再到精心修改以及办理各种手续的过程，我们深深地感受到领导的重视与关爱、组织者的艰辛与不易，因此，我们格外珍惜这次来之不易的学术交流会议。学者们的精彩发言让我们受益匪浅，主要收获感受如下。

学术研究不仅需要扎实的理论功底，更需要严谨、认真、谦虚的治学态度。所谓台上三分钟，台下十年功，虽然每位学者的发言时间只有 15 分钟，从学者们的精彩演说和提纲挈领的 PPT 中我们可以看到，学者们为此做了精心的准备。良好的治学态度是学术研究的前提条件，真正的科学研究来不得半点投机取巧。

学术研究必须要有开阔的视野，及时了解掌握科研动态，加强学术交流，取长补短、共同进步。韩国学者的发言，让我们有了宽阔的国际比较视野，对韩国老龄化现状以及老年学及相关科学的研究有了全方位的了解；中国学者的发言，让我们看到了国内同仁的最新研究成果，取长补短、收获颇丰。

注重细节、遵循国际学术规范。学术研究无小事，处处细节都体现着学者的治学态度和素养。“中韩论坛”由中国老年学学会和韩国老年学和老年医学协会共同主办，主办方只要求参会者准备英文摘要和作者简介，对发言者的 PPT 没有特别要求。在这种情况下，我们按部就班地准备了全中文的 PPT，然而，在会上，我们看到不少韩国学者的 PPT 是韩英双语对照的，这样的话，中国的参会者就能看懂 PPT，减少由同传翻译带来的误差。而我们全中文的 PPT，韩国参会者根本就无法阅读，这不得不说是我们的失误，这为我们今后参加国际交流上了生动的一课。

人口老龄化是 21 世纪许多国家必须应对的重大课题。全球的学者汇聚一堂，从不同学科角度分析、交流。中国人口老龄化的独特国情，既需要以科学方法论为指导的顶层设计，也需要宏观和微观的政策操作，还需要执行成本最低的实施方法。对于老龄科学研究来说，无论是科研还是治学，无论是做政策还是做学问，都面临前所未有的机遇和挑战。

代表团成员：张秋霞、方彧、李晥

捷克、荷兰养老保障和为老服务情况考察报告

全国老龄办赴捷克、荷兰考察团

2013 年 7 月 10 日至 19 日，由全国老龄办副主任阎青春、国际部干部王珑璇、辽宁省老龄办主任马艳竞、陕西省老龄办副主任续爱峰等一行四人组成的考察团，赴欧洲的捷克和荷兰，专门考察了两国老年社会保障制度和社会养老服务状况。考察团与捷克劳动和社会事务部、荷兰卫生福利和体育部的官员进行了会谈，走访参观了捷克的“生活 90”为老服务组织和他们主办的老年人服务中心、布拉格市区苏莱德养老院，荷兰最大的老年人维权组织 ANBO、海牙哈维维老年人养护中心、乌特勒支省养老服务信息中心等社会服务团体和服务机构，详细了解了捷克、荷兰两个国家现行的老年社会保障政策及其改革构想，也实地参观和感受了两个国家养老服务机构的服务管理和运作情况。

一、捷克、荷兰老年社会保障政策的主要特点和改革构想

这次考察，捷克和荷兰两国政府的有关部门很重视，捷克劳动和社会事务部的副部长杜比先生带领主管秘书玛塔．库斯卡女士利用半天时间专门和我们进行了会谈；荷兰卫生福利和体育部的高级政策顾问普里柯先生、长期照料司副司长梵·蒂宝以及专门负责长期照料政策制定的亨克·尼尔斯先生、负责老年人

痴呆症照料的捷科琳女士、负责非正式照料的安妮塔·皮特丝女士为我们比较详细地介绍了荷兰的老年社会保障制度和老年人长期照料法案及政策。

（一）两国普遍建立并实施了社会养老保障制度

捷克现有人口大约 1 050 多万人，全社会劳动者的平均工资大约在每月 1 200 美元左右。全国已经建立起以“三大支柱”为主要内容的社会养老保障制度。第一支柱是劳动者参加工作后将自身工资的 28%用来缴纳社会税，以备将来退休后用于养老。由于现在捷克也面临劳动力减少、老年人口增多的矛盾，若单靠这些社会税金的积累是不足以应付日益增加的养老金支付的，因此，他们又采取了其他的补助措施。第二支柱是建立市场运作、保值增值的养老基金。政府考虑到养老金数额不足的因素，为增加补充渠道，从 2013 年开始，采取个人自愿性质，从工资缴纳社会税的 28%中拿出 3 个点，再从工资剩余的 72%中拿出 2 个点，共 5%作为不能动用的固定养老基金进行积累，交由基金公司而不是政府实行市场运作，以期大幅增值，增加参与者将来养老金发放的数额。这种做法仅仅刚实行半年时间，并且肯定要受到市场风险和经营管理水平的影响。第三支柱是政府鼓励自愿性质的个人储蓄积累，以备年老时养老之需。到目前为止，捷克全国的老年人中领取各种类型养老金的占到 98.8%，全社会基本养老金的平均水平在每月 550 美元左右；没有领取固定养老金的只占 1.2%，这些人可通过申请从政府领取每月不低于 160 美元的养老费用。

荷兰的总人口为 1 675 万，其中 65 岁以上老年人约有 260 万人。其社会保障体系主要是由全国养老保险制度（含劳动者的养老保险、儿童的津贴、残疾人补贴等），雇员的失业、工伤、残疾保险制度和社会救助制度三大支柱构成。这些保险和救助其目的就是保障每个人的基本经济收入。但由于其标准远低于平均工资收入，也就无形中等于鼓励失业者、妇女、有劳动能力的残疾人和身体健康的老年人再次进入劳务市场务工。

（二）荷兰建立并实施了老年人长期照护的社会保险制度

在普遍建立养老社会保险制度的基础上，荷兰又针对老年人医疗卫生和照顾服务需求费用问题，建立起了医护方面的社会保险制度。目前荷兰老年人等弱势人群的医疗卫生和长期照顾服务保障基本由三个法案构建。一是由国家推行、全民参加、但由私营保险公司实施管理运作的作为基本社会健康保险制度的《卫生保险法案》。主要是全民医疗卫生、疾病防治费用的保障。二是考虑到第一部分社会保险中保险公司不愿意保的高风险人群（含高龄、失能、重残）对于长期照料的需求，政府又颁布了《补充医疗费用法案》，于 1968 年建立起了一个独立的、全面的强制性长期照护社会保险，保障这些特殊人群的长期照护服务费用。三是从改革和发展的角度颁布的《社会支持法案》。由于医疗卫生支出和长期照料支出增长太快，远远超出国家经济增长速度，所以从 20 世纪 70 年代开始，政府开始实行严格的成本控制策略，制定推进改革的《社会支持法案》，计划 2014 年起全面实施。这项法案的主旨就是大力发展非正规照护服务方式，严格控制国家对照护服务费用的支出，力争四五年后国家的照护费用开支数额与目前基本持平，在 GDP 中所占的比重有大幅度下降。

（三）积极推进老年照护服务领域社会保障制度的改革。老年人长期照护社会保险制度的建立，比较好地保障了全社会高龄、失能老年人和重度残疾人所需要的长期照护服务费用来源，受到老年人的拥护和欢迎。但是也给国家经济运行带来了巨大的压力。荷兰卫生福利体育部的官员介绍，荷兰老年人的长期照料服务费用到 2010 年时已占到 GDP 的 3.8%，并且还在以每年 4%的速度递增。按照联合国经合组织公布的统计数据，目前老年长期照护服务费用支出在 GDP 中所占比重，荷兰仅次于瑞典在国际上居第二位。可以说已经到了政府财政难以承受的程度，不改革很难持续发展。去年荷兰政府换届，提出要大力改革长期照护保障制度，目标就是国家压缩此项费用开支，降低其在 GDP 中所占比重。主要内容就是鼓励老年人积极发挥自身作用，参与社会，增进健康，独立生活，降低长期照护数量；各地方政府要承担更多的支出份额和管理责任，减轻中央政府财政压力；改变过分追求统一标准化服务的作法，提倡根据个人意愿提供多种形式的社会化、个性化的非正规服务，提高照护服务质量，节约服务成本。荷兰卫生福利和体育部长期照护司副司长梵·得保把这项新法案概括成三个核心词：改变服务方式、节约成本、提高质量。

此外，捷克和荷兰都在延长劳动者退休年龄、个人领取养老金数额与缴纳养老保险金数额挂钩以及随经济发展和物价变动指数建立退休金增长机制等方面进行了尝试。比如捷克从 1996 年开始，将妇女退休年龄每年延长 4 个月，男子延长 2 个月，计划到 2020 年基本达到男女均在 65 岁左右退休。荷兰也从最近一两年开始将 65 岁退休逐步每年延长 3 个月，计划用四、五年的时间到 2017 年实现 67 岁退休，以此缓解劳动力不足和社会养老保险资金不足的压力。

二、捷克、荷兰社会养老服务开展情况及其主要特点

捷克的老年人事务管理没有设立专门的政府行政机构，而是建立了一个咨商性质的“老年人委员会”，由相关政府部门、非政府组织和各方面专家等30人组成，负责为政府发展老龄事业提出建议和意见等项议案，但不具有执行法案的权力。老年人的养老保险和养老金发放以及一些为老服务内容，捷克政府的劳动与社会事务部管得要多一些，老年人的健康、卫生、保健康复等项工作则是卫生部门管得多一些。而更多为老服务的事情则主要由众多非政府组织承担，他们通过向政府申请项目经费、向欧盟委员会申请特殊项目经费、向社会和企业拉赞助捐赠以及自身为老年人提供有偿服务的收费等途径来解决机构管理和运营的资金问题。目前捷克全国有400家养老服务机构，共服务老人4.5万名左右，占到了老人总数的5%左右。我们这次拜访的“生活90”组织就是一个有1 100多成员的全国性社会为老服务组织。他们的宗旨是通过服务提高老年人生活质量，帮助老年人尽可能实现在家里养老，保证老年人快乐健康生活。他们在布拉格的总部设有老年人信息服务中心、老年教育和文化活动中心、老年康复中心、老年人短期照护中心和志愿者服务中心。除了布拉格之外，他们还在全国设立了4个支部和为老服务分中心。他们的所有为老服务项目除志愿者服务外都是收费的，单是信息服务的收费每个老年会员每月缴纳的会费就在400捷克克朗左右。他们的康复护理服务收费也是很高昂的，护理一个失能失智老人每天的费用就在550捷克克朗（约合人民币189元左右）。根据捷克的社会服务法规定，国家要为需要照顾的失能老年人提供一定的房租和照料费用补贴，每人每月在40～600美元不等，这样也可在很大程度上解决失能老人照护费用的压力。在捷克类似“生活90”这样的社会组织有很多，都在不同领域为老年人提供着各种各样的服务。

荷兰的养老服务体系比较完善发达，整体上实行各级政府的医疗卫生、长期照护支出与分散的社会支持相结合，专业养老护理机构对高龄、失能老年人的正规照顾服务与社会组织、家庭、社区的非正规照顾相结合，健康照料福祉与老年人积极的社会参与相结合的服务模式。荷兰全国有260万老年人，办有专业养老护理机构800多家，入住老人在15万多人，约占老年人总数的5%～6%。这个数字较十多年前超过10%的机构养老比例已经大为降低，但是从改革发展的趋势看，荷兰已经开始主张大力发展非正规照料和社会服务，这个比例还会继续下降。我们在荷兰参观了ANBO养老信息资讯服务机构、海牙哈维维老年人养护中心和乌特勒支省为老服务信息中心三个养老服务机构，其服务的领域和项目不尽相同。ANBO作为荷兰全国一家很有知名度的养老信息资讯服务机构，在全国5个区域设有460多个分支机构，有8 000多名志愿者运营和服务于这些机构，发展了20多万老年人会员，采取会员缴费服务的方式，每人每年缴纳37欧元会费，他们则为老年人提供多种政策咨询服务和参加保险、使用能源、开展多种培训的打折服务，同时也帮助老人维护自身权益，组织开展多种宣传活动。这个组织协调460个分支机构通力合作，形成合力，开展四个方面的主题活动：即老年人收入及养老金、健康照料及福祉、老年活动能力及住宅、反年龄歧视及老年社会参与，还通过议会、各个部委进行游说，为老年人争取更多的养老金、建设老年住宅、加强无障碍及交通便利等项优待政策，以此大大提升了组织的影响力。同时还积极参与国家养老基金委员会的工作，为老年人争取更多的利益。

海牙哈维维老年养护中心在海牙设立了5个日托中心和5个重症护理中心，同时还为许多家庭提供上门包户的护理服务。我们参观了哈维维总部的一个护理中心，有40个专业护理服务人员，收住了65位失能老年人，根据失能程度每周为他们提供7～19个小时不等的专业护理服务。护理收费则根据老人身体状况和年收入情况确定，大体平均每天收费270欧元，但个人承担的份额很少，最低的可能每月只有一、二百欧元，平均也就是在每月800欧元左右，其余都申请政府补贴和通过社会赞助解决。交费时是由专门的机构集中收取后再根据实际情况分发给各家养老机构，并不完全是按照各个机构收养老年人的数量和实际缴费额分发的。这些照料老年人的机构是不盈利的，所以都不纳税。

乌特勒支省的信息咨询中心下设多个研究部门，我们访问了一个致力于养老服务机构照料研究的部门和一个负责非正式照料研究的部门。负责正规养老机构照料研究的部门共有130多名研究人员，主要从事失能老年人长期照料服务、服务市场和劳动力的开发、多种服务资源的开发利用和节约、社区层面的居家照料服务等重大课题的研究，具体有六大类项目：帮助照料机构防止老年人跌倒和擦伤；建立区域性失智照料服务网络；养老机构照料者和被照料者之间的互动；志愿者参与和社会支持；研究制订机构护理标准和建立疾病管理、慢病护理模式；提供管理咨询，改变经营状况等。同时还开展了许多国际合作研究项目。

负责非正式照料的研究部门主要是适应政府对社会福利改革的要求，研究如何将机构的正规照料转到社区、家庭和个人的非正规照料，以期减少照料成本，提高居家养老的质量。他们开展老年人和家庭的非正规照料调查问卷，经过统计分析为地方政府制订相应政策提供咨询，并为地方政府制定工作路线图，包括信息资讯、正确引导、精神支持、培训教育、实习实践、经济支持和精神鼓励等，为更好地开展老年人的非正规照料创造条件。他们开展老年人非正规照料提供主体研究，由家庭成员扩展到邻里、朋友、社区工作者、志愿者，还有老年人自己；开展志愿者服务定位、界限、角色、作用及招募、培训、管理研究；开展非正规照料负面因素的研究，制定措施尽可能消除负面影响；开展非正规照料与正规照料的衔接转换研究等等。

通过参观考察，我们感到捷克、荷兰的社会养老服务主要表现出以下几个方面特点。

政府职能准确定位，服务主要交由社会组织经办和运营。考察捷克、荷兰的养老服务体系，感觉到它们与国际社会的普遍做法基本一致，政府只管政策法规建设、规划计划和标准规范的研究制订以及检查监督，困难老年人的服务费用补贴等项宏观管理工作，具体的服务开展和管理运营则交由社会组织和服务团体去承担。同时政府注意发挥社会组织的功能和作用，培育具有社会影响力和专业化的社会团体，像捷克的“生活 90”组织、荷兰的 ANBO 养老服务信息咨询中心以及海牙的哈维维等就是这样既能具体承担养老服务职能、又能帮助政府提出政策建议的社会组织。

高扬改革旗帜，努力由推动机构的正规照料向社区、家庭和个人的非正规照料转变。随着老年人数量的增多和长期照料护理服务费用的大幅度增长，如何使养老服务既能适应老年人自身需求，开展个性化、人性化和专业化的服务，又能大幅度减少和节约服务费用，已成为养老服务领域改革的发展方向。捷克、荷兰都在积极转变养老服务方式，把大量的养老机构正规照料服务向家庭、社区和个人的非正规照料服务回归，大力发展社会、社区对家庭和个人的支持，由此形成小型分散、离老人家庭最近、方便实惠、费用低廉的多种形式为老服务，深受全社会的欢迎。

建立市场运营机制，确保多种形式养老服务的可持续发展。捷克、荷兰的社会组织在经办和提供多种形式的养老服务时，完全按照市场经济规律办事，建立起市场运行机制，贴紧市场，把服务当作商品以质论价，自负盈亏，自我发展。政府在有些地方提供经办养老机构的廉价出租房屋，有些地方甚至房屋也不提供，只是按照法规规定为接受服务的老年人提供相应的服务费用补贴，在服务领域那些承担服务职能的社会组织则按照市场经济要求进行运营，开展有偿服务，价格公开，同时积极拓展服务领域和服务内容，向社会和企业争取各种资助，以此实现自负盈亏，确保服务的可持续发展。

加强服务队伍的专业培训和管理，提高专业化服务水平。捷克、荷兰在养老服务领域十分注重养老护理服务队伍的专业化建设，不仅实行严格的职业资格证书认证制度和技术等级制度，而且对养老护理机构的专业人员岗位设置、技能等级要求都十分明确，积极开展各种形式的教育培训，以此不断提高养老服务人员的职业道德和专业素质，确保服务质量的提升。比如捷克要求养老护理员必须要接受满 150 小时的专业培训才能获得职业资格，持证上岗；荷兰的养老护理院要求必须要有专业社工、有用药能力的三级以上护士、有康复师、物理治疗师、营养师等专业人员。为此许多社会组织自己都设有专门的职业技能培训机构，加强对自身员工和其它社会养老服务人员的专业培训。

三、捷克、荷兰养老保障和为老服务给我们的启示

考察捷克、荷兰在老年社会保障和社会养老服务方面的做法和经验，可以为我国加快养老社会保障制度和社会养老服务体系建设，积极应对人口老龄化给经济社会发展带来的严峻挑战，提供许多有益的借鉴和启示。

（一）完善社会保障体系，加快建立失能老年人的长期照护保险制度。随着经济发展和社会进步，我国的老年社会保障体系建设逐步完善，基本养老、基本医疗和社会救助制度达到了基本覆盖，老年人的社会福利和社会优待也在不断改善和增强。但是对照国际社会发达国家的作法，我国在老年人社会保障制度建设中还存在一个很大的空白，那就是对众多高龄和失能老年人长期照顾和护理所必需的高额费用还缺少制度化的安排与保障。我们既要学习荷兰成功的经验与做法，尽快建立失能老年人长期照顾与护理的社会保险制度，同时又要吸取荷兰照护费用支出过高、占 GDP 比重过大的教训，认真做好长期照护保险的顶层设计，从一开始就实行国家、集体（企业）、家庭和个人责任分担，社会保险、商业保险和个人储蓄等多渠道、多形式的照护保障制度安排，真正为老年群体中这部分最困难、最需要照顾的老人及其家庭解除巨大的经济负担和精神压力，确保社会和谐发展。

（二）坚持改革发展思路，多途径解决养老资金来源。捷克、荷兰面对人口老龄化快速发展和养老保障、养老服务所需资金压力日益增大的实际，都在大力推进养老保障和为老服务领域的多种改革措施，中央政府下放权力，让地方政府多承担责任；尽量减少费用高昂的养老机构正规照料比重，扩大和发展节约成本的社区、家庭的非正规照料方式；鼓励老年社会参与。大力开展志愿者服务等等。我国在应对人口老龄化挑战带来的养老保障和为老服务的严峻挑战时，必须践行健康老龄化、积极老龄化理念，注意克服和纠正过分强调机构养老、偏重养老机构投入的倾向，把重心真正放在支持和发展家庭养老、推进社区照顾和社会化服务、增进老年健康和社会参与上，避免重复别人走过的弯路。

（三）培育发展社会组织，使其发挥为老服务主力军作用。捷克、荷兰在为老服务领域，放手让社会组织发展并发挥主力军作用，它们的经验对我国加快建立社会养老服务体系具有重要的借鉴和启示作用。我们在转变政府职能、推进“政事分离、政社分离”的深化改革中，应该加快社会组织培育和发展的步伐，使其不断发展壮大，真正在养老服务和老年社会生活领域承担起政府转移和委托的功能，承担起事业单位改革和改制变更后的管理与服务职能，逐步成长并发挥出为老服务主力军的作用。

（四）建立市场运营机制，发挥市场配置资源主渠道作用。我国目前养老服务领域基本上还是政府办与社会办两种体制并行，因此在国家养老资源的配置上就存在着严重的不合理、不均衡现象，公办养老机构过分依赖国家财政拨款、高消耗低效能、人浮于事，民办养老机构资金匮乏，举步维艰，勉力支撑，难以在市场上公平竞争，也很难形成养老机构可持续发展的自负盈亏、自我积累、自我发展的局面。我们应该学习借鉴捷克、荷兰的作法，更多采取政府委托、政府购买、政府补贴服务的作法，把政府资源更多用在该保障、该补贴的困难上，用在高龄、失能老年人身上，而在服务领域则放手让这些社会组织按照市场经济要求实行市场化运作，以此赢取养老服务业全面、协调、可持续发展。

（五）加强服务队伍建设，不断提高专业化护理服务水平。随着养老服务的重心更多地放在高龄、失能老年人的长期照料和护理服务上，对养老护理员工专业知识和技能的要求必然越来越高。所以我们必须学习捷克、荷兰在加强养老护理服务队伍专业化建设方面的经验与作法，在职能分工、职位设置、岗位技能要求、服务规范以及职业资格认证、职级分类和晋升、工资福利待遇匹配及培养训练等方面，研究制订并组织实施一整套切实可行并行之有效的标准、规范和措施，扎扎实实地推进养老服务队伍的职业化、专业化建设，为不断提升养老服务质量奠定坚实的基础。

考察团成员：阎青春、王珑璇、马艳竞、续爱峰

2013 年 7 月 30 日

加强交流，互通有无，促进我国老龄产业快速发展

——2013 年两岸老龄福祉产业与人才培训论坛

全国老龄办赴台湾考察团

2013 年 8 月国务院召开会议提出，鼓励社会资本投资养老服务业和健康服务业，大力发展老龄产业。如何促进老龄产业的快速发展，成为目前亟需研究和探索的课题。为此，应台湾南开科技大学邀请，中国老龄科学研究中心副主任党俊武和老龄经济和产业研究室杨晓奇于 2013 年 8 月 19—25 日赴台湾参加 2013 年两岸老龄福祉产业与人才培训论坛，进行了为期一周的学术交流，收获颇丰。交流期间，党俊武副主任在论坛上做了专题发言，并参观了南开科技大学老年人智慧生活屋，新北市双连安养中心以及元智大学老年福祉科技中心，现将具体情况汇报如下。

一、基本情况

根据会议安排，交流主要分两大部分，一部分是论坛交流，另一部分是参观交流。

（一）论坛交流

2010 年，中国老龄科学研究中心和台湾南开科技大学福祉科技与服务管理研究所签订了《老龄政策与老龄产业和福祉研究合作备忘录》，此后，双方围绕

老龄福祉科技方面的合作持续展开，2013 年 8 月 20 日在南开科技大学举办了 2013 年两岸老龄福祉产业与人才培训论坛，此次论坛是备忘录的一次落实。参加论坛的有来自中国老龄科学研究中心、北京大学、荆楚理工学院、北京劳动保障职业学院、元智大学、福乐多事业股份有限公司、乐龄生活事业股份有限公司的专家学者以及南开科技大学的专家、师生 100 多人。会上 8 位嘉宾做了主题演讲，分别是中国老龄科研中心副主任党俊武——《大陆老龄产业的定位、活力和发展战略》，北京大学的涂朝晖——《传统社会养老模式现代性转型下的养老产业的战略选择》、南开科技大学民生学院院长段伴虬——《老龄产业人才培育之新思维》、元智大学徐业良——《银发产业创新科技研发与应用》、北京劳动保障职业学院谈玲芳——《北京市养老服务人才问题解析与制度探讨》、乐龄生活事业股份有限公司张庆光——《从高龄友善城市的推动看台湾银发产业的机会与挑战》、荆楚理工学院吴麟章——《适应社会化养老服务需求的特色老年专业护士培育》、福乐多事业股份有限公司蔡锦墩——《高龄健康服务规划及人才培育》。

（二）参观交流

根据会议的安排，我们参观了南开科技大学老年人智慧生活屋、双连安养中心、元智大学老人福祉科技研究中心。

1. 银发智慧生活屋。银发智慧生活屋给我们展示了老年人生活中不可或缺的一些日用产品，如老年人雨伞、老年餐具、老年人沙发、老年人椅子，等等。这些产品看起来和普通产品没有太大区别，但实际上却有很细微的区别。比如雨伞，既可以当雨伞，也可以当拐杖，保护了老年人的自尊。老年人的餐具外形也很普通，和一般餐具无区别，但重量却很轻。老年人用的沙发可以保护腰椎，椅子能给老年人推力，让老年人不费力气的站起来，这些产品让我们感觉到老龄产品的前景很广阔，但是，要真正设计出适合老年人心理、生理特点的产品，还是要认真研究老年人。

2. 双连安养中心。双连安养中心是新北市一家养老机构，由财团法人台湾基督长老教会双连教会设立，2000 年建成。其资金来源主要双连教会自筹，内政部提供部分补助。双连安养中心的目标朝着多层级连续性、多元化、多功能方向发展，同时提供社区照顾、居家照顾服务。基地占地面积约 4 公顷，分三期建成。

目前，双连安养中心收住 432 位老人，其中安养型老人 212 人，即能够自理的老人；养护型老人，即半失能、失能老人 154 人；失智老人 66 人。安养中心现有正式员工 228 人，特约人员 7 人，替代役 11～18 人，志工 114 人。如果仅算正式员工，老人和员工比达到 1.9∶1 人，如果加上其他人员，老人和员工之比接近 1∶1，即一个人照顾一个老人，这个比例还是很高的。

双连安养中心服务功能比较齐全，包括安养照顾、养护照顾、失智症照顾、长期照护、社区照护关怀据点、居家服务、心理关怀、医疗支持功能、家属陪伴功能、旅馆服务功能、老人大学成长课程、老人照顾研究。这些功能基本涵盖了老年人和家属的各方面的需求，既有照护服务，也有照护研究，既考虑到老年人，也考虑到老年人的家属。全方位的功能支撑着安养中心健康发展。目前，松年大学学员有 160 人。2012 年，双连安养中心为社区老人提供送餐服务、电话问安、健康促进等服务 10 270 人次，为居家老人提供服务 6 329 人次。

安养中心在设计时很注重空间布局，充分考虑到了老年人在水平和垂直方向移动的方便性，尤其在水平移动方面，充分发挥了无障碍设施的作用。日常生活动作操作的便利性、器具及设备操作的人性化也是安养中心设计的一个重要原则。同时在设计时也考虑到了房间通风、紧急意外事故的避免以及隐私的保护等问题。这些都是养老机构必须注意的问题。

双连安养中心既是一家养老机构，也是一家研究机构。目前，安养中心在大厅里有一块开放的区域，供老年人老年人相互之间交流，也可供外来的研究者使用。同时，安养中心在失智老人专区设立了一个专门供研究人员观察的窗口，研究者在不打扰失智老人正常生活的情况下，能够全天观察老人的生活情况，深入了解失智老年人的心理、生理等特点。

3. 元智大学老人福祉科技研究中心。元智大学，原名元智工学院，校址位于桃园县中坜市。我们当天参观了元智大学的老人福祉科技研究中心。该中心最大的特色就是产学研结合紧密，成为老龄产品的孵化基地。在主任徐业良的带领下，我们参观了中心所研制的机器人、活动椅、地板以及床垫等产品，受到很多启发。机器人是他们研制的一个重要产品。通过机器人，远在外地工作的子女可以很容易的了解自己父母的身体健康状况，如血压值、血糖值，父母可以和自己的子女进行网上交流。他们研制的床垫，可以很轻松地记录到父母晚上上床时间、翻身次数，睡眠情况，及时了解父母的身体状况。目前，这种床垫已经开始生产准备销售。通过他们研制的地板，儿女可以及时的了解父母跌倒情况，有利于远方的子女及时照顾父母。

二、体会

（一）科技在积极应对人口老龄化过程中作用重大

我国人口老龄化程度的不断加剧，而我国应对人口老龄化的准备还不充足。目前，我们更多的关注社会保障体系的建设，养老模式的设计以及医疗卫生水平的提高在应对人口老龄化中的作用，很少关注科技在应对人口老龄化中的战略作用。利用科技的手段不仅可以研制出方便老年人生活的各种产品，而且可以研制出方便子女照顾老年人的产品，这两类产品在积极应对老龄化的过程中必不可少。方便老年人生活的产品如各类供老年人使用的生活器具，这类产品其实是科技和老人心理特点的一种结合。方便子女照顾老年人的产品更多的是一种科技应用，甚至是一种高科技的应用，比如元智大学研制的机器人，技术含量高，这类产品可以在一定程度上解决未来老年人照料人力资源不足的问题。我国是世界上老年人口最多的国家，不可能完全依靠社会化的养老模式，家庭的养老功能不可减弱。随着我国家庭规模的小型化、少子化的发展，科技能够很好的弥补少子化带来的家庭养老功能的减弱，有利于发挥子女在照顾自己父母的作用。

（二）养老机构健康发展需要经营者有一颗爱心和一个研究的心态

目前，国内养老机构的发展以高端为主，部分企业以养老之名行房地产之实，这些社会资本更注重的是盈利，而不是如何更好的为社会提供服务。在这种心态下，经营养老机构变成一个周期长、利润低、风险高的行业。事实上，把老年人当作一个研究的对象，深入老年人的内心，了解老年人需要什么，才能提供适合老年人需要的产品，有了好产品，养老机构的经营才有可能进入一个良性循环的发展轨道。因此，就需要经营者有一颗爱心和一个研究的心态。此次参观新北市双连安养中心在这方面给我们很大的启发。安养中心在老人公共活动区域设立了一块研究区域，专门供外来研究者和老年人交流和观察使用，有利于深入研究自理型老年人的心理和生理特点。在失智老年人专区专门开设研究窗口，供专业研究者了解失智老年人的特点，更好地为老年人提供服务。反观国内部分养老机构经营者，直接照搬国外的硬件，收住老人就想赚钱，根本不了解老年人需要什么样的服务，这种经营模式很难持续。

（三）加强交流有利于开阔视野

此次去台湾学术交流，开阔了视野。世界各国的老年人在心理和生理上有很多共性，了解其他国家或地区在老龄用品和老龄服务方面的发展，借鉴他们的先进经验，为我们的老年人服务，为我们的人口老龄化服务，我们就可以少走很多弯路。尤其是了解台湾地区的先进做法，能够更直接的为我们快速发展的老龄产业服务，因为，两岸老年人有着共同的文化传统背景。

三、建议

（一）重视科技在应对老龄化中的作用

随着我国老龄化程度的加剧，应对老龄化的任务越来越艰巨，因此，积极应对老龄化应该从各个方面做好准备，应该重视人力、物力、财力、科技等各个方面在应对老龄化中的作用。当前，科技在应对老龄化的作用还没有得到高度重视。以老龄产品为例，低端科技产品比较多，高端科技产品还很缺乏。从老年人个体来说，既需要低端科技产品来支持，也需要高端科技产品来提高养老质量；从应对老龄化的角度来说，更需要高端科技产品来支撑。对此，应该加强产学研一体化发展，深入研究老年人的需求特点，开发老年人养老需要的各种产品。

（二）加快老龄产品的推广，让老龄产品进入老年人家庭

当前，老龄产品虽然有了一定程度的发展，但老年人知晓率还很低，既不利于老龄产品业的快速发展，也不利于老年人生活质量的提高。因此，加强老龄产品的推广，有助于老龄产品进入老年人家庭。其一，让老龄产品尽快进入社区，让老年人更多体验到老龄产品的带来的好处。其二，引进国外的老龄产品，或者生产老龄产品的技术，让国外成熟的产品服务国内的老年人。

（三）借鉴先进经验，提高国内老龄服务质量

虽然近年来国家大力发展老龄服务业，但老龄服务业发展还面临很多瓶颈，服务理念、盈利模式、服务质量、人才培养方面都存在问题。解决这些问题，一方面须依靠国内专家学者的努力，另一方面也需要借鉴其他国家或地区额先进的经验，尤其是我国的台湾地区，由于有相同的传统文化背景，本土化问题不大。台湾地区老龄化发展先于国内，在服务发展方面有相对比较成熟的经验，在没有文化传统差异的情况下，引进他们的经验，更有助于国内老龄服务业快速健康的发展。

关于出席第二次国际老年友好型城市会议的报告

全国老龄办代表团

2013年9月9日至11日，由肖才伟、曾琦、宗义明三人组成的代表团应邀出席了世界卫生组织和加拿大魁北克省政府在魁北克城举办的第二次老年友好型城市国际研讨会。现将我代表团出席会议的情况报告如下。

一、会议的基本情况

此次会议由世界卫生组织老年友好型城市及社区全球网络和加拿大魁北克省政府卫生和社会服务部共同举办，来自46个国家和地区的约700名代表参加了会议。中国有我办代表团和香港社会服务联会代表参会，台湾地区没有代表与会。

此次会议的主题是：我们共同生活和养老的社区。会议围绕这个主题，确定了4个主要的研讨领域，即：1.“作为社会创新的老年友好型城市”；2.“诸多（与老年友好型城市建设相关的）有关主体角色”；3.“建筑环境与社会环境的交汇”；4.“老年友好型城市建设各项措施的评估”。

会议共举行了6次全体会议，45个平行会议或论坛，同时设有8个版块的介绍世界各国与老年友好性城市建设相关实例和经验的展示。

二、代表团与会的情况

我代表团出席了大会的开、闭幕式，6次全体会议，参加有关议题的平行会议，参观了各国老年友好型城市建设实例的展示。根据大会组委会的安排，我代表团团长肖才伟在9号下午举行的大会第一次全体会议上做了专题发言，介绍了我国推进老年友好型城市建设的政策和做法并在11号大会闭幕式上应主办方邀请致辞。

三、代表团会议期间的其他业务活动

（一）会见加拿大老龄事务部部长

9号上午，我代表团与加拿大联邦政府老龄事务部部长黄陈小萍举行了会见。黄陈小萍部长对中国代表团应邀参会表示欢迎，对中国老龄事业的快速发展和取得的成绩表示祝贺，表示希望进一步加强中加两国在老龄领域的交流与合作。

（二）会见加拿大魁北克省卫生和社会服务部部长

9号下午，代表团应加拿大魁北克省卫生和社会服务部部长伊贝尔先生的邀请前往魁北克省卫生和社会服务部与伊贝尔部长举行了会谈，双方各自介绍了老龄工作情况，表达了今后加强老龄领域相互交流与合作的意愿。我国驻蒙特利尔总领馆副总领事和魁北克省外交部代表出席了会见。

（三）会见世界卫生组织代表

10号上午，代表团会见了世界卫生组织老龄与生命历程司司长、国际老年友好型城市全球网络负责人比尔德和世界卫生组织西太平洋地区代表。我代表团向世卫组织代表介绍了我国近期的老龄工作，特别是老年友好型城市建设情况，世卫组织代表介绍了世卫组织今后在老年健康和老年友好型城市建设方面的工作计划，提出希望并欢迎更多的中国符合条件的城市加入全球网络。

（四）与魁北克省外交部人员举行老龄问题座谈

11号上午，代表团应邀与魁北克省外交部助理部长、负责亚太事务的官员和其他有关官员举行了专题座谈。我代表团向对方介绍了我国人口老龄化形势、我国的老龄政策，战略研究、十二五规划等情况。

代表团成员：肖才伟、曾琦、宗义明

2013年10月10日

新加坡泰国考察报告

全国老龄办赴新加坡、泰国考察团

2013年9月12日至19日，全国老龄办副主任鲍学全率团赴新加坡考察老龄政策和项目，并赴泰国曼谷出席亚洲及太平洋经济社会委员会第六次亚洲及太平洋人口会议。

代表团赴新加坡的考察受联合国人口基金家庭养老支持项目的资助，在两天时间内考察团实地参观了两家养老机构，同工作人员和老年人进行了交流，深入老年人家庭进行了实地探访，拜访了曹氏基金会，听取相关部门负责人的工作情况介绍，访问了新加坡卫生部老龄工作计划办公室，就两国老龄政策制定实施情况进行了深入交流。

在泰国期间，出席了第六次亚洲及太平洋人口会议高官会议，并就《亚洲及太平洋人口与发展问题宣言草案》提出了修改建议。现将有关情况报告如下。

一、新加坡老龄政策和项目情况

（一）新加坡概况

新加坡位于马来半岛南端，素有“花园城市”之称，是移民国家，同时也是文化多元的国家。2012年，新加坡总人口数为526万，其中新加坡公民327万，永久居民54万，非居民146万，分别占62%、10%和28%。人口种族以华族（汉族）为主，约占70%，其余为马来族、印度族、欧亚裔混血。

1999年，新加坡60岁以上老年人口比重超过10%，与我国同步进入老龄化社会。21世纪上半叶，新加坡将是亚洲人口老龄化最快的国家之一。预计到2050年，新加坡人口老龄化水平将提升到35.5%，高于我国1.5个百分点；80岁以上高龄老年人口比重达到11.2%，高于我国3.6个百分点；老年抚养比达67%，与我国基本持平；人口年龄中位数达50岁，超过我国约4岁；少儿人口比重为11.8%，低于我国约3.8个百分点。上述各项指标都显示，未来新加坡人口老龄化发展态势比我国更为严重。

1999年，新加坡制定了第一个正式的应对人口老龄化战略，提出了“成功老龄化”的理念，并主张从6个方面应对老龄化：第一，实现老年人的社会整合，建设适合所有人的新加坡；第二，发展老年人健康和照料服务，着重发挥家庭和社区的作用；第三，确保老年人收入，制定终生收入计划；第四，促进老年人就业，实现积极老龄化；第五，完善房屋和土地政策，促进“就地老龄化”；第六，关注老龄社会的凝聚力与代际冲突，维系代际关系和谐。该战略是21世纪新加坡应对人口老龄化的主要依据，根据该战略，2006年新加坡制定了2007年到2012年间的阶段性老龄化战略，它延续了1999年提出的“成功老龄化”战略理念，更加突出以下4个重点领域：第一，建立老年友好型居住环境，保障老年人对住房的需求；第二，建设无障碍社会，为老年人融入社会提供条件；第三，构建全面的、支付得起的健康和照料服务体系，提升老年健康和生活自理水平；第四，促进积极的老年生活，最终实现“成功老龄化”。

（二）新加坡老龄政策的主要内容

1. 政策理念和目标

新加坡老龄政策遵循“成功老龄化”的理念。“成功老龄化”即在人口老龄化背景下，新加坡的每个个人、每个家庭和社区以及整个国家都做好迎接老龄化挑战的准备，并且能够把握老龄化带来的机遇。

在该理念指导下，新加坡提出，老龄政策应该实现四个层面的目标。一是在个人层面，每个新加坡人能够享有富足、有尊严、独立和充实的晚年生活。二是在家庭层面，要通过家庭成员之间的相互扶持来实现老年人的独立，新加坡的家庭应该是可以向老年人提供基础保障和照料服务，并实现家庭成员之间互助的“大家庭”。三是在社区层面，加强社区的服务网络建设，提升社区在服务老年人和开发老年人能力方面的作用，最终实现社区的团结与和谐。第四，在国家层面，提高国家在应对老龄化方面的综合协调能力，致力于建立一个经济繁荣和社会团结的国家。

2. 政策原则

新加坡老龄政策遵循三个基本原则：一是尊重老年人的价值，使老年人积极地参与到社会生活来，充分发挥和贡献自己的能力。第二，家庭是照料老年人的第一责任主体，扶持家庭增强保障和服务老年人的能力。第三，强调各方的合作，充分发挥国家、社区、家庭以及个人在保障和服务老年人方面的协作作用。

3. 政策导向

在上述理念、目标和原则的指导下，新加坡提出老龄政策的五个战略导向。第一，通过公共教育消除针对老年人的歧视，提升公民终身准备意识，促进"终生老龄化"。第二，强化个人保障责任。通过实施中央公积金计划来培养人们自我负责的观念，同时通过促进老年人就业来加强老年人的自我保障能力。第三，加强代际凝聚力，支持家庭照料。通过建设以社区为基础的服务体系来加强和促进家庭的照料功能，并促进年轻人和老年人之间的互助协作。第四，社会化服务的规划和提供。通过协调和整合不同的服务提供主体，为老年人提供更加高效、便捷和负担得起的服务。第五，创造有利环境使老年人更好融入社会。通过公共房屋和交通的无障碍化建设，为老年人更好地融入社会，实现积极老龄化提供基础环境保障。

4. 政策优先领域

新加坡政府提出了老龄政策的六大优先领域。

老年人的社会整合。新加坡政府认为，目前老年人已经不再是单纯接受照料或依赖别人的群体，而是能够为家庭和社会做出贡献，并能够积极融入社会的群体，如何改变人们的传统观念，并创造有利于老年人融合的社会环境成为当前的关键问题。为此，新加坡政府从以下几个方面着手。一是培养公众树立一种正确的对待老年人的态度，同时促使个人关注自我终身发展规划，对自己一生中的各个阶段都作出计划和安排。二是为老年人提供以家庭或以社区为基础的服务，使他们尽可能地实现家庭或社区养老，同时关注老年人的自我发展，为老年人提供可以发挥才能和智慧的场所。三是对老年人的家庭照料者提供支持，促进家庭成员间的互助和团结。四是对现有的各种设施和交通条件的适老性进行评估和改造，逐步实现居住环境和交通设施的无障碍化，使老年人可以充分地参与到社会生活中来。五是通过设立老年人俱乐部、老年人活动中心等，促使老年人更多地与同龄人和社区交流并形成自己的社交网络。

健康和照料服务。新加坡政府认为，随着人口老龄化程度加深，如何提供足够的健康和照料服务以及相关设施成为政策应该关注的重点领域。政策的着力点应该放在健康促进以及疾病的预防上，同时强调个人在此过程中的责任，并鼓励服务提供的家庭化和社区化。具体措施包括以下几个方面。一是加强对老年人服务需求的研究，注重相关信息的搜集和传播，提高公众健康意识，促进老年人健康生活。二是对不同部委下的服务项目进行协调和规范，促进服务规划和服务提供的无缝衔接，避免资源浪费和服务提供的低效。如加强医院和社区照料服务中心的联系，加强护理院和老人院之间的整合，促进日间照料和康复中心的整合等。三是通过土地租让、资金投入和信息提供等方式，支持志愿福利组织、合作社和私人部门提供服务，增加服务的供给。四是通过培养全科医护人员、提供医护人员培训补贴、鼓励志愿者提供服务等方式，培育健康和照料服务的人力资源。五是完善3M体系（3M体系包括保健储蓄计划、健保双全计划和保健基金计划），提高三个计划的覆盖面，保障老年人健康和照料服务的资金需求，确保服务的公平性和可及性。六是加强基于社区的服务体系建设。如，建立家庭医生制度对老年人的健康照料需求进行管理，加强社区初级保健中心对慢性疾病的管理，推动志愿性服务组织、社区医院向照顾老年人的家庭成员提供支持等。

收入保障。新加坡政府认为随着人口老龄化程度的加深，如何保障老年人收入成为老龄化社会的巨大挑战。在此背景下，个人应该规划清楚自己的老年生活目标，国家的社会保障体系也应更加强调个人责任。在实现自我保障的同时，个人还应该负担起家庭成员的保障责任。政府的职责在于使个人能够更好地了解自我状况并努力使个人的生活保持在一定水平之上。在收入保障方面，新加坡政府采取的措施主要有以下三个。一是完善中央公积金制度。强调中央公积金制度的基础保障功能，满足老年人的基本生活需要、医疗需要和居住需要等。提高中央公积金的回报率，对公积金的提取和替代率作出调整。针对许多老年人"资产丰厚，现金不足"的状况，提高中央公积金账户中的现金比例。二是鼓励新加坡人为私人年金计划缴费，允许个人将公积金账户中超过最低储蓄额的资金用于购买私人年金计划。对私人年金产品，给予税收减免优惠。三是对公众进行教育，鼓励公众尽早为自己老年期的收入保障做准备。

就业。新加坡政府认为，继续工作能让老年人在身体上和精神上更为健康，而且更容易融入社会，有助于实现老年人的社会参与。随着人口老龄化程度的加深，老年人在劳动力市场中的地位越来越重要，国家应该努力提高老年人的就业能力，弥补劳动力供给的空缺。为此，新加坡政府发展"金色人力资源中心"，为老年人提供工作相关信息以及培训计划；通过向培训老年人的雇主提供补贴、减少老年人在接受培训时的教育水平限制、鼓励老年劳动者树立终身培训意识等措施，增加老年人接受职业培训和教育的机会。此外，还通过放宽相关法律法规对灵活就业和兼职工作的限制，改革医疗保险制度以降低企业雇佣老年人所要支付的医疗成本等措施，增加老年人的就业机会。

房屋和土地使用。“就地老龄化”（Ageing in place）是新加坡房屋和土地使用政策的核心。“就地老龄化”意味着老年人可以在相对熟悉的家庭和社区环境中养老，这也是实现老年人融入社会的有效途径。为了实现这一目标，新加坡政府从以下几方面入手。一是通过修改原有的建筑规定和标准、宣传老年友好型环境的理念、实施居家环境的无障碍改造等措施，建设老年友好型住宅和环境。二是合理规划社区土地，保证社区养老服务设施的用地需求。三是支持大家庭制度，运用中央公积金制度中的房屋津贴来鼓励子女养育父母，并以此拉大养育父母和不养育父母家庭之间的差距。四是向老年人提供更多样化的、可支付的住房选择，鼓励私人部门开发更符合老年人需求的房屋，满足老年人不同的居住需求。五是允许老年人将部分资产变现以提高自身养老保障水平。新加坡中央公积金制度成功地使新加坡实现了“居者有其屋”的目标，但却使一大批老年人出现了“资产丰富、货币贫乏”的问题。为克服这一问题，新加坡政府鼓励老年人选择居住在较小的公寓，同时将原有的大公寓出租。另一方面，政府还通过反向抵押贷款计划来克服上述问题，在该计划下，老年人可以获得必要的老年生活费用，但不用搬离原有房屋。

代际融合。新加坡政府认为，作为一个国家，新加坡应当确保社会的每个人都能够享受到国家发展成果，同时也要保证资源在年轻一代和老年一代之间的合理分配，最终实现社会的融合。为不断增进代际之间的相互包容和融合，新加坡政府采取以下措施。一是大力提倡三代同堂家庭，鼓励子女和父母居住或居住在父母附近，促进代际之间的交流和互动，促使年轻一代提高对老年人重要性的认识，以此加强家庭成员之间的纽带关系。二是对老年人学习和发展予以支持，促使老年人积极参与有意义的社会活动，为整体社会福利的提升做出贡献，从而推动社会整合。三是改革组织领导重组程序。新加坡政府认为，政府应该在领导重组的过程中强调一种社会凝聚的理念，并保证领导交接过程的顺利。年轻人应该在组织中发挥更加积极的作用，要保证老年人以一种优雅和有尊严的方式退出工作岗位，同时鼓励他们在退出后仍能发挥一定作用。

（三）新加坡老龄政策的特点

新加坡的老龄政策在制定和实施过程中，有两个突出特点：一是政府高度重视和参与；二是高度重视家庭和社区的作用。

1. 政府高度参与

新加坡政府对老龄问题的关注始于20个世纪80年代初。1982年，新加坡政府成立老年人问题委员会，主要致力于老年人健康、就业、家庭和生活照料问题的研究和解决。此后，新加坡政府意识到老龄问题不仅仅是老年人问题，更是人口发展问题。1984年，老年人问题委员会改为部际人口委员会，主要是监测新加坡的人口发展状况并提出相关建议。随着人口老化程度的加深，在预测老龄化将给国家和社会带来深刻影响的基础上，1998年，新加坡将部际人口委员会改为部际人口老龄化委员会，成员由部长、议会成员、老年人代表和非政府组织代表组成，并提出了新加坡未来老龄化战略的基本理念——“成功老龄化”，委员会主要职责包括理清21个世纪人口老龄化带来的影响和挑战、提出应对老龄化的整体战略、定期对相关老龄政策和项目进行评估等。2003年，部际人口老龄化委员会进行改革，并于2004年改为老龄问题委员会，该委员会继承了部际人口老龄化委员会的特点，成员仍由各方代表组成，并且继续推行“成功老龄化”的理念，主要职责在于：认清人口老龄化所带来的挑战和产生的影响；为政府和非政府机构在制定政策时提供指导；促进老龄政策和项目能够整体和协调发展；使年轻的新加坡人能够尽早为积极老龄化做准备等。

为了更好地实现各部门在老龄政策实施方面的协作，在老龄问题委员会的基础上，2007年，新加坡成立部长级老龄委员会，并由总理办公室进行领导。目前，该委员会是新加坡管理老龄工作的最高机构。由此可见，新加坡的老龄工作机构经历了一个逐步完善和发展的过程，其工作内容也从原来相对较窄的政策领域发展到如今的综合性老龄化战略。在实施老龄政策的过程中，从提供相应的资金到整合各部门工作，政府一直扮演了主导者和协调者的作用，特别是在动员社会资源方面，政府的作用更是功不可没。

2. 高度重视家庭和社区的作用

新加坡政府在制定和实施老龄政策过程中，主要从以下几个方面强化家庭和社区的作用。第一，注重家庭和社区在老年人健康和照料服务方面的提供。如建立社区照料体系来配合家庭照料，建立家庭医生制度，利用他们临近社区的优势，为老年人提供居家医疗保健服务。第二，通过家庭成员之间的互助实现老年收入保障，如中央公积金制度允许子女将一部分公积金转移至其父母或祖父母的账户中，以更好地保障老年人生活。第三，鼓励大家庭制度。新加坡政府认为，老龄化并未完全摧毁原有的家庭联系，新加坡本身就是一个相对紧凑的城市国家。未来，新加坡应该努力保持这种状态，并且继续扩大原有的大家庭制度。第四，鼓励老年人在社区层面的积极参与和贡献，使老年人真正树立一种社区归属感和自豪感。同时，确保政策和项目在社区层面得到执行。

二、亚太经社会第六次亚洲及太平洋人口会议情况

（一）会议基本情况

此次亚太人口会议，是亚太地区为迎接“国际人口与发展会议后续行动大会（2014 年后）”而召开，由 48 个亚太经社会成员国，7 个联合国机构，3 个国际政府间组织，47 个国际非政府组织以及亚太经社会所属部门等共计 430 名代表出席。

此次会议分为两个阶段：一是高级官员会议阶段，从 9 月 16 日至 9 月 18 日，主要是审查《国际人口与发展大会行动纲领》在亚洲和太平洋地区的执行情况以及面临的挑战，审议 2015 年后发展议程方面人口与发展问题的拟议优先专题，审议此次会议成果文件——《亚洲及太平洋人口与发展问题宣言草案》（以下简称《宣言草案》）。第二阶段是部长级会议阶段，主要是审查应对人口与发展挑战的前瞻性政策，包括《国际人口与发展会议行动纲领》在亚洲及太平洋地区的执行进展情况，审议通过《宣言草案》，并通过大会报告。我办、卫生计生委、社科院等三方组成的代表团，参与了高级官员会议。部长级会议由卫生计生委主任李斌率团参加。

在高级官员会议审议《宣言草案》阶段，一些亚太经社会成员国之间就部分条款进行了激烈的辩论。美国等国家倾向于兜售自由、人权、无差别的共同责任、普世价值、性权利等观点，并得到澳大利益、日本、英国、菲律宾、太平洋岛国等国家的支持和呼应。俄罗斯、伊朗、印度、阿富汗等国家则比较倾向于强调发展权、有差别的共同责任、尊重国情和文化差异、反对性权利等观点。中国采取积极参与的态度，总体上比较倾向于支持俄罗斯、伊朗等国家的立场。因一些问题的争论难以达成共识，高官会议阶段日程安排十分饱合，连续两天延迟到晚上 11 点左右才休会。

（二）关于《行动纲领》在亚太地区的执行情况以及面临的挑战

2012 亚太经社会和联合国人口基金在亚太经社会成员和准成员中开展了国家级调查，以评估《国际人口与发展大会行动纲领》在亚太地区的执行情况。此次调查表明，亚太地区在人口与发展方面取得了显著进展：性健康和生殖健康服务得到普及；总和生育率逐渐下降到 2.1 的更替水平；过去 20 年间孕产妇死亡率降低了 50%，艾滋病感染率有所下降；亚太多数国家在初等教育方面实现了两性平等。但是依然存在着较多挑战，主要表现在：性健康和生殖健康服务普及情况不够均衡，尤其是在青少年、经济社会地位较低的群体、以及居住在农村和偏远地区的群体中普及不够；依然有很多妇女在分娩中死亡；一些国家出现生育率低、年龄结构迅速老龄化的情况；高等教育性别不平等现象显著；青年人通常缺乏就业机会和就业技能；性别暴力持续存在；自然灾害和环境退化造成的损害不容忽视；应对人口老龄化的政策框架不够完善；大量迁移者无法获得充分的社会保护。

本次调查所确定的亚太地区未来政策发展的优先事项包括：确保普及综合的性健康和生殖健康服务，加强孕产妇保健服务以降低孕产妇死亡率和发病率；进一步增强妇女权能，推动就业和政治领域实现两性平等；增加对青少年的教育和职业培训，解决青年失业问题；增强对老年人的支持和帮助；制定和执行国际迁移政策，保护迁移者权利；处理快速城镇化和国内迁移问题；关注人口动态与可持续发展的关系，实现人口、资源、环境可持续发展。

（三）关于 2015 年后发展议程中人口与发展方面的拟议优先专题

大会提请审议的优先专题有 4 个。一是性健康、生殖健康与权利。认为确保性健康和生殖健康服务的普及能够拯救生命，改善人口的健康状态并对教育和生产力水平产生积极影响。2015 年后发展议程应优先确保普及终身的、高质量的、全面的性健康和生殖健康信息、教育和服务。二是性别平等和妇女赋权。认为实现两性平等和妇女儿童的赋权是公平和可持续发展的重要先决条件，应该在当前正在进行的关于 2015 年后发展议程的讨论中获得最高优先地位，并在有关社会、文化、经济和政治权利的所有领域得到充分体现。三是社会保护。认为人口老龄化和流行病的变化意味着社会保障需要具备动态性和权变性，社会保障各系统在保证财政可持续性的同时，也要有能力提供风险保护。提供充足的社会保障在促进经济社会发展和确保消除社会排斥方面发挥着至关重要的作用。由于亚太地区社会保护的覆盖率很低，因此需要在 2015 年后发展议程中提高对此类问题的关注。四是人口与可持续发展。认为可持续和包容性发展需要创造条件，使持续经济增长能够带来贫困减少和社会融合，同时要善待环境并保持社会公正。人口动态与所有三个领域——经济、环境和社会公正存在密切互动。人口规模以及消费和生产方式将在很大程度上决定人类对环境所产生的影响。传统发展方式带来社会不平等的加剧和环境灾难，难以为继。应该将关于人口和可持续发展的事项优先纳入2015年后发展议程。

（四）关于《亚洲及太平洋人口与发展问题宣言草案》

《宣言草案》是这次会议着重审议的文件。该成果文件分为四个部分：序言，政策方向，优先行动，以及国家、区域和全球层面的执行模式。《宣言草案》主体是第三部分，涉及了11个专题领域的优先行动。各国政府认为这些行动对《国际人口与发展大会行动纲领》的进一步贯彻实施至关重要。这11个专题领域的优先行动分别是：扶贫和就业，健康，性健康和生殖健康与权利，教育，性别平等和增强妇女权能，老龄问题，青年人，国际迁移，城镇化与国内迁移，人口与可持续发展，数据和统计数据。

关于“老龄问题”，《宣言草案》共提出14条行动建议：1. 采取国家层面的政策和行动计划，做好老龄问题的应对；2. 完善保障老年人权利的政策法规；3. 加强关于老年人数据的收集和分析，以及老龄问题的研究；4. 建立或加强老龄问题的国家协调机制，以协调政策制定和资源分配；5. 确保老龄问题纳入国家发展计划的主流，推动老年人积极参与经济社会生活；6. 制定各项政策方案、提供服务时，要树立性别视角，特别关注老年妇女的需要；7. 发挥家庭和社区在照顾老年人中的作用，为独居和空巢老年人提供必要的支助；8. 建立或加强包容性的社会保护体系，为老年人提供经济和服务保障，并增强他们的权能；9. 加强卫生服务系统和社会服务系统的整合，为老年人提供综合性、持续性的照护服务；10. 加强解决老龄问题的经验和做法的交流；11. 加强老龄问题和残疾问题的统筹解决，满足老年人对护理日益增长的需要；12. 加强老龄政策法规的执行和监督，消除老年歧视；13. 营造有利于所有人参与社会生活的有利环境；14. 支持建立各种老年人组织和为老服务组织。

在审议《宣言草案》过程中，在我办参会人员的积极推动下，我国代表团针对上述行动建议，提出了三点修改建议。一是，在“1. 采取国家层面的政策和行动计划，做好老龄问题的应对”部分，加入积极应对人口老龄化的内容。二是，在“8. 建立和加强包容性的社会保护”这一行动建议中，原有案文只提及了提供全民养老金和照料服务，加强家庭内部代际关系等举措，我代表团提出代际关系包括家庭代际和社会代际关系两个层次，加强针对老年人的社会保护，不仅要加强家庭内部代际关系，更要加强社会代际关系，促进社会包容与和谐。三是，在“13. 营造有利于所有人参与社会生活的有利环境”这一行动建议中，原案文过于强调“通用型”环境，譬如“确保所有人可以无障碍地进入实体环境、使用公共交通工具、获得知识和信息并进行交流”。我代表团认为，如同妇女问题和青年问题行动建议的表述风格一样，关于老龄问题的案文表述，应该突出老年人问题的解决，建议在“确保所有人”后，加入“特别是老年人和残疾人”，以强调环境的适老性建设。上述三条修改建议，均为大会所采纳，并且没有国家提出异议。代表团牵头单位对我办提出的建议非常满意。

考察团成员：鲍学全、王庆、李志宏、张晓亚

2013年10月7日

关于出席伊斯坦布尔国际老龄行动会议的报告

全国老龄办代表团

2013年10月3日至7日，全国老龄办吴玉韶副主任、宣传部刁海峰主任及国际部干部王珑璇应国际老龄联合会邀请，赴土耳其伊斯坦布尔出席了“伊斯坦布尔国际老龄行动”会议。现将代表团出席会议的情况总结如下。

本次国际会议由国际老龄联合会和土耳其老年人协会委员会主办，土耳其家庭与社会政策部及土耳其卫生部协办。共有来自30多个国家的400多名代表与会，其中包括政府官员、国际组织官员及代表、老龄非政府组织代表、学术机构专家与学者等。大会主题为“代际和谐”，共举行了9次全体会议、37个平行会议及研讨会，1个专业研讨会，和“50＋老年服务博览会”。会议邀请了利比亚前总统、摩尔多瓦前总理、伊斯兰合作组织秘书长，以及尼日尔人口、妇

女促进和儿童保护部部长等相关政要参加全体会议讨论。

全体会议围绕“代际和谐”“人口老龄化的经济前景”“从调研到实施”以及“展望未来”等主题进行。平行会议的主题非常丰富，包含“老年友好型城市设计”“家庭结构的变化”“公共健康保险及私人健康保险”“老龄化及数字鸿沟”“移民及老龄化”“慢性病”“老年人虐待问题”以及“老龄化及行政”等37个涉及经济、社会、卫生、行政领域的主题。专业研讨会主题为“人口老龄化与商业”，就“老年友好型产业”的相关问题进行了探讨，由香港社会服务联会主持。大会还对在老年友好型城市建设方面做出突出成绩的城市及项目进行了表彰。

土耳其家庭及社会政策部部长 Fatma Şahin 女士在大会上作了发言。她认为，人口老龄化为社会带来的挑战涉及到社会经济的方方面面，这些挑战也将随着经济和社会的发展呈现出不同的表现形式，从一定的程度上来说，解决老龄化问题的能力也体现了一个国家的发展水平及社会的公正程度。她还表示，家庭养老是土耳其的传统养老模式，土耳其应珍视老年人的专业知识和生活经验，发展一系列促进代际和谐的项目，并以提高老年人的生活质量为核心，制定一系列养老政策，大力发展社区服务，让老年人老有所养。

吴玉韶副主任在会议上作了《强化家庭养老功能，积极应对人口老龄化》的发言，向与会代表介绍了中国的老龄化现状，以及在工业化、市场化、城市化以及家庭小型化为家庭养老带来新挑战的背景下，我国在今后一段时期将要实施的家庭养老支持政策，引起了与会代表的广泛关注。美国国家老龄化计算机化数据档案中心主任詹姆士麦克纳利博士就“变老及长寿：传承发扬家庭赡养网络”发言，他介绍了在不同社会背景下养老方式的转变过程，并探讨如何认清社会背景的不同，将文化差异纳入对老年人的护理和保护工作中去，进一步为基层的照料者及国家层面的政策制定者提供有用的研究结果。尼日利亚德芙欧摩卡卢基金会欧摩卡卢博士做了题为“鼓励青年创业，发展老年服务业”的发言。她讲道，尼日利亚未来5～10年公共政策的优先目标是消除贫困，主要做法是通过技能培训、提供优惠贷款等方式刺激开展创收活动及就业市场。由于尼日利亚63%的人口为0～24岁人口，人口结构年轻化，联邦政府执行新政策，开展一系列项目，鼓励年轻人从事老年服务业，一方面解决就业问题，另一方面也解决了老年服务业所需劳动力的问题，更进一步促进了代际和谐。人口基金印度代表处主管督导及评估的全国项目官员散季库玛博士介绍，印度有着家庭养老的传统，孩子是父母养老的主要经济来源。随着印度城市化、工业化的发展，许多农村地区劳动力涌入城市，家庭的养老功能也随之弱化。他采集了印度7个邦的9 000多个样本，对家庭内部老年人的经济及社会支持系统进行了分析，发现家庭内部的交换系统非常复杂，且农村地区老年人对家庭的贡献仍然是家庭得以维系下去的重要因素。

大会还举办了老年友好型城市竞赛，竞赛广邀全球各国政府、非政府、研究机构和各相关行业的规划项目和设计项目参赛。评审委员会由世卫组织、土耳其科技大学、加拿大曼尼托巴大学、加拿大城市学院的专家、教授及相关研究机构、建筑公司高级研究人员及建筑设计师组成，以世卫组织老年友好型城市建设指南中提到的8个主要方面（交通、住房、社会参与、尊重与社会包容、市民参与和就业、交流和信息、社区支持和卫生保健服务、户外空间和建筑）为依据，以可持续发展及促进代际和谐为原则，经过严密的评估，最终从14个国家提交的申请（项目及设计）中评选出了两个奖项。纽约市荣获了“老年友好型城市最佳项目及设计”奖，俄罗斯伏尔戈格勒市、土耳其伊士麦市及法国第戎市三市联合项目荣获了“老年友好型城市/社区最佳未来视野”奖，给予每个奖项2万美元奖金。提交评审委员会的项目及设计大都来自美国、加拿大、法国、爱尔兰、香港等国家和地区。

“50＋老年服务博览会”主要由土耳其本国商家参展，来自老年旅游、电信服务、移动设备、健康照料培训、养老机构、康复辅具等产业的30多家服务提供商参与了展览。

代表团成员：吴玉韶、刁海峰、王珑璇

内地老人代表赴澳门参加全澳长者舞蹈比赛活动相关情况

全国老龄办赴澳门交流代表团

2013年10月17日至21日，应澳门社会工作局的邀请，以全国老龄委办公室国际部蔡婕为领队的“甘孜州老年大学舞蹈队”一行10人，于10月17日赴澳门参加全澳长者舞蹈比赛相关活动，并进行了为期5天的交流和考察。

10月19日，澳门长者舞蹈比赛正式开始，作为特邀团队，甘孜州老年大学舞蹈队表演的《弦胡情》《弦子舞》在观众一次次热烈的掌声中把活动推向了高潮。演出结束后，观众们纷纷跟老年舞者们握手、交流、合影，称赞这是一支来自雪域高原的原生态专业表演团队。

甘孜州老年大学舞蹈队在澳门期间受到了澳门社会工作局的热情接待，访问、考察了澳门街坊总会颐骏中心、玛大肋纳安老院、妇联乐颐长者日间中心，了解了澳门老年人的安置、生活等情况。参加了“澳门理工学院暨长者书院的交流座谈会”，与长者书院的教师和学生交流了两地老年教育理念、教材统编、师资安排、老年心理辅导等方面的问题，特别对民族文化艺术的传承、民族民间舞蹈的挖掘等问题进行了深入的探讨。交流中我们了解到澳门长者书院成立于1999年，是澳门第一个高等教育机构专门为长者开设的教学单位。其办学宗旨是实践终身教育的理念，让长者有机会重返校园，激发他们的学习热情，丰富和更新知识，肯定自我价值，更积极地融入现代社会。书院开设电脑、语言、科技、艺术、健康教育等33项课程共57班，现有学生480人，形成了多学科、多形式、多层次的办学格局，受到澳门老年长者的欢迎。2009年在北京举行的“全国中老年教育评选表彰”活动中，长者书院获选为全国先进老年大学。

此次交流访问活动进一步加深了两地长者之间的友谊，大家在互相学习中寻找差距，在相互交流中寻找共鸣。今后，我们将进一步借鉴澳门长者书院的先进做法，结合甘孜州民族地域特色，为促进老年教育事业的发展做出自己应有的贡献。

全国老龄办赴美老龄工作培训情况汇报

全国老龄办赴美培训团

为学习国外老龄工作先进理念和实践经验，加强老龄干部能力建设，提高老龄工作理论和业务水平，全国老龄办于11月1日至22日，组织全国13个省市老龄工作者赴美进行老龄工作业务培训。现将培训学习情况简要汇报如下。

一、培训学习情况

此次培训主要以聘请相关领域专家和联邦政府相关部门主要官员授课、座谈交流和参观访问等方式开展。培训学习的主要内容有：美国现代老年学研究的历史、现状；美国老龄化的发展趋势以及带来的社会问题；美国社会保障和福利体系介绍；美国养老保险介绍；美国老年医疗护理计划；美国社会养老保障体系；美国老年护理人员的培训以及资格证书的介绍；美国社会养老保障制度的建立和完善；老龄相关法律、法规及公共政策的制定与实施；老龄事业的政府财政投入；非政府老年服务体系的角色与发展；美国养老保障体系面临的挑战等。同时，针对学习内容还组织学员参观了萨摩福德老人院（Somerford Place Nursing Home）、市镇高龄生活村（Heartlands Senior Living Village）、大华盛顿地区家庭事务机构（Family

Matters of Greater Washington，成立于1882年，为所有年龄的有需要的人群服务，其中重要的部分是为老年人服务。是美国历史最悠久的全国性社会服务团体之一，在大华盛顿地区的老年人服务机构中处于领先地位）、美国老年协助生活联盟（ALFA，是最大的国家协会，致力于专业化管理以居民为中心的老年生活社区、老年人及家庭）、美国老龄署（AOA）、美国退休者协会（AARP）、自理与半自理高档养老社区服务项目、非医疗模式LTC社区（老年失智照料服务）、日间照护康复中心、医疗模式的护理院、金山老年服务局（DAAS，是旧金山地区的老龄机构，倡导基于社区的老年人及残疾人服务）、老年网学习中心旧金山分中心等相应的机构和组织。丰富紧张的学习安排和活跃的座谈交流形式以及有针对性的实地参观考察，使得学员在理论和实践两方面都获得了很大的收获。

二、培训学习几点体会

（一）科学的工作机构设置，合理的工作职责定位是促进老龄事业发展的根本保证。1965年美国国会通过的《老年人法》，主要内容之一是在联邦政府内设立联邦老龄署，专门负责全国的老龄事务。1973年《老年人法》的修正案中又规定，各州要成立州和地方的老龄行政组织即地方老龄局。现联邦老龄署已变更为美国老龄化管理局（AOA），设在卫生与人类服务部内。根据美国《老年人法》，该局是美国在老龄问题方面的最高决策机构，其主要职能是：负责美国《老年人法》的执行，按照年度及问题提出计划要求并检查实施情况；负责审评联邦政府一切有关老龄方面的政策措施，同时对联邦政府各部协调配合，以便做好老龄工作。政府各有关部门在开展涉及老年人的项目时必须征求老龄局的意见，老龄局及时对有关部门提出要求并及时通报交换情况；负责制定和执行老龄领域的科学研究计划和各项服务性项目；负责管理政府专门用于老年人的拨款。这样的机构设置和职责定位能够使政府更有效地制定并监督落实各项老龄政策。美国的老龄工作机构设置也不是一步到位的，也是根据老龄化的需要逐步调整。经过几十年的发展证明，这样的工作机构设置对美国老龄事业发展起到了非常重要的作用。在我国，老龄问题主要还是靠各级老龄委这一议事协调机构来协调。由于不是政府职能部门，老龄委缺乏行政执法主体资格。同时，作为老龄委办事机构的老龄办在协调老龄委各成员单位上存在难度大，力度不足等问题，致使相关的老龄问题难以得到足够重视以及老龄政策难以得到有效贯彻落实。相关老龄问题经常处于“大家管，大家都不管”的尴尬境地。根据国际上先期老龄化国家的经验，在人口老龄化高峰到来的前20～30年，应当建立起与社会发展相适应的养老制度，要有充分政策制度准备和相应的资金储备，才能应对人口老龄化高峰对经济发展和社会稳定带来的巨大冲击。根据预测，我国老年人口高峰期出现在2030年，达到4亿人；峰值将出现在2052年，达到4.87亿，占总人口的34.8%。如何在此之前做好各项应对的准备将是对政府的一个严峻考验。以我国当前的老龄工作机构设置难以适应我国老龄事业发展的需要，如何科学设置统筹老龄工作的工作机构是各级政府需要客观对待和无法回避的迫切问题。

（二）健全的社会保障制度，严格的政府监管机制是老龄事业发展的重要保障。美国社会保障制度由社会保险、社会福利、社会救济三部分组成。在1935年联邦政府通过了以养老保险为主体的《社会保障法案》；建立起了老年人社会保障体系（OASI），1954年建立残疾人保障体系（OASDI），1965年建立养老医疗保险体系（OASDHI），并由三个专业基金会来维持运作。目前美国养老保障体系主要由三个部分（亦称“三支柱”）组成。即“社会养老保障”（OASDI），就是以社会保障税为基础的公共养老保障，是第一支柱，它是美国人养老的精神支柱；“雇主养老金计划”（Employer－sponsored Retirement Plan）是第二支柱，它是美国人养老的物质基础；传统的以家庭为责任主体的“个人退休储蓄与保险投资”则是第三支柱，它是美国人养老不可或缺的重要补充。对于大多数美国人来说，社会养老保障是退休后的最主要收入来源。美国养老体系“三支柱”的模式是目前世界上较为先进也较为成功的模式之一。在此模式中，政府、企业、个人三者的责任划分较为明确，权责清晰。首先作为基本保障的OASDI将美国民众最大限度地纳入其中，从参保人员到其配偶、子女甚至父母皆包含于同一份养老保险之内，且各类受保者的权责界限、受保条件清楚易判，具有很强的操作性。在此制度中，政府承担了主要责任。同时，全国统筹的养老金几乎全部投资稳定性极高的国债，严防投资风险。而雇主养老计划的养老金积累都是以企业为单位存放，由企业主导投资，在雇员工作期间不得领取，所以，对企业而言，此部分积累也为扩大生产带来了很大益处。个人退休账户则完全出于个人自愿建立。即是将前两者资金转化为个人养老基金的中转站，也是在保证普遍性基础上针对个人养老需求的补充。三种保险方式如同三张疏密有致的大网，几乎把所有的美国民众纳入其中，保障了老年人基本生活的稳定。

同时，三种保险基金的投资渠道各不相同，有效兼顾了风险与收益，保证了基金的保值增值。美国的“三支柱”养老保障体系，互为补充，扎实、稳健。这种制度的基本理念就是：包括养老在内的社会保障不是政府保障，不能由政府包揽一切，而是政府、雇主和个人的共同责任。政府保障计划的基本职能是确保绝大多数老年人的基本生活。要想获得更高的保障水平，则必须依靠第二和第三支柱。

美国的“三支柱”体系共同撑起了退休老年人有保障的晚年生活。这种多元化的、多支柱的养老保障体系极大地分担了政府承载养老社会负担的风险，也避免了政府责任和负担过重而导致的各种矛盾。同时，建立在法律基础上的监管制度最大限度的避免了这一体系运行的风险。我国现行的城乡养老保障体系基本上是由政府责任下的社会保险与社会救助来支撑，而用人单位和家庭个人的承载能力仍薄弱，政府财政压力过大。因此，我国在未来养老体系改革过程中，应当根据我国国情，通过顶层制度设计，鼓励建立不同实施主体的多层次养老金体系，利用税收、法律等政策，鼓励企业和个人分担养老责任，以分散我国政府社会养老保障压力过于集中的风险。同时，应当建立多渠道、多层次的有效监管机制保障整个社会保障体系安全运转。

（三）发达的非政府组织（NGO）参与。规范的政府购买服务是为老服务的有效方式。美国发达的NGO组织以其健全的运作机制在美国社会赢得很好的信誉度。美国现有各类NGO组织100多万个，分散在政治、经济、文化、体育、卫生、宗教、科技等各领域，成为政府实施国家和地方治理的重要参与者，发挥着不可替代的重要作用。在美国NGO组织的发展历史上，政府的开放态度和理性监管共同促进了NGO组织的发展。美国政府主要通过财税和项目资助支持NGO组织发展。美国NGO组织的资金来源大致有三个渠道：一是自主经营收入，二是社会捐赠和资助，三是政府财税政策支持和项目资助。联邦政府是美国NGO最大的资助者之一，贡献NGO总体收入的1/3。在财税政策支持方面，美国通过所得税和财产税减免支持NGO发展。联邦税务局负责对NGO组织的所得税和财产税实行减免。地方税务局负责对NGO组织的土地税、销售税进行减免。在项目资助方面，政府通过招标的方式，将大量的公共服务项目委托给NGO。NGO只要经注册取得法人地位，就有资格取得政府的资助。项目确定后，政府要与NGO组织签订项目合作协议，并对其进行监控管理和验收评估。政府和议会通过各种手段监管NGO组织。同时，美国政府还关注拨款和捐款的绩效问题，并委托大学和研究机构进行研究，评估非营利组织的投入和产出。评估不仅要看直接产出，更要评估其间接影响。如：由政府或非营利组织支持的培训不仅要看培养了多少人，也要看受训人未来的发展状况和发展能力；对于穷人的援助不仅仅停留在帮助他们免遭饥饿，更重要的是帮助寻找可能的发展机会，积极融入社会。美国国会以听证等形式对非营利组织的透明性和运作能力建设等问题加强监管。在美国，公民注册NGO的门槛很低，没有过多的关于登记注册的限制。机构注册成立后，政府有关部门便通过各种手段进行监督，主要集中在机构的财务上。美国对NGO组织管理的主要部门有：登记机关、税务机关、审计机关和政府有关主管机关。其中国税局是最主要的监管部门。此外，美国有33个州由司法部门负责对NGO组织的财产进行监督管理，他们拥有仲裁权、处罚权和起诉权，以确保NGO组织行为规范。

美国政府对NGO组织的开放态度和理性监管大大促进了NOG组织的发展。这些NGO组织参与养老事业运作也大大地减轻了政府的负担。政府通过公共服务项目招标委托，使得NGO组织为政府分担了大量专业和繁琐的各类专业化服务并真正实现服务社会化。这不但为NGO组织的发展提供了广阔的发展空间，也为政府回归服务与管理的本质提供了保证。对照我国NGO组织的发展，这是很值得我们借鉴和学习的。

美国政府向社会购买服务的形式主要有三种，一是合同外包形式，将服务内容和服务人群直接外包给服务提供商；二是供应链形式，政府提供一半服务，社会组织承担另一半；三是在一些特殊项目上直接靠社会组织服务。美国政府购买社会服务的流程主要有四个环节。首先，政府要有一个长远的战略性规划。要明确所提供服务的目标是什么，公共价值体现在什么地方，潜在的供应商在哪里，如何招标，如何评估等等。其次，是选择合作伙伴。这就要看政府项目公共服务的社会使命和社会组织的使命是否一致，两者之间是否有冲突，是否有一些利益相关。这既关系到政府的公信力，也是对社会组织的公信力的考验。当然，对社会组织而言，最大的考验还在于，是否因为过分依赖政府的捐款，致使政府的购买服务、合同服务造成社会组织使命的游离。第三是网络型的治理。不仅仅是自上而下、上传下达的治理，还要做好不同的社会组织之间、社区和社区之间的沟通和交流。第四是项目评估。是指项目评估要采用一个什么样的基准，对于不同的地区、不同的服务人群、不同的服务性质，是否应该有不同的参考项目，这需要制定一个合理的标准。当然，评估完了并非说政府购买服务就结束了。这是一个循环的、非单向的流程，评估完了还需要回到目标出发地，考虑如何修改目标以及怎样进一步完善这个流程。

目前我国正在推广的居家养老也逐步开展政府购买服务，在如何规范服务购买方式、流程以及监管等方面可以借鉴美国成功的经验和做法。

（四）多渠道多形式鼓励居家养老是解决大部分老年人养老问题的重要手段。在美国，老人的生活照料、康复护理等人工服务费用十分昂贵。即使是有保险和退休金的老人，子女长期赡养他们的经济负担仍十分沉重。为了鼓励子女赡养父母，美国联邦政府和地方政府中相当多的管理机构开始向那些自己赡养老人的家庭伸出了援手，符合条件者能够得到相应的补贴，以缓解他们的经济压力。其中，退税政策起到了很大的推动作用。美国人均收入高，税也很高。美国人纳税以家庭为基本单位，国税局计算家庭的总收入后，要减去这个家庭因为赡养老人所产生的支出。即使子女和父母不住在一起，甚至老人已经住进老人院，但在合并计算一年中老人的消费总数，包括住房或租房费用、食物和服装消费、医药费、医疗保险费、护工费、医疗器材、交通费和其他所有必要的取暖和照明等花费后，只要纳税人（老人子女）支付的份额超过总金额的一半，就可以合法退税。也就是说，根据法律，纳税人支付老人生活费用和医疗费用总和的50%以上，即可申请父母为被赡养人，然后申请退税。如果是由家庭中几名子女共同承担养老任务，只要总赡养部分高于老人养老支出的50%，哪怕每人只负责10%，也可以申请退税。此外，在美国联邦政府和一些地方政府的法规中，还有照顾老人可申请补贴的政策。如果申请人需要照顾的父母年龄在65岁以上，专家会指导申请人收集自己和老人的各种资料，帮助他们获得补助。如果父母是残疾人或在65岁以上，且主要收入来源是社会养老金，子女可以为父母申请领取补助，它将极大地增加老人收入。领取补充福利收入的人，通常都自动享受食物券和联邦医疗补助计划，涵盖从护工雇佣到入户服务、日常照顾、急诊服务的补助，甚至包含轮椅等医疗设备的购买费用补贴等。在我国，居家养老是适合我国国情的一种主要的养老方式，但在政策上的相应鼓励和支持手段还比较缺乏，应尽快探索一套适合我国国情的居家养老鼓励政策措施。

在学习和参观考察过程中，无论是美国联邦政府还是NGO组织，对待老龄问题的观念和解决方式给予我们很大的启发。这主要体现在发现问题、解决问题、反馈问题过程中切合实际的科学做法。比如我们参观的老年网学习中心旧金山分中心。他们在组织老年人学习中非常注重四个方面的工作。一是注重整合地域特色优势资源选定学习内容。该中心地处硅谷，充分利用IBM等科技公司集中的优势，聘请公司退休人员为学习中心教师，为老年人开设电脑及网络应用课程。同时，还积极争取各大公司为其捐赠学习设备。既解决了师资问题又同时解决了设备不足问题。二是注重需求调研和信息反馈。老年课程学习内容的确定不是主办方主观上的设计，而是从学习的“事前”调研与“事后”反馈工作中得来的大量信息中，通过综合分析形成调查表并征求老年人意见后决定和调整的。同时，还注重跟踪教与学信息交换过程中发现的老年人兴趣动向，及时调整教学内容。三是注重学习与实践相结合。比如在学习Photoshop软件使用过程中，除了课堂讲解基本知识和使用技巧之外，还设计了大量的户外采风活动，从实际应用中增强学习效果和学习的兴趣，很受老年人欢迎。四是注重构建以老年志愿者人才为主体的管理和师资队伍，强化自我管理自我服务能力，与国内“老年教育政府办，人员管理行政化”有着很大的区别。

此外，我们还了解了美国联邦政府对社会化养老机构的申办和管理的好经验好做法以及“长期照料体系（LTC）”的发展和现状等，这些都将对今后的工作提供有益的参考借鉴。

澳门学习考察报告

全国老龄办赴澳门学习考察团

2013年11月24日至12月7月，我们在澳门进行了为期2周的考察学习。通过听取澳门社会工作局社会互助厅长者处的同事介绍有关情况，学习查阅澳门社会保障事业发展报告和社工局以往工作总结，并实地考察社工局相关部门工作情况，特别是在各种类型的长者服务机构参观实习，系统地学习了澳门地区社会保障制度的历史、发展、变革和现状，特别深入学习了澳门长者服务体系建设的有关情况。现就考察学习情况报告如下：

一、澳门社会保障制度和社会工作局发展历史和现状

澳门政府建立的社会保障制度源自于葡萄牙统治时期的社会慈善事业，社会工作局的前身为1938年公共慈善救济会，旨在为有需要的人士提供社会救济和服务，并为提供救济服务的社会团体提供资助。而葡萄牙政府于1947年改组政府部门架构，成立了公共救济总会，革新章程，设立社会救济证系统，扩大救济范围。公共救济会于1960年和1967年两次重组，最终形成社会救济处，并不断扩大服务范围和内容，改进服务项目，由单一救济救助向多元化社会服务方向发展。

1980年，社会救济处重新改组，正式命名为社会工作司。并提出了从事社会工作人员必须具有适当的学历。以专业手段介入，为市民解决困境及发展社会服务的工作理念，将传统的社会服务提升为专业的服务。1986年社工司进一步改组，明确提出了向有经济贫困情况的人士及团体提供社会援助、推广个人及家庭社会福利事业，进行小区发展工作的服务宗旨和平等、效率、互助和参与四大原则。增设了研究暨计划厅，并在全澳不同地区设立了四个分区办事处（圣安多尼堂区及望德堂区分区办事处，风顺堂区及大堂分区办事处，花地玛堂区分区办事处，离岛分区办事处），把社会服务发展推至更科学和更理性层面的同时，方便求助者申请服务，也使工作人员能更深入民间，了解社会的需要，发展更符合市民需求的服务。

20世纪90年代，澳门社会工作司为开拓社会服务的新领域，进一步改组和扩建，增设青洲分区办事处、家庭扶助办公室和各种社会服务机构和设施，并于1999年6月再次重组内部架构，除将原来专责提供直接服务的社会服务厅分成家庭暨小区服务厅和社会互助厅两个厅级部门，还把已试行多年又未能正规化的部门予以正式编制，使整体的运作架构更能发挥服务的效能，增强响应广大市民需求的幅度和力度，更快更恰当地为市民解决个人、家庭和小区的问题，并增进澳门市民福祉。

1999年澳门主权回归祖国后，澳门社会工作司正式改称社会工作局。在领导层方面设有正副司长和行政管理委员会。司长下设有五个厅级、八个处级及三个科级的主干单位。另外，澳门各个区域设立五个社会工作中心（即以往的分区办事处）和一个提供家庭服务的家庭辅导办公室，在为市民提供包括贫困救济、药物依赖防治、康复服务、家庭援助等各种服务和支持。其中，长者服务由长者处具体负责。

二、澳门长者服务概况

截止到2012年12月，澳门65岁以上老年人44 600人，约占总人口的7.7%，面对日益严峻的老龄化形势，澳门政府以立足“构建共融社会”为宗旨，以“社会参与、家庭照顾和原居安老”为基本原则，以“维护长者权益是全社会共同责任”为出发点，以“注重加强家庭功能，强化社区支援服务，鼓励和协助长者在熟悉的社区中生活”为基本模式，逐渐形成了具有澳门特点的长者服务和安老模式。

理念先进。澳门政府很早就摒弃了老年人这一称谓，代之以长者这一更加中性的称谓，在思想上完成了去歧视和去符号化的转换。同时，坚持在研究的基础上长者服务政策的理念，以澳门社工局为主导，牵头相关专业研究机构，先后于2004年、2006年和2009年发布《长者照顾供给体系研究报告》《长者长期照顾服务需求研究报告》和《长者照顾服务使用者健康状况研究》，并建立若干个和安老政策及老年社会工作相关的咨询委员会，用老年社会工作的方法来解构澳门安老政策和服务模式的发展路径。

覆盖全面。澳门的长者服务主要针对60岁（部分政策惠及50岁以上市民或者退休人士）以上全体长者设立，既包含有社会福利共享、贫困救济、医疗救助等物质需要，也包含有生活照护、各种陪护等安老需要，以及学习发展、体育健身等文化和心理需求。2013年，每位澳门长者从政府获得分红9 000元，每月养老金3 000元，公积金7 000元，敬老金7 000元，学习资助3 000元，并享受免费医疗等福利。同时根据自身特点和需要，可以向政府资助的各种服务机构申请社会房屋、学习培训、日间照护、院舍服务等服务项目，贫困长者还额外享受水电补贴，入住院舍补贴等各种津贴。

机制灵活。澳门安老服务主要有政社合办和民办两种模式。前者即政府提供场地、财政和技术支撑，民间负责运营管理，双方按契约履行职责，按服务标准进行评估考核。后者即由民间机构自行筹资、负责管理，提供专项的社会服务与社工专业服务；政府则将自身提供不了、提供不好或提供成本过高的服务项目，通过契约外包形式向民间机构购买服务或购买床位等加以解决。

服务多元。澳门以社区服务为中心和主轴，以院护照顾为重点，通过合理的服务半径设置，将社会服务和社工专业服务覆盖到长者。截至 2012 年底，澳门有涉及安老服务的耆康中心 24 间，日间中心 10 间，老人社屋 3 座，独居长者支援服务站 5 间，康复巴士 2 队，家居照顾及支援服务车 5 队，“平安钟”/“心意通”服务 2 项。院舍总共 19 间（非营利 10 间、营利 9 间），其中安老院舍 17 间，护理安老院舍 2 间。

服务分层合理。澳门政府设立了中央评估和轮候制度。对申请政府资助机构服务的长者由长者处对其身体状况、行动能力、认知能力和服务需求等进行综合评估，形成评估报告，在此基础上进行合理分类，将需要长者分配到不同机构。截至 2011 年，耆康中心拥有长者名额 2 002 个，长者日间中心名额 460 个，安老院舍名额 1 330 个，其中安老院舍中有政府资助的 10 个，非资助的 9 个。

三、借鉴和参考

（一）提高政策的可执行性。从大陆地区 2012 年出台的涉老政策文件看，目前国家层面的老龄政策局限于部委规章和规范性文件层面，上升到国家法律和行政法规层面的老龄政策很少，目前上升到国家法律层级的老龄政策只有新修订的老年法，绝大部分老龄政策在形式上是以“通知”“意见”“决定”等规范性文件的形式出台。这些文件的效率不高，导致政策的贯彻实施难以达到预期效果。澳门政府老龄政策多以法律和行政法规文件出台，效力较高，有利于政策的执行。例如，澳门政府很早就认识到社会私立机构在社会工作政策的宝贵作用，因此早在 1995 年，就颁布法令，明确了由澳门社会工作司提供对社会私立机构的辅助，明确通过技术辅助、财政辅助、设施设备辅助的方式来支持私立机构。尤其明确了由政府和私立机构共同分担机构的日常开支，包括职工薪酬、装备配备、维修等。并明确规定由总督基于受惠实体的收入来确定补贴金额。又比如，关于房屋局应该在城市建设规划时预留社会服务设施空间，这也是由政府颁布的行政法规来确定的，和大陆地区的一般性文件中所规定的类似“应把养老设施用地纳入城市建设总体规划”等等表述相比，这种法令的形式更有效力，确保了政府对社会组织的扶持到位。

（二）强化政府跨部门合作机制。老龄服务体系是一项包含内容众多、涉及部门极广的系统工程，涵盖生活照料、医疗卫生、康复护理、精神文化等多个方面，涉及政府、市场、社会、社区、家庭等多个社会部门。目前，我国大陆地区虽然完成了国家应对人口老龄化战略研究，但是，老龄服务体系的一体化建设理念还没有形成，老龄服务体系目前仍然主要依靠几个部门在推动，政策设计的范围小，政策实施力度弱。部门之间的协作与配合不密切。澳门在政策的研究、具体实施再到具体的一些个案处理，部门之间都有较好的合作，例如，社会工作局和房屋局之间就建立了密切的合作关系，在社会工作局提出年度社会公共房屋和社会服务设施建设规划后，房屋局会在房屋规划时预留出社会服务设施场地，并共同完成编制规划、建造工作。

（三）充分发挥民间机构力量。在大陆目前的养老服务体系中，党和政府的领导和负责作用发挥得比较充分，但社会各方面的组织协同和有效参与不够。没有充分的社会协调和有序的公众参与，社会管理体制的改革只是空谈。党的十八大报告要求加快形成政社分开、权责明确、依法自治的现代社会组织体制，说明已经充分认识到民间组织在整个社会体制改革乃至社会管理体系中的基础性地位。基本公共服务体系建设离不开民间组织的积极参与，如果没有类型多样、活动广泛并具有专业化服务能力的民间组织，公共服务供给模式将效力不足。由于澳门有着较好的公民社会基础，澳门的民间组织发展较好，普遍具有很强的专业服务能力，民间机构参与社会公共事务的历史较长，在社会福利服务的提供上担当了重要角色，可以说澳门有着丰富的政府、民间机构合作经验，建立了既良好协作又有效监督的一种关系。目前，澳门每年通过定期和不定期资助，将社会公共服务交给民间组织承担，同时制定了详细的监督办法，确保民间组织灵活高效地充分参与和发挥作用，为社会公共服务事业的发展提供了强有力的保障。

考察团成员：梁铭、彭捷

老年生活

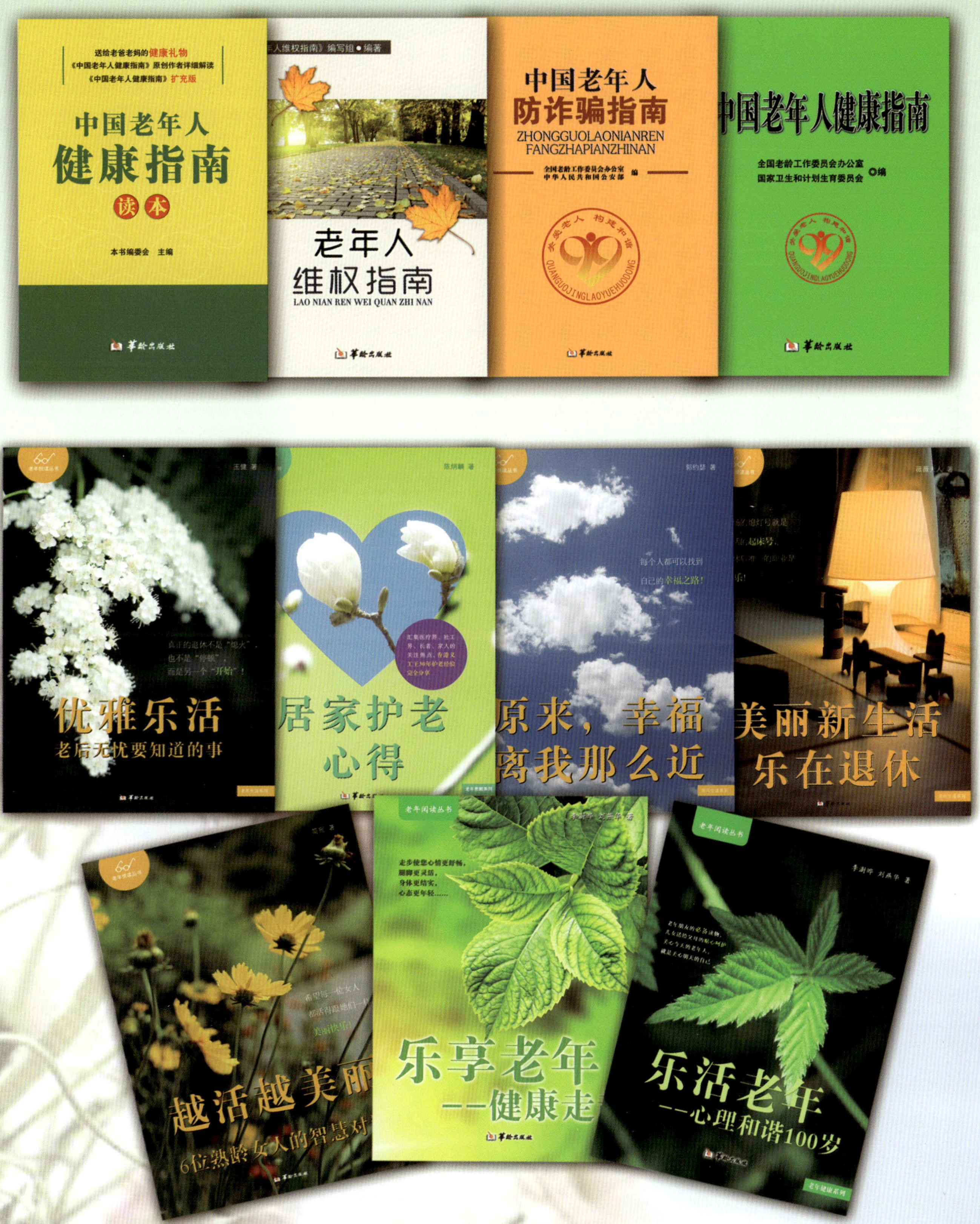

优雅乐活
老后无忧要知道的事

居家护老
心得

原来，幸福
离我那么近

美丽新生活
乐在退休

越活越美丽
6位熟龄女人的智慧对话

乐享老年
——健康走

乐活老年
——心理和谐100岁

社科·文化

老龄工作

中国老龄产业政策法规辑录

主编 曾琦

华龄出版社

作 者 [illegible] | 主 编 [illegible] | 副主编 [illegible]

以房养老政策释义

YIFANGYANGLAO ZHENGCE SHIYI

老龄工作实践与思考

吴玉韶 著

华龄出版社

老龄干部实用培训读本

全国老龄工作委员会办公室 编

华龄出版社

老年工作年鉴

"十五"国家重点图书出版规划
中国老龄工作年鉴
（2012）
中国老龄工作年鉴
（2014）
中国老龄工作年鉴
（2011）
（2013）
中国老龄工作年鉴
（2010）
中国老龄工作年鉴
（2009）
中国老龄工作年鉴
（2008）
中国老龄工作年鉴
（2007）
全国老龄工作委员会办公室
中国老龄协会
编
"十五"国家重点图书出版规划
中国老龄工作年鉴
（1982—2002）
全国老龄工作委员会办公室
中国老龄协会
编
华龄出版社
（2006）